enfoques.vhlcentral.com

Enfoques

Curso intermedio de lengua española

SECOND EDITION

Instructor's Annotated Edition

Enfoques

Curso intermedio de lengua española

SECOND EDITION

José A. Blanco

María Colbert
Colby College

VISTA
HIGHER LEARNING

Boston, Massachusetts

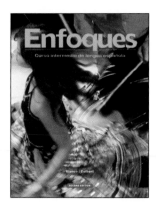

Publisher: José A. Blanco

Managing Editor: Sarah Kenney

Project Managers: María Eugenia Corbo, Pamela Mishkin, Sarah Link

Editors: Gisela M. Aragón-LaCarrubba, Kristen Odlum Chapron, Paola Ríos Schaaf

Director of Art & Design: Linda Jurras

Director of Production and Manufacturing: Lisa Perrier

Design Manager: Polo Barrera

Photo Researcher and Art Buyer: Rachel Distler

Production and Manufacturing Team: Oscar Díez, Mauricio Henao, María Eugenia Castaño, Jeff Perron

President: Janet L. Dracksdorf

Sr. Vice President of Operations: Tom Delano

Vice President of Sales and Marketing: Scott Burns

Executive Marketing Manager: Benjamin Rivera

Instructor's Annotated Edition: ISBN-13: 978-1-60007-200-0
ISBN-10: 1-60007-200-3
Student Edition: ISBN-13: 978-1-60007-184-3
ISBN-10: 1-60007-184-8

1 2 3 4 5 6 7 8 9-VH-12 11 10 09 08 07

Instructor's Annotated Edition

Table of Contents

The ENFOQUES Story

Vista Higher Learning, the publisher of **ENFOQUES**, was founded with one mission: to raise the teaching of Spanish to a higher level. Years of experience working with textbook publishers convinced us that more could be done to offer you superior tools and to give your students a more profound learning experience. Along the way, we questioned everything about the way textbooks support the teaching of college Spanish.

In fall 2000, our focus was on introductory college Spanish. The result was **VISTAS: Introducción a la lengua española,** now in its third edition, a textbook and coordinated package of ancillaries that looked different and were different. In just two years, **VISTAS** and **PANORAMA**, a briefer text based on **VISTAS**, became the most widely adopted new introductory college Spanish programs in more than a decade. Building on this success, in January 2003 we published another introductory textbook program titled **AVENTURAS**, now in its second edition. **¡VIVA!**, the brief version of **AVENTURAS**, followed in 2006.

For some time, we have also been working to address a need for alternatives to the standard offerings for intermediate Spanish, and we have had trememdous success. Our work resulted in five programs, the first of which was **VENTANAS**, a two-volume program for courses that meet over an academic year. Next came **FACETAS**, now in its second edition, a brief, one-volume program configured to meet the special needs of one-semester intermediate courses. **ENFOQUES**, Second Edition, is a one-volume intermediate program meant for courses that meet over an academic year. **ENFOQUES** shares the hallmark user-friendly and video-integrated approach of Vista Higher Learning's other introductory and intermediate programs, yet offers its own content, design, and coordinated print and technology components. In 2007, we came out with two additional programs, adding even more options to our already successful intermediate track; the two-semester **IMAGINA** and one-semester **SUEÑA**.

We hope that you and your students enjoy using the **ENFOQUES** program. Please contact us with your questions, comments, and reactions.

Vista Higher Learning
31 St. James Avenue, Suite 1005
Boston, MA 02116-4104
TOLLFREE: 800-618-7375
TELEPHONE: 617-426-4910
FAX: 617-426-5215
www.vistahigherlearning.com

Getting to Know ENFOQUES

ENFOQUES, Second Edition, is an intermediate Spanish program designed to provide students with an active and rewarding learning experience to strengthen their language skills and develop their cultural competency. **ENFOQUES** takes an interactive, communicative approach. It focuses on real communication in meaningful contexts that develops and consolidates students' speaking, listening, reading, and writing skills. **ENFOQUES** also stresses cultural competency, which plays an integral role in language learning. Here are just some of the key features of **ENFOQUES**:

- **a unique video program** The **ENFOQUES Sitcom Video** provides engaging input through a specially-shot sitcom video; the **ENFOQUES Film Collection** provides authentic contemporary short films by Hispanic filmmakers; the **NEW! Flash cultura** news program provides authentic footage from throughout the Spanish-speaking world. Each lesson of the book has one sitcom episode, one short film, and one cultural segment.

- **innovative video integration** The sitcom episodes are cohesively integrated with the student textbook in each lesson's four-page **Fotonovela** section and in captioned video stills in the **Estructura** sections. **Cinemateca** sections integrate the feature films, offering pre- and post-viewing activities. **ENFOQUES** sections complement **Flash cultura**.

- **recycling of major grammatical structures** The textbook focuses on structures key to basic communication, such as expressing past events, talking about the future, and expressing emotions and opinions. The **NEW! Manual de gramática** in the appendix offers additional practice for every grammar point, as well as additional explanations.

- **robust cultural presentation** The entire Spanish-speaking world is covered in the **Enfoques** and **Cultura** readings, with additional coverage in the new **Flash cultura** video.

- **communicative practice** The two-part practice sequence for every grammar point progresses from directed, meaningful **Práctica** exercises to open-ended, interactive **Comunicación** activities.

- **development of reading skills** Literary and cultural readings in each lesson expose students to a wide range of text types by classical and contemporary male and female writers from all over the Spanish-speaking world. Each is supported by a full page of pre- and post-reading activities.

- **development of oral and written skills** The **Comunicación** and **Atando cabos** sections provide abundant opportunities for students to hone their oral and written communication skills.

- **student-friendly design** A highly-structured, color-coded design based on spreads of two facing pages serves to eliminate "bad breaks" and makes each lesson easy to navigate.

- **ties to other disciplines** Language learning connects with other disciplines through vibrant works of fine art, award-winning films, classic and contemporary works of literature, and much more.

To get the most out of pages IAE-7–IAE-16 in your **ENFOQUES** Instructor's Annotated Edition, you should familiarize yourself with the front matter to the **ENFOQUES** Student Text, especially the Introduction (p. iii) and the Ancillaries (pp. xxiv–xxv).

Getting to Know Your *Instructor's Annotated Edition*

The *Instructor's Annotated Edition* (IAE) of **ENFOQUES** includes various teaching resources. For your convenience, answers to all exercises with discrete answers have been overprinted on the student text pages. In addition, marginal annotations were created to complement and support varied teaching styles, to extend the rich contents of the student text, and to save you time in class preparation and course management. The annotations are suggestions; they are not meant to be prescriptive or limiting. Here are some examples of the types of annotations you will find in **ENFOQUES:**

- **Preview** Suggestions for introducing a reading, film, or theme, introducing new vocabulary, recycling old vocabulary, etc.

- **Named or numbered annotations** Ideas for presenting, varying, expanding, or altering activities to suit your students' needs

- **Variación léxica** Alternate words and expressions used in the Spanish-speaking world or additional information related to specific vocabulary items

- **Teaching option** Ideas for supplemental games, drills, activities, and projects to reinforce or expand upon core material, along with cultural information and resources, reading and writing strategies, and suggestions for outside research and projects

- **Conexión personal, Contexto cultural,** and **Análisis literario** Teaching suggestions and expansion activities keyed to the subsections in **Antes de leer**

- **Synopsis** Summaries in the **Fotonovela** and **Cinemateca** sections that recap the video modules

- **National Standards Icons** Special icons that indicate when a lesson section or subsection is closely linked to one or more of the Five C's of the *Standards for Foreign Language Learning:* Communication, Cultures, Connections, Comparisons, and Communities

- **Instructional Resources** A correlation to student and instructor supplements available to reinforce each lesson section or subsection. These abbreviations appear in the listings:

WB	Workbook in the Student Activities Manual/WebSAM
LM	Lab Manual in the Student Activities Manual/WebSAM
VM	Video Manual in the Student Activities Manual/WebSAM
IRCD	Instructor's Resource CD-ROM
SAM Answer Key	Student Activities Manual Answer Key
DVD	Video Program on DVD
Supersite	**ENFOQUES** Supersite (**enfoques.vhlcentral.com**)

> **Please access the ENFOQUES** website at <u>enfoques.vhlcentral.com</u> for program as well as course and lesson planning information.

ENFOQUES and the *Standards for Foreign Language Learning*

Since 1982, when the *ACTFL Proficiency Guidelines* was first published, that seminal document and its subsequent revisions influenced the teaching of modern languages in the United States. **ENFOQUES** was written with the concerns and philosophy of the *ACTFL Proficiency Guidelines* in mind. It emphasizes an interactive, proficiency-oriented approach to the teaching of language and culture.

The pedagogy behind **ENFOQUES** was also informed from its inception by the *Standards for Foreign Language Learning in the 21st Century*. First published under the auspices of the *National Standards in Foreign Language Education Project*, the Standards are organized into five goal areas, often called the Five C's: Communication, Cultures, Connections, Comparisons, and Communities.

Since **ENFOQUES** takes a communicative approach to the teaching of Spanish, the Communications goal is an integral part of the student text. For example, the diverse formats in **Comunicación, Atando cabos, Después de ver,** and **Después de leer** engage students in communicative exchanges; providing, obtaining, or interpreting information; and expressing feelings, emotions, or opinions. Activity types include discussion topics, role-plays, interviews, oral presentations, and much more. **Atando cabos'** two sections teach strategies for effective oral and written communication and guide students in presenting information, concepts, and ideas to their classmates on a wide range of topics. **¡A conversar!** develops students' interpreting skills through problem-solving tasks. **¡A escribir!** focuses on written interpersonal communication through various types of practical and creative writing tasks, such as letters, e-mail messages, and brief anecdotes.

The Cultures goal is most evident in the literary and cultural readings, the **Enfoques** sections, the **Cinemateca** sections, the **Contexto cultural** subsections in **Antes de leer,** and the fine art pieces and quotes on the opening pages of the **Lecturas** sections. All of these sections expose students to multiple facets of practices, products, and perspectives of the Spanish-speaking world. These sections also fulfill the Connections goal because students acquire information and learn to recognize distinctive cultural viewpoints through them. Students can work toward the Connections and Communities goals when they use the **Conexión Internet** references in the **Enfoques** sections and when they access the information or activities on the **ENFOQUES** Supersite. Finally, the **Estructura** sections with their clear, comprehensive explanations, reflect the Comparisons goal. In addition, special Standards icons appear on the pages of your IAE to call out sections that have a particularly strong relationship with the Standards. You will find many more connections to the Standards as you work with the student textbook and the **ENFOQUES** video-based sections.

General Teaching Considerations

Orienting Students to the Student Textbook

You may want to spend some time orienting students to the **ENFOQUES** textbook on the first day. Have students flip through **Lección 1**. Explain that all lessons are organized in the same manner so they will always know "where they are" in the textbook. Emphasize that all sections are self-contained, occupying either a full page or spreads of two facing pages. Call students' attention to the use of color and/or boxes to highlight important information in charts, word lists, and activities. Also point out how the major sections of each lesson are color-coded for easy navigation: red for **Contextos**, blue for **Fotonovela**, light green for **Enfoques**, purple for **Estructura**, green for **Cinemateca**, and magenta for **Lecturas**. Then point out the **¡Atención!** sidebars and explain that these boxes provide useful lexical and grammatical information related to the material they are studying.

Flexible Lesson Organization

To meet the needs of diverse teaching styles, institutions and instructional objectives, **ENFOQUES** has a very flexible lesson organization. You can begin with the lesson opening page and progress sequentially through the lesson. If you do not want to devote class time to teaching grammar or reading the literary and cultural selections, you can assign them for outside study, freeing up class time for other purposes like developing listening, speaking, or writing skills and working with the video. Similarly, all **¡A escribir!** activities can be assigned as homework. You might even prefer to skip some sections entirely or use them only periodically, depending on students' interests and time constraints. If you plan on using the **ENFOQUES** Testing Program, however, be aware that the quizzes and exams contain sections based on language presented in **Contextos, Estructura**, and **Fotonovela**.

Identifying Active Vocabulary

All boldfaced words and expressions appearing with the photos and thematic lists in the **Contextos** section are considered active vocabulary. In addition, the words and expressions in the **Expresiones útiles** boxes in the **Fotonovela** section, as well as words in charts, word lists and sample sentences in the **Estructura** section are also part of the active vocabulary load. All words and expressions in the **Vocabulario** boxes in the **Cinemateca, Literatura,** and **Cultura** sections are also considered active vocabulary. Note that regional variations presented in the **ENFOQUES** section and marginal glosses from the readings and film captions are presented for recognition only. They are not included in testing materials, although you may wish to make them active vocabulary for your course. The additional terms and lexical variations provided in the annotations of the Instructor's Annotated Edition are considered optional, as well.

Maintaining a Writing Portfolio

Since students are building their writing skills at this level, you might want to have them maintain a portfolio of the writings they produce so they can periodically review their progress. You might also suggest that they keep a running list of the most common grammatical or spelling errors they make when writing. They can then refer to that list when editing and revising each assignment before handing it in for grading.

Suggestions for Using *Contextos*

Lesson Vocabulary

- Introduce the lesson theme by having students describe and discuss the photos or other visuals.

- Introduce the lesson theme by having students brainstorm a list of possible topics, themes, or situations related to the lesson title.

- To prepare students for new material, have them review what they already know about each theme by brainstorming related vocabulary words they have already learned.

- Introduce the new vocabulary by providing comprehensible input in the form of a description or narration or through the use of audiovisual materials or readings.

- Introduce the new vocabulary using Total Physical Response (TPR) or interactive class games such as Charades or Twenty Questions.

Práctica

- The **Práctica** exercises can be done orally as class, pair, or group activities. They may also be assigned as written homework.

Comunicación

- Insist on the use of Spanish only during these activities. Encourage students to use language creatively.

- Have students form pairs or groups quickly, or assign students to pairs and groups.

- Assign or rotate partners and group members as necessary to ensure a greater variety of communicative exchanges.

- Allow sufficient time for pairs or groups to do the **Comunicación** activities (between five and fifteen minutes, depending on the activity), but do not give them too much time or they may lapse into English and socialize. Always give students a time limit for an activity before they begin.

- Circulate around the room and monitor students to make sure they are on task. Provide guidance as needed and note common errors for future review.

- Remind students to jot down information during pair and group discussion activities so they can refer to them when they report the results to the class.

Suggestions for Using *Fotonovela*

The **Fotonovela** section in the student text and the sitcom episodes of the **ENFOQUES Sitcom Video** were created as interlocking pieces. All photos in the **Fotonovela** section are actual video stills from the corresponding sitcom episode. The printed conversations are shortened versions of the sitcom episode. Both the **Fotonovela** conversations and their expanded video versions represent comprehensible input at the discourse level; they were purposely written to use language from the corresponding lesson's **Contextos** and **Estructura** sections. Thus, as of **Lección 2,** they recycle known language, preview grammar points students will study later in the lesson, and, in keeping with the concept of "i + 1," contain a small amount of unknown language.

Since the **Fotonovela** section in the text and the **ENFOQUES Sitcom Video** are so closely connected, you may use them in different ways. For instance, you can use the **Fotonovela** section as an advance organizer, presenting it before showing the sitcom episode. You can also show the sitcom episode first and follow up with the **Fotonovela** section in the text, or you can show the sitcom episode at the end of the lesson as a culminating activity. You can even use the **Fotonovela** text section as a stand-alone, video-independent section.

Begin by showing the first one or two episodes in class to familiarize students with the characters, story line, and style. After that, you might show the sitcom episodes in class or assign them for viewing outside the classroom. For each sitcom episode, there are **Comprensión** and **Ampliación** activities in the **Fotonovela** section of the corresponding textbook lesson and additional activities in the Video Manual section of the Student Activities Manual.

You might also want to use the **ENFOQUES Sitcom Video** in class when working with the **Estructura** sections. You could play the sections of the sitcom that correspond to the video stills in the grammar explanations or show parts of the sitcom and ask students to identify certain grammar points.

Suggestions for Using *Enfoques*

- Focus students' attention on the photographs and other visual aids, asking questions about them or having students describe them. You could also have them search for more information about the people, places, or things in each photograph on the Internet or in the library.

- Check student comprehension of the cultural readings by asking comprehension questions as they read and completing the activities in the **¿Qué aprendiste?** section.

- Assign the readings for homework and have students create their own comprehension questions or activities. During the next class, put students in pairs or small groups to check each other's comprehension of the readings as you monitor their work.

- Have students work in small groups in order to answer the questions or discuss the observations in the **¿Qué aprendiste?** page. Ask each group to appoint a spokesperson for each item and have that person report the results of the group to the whole class.

- Additional activities and resources related to the **NEW!** **Ritmos** section are available at **enfoques.vhlcentral.com.** You may also incorporate other regional genres and artists using local and online radio, your own music collection, or samples from students.

Suggestions for Using *Estructura*

Grammar Explanations

- Explain the grammar in Spanish and try to keep explanations to a minimum, about three to five minutes for each point. Grammar explanations can be assigned as homework so that class time can be devoted to the **Práctica** and **Comunicación** activities.

- Have students locate examples of the grammar points in the **Fotonovela** or **Lecturas** sections.

- Use the additional practice and/or explanations in the NEW! **Manual de gramática** to address any additional needs your students may have.

Práctica and *Comunicación*

- The **Práctica** exercises can be done orally as a class or in pairs and groups. They may also be assigned as written homework.

- For suggestions on using the **Comunicación** activities, see page IAE-11.

- Access the activities in the NEW! **Manual de gramática** for additional practice as needed.

Suggestions for Using *Cinemateca*

The **Cinemateca** sections and the twelve films of the **ENFOQUES Film Collection** were created as interlocking pieces. The short feature films provide comprehensible input and offer rich and unique opportunities to build students' listening skills and cultural awareness. The **Cinemateca** sections provide activities specially created to help students have successful viewing experiences.

Depending on your teaching preferences and school facilities, you might show the films in class or assign them for viewing outside the classroom. You could begin by showing the first one in class to teach students how to approach viewing a film and listening to natural speech. After that, you could work in class only with the **Cinemateca** section and have students view the films outside of class. No matter which approach you choose, students have the support they need to view the films independently and process them in a meaningful way.

For each film, there are **Antes de ver** (pre-viewing) and **Después de ver** (post-viewing) activities, as well as vocabulary support, in the **Cinemateca** section of the corresponding textbook lesson. In addition, the photos and abbreviated dialogues on the **Escenas** page provide helpful visual and comprehension references. Here are some strategies for viewing the films in class:

- Tell students that they are not expected to understand every word as they watch the film. Emphasize that they should concentrate on listening for the gist of what is being said.

- Before showing the film, preview the vocabulary and have students complete the **Antes de ver** section. Then have them read through the **Escenas** dialogues and look at the stills.

- Play the film and have them complete the **Después de ver** activities.

- If students have difficulty understanding the film, replay one or more key segments. Alternatively, you could pause the film at key points and ask students to recap what they saw.

Suggestions for Using *Lecturas*

Fine Art Pieces and Quotes

- Have students describe the fine art piece and explain how it relates to the lesson theme. They could also describe the style or technique (realistic, abstract, impressionistic, traditional, etc.) and other elements of the work. Alternatively, you could have students express their opinions of the work.

- Have students discuss the quote and how it relates to the lesson theme and fine art piece. Also ask them whether they agree or disagree with the quote and to explain their answers.

- Have students compare the fine art piece on the first page of **Lecturas** with respect to subject matter, theme, style, use of color, and perspective. This comparison could be extended to include other works of art in the lesson or other lessons.

Antes de leer

- The **Antes de leer** activities can be done orally as class, pair, or group activities. This section may also be assigned as homework.

- Provide additional examples for **Análisis literario** or ask students to come up with examples.

- Ask students personalized questions using the words and expressions in **Vocabulario** or have students create sentences with them.

Literary and Cultural Readings

- Talk to students about how to become effective readers in Spanish. Point out the importance of using reading strategies. Encourage them to read every selection more than once. Explain that they should read the entire text through first to gain a general understanding of the plot or main ideas and the theme(s), without stopping to look up words. Then, they should read the text again for a more in-depth understanding of the material, interrelationships, and some details. At this point, they should try to complete the **Después de leer** activities. If they have difficulty completing an activity, suggest that they reread the text to find specific information that will help them complete the activity.

- Discourage students from translating the readings into English and relying on a dictionary. Tell them that reading directly in the language will help them grasp the meaning better and improve their ability to discuss the reading in Spanish.

- Always ask students how the reading relates to the lesson theme, and have them summarize the reading orally or in writing as appropriate.

Después de leer

- The **Después de leer** activities can be assigned as written homework unless they involve pair or group work. They may also be done orally as class, pair, or group activities. For example, **Escribir** activities may be done in class as pair or group compositions.

- Insist on the use of only Spanish during these activities. Encourage students to use language creatively.

- Have students form pairs or groups quickly, or assign students to pairs and groups. Allow sufficient time for students to complete the activities (between five and fifteen minutes, depending on the activity), but do not give them too much time or they may lapse into English and socialize. Always give students a time limit for an activity before they begin.

- Circulate around the room and monitor students to make sure they are on task. Provide guidance as needed and note common errors for future review.

- Remind students to jot down information during the pair activities and group discussions. Have students report the results of these activities to the class.

- If you wish to evaluate students' performance in speaking activities like role-plays or interviews, you could assign grades of 0–3: 3 = well done, 2 = satisfactory, 1 = needs improvement, and 0 = no credit or absence.

Suggestions for Using *Atando cabos*

¡A conversar!

- Allow sufficient class time for oral presentations. Also, encourage students to be creative and to use visuals in their presentations. For variety, you could ask them to videotape their presentations.

- Have each group create a comprehension exercise (true/false statements, questions, matching, or fill-in-the-blank sentences) to give the class after their presentation.

- Explain to students on what basis you will grade their presentations. For example, the following rubric could be used or adapted to suit your needs.

Evaluation			
Criteria	**Scale**		**Scoring**
Appropriate details	1 2 3 4	Excellent	26–28 points
Organization	1 2 3 4	Good	21–25 points
Control of vocabulary	1 2 3 4	Satisfactory	16–20 points
Grammatical accuracy	1 2 3 4	Unsatisfactory	<15 points
Mechanics	1 2 3 4		
Fluency/Pronunciation	1 2 3 4		
Level of interest/Use of visuals	1 2 3 4		

¡A escribir!

- The **¡A escribir!** activities can be assigned as written homework unless they involve pair or group work. They may also be done orally as class, pair, or group activities.

- Encourage students to be creative in their writing, but remind them to use vocabulary they know, rather than relying on a dictionary.

- Allow class time for peer review of first drafts, and remind students to be tactful in their comments.

- Make a list of frequent errors and review the material with the class or have students correct the errors in groups.

- Explain to students on what basis you will grade their writing. For example, this rubric could be used or adapted to suit your needs.

Evaluation			
Criteria	**Scale**		**Scoring**
Appropriate details	1 2 3 4	Excellent	18–20 points
Organization	1 2 3 4	Good	14–17 points
Use of vocabulary	1 2 3 4	Satisfactory	10–13 points
Grammatical accuracy	1 2 3 4	Unsatisfactory	<10 points
Mechanics	1 2 3 4		

Enfoques

Curso intermedio de lengua española

SECOND EDITION

José A. Blanco

María Colbert
Colby College

VISTA
HIGHER LEARNING

Boston, Massachusetts

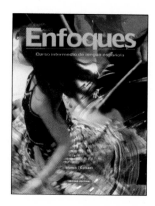

Publisher: José A. Blanco

Managing Editor: Sarah Kenney

Project Managers: María Eugenia Corbo, Pamela Mishkin, Sarah Link

Editors: Gisela M. Aragón-LaCarrubba, Kristen Odlum Chapron, Paola Ríos Schaaf

Director of Art & Design: Linda Jurras

Director of Production and Manufacturing: Lisa Perrier

Design Manager: Polo Barrera

Photo Researcher and Art Buyer: Rachel Distler

Production and Manufacturing Team: Oscar Díez, Mauricio Henao, María Eugenia Castaño, Jeff Perron

President: Janet L. Dracksdorf

Sr. Vice President of Operations: Tom Delano

Vice President of Sales and Marketing: Scott Burns

Executive Marketing Manager: Benjamin Rivera

Printed in the United States of America.

Instructor's Annotated Edition: ISBN-13: 978-1-60007-200-0
ISBN-10: 1-60007-200-3
Student Edition: ISBN-13: 978-1-60007-184-3
ISBN-10: 1-60007-184-8

Library of Congress Control Number: 2006939485

1 2 3 4 5 6 7 8 9-VH-12 11 10 09 08 07

Introduction

Bienvenido a ENFOQUES, Second Edition, an intermediate Spanish program designed to provide you with an active and rewarding learning experience as you continue to strengthen your language skills and develop your cultural competency.

Here are some of the features you will encounter in **ENFOQUES, Second Edition.**

- An emphasis on authentic language and practical vocabulary for you to use in communicating in real-life situations

- Clear, comprehensive grammar explanations that graphically highlight important concepts

- Abundant guided and communicative activities that will help you develop confidence in your ability to communicate in Spanish

- Two video-based sections—one directly connected to the **ENFOQUES Sitcom** and one related to the **ENFOQUES Film Collection**

- Literary and cultural readings in each lesson that recognize and celebrate the diversity of the Spanish-speaking world and its people

- Ongoing development of your reading, speaking, writing, and listening skills

- Consistent integration of important cultural concepts and insights into the daily lives of native Spanish speakers

- A complete set of print and technology ancillaries to make learning Spanish easier for you

New to the Second Edition

ENFOQUES, Second Edition, offers many new features to students and instructors that make this edition even better than the first.

- **Reconfigured!** The **Contextos** grammar presentation has been redesigned into image-based, thematically grouped word lists; the expanded **Práctica** section now includes listening practice.

- **Expanded!** The **ENFOQUES** cultural section has grown from two pages to four and includes many new readings and new elements, including a musical feature and the **NEW! Flash cultura** video episode.

- **Revised!** The **Estructura** grammar presentation offers a reduced grammar sequence of three grammar points per lesson. Extra practice for the active grammar points, as well as additional passive grammar points, are available in the **NEW! Manual de gramática** in the appendix of the book.

- **Expanded!** The incredibly successful film section, now called **Cinemateca**, offers an authentic, dynamic short film for each lesson of the text.

- **Revised! Lecturas** readings have been revised and refreshed to offer new authors, genres, topics, and takes on the lesson themes.

ENFOQUES has twelve lessons organized in exactly the same way. To familiarize yourself with the textbook's organization, turn to page x and take the **ENFOQUES**-at-a-glance tour.

Table of Contents

Table of Contents

	CONTEXTOS	FOTONOVELA	ENFOQUES

Table of Contents

	CONTEXTOS	FOTONOVELA	ENFOQUES

ESTRUCTURA	CINEMATECA	LECTURAS

CONTEXTOS
introduces the lesson theme and vocabulary and practices it in diverse formats and engaging contexts.

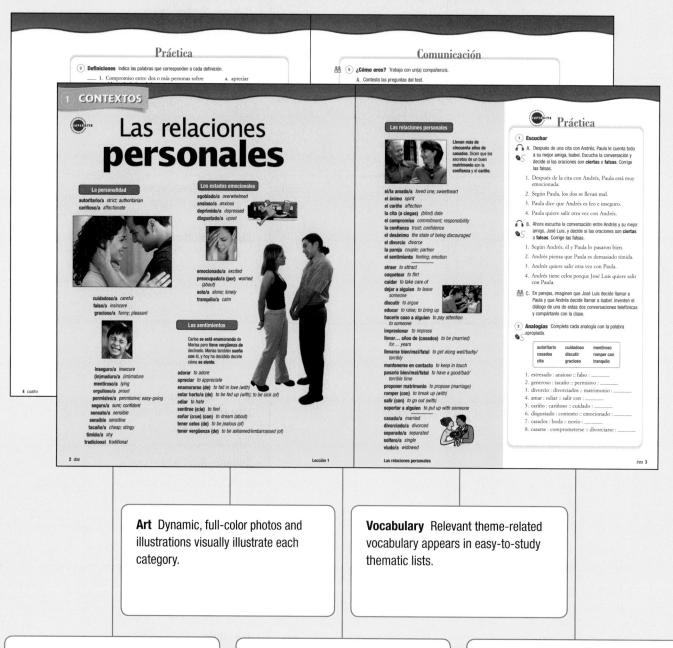

Art Dynamic, full-color photos and illustrations visually illustrate each category.

Vocabulary Relevant theme-related vocabulary appears in easy-to-study thematic lists.

Práctica This set of guided exercises uses a variety of formats to reinforce the new vocabulary.

Comunicación These open-ended activities have you use the words and expressions creatively in interesting and entertaining ways as you interact with a partner, a small group, or the entire class.

New! Contextualized listening activities practice the new vocabulary in meaningful contexts.

FOTONOVELA

is a fun-filled situational comedy based on the everyday lives and adventures of a magazine staff.

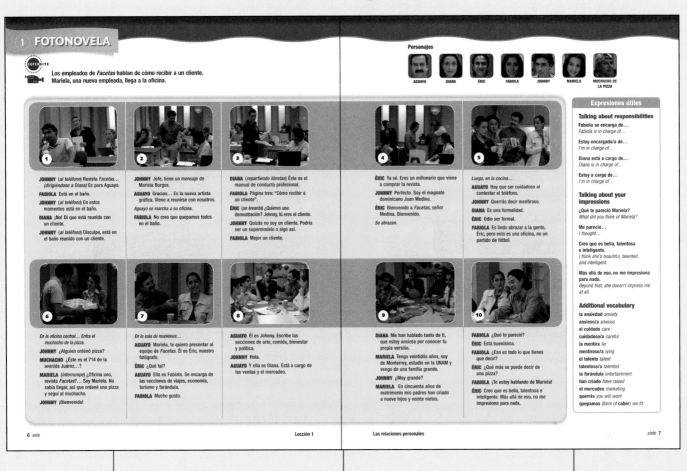

Personajes The photo-based conversations take place among a cast of recurring characters—six people who work for a magazine called *Facetas* in Mexico City.

Sitcom Video The **Fotonovela** episodes appear in the textbook's video program. To learn more about the video, turn to page xxii.

Conversations The engaging conversations incorporate vocabulary from the **Contextos** section and preview grammar structures you will study in the **Estructura** section, all within a comprehensible context.

Expresiones útiles New, active words and expressions are organized by language or grammatical function, so you can concentrate on using them for real-life, practical purposes.

Comprensión & Ampliación
reinforce and expand upon the Fotonovela.

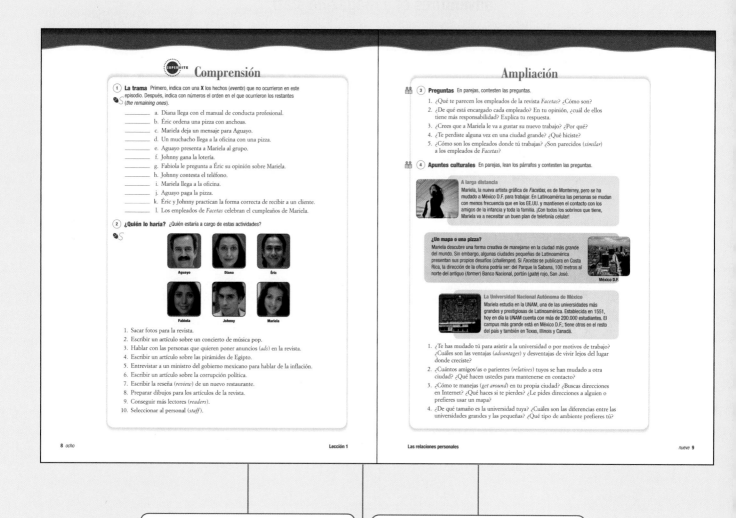

SUPERSITE Comprensión

1 La trama Primero, indica con una **X** los hechos (*events*) que no ocurrieron en este episodio. Después, indica con números el orden en el que ocurrieron los restantes (*the remaining ones*).

_____ a. Diana llega con el manual de conducta profesional.
_____ b. Éric ordena una pizza con anchoas.
_____ c. Mariela deja un mensaje para Aguayo.
_____ d. Un muchacho llega a la oficina con una pizza.
_____ e. Aguayo presenta a Mariela al grupo.
_____ f. Johnny gana la lotería.
_____ g. Fabiola le pregunta a Éric su opinión sobre Mariela.
_____ h. Johnny contesta el teléfono.
_____ i. Mariela llega a la oficina.
_____ j. Aguayo paga la pizza.
_____ k. Éric y Johnny practican la forma correcta de recibir a un cliente.
_____ l. Los empleados de *Facetas* celebran el cumpleaños de Mariela.

2 ¿Quién lo haría? ¿Quién estaría a cargo de estas actividades?

Aguayo   Diana   Éric

Fabiola   Johnny   Mariela

1. Sacar fotos para la revista.
2. Escribir un artículo sobre un concierto de música pop.
3. Hablar con las personas que quieren poner anuncios (*ads*) en la revista.
4. Escribir un artículo sobre las pirámides de Egipto.
5. Entrevistar a un ministro del gobierno mexicano para hablar de la inflación.
6. Escribir un artículo sobre la corrupción política.
7. Escribir la reseña (*review*) de un nuevo restaurante.
8. Preparar dibujos para los artículos de la revista.
9. Conseguir más lectores (*readers*).
10. Seleccionar al personal (*staff*).

8 *ocho*   **Lección 1**

Ampliación

3 Preguntas En parejas, contesten las preguntas.

1. ¿Qué te parecen los empleados de la revista *Facetas*? ¿Cómo son?
2. ¿De qué está encargado cada empleado? En tu opinión, ¿cuál de ellos tiene más responsabilidad? Explica tu respuesta.
3. ¿Crees que a Mariela le va a gustar su nuevo trabajo? ¿Por qué?
4. ¿Te perdiste alguna vez en una ciudad grande? ¿Qué hiciste?
5. ¿Cómo son los empleados donde tú trabajas? ¿Son parecidos (*similar*) a los empleados de *Facetas*?

4 Apuntes culturales En parejas, lean los párrafos y contesten las preguntas.

A larga distancia
Mariela, la nueva artista gráfica de *Facetas*, es de Monterrey, pero se ha mudado a México D.F. para trabajar. En Latinoamérica las personas se mudan con menos frecuencia que en los EE.UU. y mantienen el contacto con los amigos de la infancia y toda la familia. ¡Con todos los sobrinos que tiene, Mariela va a necesitar un buen plan de telefonía celular!

¿Un mapa o una pizza?
Mariela descubre una forma creativa de manejarse en la ciudad más grande del mundo. Sin embargo, algunas ciudades pequeñas de Latinoamérica presentan sus propios desafíos (*challenges*). Si *Facetas* se publicara en Costa Rica, la dirección de la oficina podría ser: del Parque La Sabana, 100 metros al norte del antiguo (*former*) Banco Nacional, portón (*gate*) rojo, San José.

México D.F.

La Universidad Nacional Autónoma de México
Mariela estudia en la UNAM, una de las universidades más grandes y prestigiosas de Latinoamérica. Establecida en 1551, hoy en día la UNAM cuenta con más de 200.000 estudiantes. El campus más grande está en México D.F.; tiene otros en el resto del país y también en Texas, Illinois y Canadá.

1. ¿Te has mudado tú para asistir a la universidad o por motivos de trabajo? ¿Cuáles son las ventajas (*advantages*) y desventajas de vivir lejos del lugar donde creciste?
2. ¿Cuántos amigos/as o parientes (*relatives*) tuyos se han mudado a otra ciudad? ¿Qué hacen ustedes para mantenerse en contacto?
3. ¿Cómo te manejas (*get around*) en tu propia ciudad? ¿Buscas direcciones en Internet? ¿Qué haces si te pierdes? ¿Le pides direcciones a alguien o prefieres usar un mapa?
4. ¿De qué tamaño es la universidad tuya? ¿Cuáles son las diferencias entre las universidades grandes y las pequeñas? ¿Qué tipo de ambiente prefieres tú?

Las relaciones personales   *nueve* 9

Comprensión These exercises check your basic understanding of the **Fotonovela** conversations.

Ampliación Communicative activities take a step further, asking you to apply or react to the content in a personalized way.

New! Apuntes culturales Cultural notes illustrated with photographs provide additional reading practice and important cultural information related to **Fotonovela**. Follow-up questions check comprehension and expand on the topics.

ENFOQUES
explores cultural topics related to the lesson theme, focused by region.

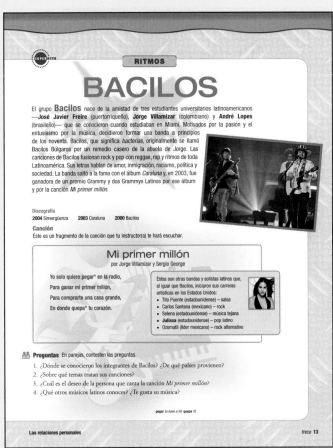

En detalle & Perfil Feature articles expand on topics related to the lesson theme, supported by photos, maps, and graphical features.

New! Flash cultura This specially-shot video in the form of a news broadcast expands on the themes and topics of the feature articles.

New! El mundo hispanohablante & Así lo decimos Lexical and comparative features highlight traditions, customs, and trends throughout the Spanish-speaking world.

Activities Comprehension, open-ended, and project-based activities in **¿Qué aprendiste?** check your understanding of the material and lead to further exploration.

New! An icon indicates that additional content is available on the **ENFOQUES** Supersite (**enfoques.vhlcentral.com**).

New! Ritmos This feature presents a Spanish-speaking musician or group from the region of focus.

ESTRUCTURA
uses graphic design to facilitate learning Spanish grammar.

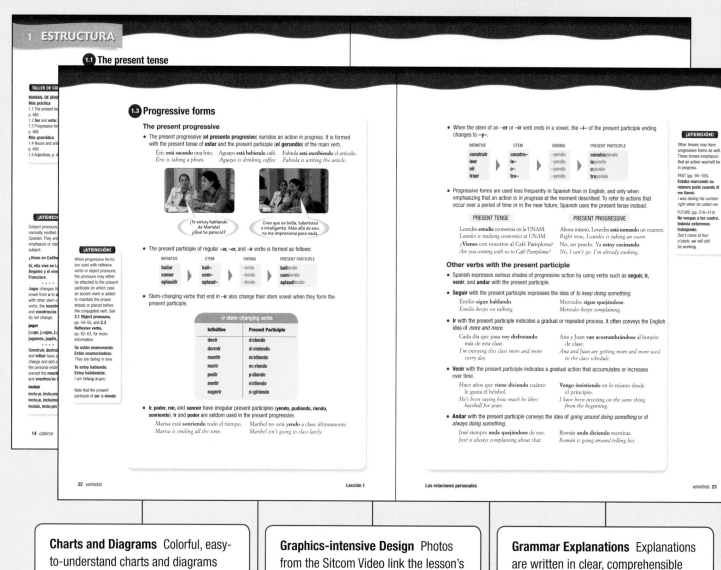

Charts and Diagrams Colorful, easy-to-understand charts and diagrams highlight key grammatical structures and forms, as well as important related vocabulary.

Graphics-intensive Design Photos from the Sitcom Video link the lesson's video episode and **Fotonovela** section with the grammar explanations.

Grammar Explanations Explanations are written in clear, comprehensible language for ready understanding and easy reference.

Scope and sequence Revised and reduced grammar scope and sequence presents three grammar points per lesson.

New! Manual de gramática References to pages in the appendix lead you to **Más gramática.** Here, passive grammar points provide you with more practice for review and/or expansion purposes.

ESTRUCTURA
provides activities for controlled practice
and communication.

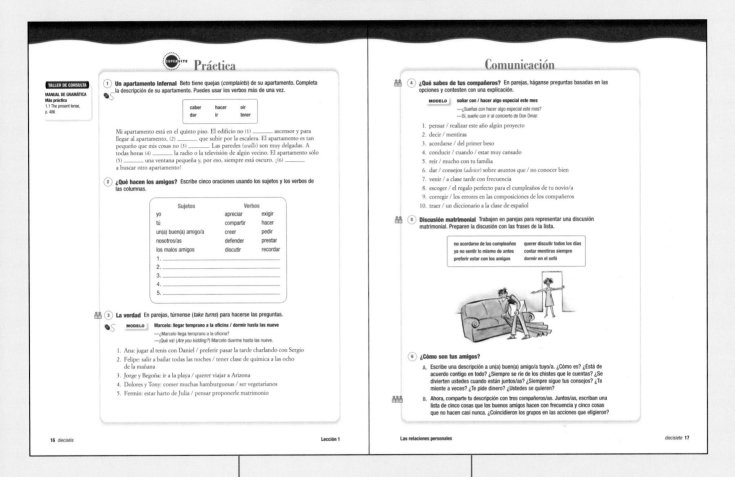

Práctica

TALLER DE CONSULTA

MANUAL DE GRAMÁTICA
Más práctica
1.1 The present tense,
p. 486

1　**Un apartamento infernal** Beto tiene quejas (*complaints*) de su apartamento. Completa la descripción de su apartamento. Puedes usar los verbos más de una vez.

caber	hacer	oír
dar	ir	tener

Mi apartamento está en el quinto piso. El edificio no (1) _____ ascensor y para llegar al apartamento, (2) _____ que subir por la escalera. El apartamento es tan pequeño que mis cosas no (3) _____. Las paredes (*walls*) son muy delgadas. A todas horas (4) _____ la radio o la televisión de algún vecino. El apartamento sólo (5) _____ una ventana pequeña y, por eso, siempre está oscuro. ¡(6) _____ a buscar otro apartamento!

2　**¿Qué hacen los amigos?** Escribe cinco oraciones usando los sujetos y los verbos de las columnas.

Sujetos	Verbos	
yo	apreciar	exigir
tú	compartir	hacer
un(a) buen(a) amigo/a	creer	pedir
nosotros/as	defender	prestar
los malos amigos	discutir	recordar

1. _____
2. _____
3. _____
4. _____
5. _____

3　**La verdad** En parejas, túrnense (*take turns*) para hacerse las preguntas.

MODELO　Marcelo: llegar temprano a la oficina / dormir hasta las nueve
　　—¿Marcelo llega temprano a la oficina?
　　—¡Qué va! (*Are you kidding?*) Marcelo duerme hasta las nueve.

1. Ana: jugar al tenis con Daniel / preferir pasar la tarde charlando con Sergio
2. Felipe: salir a bailar todas las noches / tener clase de química a las ocho de la mañana
3. Jorge y Begoña: ir a la playa / querer viajar a Arizona
4. Dolores y Tony: comer muchas hamburguesas / ser vegetarianos
5. Fermín: estar harto de Julia / pensar proponerle matrimonio

16 *dieciséis*　　　　　　　　　　　　　　　　　　　　　　Lección 1

Comunicación

4　**¿Qué sabes de tus compañeros?** En parejas, háganse preguntas basadas en las opciones y contesten con una explicación.

MODELO　soñar con / hacer algo especial este mes
　　—¿Sueñas con hacer algo especial este mes?
　　—Sí, sueño con ir al concierto de Don Omar.

1. pensar / realizar este año algún proyecto
2. decir / mentiras
3. acordarse / del primer beso
4. conducir / cuando / estar muy cansado
5. reír / mucho con tu familia
6. dar / consejos (*advice*) sobre asuntos que / no conocer bien
7. venir / a clase tarde con frecuencia
8. escoger / el regalo perfecto para el cumpleaños de tu novio/a
9. corregir / los errores en las composiciones de los compañeros
10. traer / un diccionario a la clase de español

5　**Discusión matrimonial** Trabajen en parejas para representar una discusión matrimonial. Preparen la discusión con las frases de la lista.

no acordarse de los cumpleaños	querer discutir todos los días
ya no sentir lo mismo de antes	contar mentiras siempre
preferir estar con los amigos	dormir en el sofá

6　**¿Cómo son tus amigos?**

A. Escribe una descripción a un(a) buen(a) amigo/a tuyo/a. ¿Cómo es? ¿Está de acuerdo contigo en todo? ¿Siempre se ríe de los chistes que le cuentas? ¿Se divierten ustedes cuando están juntos/as? ¿Siempre sigue tus consejos? ¿Te miente a veces? ¿Te pide dinero? ¿Ustedes se quieren?

B. Ahora, comparte tu descripción con tres compañeros/as. Juntos/as, escriban una lista de cinco cosas que los buenos amigos hacen con frecuencia y cinco cosas que no hacen casi nunca. ¿Coincidieron los grupos en las acciones que eligieron?

Las relaciones personales　　　　　　　　　　　　　　　　　*diecisiete* 17

Práctica The first set of activities provides a wide range of directed exercises in contexts that combine current and previously learned vocabulary with the grammar point you are studying.

Comunicación The second set of activities prompts creative expression using the lesson's grammar and vocabulary. These activities take place with a partner, in small groups, or with the entire class.

New! Supersite Icons let you know when material from the book or more material is available on the Supersite (enfoques.vhlcentral.com).

New! Manual de gramática References to pages in the appendix lead you to **Más práctica,** additional directed and open-ended practice for every grammar point in the book.

XV

CINEMATECA
appears in every lesson, integrating pre-, while-, and post-viewing activities for an authentic short film.

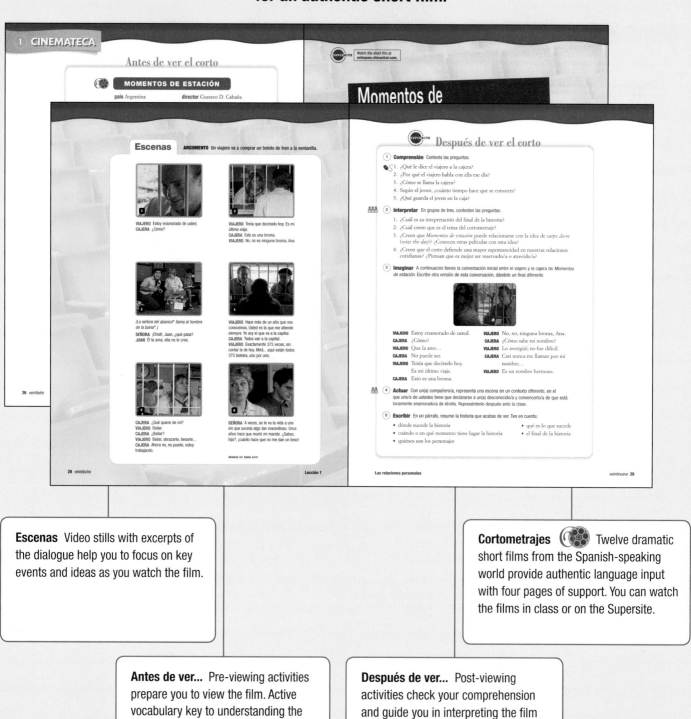

Escenas Video stills with excerpts of the dialogue help you to focus on key events and ideas as you watch the film.

Cortometrajes Twelve dramatic short films from the Spanish-speaking world provide authentic language input with four pages of support. You can watch the films in class or on the Supersite.

Antes de ver... Pre-viewing activities prepare you to view the film. Active vocabulary key to understanding the film is called out in the **Vocabulario** section.

Después de ver... Post-viewing activities check your comprehension and guide you in interpreting the film and reacting to it.

LECTURAS opens
in a visually dramatic way.

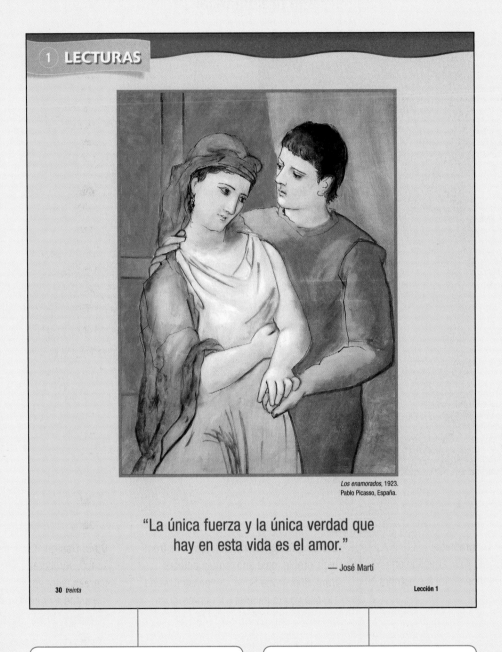

Los enamorados, 1923.
Pablo Picasso, España.

"La única fuerza y la única verdad que
hay en esta vida es el amor."

— José Martí

Fine Art A fine art piece by a Spanish-speaking artist illustrates an aspect of the lesson's theme and exposes you to a broad spectrum of works created by male and female artists from different areas of the Spanish-speaking world.

Quotation Quotations by Spanish speakers from around the world and across the ages provide thought-provoking insights into the lesson's theme.

The first reading in **LECTURAS** is a literary selection that expands on the lesson's theme while using its vocabulary and grammatical structures.

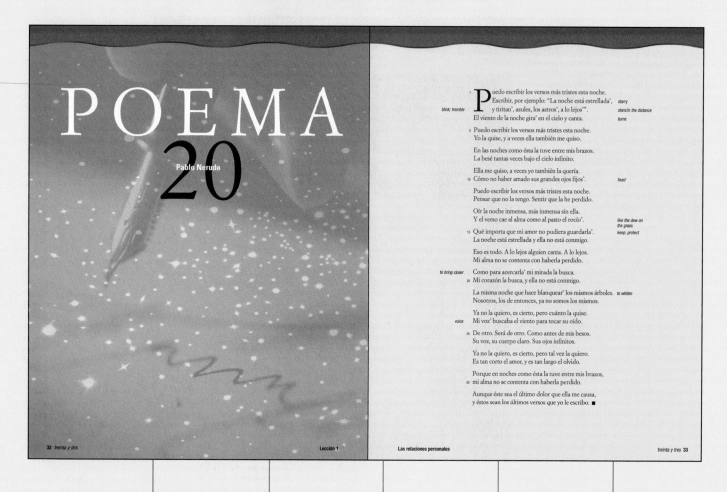

Sobre el autor Biographical information focuses your attention on important information about the authors and their works.

Diverse Texts Theme-related texts from high-profile male and female authors from all over the Spanish-speaking world expose you to a variety of genres, such as poetry, short stories, and novels.

Open Design The type size, open space, numbered lines, and marginal glosses were specially designed to make the readings inviting and highly accessible to you.

Análisis literario Explanations and practice of literary techniques central to the reading give you the support you need to analyze literature in Spanish.

Conexión personal Personalized questions prompt you to think about the theme of the reading as it relates to your own life and experiences.

The second reading in LECTURAS
presents an article on contemporary or traditional
cultural topics related to the lesson theme.

Carlos Mencía
Políticamente
incorrecto

El comediante **Carlos Mencía** tiene tanto éxito con su programa en *Comedy Central* que mantiene un *blog* para sus *fans*. Allí, se define a sí mismo como una persona que dice lo que piensa. Explica que no le importa "herir los sentimientos" de nadie; "lo que hiere aún más es quedarse callado y dejar que la gente estúpida siga siendo estúpida". También dice en su *blog* que "algunos pueden hacer chistes sobre otras personas, pero no pueden aceptar que se hagan chistes sobre ellos… bueno… si tú eres así… ¡entonces hazme el favor y CÁLLATE!"

Carlos Mencía integra una nueva
10 generación de humoristas latinos que llegó para quedarse. Esta gran familia de comediantes también incluye nombres como Pablo Francisco, Liz Torres, Freddy Soto, Mike Robles, Joey Medina,
15 Ernie G y Shayla Rivera, entre otros. Además, hay que destacar al ya clásico John Leguizamo. Antes de saltar a la fama con su programa *Mind of Mencía* en *Comedy Central*, Carlos ya tenía una
20 larga trayectoria artística.

Nació en Honduras en 1967 y es
second-to-last el penúltimo° de dieciocho hijos. Se crió en Los Ángeles en casa de sus tíos. Estudiaba ingeniería hasta que ganó
competition 25 una competencia° de comedia en el *Laugh Factory*. Le faltaba sólo un crédito para graduarse pero decidió dejar la universidad y dedicarse a la comedia. Aunque al principio su familia no estaba
30 de acuerdo con el cambio, gracias a su
support perseverancia y al apoyo° de su hermano
managed to Joseph, Carlos logró convertirse° en un
become comediante profesional. Fue en *The*
renowned Comedy Store —un renombrado° club de
35 comedia de Los Ángeles— donde adoptó el nombre artístico de Carlos Mencía. Durante la década de los noventa, Carlos participó como comediante y
host como anfitrión° en varios programas de
40 televisión. En 2001, realizó una popular
tour gira° titulada *The Three Amigos* con Freddy Soto y Pablo Francisco. Antes

de su llegada a *Comedy Central*, también hizo dos especiales para HBO.

El humor de Carlos Mencía no 45 perdona a nadie —ni siquiera a su propia familia— y, como consecuencia, Carlos tiene tanto admiradores como detractores. Hace chistes acerca de blancos, negros, minorías y sobre todo 50 latinos. En su lenguaje abundan° las *are plentiful* malas palabras. Algunos de sus temas preferidos son las cuestiones raciales, la política, la religión y los temas sociales. Muchos consideran que su estilo excede 55 los límites de lo que es "políticamente correcto".

Cuando observamos las opiniones y reacciones que provoca, las aguas están divididas°. Para algunos, los 60 *there is* chistes de Carlos Mencía son demasiado *disagreement* provocativos y perpetúan° estereotipos; *perpetuate* para otros, sus chistes son un ejemplo de libre expresión°, un ejemplo de que *freedom of speech* los latinos ya no son una minoría que es 65 víctima de los chistes de otras personas, sino una comunidad que se siente establecida y que es capaz de reírse de sí misma… y de los demás. ∎

El humor de Carlos Mencía
" El racismo significa exclusión. Por eso, yo me río de todos. "
" Al igual que mi padre, yo también nací en América Central… Nebraska. "
" En Texas, si te llamas Carlos, eres mexicano. En Florida, eres cubano. En Nueva York, eres puertorriqueño. Y luego vengo aquí (Canadá) y me entero de que soy esquimal. "

Appealing Topics The **Cultura** readings present a unique range of topics that expose you to the people, traditions, and accomplishments particular to the different cultures of the Spanish-speaking world.

Open Design The same open interior design used in the first selection, including numbered lines and marginal glosses, helps make the **Cultura** readings accessible to you.

Vocabulario A vocabulary box lists words and expressions key to the reading.

Contexto cultural The selection is introduced by culturally relevant background information about the theme of the reading.

Post-reading Activities These exercises check your understanding of key ideas and guide you in analyzing, interpreting, and reacting to the content.

Atando cabos
develops your oral communication skills and writing skills.

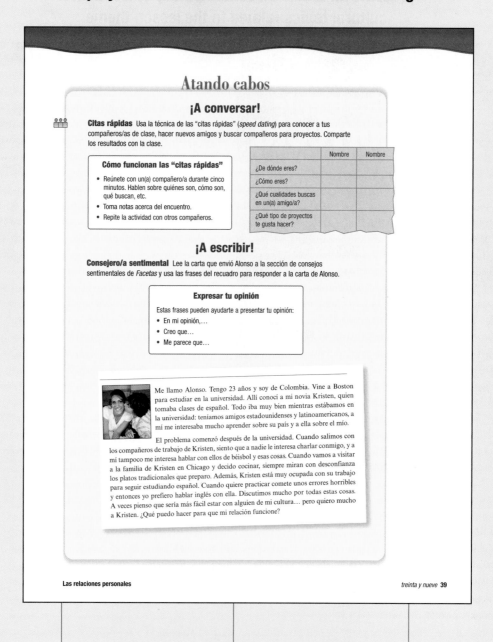

Atando cabos

¡A conversar!

Citas rápidas Usa la técnica de las "citas rápidas" (*speed dating*) para conocer a tus compañeros/as de clase, hacer nuevos amigos y buscar compañeros para proyectos. Comparte los resultados con la clase.

Cómo funcionan las "citas rápidas"

- Reúnete con un(a) compañero/a durante cinco minutos. Hablen sobre quiénes son, cómo son, qué buscan, etc.
- Toma notas acerca del encuentro.
- Repite la actividad con otros compañeros.

	Nombre	Nombre
¿De dónde eres?		
¿Cómo eres?		
¿Qué cualidades buscas en un(a) amigo/a?		
¿Qué tipo de proyectos te gusta hacer?		

¡A escribir!

Consejero/a sentimental Lee la carta que envió Alonso a la sección de consejos sentimentales de *Facetas* y usa las frases del recuadro para responder a la carta de Alonso.

Expresar tu opinión

Estas frases pueden ayudarte a presentar tu opinión:

- En mi opinión,…
- Creo que…
- Me parece que…

Me llamo Alonso. Tengo 23 años y soy de Colombia. Vine a Boston para estudiar en la universidad. Allí conocí a mi novia Kristen, quien tomaba clases de español. Todo iba muy bien mientras estábamos en la universidad: teníamos amigos estadounidenses y latinoamericanos, a mí me interesaba mucho aprender sobre su país y a ella sobre el mío.

El problema comenzó después de la universidad. Cuando salimos con los compañeros de trabajo de Kristen, siento que a nadie le interesa charlar conmigo, y a mí tampoco me interesa hablar con ellos de béisbol y esas cosas. Cuando vamos a visitar a la familia de Kristen en Chicago y decido cocinar, siempre miran con desconfianza los platos tradicionales que preparo. Además, Kristen está muy ocupada con su trabajo para seguir estudiando español. Cuando quiere practicar comete unos errores horribles y entonces yo prefiero hablar inglés con ella. Discutimos mucho por todas estas cosas. A veces pienso que sería más fácil estar con alguien de mi cultura… pero quiero mucho a Kristen. ¿Qué puedo hacer para que mi relación funcione?

Las relaciones personales

treinta y nueve **39**

¡A conversar! Step-by-step tasks and problem-solving situations engage you in discussion in pairs, small groups, or with the entire class.

Thematic Readings and Realia These texts serve as springboards for discussion and writing while providing frameworks to help you use language creatively.

¡A escribir! This section provides an engaging, real-life writing task—letters, e-mails, anecdotes, etc.—spun off from the themes and ideas of the lesson.

VOCABULARIO
summarizes the active vocabulary in each lesson.

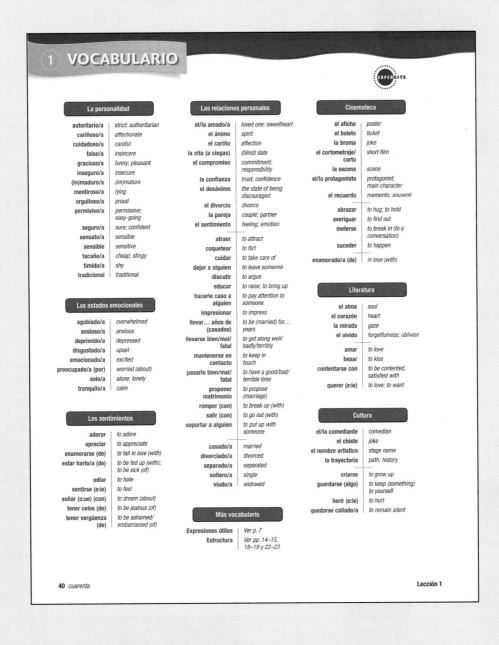

SUPERSITE

La personalidad

autoritario/a	strict; authoritarian
cariñoso/a	affectionate
cuidadoso/a	careful
falso/a	insincere
gracioso/a	funny; pleasant
inseguro/a	insecure
(in)maduro/a	(im)mature
mentiroso/a	lying
orgulloso/a	proud
permisivo/a	permissive; easy-going
seguro/a	sure; confident
sensato/a	sensible
sensible	sensitive
tacaño/a	cheap; stingy
tímido/a	shy
tradicional	traditional

Los estados emocionales

agobiado/a	overwhelmed
ansioso/a	anxious
deprimido/a	depressed
disgustado/a	upset
emocionado/a	excited
preocupado/a (por)	worried (about)
solo/a	alone; lonely
tranquilo/a	calm

Los sentimientos

adorar	to adore
apreciar	to appreciate
enamorarse (de)	to fall in love (with)
estar harto/a (de)	to be fed up (with); to be sick (of)
odiar	to hate
sentirse (e:ie)	to feel
soñar (o:ue) (con)	to dream (about)
tener celos (de)	to be jealous (of)
tener vergüenza (de)	to be ashamed/ embarrassed (of)

Las relaciones personales

el/la amado/a	loved one; sweetheart
el ánimo	spirit
el cariño	affection
la cita (a ciegas)	(blind) date
el compromiso	commitment; responsibility
la confianza	trust; confidence
el desánimo	the state of being discouraged
el divorcio	divorce
la pareja	couple; partner
el sentimiento	feeling; emotion
atraer	to attract
coquetear	to flirt
cuidar	to take care of
dejar a alguien	to leave someone
discutir	to argue
educar	to raise; to bring up
hacerle caso a alguien	to pay attention to someone
impresionar	to impress
llevar... años de (casados)	to be (married) for... years
llevarse bien/mal/ fatal	to get along well/ badly/terribly
mantenerse en contacto	to keep in touch
pasarlo bien/mal/ fatal	to have a good/bad/ terrible time
proponer matrimonio	to propose (marriage)
romper (con)	to break up (with)
salir (con)	to go out (with)
soportar a alguien	to put up with someone
casado/a	married
divorciado/a	divorced
separado/a	separated
soltero/a	single
viudo/a	widowed

Más vocabulario

Expresiones útiles	Ver p. 7
Estructura	Ver pp. 14–15, 18–19 y 22–23

Cinemateca

el afiche	poster
el boleto	ticket
la broma	joke
el cortometraje/ corto	short film
la escena	scene
el/la protagonista	protagonist; main character
el recuerdo	memento; souvenir
abrazar	to hug; to hold
averiguar	to find out
meterse	to break in (to a conversation)
suceder	to happen
enamorado/a (de)	in love (with)

Literatura

el alma	soul
el corazón	heart
la mirada	gaze
el olvido	forgetfulness; oblivion
amar	to love
besar	to kiss
contentarse con	to be contented, satisfied with
querer (e:ie)	to love; to want

Cultura

el/la comediante	comedian
el chiste	joke
el nombre artístico	stage name
la trayectoria	path; history
criarse	to grow up
guardarse (algo)	to keep (something) to yourself
herir (e:ie)	to hurt
quedarse callado/a	to remain silent

Lección 1

ENFOQUES, Second Edition, Video Programs

Sitcom Video

An episode in the format of a situational comedy accompanies each lesson in **ENFOQUES**. These episodes portray the everyday lives and adventures of the owner and five employees of the lifestyle magazine *Revista Facetas,* based in Mexico City.

The **Fotonovela** section in each textbook lesson is actually an abbreviated version of the dramatic episode featured in the video. Therefore, each **Fotonovela** section can be done before you see the corresponding video episode, after it, or as a stand-alone section.

Besides providing entertainment, the video serves as a useful learning tool. As you watch the episodes, you will observe the characters interacting in various situations and using real-world language that reflects the vocabulary and grammar you are studying. In addition, because language learning is an ongoing, cumulative process, you will find that the dramatic segments carefully combine new vocabulary and grammar with previously taught language as the video progresses.

Flash cultura

The new dynamic **Flash cultura** video provides an entertaining and humorous complement to the **Enfoques** section of each lesson. Correspondents from various Spanish-speaking countries report on aspects of life in their countries. The similarities and differences among Spanish-speaking countries that come up through their exchanges will challenge you to think about your own cultural practices and values.

The Cast

Here are the main characters you will meet when you watch the **ENFOQUES** video:

Mariela Burgos

José Raúl Aguayo

Diana González

Éric Vargas

Juan (Johnny) Medina

Fabiola Ledesma

Film Collection

The **ENFOQUES** Film Collection contains the short films by Hispanic filmmakers that are the basis for the **Cinemateca** section of every lesson. These award-winning films offer entertaining and thought-provoking opportunities to build your listening comprehension skills and your cultural knowledge of the Spanish-speaking world.

Film Synopses

Lección 1 *Momentos de estación* (Argentina) A commuter purchases his train ticket every day, never once telling the ticket window employee about his feelings for her. He suddenly takes advantage of the moment and tells her... causing a spiraling effect for those around them.

NEW! Lección 2 *Espíritu deportivo* (México) At the funeral of a deceased soccer star, his teammates argue the lineup of their famous match against Brazil.

Lección 3 *Adiós mamá* (México) A man is grocery shopping alone on an ordinary day when a chance meeting makes him the focus of an elderly woman's existential conflict, with a surprising result.

NEW! Lección 4 *Éramos pocos* (España) **Oscar nominated!** After being abandoned by his wife, a father and son enlist the help of her mother to keep house.

NEW! Lección 5 *El anillo* (Puerto Rico) Every object has its own story to tell.

NEW! Lección 6 *El día menos pensado* (México) A city ends up without potable water; people must decide whether to flee or stand and guard what little water they have left.

NEW! Lección 7 *Happy Cool* (Argentina) A man decides to wait out a recession by having himself cryogenically frozen until better economic times.

NEW! Lección 8 *Clown* (España) Companies will go to any length to collect what is due to them... and to make sure they have hired the right person for the job.

NEW! Lección 9 *Sintonía* (España) Stuck in traffic, the only way a man can get the attention of a woman is to figure out which radio station she's listening to and call in.

NEW! Lección 10 *Las viandas* (España) In a restaurant where food is art, a customer learns whether it is possible to have too much of a good thing.

NEW! Lección 11 *El rincón de Venezuela* (Venezuela/Estados Unidos) It's enough of a struggle for one immigrant family to keep their restaurant afloat without having to mediate the political preferences of their patrons.

NEW! Lección 12 *Un pedazo de tierra* (México/Estados Unidos; producción argentina) In honoring their great-great-grandfather's dying wish, two brothers learn about themselves and the people that came before them.

Icons

Icons consistently classify activities by type: listening, video, pair, or group. They also signal when there is additional material on the Supersite (**enfoques.vhlcentral.com**).

Familiarize yourself with these icons that appear throughout **ENFOQUES.**

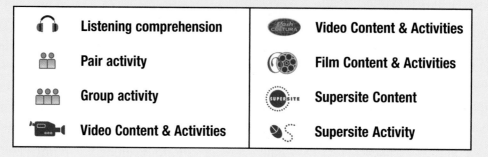

🎧	Listening comprehension	Flash Cultura	Video Content & Activities
👥	Pair activity	🎞	Film Content & Activities
👥👥	Group activity	SUPERSITE	Supersite Content
🎥	Video Content & Activities	🖱	Supersite Activity

Student Ancillaries

NEW! Textbook Audio Program 🎧
The Textbook Audio Program comprises all of the audio recordings that correspond to the audio icons and activities in your text. These MP3 files are available on the **ENFOQUES** Supersite.

Student Activities Manual
The Student Activities Manual consists of the Workbook, the Lab Manual, and the Video Manual. The Workbook activities provide additional practice of the vocabulary and grammar for each textbook lesson. The Lab Manual activities for each textbook lesson focus on building your listening comprehension skills in Spanish. The Video Manual includes pre-, while-, and post-viewing activities for the **ENFOQUES** Sitcom Video.

Lab Audio Program
The Lab Audio Program, available as MP3 files on the **ENFOQUES** Supersite, contains the recordings to be used with the activities of the Lab Manual.

NEW! ENFOQUES Sitcom Video DVD 🎥
Free-of-charge with each new copy of **ENFOQUES, Second Edition,** this DVD includes the complete **Fotonovela** Sitcom Video in twelve dramatic episodes done in the style of a situational comedy.

NEW! Supersite (enfoques.vhlcentral.com) SUPERSITE 🖱
Free with each purchase of a new student text, the **ENFOQUES, Second Edition,** Supersite Access Code delivers a wide range of online resources to you. Audio, video, and auto-graded practice directly correlate to your textbook and go beyond it. See p. xxvi for more information.

Instructor Ancillaries

In addition to the student ancillaries, all of which are available to the instructor, these supplements are also available.

Instructor's Annotated Edition

The Instructor's Annotated Edition (IAE) provides a wealth of information designed to support classroom teaching. The IAE contains answers to exercises overprinted on the page, cultural information, suggestions for implementing and extending student activities, supplemental activities, and cross-references to student and instructor ancillaries.

NEW! Flash cultura DVD

This new cultural video, shot on-location in eight Spanish-speaking countries, leads you through many traditions, tendencies, and treasures in the Spanish-speaking world.

NEW! Instructor's Resource CD-ROM

- **Instructor's Resource Manual**
  The Instructor's Resource Manual contains teaching suggestions, textbook and lab audioscripts, the **Fotonovela** videoscript, the filmscripts for the Film Collection, English translations of the **Fotonovela** and Film Collection scripts, plus textbook and SAM answer keys.

- **Testing Program with Audio**
  The Testing Program contains four quizzes for each of the textbook's twelve lessons and exams for Lessons 1–3, 4–6, 7–9, and 10–12, as well as two exams for Lessons 1–6 and 7–12. All assessments include sections on listening comprehension, vocabulary, grammar, and communication. Optional reading sections are also provided. Listening scripts, answer keys, and audio files are also included. The Testing Program is available in three formats: ready-to-print PDFs, editable word-processing files, and in a powerful Test Generator.

- **Overheads**
  Overhead materials include selected illustrations and **Estructura** charts from the textbook, as well as maps of all Spanish-speaking countries.

- **Student Activities Manual Answer Key**

NEW! ENFOQUES Video Program DVDs

This set of DVDs includes the complete **Fotonovela** Sitcom Video, as well as all twelve films from the **ENFOQUES** Film Collection.

NEW! Supersite (enfoques.vhlcentral.com)

The **ENFOQUES, Second Edition,** Supersite, powered by **Maestro™**, provides a wealth of instructional resources, including a powerful gradebook and course management system, lesson plans, the complete contents of the Instructor's Resource CD-ROM, and much more.

Supersite

Powered by MAESTRO™

Vista Higher Learning is proud to introduce the **ENFOQUES, Second Edition,** Supersite to accompany your intermediate Spanish Textbook. Powered by **Maestro™,** a brand-new language learning system, the **ENFOQUES Supersite** offers a wealth of resources that correlate to your textbook and go beyond it.

For Students

Student resources, available through your access code, are provided free-of-charge with the purchase of a new student text:

- Selected activities from the student text, available with auto-grading ◕﹕
- Additional activities for each strand of the book (SUPERSITE)
- Additional cultural information and research activities (SUPERSITE)
- Downloadable MP3s of the entire Textbook Audio Program and Lab Audio Program
- The entire Video Program, including the new **Flash cultura** cultural video, the **Fotonovela** sitcom, and the **ENFOQUES, Second Edition,** Film Collection
- Multiple resources, such as a Spanish-English Dictionary and a Verb Wheel
- And much, much more…

For Instructors

Instructors have access to the entire student site, as well as these key resources:

- The entire Instructor Ancillary package, including the Instructor's Resource Manual, Testing Program, and Lesson Plans, in downloadable and printable formats
- A robust course management system, powered by **Maestro™**
- The Instructor Exchange forum, where instructors may connect with colleagues for tips and suggestions
- Downloadable MP3s of the entire Textbook Audio Program and Lab Audio Program
- And much, much more…

Reviewers

Vista Higher Learning expresses its sincere appreciation to the college professors nationwide who, through their review of the first edition, helped us and our authors consolidate the concept and contents of **ENFOQUES**. Their insights, ideas, and comments were invaluable to the final product.

Raquel Aguilú de Murphy
Marquette University, WI

Elizabeth Allen
Harpeth Hall School, TN

Philip D. Ambard
United States Air Force Academy, CO

Engracia Angrill Schuster
Onondaga Community College, NY

Anselmo Arguelles
Portland Community College, OR

Lawrence Banducci
Cabrillo College, CA

Rosalba Bellen
Archmere Academy, DE

Ernesto Benítez Rodríguez
University of Calgary, AB

Pam Benítez
Niles North High School, IL

Juan Antonio Bernabeu
Laramie County Community College, WY

Suzanne Chávez
Rogue Community College, OR

María Córdoba
University of North Carolina, Greensboro, NC

Christine Cotton
Elon University, NC

Dale S. Crandall
Gainesville College, GA

Jodi Cusick-Acosta
Vernon Hills High School, IL

Nancy G. Díaz
Rutgers University, NJ

Consuelo España
Cabrillo College, CA

Ruston Ford
Indian Hills Community College, IA

María Antonieta Galván
Palo Alto College, TX

José Ignacio González Cruz
Clayton State University, GA

Luz Harshbarger
Wright State University, Lake Campus, OH

Hiltrud A. Heller
El Camino College & West L.A. College, CA

David Howard
Oak Grove School, CA

Harriet Hutchinson
Bunker Hill Community College, MA

Maureen Ihrie
Elon University, NC

Teresa M. Klocker
New Trier Township High School, IL

Carmen F. Klohe
St. John's University, NJ

Ernest J. Lunsford
Elon University, NC

Shannon Maddox
George Walton Academy, GA

Sonia Maruenda
University of Wisconsin, Green Bay, WI

Jane Mathias
Nardin Academy, NY

Libardo Mitchell
Portland Community College, OR

Maureen Murov
Centenary College, LA

Nela Navarro
Rutgers University, NJ

Perry Nigh
Milwaukee Area Technical College, WI

Bernice Nuhfer-Halten
SPSU, GA

Kevin J. O'Connor
Colorado College, CO

César Paredes
Milwaukee Technical College, PA

Teresa Pérez-Gamboa
University of Georgia, Athens, GA

Amalia Petrusha
Marquette University, WI

Cindy J. Phelps
Newberg High School, OR

Maribel Piñas-Espigule
Portland Community College, OR

April Post
Elon University, NC

Claire Reetz
Florida Community College, Jacksonville, FL

Katie Salgado
St. Mary's School, OR

Rosa Salinas Samelson
Palo Alto College, TX

Denise Saldivar
Diablo Valley College, CA

Susana Sandmann
University of St. Thomas, MN

Belinda A. Sauret
Gainesville College, GA

Timothy Scott
Onondaga Community College, NY

Gabriela Segal
Arcadia University, PA

Patricia Suppes
Elon University, NC

Sonia Torna
Bellarmine College Preparatory, CA

Sixto E. Torres
Gainesville College, GA

Teresa Vargas
Peace College, NC

Barry L. Velleman
Marquette University, WI

Miguel Verano
United States Air Force Academy, CO

Doug West
Sage Hill School, CA

Jennifer Wood
Scripps College, CA

Sheila Young
Butler University, IN

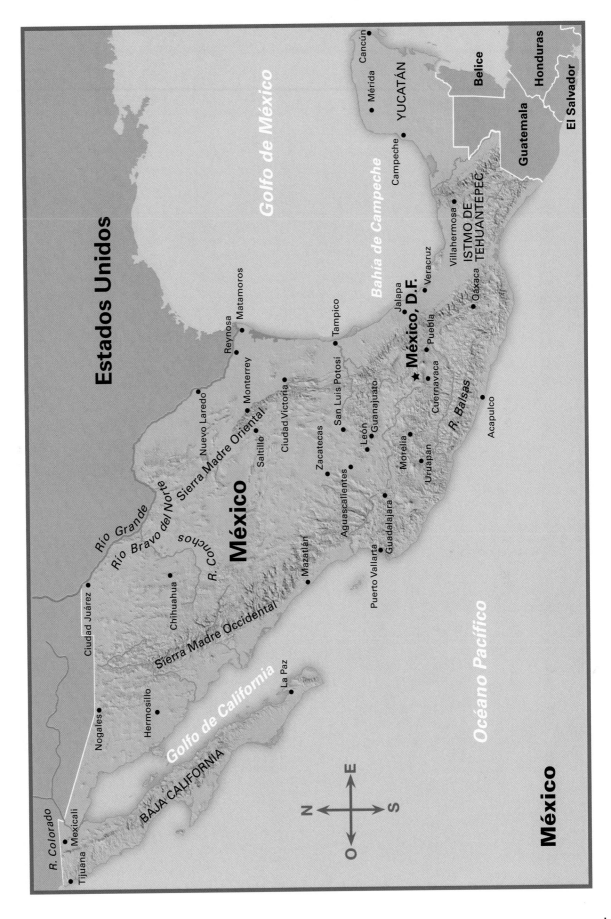

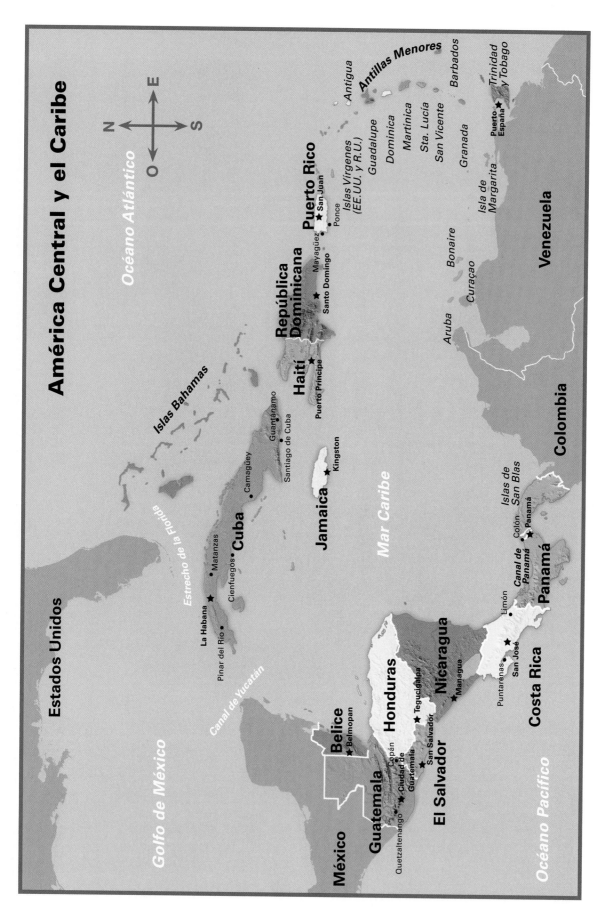

América Central y el Caribe

Estados Unidos

Golfo de México

Océano Atlántico

Océano Pacífico

México

Quetzaltenango

Guatemala

Ciudad de Guatemala

Copán

Belice

Belmopan

El Salvador

San Salvador

Honduras

Tegucigalpa

Nicaragua

Managua

Costa Rica

San José

Puntarenas

Limón

Panamá

Canal de Panamá

Colón

Panamá

Islas de San Blas

Colombia

Venezuela

Estrecho de la Florida

Canal de Yucatán

Islas Bahamas

Cuba

La Habana

Pinar del Río

Matanzas

Cienfuegos

Camagüey

Santiago de Cuba

Guantánamo

Jamaica

Kingston

Mar Caribe

Haití

Puerto Príncipe

República Dominicana

Santo Domingo

Puerto Rico

Mayagüez

Ponce

San Juan

Islas Vírgenes (EE.UU. y R.U.)

Antillas Menores

Antigua

Guadalupe

Dominica

Martinica

Sta. Lucía

San Vicente

Granada

Barbados

Isla de Margarita

Aruba

Bonaire

Curaçao

Trinidad y Tobago

Puerto España

N O S E

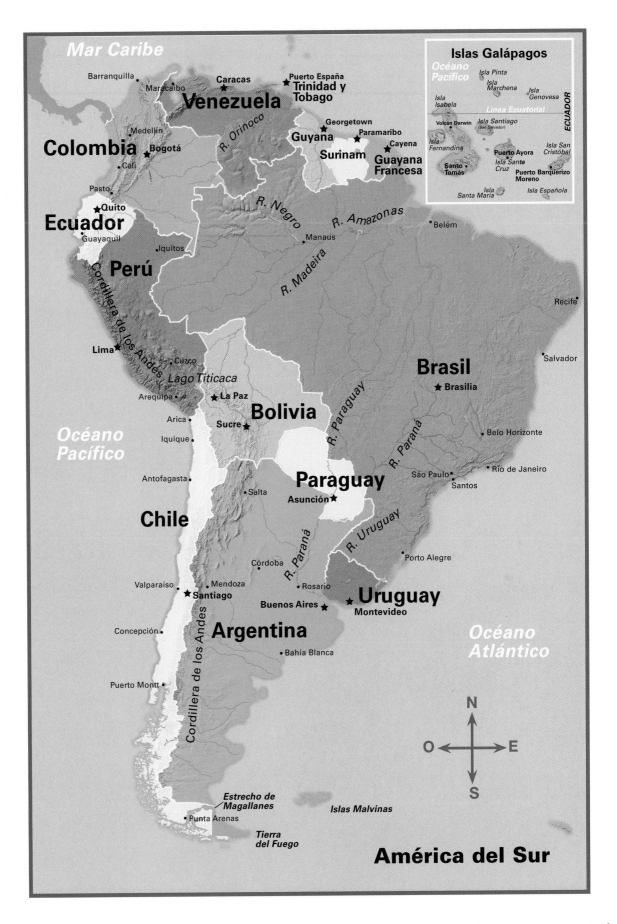

Mar Caribe

Barranquilla
Maracaibo
Caracas
★
Puerto España
Trinidad y
Tobago

Venezuela

Medellín

Colombia

Cali
Bogotá
★

R. Orinoco

Georgetown
★
Guyana
Paramaribo
★
Cayena
Surinam
Guayana Francesa

Pasto

Quito
★
Ecuador
Guayaquil

Iquitos

R. Negro

R. Amazonas

Manaus
Belém

Perú

Cordillera de los Andes

R. Madeira

Recife

Lima
★
Cuzco

Lago Titicaca

Arequipa
La Paz
★
Bolivia
Sucre
★

Salvador

Brasil
Brasilia
★

R. Paraguay

R. Paraná

Belo Horizonte

Arica
Iquique

Océano Pacífico

Antofagasta

Salta

Paraguay
Asunción
★

São Paulo
Santos
Río de Janeiro

Chile

R. Paraná

R. Uruguay

Porto Alegre

Córdoba

Valparaíso
Mendoza
Rosario

R. Paraná

Uruguay
Montevideo

Santiago
★
Buenos Aires
★

Océano Atlántico

Concepción

Argentina

Bahía Blanca

Cordillera de los Andes

Puerto Montt

N
O — E
S

Estrecho de Magallanes

Islas Malvinas

Punta Arenas

Tierra del Fuego

América del Sur

Islas Galápagos

Océano Pacífico

Isla Pinta
Isla Marchena
Isla Genovesa

Isla Isabela

Línea Ecuatorial

ECUADOR

Volcán Darwin
Isla Santiago (San Salvador)

Isla Fernandina

Puerto Ayora
Isla San Cristóbal

Santo Tomás
Isla Santa Cruz
Puerto Barquerizo Moreno

Isla Santa María
Isla Española

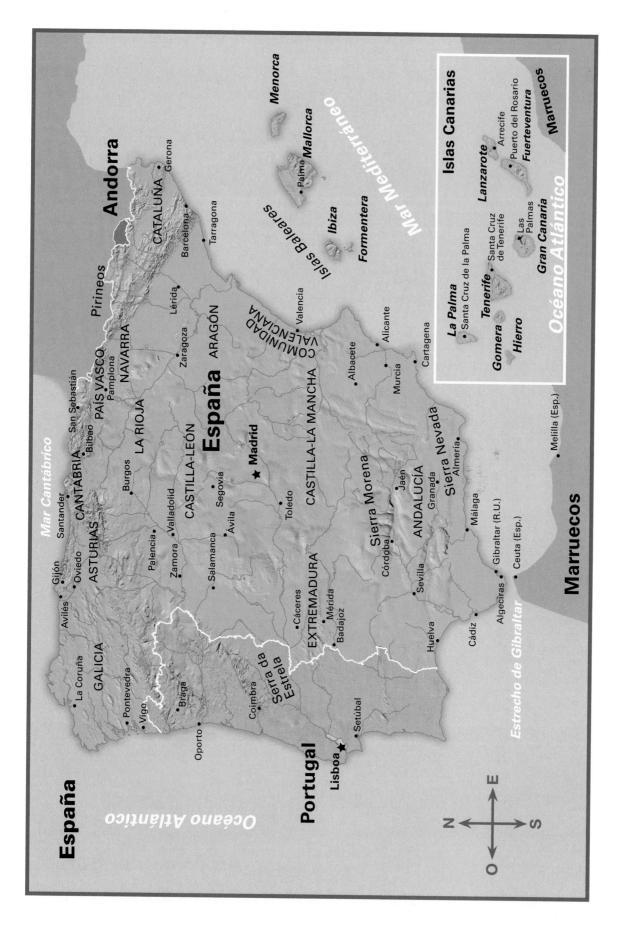

España

Océano Atlántico

Portugal

Marruecos

Mar Cantábrico

Andorra

Mar Mediterráneo

Islas Canarias

Océano Atlántico

Marruecos

GALICIA
ASTURIAS
CANTABRIA
PAÍS VASCO
NAVARRA
LA RIOJA
CATALUÑA
Pirineos
CASTILLA-LEÓN
ARAGÓN
España
Madrid
Islas Baleares
Menorca
Mallorca
Palma
Ibiza
Formentera
COMUNIDAD VALENCIANA
CASTILLA-LA MANCHA
EXTREMADURA
Serra da Estrela
Sierra Morena
ANDALUCÍA
Sierra Nevada
Estrecho de Gibraltar

La Coruña
Pontevedra
Vigo
Braga
Oporto
Coimbra
Lisboa
Setúbal
Gijón
Avilés
Oviedo
Santander
Santander
Burgos
Palencia
Zamora
Valladolid
Salamanca
Ávila
Segovia
Cáceres
Mérida
Badajoz
Huelva
Cádiz
Algeciras
Gibraltar (R.U.)
Ceuta (Esp.)
Sevilla
Córdoba
Jaén
Granada
Málaga
Almería
Toledo
Albacete
Murcia
Cartagena
Alicante
Valencia
Zaragoza
Lérida
Tarragona
Barcelona
Gerona
San Sebastián
Bilbao
Pamplona
Melilla (Esp.)

La Palma
Santa Cruz de la Palma
Gomera
Hierro
Tenerife
Santa Cruz de Tenerife
Gran Canaria
Las Palmas
Lanzarote
Arrecife
Fuerteventura
Puerto del Rosario
Marruecos
Océano Atlántico

N
O
E
S

Las relaciones personales

1

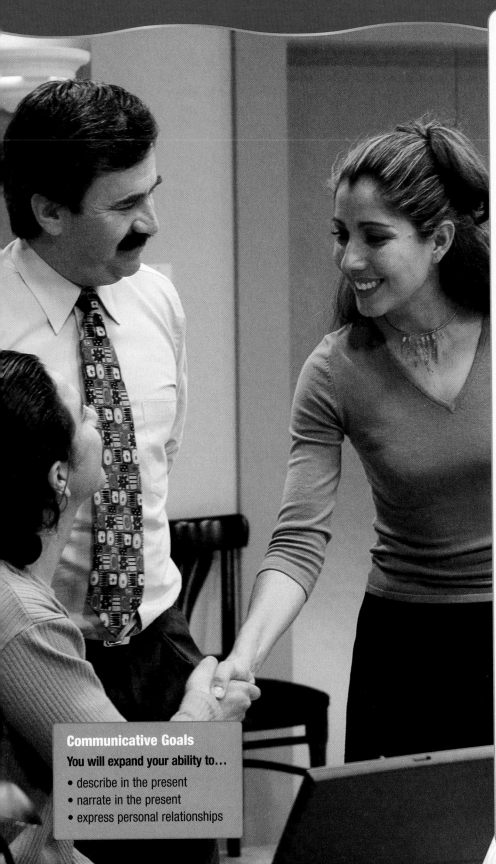

Communicative Goals

You will expand your ability to...
- describe in the present
- narrate in the present
- express personal relationships

SUPERSITE

Las relaciones **personales**

INSTRUCTIONAL RESOURCES
Supersite/IRCD:
Audioscripts,
Textbook Answer Key,
SAM Answer Key
SAM/WebSAM: WB, LM

Note: WB = Workbook   LM = Lab Manual   VM = Video Manual   IRCD = Instructor's Resource CD-ROM

Preview Read and discuss the photos and captions on pp. 2–3. Have students point out vocabulary words they already know from **Contextos**, as well as related vocabulary from introductory Spanish. Ask heritage speakers if they know any other terms for the words presented.

La personalidad

autoritario/a *strict; authoritarian*
cariñoso/a *affectionate*

cuidadoso/a *careful*
falso/a *insincere*
gracioso/a *funny; pleasant*

inseguro/a *insecure*
(in)maduro/a *(im)mature*
mentiroso/a *lying*
orgulloso/a *proud*
permisivo/a *permissive; easy-going*
seguro/a *sure; confident*
sensato/a *sensible*
sensible *sensitive*
tacaño/a *cheap; stingy*
tímido/a *shy*
tradicional *traditional*

Los estados emocionales

agobiado/a *overwhelmed*
ansioso/a *anxious*
deprimido/a *depressed*
disgustado/a *upset*

emocionado/a *excited*
preocupado/a (por) *worried (about)*
solo/a *alone; lonely*
tranquilo/a *calm*

Los sentimientos

Carlos **se está enamorando** de Marisa pero **tiene vergüenza de** decírselo. Marisa también **sueña con** él, y hoy ha decidido decirle cómo **se siente**.

adorar *to adore*
apreciar *to appreciate*
enamorarse (de) *to fall in love (with)*
estar harto/a (de) *to be fed up (with); to be sick (of)*
odiar *to hate*
sentirse (e:ie) *to feel*
soñar (o:ue) (con) *to dream (about)*
tener celos (de) *to be jealous (of)*
tener vergüenza (de) *to be ashamed/embarrassed (of)*

Variación léxica
cariñoso/a ⟷ afectuoso/a
disgustado/a ⟷ enfadado/a
coquetear ⟷ flirtear
Point out that **coquetear/flirtear** are not as widely used in the Spanish-speaking world as *to flirt* is in English.

Las relaciones personales

Llevan más de cincuenta años de casados. Dicen que los secretos de un buen **matrimonio** son la **confianza** y el **cariño**.

el/la amado/a *loved one; sweetheart*
el ánimo *spirit*
el cariño *affection*
la cita (a ciegas) *(blind) date*
el compromiso *commitment; responsibility*
la confianza *trust; confidence*
el desánimo *the state of being discouraged*
el divorcio *divorce*
la pareja *couple; partner*
el sentimiento *feeling; emotion*

atraer *to attract*
coquetear *to flirt*
cuidar *to take care of*
dejar a alguien *to leave someone*
discutir *to argue*
educar *to raise; to bring up*
hacerle caso a alguien *to pay attention to someone*
impresionar *to impress*
llevar... años de (casados) *to be (married) for... years*
llevarse bien/mal/fatal *to get along well/badly/terribly*
mantenerse en contacto *to keep in touch*
pasarlo bien/mal/fatal *to have a good/bad/terrible time*
proponer matrimonio *to propose (marriage)*
romper (con) *to break up (with)*
salir (con) *to go out (with)*
soportar a alguien *to put up with someone*

casado/a *married*
divorciado/a *divorced*
separado/a *separated*
soltero/a *single*
viudo/a *widowed*

Las relaciones personales

 Práctica

① Have students read the statements before listening to the dialogues. Play each dialogue twice and go over the answers as a class.

① Escuchar

A. Después de una cita con Andrés, Paula le cuenta todo a su mejor amiga, Isabel. Escucha la conversación y decide si las oraciones son **ciertas** o **falsas**. Corrige las falsas.

1. Después de la cita con Andrés, Paula está muy emocionada. Cierto.

2. Según Paula, los dos se llevan mal.
Falso. Según Paula, los dos se llevan muy bien.

3. Paula dice que Andrés es feo e inseguro.
Falso. Paula dice que Andrés es guapo y seguro.

4. Paula quiere salir otra vez con Andrés. Cierto.

B. Ahora escucha la conversación entre Andrés y su mejor amigo, José Luis, y decide si las oraciones son **ciertas** o **falsas**. Corrige las falsas.

1. Según Andrés, él y Paula lo pasaron bien.
Falso. Según Andrés, lo pasaron fatal.

2. Andrés piensa que Paula es demasiado tímida.
Cierto.

3. Andrés quiere salir otra vez con Paula.
Falso. Andrés no quiere salir otra vez con Paula.

4. Andrés tiene celos porque José Luis quiere salir con Paula. Falso. Andrés no tiene nada de celos.

C. En parejas, imaginen que José Luis decide llamar a Paula y que Andrés decide llamar a Isabel. Inventen el diálogo de una de estas dos conversaciones telefónicas y compártanlo con la clase.

② Analogías Completa cada analogía con la palabra apropiada.

autoritario	cuidadoso	mentiroso
casados	discutir	romper con
cita	gracioso	tranquilo

1. estresado : ansioso :: falso : _mentiroso_
2. generoso : tacaño :: permisivo : _autoritario_
3. divorcio : divorciados :: matrimonio : _casados_
4. amar : odiar :: salir con : _romper con_
5. cariño : cariñoso :: cuidado : _cuidadoso_
6. disgustado : contento :: emocionado : _tranquilo_
7. casados : boda :: novio : _cita_
8. casarse : comprometerse :: divorciarse : _romper con_

② Ask a volunteer to model the first item.

Teaching option Ask students to write five adjectives or characteristics that describe the ideal friend or parent. Then, in pairs, have students explain which characteristics the person should have and why.

tres **3**

Práctica

③ Additional examples:
Tiene un buen sentido del humor. (gracioso/a)
Aún no se ha casado. (soltero/a)
No quiere que su novio/a sea amigo/a de otros/as hombres/mujeres. (celoso/a)

③ **Definiciones** Indica las palabras que corresponden a cada definición.

___b___ 1. Compromiso entre dos o más personas sobre el lugar, la fecha y la hora para encontrarse.

___d___ 2. Que sufre de depresión, tristeza o desánimo.

___f___ 3. Enseñar a una persona o a un animal a comportarse según ciertas normas.

___g___ 4. Prestarle atención a alguien.

___h___ 5. Conjunto formado por dos personas o cosas que se complementan o son semejantes como, por ejemplo, hombre y mujer.

___a___ 6. Estimar o reconocer el valor de algo o de alguien.

a. apreciar
b. cita
c. cuidar
d. deprimido/a
e. discutir
f. educar
g. hacerle caso
h. pareja
i. viudo/a

④ To check students' comprehension, have them identify the twins by asking questions. Ex: **¿Quién es sincero? (don Paco) ¿Quién es tradicional? (doña Paquita)**

④ **Contrarios** Don Paco y doña Paquita son gemelos (*twins*), pero tienen personalidades muy distintas. Completa las descripciones con el adjetivo correspondiente a doña Paquita.

MODELO Don Paco siempre es muy seguro, pero doña Paquita es… insegura.

1. Don Paco es un hombre sincero, pero doña Paquita es… falsa/mentirosa.

2. Don Paco es muy generoso con su dinero, pero doña Paquita es… tacaña.

3. No sabes lo sociable que es don Paco, pero doña Paquita es muy… tímida.

4. Don Paco es permisivo con sus hijos, pero doña Paquita es… autoritaria.

5. A don Paco le gusta estar con gente, pero doña Paquita prefiere estar… sola.

6. Todos piensan que don Paco es moderno, pero que doña Paquita es… tradicional.

7. Don Paco se porta (*behaves*) como adulto, pero doña Paquita es tan… inmadura.

8. Don Paco es muy modesto, pero doña Paquita es muy… orgullosa.

Comunicación

NATIONAL communication STANDARDS

5 **¿Cómo eres?** Trabaja con un(a) compañero/a.

A. Contesta las preguntas del test.

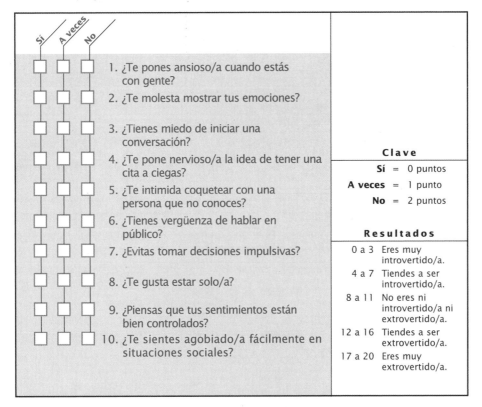

Sí / A veces / No

1. ¿Te pones ansioso/a cuando estás con gente?
2. ¿Te molesta mostrar tus emociones?
3. ¿Tienes miedo de iniciar una conversación?
4. ¿Te pone nervioso/a la idea de tener una cita a ciegas?
5. ¿Te intimida coquetear con una persona que no conoces?
6. ¿Tienes vergüenza de hablar en público?
7. ¿Evitas tomar decisiones impulsivas?
8. ¿Te gusta estar solo/a?
9. ¿Piensas que tus sentimientos están bien controlados?
10. ¿Te sientes agobiado/a fácilmente en situaciones sociales?

Clave

Sí = 0 puntos
A veces = 1 punto
No = 2 puntos

Resultados

0 a 3	Eres muy introvertido/a.
4 a 7	Tiendes a ser introvertido/a.
8 a 11	No eres ni introvertido/a ni extrovertido/a.
12 a 16	Tiendes a ser extrovertido/a.
17 a 20	Eres muy extrovertido/a.

B. Ahora suma (*add up*) los puntos. ¿Cuál es el resultado del test? ¿Estás de acuerdo? Comenta tu resultado y tu opinión con tu compañero/a.

6 **Problemas y consejos**

A. En grupos de cuatro, elijan una de estas situaciones. Inventen más detalles para describir la situación. ¿Quiénes son los personajes? ¿Cuál es su relación? ¿Dónde se encuentran? ¿Cuánto tiempo llevan juntos? ¿Cuándo se originó el problema?

1. Intercambian miradas (*glances*). Él se pregunta si ella está coqueteando con él.

2. Quiere mucho a su esposo/a, pero él/ella tiene celos de todo el mundo. Él/Ella no soporta los celos de su pareja.

3. Hacen una buena pareja, pero él nunca le va a proponer matrimonio.

4. Se conocieron en una cita a ciegas y se llevaron fatal.

5. Se quieren, pero siempre están discutiendo por cualquier cosa.

B. Ahora, escriban un breve correo electrónico en que uno/a de los/las personajes describe su problema y le pide consejos a un(a) amigo/a. Lean la carta a la clase para que sus compañeros ofrezcan sus consejos.

⑤ Have students do this exercise in pairs as an interview and report the final results to the class.

⑤ Have students add at least two of their own questions using the lesson vocabulary, and revise the scoring.

⑥ Part B: If class time is limited, have students exchange and discuss their e-mails with another group.

SUPERSITE

Los empleados de *Facetas* hablan de cómo recibir a un cliente. Mariela, una nueva empleada, llega a la oficina.

Synopsis
• The *Facetas* magazine employees discuss appropriate ways of greeting clients.
• Mariela, the new graphic designer, arrives at the office.
• Éric gives Fabiola his impression of Mariela.

NATIONAL communication cultures STANDARDS

JOHNNY (*al teléfono*) Revista *Facetas*... (*dirigiéndose a Diana*) Es para Aguayo.

FABIOLA Está en el baño.

JOHNNY (*al teléfono*) En estos momentos está en el baño.

DIANA ¡No! Di que está reunido con un cliente.

JOHNNY (*al teléfono*) Disculpe, está en el baño reunido con un cliente.

JOHNNY Jefe, tiene un mensaje de Mariela Burgos.

AGUAYO Gracias... Es la nueva artista gráfica. Viene a reunirse con nosotros.

Aguayo se marcha a su oficina.

FABIOLA No creo que quepamos todos en el baño.

DIANA (*repartiendo libretas*) Éste es el manual de conducta profesional.

FABIOLA Página tres: "Cómo recibir a un cliente".

ÉRIC (*se levanta*) ¿Quieren una demostración? Johnny, tú eres el cliente.

JOHNNY Quizás no soy un cliente. Podría ser un supermodelo o algo así.

FABIOLA Mejor un cliente.

En la oficina central... Entra el muchacho de la pizza.

JOHNNY ¿Alguien ordenó pizza?

MUCHACHO ¿Éste es el 714 de la avenida Juárez...?

MARIELA (*interrumpe*) ¿Oficina uno, revista *Facetas*?... Soy Mariela. No sabía llegar, así que ordené una pizza y seguí al muchacho.

JOHNNY ¡Bienvenida!

En la sala de reuniones...

AGUAYO Mariela, te quiero presentar al equipo de *Facetas*. Él es Éric, nuestro fotógrafo.

ÉRIC ¿Qué tal?

AGUAYO Ella es Fabiola. Se encarga de las secciones de viajes, economía, turismo y farándula.

FABIOLA Mucho gusto.

AGUAYO Él es Johnny. Escribe las secciones de arte, comida, bienestar y política.

JOHNNY Hola.

AGUAYO Y ella es Diana. Está a cargo de las ventas y el mercadeo.

INSTRUCTIONAL RESOURCES Supersite/DVD: Fotonovela **Supersite/IRCD:** Videoscript & Translation, SAM Answer Key **SAM/WebSAM:** VM

Preview Have students quickly scan the **Fotonovela** and make a list of the cognates they find. Ask them to predict what this episode is about based on the visuals and the cognates.

Personajes

AGUAYO

DIANA

ÉRIC

FABIOLA

JOHNNY

MARIELA

MUCHACHO DE LA PIZZA

ÉRIC Ya sé. Eres un millonario que viene a comprar la revista.

JOHNNY Perfecto. Soy el magnate dominicano Juan Medina.

ÉRIC Bienvenido a *Facetas*, señor Medina. Bienvenido.

Se abrazan.

Luego, en la cocina...

AGUAYO Hay que ser cuidadoso al contestar el teléfono.

JOHNNY Querrás decir mentiroso.

DIANA Es una formalidad.

ÉRIC Odio ser formal.

FABIOLA Es lindo abrazar a la gente, Éric, pero esto es una oficina, no un partido de fútbol.

DIANA Me han hablado tanto de ti, que estoy ansiosa por conocer tu propia versión.

MARIELA Tengo veintidós años, soy de Monterrey, estudio en la UNAM y vengo de una familia grande.

JOHNNY ¿Muy grande?

MARIELA En cincuenta años de matrimonio mis padres han criado a nueve hijos y veinte nietos.

FABIOLA ¿Qué te pareció?

ÉRIC Está buenísima.

FABIOLA ¿Eso es todo lo que tienes que decir?

ÉRIC ¿Qué más se puede decir de una pizza?

FABIOLA ¡Te estoy hablando de Mariela!

ÉRIC Creo que es bella, talentosa e inteligente. Más allá de eso, no me impresiona para nada.

Teaching option Point out that words and expressions in **Expresiones útiles** are considered active vocabulary.

Teaching option Play the first half of this video module and ask the class to describe what they saw and predict what will happen in the second half. Then play the entire video module and have the class summarize the plot.

Las relaciones personales

Comprensión

① Have students invent one or two events that might precede or follow those listed.

1 **La trama** Primero, indica con una **X** los hechos (*events*) que no ocurrieron en este episodio. Después, indica con números el orden en el que ocurrieron los restantes (*the remaining ones*).

_____3_____ a. Diana llega con el manual de conducta profesional.

_____x_____ b. Éric ordena una pizza con anchoas.

_____2_____ c. Mariela deja un mensaje para Aguayo.

_____5_____ d. Un muchacho llega a la oficina con una pizza.

_____7_____ e. Aguayo presenta a Mariela al grupo.

_____x_____ f. Johnny gana la lotería.

_____8_____ g. Fabiola le pregunta a Éric su opinión sobre Mariela.

_____1_____ h. Johnny contesta el teléfono.

_____6_____ i. Mariela llega a la oficina.

_____x_____ j. Aguayo paga la pizza.

_____4_____ k. Éric y Johnny practican la forma correcta de recibir a un cliente.

_____x_____ l. Los empleados de *Facetas* celebran el cumpleaños de Mariela.

② To practice the present tense, tell students to respond in complete sentences.

2 **¿Quién lo haría?** ¿Quién estaría a cargo de estas actividades?

Aguayo

Diana

Éric

Fabiola

Johnny

Mariela

1. Sacar fotos para la revista. Éric
2. Escribir un artículo sobre un concierto de música pop. Fabiola
3. Hablar con las personas que quieren poner anuncios (*ads*) en la revista. Diana
4. Escribir un artículo sobre las pirámides de Egipto. Fabiola
5. Entrevistar a un ministro del gobierno mexicano para hablar de la inflación. Fabiola
6. Escribir un artículo sobre la corrupción política. Johnny
7. Escribir la reseña (*review*) de un nuevo restaurante. Johnny
8. Preparar dibujos para los artículos de la revista. Mariela
9. Conseguir más lectores (*readers*). Diana
10. Seleccionar al personal (*staff*). Aguayo

Ampliación

 (3) Preguntas En parejas, contesten las preguntas.

1. ¿Qué te parecen los empleados de la revista *Facetas*? ¿Cómo son?

2. ¿De qué está encargado cada empleado? En tu opinión, ¿cuál de ellos tiene más responsabilidad? Explica tu respuesta.

3. ¿Crees que a Mariela le va a gustar su nuevo trabajo? ¿Por qué?

4. ¿Te perdiste alguna vez en una ciudad grande? ¿Qué hiciste?

5. ¿Cómo son los empleados donde tú trabajas? ¿Son parecidos (*similar*) a los empleados de *Facetas*?

 (4) Apuntes culturales En parejas, lean los párrafos y contesten las preguntas.

A larga distancia

Mariela, la nueva artista gráfica de *Facetas*, es de Monterrey, pero se ha mudado a México D.F. para trabajar. En Latinoamérica las personas se mudan con menos frecuencia que en los EE.UU. y mantienen el contacto con los amigos de la infancia y toda la familia. ¡Con todos los sobrinos que tiene, Mariela va a necesitar un buen plan de telefonía celular!

¿Un mapa o una pizza?

Mariela descubre una forma creativa de manejarse en la ciudad más grande del mundo. Sin embargo, algunas ciudades pequeñas de Latinoamérica presentan sus propios desafíos (*challenges*). Si *Facetas* se publicara en Costa Rica, la dirección de la oficina podría ser: del Parque la Sabana, 100 metros al norte del antiguo (*former*) Banco Nacional, portón (*gate*) rojo, San José.

México D.F.

La Universidad Nacional Autónoma de México

Mariela estudia en la UNAM, una de las universidades más grandes y prestigiosas de Latinoamérica. Establecida en 1551, hoy en día la UNAM cuenta con más de 200.000 estudiantes. El campus más grande está en México D.F.; tiene otros en el resto del país y también en Texas, Illinois y Canadá.

1. ¿Te has mudado tú para asistir a la universidad o por motivos de trabajo? ¿Cuáles son las ventajas (*advantages*) y desventajas de vivir lejos del lugar donde creciste?

2. ¿Cuántos amigos/as o parientes (*relatives*) tuyos se han mudado a otra ciudad? ¿Qué hacen ustedes para mantenerse en contacto?

3. ¿Cómo te manejas (*get around*) en tu propia ciudad? ¿Buscas direcciones en Internet? ¿Qué haces si te pierdes? ¿Le pides direcciones a alguien o prefieres usar un mapa?

4. ¿De qué tamaño es la universidad tuya? ¿Cuáles son las diferencias entre las universidades grandes y las pequeñas? ¿Qué tipo de ambiente prefieres tú?

---

(3) Have students use the Internet to research some popular magazines in the Spanish-speaking world and take notes about each magazine to share with the class.

(4) Have volunteers read the paragraphs aloud. Follow up with comprehension questions. Ex: **¿De dónde es Mariela? ¿En qué se diferencian las direcciones de los edificios en San José de las direcciones en los EE.UU.? ¿Dónde están algunos de los campus de la UNAM?**

(4) Ask volunteers to share their partners' responses with the class. Follow up with additional discussion questions. Ex: **¿Te mudarías a otro país por motivos de trabajo? ¿Cuál es la ciudad más grande que conoces?**

INSTRUCTIONAL RESOURCES
Supersite/DVD: Flash cultura; Supersite: Videoscript & Translation

ESTADOS UNIDOS

En detalle

PAREJAS SIN FRONTERAS

Es el año 2000. Ana Villegas está frente a su computadora en México jugando *online* **un juego de cartas.** Del otro lado está Frank Petersen, de Fairhaven, MA, también aficionado al mismo juego. Este simple juego los lleva a una amistad que luego se convierte en amor. A pesar de los temores y del escepticismo familiar, dos años después, Ana deja México y se muda a los Estados Unidos, donde hoy vive junto a su esposo Frank.

La historia de Ana no es un caso aislado°. El número de parejas interculturales está en marcado aumento°. Entre las causas más importantes están la globalización, la asimilación de los hijos de inmigrantes a la cultura estadounidense y el aumento en la edad promedio° de las parejas al casarse. En 1960, en los Estados Unidos, el promedio de edad al casarse era veintitrés para los hombres y veinte para las mujeres. Actualmente es veintisiete y veinticinco. ¿Qué tiene que ver° este cambio con el aumento de las parejas interculturales? Antes los jóvenes solían° casarse con personas de su comunidad. Ahora, muchos tienen la oportunidad de viajar, vivir solos o irse a vivir a otro país. Esta nueva independencia los expone° a otras culturas. Por lo tanto, es más común que formen parejas con personas de culturas diferentes.

Las parejas interculturales enfrentan° muchos desafíos° —problemas de comunicación, diferencias en valores y formas de pensar, falta de aceptación de algunos familiares— pero también tienen una oportunidad única de crecimiento° personal; además, la exposición a otras maneras de pensar nos ayuda a echar una mirada° crítica a nuestra propia cultura. ■

Consejos de Ana

- Esfuérzate° por conocer la cultura de tu pareja.
- Evita perpetuar los estereotipos.
- Pon énfasis en lo que los une y no en lo que los separa.
- Educa a tu familia y a tus amigos acerca de la cultura de tu pareja.
- Aprende a no dejarte llevar° por los comentarios y las miradas de las personas que no están a favor de las relaciones interculturales.

Matrimonios interculturales

De acuerdo con la Oficina del Censo, el número de parejas interraciales se cuadruplicó entre 1970 y 1995.

18% de las mujeres latinas casadas tienen un esposo no latino.

15% de los hombres latinos casados tienen una esposa no latina.

Fuente: Censo estadounidense – Año 2000

aislado *isolated* marcado aumento *marked increase* promedio *average* Qué tiene que ver *What does (it) have to do* solían *used to* expone *exposes* enfrentan *face* desafíos *challenges* crecimiento *growth* echar una mirada *take a look* Esfuérzate *Make an effort* dejarte llevar *allow yourself to be influenced*

Las relaciones

chavo/a (Méx.)   *boyfriend/girlfriend*

enamorado/a (Pe.)   *boyfriend/girlfriend*

engañar   *to cheat; to betray*

estar de novio   *to be dating someone*

estar en pareja con (Esp.)   *to be dating someone*

ponerse de novio/a (con)   *to start dating someone*

estar bueno/a (Arg.)   *to be attractive*

estar padre (Méx.)   *to be attractive*

ISABEL Y WILLIE

La escritora chilena Isabel Allende y el abogado estadounidense Willie Gordon comparten el amor por el arte y la compañía de buenos amigos. Allende conoció a su esposo durante la presentación de su novela *De amor y de sombra* en California en 1988. Gordon admiraba la obra y el talento de esta escritora latinoamericana, y Allende, por su parte, no tardó° en enamorarse de él. Una vez, Gordon hizo un chiste° sobre el matrimonio en una cena con un grupo de personas. Dijo que nunca se volvería a casar a menos que no le quedara otro remedio. Allende se enojó y le dijo que ella había dejado todo por él —su cultura y su gente—, y que éste no le ofrecía ningún compromiso. Así, al día siguiente, Gordon le respondió: "Vale°, me caso." Isabel Allende y Willie Gordon se casaron ese mismo año y, desde entonces, viven en un tranquilo suburbio californiano.

> **Echo de menos la familia y el idioma, el sentido del humor, porque nadie me tiene que explicar un chiste en Chile, mientras que acá no los entiendo.** (Isabel Allende)

Las relaciones

Tendencias

- Aunque en la mayoría de los países hispanos ya no hay reglas fijas, es costumbre que el hombre invite en los primeros encuentros.

- En los Estados Unidos, cada vez más latinos participan en citas rápidas° para encontrar pareja.

Costumbres

- En España, los catalanes celebran por San Jorge el día de los enamorados. En este día el hombre regala una rosa a su persona querida, y ésta le regala un libro.

- En algunos pueblos de México, como Zacatecas, es costumbre que las mujeres y los hombres solteros vayan a caminar solos o en grupos alrededor de la plaza los domingos. Las mujeres y los hombres caminan en dirección contraria para poder observarse mutuamente.

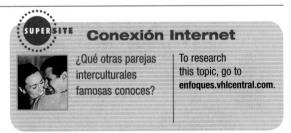

SUPERSITE   **Conexión Internet**

¿Qué otras parejas interculturales famosas conoces?   To research this topic, go to **enfoques.vhlcentral.com.**

no tardó *didn't take long* **chiste** *joke* **Vale** *OK* **citas rápidas** *speed dating*

¿Qué aprendiste?

1 **¿Cierto o falso?** Indica si estas afirmaciones son **ciertas** o **falsas**. Corrige las falsas.

1. Al principio, las familias de Ana y Frank no confiaban en el éxito de la relación. Cierto.

2. El número de parejas interculturales está aumentando poco a poco.
Falso. Está en marcado aumento.

3. Actualmente, la edad promedio al casarse es veinticinco para los hombres y veintisiete para las mujeres. Falso. La edad promedio al casarse es veintisiete para los hombres y veinticinco para las mujeres.

4. En el pasado, era común entre los jóvenes casarse con gente de otras culturas. Falso. En el pasado, los jóvenes solían casarse con personas de su comunidad.

5. Oportunidades como viajar, vivir solos, estudiar o vivir lejos de casa permiten que los jóvenes expandan su círculo y conozcan a gente de otras culturas. Cierto.

6. La exposición a otras culturas puede afectar nuestra forma de pensar sobre nuestra propia cultura. Cierto.

7. El número de parejas interraciales se triplicó entre 1970 y 1995.
Falso. El número de parejas interraciales se cuadruplicó.

8. Ana aconseja prestar mucha atención a las diferencias en la pareja. Falso. Aconseja poner énfasis en lo que los une y no en lo que los separa.

9. Según Ana, es importante que tu familia y tus amigos aprendan acerca de la cultura de tu pareja. Cierto.

10. Ana recomienda no dejarse llevar por las opiniones de las personas prejuiciosas (*prejudiced*). Cierto.

2 **Completar** Completa las oraciones.

1. Willie Gordon sentía ___fascinación___ por las obras de Isabel Allende.
a. cariño   b. indiferencia   c. fascinación

2. Allende ___se enojó___ por una broma que Gordon hizo sobre el casamiento.
a. se sintió feliz   b. se enojó
c. se rió

3. Una relación puede terminar si una persona ___engaña___ a la otra.
a. impresiona   b. aprecia   c. engaña

4. Actualmente, es popular para los latinos en los EE.UU. participar en ___citas rápidas___ .
a. citas rápidas   b. citas a ciegas
c. citas en Internet

3 **Preguntas** Contesta las preguntas.

1. ¿Crees que el Día de San Valentín es importante para celebrar la amistad y el amor o es una excusa para gastar dinero?

2. ¿Es fácil conocer gente *online*? ¿Por qué?

3. ¿Cuáles son otros de los desafíos que enfrentan las parejas interculturales?

4. ¿Cuál es el más importante de los consejos que da Ana? ¿Por qué?

4 **Opiniones** En parejas, escriban cuatro beneficios y cuatro desafíos (*challenges*) de las relaciones interculturales. Traten de no repetir los del artículo.

PROYECTO

Buscar pareja en Internet

Imagina que decides buscar pareja por Internet. Siempre te interesó salir con alguien de otra cultura. Escribe tu perfil para un sitio de citas por Internet. En tus descripciones, usa el vocabulario de la sección **Contextos** y el vocabulario aprendido en esta sección. Tu perfil debe incluir como mínimo:

1. Una descripción de cómo eres.

2. Una descripción de lo que buscas.

3. Una explicación de por qué te interesa conocer a alguien de otra cultura.

4. Cualquier otra información que consideres importante.

 3 Have students close their books. Give them an answer to the questions in the activity and have students come up with the appropriate question in Spanish.

Proyecto Have students use at least five new vocabulary words in their profiles.

Ser and *estar* with adjectives

- **Ser** is used with adjectives to describe inherent, expected qualities. **Estar** is used to describe temporary or variable qualities, or a change in appearance or condition.

  ¿Cómo **son** tus padres?
  What are your parents like?

  ¿Cómo **estás**, Miguel?
  How are you, Miguel?

  La casa **es** muy pequeña.
  The house is very small.

  ¡**Están** tan enojados!
  They're so angry!

- With most descriptive adjectives, either **ser** or **estar** can be used, but the meaning of each statement is different.

  Julio **es alto**.
  Julio is tall. (that is, a tall person)

  ¡Ay, qué **alta estás**, Adriana!
  How tall you're getting, Adriana!

  Dolores **es alegre**.
  Dolores is cheerful. (that is, a cheerful person)

  ¡Uf! El jefe **está alegre** hoy. ¿Qué le pasa?
  Wow! The boss is cheerful today. What's up?

  Juan Carlos **es** un hombre **guapo**.
  Juan Carlos is a handsome man.

  ¡Manuel, **estás** tan **guapo**!
  Manuel, you look so handsome!

- Some adjectives have two different meanings depending on whether they are used with **ser** or **estar**.

ser + [*adjective*]	estar + [*adjective*]
La clase de contabilidad **es aburrida**. *The accounting class is **boring**.*	**Estoy aburrida** con la clase. *I am **bored** with the class.*
Ese chico **es listo**. *That boy is **smart**.*	**Estoy listo** para todo. *I'm **ready** for anything.*
No **soy rico**, pero vivo bien. *I'm not **rich**, but I live well.*	¡El pan **está** tan **rico**! *The bread is **delicious**!*
La actriz **es mala**. *The actress is **bad**.*	La actriz **está mala**. *The actress is **ill**.*
El coche **es seguro**. *The car is **safe**.*	Juan no **está seguro** de la noticia. *Juan isn't **sure** of the news.*
Los aguacates **son verdes**. *Avocados are **green**.*	Esta banana **está verde**. *This banana is **not ripe**.*
Javier **es** muy **vivo**. *Javier is very **sharp**.*	¿Todavía **está vivo** el autor? *Is the author still **living**?*
Pedro **es** un hombre **libre**. *Pedro is a **free** man.*	Esta noche no **estoy** libre. ¡Lo siento! *Tonight I am not **available**. Sorry!*

TALLER DE CONSULTA

Remember that adjectives must agree in gender and number with the person(s) or thing(s) that they modify. See the **Manual de gramática, 1.4**, p. 489, and **1.5**, p. 491.

¡ATENCIÓN!

Estar, not **ser**, is used with **muerto/a**.

Bécquer, el autor de las *Rimas*, está muerto.

Bécquer, the author of Rimas, is dead.

To help students remember the different meanings of these adjectives, remind them that when used with **ser** they describe inherent qualities, while the meanings associated with **estar** describe temporary or variable qualities. Point out that **muerto/a** is an exception to this general rule.

Práctica

TALLER DE CONSULTA

MANUAL DE GRAMÁTICA
Más práctica
1.2 **Ser** and **estar**, p. 487

① Go over student answers as a class to check comprehension. Ask students to explain why **ser** or **estar** is used in each case.

② As a follow-up, have students write a different story about Emilio and Jimena using **ser** and **estar**.

1 La boda de Emilio y Jimena Completa cada oración de la primera columna con la terminación más lógica de la segunda columna.

_c/f_ 1. La boda es

_c_ 2. La iglesia está

_h_ 3. El cielo está

_e_ 4. La madre de Emilio está

_b_ 5. El padre de Jimena está

_d_ 6. Todos los invitados están

_a_ 7. El mariachi que toca en la boda es

_g_ 8. En mi opinión, las bodas son

a. de San Antonio, Texas.

b. deprimido por los gastos.

c. en la calle Zarzamora.

d. esperando a que entren la novia (*bride*) y su padre.

e. contenta con la novia.

f. a las tres de la tarde.

g. muy divertidas.

h. totalmente despejado.

2 La luna de miel Completa el párrafo en el que se describe la luna de miel (*honeymoon*) que van a pasar Jimena y Emilio. Usa formas de **ser** y **estar**.

Emilio y Jimena van a pasar su luna de miel en Miami, Florida. Miami (1) ___es___ una ciudad preciosa. (2) ___Está___ en la costa este de Florida y tiene playas muy bonitas. El clima (3) ___es___ tropical. Jimena y Emilio (4) ___están___ interesados en visitar la Pequeña Habana. Julia (5) ___es___ fanática de la música cubana. Y Emilio (6) ___está___ muy entusiasmado por conocer el parque Máximo Gómez donde las personas van a jugar dominó. Los dos (7) ___son___ aficionados a la comida caribeña. Quieren ir a todos los restaurantes que (8) ___están___ en la Calle Ocho. Cada día van a probar un plato diferente. Algunos de los platos que piensan probar (9) ___son___ el congrí, los tostones y el bistec palomilla. Después de pasar una semana en Miami, la pareja va a (10) ___estar___ cansada pero muy contenta.

Comunicación

(3) **Ellos y ellas**

A. En parejas, miren las fotos de cuatro personalidades latinas y lean las descripciones.

La actriz **Salma Hayek** nació en Coatzacoalcos, México, y actualmente vive en Los Ángeles. Sus abuelos paternos son libaneses y su mamá es mexicana. Sus más recientes películas incluyen *Al caer la noche* (*After the Sunset*), *Bandidas* y *Pregúntale al polvo* (*Ask the Dust*).

Enrique Iglesias nació en Madrid pero se crió en Miami. Aunque quería ser cantante desde los 16 años, nunca le confió su ambición a su padre, el cantante Julio Iglesias. Su primer disco tuvo un gran éxito, y ha ganado varios premios por sus siete álbumes, en los cuales canta tanto en inglés como en español.

El beisbolista dominicano **Manny Ramírez** debutó en las Grandes Ligas de Béisbol en 1993 con los Indians de Cleveland, y desde 2001 juega para los Red Sox en Boston. Fue nombrado el "Jugador Más Valioso" de la Serie Mundial al conseguir el título ante los Cardinals de St. Louis.

Jennifer López es una actriz y cantante de origen puertorriqueño. Desempeñó el papel principal en la película musical *Selena* (1997), y con *Monster-in-law* (2004) se convirtió en la actriz latina mejor pagada. Además de ser talentosa, tiene fama de ser ambiciosa y competitiva.

B. Ahora, preparen una entrevista con una de estas personalidades. Escriban diez preguntas usando los verbos **ser** y **estar** al menos cinco veces. Para la entrevista, pueden usar información que no está en las descripciones. Después de contestar las preguntas, presenten la entrevista a la clase, haciendo uno/a el papel de la personalidad y el/la otro/a el del/de la entrevistador(a).

---

(3) Part A: To check comprehension, ask questions about each celebrity using **ser** and **estar**. Ex: **¿De dónde es Jennifer López?**

(3) Part B: Model the activity using a different Spanish-speaking artist such as Benicio Del Toro or Penélope Cruz. Move from left to right as you assume the two roles for the interview.

INSTRUCTIONAL RESOURCES
Supersite/IRCD:
Textbook Answer Key,
SAM Answer Key
SAM/WebSAM: WB, LM

Remind students that the
present participle in English
is [verb] + -ing.

1.3 Progressive forms

The present progressive

- The present progressive (**el presente progresivo**) narrates an action in progress. It is formed with the present tense of **estar** and the present participle (**el gerundio**) of the main verb.

Éric **está sacando** una foto.
Éric is taking a photo.

Aguayo **está bebiendo** café.
Aguayo is drinking coffee.

Fabiola **está escribiendo** el artículo.
Fabiola is writing the article.

¡Te estoy hablando
de Mariela!
¿Qué te pareció?

Creo que es bella, talentosa
e inteligente. Más allá de eso,
no me impresiona para nada.

- The present participle of regular –**ar**, –**er**, and –**ir** verbs is formed as follows:

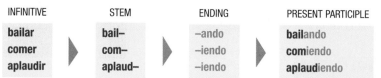

INFINITIVE	STEM	ENDING	PRESENT PARTICIPLE
bailar	bail–	–ando	bailando
comer	com–	–iendo	comiendo
aplaudir	aplaud–	–iendo	aplaudiendo

- Stem-changing verbs that end in –**ir** also change their stem vowel when they form the present participle.

When progressive forms
are used with reflexive
verbs or object pronouns,
the pronouns may either
be attached to the present
participle (in which case
an accent mark is added
to maintain the proper
stress) or placed before
the conjugated verb. See
2.1 Object pronouns,
pp. 54–55, and **2.3
Reflexive verbs,**
pp. 62–63, for more
information.

Se están enamorando.
Están enamorándose.
They are falling in love.

Te estoy hablando.
Estoy hablándote.
I am talking to you.

Note that the present
participle of **ser** is **siendo**.

-ir stem-changing verbs	
Infinitive	**Present Participle**
decir	diciendo
dormir	durmiendo
mentir	mintiendo
morir	muriendo
pedir	pidiendo
sentir	sintiendo
sugerir	sugiriendo

- **Ir, poder, reír,** and **sonreír** have irregular present participles (**yendo, pudiendo, riendo, sonriendo**). **Ir** and **poder** are seldom used in the present progressive.

Marisa está **sonriendo** todo el tiempo.
Marisa is smiling all the time.

Maribel no está **yendo** a clase últimamente.
Maribel isn't going to class lately.

- When the stem of an **–er** or **–ir** verb ends in a vowel, the **–i–** of the present participle ending changes to **–y–**.

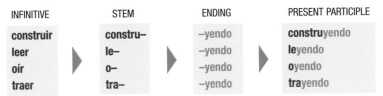

INFINITIVE	STEM	ENDING	PRESENT PARTICIPLE
construir	constru–	–yendo	construyendo
leer	le–	–yendo	leyendo
oír	o–	–yendo	oyendo
traer	tra–	–yendo	trayendo

- Progressive forms are used less frequently in Spanish than in English, and only when emphasizing that an action is *in progress* at the moment described. To refer to actions that occur over a period of time or in the near future, Spanish uses the present tense instead.

PRESENT TENSE	PRESENT PROGRESSIVE
Lourdes **estudia** economía en la UNAM.	Ahora mismo, Lourdes **está tomando** un examen.
Lourdes is studying economics at UNAM.	*Right now, Lourdes is taking an exam.*
¿**Vienes** con nosotros al Café Pamplona?	No, no puedo. Ya **estoy cocinando**.
Are you coming with us to Café Pamplona?	*No, I can't go. I'm already cooking.*

Other verbs with the present participle

- Spanish expresses various shades of progressive action by using verbs such as **seguir, ir, venir**, and **andar** with the present participle.

- **Seguir** with the present participle expresses the idea of *to keep doing something*.

  Emilio **sigue hablando**.
  Emilio keeps on talking.

  Mercedes **sigue quejándose**.
  Mercedes keeps complaining.

- **Ir** with the present participle indicates a gradual or repeated process. It often conveys the English idea of *more and more*.

  Cada día que pasa **voy disfrutando** más de esta clase.
  I'm enjoying this class more and more every day.

  Ana y Juan **van acostumbrándose** al horario de clase.
  Ana and Juan are getting more and more used to the class schedule.

- **Venir** with the present participle indicates a gradual action that accumulates or increases over time.

  Hace años que **viene diciendo** cuánto le gusta el béisbol.
  He's been saying how much he likes baseball for years.

  Vengo insistiendo en lo mismo desde el principio.
  I have been insisting on the same thing from the beginning.

- **Andar** with the present participle conveys the idea of *going around doing something* or of *always doing something*.

  José siempre **anda quejándose** de eso.
  José is always complaining about that.

  Román **anda diciendo** mentiras.
  Román is going around telling lies.

Práctica

TALLER DE CONSULTA

MANUAL DE GRAMÁTICA
Más práctica
1.3 Progressive forms,
p. 488

① Model the activity by having a volunteer complete the first sentence.

1 **Una conversación telefónica** Daniel es nuevo en la ciudad y no sabe cómo llegar al estadio de fútbol. Decide llamar a su ex novia Alicia para que le explique cómo encontrarlo. Completa la conversación con la forma correcta del gerundio (*present participle*).

ALICIA ¿Aló?

DANIEL Hola Alicia, soy Daniel; estoy buscando el estadio de fútbol y necesito que me ayudes… Llevo (1) ____caminando____ (caminar) más de media hora por el centro y sigo perdido.

ALICIA ¿Dónde estás?

DANIEL No estoy muy seguro, no encuentro el nombre de la calle. Pero estoy (2) ____viendo____ (ver) un centro comercial a mi izquierda y más allá parece que están (3) ____construyendo____ (construir) un estadio de fútbol. (4) ____Hablando____ (hablar) de fútbol, ¿dónde tengo mis boletos? ¡He perdido mis entradas!

ALICIA Madre mía, ¡sigues (5) ____siendo____ (ser) un desastre! Algún día te va a pasar algo serio.

DANIEL ¡Siempre andas (6) ____pensando____ (pensar) lo peor!

ALICIA ¡Y tú siempre estás (7) ____olvidándote____ (olvidarse) de todo!

DANIEL ¡Ya estamos (8) ____discutiendo____ (discutir) otra vez!

② Use the present progressive to ask open-ended questions about the pictures. Ex: **¿Con quién se está casando el Sr. Soto?**

2 **Organizar un festival** El señor Ramírez es un director de espectáculos muy despistado (*absent-minded*). Ahora quiere organizar un festival, y todos los artistas que quiere contratar están ocupados. Su asistente le cuenta lo que están haciendo. En parejas, dramaticen la situación utilizando el presente progresivo.

MODELO   Elga Navarro / descansar
—¿Qué está haciendo Elga Navarro?
—Elga Navarro está descansando en una clínica.

1. Juliana Paredes / bailar

2. Emilio Soto / casarse

3. Aurora Gris / recoger un premio

4. Héctor Rojas / jugar a las cartas

Comunicación

3 **Una cita** En parejas, representen una conversación en la que Alexa y Guille intentan buscar una hora del día para reunirse.

MODELO

ALEXA ¿Nos vemos a las diez de la mañana para estudiar?

GUILLE No puedo, voy a estar durmiendo. ¿Qué te parece a las 12?

> **GUILLE**
>
> DOMINGO
> 10:00 dormir
> 11:00 dormir
> 12:00
> 13:00 almuerzo con Rosa
> 14:00
> 15:00 llamar por teléfono a Aurora
> 16:00
> 17:00
> 18:00
> 19:00 ver película con Ana
> 20:00
> 21:00 cenar con Marta
> 22:00

> **ALEXA**
>
> DOMINGO
> 10:00
> 11:00 gimnasio
> 12:00 biblioteca
> 13:00
> 14:00 comer con mamá
> 15:00
> 16:00 dormir siesta
> 17:00
> 18:00
> 19:00 hacer un crucigrama
> 20:00
> 21:00 ver noticiero
> 22:00

4 **Síntesis** Tu psicólogo utiliza la hipnosis para hacerte recordar los momentos más importantes de tu pasado. En parejas, dramaticen la conversación entre el doctor Felipe y su paciente, utilizando verbos en el presente y el presente progresivo. Elijan una situación de la lista o inventen otro tema. Sean creativos.

MODELO

DR. FELIPE Estás volviendo al momento de conocer a tu primer amor. ¿Qué están haciendo?

PACIENTE Estoy caminando por la calle… una mujer preciosa me está saludando…

DR. FELIPE Muy bien, muy bien. ¿Y qué estás pensando? ¿Cómo te sientes?

PACIENTE Estoy pensando que esto es el amor a primera vista. Me siento… ¡Ay, no! Me estoy cayendo en medio de la calle, ¡enfrente de ella!

tu primer amor	el nacimiento de un(a) hermano/a
un viaje importante	el mejor/peor momento de tu vida

3 If students finish early, have them write down their own schedules for the next two days and repeat the activity with their partners.

4 For each situation listed, call on one or two pairs to perform their role-plays for the class.

SUPERSITE

For additional cumulative practice of all the grammar points in this lesson, go to **enfoques.vhlcentral.com**.

Las relaciones personales

veinticinco **25**

INSTRUCTIONAL RESOURCES
Supersite/DVD: Film Collection
Supersite/IRCD:
Script & Translation

Antes de ver el corto

MOMENTOS DE ESTACIÓN

país Argentina

duración 7:15 minutos

director Gustavo D. Cabaña

protagonistas viajero, cajera

Vocabulario

abrazar *to hug; to hold*	**enamorado/a (de)** *in love (with)*
el afiche *poster*	**la escena** *scene*
averiguar *to find out*	**meterse** *to break in (to a conversation)*
el boleto *ticket*	**el/la protagonista** *protagonist; main character*
la broma *joke*	**el recuerdo** *memento; souvenir*
el cortometraje/corto *short film*	**suceder** *to happen*

1 **Vocabulario** Completa este párrafo con las opciones correctas.

Estaba comprando (1) ___un boleto___ (un recuerdo/un boleto) en la estación, cuando de repente (2) ___sucedió___ (sucedió/se metió) algo. Mientras hablaba con el empleado, un hombre se acercó y (3) ___se metió___ (se metió/averiguó) en la conversación e hizo (4) ___una broma___ (una broma/un boleto). Esto me trajo a la mente (5) ___el recuerdo___ (el recuerdo/la broma) de dos niños bromeando en una estación de trenes. ¡El hombre era mi primo Alberto, a quien no veía desde 1996!

2 **Comentar** Con un(a) compañero/a, intercambia opiniones sobre *Momentos de estación*.

Teaching option
Have students discuss these questions in small groups:

1. ¿Les gustan los cortometrajes?

2. ¿En qué lugares o eventos pueden ver cortometrajes?

3. ¿Cuáles son los principales desafíos de los directores de cortometrajes?

4. ¿Qué ventajas tiene para ustedes como estudiantes la oportunidad de ver cortos de distintos países hispanos?

1. La palabra **estación** tiene varios significados. ¿Los recuerdas? ¿Cuáles son las estaciones que conoces?

2. ¿Qué te sugiere el título de este cortometraje?

3. Observa el segundo fotograma e inventa tres rasgos diferentes para la personalidad de cada personaje.

4. ¿Crees que las personas del segundo fotograma se conocen?

5. Observa el afiche del cortometraje en la página opuesta. ¿Qué tipo de relación hay entre los dos personajes de la foto?

6. El afiche dice "Nada que perder". ¿Qué te sugiere esa frase sobre la historia que vas a ver?

Momentos de estación

1er Premio BA en Primer Plano y Festival Interuniversitario Cortos UdeSA, Argentina

Nada que perder

Una producción del CENTRO DE INVESTIGACIÓN CINEMATOGRÁFICA Guión y Dirección GUSTAVO D. CABAÑA
Jefe de Producción GUSTAVO SAMMARTINO Dirección de Fotografía GUSTAVO GÓMEZ OLIVERA
Cámara LUCAS CABALLERO Montaje FEDERICO CALDERÓN/GUSTAVO CABAÑA Edición MARTÍN BLASSI
Dirección de Arte NATALIA OBATTA Sonido FEDERICO CALDERÓN
Actores SANDRA VILLANI/CLAUDIO TOLCACHIR/CARLOS DONIGIAN/ELENA CÁNEPA/LUCAS SANTA ANA/
CAROLINA PAINCEIRA/LUCRECIA OVIEDO/RODOLFO ROCA

ARGUMENTO Un viajero va a comprar un boleto de tren a la ventanilla.

Synopsis *Momentos de estación* proves that anything can happen at a train station. A commuter purchases his train ticket every day, never telling the ticket window employee about his feelings for her. He suddenly takes advantage of the moment and tells her, causing a spiraling effect for the people around them.

VIAJERO Estoy enamorado de usted.
CAJERA ¿Cómo?

VIAJERO Tenía que decírselo hoy. Es mi último viaje.
CAJERA Esto es una broma.
VIAJERO No, no es ninguna broma, Ana.

(La señora del abanico° llama al hombre de la boina°.)

SEÑORA ¡Chist!, Juan, ¿qué pasa?
JUAN Él la ama; ella no le cree.

VIAJERO Hace más de un año que nos conocemos. Usted es la que me atiende siempre. Yo soy el que va a la capital.
CAJERA Todos van a la capital.
VIAJERO Exactamente 375 veces, sin contar la de hoy. Mirá... aquí están todos: 375 boletos, uno por uno.

Preview Ask students to describe the personalities of the characters based on the dialogue and photos. Then have them offer predictions about the ending of the film.

CAJERA ¿Qué quiere de mí?
VIAJERO Bailar.
CAJERA ¿Bailar?
VIAJERO Bailar, abrazarte, besarte...
CAJERA Ahora no, no puedo, estoy trabajando.

SEÑORA A veces, se le va la vida a uno sin que suceda algo tan maravilloso. Once años hace que murió mi marido. ¿Sabes, hijo?, ¡cuánto hace que no me dan un beso!

abanico *fan* **boina** *beret*

Después de ver el corto

(1) Comprensión Contesta las preguntas.

1. ¿Qué le dice el viajero a la cajera? El viajero le dice: "Estoy enamorado de usted".

2. ¿Por qué el viajero habla con ella ese día? Porque es la última vez que va a tomar el tren.

3. ¿Cómo se llama la cajera? La cajera se llama Ana.

4. Según el joven, ¿cuánto tiempo hace que se conocen? Según el joven, hace más de un año que se conocen.

5. ¿Qué guarda el joven en la caja? El joven guarda los boletos de todos sus viajes a la capital.

(2) Interpretar En grupos de tres, contesten las preguntas.

1. ¿Cuál es su intepretación del final de la historia?

2. ¿Cuál creen que es el tema del cortometraje?

3. ¿Creen que *Momentos de estación* puede relacionarse con la idea de *carpe diem* (*seize the day*)? ¿Conocen otras películas con esta idea?

4. ¿Creen que el corto defiende una mayor espontaneidad en nuestras relaciones cotidianas? ¿Piensan que es mejor ser reservado/a o atrevido/a?

(3) Imaginar A continuación tienes la conversación inicial entre el viajero y la cajera de *Momentos de estación*. Escribe otra versión de esta conversación, dándole un final diferente.

VIAJERO Estoy enamorado de usted.	**VIAJERO** No, no, ninguna broma, Ana.
CAJERA ¿Cómo?	**CAJERA** ¿Cómo sabe mi nombre?
VIAJERO Que la amo…	**VIAJERO** Lo averigüé; no fue difícil.
CAJERA No puede ser.	**CAJERA** Casi nunca me llaman por mi
VIAJERO Tenía que decírselo hoy.	nombre…
Es mi último viaje.	**VIAJERO** Es un nombre hermoso.
CAJERA Esto es una broma.	

(4) Actuar Con un(a) compañero/a, representa una escena en un contexto diferente, en el que uno/a de ustedes tiene que declararse a un(a) desconocido/a y convencerlo/a de que está locamente enamorado/a de él/ella. Represéntenlo después ante la clase.

(5) Escribir En un párrafo, resume la historia que acabas de ver. Ten en cuenta:

- dónde sucede la historia
- cuándo o en qué momento tiene lugar la historia
- quiénes son los personajes
- qué es lo que sucede
- el final de la historia

(3) Have students work in pairs and then read or perform their dialogues for the class.

Los enamorados, 1923.
Pablo Picasso, España.

"La única fuerza y la única verdad que
hay en esta vida es el amor."

— José Martí

Antes de leer

Poema 20

INSTRUCTIONAL RESOURCES
Supersite: Literatura recording

Sobre el autor

Ya de muy joven, el chileno Ricardo Eliecer Neftalí Reyes Basoalto —tal fue el nombre que sus padres dieron a **Pablo Neruda** (1904–1973) al nacer— mostraba inclinación por la poesía. En 1924, con tan sólo veinte años, publicó el libro que lo lanzó (*launched*) a la fama: *Veinte poemas de amor y una canción desesperada.* Además de poeta, fue diplomático y político. El amor fue sólo uno de los temas de su extensa obra: también escribió poesía surrealista y poesía con fuerte contenido histórico y político. Su *Canto general* lleva a los lectores en un viaje por la historia de América Latina desde los tiempos precolombinos hasta el siglo veinte. En 1971, recibió el Premio Nobel de Literatura.

> ### Vocabulario
>
> **el alma** *soul*   **el corazón** *heart*
>
> **amar** *to love*   **la mirada** *gaze*
>
> **besar** *to kiss*   **el olvido** *forgetfulness; oblivion*
>
> **contentarse con** *to be*   **querer (e:ie)** *to love; to want*
> contented, satisfied with

Sobre el autor Ask students if they have seen or heard of the 1995 film *Il postino (The Postman),* which was a fictitious account of a relationship between a simple **cartero** and Neruda.

Poema Completa este poema con las opciones correctas.

Quiero (1) ___besarte___ (besarte/amarte) porque te (2) ___quiero___ (quiero/olvido), pero tú te alejas y desde lejos me miras.

Mi (3) ___corazón___ (corazón/olvido) n̶ ___enta___ (quiere/se contenta) con una (5) ___mirada___ (alma/m̶ ̶ ̶ iste.

Entonces me voy y só¹ ̶ o el (6) ___olvido___ (corazón/olvido).

Conexión p̶ ̶ ̶

¿H̶ ̶ namorado/a alguna vez? ¿Te gusta leer poesía? ¿Has escrito alguna ̶ ̶ a carta o un poema de amor?

Vocabulario As a variant, show students famous paintings of photographs related to the **Literatura** theme and have them describe the images using the new vocabulary.

Conexión personal Ask volunteers to answer these questions. If they cannot or are unwilling to answer these questions about themselves, ask them to talk about people they know, or even about similar situations in films, television, music, etc.

Análisis literario: la personificación

La personificación es una figura retórica (*figure of speech*) que consiste en atribuir cualidades humanas a seres inanimados (*inanimate objects*), ya sean animales, cosas o conceptos abstractos. Observa estos ejemplos de personificación: *me despertó el llanto* (crying) *del violín; tu silencio habla de dolores pasados.* En *Poema 20,* Pablo Neruda utiliza este recurso en varias ocasiones. Mientras lees el poema, prepara una lista de las personificaciones. ¿Qué cualidad humana atribuye el poeta al objeto?

Análisis literario Supply other examples of personification with which students might be familiar, such as "the **angry** storm subsided."

POEMA 20

Pablo Neruda

Puedo escribir los versos más tristes esta noche.
Escribir, por ejemplo: "La noche está estrellada°, _starry_
y tiritan°, azules, los astros°, a lo lejos°". _stars/in the distance_
El viento de la noche gira° en el cielo y canta. _turns_

blink; tremble (left margin, line 3)

5 Puedo escribir los versos más tristes esta noche.
Yo la quise, y a veces ella también me quiso.

En las noches como ésta la tuve entre mis brazos.
La besé tantas veces bajo el cielo infinito.

Ella me quiso, a veces yo también la quería.
10 Cómo no haber amado sus grandes ojos fijos°. _fixed_

Puedo escribir los versos más tristes esta noche.
Pensar que no la tengo. Sentir que la he perdido.

Oír la noche inmensa, más inmensa sin ella.
Y el verso cae al alma como al pasto el rocío°. _like the dew on the grass_

15 Qué importa que mi amor no pudiera guardarla°. _keep; protect_
La noche está estrellada y ella no está conmigo.

Eso es todo. A lo lejos alguien canta. A lo lejos.
Mi alma no se contenta con haberla perdido.

to bring closer Como para acercarla° mi mirada la busca.
20 Mi corazón la busca, y ella no está conmigo.

La misma noche que hace blanquear° los mismos árboles. _to whiten_
Nosotros, los de entonces, ya no somos los mismos.

Ya no la quiero, es cierto, pero cuánto la quise.
voice Mi voz° buscaba el viento para tocar su oído.

25 De otro. Será de otro. Como antes de mis besos.
Su voz, su cuerpo claro. Sus ojos infinitos.

Ya no la quiero, es cierto, pero tal vez la quiero.
Es tan corto el amor, y es tan largo el olvido.

Porque en noches como ésta la tuve entre mis brazos,
30 mi alma no se contenta con haberla perdido.

Aunque éste sea el último dolor que ella me causa,
y éstos sean los últimos versos que yo le escribo. ■

Teaching option
Have students work in groups to answer these questions. Then have them share their answers with the class.

1. ¿Qué palabras y frases usa el poeta para describir la noche?
2. ¿Qué palabras y frases usa el poeta para describir a su amada?
3. ¿Qué palabras y frases usa el poeta para describir cómo se siente?

Poema 20
Pablo Neruda

1 Teacher note: Have students work in pairs to write two more questions about the poem on a sheet of paper. They should exchange these questions with another pair, who will then mark their answers on the sheet below the questions. After the sheets are returned to the pair that wrote the original questions, they should correct the answers.

1 Comprensión Contesta las preguntas con oraciones completas.

1. ¿Quién habla en este poema? Un hombre enamorado / Un poeta habla en este poema.
2. ¿De quién habla el poeta? El poeta habla de su amada. / El poeta habla de su antigua novia.
3. ¿Cuál es el tema del poema? El tema del poema es el amor.
4. ¿Qué momento del día es? Es de noche.
5. ¿Sigue el poeta enamorado? Da un ejemplo del poema.
El poeta no lo sabe. Ejemplo: "Ya no la quiero, es cierto, pero tal vez la quiero."

2 Analizar Lee el poema otra vez para contestar las preguntas con oraciones completas.

1. ¿Qué personificaciones hay en el poema y qué efecto transmiten? Explica tu respuesta.
2. ¿Tienen importancia las repeticiones en el poema? Explica por qué.
3. La voz poética habla sobre su amada pero no le habla directamente a ella. ¿A quién crees que le habla la voz poética en este caso?
4. ¿Qué sentimientos provoca el poema en los lectores?

3 Teacher note: Ask students to work in small groups to discuss the answers to these questions. One student from each group will be responsible for summarizing the group's ideas for each question for the rest of the class.

3 Interpretar Contesta las preguntas con oraciones completas.

1. ¿Cómo se siente el poeta? Da algún ejemplo del poema.
2. ¿Es importante que sea de noche? Razona tu respuesta.
3. Explica con tus propias palabras este verso: "Es tan corto el amor, y es tan largo el olvido".
4. En un momento dado el poeta afirma: "Yo la quise, y a veces ella también me quiso" y, un poco más adelante, escribe: "Ella me quiso, a veces yo también la quería". Explica el significado de estos versos y su importancia en el poema.

4 Teacher note: Ask students to imagine the same characteristics as they apply to the poet.

4 Ampliar Trabajen en parejas para imaginar cómo es la mujer del poema. Hablen sobre:
- su apariencia física
- su personalidad
- sus aficiones

5 Teacher note: Have a few groups of students act out their dialogues in front of the class.

5 Teacher note: Give students the option of writing a story from the point of view of the woman in the poem, explaining what happened in her own words. Was it an unrequited love, a fading love, a case of opposites attracting?

5 Imaginar En parejas, imaginen la historia de amor entre el poeta y su amada. Preparen una conversación en la que se despiden para siempre. Deben inspirarse en algunos de los versos del poema.

6 Personificar Elige un objeto y escribe un párrafo breve en el que atribuyes (*attribute*) cualidades humanas al objeto.

MODELO Tengo en mi cuarto una estrella de mar. Me cuenta historias de piratas…

Antes de leer

Vocabulario

el/la comediante *comedian*	**herir (e:ie)** *to hurt*
el chiste *joke*	**el nombre artístico** *stage name*
criarse *to grow up*	**quedarse callado/a** *to remain*
guardarse (algo) *to keep*	*silent*
(something) to yourself	**la trayectoria** *path; history*

Oraciones incompletas Completa las oraciones con el vocabulario de la tabla.

1. John Leguizamo es mi ___comediante___ favorito. Hace ___chistes___ muy divertidos.
2. Cuando no quiero ___herir___ los sentimientos de otra persona, me ___guardo___ lo que quiero decir.
3. El ___nombre artístico___ de Paul David Hewson es Bono.
4. Nací en Nueva York pero ___me crié___ en Chicago.

Conexión personal ¿Tienes algún comediante favorito? ¿Sobre qué temas hace chistes tu comediante favorito? ¿Te sientes ofendido/a al escuchar los chistes de algunos comediantes?

Contexto cultural

Carlos Mencía causó controversia cuando, al lanzarse (*get started*) como comediante, se cambió el nombre. Su nombre original es Ned Holness, ya que su padre, Roberto Holness, es de origen alemán. Su madre, Magdalena Mencía, es de origen mexicano. Desde hace ya mucho tiempo usa el apellido Mencía, pero adoptó el nombre Carlos cuando se dedicó a la comedia. Algunas personas lo acusan de cambiarse el nombre para "sonar más latino". Otros lo acusan de ser un hondureño que se hace pasar por mexicano para triunfar en California. Carlos Mencía nació en Honduras pero se crió en Los Ángeles con sus tíos maternos y no con sus padres. ¿Qué piensas? ¿Tienen razón quienes lo critican? ¿O Carlos Mencía tiene derecho a usar el apellido de su madre y destacar (*highlight*) su origen mexicano?

✂ Please complete the form below and mail with your payment.

Juan Guillermo Pérez Echegoyen
FIRST NAME   M.I.   LAST NAME

STREET ADDRESS   CITY   STATE   ZIP CODE

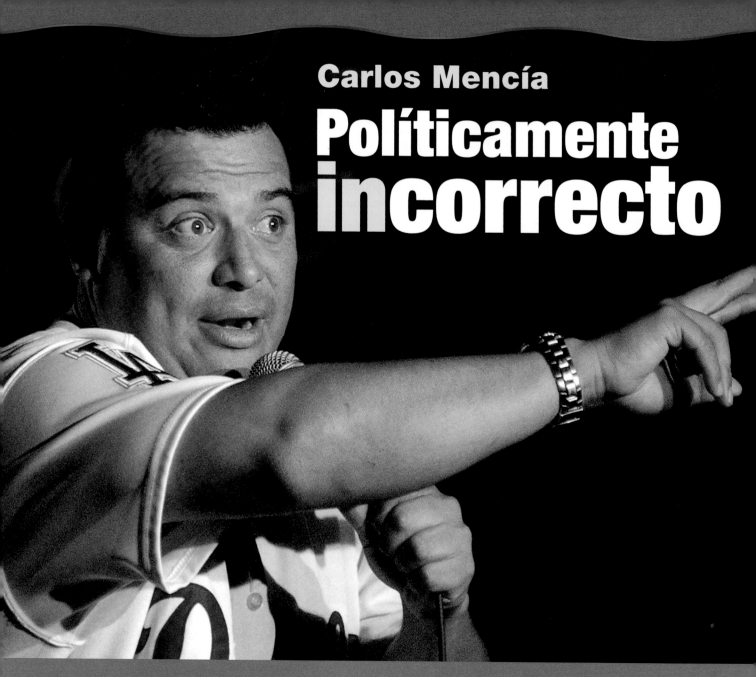

Carlos Mencía
Políticamente incorrecto

El comediante **Carlos Mencía** tiene tanto éxito con su programa en *Comedy Central* que mantiene un *blog* para sus *fans*. Allí, se define a sí mismo como una persona que dice lo que piensa. Explica que no le importa "herir los sentimientos" de nadie; "lo que hiere aún más es quedarse callado y dejar que la gente estúpida siga siendo estúpida". También dice en su *blog* que "algunos pueden hacer chistes sobre otras personas, pero no pueden aceptar que se hagan chistes sobre ellos... bueno... si tú eres así... ¡entonces hazme el favor y CÁLLATE!"

Carlos Mencía integra una nueva
10 generación de humoristas latinos que
llegó para quedarse. Esta gran familia de
comediantes también incluye nombres
como Pablo Francisco, Liz Torres,
Freddy Soto, Mike Robles, Joey Medina,
15 Ernie G y Shayla Rivera, entre otros.
Además, hay que destacar al ya clásico
John Leguizamo. Antes de saltar a la
fama con su programa *Mind of Mencía*
en *Comedy Central*, Carlos ya tenía una
20 larga trayectoria artística.

Nació en Honduras en 1967 y es
second-to-last el penúltimo° de dieciocho hijos. Se
crió en Los Ángeles en casa de sus
tíos. Estudiaba ingeniería hasta que ganó
competition 25 una competencia° de comedia en el
Laugh Factory. Le faltaba sólo un crédito
para graduarse pero decidió dejar la
universidad y dedicarse a la comedia.
Aunque al principio su familia no estaba
30 de acuerdo con el cambio, gracias a su
support perseverancia y al apoyo° de su hermano
managed to Joseph, Carlos logró convertirse° en un
become comediante profesional. Fue en *The*
renowned *Comedy Store* —un renombrado° club de
35 comedia de Los Ángeles— donde adoptó
el nombre artístico de Carlos Mencía.
Durante la década de los noventa,
Carlos participó como comediante y
host como anfitrión° en varios programas de
40 televisión. En 2001, realizó una popular
tour gira° titulada *The Three Amigos* con
Freddy Soto y Pablo Francisco. Antes

de su llegada a *Comedy Central*, también
hizo dos especiales para HBO.

El humor de Carlos Mencía no 45
perdona a nadie —ni siquiera a su
propia familia— y, como consecuencia,
Carlos tiene tanto admiradores como
detractores. Hace chistes acerca de
blancos, negros, minorías y sobre todo 50
latinos. En su lenguaje abundan° las   *are plentiful*
malas palabras. Algunos de sus temas
preferidos son las cuestiones raciales, la
política, la religión y los temas sociales.
Muchos consideran que su estilo excede 55
los límites de lo que es "políticamente
correcto".

Cuando observamos las opiniones
y reacciones que provoca, las aguas
están divididas°. Para algunos, los 60   *there is*
disagreement
chistes de Carlos Mencía son demasiado
provocativos y perpetúan° estereotipos;   *perpetuate*
para otros, sus chistes son un ejemplo
de libre expresión°, un ejemplo de que   *freedom of speech*
los latinos ya no son una minoría que es 65
víctima de los chistes de otras personas,
sino una comunidad que se siente
establecida y que es capaz de reírse de sí
misma... y de los demás. ■

El humor de Carlos Mencía

❝ El racismo significa exclusión. Por eso, yo me río de todos. ❞

❝ Al igual que mi padre, yo también nací en América Central… Nebraska. ❞

❝ En Texas, si te llamas Carlos, eres mexicano. En Florida, eres cubano. En
Nueva York, eres puertorriqueño. Y luego vengo aquí (Canadá) y me entero
de que soy esquimal. ❞

Carlos Mencía: políticamente incorrecto

(1) Comprensión Responde a las preguntas con oraciones completas.

1. ¿Cómo se define a sí mismo Carlos Mencía en su *blog*?
Se define como una persona que dice lo que siente.

2. ¿Qué sucedió cuando a Carlos le faltaba poco para terminar la universidad?
Ganó una competencia de comedia y decidió abandonar la universidad y convertirse en comediante.

3. ¿Qué grupos son víctimas de los chistes de Carlos Mencía?
Blancos, negros, minorías y latinos son víctimas de los chistes de Carlos Mencía.

4. Para quienes lo critican, ¿cuál es el problema con el tipo de humor de Carlos Mencía?
Es demasiado provocativo y perpetúa estereotipos.

5. Para quienes lo apoyan, ¿por qué es importante el trabajo de comediantes como Carlos Mencía? Es importante porque demuestra que la comunidad latina ya no es una comunidad que tiene que defenderse de los chistes de otros. Es una comunidad establecida que es capaz de reírse de sí misma.

(2) Organizar Ordena en forma cronológica la información sobre Carlos Mencía.

___6___ a. Adoptó el nombre artístico de Carlos Mencía.

___2___ b. Vivió con sus tíos maternos.

___7___ c. Realizó la gira The Three Amigos junto a Freddy Soto y Pablo Francisco.

___4___ d. Ganó una competencia de comedia.

___8___ e. Saltó a la fama en Comedy Central.

___1___ f. Se mudó a los Estados Unidos.

___5___ g. Decidió convertirse en comediante profesional.

___3___ h. Fue a la universidad.

(3) Comunicación En parejas, respondan a las preguntas.

1. ¿Creen que está bien hacer chistes sobre temas raciales y sociales o creen que los humoristas deberían evitar ciertos temas? ¿Por qué?

2. ¿Qué opinan del uso de malas palabras en los espectáculos de comedia?

3. El artículo dice que para muchas personas el humor de Carlos Mencía es un ejemplo de que la comunidad latina pasó de ser víctima de chistes a ser una comunidad establecida que es capaz de reírse de sí misma. ¿Pueden dar otros ejemplos que demuestren que la comunidad latina se siente establecida?

(4) Adivinen quién soy En parejas, preparen una entrevista con un comediante famoso. Incluyan información que permita adivinar quién es el comediante, sin mencionar su nombre. Luego actúen la entrevista delante de la clase. Sus compañeros deben adivinar quién es el personaje.

MODELO

PERIODISTA ¿Qué sentiste al enterarte de que eras candidato para un premio Oscar?

COMEDIANTE No lo podía creer. Cuando trabajaba en *In Living Color* nunca me imaginé que iba a ser candidato a un Oscar.

(5) Opinión Imagina que el artículo que leíste se publicó en *Facetas*. Escribe una carta de lectores expresando tu opinión sobre el tipo de chistes de comediantes como Carlos Mencía. Si te parece que este tipo de humor es aceptable, explica por qué. Si crees que excede los límites de lo aceptable, explica por qué.

(2) After students finish sorting the statements, have them read the article again and add more facts to the chronology.

(4) For an expansion activity, assign small groups to research and write brief profiles of other famous Hispanic comedians. Ask each group to present its profile to the class.

(5) **Teaching option** As a follow-up activity, have students hold a debate. Half the students should hold the position that politically incorrect humor is acceptable, while the other half should defend the opposite position. A heritage student or another student can act as moderator.

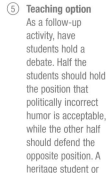

Atando cabos

¡A conversar!

Citas rápidas Usa la técnica de las "citas rápidas" (*speed dating*) para conocer a tus compañeros/as de clase, hacer nuevos amigos y buscar compañeros para proyectos. Comparte los resultados con la clase.

Cómo funcionan las "citas rápidas"

- Reúnete con un(a) compañero/a durante cinco minutos. Hablen sobre quiénes son, cómo son, qué buscan, etc.
- Toma notas acerca del encuentro.
- Repite la actividad con otros compañeros.

	Nombre	Nombre
¿De dónde eres?		
¿Cómo eres?		
¿Qué cualidades buscas en un(a) amigo/a?		
¿Qué tipo de proyectos te gusta hacer?		

¡A escribir!

Consejero/a sentimental Lee la carta que envió Alonso a la sección de consejos sentimentales de *Facetas* y usa las frases del recuadro para responder a la carta de Alonso.

Expresar tu opinión

Estas frases pueden ayudarte a presentar tu opinión:

- En mi opinión,…
- Creo que…
- Me parece que…

Me llamo Alonso. Tengo 23 años y soy de Colombia. Vine a Boston para estudiar en la universidad. Allí conocí a mi novia Kristen, quien tomaba clases de español. Todo iba muy bien mientras estábamos en la universidad: teníamos amigos estadounidenses y latinoamericanos, a mí me interesaba mucho aprender sobre su país y a ella sobre el mío.

El problema comenzó después de la universidad. Cuando salimos con los compañeros de trabajo de Kristen, siento que a nadie le interesa charlar conmigo, y a mí tampoco me interesa hablar con ellos de béisbol y esas cosas. Cuando vamos a visitar a la familia de Kristen en Chicago y decido cocinar, siempre miran con desconfianza los platos tradicionales que preparo. Además, Kristen está muy ocupada con su trabajo para seguir estudiando español. Cuando quiere practicar comete unos errores horribles y entonces yo prefiero hablar inglés con ella. Discutimos mucho por todas estas cosas. A veces pienso que sería más fácil estar con alguien de mi cultura… pero quiero mucho a Kristen. ¿Qué puedo hacer para que mi relación funcione?

¡A conversar!
As a follow-up activity, have students answer these discussion questions in small groups.

1. ¿Participarían (o participaron alguna vez) en un evento de "citas rápidas" para conocer gente?
2. ¿Qué oportunidades ofrece la universidad/escuela para conocer gente de otras culturas?
3. ¿Qué buscan cuando conocen personas nuevas? ¿Les importa más que la personalidad sea compatible o que tengan pasatiempos similares?
4. ¿Qué consejos le darían a un(a) estudiante a quien le resulta difícil conocer gente nueva?

¡A escribir!
Before students begin writing, have them organize the information in two lists: things that Alonso should improve or change, and things that his girlfriend should improve or change.

La personalidad

autoritario/a	strict; authoritarian
cariñoso/a	affectionate
cuidadoso/a	careful
falso/a	insincere
gracioso/a	funny; pleasant
inseguro/a	insecure
(in)maduro/a	(im)mature
mentiroso/a	lying
orgulloso/a	proud
permisivo/a	permissive; easy-going
seguro/a	sure; confident
sensato/a	sensible
sensible	sensitive
tacaño/a	cheap; stingy
tímido/a	shy
tradicional	traditional

Los estados emocionales

agobiado/a	overwhelmed
ansioso/a	anxious
deprimido/a	depressed
disgustado/a	upset
emocionado/a	excited
preocupado/a (por)	worried (about)
solo/a	alone; lonely
tranquilo/a	calm

Los sentimientos

adorar	to adore
apreciar	to appreciate
enamorarse (de)	to fall in love (with)
estar harto/a (de)	to be fed up (with); to be sick (of)
odiar	to hate
sentirse (e:ie)	to feel
soñar (o:ue) (con)	to dream (about)
tener celos (de)	to be jealous (of)
tener vergüenza (de)	to be ashamed/ embarrassed (of)

Las relaciones personales

el/la amado/a	loved one; sweetheart
el ánimo	spirit
el cariño	affection
la cita (a ciegas)	(blind) date
el compromiso	commitment; responsibility
la confianza	trust; confidence
el desánimo	the state of being discouraged
el divorcio	divorce
la pareja	couple; partner
el sentimiento	feeling; emotion
atraer	to attract
coquetear	to flirt
cuidar	to take care of
dejar a alguien	to leave someone
discutir	to argue
educar	to raise; to bring up
hacerle caso a alguien	to pay attention to someone
impresionar	to impress
llevar... años de (casados)	to be (married) for... years
llevarse bien/mal/ fatal	to get along well/ badly/terribly
mantenerse en contacto	to keep in touch
pasarlo bien/mal/ fatal	to have a good/bad/ terrible time
proponer matrimonio	to propose (marriage)
romper (con)	to break up (with)
salir (con)	to go out (with)
soportar a alguien	to put up with someone
casado/a	married
divorciado/a	divorced
separado/a	separated
soltero/a	single
viudo/a	widowed

Más vocabulario

Expresiones útiles	Ver p. 7
Estructura	Ver pp. 14–15, 18–19 y 22–23

Cinemateca

el afiche	poster
el boleto	ticket
la broma	joke
el cortometraje/ corto	short film
la escena	scene
el/la protagonista	protagonist; main character
el recuerdo	memento; souvenir
abrazar	to hug; to hold
averiguar	to find out
meterse	to break in (to a conversation)
suceder	to happen
enamorado/a (de)	in love (with)

Literatura

el alma	soul
el corazón	heart
la mirada	gaze
el olvido	forgetfulness; oblivion
amar	to love
besar	to kiss
contentarse con	to be contented, satisfied with
querer (e:ie)	to love; to want

Cultura

el/la comediante	comedian
el chiste	joke
el nombre artístico	stage name
la trayectoria	path; history
criarse	to grow up
guardarse (algo)	to keep (something) to yourself
herir (e:ie)	to hurt
quedarse callado/a	to remain silent

Las diversiones

2

Communicative Goals

You will expand your ability to...
- avoid redundancy
- express personal likes and dislikes
- describe your daily routine and activities

INSTRUCTIONAL RESOURCES
Supersite/IRCD:
Audioscripts,
Textbook Answer Key,
SAM Answer Key
SAM/WebSAM: WB, LM

Las diversiones

La música y el teatro

Hoy Ligia dio su primer **concierto** como **cantante** solista. Después de la **función**, sus amigos la **aplaudieron** y le regalaron flores.

el álbum *album*

el asiento *seat*

el/la cantante *singer*

el concierto *concert*

el conjunto/grupo musical *musical group; band*

el escenario *scenery; stage*

el espectáculo *show*

el estreno *premiere; debut*

la función *performance (theater; movie)*

el/la músico/a *musician*

la obra de teatro *play*

la taquilla *box office*

---

aplaudir *to applaud*

conseguir (e:i) boletos/entradas *to get tickets*

hacer cola *to wait in line*

poner un disco compacto *to play a CD*

Los lugares de recreo

el cine *movie theater; cinema*

el circo *circus*

la discoteca *discotheque; dance club*

la feria *fair*

el festival *festival*

el parque de atracciones *amusement park*

el zoológico *zoo*

Los deportes

el/la árbitro/a *referee*

el campeón/la campeona *champion*

el campeonato *championship*

el club deportivo *sports club*

el/la deportista *athlete*

el empate *tie (game)*

el/la entrenador(a) *coach; trainer*

el equipo *team*

el/la espectador(a) *spectator*

el torneo *tournament*

---

anotar/marcar (un gol/un punto) *to score (a goal/a point)*

desafiar *to challenge*

empatar *to tie (games)*

ganar/perder (e:ie) un partido *to win/lose a game*

vencer *to defeat*

Variación léxica

hacer cola ⟷ hacer fila
la televisión ⟷ la tele
vencer ⟷ derrotar

Ricardo y sus amigos **se reúnen** todos los sábados. Les **gustan el billar** y **el boliche**, y son verdaderos **aficionados** a **las cartas**.

el ajedrez *chess*

el billar *billiards*

el boliche *bowling*

las cartas/los naipes *(playing) cards*

los dardos *darts*

el juego de mesa *board game*

el pasatiempo *pastime*

la televisión *television*

el tiempo libre/los ratos libres *free time*

el videojuego *video game*

aburrirse *to get bored*

alquilar una película *to rent a movie*

brindar *to make a toast*

celebrar/festejar *to celebrate*

dar un paseo *to take a stroll/walk*

disfrutar (de) *to enjoy*

divertirse (e:ie) *to have fun*

Teaching option Have students work with a partner to write a movie advertisement for a recent film. Then have students read their ads to the class. Students should then vote on whether they would see the film or not based on the ad.

entretener(se) (e:ie) *to entertain, amuse (oneself)*

gustar *to like*

reunirse (con) *to get together (with)*

salir (a comer) *to go out (to eat)*

aficionado/a (a) *fond of; a fan (of)*

animado/a *lively*

divertido/a *fun*

entretenido/a *entertaining*

---

① Part A: Have volunteers read the questions aloud before listening to the conversation.

Práctica

1 **Escuchar**

A. Mauricio y Joaquín están haciendo planes para el fin de semana. Quieren ir al cine pero no logran ponerse de acuerdo. Escucha la conversación y contesta las preguntas con oraciones completas.

1. ¿Cuándo planean ir al cine Mauricio y Joaquín?
   Planean ir al cine el sábado.
2. ¿Qué película quiere ver Joaquín?
   Joaquín quiere ver *Los invasores de la galaxia*.
3. ¿Por qué Mauricio no quiere verla? No quiere verla porque hay que hacer cola para los estrenos y no le gusta la ciencia ficción.
4. ¿Qué alternativa sugiere Mauricio?
   Mauricio sugiere ver un documental sobre el campeonato nacional de fútbol.
5. ¿Qué le pasa a Joaquín cuando mira documentales? Joaquín se aburre cuando mira documentales.

B. Ahora escucha el anuncio radial de *Los invasores de la galaxia* y decide si las oraciones son **ciertas** o **falsas**. Corrige las falsas.

1. *Los invasores de la galaxia* ya se estrenó en otros lugares. Cierto.
2. La película tuvo poco éxito en Europa.
   Falso. Ganó tres premios en varios festivales europeos.
3. Si compras cuatro boletos, te regalan la banda sonora (*soundtrack*). Falso. Te regalan la banda sonora si compras cinco boletos.
4. Si te vistes de extraterrestre, te regalan un boleto para una fiesta exclusiva. Cierto.
5. El estreno de la película es a las nueve de la mañana. Falso. La taquilla abre a las nueve de la mañana.

C. En parejas, imaginen que, después de escuchar el anuncio radial, Joaquín trata de convencer a Mauricio para ir a ver *Los invasores de la galaxia*. Inventen la conversación entre Mauricio y Joaquín y compártanla con la clase.

2 **Relaciones** Escoge la palabra que no está relacionada.

1. película (estrenar / dirigir / empatar)
2. obra de teatro (boleto / campeonato / taquilla)
3. concierto (vencer / aplaudir / hacer cola)
4. juego de mesa (ajedrez / naipes / videojuego)
5. celebrar (divertirse / aburrirse / disfrutar)

② To check comprehension, ask students to create sentences linking the related words. Ex: **1. La película se estrena este viernes. No sé quién la dirige.**

Práctica

③ In pairs, have students add three more items to the activity for **circo**, **feria**, and **festival**.

③ ¿Dónde están? Indica en qué lugar están estas personas.

__e__ 1. Llegamos muy temprano, pero hay una cola enorme. No voy a comprar los boletos si los asientos están muy lejos del escenario.

__g__ 2. Hoy es el cumpleaños de mi hermana menor. En lugar de celebrarlo en casa, quiere pasar el día acá, con los tigres y los elefantes.

__d/a__ 3. Una red (*net*), una pelota amarilla y dos deportistas. ¿Cuál será la campeona?

__b__ 4. Hay máquinas que suben, bajan, dan vueltas hacia la derecha y hacia la izquierda. La más espectacular dibuja un laberinto de líneas en el aire.

__h__ 5. ¿Cómo puede ser que cuatro personas hagan tanto ruido en un campo de fútbol lleno de gente? Mi novia se está dirvirtiendo mucho pero, ¡yo no entiendo nada de lo que cantan!

__a__ 6. Aquí casi toda la gente suda (*sweat*) y suda, menos yo. ¡Cómo me gusta nadar!

a. un club deportivo
b. un parque de atracciones
c. un cine
d. un torneo de tenis
e. una taquilla
f. una discoteca
g. un zoológico
h. un concierto de rock

④ After completing the activity, have students act out the dialogue with a partner.

④ Goles y fiestas Completa la conversación.

aburrirte	celebrar	equipo
animadas	disfruten	espectadores
árbitro	divertidos	ganar
campeonato	empate	televisión

PEDRO Mario, ¿todavía estás mirando (1)___televisión___? ¿No ves que vamos a llegar tarde?

MARIO Lo siento, pero no puedo ir a la fiesta de tu novia. Pasan un partido de fútbol.

PEDRO Pero las fiestas de mi novia son más (2)___animadas___ y más entretenidas que cualquier partido de fútbol. Todos los partidos son iguales… Veintidós tontos corriendo detrás de una pelota, los (3)___espectadores___ gritando (*shouting*) como locos y el (4)___árbitro___ pitando (*whistling*) sin parar.

MARIO Hoy no me puedes convencer. Es la final del (5)___campeonato___ y estoy seguro de que mi (6)___equipo___ favorito va a (7)___ganar___.

PEDRO ¿Y no vas a (8)___aburrirte___, aquí solito, mientras todos tus amigos bailan?

MARIO ¡Jamás! ¡Todos vienen a ver el partido conmigo! Y después vamos a (9)___celebrar___ la victoria.

PEDRO Que (10)___disfruten___ del partido. Ya me voy… Espera, mi novia me está llamando al celular… ¿Qué me dices, amor? ¿Que la fiesta es aquí en mi casa? ¿Que tú también quieres ver el partido? ¡Ay, que yo me rindo (*give up*)!

Comunicación

5 Diversiones

A. Sin consultar con tu compañero/a, prepara una lista de cinco actividades que crees que le gustan a él/ella. Escoge del recuadro y añade tus propias ideas.

jugar al ajedrez	**ir a la feria**
practicar deportes en un club	**jugar videojuegos**
ir al estreno de una película	**bailar en una discoteca**
ver televisión	**jugar al boliche**
escuchar música clásica	**salir a cenar con amigos**

B. Ahora habla con tu compañero/a para confirmar tus predicciones. Sigue el modelo.

MODELO
—Creo que te gusta jugar al ajedrez.
—Es verdad, juego siempre que puedo. / —Te equivocas, me aburre. ¿Y a ti?

6 Lo mejor
En grupos de cuatro, imaginen que son editores/as de un periódico local y quieren publicar la lista anual de *Lo mejor de la ciudad*.

A. Primero, escojan las categorías que quieren premiar (*to award*).

Lo mejor de la ciudad

Mejor club deportivo _____

Mejor discoteca _____

Mejor espectáculo sobre hielo _____

Mejor lugar para jugar a los dardos _____

Mejor equipo deportivo _____

Mejor parque para pasear _____

Mejor festival de arte _____

Mejor restaurante para
celebrar un cumpleaños _____

Mejor grupo musical en vivo (*live*) _____

B. Luego preparen una encuesta (*survey*) y entrevisten a sus compañeros/as de clase. Anoten las respuestas.

C. Ahora compartan los resultados con la clase y decidan qué lugares y eventos recibirán el premio *Lo mejor*.

7 Un fin de semana extraordinario
Dos amigos/as con personalidades muy diferentes tienen que pasar un fin de semana juntos/as en una ciudad que nunca han visitado. Hacen muchas sugerencias interesantes, pero todo lo que una persona propone, la otra lo rechaza con alguna explicación absurda, y viceversa. En parejas, improvisen una conversación utilizando las palabras del vocabulario.

MODELO
—¿Vamos al circo? Todos dicen que es el espectáculo del año.
—No, me mareo (*get dizzy*) viendo a los acróbatas...

5 As an expansion activity, ask students at random about their partners' favorite activities. Then ask if their initial guesses were correct.

6 As an outside project, have students pick a city in the Spanish-speaking world and research the highlights of that city. They should prepare a similar list and present it to the class.

7 For a cultural expansion activity, bring in travel brochures from cities in the Spanish-speaking world (or have students print out travel information in Spanish from the Internet). Have pairs choose a city and base their conversation on the information they have read.

Los empleados de *Facetas* hablan de las diversiones. Johnny trata de ayudar a Éric. Mariela habla de sus planes.

Synopsis
- Johnny cheers Éric up by suggesting he use humor to attract women.
- Mariela is thrilled because she obtained tickets to a rock concert.
- Mariela intends to remove the guitarist's shirt.
- Mariela rips open Éric's shirt and scatters buttons all over the floor.

JOHNNY ¿Y a ti? ¿Qué te pasa?

ÉRIC Estoy deprimido.

JOHNNY Anímate, es fin de semana.

ÉRIC A veces me siento solo e inútil.

JOHNNY ¿Solo? No, hombre, yo estoy aquí; pero inútil…

JOHNNY Necesitas divertirte.

ÉRIC Lo que necesito es una chica. No tienes idea de lo que es vivir solo.

JOHNNY No, pero me lo estoy imaginando. El problema de vivir solo es que siempre te toca lavar los platos.

ÉRIC Las chicas piensan que soy aburrido.

JOHNNY No seas pesimista.

ÉRIC Soy un optimista con experiencia. Lo he intentado todo: el cine, la discoteca, el teatro… Nada funciona.

JOHNNY Tienes que contarles chistes. Si las haces reír, ¡*boom*! Se enamoran.

ÉRIC ¿De veras?

JOHNNY Seguro.

Mariela viene a hablar con ellos.

MARIELA ¡Los conseguí! ¡Los conseguí!

FABIOLA ¿Conseguiste qué?

MARIELA Los últimos boletos para el concierto de rock de esta noche.

FABIOLA ¿Cómo se llama el grupo?

MARIELA Distorsión. Aquí tengo el disco compacto. ¿Lo quieren oír?

FABIOLA (*mirando el reloj*) Uy, ¡qué tarde es!

Luego, en el escritorio de Diana…

ÉRIC Diana, ¿te puedo contar un chiste?

DIANA Estoy algo ocupada.

ÉRIC Es que se lo tengo que contar a una mujer.

DIANA Hay dos mujeres más en la oficina.

ÉRIC Temo que se rían cuando se lo cuente.

DIANA ¡Es un chiste!

ÉRIC Temo que se rían de mí y no del chiste.

DIANA ¿Qué te hace pensar que yo me voy a reír del chiste y no de ti?

ÉRIC No sé. Tú eres una persona seria.

DIANA ¿Y por qué se lo tienes que contar a una mujer?

ÉRIC Es un truco para conquistarlas.

Diana se ríe muchísimo.

Preview Have students predict what will happen based on the video stills.

Personajes

AGUAYO

DIANA

ÉRIC

FABIOLA

JOHNNY

MARIELA

Johnny dibuja muchos puntos en la pizarra.

JOHNNY ¿Te sabes el chiste de la fiesta de puntos? Es un clásico… Hay una fiesta de puntos… Todos están divirtiéndose y pasándola bien. Y entonces entra un asterisco… y todos lo miran asombrados. Y el asterisco les dice: —¿Qué? ¿Nunca han visto un punto despeinado?

Mariela entra con dos boletos en la mano y comienza a besarlos.

MARIELA Sí, sí. Me encanta, me encanta…

FABIOLA Te lo dije.

AGUAYO ¿Me dijiste qué?

FABIOLA Que ella no parecía muy normal.

MARIELA Deséenme suerte.

AGUAYO ¿Suerte? ¿En qué?

MARIELA Esta noche le voy a quitar la camisa al guitarrista de Distorsión.

JOHNNY No, no lo harás.

MARIELA Voy a intentarlo.

ÉRIC Si crees que es tan fácil quitarle la camisa a un tipo, ¿por qué no practicas conmigo?

Mariela intenta quitarle la camisa a Éric.

Al final del día, en la cocina…

AGUAYO ¿Alguien quiere café?

JOHNNY ¿Lo hiciste tú o sólo lo estás sirviendo?

AGUAYO Sólo lo estoy sirviendo.

JOHNNY Yo quiero una taza.

ÉRIC Yo quiero una taza.

Expresiones útiles

Talking about whose turn it is

Siempre te toca lavar los platos.
It's always your turn to wash the dishes.

A Johnny le toca hacer el café.
It's Johnny's turn to make coffee.

¿A quién le toca pagar la cuenta?
Whose turn is it to pay the bill?

¿Todavía no me toca?
Is it my turn yet?

Encouraging other people

¡Anímate! *Cheer up! (sing.)*
¡Anímense! *Cheer up! (pl.)*

No seas pesimista.
Don't be pessimistic. (sing.)

No sean pesimistas.
Don't be pessimistic. (pl.)

Wishing someone well

¡Buen fin de semana!
Have a nice weekend!

¡Pásalo bien!
Have a good time! (sing.)

¡Pásenlo bien!
Have a good time! (pl.)

¡Que te diviertas!
Have fun! (sing.)

¡Que se diviertan!
Have fun! (pl.)

Additional vocabulary

contar *to tell*
inútil *useless*
el punto *period*
el tipo *guy*
el truco *trick*

Las diversiones

Teaching option Play entire video. Have students take notes as they watch and then work in groups to create a plot summary.

cuarenta y siete **47**

Comprensión

1 Have students create questions that correspond to each item. Ex: **¿Es verdad que Éric está triste?**

1 Ask students to create two more items and exchange them with a partner.

1 **¿Cierto o falso?** Decide si estas oraciones son **ciertas** o **falsas**. Corrige las falsas.

Cierto	Falso		
☑	☐	1.	Éric está deprimido.
☐	☑	2.	A Éric le gusta vivir solo. A Éric no le gusta vivir solo.
☐	☑	3.	Según Johnny, hay que ser serio para enamorar a las mujeres. Según Johnny, hay que contarles chistes.
☐	☑	4.	Diana se ríe del chiste de Éric. Éric no logra contarle el chiste.
☐	☑	5.	Fabiola quiere escuchar la música de Distorsión. Fabiola no la quiere escuchar.
☑	☐	6.	Mariela quiere quitarle la camisa al guitarrista de Distorsión.
☐	☑	7.	Aguayo preparó el café. Sólo lo sirve, no lo preparó él.
☑	☐	8.	Johnny quiere beber café porque no lo preparó Aguayo.

2 Model the activity by doing the first sentence as a group. Ask volunteers to explain why choices **a** and **b** are incorrect.

2 **Seleccionar** Selecciona la respuesta que especifica de qué hablan Johnny y Éric.

1. ¿Qué <u>te</u> pasa? ➔ ¿Qué te pasa __c__?
   a. a Johnny   b. al fin de semana   c. a ti

2. Tienes que contar<u>les</u> chistes. ➔ Les tienes que contar chistes __b__.
   a. a los amigos   b. a todas las chicas   c. a Mariela y a Diana

3. Tengo que contárse<u>lo</u> a una mujer. ➔ Tengo que contarle a una mujer __a__.
   a. el chiste   b. el concierto de rock   c. el cuento

4. Temo que <u>se</u> rían cuando <u>se</u> lo cuente. ➔ Temo que __b__ se rían cuando se lo cuente.
   a. Mariela y Aguayo b. las mujeres   c. Diana, Fabiola y Mariela

5. No, pero me <u>lo</u> estoy imaginando. ➔ No, pero me estoy imaginando __b__.
   a. el fin de semana b. lo que es vivir solo   c. lavar los platos

6. ¿<u>Lo</u> hiciste tú o lo hizo Aguayo? ➔ ¿Hiciste tú __c__ o lo hizo Aguayo?
   a. el boleto   b. la taza   c. el café

3 Use the sentences from this activity to spark discussion among students. Ex: **¿Es mejor contar chistes a las mujeres o actuar de una manera seria? ¿Por qué? ¿Cuáles son las ventajas y desventajas de vivir solo/a?**

3 **Buscar** Busca en la Fotonovela las oraciones que expresan lo opuesto (*opposite*) a estas oraciones e indica con cuáles estás de acuerdo. Compara tus respuestas con las de un(a) compañero/a.

1. Si haces reír a las chicas, ellas creen que no eres serio.
   Si las haces reír, ¡boom! Se enamoran.
2. Las chicas piensan que soy divertido.
   Las chicas piensan que soy aburrido.
3. El problema de vivir solo es que nunca te toca lavar los platos.
   El problema de vivir solo es que siempre te toca lavar los platos.
4. Tú sí que sabes lo que es vivir solo.
   No tienes idea de lo que es vivir solo.
5. No tengo nada que hacer.
   Estoy algo ocupada.
6. Soy un pesimista con experiencia.
   Soy un optimista con experiencia.

48 *cuarenta y ocho*

Lección 2

Ampliación

4 Consejos

A. Un amigo le da consejos a Éric para salir con una chica, pero él no acepta ninguno. Lee los consejos y emparéjalos (*match them*) con las respuestas de Éric.

Consejos del amigo

<u>d</u> 1. ¡Ve con ella al concierto de rock!

<u>c</u> 2. Pregúntale si quiere ver el partido.

<u>a</u> 3. Llévala al cine.

<u>e</u> 4. Invítala al parque de atracciones.

<u>b</u> 5. Puedes invitarla a bailar.

Respuestas de Éric

a. Siempre me duermo viendo películas.

b. No conozco ninguna discoteca.

c. No me gustan los deportes.

d. Va a mirar al guitarrista y no a mí.

e. Las alturas (*heights*) me dan miedo.

B. En parejas, preparen cinco recomendaciones más para Éric y dramaticen la situación: uno/a de ustedes es Éric y la otra persona es su amigo/a. Luego intercambien los papeles.

5 Apuntes culturales En parejas, lean los párrafos y contesten las preguntas.

Piropos para enamorar

Johnny le asegura a Éric que para enamorar a las chicas hay que hacerlas reír. En el mundo hispano, los hombres suelen decirles a las mujeres 'piropos' (*compliments*) graciosos. ¿Piensas que Éric tendrá éxito con este piropo? *"Si la belleza fuera pecado (sin), tú ya estarías en el infierno."*

La mejor taza de café

A Éric y a Johnny no les gusta el café que prepara Aguayo. Ellos lo prefieren más intenso… ¡a lo cubano! En Cuba, el café se toma fuerte, con mucha azúcar y se sirve en pequeñas tacitas (*little cups*). No puede faltar en el desayuno, ni después de las comidas. No le vendría nada mal al jefe una receta de **café cubano**, ¿verdad?

El rock mexicano

Mariela está contenta porque consiguió boletos para un concierto de rock. El rock mexicano se caracteriza por la riqueza de estilos, producida por la fusión con otros ritmos como boleros, corridos, rancheras, reggae y jazz. **Maldita Vecindad, Café Tacuba** y **Maná** son algunas de las bandas más populares en la actualidad.

Café Tacuba

1. ¿Existen expresiones similares a los piropos en tu cultura? Da ejemplos.

2. En tu país, ¿cómo se toma el café? ¿Cuándo se toma? ¿Cómo te gusta a ti?

3. ¿Conoces a otros músicos mexicanos y del mundo hispano? ¿A qué género pertenece su música?

4. ¿Fuiste alguna vez a un concierto de rock? ¿A qué banda o cantante viste?

④ Part A: Ask students to make up different **respuestas** for Éric.

⑤ Have students work in pairs to create a dialogue in which Éric tries to use **piropos** to pick up a girl he does not know. Have volunteers share their dialogues with the class. Here are other examples: ¿**De qué juguetería te escapaste, muñeca?**; **Quién fuera reloj para ser dueño de tu tiempo.**

⑤ Students will learn more about the coffee industry in Latin America in **Lección 5**. (See *La Ruta del Café*, p. 172.)

Teaching option Play a song or music video from a popular Mexican rock band. Encourage students to share their impressions of the music. Ex: ¿**Les gustaría ir a un concierto de este grupo? ¿Dónde se tocaría este tipo de música? ¿Es parecido al rock de tu país? ¿Por qué?**

INSTRUCTIONAL RESOURCES
Supersite/DVD: Flash cultura; **Supersite:** Videoscript & Translation

MÉXICO

En detalle

El nuevo CINE MEXICANO

Salma Hayek

México vivió la época dorada de su cine en los años cuarenta. Pasada esa etapa°, la industria cinematográfica mexicana perdió fuerza. Ha tardado casi medio siglo en volver a brillar, pero ahora ha vuelto al panorama internacional con gran vigor°. Este resurgir°, en parte, se debe al apoyo que las instituciones gubernamentales han dado al mundo del cine. En gran medida, también se debe al trabajo de una nueva generación de creadores que ha logrado triunfar en las pantallas de todo el mundo.

En 1992, *Como agua para chocolate* de Alfonso Arau batió° récords de taquilla. Esta película, que puso en imágenes el realismo mágico que tanto éxito tenía en la literatura, despertó el interés por el cine mexicano. Las películas empezaron a disfrutar de una mayor distribución y muchos directores y actores se convirtieron en estrellas internacionales.

Alejandro González Iñárritu

El éxito también se vio reflejado en el dinero recaudado° y en las nominaciones y los premios° recibidos. Hoy día, los rostros° de Salma Hayek, Gael García Bernal y Diego Luna, entre otros, pueden verse no sólo en el cine, sino también en revistas y programas de televisión de todo el mundo. Muchos artistas alternan su trabajo entre Estados Unidos y México. En el año 2000, el enorme éxito de *Amores perros* impulsó la carrera de su director, Alejandro González Iñárritu, que poco tiempo después dirigió *21 Grams* en tierras estadounidenses. Otros directores que trabajan en los dos países son Guillermo del Toro (*Blade II, El laberinto del fauno*) y Alfonso Cuarón. Después del éxito alcanzado° con *Y tu mamá también*, Cuarón dirigió la tercera película de *Harry Potter*. La nueva generación de artistas mexicanos está demostrando que está preparada para reclamar su puesto en el cine mundial. ■

Algunas películas premiadas

Como agua para chocolate Premio Ariel	**La ley de Herodes** Sundance – Premio al Cine Latinoamericano		**Y tu mamá también** Venecia–Mejor Guión	
1992	1996	2000	2001	2007
	El callejón de los milagros Premio Goya	**Amores perros** Chicago – Hugo de Oro a la Mejor Película		**El laberinto del fauno** Tres premios Oscar

etapa *era* **vigor** *energy* **resurgir** *revival* **batió** *broke* **recaudado** *collected* **premios** *awards* **rostros** *faces* **alcanzado** *reached*

Teaching option If there are heritage speakers in the class, ask them if they are familiar with Mexican cinema and if they have any recommendations.

El mundo hispanohablante Ask students: ¿A quién le gusta ver los premios Oscar? ¿A quién no le gusta? ¿Por qué? ¿Qué otros premios y festivales de cine conocen?

Perfil Have students create a time line of Gael García Bernal's career based on the article.

ASÍ LO DECIMOS

Las diversiones

chido/a (Méx.) *cool*
copado/a (Arg.)
está que mola (Esp.)
bacanal (Nic.)

salir de parranda *to go out and have fun*
rumbear (Ven.)
farandulear (Col.)

la rola (Nic. y Méx.) *song*
el tema (Arg.)

EL MUNDO HISPANOHABLANTE

Los premios de cine

Cada año, distintos países hispanoamericanos premian las mejores películas nacionales y extranjeras.

En México, el premio **Ariel** es la máxima distinción otorgada° a los mejores trabajos cinematográficos mexicanos. La estatuilla° representa el triunfo del espíritu y el deseo de ascensión.

Susana Zabaleta recibe el premio Ariel.

En España, el premio más prestigioso es el **Goya**. La Academia de Artes y Ciencias Cinematográficas de España entrega estos premios a producciones nacionales en un festival en Madrid. La estatuilla recibe ese nombre por el pintor Francisco de Goya.

En Argentina, el Festival de Cine Internacional de Mar del Plata premia películas nacionales e internacionales. El galardón° se llama **Astor** en homenaje al compositor de tango Astor Piazzolla, quien nació en la ciudad de Mar del Plata.

En Cuba, el Festival Internacional de La Habana entrega los premios **Coral**. Aunque predomina el cine latinoamericano, el festival también convoca a producciones de todas partes del mundo.

PERFIL

GAEL GARCÍA BERNAL

Gael García Bernal es una de las figuras más representativas del cine mexicano contemporáneo. Empieza a actuar en el teatro con tan sólo cinco años, de la mano de sus padres, también actores. Pasa pronto a trabajar en telenovelas°. Siendo adolescente, Gael entra en el mundo del cine. Su intuición y su talento lo llevan a renunciar a la fama fácil y, a los diecisiete años, se va a Londres para estudiar arte dramático. Tres años después, regresa a México lleno de confianza y no se asusta° a la hora de representar ningún papel, por controvertido o difícil que sea. A partir de ese momento, participa en algunas de las películas más emblemáticas del cine en español de los últimos años: *Amores perros*, *Y tu mamá también* y *Diarios de motocicleta*. Actualmente, Gael trabaja también del otro lado de las cámaras como director y productor, y participa activamente en la promoción del cine mexicano.

> **«** Es muy importante que el cine latino se mantenga muy específico, pero que al mismo tiempo sus temas sean universales. **»** (Alfonso Cuarón)

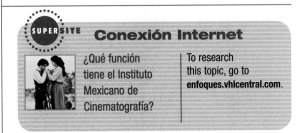

SUPERSITE **Conexión Internet**

¿Qué función tiene el Instituto Mexicano de Cinematografía?

To research this topic, go to **enfoques.vhlcentral.com**.

telenovelas *soap operas* no se asusta *doesn't get scared* otorgada *given* estatuilla *statuette* galardón *award*

¿Qué aprendiste?

1 **¿Cierto o falso?** Indica si estas afirmaciones son **ciertas** o **falsas**. Corrige las falsas.

1. La época dorada del cine mexicano fue en los años cincuenta. Falso. La época dorada del cine mexicano fue en los años cuarenta.
2. El gobierno mexicano ha apoyado los nuevos proyectos de cine. Cierto.
3. El director de *Como agua para chocolate* es Diego Luna. Falso. El director de *Como agua para chocolate* es Alfonso Arau.
4. El éxito de *Como agua para chocolate* despertó el interés por el cine mexicano. Cierto.
5. Los artistas mexicanos van a Estados Unidos y no vuelven a trabajar en su país. Falso. Los artistas mexicanos normalmente alternan su trabajo entre Estados Unidos y México.
6. La película *Amores perros* es del año 2002. Falso. La película *Amores perros* es del año 2000.
7. Alfonso Cuarón dirigió *21 Grams*. Falso. Alejandro González Iñárritu dirigió *21 Grams*.
8. *Amores perros* y *El crimen del Padre Amaro* ganaron premios internacionales en el año 2000. Falso. *Amores perros* y *La ley de Herodes* ganaron premios internacionales en el año 2000.

2 **Completar** Completa las oraciones.

1. Los premios del Festival Internacional de La Habana se llaman _____Coral_____.
2. Los premios Astor se entregan en ___Mar del Plata___.
3. El premio más prestigioso de España es el ___Goya___.
4. A los jóvenes venezolanos les gusta salir a ___rumbear___.

3 **Preguntas** Contesta las preguntas con oraciones completas. Some answers will vary.

1. ¿A qué se dedican los padres de Gael García Bernal? Los padres de Gael García Bernal también son actores.
2. ¿A qué edad comenzó a trabajar como actor Gael García Bernal? Comenzó a trabajar como actor cuando tenía cinco años.
3. ¿Qué hizo en Londres Gael García Bernal? Estudió arte dramático.
4. ¿Gael García Bernal evita los papeles controvertidos? No, no teme actuar en papeles controvertidos o difíciles.
5. ¿Qué otras actividades relacionadas con el cine realiza Gael García Bernal además de actuar? También es director y productor, y trabaja para promover el cine mexicano.
6. Según Alfonso Cuarón, ¿cómo deben ser los temas del cine latino? Los temas deben ser específicos y al mismo tiempo universales.
7. ¿Crees que es positivo que directores y actores de habla hispana se muden (*move*) a Hollywood? ¿Por qué?
8. Cuando decides ver una película, ¿qué factores tienes en cuenta (protagonistas, premios recibidos, director, idioma, etc.)? ¿Por qué?

4 **Opiniones** En parejas, escriban en qué se diferencian y en qué se parecen el cine de Hollywood y el cine internacional.

Diferente	Igual

PROYECTO

María Félix

La época de oro

Durante la época de oro del cine mexicano, actores como María Félix o Pedro Infante y directores como Emilio Fernández e Ismael Rodríguez llevaron el acento mexicano más allá de sus fronteras.

Investiga uno de estos artistas y escribe una biografía de tres párrafos.

Debes incluir:

• datos biográficos

• trabajos principales del/ de la artista

• contribución al cine mexicano

Siguiendo el estilo usado en el perfil de Gael García Bernal, escribe tu texto usando el tiempo presente.

---

2 For an additional comprehension check, ask related questions about each activity item. Ex: **1.** ¿En qué país se da el premio Goya? ¿Y el Ariel? **2.** ¿Qué premio de cine se da en Madrid? ¿En Argentina?

4 Before completing the activity, ask volunteers to name foreign films they have seen. Encourage heritage speakers to describe films from their families' home countries.

Proyecto Have students use at least five new vocabulary words in their biographies.

Lila Downs

La popularidad en América Latina, Estados Unidos y Europa llevó a **Lila Downs** a la gran pantalla°. *Burn it blue*, de la banda de sonido de *Frida*, fue nominada para un Oscar como mejor canción en 2003. Downs nació en Oaxaca, un estado al sur de México, pero ha pasado su vida entre su país natal y los Estados Unidos. Downs, hija de una cantante indígena mixteca° y un profesor estadounidense de arte y cine, se mantiene fiel a sus raíces biculturales fusionando ritmos de sus dos mundos. De niña, cantaba canciones rancheras° sólo para su madre pero, más tarde, se dio cuenta de que necesitaba expresarse con el canto. Downs compone sus propias canciones aunque también son muy famosas sus interpretaciones de canciones tradicionales de la región mesoamericana: "Me siento comprometida con estas canciones porque son el alma de mi tierra".

Discografía

2006 La cantina   **2004** Una Sangre - One Blood   **2001** Border (La Línea)

Canción

Éste es un fragmento de la canción que tu instructor(a) te hará escuchar.

La Bamba
Tradicional/Paul Cohen/Lila Downs

Para bailar la bamba se necesita,
Una poca de gracia y otra cosita,
Ay arriba, arriba y arriba iré,
Yo no soy marinero ni lo seré.
Se lo pido a mi amigo de compasión,
Que se acabe la bamba,
Y venga otro son°.

La Bamba es el 'son jarocho' más popular de Veracruz y es el resultado del profundo mestizaje de esta región mexicana. Se dice que los primeros versos se escribieron a finales del siglo XVII. Una versión dice que la palabra *bamba* evoca una antigua región africana del Congo, de donde provenían muchos esclavos.

 Preguntas En parejas, contesten las preguntas.   Answers will vary.

1. ¿Por qué Downs es considerada una artista bicultural? ¿Qué tipo de canciones canta?
   Porque es hija de una indígena mixteca y un estadounidense y su música fusiona dos mundos.
2. ¿Qué se necesita para bailar la bamba?
   Se necesita una poca de gracia.
3. ¿Por qué la canción de *La Bamba* es tan popular? ¿De dónde proviene?
   Proviene de Veracruz a finales del siglo XVII.
4. ¿Conocen otras canciones que sean tan populares como *La Bamba*?
   ¿Quiénes las interpretan?

pantalla *screen* **mixteca** *Mixtec* **rancheras** *popular music from Mexico* **son** *a type of song*

Ritmos Use the song lyrics to preview indirect and direct object pronouns.

Teaching option If time permits, bring in recordings of *La Bamba* by other artists and ask students to compare the renditions.

INSTRUCTIONAL RESOURCES
Supersite/IRCD:
Textbook Answer Key,
SAM Answer Key
SAM/WebSAM: WB, LM

TALLER DE CONSULTA

MANUAL DE GRAMÁTICA
Más práctica

2.1 Object pronouns, p. 493
2.2 **Gustar** and similar verbs,
p. 494
2.3 Refexive verbs, p. 495

Más gramática

2.4 Demonstrative adjectives
and pronouns, p. 496
2.5 Possessive adjectives
and pronouns, p. 498

¡ATENCIÓN!

Lo can be used to refer to
an abstract thing or idea
that has no gender.

Lo voy a pensar.
I'll think about it.

The neuter **lo** is covered in
detail in **9.3,** p. 342.

¡ATENCIÓN!

Esta noche **le** voy a quitar
la camisa **al guitarrista**.

Notice that in this example
the indirect object is
repeated. This is common
usage in Spanish.

Point out that direct and
indirect object pronouns
differ only in the **Ud./él/ella**
and **Uds./ellos/ellas** forms.

2.1 Object pronouns

- Pronouns are words that take the place of nouns. Direct object pronouns directly receive the action of the verb. Indirect object pronouns identify *to whom* or *for whom* an action is done.

Indirect object pronouns		Direct object pronouns	
me	nos	me	nos
te	os	te	os
le	les	lo/la	los/las

Position of object pronouns

- Direct and indirect object pronouns (**los pronombres de complemento directo e indirecto**) precede the conjugated verb.

INDIRECT OBJECT	DIRECT OBJECT
Carla siempre **me** da entradas para el teatro. *Carla always gives me tickets to the theater.*	Ella **las** consigue gratis. *She gets them for free.*
No **le** compro más juegos de mesa. *I'm not buying him any more board games.*	Nunca **los** juega. *He never plays them.*

- When the verb is an infinitive construction, object pronouns may either be attached to the infinitive or placed before the conjugated verb.

INDIRECT OBJECT	DIRECT OBJECT
Necesitamos pedir**le** un favor. **Le** necesitamos pedir un favor.	Voy a hacer**lo** enseguida. **Lo** voy a hacer enseguida.
Tienes que hablar**nos** de la película. **Nos** tienes que hablar de la película.	Van a ver**la** mañana. **La** van a ver mañana.

- When the verb is a progressive form, object pronouns may either be attached to the present participle or placed before the conjugated verb.

INDIRECT OBJECT	DIRECT OBJECT
Pedro está cantándo**me** una canción. Pedro **me** está cantando una canción.	Está cantándo**la** muy mal. **La** está cantando muy mal.

Double object pronouns

- The indirect object pronoun precedes the direct object pronoun when they are used together in a sentence.

Me mandaron **los boletos** por correo. ▶ **Me los** mandaron por correo.
Te exijo **una respuesta** ahora mismo. ▶ **Te la** exijo ahora mismo.

- **Le** and **les** change to **se** when they are used with **lo, la, los,** or **las**.

Le da **los libros** a Ricardo. ▶ **Se los** da.
Le enseña **las invitaciones** a Elena. ▶ **Se las** enseña.

Prepositional pronouns

Prepositional pronouns			
mí *me; myself* **ti** *you; yourself* **Ud.** *you; yourself*	**él** *him; it* **ella** *her; it* **sí** *himself; herself; itself*	**nosotros/as** *us; ourselves* **vosotros/as** *you; yourselves* **Uds.** *you; yourselves*	**ellos** *them* **ellas** *them* **sí** *themselves*

- Prepositional pronouns function as the objects of prepositions. Except for **mí, ti,** and **sí,** these pronouns are the same as the subject pronouns.

¿Qué piensas de **ella**? ¿Lo compraron para **mí** o para Javier?
Ay, mi amor, sólo pienso en **ti**. Lo compramos para **él**.

- The indirect object can be repeated with the construction **a** + *[prepositional pronoun]* to provide clarity or emphasis.

¿Te gusta aquel cantante? ¡**A mí** me fascina!
¿A quién se lo dieron? Se lo dieron **a ella**.

- When a third person subject refers to himself, herself, or itself, the pronoun **sí** is used. In this case, the adjective **mismo(s)/a(s)** is usually added to clarify the object.

José se lo regaló a **él**. José se lo regaló a **sí mismo**.
José gave it to him (someone else). *José gave it to himself.*

- When **mí, ti,** and **sí** are used with **con**, they become **conmigo, contigo,** and **consigo**.

¿Quieres ir **conmigo** al parque de atracciones?
Do you want to go to the amusement park with me?

Laura siempre lleva su computadora portátil **consigo**.
Laura always brings her laptop with her.

- These prepositions are used with **tú** and **yo** instead of **mí** and **ti**: **entre, excepto, incluso, menos, salvo, según**.

Todos están de acuerdo **menos tú y yo**. **Entre tú** y **yo**, Juan me cae mal.
Everyone is in agreement except you and me. *Between you and me, I can't stand Juan.*

¡ATENCIÓN!

When object pronouns are attached to infinitives, participles, or commands, a written accent is often required to maintain proper word stress.

Infinitive
cantármela
Present participle
escribiéndole
Command
acompáñeme

For more information on using object pronouns with commands, see **4.2,** pp. 140–141.

Teach students the mnemonic device "ID" in order to remember that indirect object pronouns always precede direct object pronouns.

Point out that **mismo(s)/a(s)** may be used with any prepositional pronoun, not just the third person.
Ex: **Hablo de mí misma.**

TALLER DE CONSULTA

MANUAL DE GRAMÁTICA
Más práctica

2.1 Object pronouns, p. 493

① Model the exercise by commenting on different students. Ex: **Siempre veo a Joe en el café estudiantil. Lo veo a él y a su novia.**

① Dos buenas amigas Dos amigas, Rosa y Marina, están en un café hablando de unos conocidos. Selecciona las personas de la lista que corresponden a los pronombres subrayados (*underlined*).

a Antoñito	a mí
a Antoñito y a Maite	a nosotras
a Maite	a ti
a ustedes	

ROSA Siempre <u>lo</u> veo bailando en la discoteca Club 49.

MARINA ¿<u>Te</u> saluda?

ROSA Nunca. Yo creo que no <u>me</u> saluda porque tiene miedo de que se lo diga a su novia.

MARINA ¿Su novia? Hace siglos que no sé nada de ella. Un día de éstos <u>la</u> tengo que llamar.

ROSA ¿Quieres que <u>los</u> invitemos a ir con nosotras a la fiesta del viernes?

MARINA Sí. Es una buena idea. A ver qué <u>nos</u> dice Antoñito de su afición a las discotecas.

1. __a Antoñito__
2. __a ti__
3. __a mí__
4. __a Maite__
5. __a Antoñito y a Maite__
6. __a nosotras__

② Have the students rewrite the dialogue as a narrative.

② Una pareja menos Completa las oraciones con una de estas expresiones: **conmigo, contigo, consigo.**

ANTOÑITO Ya estamos otra vez. (1) ___Contigo___ siempre tengo problemas.

MAITE ¿Qué te crees tú? ¿Que yo siempre me divierto (2) ___contigo___ ?

ANTOÑITO Tú eres la que siempre quiere ir (3) ___conmigo___ a la discoteca.

MAITE Eso no es verdad. A mí no me gusta salir (4) ___contigo___ . ¡Ni loca!

ANTOÑITO No te preocupes. Muchas chicas quieren estar (5)___conmigo___. Siempre veo a Rosa en el Club 49. A ella seguro que le gusta.

MAITE ¿A Rosa? A ella no le gusta ni estar (6) ___consigo___ misma. ¡Es una falsa!

③ Pair up the students. Have them write a list of five suggestions they would make about you to future students. Then ask different students to read their suggestions aloud.

③ Una fiesta muy ruidosa Martín y Luisa han organizado una fiesta muy ruidosa (*noisy*) en su casa y un vecino ha llamado a la policía. El policía les aconseja lo que deben hacer para evitar más problemas. Reescribe los consejos cambiando las palabras subrayadas por los pronombres de complemento directo e indirecto correctos.

1. Traten amablemente <u>a la policía</u>. Trátenla amablemente.

2. Tienen que pedirle <u>perdón a sus vecinos</u>. Tienen que pedírselo./Se lo tienen que pedir.

3. No pueden contratar <u>a un grupo musical</u> sin permiso. No pueden contratarlo sin permiso. /No lo pueden contratar sin permiso.

4. Tienen que poner <u>la música</u> muy baja. Tienen que ponerla muy baja./La tienen que poner muy baja.

5. No deben servirles <u>bebidas alcohólicas a los menores de edad</u>. No deben servírselas./No se las deben servir.

6. No pueden organizar <u>fiestas</u> nunca más. No pueden organizarlas nunca más./No las pueden organizar nunca más.

Comunicación

4 **¿En qué piensas?** Piensa en algunos de los objetos típicos que ves en la clase o en tu casa (un cuadro, una maleta, un mapa, etc.). Tu compañero/a debe adivinar el objeto que tienes en mente haciéndote preguntas con pronombres.

> **MODELO** **Tú piensas en: un libro**
>
> —Estoy pensando en algo que uso para estudiar.
> —¿Lo usas mucho?
> —Sí, lo uso para aprender español.
> —¿Lo compraste?
> —Sí, lo compré en una librería.

5 **La fiesta** En parejas, túrnense para contestar las preguntas usando pronombres de complemento directo o indirecto según sea necesario.

1. ¿Te gusta organizar fiestas? ¿Cuándo fue la última vez que organizaste una? ¿Por qué la organizaste?
2. ¿Invitaste a muchas personas? ¿A quiénes invitaste?
3. ¿Qué tipo de música escucharon? ¿Bailaron también?
4. ¿Qué les ofreciste de comer a los invitados en tu fiesta?
5. ¿Trajeron algo? ¿Qué trajeron? ¿Para quién?

6 **Fama** María Estela Pérez es una actriz de cine que debe encontrarse con sus *fans* pero, como no sabe dónde dejó su agenda, no recuerda a qué hora es el encuentro. En grupos de cuatro, miren la ilustración e inventen una historia inspirándose en ella. Utilicen por lo menos cinco pronombres de complemento directo y/o indirecto.

7 **Una persona famosa** En parejas, escriban una entrevista con una persona famosa. Utilicen estas cuatro preguntas y escriban cuatro más. Incluyan pronombres en las respuestas. Después, representen la entrevista delante de la clase.

> **MODELO** —¿Quién prepara la comida en tu casa?
>
> —Mi cocinero la prepara.

1. ¿Visitas frecuentemente a tus amigos/as?
2. ¿Ves mucho la televisión?
3. ¿Quién conduce tu auto?
4. ¿Preparas tus maletas cuando viajas?
5. ¿Evitas a los fotógrafos?

4 As a variant, divide the class into two teams and play the same game. You may wish to have them draw from a bag of names to ensure that both masculine and feminine, singular and plural object pronouns are used.

5 Call on students to summarize their partners' responses.

5 Have students work in pairs to create three more questions with direct and indirect pronouns. Then have them trade questions with another pair and answer them.

7 Preview the exercise by asking students similar questions about their own lives.

2.2 *Gustar* and similar verbs

INSTRUCTIONAL RESOURCES
Supersite/IRCD:
Textbook Answer Key,
SAM Answer Key
SAM/WebSAM: WB, LM

Me encanta el grupo Distorsión.

No me gusta nada la música rock.

To preview the material, ask students questions using **gustar, encantar,** and **molestar**. Emphasize the use of the indirect object pronoun in the questions.

Briefly review indirect object pronouns and remind students that they describe to whom or for whom an action is performed. See **2.1,** pp. 54–55.

Explain that subject pronouns like **yo** are not usually used with verbs like **gustar**. Point out that **Yo me gusta** is never correct.

Using the verb *gustar*

- Though **gustar** is translated as *to like* in English, its literal meaning is *to please*. **Gustar** is preceded by an indirect object pronoun indicating *the person who is pleased*. It is followed by a noun indicating *the thing that pleases*.

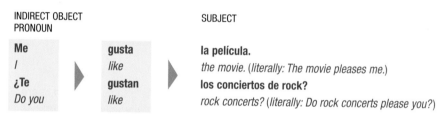

INDIRECT OBJECT PRONOUN		SUBJECT
Me	**gusta**	**la película.**
I	*like*	*the movie.* (literally: The movie pleases me.)
¿Te	**gustan**	**los conciertos de rock?**
Do you	*like*	*rock concerts?* (literally: Do rock concerts please you?)

- Because *the thing that pleases* is the subject, **gustar** agrees in person and number with it. Most commonly the subject is third person singular or plural.

SINGULAR SUBJECT

Nos gust**a** la música de Paulina Rubio.
We like Paulina Rubio's music.

Les gust**a** su casa nueva.
They like their new house.

PLURAL SUBJECT

Me gust**an** las quesadillas.
I like quesadillas.

¿Te gust**an** las películas románticas?
Do you like romantic movies?

- When **gustar** is followed by one or more verbs in the infinitive, the singular form of **gustar** is always used.

No nos **gusta** llegar tarde.
We don't like to arrive late.

Les **gusta** cantar y bailar.
They like to sing and dance.

- **Gustar** is often used in the conditional (**me gustaría,** etc.) to soften a request.

Me **gustaría** un refresco con hielo, por favor.
I would like a soda with ice, please.

¿Te **gustaría** salir a cenar esta noche conmigo?
Would you like to go out to dinner with me tonight?

Verbs like *gustar*

- Many verbs follow the same pattern as **gustar**.

aburrir *to bore*	**hacer falta** *to miss*
caer bien/mal *to get along well/badly with*	**importar** *to be important to; to matter*
disgustar *to upset*	**interesar** *to be interesting to; to interest*
doler *to hurt; to ache*	**molestar** *to bother; to annoy*
encantar *to like very much*	**preocupar** *to worry*
faltar *to lack; to need*	**quedar** *to be left over; to fit (clothing)*
fascinar *to fascinate; to like very much*	**sorprender** *to surprise*

¡**Me fascina** el álbum!
I love the album!

A Sandra **le disgusta** esa situación.
That situation upsets Sandra.

¿**Te molesta** si voy contigo?
Will it bother you if I come along?

Le duelen las rodillas.
Her knees hurt.

- The indirect object can be repeated using the construction **a** + [*prepositional pronoun*] or **a** + [*noun*]. This construction allows the speaker to emphasize or clarify who is pleased, bothered, etc.

A ella no le gusta bailar, pero **a él** sí.
She doesn't like to dance, but he does.

A Felipe le molesta ir de compras.
Shopping bothers Felipe.

- **Faltar** expresses what someone lacks and **quedar** what someone has left. **Quedar** is also used to talk about how clothing fits or looks on someone.

Le falta dinero.
He's short of money.

Nos quedan cinco libros.
We have five books left.

Me faltan dos pesos.
I need two pesos.

Esa falda **te queda** bien.
That skirt fits you well.

To introduce verbs like **gustar**, ask students questions. Ex: **¿Les importan mucho sus calificaciones en esta clase? ¿Cuántas semanas nos quedan hasta el final del semestre?**

Point out that the reflexive verb **quedarse** (*to stay*) has a different meaning than **quedar** (*to fit; to arrange to meet*).

Práctica

TALLER DE CONSULTA

MANUAL DE GRAMÁTICA
Más práctica

2.2 **Gustar** and similar verbs, p. 494

① For additional practice, call on volunteers to describe Miguel and César's problems. Ex: **A Miguel le encanta vivir con César, pero le preocupan algunas cosas.**

① For additional practice, write a list of verbs like **gustar** on the board. Have students use at least three of the verbs to add to the dialogue, describing more problems between Miguel and César.

② Call on volunteers to give their partners' response. Ex: **Según tu compañero/a, ¿qué le preocupa al presidente?** Ask the class: **¿Están ustedes de acuerdo?**

③ Remind students that the conditional is often used with verbs like **gustar** to soften a request. Ex: **¿Te interesaría ir al gimnasio?** *Would you be interested in going to the gym?*

1 **Completar** Miguel y César son compañeros de cuarto y tienen algunos problemas. Hoy se han reunido para discutirlos. Completa su conversación con la forma correcta de los verbos entre paréntesis.

MIGUEL Mira, César, a mí (1) ___me encanta___ (encantar) vivir contigo, pero la verdad es que (2) ___me preocupan___ (preocupar) algunas cosas.

CÉSAR De acuerdo. A mí también (3) ___me disgustan___ (disgustar) algunas cosas de ti.

MIGUEL Bueno, para empezar no (4) ___me gusta___ (gustar) que pongas la música tan alta cuando vienen tus amigos. Tus amigos (5) ___me caen___ (caer) muy bien pero, a veces, hacen mucho ruido y no me dejan dormir.

CÉSAR Sí, claro, lo entiendo. Pues mira, Miguel, a mí (6) ___me molesta___ (molestar) que no laves los platos después de comer. Además, tampoco sacas la basura.

MIGUEL Es verdad. Pues... vamos a intentar cambiar estas cosas. ¿Te parece?

CÉSAR ¡(7) ___Me fascina___ (fascinar) la idea! Yo bajo la música cuando vengan mis amigos y tú lavas los platos y sacas la basura más a menudo. ¿De acuerdo?

2 **Preguntar** Túrnense para hacerse preguntas sobre estos temas siguiendo el modelo.

MODELO a tu padre / fascinar

—¿Qué crees que le fascina a tu padre?
—Pues, no sé. Creo que le fascina dormir.

1. al presidente / preocupar
2. a tu hermano/a / encantar
3. a ti / gustar
4. a tus padres / gustar
5. a tu profesor(a) de español / disgustar
6. a tu mejor amigo/a / importar
7. a tu novio/a / molestar
8. a tu compañero/a de clase / disgustar

3 **Conversar** En parejas, pregúntense si les gustaría hacer las actividades relacionadas con las fotos. Utilicen los verbos **aburrir, disgustar, encantar, fascinar, interesar** y **molestar**. Sigan el modelo.

MODELO
—¿Te molestaría ir al parque de atracciones?
—No, me encantaría.

1.

2.

3.

4.

5.

6.

Comunicación

4 **Extrañas aficiones** Trabajen en grupos de cuatro. Miren las ilustraciones e imaginen qué les gusta, interesa o molesta a estas personas.

1.

2.

3.

4.

5 **¿Qué te gusta?** En parejas, pregúntense si les gustan o no las personas y actividades de la lista. Utilicen verbos similares a **gustar** y contesten las preguntas.

Cameron Diaz	dormir los fines de semana
salir con tus amigos	hacer bromas
las películas de misterio	los discos de Christina Aguilera
practicar algún deporte	ir a discotecas
Antonio Banderas	las películas extranjeras

6 **¿A quién le gusta?** Trabajen en grupos de cuatro.

A. Preparen una lista de cinco pasatiempos y cinco lugares de recreo. Luego circulen por la clase para ver a quiénes les gustan los lugares y las actividades de la lista.

B. Ahora escriban un párrafo breve para describir los gustos de sus compañeros. Utilicen **gustar** y otros verbos similares. Compartan su párrafo con la clase.

MODELO A Luisa y a Simón les fascina el restaurante Acapulco, pero a Tonya no le gusta.
A todos nos gusta ir al cine, menos a Carlos, porque…

2.3 Reflexive verbs

INSTRUCTIONAL RESOURCES
Supersite/IRCD:
Textbook Answer Key,
SAM Answer Key
SAM/WebSAM: WB, LM

- In a reflexive construction, the subject of the verb both performs and receives the action. Reflexive verbs (**verbos reflexivos**) always use reflexive pronouns (**me, te, se, nos, os, se**).

Remind students that most reflexive verbs in Spanish do not require reflexive pronouns (*myself, yourself,* etc.) in English. Ex: **Jaime se despertó.** *Jaime woke up.* However, English does make frequent use of possessive adjectives where in Spanish a definite article would be used. Ex: **Me pongo los zapatos.** *I'm putting on my shoes.*

Reflexive verbs

Elena **se lava** la cara.

Non-reflexive verb

Elena **lava** los platos.

Reflexive verbs	
lavarse *to wash (oneself)*	
yo	me lavo
tú	te lavas
Ud./él/ella	se lava
nosotros/as	nos lavamos
vosotros/as	os laváis
Uds./ellos/ellas	se lavan

- Many of the verbs used to describe daily routines and personal care are reflexive.

acostarse (o:ue) *to go to bed*	**dormirse (o:ue)** *to go to sleep*	**peinarse** *to comb (one's hair)*
afeitarse *to shave*	**ducharse** *to take a shower*	**ponerse** *to put on (clothing)*
bañarse *to take a bath*	**lavarse** *to wash (oneself)*	**secarse** *to dry off*
cepillarse *to brush (hair/teeth)*	**levantarse** *to get up*	**quitarse** *to take off (clothing)*
despertarse (e:ie) *to wake up*	**maquillarse** *to put on makeup*	**vestirse (e:i)** *to get dressed*

- In Spanish, most transitive verbs can also be used as reflexive verbs to indicate that the subject performs the action to or for himself or herself.

¡ATENCIÓN!

A transitive verb is one that takes a direct object.

Mariela compró dos boletos.
Mariela bought two tickets.

Johnny contó un chiste.
Johnny told a joke.

Félix **divirtió** a los invitados con sus chistes.
Félix amused the guests with his jokes.

Félix **se divirtió** en la fiesta.
Félix had fun at the party.

Ana **acostó** a los gemelos antes de las nueve.
Ana put the twins to bed before nine.

Ana **se acostó** muy tarde.
Ana went to bed very late.

- Many verbs change meaning when they are used with a reflexive pronoun.

aburrir *to bore*	**aburrirse** *to get bored*
acordar (o:ue) *to agree*	**acordarse (de) (o:ue)** *to remember*
comer *to eat*	**comerse** *to eat up*
dormir (o:ue) *to sleep*	**dormirse (o:ue)** *to fall asleep*
ir *to go*	**irse (de)** *to go away (from)*
llevar *to carry*	**llevarse** *to carry away*
mudar *to change*	**mudarse** *to move (change residence)*
parecer *to seem*	**parecerse (a)** *to resemble; to look like*
poner *to put*	**ponerse** *to put on (clothing)*
quitar *to take away*	**quitarse** *to take off (clothing)*

- Some Spanish verbs and expressions are used in the reflexive even though their English equivalents may not be. Many of these are followed by the prepositions **a, de**, and **en**.

acercarse (a) *to approach*	**fijarse (en)** *to take notice (of)*
arrepentirse (de) (e:ie) *to repent*	**morirse (de) (o:ue)** *to die (of)*
atreverse (a) *to dare (to)*	**olvidarse (de)** *to forget (about)*
convertirse (en) (e:ie) *to become*	**preocuparse (por)** *to worry (about)*
darse cuenta (de) *to realize*	**quejarse (de)** *to complain (about)*
enterarse (de) *to find out (about)*	**sorprenderse (de)** *to be surprised (about)*

- *To get* or *to become* is frequently expressed in Spanish by the reflexive verb **ponerse** + [*adjective*].

  Pilar **se pone** muy nerviosa antes del torneo.
  Pilar gets very nervous before the tournament.

  Si no duermo bien, **me pongo insoportable**.
  If I don't sleep well, I become unbearable.

- In the plural, reflexive verbs can express reciprocal actions done *to one another*.

  Los dos equipos **se saludan** antes de comenzar el partido.
  The two teams greet each other at the start of the game.

  ¡Los entrenadores **se están peleando** otra vez!
  The coaches are fighting again!

- The reflexive pronoun precedes the direct object pronoun when they are used together in a sentence.

  ¿**Te** comiste el pastel?
  Did you eat the whole cake?

  Sí, **me lo** comí.
  Yes, I ate it all up.

Write several sentence pairs on the board to illustrate the differences in meaning. Ex: **Pareces cansado.** *You seem tired.* **Te pareces a tu madre.** *You look like your mother.*

Have the class play charades using the reflexive verbs listed on pp. 62–63.

¡ATENCIÓN!

Hacerse and **volverse** can also mean *to become.*

Se ha hecho cantante.
He has become a singer.

¿**Te has vuelto** loco/a?
Have you gone mad?

The use of **se** with indirect object pronouns to express unplanned events is covered in **11.2**, pp. 410–411. Ex: **Se me perdieron las llaves.**

¡ATENCIÓN!

When used with infinitives and present participles, reflexive pronouns follow the same rules of placement as object pronouns. See **2.1**, pp. 54–55.

TALLER DE CONSULTA

MANUAL DE GRAMÁTICA
Más práctica

2.3 Reflexive verbs, p. 495

① For additional practice, ask students about their own schedules. Ex: ¿A qué hora te levantas? ¿Quién se maquilla?

① **Los lunes por la mañana** Completa el párrafo sobre lo que hacen Carlos y su esposa Elena los lunes por la mañana. Utiliza la forma correcta de los verbos reflexivos correspondientes.

acostarse	irse	ponerse
afeitarse	lavarse	quitarse
cepillarse	levantarse	secarse
ducharse	maquillarse	vestirse

Los domingos por la noche, Carlos y Elena (1) _se acuestan_ tarde y por la mañana tardan mucho en despertarse. Carlos es el que (2) _se levanta_ primero, (3) _se quita_ el pijama y (4) _se ducha_ con agua fría. Después de unos minutos, entra en el cuarto de baño Elena, y Carlos (5) _se afeita_ la barba. Mientras Elena termina de ducharse, de (6) _secarse_ el pelo y de (7) _maquillarse_, Carlos prepara el desayuno. Cuando Elena está lista, ella y Carlos desayunan, luego (8) _se cepillan_ los dientes y (9) _se lavan_ las manos. Después los dos van a la habitación, (10) _se visten_ con ropa elegante y (11) _se van_ al trabajo. Carlos (12) _se pone_ la corbata en el carro; Elena maneja.

② Tell students to imagine that Silvia's grandfather is 103 years old. Have them describe his Saturday schedule.

② **Todos los sábados**

A. En parejas, describan la rutina que sigue Silvia todos los sábados, según los dibujos.
Sample answers.

1. Se levanta/despierta a las nueve.

2. Se baña a las diez.

3. Se viste a las once menos cuarto.

4. Se maquilla a las doce menos diez.

B. ¿Qué hacen los sábados por la mañana cuatro amigos y/o familiares de Silvia? Imaginen sus rutinas. Utilicen verbos reflexivos y sean creativos.

Comunicación

 ③ **¿Y tú?** En parejas, túrnense para hacerse las preguntas. Contesten con oraciones completas y expliquen sus respuestas.

③ Call on students to report their partners' responses.

1. ¿A qué hora te despiertas normalmente los sábados por la mañana? ¿Por qué?
2. ¿Te duermes en las clases?
3. ¿A qué hora te acuestas normalmente los fines de semana?
4. ¿A qué hora te duchas durante la semana?
5. ¿Te levantas siempre a la misma hora que te despiertas? ¿Por qué?

6. ¿Qué te pones para salir los fines de semana? ¿Y tus amigos/as?
7. ¿Cuándo te vistes elegantemente?
8. ¿Te diviertes cuando vas a una fiesta? ¿Y cuando vas a una reunión familiar?
9. ¿Te fijas en la ropa que lleva la gente?
10. ¿Te preocupas por tu imagen?

11. ¿De qué se quejan tus amigos/as normalmente? ¿Y tus padres u otros miembros de la familia?
12. ¿Conoces a alguien que se preocupe constantemente por todo?
13. ¿Te arrepientes a menudo de las cosas que haces?
14. ¿Te peleas con tus amigos/as? ¿Y con tu novio/a?
15. ¿Te sorprende alguna costumbre o hábito de tus amigos/as?

 ④ **Síntesis** Imagina que estás en un café y que ves a tu antiguo/a novio/a coqueteando con alguien. ¿Qué haces? Trabajen en grupos para representar la escena. Utilicen por lo menos cinco verbos de la lista y cinco pronombres de complemento directo e indirecto.

④ As a follow-up writing assignment, have students write an e-mail to send to their ex.

acercarse	darse cuenta	interesar	olvidarse
arrepentirse	gustar	irse	preocuparse
caer bien/mal	hacer falta	molestar	sorprender

SUPERSITE

For additional cumulative practice of all the grammar points in this lesson, go to **enfoques.vhlcentral.com**.

Antes de ver el corto

INSTRUCTIONAL RESOURCES
Supersite/DVD: Film Collection
Supersite/IRCD:
Script & Translation

Tell students that they
are about to watch an
example of **el nuevo
cine mexicano** that they
learned about on pp.
50–51.

Variación léxica
el Mundial ⟷ la Copa
Mundial
el balón ⟷ la pelota

ESPÍRITU DEPORTIVO

país México

duración 11 minutos

director Javier Bourges

protagonistas futbolista muerto,
esposa, amigos, grupo de jóvenes

Vocabulario

el ataúd *casket*

el balón *ball*

la cancha *field*

deber (dinero) *to owe (money)*

enterrado/a *buried*

la misa *mass*

mujeriego *womanizer*

el Mundial *World Cup*

patear *to kick*

la prueba *proof*

la señal *sign*

① Have different
volunteers read the
commentaries aloud
as if they were sports
radio announcers.
Then have the class
vote on the best
announcers.

① **Comentaristas deportivos** Completa la conversación entre los comentaristas deportivos.

COMENTARISTA 1 Emocionante comienzo del (1) ___Mundial___ de fútbol. La (2) ___cancha___ está
llena. El capitán patea el (3) ___balón___, el arquero (*goalie*) no logra frenarlo (*stop it*) y…
¡goooooool!

COMENTARISTA 2 ¡Muy emocionante el debut de Sánchez como capitán! Debemos contar
al público que sólo hace siete días murió el abuelo de Sánchez. El jugador casi no llega
a tiempo para el primer partido porque no quiso dejar de ir a una (4) ___misa___ en el
cementerio donde ahora está (5) ___enterrado___ su abuelo.

② Before beginning the
activity, survey the
class on their favorite
sports to play and/or
watch.

 ② **Comentar** En parejas, túrnense para hacerse las preguntas.

1. ¿Qué papel tiene el deporte en tu vida?

2. ¿Qué deporte practicabas cuando eras niño/a?

3. ¿Quién es tu deportista favorito/a? ¿Por qué?

4. Observa los fotogramas. ¿Qué está sucediendo en cada uno?

5. Piensa en el título del cortometraje. ¿Qué es para ti el "espíritu deportivo"?

6. Observa el afiche del cortometraje. ¿Crees que la historia será una comedia
o un drama?

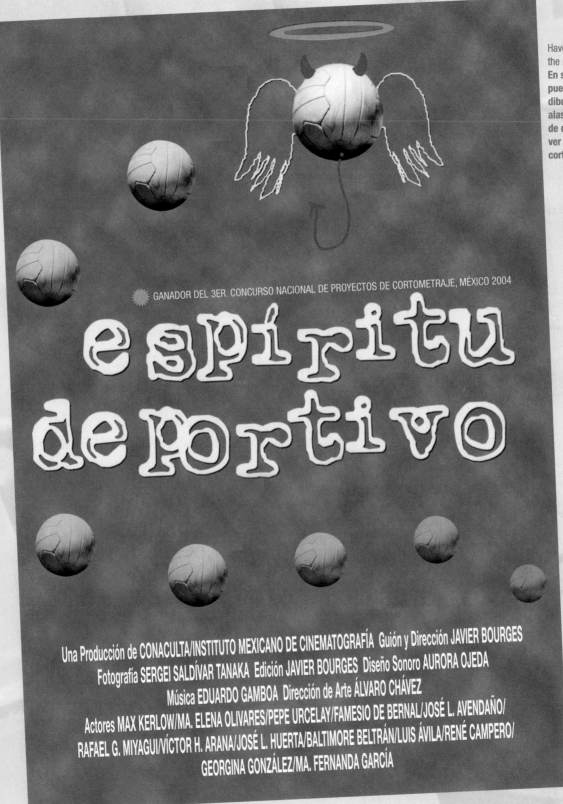

Have students look at
the movie poster. Ask:
**En su opinión, ¿qué
puede significar el
dibujo del balón con
alas de ángel y cuernos
de diablo? ¿Tiene que
ver con el título de este
cortometraje?**

GANADOR DEL 3ER. CONCURSO NACIONAL DE PROYECTOS DE CORTOMETRAJE, MÉXICO 2004

espíritu deportivo

Una Producción de CONACULTA/INSTITUTO MEXICANO DE CINEMATOGRAFÍA Guión y Dirección JAVIER BOURGES
Fotografía SERGEI SALDÍVAR TANAKA Edición JAVIER BOURGES Diseño Sonoro AURORA OJEDA
Música EDUARDO GAMBOA Dirección de Arte ÁLVARO CHÁVEZ
Actores MAX KERLOW/MA. ELENA OLIVARES/PEPE URCELAY/FAMESIO DE BERNAL/JOSÉ L. AVENDAÑO/
RAFAEL G. MIYAGUI/VÍCTOR H. ARANA/JOSÉ L. HUERTA/BALTIMORE BELTRÁN/LUIS ÁVILA/RENÉ CAMPERO/
GEORGINA GONZÁLEZ/MA. FERNANDA GARCÍA

Escenas

ARGUMENTO El futbolista Efrén "El Corsario" Moreno ha muerto de un ataque al corazón. Su familia y amigos lo están velando°.

Synopsis At the funeral of a former Mexican soccer star, the teammates of the deceased argue over the lineup of the team that defeated Brazil. The proof is on the soccer ball signed by the players, which is about to be buried with the deceased.

Preview Divide the class into groups of five and assign a role to each student. Have students read the dialogue aloud, then ask them to characterize El Tacho. Ask: **¿Creen que es un hablador, como dice Maraca, o que realmente jugó en el famoso partido contra Brasil?** Keep a tally of students' opinions on the board, both before and after viewing the film.

REPORTERA Sin duda, extrañaremos al autor de aquel gran gol de chilena° con el que eliminamos a Brasil del Mundial de Honduras de 1957.

REPORTERA Don Tacho, ¿es cierto que usted dio el pase para aquel famoso gol?
TACHO Claro que sí, yo le mandé como veinte pases al área penal, pero él nada más anotó esa sola vez.

JUANITA Quiso ser enterrado con el balón de fútbol con las firmas de todos los que jugaron con él en aquel partido con Uru... con... con Brasil. Se irá a la tumba° con sus trofeos° y con su uniforme, como un gran héroe.

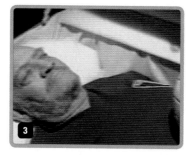

MARACA Tacho, eres un hablador. Estás mal. Tú ni siquiera fuiste a ese Mundial. Es más, cien pesos a que te lo compruebo.
TACHO Y cien pesos más que estuve en el juego.

MARACA A ver, ¿dónde está tu firma?
TACHO Aquí debe estar... ¡Ya la borraron!
(Molesto porque no encuentra su firma y patea el balón.)

(El balón cae sobre la guitarra de un grupo de jóvenes y la rompe.)
HUGO Si no le pagan la guitarra aquí a mi carnal°, no les regresamos° su balón. ¿Cómo ven?

velando *holding a wake* chilena *scissor kick* tumba *grave* trofeos *trophies* carnal *buddy* regresamos *give back*

Después de ver el corto

1 Comprensión Contesta las preguntas con oraciones completas.

1. ¿Quién es Efrén "El Corsario" Moreno? Es un jugador famoso del fútbol mexicano de los años 50.
2. ¿Cuándo y de qué murió "El Corsario" Moreno? Murió en la madrugada de un ataque al corazón.
3. ¿Cómo ganó México su partido contra Brasil en el Mundial de 1957? Ganó con un gol que metió el Corsario Moreno.
4. Según "El Tacho" Taboada, ¿cómo anotó "El Corsario" el gol de la victoria?
   El Tacho dice que le mandó varios pases al Corsario, pero él sólo anotó una vez.
5. ¿Qué hay en el balón de "El Corsario"? El balón tiene las firmas de todos los que jugaron en el partido contra Brasil.
6. ¿Cuánto apuestan los amigos sobre la firma de "El Tacho"? Apuestan doscientos pesos.
7. ¿Cuánto le cuesta la misa a Juanita? ¿Por qué? No le costó nada porque viene con el paquete.
8. ¿Qué pasa cuando "El Tacho" patea el balón? El balón cae en la guitarra de unos jóvenes y la rompe.
9. ¿Qué posición jugaba "El Tacho" en la selección nacional? El Tacho jugaba como delantero en la selección.
10. ¿Quién les ayuda a ganar a "El Tacho" y sus amigos? El Corsario Moreno les ayuda a ganar el partido.

2 Interpretar En parejas, contesten las preguntas.

1. ¿Crees que "El Tacho" jugó en el partido contra Brasil?
2. ¿Piensas que el sacerdote admira a "El Corsario" Moreno? ¿Cómo lo sabes?
3. ¿Piensas que "El Corsario" era mujeriego?
4. ¿Quién se queda con el balón al final?
5. ¿Por qué crees que "El Corsario" regresa voluntariamente al ataúd?
6. ¿Crees que el cortometraje tiene un final feliz?

3 Analizar En grupos de tres, analicen las citas. Después, compartan sus opiniones con el resto de la clase.

> "La muerte es una vida vivida. La vida es una muerte que viene." *Jorge Luis Borges*

> "La muerte es algo que no debemos temer porque, mientras somos, la muerte no es y cuando la muerte es, nosotros no somos." *Antonio Machado*

4 Actuar En parejas, imaginen que el fantasma de "El Corsario" regresa para hablar con un joven del grupo que se queda con el balón. "El Corsario" quiere pedirle al joven que repare el balón y lo use con sus amigos. ¿Por qué es esto importante para "El Corsario"? Ensayen la escena y represéntenla ante la clase. Pueden usar el vocabulario del corto y las palabras del recuadro.

homenaje *tribute*	**regalo** *gift*
recuerdo *memory; keepsake*	**tradición** *tradition*

1 To check comprehension, call on volunteers to answer the questions.

2 Have students write two additional questions and exchange papers with another pair.

4 If time and resources permit, have students film their scenes outside of class. View the groups' recordings in class and discuss the different interpretations.

Calesita en la plaza, 1999.
Aldo Severi, Argentina.

"No está la felicidad en vivir, sino en saber vivir."

— Diego de Saavedra Fajardo

Antes de leer

INSTRUCTIONAL RESOURCES
Supersite: Literatura recording

Idilio

Sobre el autor

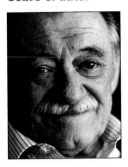

Mario Benedetti nació en Tacuarembó, Uruguay, en 1920. Su volumen de cuentos publicado en 1959, *Montevideanos*, lo consagró como escritor, y dos años más tarde alcanzó fama internacional con su segunda novela, *La tregua*, con fuerte contenido sociopolítico. Tras diez años de exilio en Argentina, Perú, Cuba y España, regresó a Uruguay en 1983. El exilio que lo alejó de su patria y de su familia dejó una profunda huella *(mark)* tanto en su vida personal como en su obra literaria. Benedetti ha incursionado en todos los géneros *(genres)*: poesía, cuento, novela y ensayo. El amor, lo cotidiano, la ausencia, el retorno y el recuerdo son temas constantes en la obra de este prolífico escritor. En 1999, ganó el Premio Reina Sofía de Poesía Iberoamericana.

Teaching option
Discuss the quote on
p. 70. Ask the class:
**¿Qué significa "saber
vivir" para ustedes?**

Vocabulario

colocar *to place (an object)*
hondo/a *deep*
la imagen *image; picture*
la pantalla *(television) screen*

por primera/última vez *for the first/last time*
redondo/a *round*
señalar *to point to; to signal*
el televisor *television set*

Practicar Completa las oraciones con palabras o frases del vocabulario.

1. Voy a ___colocar___ el televisor sobre la mesa.
2. Julio me ___señaló___ la calle que debo tomar, pero no quiso ir conmigo.
3. En lo más ___hondo___ de mi corazón, guardo el recuerdo de mi primera novela.
4. Ayer salí ___por primera vez___ en la televisión y me invitaron a participar en otro programa la semana que viene.

Conexión personal

¿Cómo te entretenías cuando eras niño/a? ¿A qué jugabas? ¿Mirabas mucha televisión? ¿Tus padres establecían límites y horarios? ¿Qué harás tú cuando tengas hijos?

Análisis literario: las formas verbales

Las formas verbales son un factor muy importante a tener en cuenta al analizar obras literarias. La elección de formas verbales es una decisión deliberada del autor y afecta el tono del texto. El uso de registro formal o informal puede hacer el texto más o menos cercano al lector. La elección de tiempos verbales también puede tener efectos como involucrar o distanciar al lector, dar o quitar formalidad, hacer que la narración parezca más oral, etc. A medida que lees *Idilio*, presta atención a los tiempos verbales que usa Benedetti. ¿Qué tono dan a la historia estas elecciones deliberadas del autor?

Conexión personal Ask:
**¿Qué importancia tiene
la televisión en la vida
diaria? ¿Cuáles son las
ventajas y desventajas que
tiene la televisión para
los niños? ¿Es realista
prohibir que la vean?**

Análisis literario Have
students recall a work of
fiction they have recently
read. Ask: **¿Qué tono
utiliza el autor en su obra
de ficción? ¿Les parece
formal o informal? ¿Por
qué? ¿Cómo afecta el
tono al lector?**

IDILIO

Mario Benedetti

Preview Ask students to think about this question before reading the text: **¿Creen que es posible confundir la ficción con la realidad al ver la televisión?**

La noche en que colocan a Osvaldo (tres años recién cumplidos) por primera vez frente a un televisor (se exhibe un drama británico de hondas resonancias), queda hipnotizado, la boca entreabierta°, los ojos redondos de estupor.

half-opened

La madre lo ve tan entregado al sortilegio° de las imágenes que se va tranquilamente a la cocina. Allí, mientras friega ollas y sartenes°, se olvida del niño. Horas más tarde se acuerda, pero piensa: "Se habrá dormido". Se seca las manos y va a buscarlo al living.

surrendered to the magic

washes pots and pans

La pantalla está vacía°, pero Osvaldo se mantiene en la misma postura y con igual mirada extática.

empty; blank

—Vamos. A dormir —conmina° la madre.

orders

—No —dice Osvaldo con determinación.

—¿Ah, no? ¿Se puede saber por qué?

—Estoy esperando.

—¿A quién?

—A ella.

Y señaló el televisor.

—Ah. ¿Quién es ella?

—Ella.

Y Osvaldo vuelve a señalar la pantalla. Luego sonríe, candoroso°, esperanzado, exultante.

El niño confunde a la mujer del televisor con su madre.
- En el cuento Benedetti expresa su rechazo hacia la televisión pública
- En la historia el niño mira el televisor por primera vez.
- El niño piensa que la TV le habla a él

Teaching option Before reading the selection, have students underline all verbs and identify the most common verb tense (present tense). After reading the text, ask how the author's use of present tense affects the tone of the story.

Idilio

Mario Benedetti

1 Comprensión Contesta las preguntas con oraciones completas.

1. ¿Cómo se llama el protagonista de esta historia?
El protagonista se llama Osvaldo.
2. ¿Cómo se queda el niño cuando está por primera vez delante
del televisor? El niño se queda hipnotizado, con la boca entreabierta y los ojos redondos de estupor.
3. ¿Qué hace la madre mientras Osvaldo mira la televisión?
La madre va tranquilamente a la cocina y friega (lava) ollas y sartenes.
4. Cuando la madre va a buscarlo horas más tarde, ¿cómo está la pantalla?
Cuando la madre vuelve, la pantalla está vacía.
5. ¿Qué piensa Osvaldo que le dice la televisión?
Osvaldo piensa que la televisión le dice "querido".

2 Interpretar Contesta las preguntas.

1. Según Osvaldo, ¿quién le dijo "querido"? ¿Qué explicación lógica le puedes dar a esta situación?

2. En el cuento, la madre se olvida del hijo por varias horas. ¿Crees que este hecho es importante en la historia? ¿Crees que el final sería distinto si se tratara sólo de unos minutos frente al televisor?

3. ¿Crees que la televisión puede ser adictiva para los niños? ¿Y para los adultos? ¿Qué consecuencias crees que tiene la adicción a la televisión?

3 Imaginar En grupos, imaginen que un grupo de padres de familia solicita una audiencia con el/la director(a) de programación infantil de una popular cadena de televisión. Los padres quieren sugerir cambios en la programación del canal. Miren la programación y decidan: ¿Qué programas quieren pedir que cambien y por qué? ¿Qué programas deben seguir en la programación? ¿Qué otros tipos de programas se pueden incluir? ¿Harían cambios en los horarios?

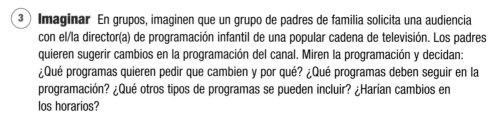

CANAL 7					
6:00	**6:30**	**7:00**	**8:00**	**9:15**	**10:00**
Trucos para la escuela Cómo causar una buena impresión con poco esfuerzo.	**Naturaleza viva** Documentales.	**Mi familia latina** Divertida comedia sobre un joven estadounidense que va a México como estudiante de intercambio.	**Historias policiales** Ladrones, crímenes, accidentes.	**Buenas y curiosas** Noticiero alternativo que presenta noticias buenas y divertidas de todo el mundo.	**Dibujos animados clásicos** Conoce los dibujos animados que miraban tus padres.

4 Escribir Piensa en alguna anécdota divertida de cuando eras niño/a. Cuenta la anécdota en un párrafo usando el tiempo presente.

MODELO   Un día estoy con mi hermano en el patio de mi casa jugando
a la pelota. De repente, …

Antes de leer

INSTRUCTIONAL RESOURCES
Supersite

Vocabulario

la corrida *bullfight*

lidiar *to fight bulls*

el/la matador(a) *bullfighter who kills the bull*

la plaza de toros *bullfighting stadium*

el ruedo *bullring*

torear *to fight bulls in the bullring*

el toreo *bullfighting*

el/la torero/a *bullfighter*

el traje de luces *bullfighter's outfit (lit. costume of lights)*

El toreo Completa las oraciones con palabras y frases del vocabulario.

1. Ernest Hemingway era un aficionado al ___toreo___. Asistió a muchas ___corridas___ y las describió en detalle en sus obras.

2. El ___matador___ es la persona que mata al toro al final. Siempre lleva un ___traje de luces___ de colores brillantes.

3. Manolete fue un ___torero___ español muy famoso que fue herido por un toro y que murió al poco tiempo.

4. No se permite que el público baje al ___ruedo___ porque los toros pueden ser muy peligrosos.

Conexión personal ¿Conoces alguna costumbre local o una tradición estadounidense que cause mucha controversia? ¿Hay deportes que son muy problemáticos o controvertidos para alguna gente? ¿Por qué? ¿Cuál es tu opinión al respecto?

Contexto cultural

En Fresnillo, México, en 1940 una mujer tomó una espada y se puso un traje de luces —una blusa y falda bordadas de adornos brillantes— para promover la causa de la igualdad en un terreno casi completamente dominado por los hombres: el toreo. **Juanita Cruz** había nacido en Madrid en 1917, cuando aún no se permitía a las mujeres torear a pie en el ruedo. En batalla constante contra obstáculos legales, Cruz consiguió lidiar en múltiples novilladas (*bullfights with young bulls*) en su país. Pero cuando terminó la guerra civil, al ver que Franco imponía estrictamente las leyes de prohibición del toreo a las mujeres, Cruz dejó España con rumbo a (*headed for*) México y se convirtió en torera oficial. Fue todo un fenómeno, la primera gran matadora de la historia, y en el proceso abrió camino para otras mujeres, como la española Cristina Sánchez, que han cruzado fronteras para llegar al ruedo. Hoy día la presencia de toreras añade sólo un nivel más a la controversia constante y a veces apasionada que marca el toreo. ¿Cuál es tu impresión? ¿Cambia la imagen del toreo con toreras lidiando junto a toreros?

Preview Invite students to answer these questions: **¿Qué controversia presenta el toreo en general? ¿Les parece un acto cultural o de maltrato?**

El toreo To generate discussion using the vocabulary, ask students: **¿Qué saben acerca de los toros en la cultura hispana a través del cine o la literatura?**

Contexto cultural Ask students questions to spark discussion: **¿Les sorprende que haya mujeres que también se dediquen al toreo? En su opinión, ¿qué tipo de mujer se dedicaría al toreo?**

Contexto cultural Provide information about other famous female bullfighters, such as **La Reverte** and Conchita Cintrón. In 1908, the Spanish **La Reverte**, María Salomé Rodríguez, pretended to be a man in order to bullfight. In Perú, Cintrón was only allowed to bullfight on horseback since the laws of the time prohibited women from bullfighting on foot.

Teaching option Have students research and write a brief profile about a female bullfighter mentioned in **Contexto cultural** or in another source.

El toreo: ¿cultura o tortura?

1 Hay pocas cosas tan emblemáticas en el mundo hispano, y a la vez tan polémicas, como el toreo. Los días de corrida, hasta cuarenta mil aficionados se sientan en la Plaza Monumental de México, la plaza de toros más grande de la Tierra. Sin embargo, la opinión

5 pública está profundamente dividida: algunos defienden con orgullo esta tradición que sobrevive desde tiempos antiguos y otros se levantan en protesta antes del final.

origins   Las raíces° del toreo son diversas. Los celtibéricos han dejado en España restos de templos circulares, precursores de las plazas actuales, donde sacrificaban animales. Los griegos y romanos practicaban la matanza° ritual de toros en ceremonias públicas sagradas. Sin embargo, fue en la España del siglo XVIII donde se desarrolló° la corrida que conocemos y se introdujeron la muleta, una capa muy fácil de manejar, y el estoque, la espada del matador.

slaughter

developed 15

El aficionado de hoy considera que el toreo es más un rito° que un espectáculo, ciertamente no un deporte. Es una lucha desigual, a muerte, entre una persona —armada con sólo la capa la mayor parte del tiempo— y el toro, bestia que pesa° hasta más de media tonelada. El torero se prepara para el duelo como para una ceremonia: se viste con el traje de luces tradicional y actúa dirigido por la música. Se enfrenta contra el animal con su arte y su inteligencia y generalmente gana, aunque no siempre. El riesgo° de una cornada° grave forma parte de la realidad del torero, que en su baile peligroso muestra su talento y su belleza. Para el defensor de las corridas, no matar al toro al final es como jugar con él,

rite, ceremony

weighs

risk/goring

> « **El toreo es cabeza y plasticidad, porque a fuerza siempre gana el toro.** »

una falta de respeto al animal, al público y a la tradición.

Quienes se oponen a las corridas dicen 40 que es una lucha injusta° y cruel. Hay gente que piensa que el toreo es una barbarie° similar a la de los juegos de los romanos, una costumbre primitiva que no tiene sentido en una sociedad moderna y civilizada. Protestan 45 contra la crueldad de una muerte lenta y prolongada, dedicada al entretenimiento. En respuesta a las protestas, en algunos países ha aparecido una alternativa, la "corrida sin 50 sangre°", donde no se permite hacer daño físico° al toro. Pero otros sostienen que esta corrida tortura igualmente a la bestia y, por tanto, han 55 prohibido el toreo por completo. En abril de 2004, el ayuntamiento de Barcelona dio el primer paso° hacia la prohibición al declarar a la ciudad oficialmente "antitaurina°".

unjust

savagery

bloodless
bullfight

to hurt

step

anti-
bullfighting

Por último, a algunas personas les indigna 60 la idea machista de que sólo un hombre tiene la fuerza y el coraje para lidiar. Las toreras pioneras como Juanita Cruz tuvieron que coserse° su propio traje de luces, con falda en vez de pantalón, y cruzar océanos para poder 65 ejercer su profesión. Incluso en tiempos recientes, algunos toreros célebres como el español Jesulín de Ubrique se han negado° a lidiar junto a una mujer.

to sew

have refused

La torera más famosa de nuestra época, 70 Cristina Sánchez, sostiene que no es necesario ser hombre para lidiar con éxito: "El toreo es cabeza y plasticidad°, porque a fuerza siempre gana el toro". En su opinión, el derecho de torear es incuestionable, una 75 parte de la cultura hispana. No obstante, su profesión provoca tanta división que a veces el duelo entre la bestia y la persona es empequeñecido° por la batalla entre las personas. ■   80

suppleness

dwarfed

¿Dónde hay corridas?

Toreo legalizado: España, México, Colombia, Ecuador, Perú, Venezuela

Corridas sin sangre: Bolivia, Nicaragua, Estados Unidos

Toreo ilegalizado: Argentina, Chile, Cuba, Uruguay

¡Olé! ¡Olé!

El público también tiene su papel en las corridas: evalúa el talento del torero. La interjección "¡olé!" se oye frecuentemente para celebrar una acción particularmente brillante y expresar admiración. De origen árabe, contiene la palabra "alá" (Dios) y significa literalmente "¡por Dios!".

Teaching option Write this quote from the article on the board: **El toreo es cabeza y plasticidad, porque a fuerza siempre gana el toro**. Ask students to write a paragraph explaining their interpretation of the quote as it relates to women's role in bullfighting.

Las diversiones   *setenta y siete* **77**

Después de leer

El toreo: ¿cultura o tortura?

① Ask additional comprehension questions. Ex: **¿Por qué la gente compara el toreo con los juegos romanos? ¿Qué torero español se negó a lidiar junto a una mujer?**

① Comprensión Responde a las preguntas con oraciones completas.

1. ¿En qué país se encuentra la plaza de toros más grande del mundo?
   Se encuentra en México.
2. ¿Qué hacían los celtibéricos en sus templos circulares?
   Sacrificaban animales.
3. ¿Qué es el toreo según un aficionado?
   Es un rito, una lucha a muerte entre la bestia y el torero.
4. ¿Cómo se prepara el torero para la corrida?
   Se pone el traje de luces y actúa dirigido por la música.
5. Para quienes se oponen al toreo, ¿cuáles son algunos de los problemas?
   Es una lucha injusta y cruel. Se prolonga la muerte del toro para el entretenimiento de las personas.
6. ¿Qué es una "corrida sin sangre"?
   Es una corrida en que no se hace daño al toro.
7. ¿Qué sucedió en Barcelona en abril de 2004?
   El ayuntamiento declaró a Barcelona oficialmente antitaurina.
8. Según Cristina Sánchez, ¿sólo los hombres pueden lidiar bien?
   No, no es necesario ser hombre para lidiar con éxito.

② For item 2, divide the class into two groups to debate the cultural merits of bullfighting. One group should defend traditional bullfighting as a necessary component of Hispanic culture. The other group should criticize it and propose the **corridas sin sangre** as an alternative.

② Opinión Responde a las preguntas con oraciones completas.

1. ¿Te gustaría asistir a una corrida? ¿Por qué sí o por qué no?

2. ¿Qué opinas del duelo entre toro y torero/a? ¿Hay un aspecto especialmente problemático para ti?

3. ¿Qué piensas de las alternativas al toreo tradicional como la "corrida sin sangre"? ¿Es una solución adecuada para proteger a los animales?

4. En tu opinión, ¿es más cruel la vida de un toro destinado al toreo o la de una vaca destinada a una carnicería?

③ ¿Qué piensan? Trabajen en parejas para contestar las preguntas. Luego compartan sus respuestas con la clase.

1. Un eslogan conocido en las protestas antitaurinas es: "Tortura no es arte ni cultura". ¿Qué significa esta frase?

2. ¿Hay acciones cuestionables que se justifiquen porque son parte de una costumbre o tradición? ¿Cuál es la postura de ustedes en el debate? ¿Por qué?

3. ¿Es apropiado tener una opinión sobre las tradiciones de culturas diferentes a la tuya o es necesario aceptar sin criticar?

④ Have students research a specific **torero/a** that they would like to interview. Encourage them to cater their interview questions and answers specifically to that **torero/a**.

4. ¿Creen que el gobierno tiene derecho a reglamentar (*regulate*) o prohibir tradiciones o costumbres? Den ejemplos.

④ Entrevista Trabajen en parejas para preparar una entrevista con un(a) torero/a. Una persona será el/la torero/a y la otra el/la periodista. Cuando terminen, presenten la entrevista a la clase.

⑤ Review related vocabulary with the class before assigning the writing activity.

⑤ Postales Imagina que viajaste a algún país donde son legales las corridas de toros y tus amigos te invitaron a una corrida. Escribe una postal a tu familia para contarles qué sucedió. Usa estas preguntas como guía: ¿Aceptaste la invitación o no? ¿Por qué? Si fuiste a la corrida, ¿qué te pareció? ¿Te sentiste obligado/a a asistir por respeto a la cultura local?

⑤ Have students exchange their postcards and write responses to their classmates.

MODELO Querida familia:
Les escribo desde Guadalajara, una ciudad al noroeste de México. No saben dónde me llevaron mis amigos este fin de semana...

Atando cabos

¡A conversar!

La música y el deporte Trabajen en grupos de cuatro o cinco para preparar una presentación sobre un(a) cantante o deportista latino/a famoso/a.

Presentaciones

Tema: Pueden preparar una presentación sobre Lila Downs o pueden elegir un(a) cantante o deportista famoso/a que les guste.

Investigación: Busquen información en Internet o en la biblioteca. Una vez reunida la información necesaria, elijan los puntos más importantes y seleccionen material audiovisual. Informen a su profesor(a) acerca de estos materiales para contar con los medios necesarios el día de la presentación.

Organización: Hagan un esquema (*outline*) que los ayude a planear la presentación.

Presentación: Traten de promover la participación a través de preguntas y alternen la charla con los materiales audiovisuales. Recuerden tener a mano los materiales de la investigación para responder preguntas adicionales de sus compañeros.

¡A escribir!

Correo electrónico Imagina que tus padres vienen a visitarte por un fin de semana. Llevas varios días haciendo planes para que el fin de semana sea perfecto y tienes miedo de que tu novio/a se olvide de los planes y meta la pata (*put one's foot in one's mouth*). Mándale un mensaje por correo electrónico para recordarle los planes y lo que debe hacer.

Plan de redacción

Un saludo informal: Comienza tu mensaje con un saludo informal, como: **Hola, Qué tal, Qué onda**, etc.

Contenido: Organiza tus ideas para no olvidarte de nada.

1. Escribe una breve introducción para recordarle a tu novio/a qué cosas les gustan a tus padres y qué cosas no. Puedes usar estas expresiones: **(no) les gusta, les fascina, les encanta, les aburre, (no) les interesa, (no) les molesta**.

2. Recuérdale que tus padres son formales y elegantes y explícale que tiene que arreglarse un poco para la ocasión. Usa expresiones como: **quitarse el arete, afeitarse, vestirse mejor, peinarse**, etc.

3. Recuérdale dónde van a encontrarse.

Despedida: Termina el mensaje con un saludo informal de despedida.

¡A conversar!

• Brainstorm a list of famous singers and sports players from the Spanish-speaking world. Encourage heritage speakers to add to the list.

• As a class, discuss the major components that should be covered in the presentation.

¡A escribir!

• Review the use of verbs like **gustar** before assigning the activity. Help students create a list on the board of common phrases to begin and end informal letters and e-mails.

Las diversiones

el ajedrez	*chess*
el billar	*billiards*
el boliche	*bowling*
las cartas/los naipes	*(playing) cards*
los dardos	*darts*
el juego de mesa	*board game*
el pasatiempo	*pastime*
la televisión	*television*
el tiempo libre/los ratos libres	*free time*
el videojuego	*video game*
aburrirse	*to get bored*
alquilar una película	*to rent a movie*
brindar	*to make a toast*
celebrar/festejar	*to celebrate*
dar un paseo	*to take a stroll/walk*
disfrutar (de)	*to enjoy*
divertirse (e:ie)	*to have fun*
entretener(se) (e:ie)	*to entertain, amuse (oneself)*
gustar	*to like*
reunirse (con)	*to get together (with)*
salir (a comer)	*to go out (to eat)*
aficionado/a (a)	*fond of; a fan (of)*
animado/a	*lively*
divertido/a	*fun*
entretenido/a	*entertaining*

Los lugares de recreo

el cine	*movie theater; cinema*
el circo	*circus*
la discoteca	*discotheque; dance club*
la feria	*fair*
el festival	*festival*
el parque de atracciones	*amusement park*
el zoológico	*zoo*

Los deportes

el/la árbitro/a	*referee*
el campeón/la campeona	*champion*
el campeonato	*championship*
el club deportivo	*sports club*
el/la deportista	*athlete*
el empate	*tie (game)*
el/la entrenador(a)	*coach; trainer*
el equipo	*team*
el/la espectador(a)	*spectator*
el torneo	*tournament*
anotar/marcar (un gol/un punto)	*to score (a goal/ a point)*
desafiar	*to challenge*
empatar	*to tie (games)*
ganar/perder (e:ie) un partido	*to win/lose a game*
vencer	*to defeat*

La música y el teatro

el álbum	*album*
el asiento	*seat*
el/la cantante	*singer*
el concierto	*concert*
el conjunto/grupo musical	*musical group; band*
el escenario	*scenery; stage*
el espectáculo	*show*
el estreno	*premiere; debut*
la función	*performance (theater; movie)*
el/la músico/a	*musician*
la obra de teatro	*play*
la taquilla	*box office*
aplaudir	*to applaud*
conseguir (e:i) boletos/entradas	*to get tickets*
hacer cola	*to wait in line*
poner un disco compacto	*to play a CD*

Cinemateca

el ataúd	*casket*
el balón	*ball*
la cancha	*field*
la misa	*mass*
el Mundial	*World Cup*
la prueba	*proof*
la señal	*sign*
deber (dinero)	*to owe (money)*
patear	*to kick*
enterrado/a	*buried*
mujeriego	*womanizer*

Literatura

la imagen	*image; picture*
la pantalla	*(television) screen*
el televisor	*television set*
colocar	*to place (an object)*
señalar	*to point to; to signal*
hondo/a	*deep*
redondo/a	*round*
por primera/ última vez	*for the first/last time*

Cultura

la corrida	*bullfight*
el/la matador(a)	*bullfighter who kills the bull*
la plaza de toros	*bullfighting stadium*
el ruedo	*bullring*
el toreo	*bullfighting*
el/la torero/a	*bullfighter*
el traje de luces	*bullfighter's outfit (lit. costume of lights)*
lidiar	*to fight bulls*
torear	*to fight bulls in the bullring*

Más vocabulario

Expresiones útiles	*Ver p. 47*
Estructura	*Ver pp. 54–55, 58–59 y 62–63*

INSTRUCTIONAL RESOURCES
Supersite/IRCD: Testing program

La vida diaria

(3)

Communicative Goals

You will expand your ability to…

- narrate in the past
- express completed past actions
- express habitual or ongoing past events and conditions

La vida diaria

INSTRUCTIONAL RESOURCES
Supersite/IRCD:
Audioscripts,
Textbook Answer Key,
SAM Answer Key
SAM/WebSAM: WB, LM

Preview Ask students to talk about their daily agendas and how they keep track of their personal lives. Ex: **¿Tienen muchas responsabilidades en la escuela? ¿En el trabajo? ¿Cómo se organizan en la vida personal?** Recycle previously learned vocabulary, such as rooms of the house and clothing.

En casa

el balcón *balcony*

la escalera *staircase*
el hogar *home; fireplace*
la limpieza *cleaning*
los muebles *furniture*
los quehaceres *chores*

apagar *to turn off*
barrer *to sweep*
calentar (e:ie) *to warm up*
cocinar *to cook*
encender (e:ie) *to turn on*
freír (e:i) *to fry*
hervir (e:ie) *to boil*
lavar *to wash*
limpiar *to clean*
pasar la aspiradora
to vacuum
quitar el polvo *to dust*
tocar el timbre
to ring the doorbell

Teaching option To help students practice the adverbs from the **Expresiones** list, have them create a survey. Ex: **¿Con qué frecuencia vas al cine? a) a menudo b) a veces c) casi nunca.** Then have them report their answers to the class.

De compras

el centro comercial *mall*
el dinero en efectivo *cash*
la ganga *bargain*
el probador *dressing room*
el reembolso *refund*
el supermercado *supermarket*
la tarjeta de crédito/débito
credit/debit card

devolver (o:ue) *to return (items)*
hacer mandados *to run errands*
ir de compras *to go shopping*
probarse (o:ue) *to try on*
seleccionar *to select; to pick out*

auténtico/a *real; genuine*
barato/a *cheap; inexpensive*
caro/a *expensive*

Camila **fue de compras** al **supermercado**, decidida a gastar lo menos posible. **Seleccionó** los productos más **baratos** y pagó con **dinero en efectivo**.

Expresiones

a menudo *frequently; often*
a propósito *on purpose*
a tiempo *on time*
a veces *sometimes*
apenas *hardly; scarcely*
así *like this; so*
bastante *quite; enough*
casi *almost*
casi nunca *rarely*
de repente *suddenly*
de vez en cuando *now and then; once in a while*
en aquel entonces *at that time*
en el acto *immediately; on the spot*
enseguida *right away*
por casualidad *by chance*

Point out that **bastante** can be used as an adjective or adverb. Ex: **Tenemos bastante trabajo.** (adjective) **Tenemos que trabajar bastante.** (adverb)

Variación léxica
barato/a ⟷ económico/a
caro/a ⟷ costoso/a
hacer mandados ⟷ hacer recados

Desde que comenzó a trabajar en un restaurante, Emilia ha tenido que **acostumbrarse** al **horario** de un chef. ¡La nueva **rutina** no es tan fácil! **Suele** volver a la casa después de la medianoche.

la agenda *datebook*
la costumbre *custom; habit*
el horario *schedule*
la rutina *routine*
la soledad *solitude; loneliness*

———

acostumbrarse (a) *to get used to; to grow accustomed (to)*
arreglarse *to get ready*
averiguar *to find out; to check*
probar (o:ue) (a) *to try*
soler (o:ue) *to be in the habit of; to be used to*

———

atrasado/a *late*
cotidiano/a *everyday*
diario/a *daily*
inesperado/a *unexpected*

 **Práctica**

(1) Escuchar

 A. Escucha lo que dice Julián y luego decide si las oraciones son **ciertas** o **falsas**. Corrige las falsas.

1. Julián está en un supermercado.
   Falso. Julián está en su casa.
2. Julián tiene que limpiar la casa.
   Cierto.
3. Él siempre sabe dónde está todo.
   Falso. Él nunca sabe dónde deja las cosas.
4. Él encuentra su tarjeta de crédito debajo de la escalera. Cierto.
5. Julián recibe una visita inesperada. Cierto.

B. Escucha la conversación entre Julián y la visita inesperada y después contesta las preguntas con oraciones completas.

1. ¿Quién está tocando el timbre?
   María está tocando el timbre.
2. ¿Qué tiene que hacer ella?
   Tiene que ir al centro comercial.
3. ¿Qué quiere devolver?
   Quiere devolver unos pantalones.
4. ¿Eran caros los pantalones?
   No. Los pantalones eran una ganga.
5. ¿Qué hace Julián antes de ir al centro comercial con ella? Julián se arregla.

(2) Sopa de letras Busca ocho palabras y expresiones del vocabulario de **Contextos**. Después, escribe un párrafo usando al menos cuatro de las palabras que encontraste.

K	J	A	N	T	I	C	P	S	A
C	A	L	E	N	T	A	R	U	U
Í	O	S	A	S	V	R	E	C	T
A	G	S	I	Ó	E	S	H	N	É
B	E	R	T	C	A	S	I	M	N
A	S	U	B	U	V	E	B	D	T
L	A	T	I	E	M	P	O	A	I
C	A	I	O	L	Z	B	L	R	C
Ó	L	N	N	Í	N	U	R	P	O
N	B	A	Q	U	S	O	L	E	R

(2) To check grammar and vocabulary use, ask students to exchange their paragraphs for peer editing.

Práctica

3 To preview this activity, ask questions using words from the box. Ex: **¿Qué haces a diario? ¿Llegas a tiempo a clase? ¿Sueles comer en clase?**

3 **Julián y María** Completa el párrafo con las palabras o expresiones lógicas de la lista.

a diario	cotidiano	horario	soledad
a tiempo	en aquel entonces	por casualidad	soler

Julián y María se conocieron un día (1) ___por casualidad___ en el supermercado. Julián estaba muy contento por haber conocido a María porque, (2) ___en aquel entonces___, él era nuevo en el barrio y no conocía a nadie. A él no le gusta la (3) ___soledad___. Desde aquel día, se ven casi (4) ___a diario___. Durante la semana, ellos (5) ___suelen___ quedar para tomar un café después del trabajo, pues los dos tienen (6) ___horarios___ similares.

4 **Una agenda muy llena** Milena tiene mucho que hacer antes de su cita con Willy esta noche. Ha apuntado todo en su agenda, pero está muy atrasada.

A. En parejas, comparen el horario de Milena con la hora en que realmente logra hacer (*accomplishes*) cada actividad.

VIERNES, 15 DE OCTUBRE

1:00 ¡Hacer mandados!	5:00 Hacer la limpieza
2:00 Banco: nueva tarjeta de débito	6:00 Cocinar, poner (*set*) la mesa
3:00 Centro comercial: comprar vestido	7:00 Arreglarme
4:00 Supermercado: pollo, arroz, verduras	8:00 Cita con Willy ♡

4 Review the phrase **lograr +** [*infinitive*] used in the model. Encourage students to use this phrase in their answers.

MODELO
—¿A qué hora recoge (*picks up*) la nueva tarjeta de débito?
—Milena quiere recogerla a las dos, pero no logra hacerlo hasta las dos y media.

2:30

1. 4:00   2. 6:30   3. 6:45

4. 7:30   5. 7:45   6. 8:00

B. Ahora improvisen una conversación entre Willy y Milena. ¿Creen que los dos lo pasan bien? ¿Creen que van a tener otra cita?

5 Los quehaceres

A. En grupos de cuatro, túrnense para preguntar con qué frecuencia sus compañeros hacen los quehaceres de la lista. Combinen palabras de cada columna en sus respuestas y añadan sus propias ideas.

barrer	almuerzo	todos los días
cocinar	aspiradora	a menudo
lavar	balcón	a veces
limpiar	cuarto	de vez en cuando
pasar	polvo	casi nunca
quitar	ropa	nunca

MODELO —¿Con qué frecuencia barres el balcón?
—Lo barro de vez en cuando, especialmente si vienen invitados.

B. Ahora compartan la información con la clase y decidan quién es la persona más ordenada y la más desordenada.

6 Agendas personales

A. Primero, escribe tu horario para esta semana. Incluye algunas costumbres de tu rutina diaria y también actividades inesperadas de esta semana.

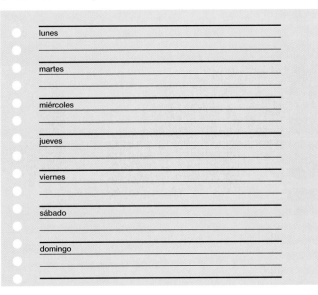

lunes

martes

miércoles

jueves

viernes

sábado

domingo

B. En parejas, pregúntense sobre sus horarios. Comparen sus rutinas diarias y los sucesos (*events*) de esta semana. ¿Tienen costumbres parecidas? ¿Tienen algunas actividades en común?

C. Utiliza la información para escribir un párrafo breve sobre la vida cotidiana de tu compañero/a. ¿Le gusta la rutina? ¿Disfruta de lo inesperado? ¿Llena su agenda con actividades sociales o prefiere estar en casa? Comparte tu párrafo con la clase.

5 Have students pretend they disagree with their classmates. Have them refute the sentences using opposite adverbs. Ex: **¡Pero qué va! Casi nunca barres el balcón.**

6 Part B: Have pairs create two columns called **similitudes** and **diferencias** in order to help them organize their comparisons of the two schedules.

6 For an expansion activity, bring in a school social calendar. Using the schedules created in Part A, have students discuss which events they could attend and which they could not. Point out that students should use **asistir a** for *to attend.*

INSTRUCTIONAL RESOURCES
Supersite/DVD: Flash cultura; Supersite: Videoscript & Translation

En detalle

ESPAÑA

LA FAMILIA REAL

El Rey Juan Carlos I y la Reina Sofía vuelven de visitar a su nieta recién nacida.

En 1948, el General Francisco Franco tomó bajo su tutela° al niño Juan Carlos de Borbón, que entonces tenía sólo diez años. Su plan era formarlo ideológicamente para que fuera su sucesor. En 1975, tras la muerte del dictador y en contra de todas las predicciones, lo primero que hizo Juan Carlos I fue trabajar para implantar° la democracia en España.

La Familia Real española es una de las más queridas de las diez que todavía quedan en Europa. Juan Carlos I es famoso por su simpatía y su facilidad para complacer° a los ciudadanos españoles. Don Juan Carlos y doña Sofía llevan una vida sencilla, sin excesivos protocolos. Su vida diaria está llena de compromisos° sociales y políticos, pero siempre tienen un poco de tiempo para dedicarse a sus pasatiempos. La gran pasión del Rey son los deportes, especialmente el esquí y la vela, y participa en competiciones anuales, donde se destaca° por su destreza°. La Reina, por su parte, colabora en muchos proyectos de ayuda social y cultural.

Sus tres hijos, las Infantas° Elena y Cristina y el Príncipe Felipe, están casados y han formado sus propias familias. Mantienen las mismas costumbres sencillas de los Reyes. No es raro verlos de compras en los centros comerciales que están cerca de sus viviendas. Apasionados del deporte, como su padre, han participado en las más importantes competiciones y llevan una vida relativamente discreta. Don Juan Carlos y doña Sofía van de vacaciones todos los veranos a la isla de Mallorca y se los puede ver, como si se tratara de una familia más, comiendo en las terrazas de la isla junto a sus hijos y nietos. En esas ocasiones, los paseantes° no dudan en acercarse y saludarlos. Esta cercanía de los monarcas con los ciudadanos ha conseguido que la Corona° sea una de las instituciones más valoradas por los españoles. ∎

Rey Juan Carlos I   Reina Sofía

Infanta Elena   Infanta Cristina   Príncipe Felipe

Regatas reales

El Rey Juan Carlos da nombre a la regata **Copa del Rey**, que tiene lugar todos los años en Palma de Mallorca. Su esposa da nombre a la **Regata Princesa Sofía**. La realeza no sólo presta su nombre para estas competencias: el Rey Juan Carlos participa de ambas con su yate llamado *Bribón*.

tutela *protection* implantar *to establish* complacer *to please* compromisos *engagements*
se destaca *he stands out* destreza *skill* Infantas *Princesses* paseantes *passers-by* Corona *Crown*

Teaching option Preview the reading by asking students what they already know about royal families. What kind of attitude would they expect from royalty? After reading the text, ask students to compare what they learned with their original expectations. **¿Qué les sorprende de la Familia Real? ¿Son como ustedes esperaban?**

La familia

mima (Cu.)	*mom*
pipo (Cu.)	*dad*
amá (Col.)	*mom*
apá (Col.)	*dad*
tata (Arg. y Chi.)	*grandpa*
carnal (Méx.)	*brother; friend*
carnala (Méx.)	*sister*
carnalita (Méx.)	*little sister*
m'hijo/a (Amér. L.)	*exp. to address a son or daughter*
chavalo/a (Amér. C.)	*boy/girl*
chaval(a) (Esp.)	*boy/girl*

EL MUNDO HISPANOHABLANTE

Las compras diarias

- En España, las grandes tiendas y también muchas tiendas pequeñas cierran los domingos. Así, los españoles realizan todas sus compras durante el resto de la semana. En algunos casos, las grandes tiendas, como El Corte Inglés, abren un domingo al mes.

- En el pueblo salvadoreño de Colonia la Sultana, el señor del pan pasa todos los días a las siete de la mañana con una canasta en la cabeza repleta de pan fresco. Cuando las personas lo escuchan llegar, salen a la calle para comprarle pan. Los que se quedan dormidos, si quieren pan fresco, tienen que ir al pueblo de al lado.

- En Argentina es muy común tomar soda (agua carbonada). El sodero pasa una vez por semana por las casas que solicitan entrega a domicilio. Se lleva los sifones° vacíos y deja sifones llenos.

LETIZIA ORTIZ

Letizia Ortiz nació en Oviedo el 15 de septiembre de 1972 en el seno de una familia trabajadora. Si alguien les hubiera dicho a sus padres que su hija iba a ser princesa, seguramente lo habrían tomado por loco. Esta joven inteligente y emprendedora° estudió periodismo y ejerció su profesión en algunos de los mejores medios españoles: el periódico *ABC*, y los canales CNN plus y TVE. Cuando se formalizó el compromiso° con el Príncipe Felipe, Letizia tuvo que dejar de trabajar y empezó un entrenamiento particular para ser princesa, ya que al casarse se convertiría en Princesa de Asturias. Su relación con el Príncipe se distingue por no haber respondido a la formalidad que se espera en estos casos. Poco antes de la boda, un periodista le preguntó: "¿Y cómo se declara un príncipe?", a lo que Letizia contestó: "Como cualquier hombre que quiere a una mujer".

> " … a partir de ahora y de forma progresiva voy a integrarme y a dedicarme a esta nueva vida con las responsabilidades y obligaciones que conlleva. " (Letizia Ortiz)

SUPERSITE Conexión Internet

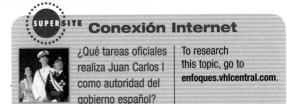

¿Qué tareas oficiales realiza Juan Carlos I como autoridad del gobierno español?

To research this topic, go to **enfoques.vhlcentral.com.**

emprendedora *enterprising* **compromiso** *engagement* **sifones** *siphons*

¿Qué aprendiste?

① ¿Cierto o falso? Indica si las oraciones son **ciertas** o **falsas**. Corrige las falsas.

1. El General Francisco Franco quería que Juan Carlos de Borbón fuera su sucesor. Cierto.
2. El General Franco trabajó mucho para implantar la democracia en España. Falso.El Rey Juan Carlos I trabajó mucho para implantar la democracia.
3. La vida de los Reyes se caracteriza por la formalidad y el protocolo. Falso. Los Reyes llevan una vida sencilla, sin excesivos protocolos.
4. El Rey Juan Carlos es muy aficionado a los deportes. Cierto.
5. La Reina participa en competiciones de esquí. Falso. La Reina colabora en muchos proyectos de ayuda social y cultural.
6. La Infanta Cristina es soltera. Falso. La Infanta Cristina está casada.
7. La Familia Real pasa las vacaciones de verano en Mallorca. Cierto.
8. A la mayoría de los españoles les gusta la Familia Real. Cierto.

② Oraciones incompletas Completa las oraciones.

1. Los padres de Letizia Ortiz son ___de clase trabajadora___.
2. Letizia estudió ___periodismo___.
3. La Infanta Cristina es la ___hermana___ del Príncipe Felipe.
4. Felipe es el Príncipe de ___Asturias___.
5. En España, las grandes tiendas abren ___un domingo al mes___.
6. En México, usan la palabra *carnala* para referirse a ___una hermana___.

③ Preguntas Contesta las preguntas. Some answers may vary.

1. ¿Cuál es una forma cariñosa de referirse al padre en Cuba? Una forma cariñosa de referirse al padre en Cuba es *pipo*.
2. ¿Por qué crees que Letizia Ortiz tuvo que dejar de trabajar como periodista al convertirse en Princesa?
3. ¿A qué eventos deportivos dan nombre el Rey Juan Carlos y la Reina Sofía? Dan nombre a la Copa del Rey y a la Regata Princesa Sofía.
4. ¿Crees que es positivo o frívolo que el Rey de España participe en eventos deportivos? ¿Por qué?
5. Vuelve a leer la cita de Letizia Ortiz. ¿A qué responsabilidades y obligaciones crees que se refiere?
6. Muchos supermercados abren las 24 horas. ¿Crees que esto es necesario o crees que la gente está muy "malcriada" (*spoiled*)?

④ Opiniones En parejas, preparen dos listas. En una lista, anoten los elementos positivos de ser príncipe o princesa heredero/a y, en la otra, los elementos negativos que creen que puede tener. ¿Vale la pena ser rico y famoso si pierdes la vida privada?

Positivo	Negativo

PROYECTO

A domicilio

Existen muchos servicios a domicilio que facilitan la vida diaria. Además del ejemplo del sodero en Argentina, están los paseadores de perros, los supermercados con entrega a domicilio y las empresas que nos permiten recibir libros o ropa por correo en casa.

Imagina que vas a crear una empresa para ofrecer un servicio a domicilio.

Usa esta guía para preparar un folleto (*brochure*) sobre tu empresa. Describe:

- El servicio que vas a ofrecer y cómo se llama.
- Las principales características de tu servicio.
- Cómo va a facilitar la vida diaria de tus clientes.

② For additional practice with the readings, have students create three more sentences with missing words or phrases. Then have them exchange their sentences with a partner for completion.

Proyecto Have more advanced students do short presentations about their service.

92 noventa y dos

Lección 3

Adiós Mamá

Premio especial
del Jurado,
Semana Internacional
de Cine Experimental
de Valladolid 1997,
España

Una producción de CONACULTA/INSTITUTO MEXICANO DE CINEMATOGRAFÍA Guión y Dirección ARIEL GORDON
Producción JAVIER BOURGES Producción ejecutiva PATRICIA RIGGEN
Fotografía SANTIAGO NAVARRETE Edición CARLOS SALCES Música GERARDO TAMEZ
Sonido SANTIAGO NÚÑEZ/NERIO BARBERIS
Arte FERNANDO MERI/AARÓN NIÑO CÁMARA
Actores DANIEL GIMÉNEZ CACHO/DOLORES BERISTAIN/PATRICIA AGUIRRE/PACO MORAYTA

Escenas

Synopsis In this award-winning short film, a man is grocery shopping alone on an ordinary day when a chance meeting makes him the focus of an elderly woman's existential conflict, with a surprising result.

Preview Read and discuss the dialogue before viewing the film. Ask: ¿Por qué no termina el cortometraje en la quinta escena? ¿Cuál será el problema en la sexta escena?

Teaching option While viewing the film, ask students to pay close attention to the characters' facial expressions and their own reactions to the characters' emotions.

SEÑORA Se parece a mi hijo. Realmente es igual a él.
HOMBRE Ah, pues no, no sé qué decir.

SEÑORA Murió en un choque. El otro conductor iba borracho. Si él viviera, tendría la misma edad que usted.
HOMBRE Por favor, no llore.

SEÑORA ¿Sabe? Usted es su doble. Bendito sea el Señor que me ha permitido ver de nuevo a mi hijo. ¿Le puedo pedir un favor?
HOMBRE Bueno.

SEÑORA Nunca tuve oportunidad de despedirme de él. Su muerte fue tan repentina. ¿Al menos podría llamarme "mamá" y decirme adiós cuando me vaya?

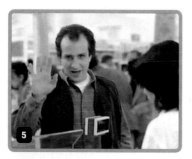

SEÑORA ¡Adiós hijo!
HOMBRE ¡Adiós mamá!
SEÑORA ¡Adiós querido!
HOMBRE ¡Adiós mamá!

CAJERA No sé lo que pasa, la máquina desconoce el artículo. Espere un segundo a que llegue el gerente.
(El gerente llega y ayuda a la cajera.)

Después de ver el corto

(1) Comprensión Contesta las preguntas con oraciones completas.

1. ¿Dónde están los personajes? Están en un supermercado.

2. ¿Qué relación hay entre el hombre y la señora? Ninguna. Ellos no se conocen.

3. ¿A quién se parece físicamente el hombre? Se parece al hijo de la señora.

4. ¿Por qué no pudo despedirse la señora de su hijo? Porque el hijo murió en un accidente de tráfico.

5. ¿Qué favor le pide la señora al hombre? Le pide que le diga "adiós mamá" al salir.

6. ¿Cuánto dinero tiene que pagar el hombre? ¿Por qué? Tiene que pagar tres mil cuatrocientos ochenta pesos con veinte centavos. Porque tiene que pagar por lo que compró la señora.

(2) Ampliación En parejas, háganse las preguntas.

1. ¿Les pasó a ustedes o a alguien que conocen algo similar alguna vez?

2. Si alguien se les acerca (*approaches*) en el supermercado y les pide este tipo de favor, ¿qué hacen?

3. ¿Qué creen que sucedió realmente al final? ¿Tuvo que pagar la cuenta completa el hombre? ¿Tuvo que intervenir la policía?

4. Después de lo que sucedió, ¿qué consejos puede darle el hombre a sus amigos?

(3) Imaginar En parejas, describan la vida de uno los personajes del corto. Escriban por lo menos cinco oraciones usando como base las preguntas.

- ¿Cómo es?
- ¿Dónde vive?
- ¿Con quién vive?
- ¿Qué le gusta? ¿Qué no le gusta?
- ¿Tiene dinero?

(4) Detective El joven está contándole a un(a) detective lo que pasó en el supermercado. En parejas, uno/a de ustedes es el/la detective y el/la otro/a es el hombre. Preparen el interrogatorio (*interrogation*) y represéntenlo delante de la clase.

(5) Notas Ahora, imagina que eres el/la detective y escribe un informe (*report*) de lo que pasó. Tiene que ser un informe lo más completo posible. Puedes inventar los datos que tú quieras.

1 Ask students to write a brief summary of the film, based on their answers.

2 Ask the class to think about strangers in modern-day society. Ex: **¿Cómo distingues a una persona que necesita ayuda de un impostor? ¿Se puede confiar en un desconocido?**

3 Have students make a list of the qualities that they associate with each character.

3 Ask the students to be creative and invent a backstory for the characters. Ex: **¿Cómo eran de jóvenes? ¿Pasó algo que cambió la vida de estas personas?**

5 Encourage students to use active vocabulary from the film.

La siesta, 1943.
Antonio Berni, Argentina.

"Tras el vivir y el soñar, está lo que
más importa: el despertar."

— Antonio Machado

Antes de leer

Pedro Salvadores

INSTRUCTIONAL RESOURCES
Supersite: Literatura recording

Sobre el autor

Jorge Luis Borges nació en Buenos Aires en 1899. En el comienzo fue poeta y en 1923 publicó *Fervor de Buenos Aires*, al que seguiría una importante obra de cuentos y ensayos breves; nunca escribió una novela. Alguna vez afirmó: "El hecho central de mi vida ha sido la existencia de las palabras y la posibilidad de entretejer (*interweave*) y transformar las palabras en poesía". Sus obras fundamentales son *Ficciones* (1944) y *El Aleph* (1949).

Sus temas principales son la muerte, el tiempo, el "yo", el mundo como sueño y Buenos Aires, y sus símbolos recurrentes son el laberinto, la biblioteca, los libros, los espejos y el ajedrez. Muchas obras de Borges desafían los límites entre la ficción y la realidad. En 1961 compartió el Premio del Congreso Internacional de Escritores con Samuel Beckett y en 1980 recibió el prestigioso Premio Cervantes. Murió en Ginebra en 1986. Se lo considera uno de los escritores más importantes del siglo XX.

Vocabulario

amenazar *to threaten*	**ocultarse** *to hide*
delatar *to denounce*	**la servidumbre** *servants; servitude*
el hecho *fact*	**el sótano** *basement*
huir *to flee; to run away*	**vedado/a** *forbidden*
la madriguera *burrow; den*	**el zaguán** *entrance hall; vestibule*

Sobre el autor Ask students to discuss possible meanings behind literary symbols such as labyrinths, mirrors, or chess. Have students think of examples of art or literature that contain these symbols.

Sinónimos Escribe el sinónimo de cada palabra.

1. vestíbulo: <u>zaguán</u>
2. prohibido: <u>vedado</u>
3. esconderse: <u>ocultarse</u>
4. denunciar: <u>delatar</u>
5. intimidar: <u>amenazar</u>
6. escapar: <u>huir</u>
7. cueva: <u>madriguera</u>
8. evento: <u>hecho</u>

Conexión personal

Todo el mundo sueña; a veces podemos recordar qué soñamos y a veces no. Cuando los sueños son espantosos se llaman pesadillas (*nightmares*) y sentimos alivio (*relief*) al despertar. ¿Recuerdas alguna pesadilla que hayas tenido?

Análisis literario: la metáfora

La metáfora consiste en nombrar una cosa con el nombre de otra, con la que tiene semejanza real o ficticia. En la metáfora, una cosa se compara con otra sin usar la palabra *como*: "tus labios son como rubíes" es una comparación, pero "tus labios son rubíes" es una metáfora. Éste es un recurso que Borges usa a menudo. Cuando leas el cuento, presta atención para buscar algún ejemplo.

Conexión personal Refer students to the quote and painting on the previous page. Ask: **¿Qué quiere decir Machado con esta cita? Para ustedes, ¿qué significa "despertar" en la vida? ¿Qué significado tiene la pintura para demostrar este concepto?**

Análisis literario Have students find poems in Spanish that contain metaphors. For a faster-paced class, have students work in pairs to create their own short poem using metaphors.

Pedro Salvadores

Jorge Luis Borges

Preview Before reading the text, review the **Contexto histórico** as a class. Ask students what other stories they have read that take place during a time of war or political upheaval.

Teaching option Read the first paragraph aloud to the class. Have students identify the narrator and the tone of the passage. Ask them to give their opinion on why the narrator does not want to intervene in the story.

Litografía de *Usos y costumbres del Río de la Plata,* 1845, Carlos Morel.

¹ Quiero dejar escrito, acaso por primera vez, uno de los hechos más raros y más tristes de nuestra historia. Intervenir lo menos posible en su narración, prescindir de adiciones pintorescas ⁵ y de conjeturas° aventuradas es, me parece, la mejor manera de hacerlo.

> Un hombre, una mujer y la vasta sombra de un dictador son los tres personajes. El hombre se llamó Pedro Salvadores; mi abuelo Acevedo ¹⁰ lo vio, días o semanas después de la batalla de Caseros. Pedro Salvadores, tal vez, no difería del común de la gente, pero su destino y los años lo hicieron único. Sería un señor como tantos otros de su época. Poseería (nos cabe ¹⁵ suponer) un establecimiento de campo y era unitario°. El apellido de su mujer era Planes; los dos vivían en la calle Suipacha, no lejos de la esquina del Temple. La casa en que los hechos ocurrieron sería igual a las otras: la ²⁰

conjectures

opposer of the regime

puerta de calle, el zaguán, la puerta cancel°, *storm door*
las habitaciones, la hondura° de los patios. *depth*
Una noche, hacia 1842, oyeron el creciente y
sordo° rumor de los cascos° de los caballos *dull, muffled/ hooves*
en la calle de tierra y los vivas y mueras° de *cries of "long live" and "die"*
los jinetes°. La mazorca°, esta vez, no pasó *horsemen/ supporters of the regime*
de largo. Al griterío sucedieron los repetidos
golpes; mientras los hombres derribaban° la *knocked down*
puerta, Salvadores pudo correr la mesa del
comedor, alzar° la alfombra y ocultarse en el *lift*
sótano. La mujer puso la mesa en su lugar.
La mazorca irrumpió, venían a llevárselo a
Salvadores. La mujer declaró que éste había
huido a Montevideo. No le creyeron; la
azotaron°, rompieron toda la vajilla° celeste, *whipped/table service*
registraron la casa, pero no se les ocurrió
levantar la alfombra. A la medianoche se
fueron, no sin haber jurado° volver. *sworn*

Aquí principia verdaderamente la historia
de Pedro Salvadores. Vivió nueve años en el
sótano. Por más que nos digamos que los años
están hechos de días y los días de horas y que
nueve años es un término abstracto y una suma
imposible, esa historia es atroz. Sospecho
que en la sombra que sus ojos aprendieron
a descifrar°, no pensaba en nada, ni siquiera *to decipher*
en su odio° ni en su peligro. Estaba ahí, en *hatred*
el sótano. Algunos ecos de aquel mundo que
le estaba vedado le llegarían desde arriba:
los pasos habituales de su mujer, el golpe del
brocal° y del balde°, la pesada lluvia en el patio. *curbstone of a well/bucket*
Cada día, por lo demás, podía ser el último.

La mujer fue despidiendo a la
servidumbre, que era capaz de delatarlos.
Dijo a todos los suyos que Salvadores estaba
en la Banda Oriental°. Ganó el pan de los dos *Uruguay*
cosiendo° para el ejército. En el decurso° de *sewing/course of time*
los años tuvo dos hijos; la familia la repudió°, *repudiated, rejected*
atribuyéndolos a un amante. Después de la caída
del tirano°, le pedirían perdón de rodillas. *tyrant*

¿Qué fue, quién fue, Pedro Salvadores?
¿Lo encarcelaron el terror, el amor, la invisible
presencia de Buenos Aires y, finalmente, la
costumbre? Para que no la dejara sola, su mujer
le daría inciertas° noticias de conspiraciones *uncertain*
y de victorias. Acaso era cobarde° y la mujer *coward*
lealmente° le ocultó que ella lo sabía. Lo *loyally*
imagino en su sótano, tal vez sin un candil°, sin *oil lamp*
un libro. La sombra lo hundiría° en el sueño. *would sink*
Soñaría, al principio, con la noche tremenda
en que el acero° buscaba la garganta, con *steel*
las calles abiertas, con la llanura°. Al cabo *plain*
de los años no podría huir y soñaría con el
sótano. Sería, al principio, un acosado°, un *harassed*
amenazado; después no lo sabremos nunca,
un animal tranquilo en su madriguera o una
suerte de oscura divinidad.

Todo esto hasta aquel día del verano
de 1852 en que Rosas huyó. Fue entonces
cuando el hombre secreto salió a la luz del
día; mi abuelo habló con él. Fofo° y obeso, *Soft, spongy*
estaba del color de la cera° y no hablaba en *wax*
voz alta. Nunca le devolvieron los campos que
le habían sido confiscados; creo que murió en
la miseria.

Como todas las cosas, el destino de Pedro
Salvadores nos parece un símbolo de algo que
estamos a punto de comprender. ■

Teaching option Have students read the last line of the story. Ask the students: **El narrador dice que el destino de Pedro es un símbolo. ¿Por qué? ¿Es un símbolo de qué? ¿Por qué dice el narrador que estamos "a punto de comprender"?**

 **Después de leer**

Pedro Salvadores
Jorge Luis Borges

(1) Comprensión Indica si las oraciones son **ciertas** o **falsas**. Corrige las falsas.

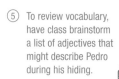

1. El apellido de la esposa de Pedro es Acevedo. Falso. Acevedo es el nombre del abuelo del narrador.
2. De acuerdo con el narrador, Pedro Salvadores es un hombre común. Cierto
3. El sótano de la casa está debajo del comedor. Cierto
4. Los perseguidores no ven la alfombra. Falso. No se les ocurrió levantar la alfombra.
5. La esposa trabajaba haciendo pan para el ejército. Falso. Trabajaba cosiendo para el ejército.
6. Ella dice que su marido huyó a Montevideo. Cierto
7. Pedro Salvadores pasó ocho años en el sótano. Falso. Pasó nueve años en el sótano.
8. El narrador vio a Pedro cuando salió del sótano. Falso. Su abuelo Acevedo lo vio.

(2) Historia Contesta las preguntas con oraciones completas.

1. ¿En qué siglo se desarrolla la acción? La acción se desarrolla en el siglo XIX.
2. ¿Dónde transcurre el relato? El relato transcurre en Buenos Aires.
3. ¿A qué bando pertenecía Pedro Salvadores? ¿Y el narrador? Pedro Salvadores era unitario.
4. ¿En qué año terminó el gobierno del dictador? Terminó en 1852.

(3) Análisis En parejas, respondan a las preguntas.

1. El narrador imagina a Salvadores en el sótano, y usa dos metáforas: "un animal tranquilo en su madriguera o una suerte de oscura divinidad". ¿Qué características puedes atribuir a uno y a otro?
2. ¿Qué significa la frase "el acero (*steel*) buscaba la garganta (*throat*)"?
3. Borges usa palabras entre paréntesis, comas o guiones para expresar vacilación. También usa expresiones como "tal vez" y "me parece". Busca ejemplos. ¿Qué función tienen?

(4) Interpretación Responde a las preguntas con oraciones completas.

1. ¿Qué importancia tiene la hora del día en este cuento?
2. ¿Por qué piensas que Salvadores permaneció encerrado en el sótano?
3. ¿Cómo era Pedro cuando se escondió? ¿Cómo es ahora? ¿Por qué?
4. El narrador menciona "el destino de Pedro Salvadores". ¿Crees en el destino?

(5) Imaginar En grupos de tres, preparen un *talk show* en el que un(a) presentador(a) entrevista a Pedro y a su esposa sobre cómo eran sus días durante el tiempo de encierro.

(6) Escribir Resume brevemente la historia de Pedro Salvadores en un artículo periodístico, publicado después de su aparición.

Teaching option Have students work in pairs to write ten events from the story on separate strips of paper. Then have pairs exchange papers and put the events in chronological order.

(3) Ask students to work in small groups to discuss their answers. Have one student take notes and report the group's ideas to the class.

(5) To review vocabulary, have class brainstorm a list of adjectives that might describe Pedro during his hiding.

(6) As a variation, have students write a letter from the point of view of Pedro or his wife.

Antes de leer

INSTRUCTIONAL RESOURCES
Supersite

Variación léxica
imprevisto/a ⟷ inesperado/a
el cansancio ⟷ el agotamiento

Vocabulario

el cansancio *exhaustion*	**pintar** *to paint*
el cuadro *painting*	**el/la pintor(a)** *painter*
fatigado/a *exhausted*	**previsto/a** *planned*
imprevisto/a *unexpected*	**retratar** *to portray*
la obra maestra *masterpiece*	**el retrato** *portrait*

 Pablo Picasso Completa las oraciones con el vocabulario de la tabla.

Guernica, Pablo Picasso

1. De todo el arte del Museo Reina Sofía, yo prefiero los ___cuadros/retratos___ de Pablo Picasso.

2. De muy joven, el ___pintor___ español creaba arte realista.

3. Al poco tiempo, este gran artista empezó a experimentar y a ___pintar___ obras de otros estilos; incluso inventó el cubismo.

4. Su obra más famosa, *Guernica*, quiere ___retratar___ el horror de un día cuando los alemanes bombardearon un pueblo español.

5. Según mucha gente, *Guernica* es su creación más importante, la ___obra maestra___ de Picasso.

Conexión personal ¿Qué haces para no olvidar los eventos y las personas que son importantes para ti? ¿Sacas fotos o mantienes un diario? ¿Cuentas historias? ¿Cuáles son algunos de los recuerdos que quieres atesorar (*treasure*)?

Contexto cultural

Niños comiendo uvas y un melón,
Bartolomé Esteban Murillo

Del siglo XVI al siglo XVII, España pasó de ser una enorme potencia política a un imperio en camino de extinción. Donde antes había victorias militares, riqueza (*wealth*) y expansión ahora había derrota (*defeat*), crisis económica y decadencia. Sin embargo, estos problemas formaron un contraste extremo con el arte del momento, que estaba en su época cumbre (*peak*), el Siglo de Oro. A pesar de su éxito, se consideraba a los pintores más artesanos que artistas y, por lo tanto, no eran de alta posición social. Muchos artistas trabajaban por encargo; la realeza (*royalty*) y la nobleza eran sus mecenas (*patrons*). Con sus obras, contribuían a la educación cultural, y frecuentemente religiosa, de la sociedad.

Contexto cultural
Have students research paintings from the 16th–17th century Spain on Internet or at the library and identify common themes.

Preview
Ask the class to discuss art as an imitation of life.
¿Qué importancia tenía la pintura antes del invento de la cámara de fotos? ¿Sigue teniendo la misma importancia?

La vieja friendo huevos

El **arte** de la **vida diaria**

Diego Velázquez es importante no sólo por su mérito artístico, sino también por lo que nos cuentan sus cuadros. Conocido sobre todo como pintor de retratos, Velázquez se interesaba también por temas mitológicos y escenas cotidianas. En todo su arte, examinaba y reproducía en minucioso detalle sólo aquello que veía. Su imitación de la naturaleza, de lo inmediatamente observable, era lo que daba vida a su arte y a la vez creaba un arte de la vida diaria.

Antes de mudarse a la Corte del rey°, 10 Velázquez pintó cuadros de temas cotidianos. Un ejemplo célebre es *La vieja friendo huevos* (1618). El cuadro capta un momento sin aparente importancia: una mujer vieja cocina mientras un niño trae aceite° y un melón. 15 Varios objetos de la casa, reproducidos con precisión, llenan el lienzo°, dignos de nuestra atención, por ejemplo: la cuchara, un plato blanco en el que descansa un cuchillo, jarras°, una cesta de paja°. Junto con la comida que 20 prepara —no hay carne ni variedad— la ropa típica de pobre sugiere que la mujer es humilde. Con el cuadro, Velázquez interrumpe un momento que podría ser de cualquier día. No es una naturaleza muerta°, sino un instante 25 de la vida.

Incluso cuando pintaba temas mitológicos, Velázquez tomaba como modelo gente de la calle. Por eso, se pueden percibir escenas diarias en temas distanciados de la 30 época. Un ejemplo es *El triunfo° de Baco* (1628–9). En este cuadro, el dios romano del vino se sienta en un campo abierto no con otros dioses, sino con campesinos°. Sus caras fatigadas reflejan a la vez el cansancio de una 35 vida de trabajo —la vida del plebeyo° español era entonces especialmente dura— y la alegría de poder descansar un rato.

En los cuadros de la Corte, Velázquez nos da una imagen rica y compleja del mundo del

king's court (10)

oil (14)

canvas (16)

jugs/wicker basket (19)

still life (24)

triumph (30)

peasants (33)

common person (35)

El triunfo de Baco

palacio. En vez de retratar exclusivamente a 40 la familia real y los nobles, incluye también toda la tropa de personajes° que los servía y entretenía. En este grupo numeroso entraban enanos° y bufones°, a quienes Velázquez pinta con dignidad. En *Las Meninas* 45 (c. 1656), su cuadro más famoso y misterioso, la princesa Margarita está rodeada° por sus damas, enanos y un perro. A la izquierda, el mismo Velázquez pinta detrás de un lienzo inmenso. En el fondo° se ve una imagen de 50 los reyes.

Sin embargo, el cuadro sugiere más preguntas que respuestas. ¿Dónde están exactamente el rey y la reina? ¿La imagen de ellos que vemos es un reflejo de espejo°? 55 ¿Qué pinta el artista y por qué aparece en el cuadro? ¿Qué significa? Tampoco se sabe por qué se detiene aquí el grupo: puede ser por una razón prevista, como posar para un cuadro; o puede ser algo totalmente imprevisto, un 60 momento efímero° de la vida de una princesa y su grupo. ¿Es un momento importante? *Las Meninas* invita el debate sobre un instante que no se pierde sólo porque un pintor lo capta y lo rescata° del olvido. Paradójicamente es su 65 enfoque en lo momentáneo y en el detalle de la vida común lo que eleva a Velázquez por encima de otros grandes artistas. ■

characters (42)

little people/ jesters (44)

surrounded (47)

background (50)

mirror (55)

fleeting (61)

rescues (65)

Las Meninas

Biografía breve
1599 Diego Velázquez nace en Sevilla.
1609 Empieza sus estudios formales de arte.
1623 Nombrado pintor oficial del Rey Felipe IV en Madrid.
1660 Muere después de una breve enfermedad.

Teaching option As an expansion activity, have students do additional research about Velázquez's biography.

SUPERSITE

La salud y el bienestar

INSTRUCTIONAL
RESOURCES
Supersite/IRCD:
Audioscripts,
Textbook Answer Key,
SAM Answer Key
SAM/WebSAM: WB, LM

Preview Have students discuss health and well-being on campus. Ex: ¿Se da mucha importancia a la salud de los estudiantes? ¿Hay una clínica de salud en el campus? ¿Se come bien en los restaurantes estudiantiles? ¿Van al gimnasio para mantenerse en forma? Encourage students to recycle vocabulary about sports and activities from Lesson 2.

Los síntomas y las enfermedades

Inés pensaba que tenía sólo un **resfriado**, pero no paraba de **toser** y estaba **agotada**. El médico le confirmó que era una **gripe** y que debía **permanecer** en cama.

la depresión *depression*
la enfermedad *disease; illness*
la gripe *flu*
la herida *injury*
el malestar *discomfort*
la obesidad *obesity*
el resfriado *cold*
la respiración *breathing*
la tensión (alta/baja) *(high/low) blood pressure*
la tos *cough*
el virus *virus*

contagiarse *to become infected*
desmayarse *to faint*
empeorar *to deteriorate; to get worse*
enfermarse *to get sick*
estar resfriado/a *to have a cold*
lastimarse *to get hurt*
permanecer *to remain; to last*
ponerse bien/mal *to get well/sick*
sufrir (de) *to suffer (from)*
tener buen/mal aspecto *to look healthy/sick*
tener fiebre *to have a fever*
toser *to cough*

agotado/a *exhausted*
inflamado/a *inflamed*
mareado/a *dizzy*

La salud y el bienestar

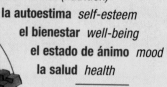

la alimentación *diet (nutrition)*
la autoestima *self-esteem*
el bienestar *well-being*
el estado de ánimo *mood*
la salud *health*

adelgazar *to lose weight*
dejar de fumar *to quit smoking*

descansar *to rest*
engordar *to gain weight*
estar a dieta *to be on a diet*
mejorar *to improve*
prevenir (e:ie) *to prevent*
relajarse *to relax*
trasnochar *to stay up all night*

sano/a *healthy*

Los médicos y el hospital

la cirugía *surgery*
el/la cirujano/a *surgeon*
la consulta *doctor's appoinment*

el consultorio *doctor's office*
la operación *operation*
los primeros auxilios *first aid*
la sala de emergencias *emergency room*

Variación léxica
agotado/a ⟷ fatigado/a
inflamado/a ⟷ hinchado/a
la pastilla ⟷ la píldora
el resfriado ⟷ el resfrío; el catarro
la sala de emergencias ⟷ la sala de urgencias

Las medicinas y los tratamientos

A Ignacio no le gusta tomar medicinas. Nunca toma **pastillas** ni **jarabes**. Sin embargo, para ir a la selva, tuvo que ponerse varias **vacunas**. ¡Qué dolor cuando la enfermera le **puso la inyección**!

la aspirina *aspirin*

el calmante *painkiller; tranquilizer*

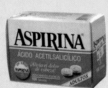

el jarabe *syrup*

la pastilla *pill*

la receta *prescription*

el tratamiento *treatment*

la vacuna *vaccine*

la venda *bandage*

el yeso *cast*

curarse *to heal; to be cured*

poner una inyección *to give a shot*

recuperarse *to recover*

sanar *to heal*

tratar *to treat*

curativo/a *healing*

① Ask questions related to the exercise. Ex: ¿Han tenido apendicitis? ¿Conocen a alguien que la haya tenido?

② Have students form sentences by combining items from both columns. Ex: **Marina se lastimó con un cuchillo y se puso una venda.**

Teaching option For slower-paced classes, review **me duele el/la...**, **me rompí el/la...**, and vocabulary for parts of the body.

Práctica

1 **Escuchar**

🎧 **A.** Escucha la conversación entre Sara y su hermano David. Después completa las oraciones y decide quién dijo cada una.

1. No sé lo que me pasa, la verdad. Estoy siempre muy _____agotada_____. _____Sara_____

2. Creo que ___estás adelgazando___ demasiado. ¿Has ido al _____médico_____? _____David_____

3. No he ido porque no tenía _____fiebre_____, sólo era un ligero _____malestar_____. _____Sara_____

4. Deja de ser una niña. Tienes que ___ponerte bien___. _____David_____

5. Por eso te llamo. No se me va el dolor de estómago ni con _____pastillas_____. _____Sara_____

6. Ahora mismo llamo al doctor Perales para hacerle una _____consulta_____. _____David_____

🎧 **B.** A Sara le diagnosticaron apendicitis. Escucha lo que le dice la cirujana a la familia después de la operación y luego contesta las preguntas.

1. ¿Qué tiene que tomar Sara cada ocho horas?
   calmantes
2. ¿Cómo se puede sentir al principio?
   un poco mareada
3. ¿Va a tomar mucho tiempo su recuperación?
   no
4. ¿Puede comer de todo?
   No; los dos primeros días tiene que estar a dieta de líquidos.

2 **A curarse** Indica qué tiene que hacer una persona a la que le ocurre lo siguiente.

_d_ 1. Se lastimó con un cuchillo.	a. empezar una dieta
_e_ 2. Tiene fiebre.	b. dejar de fumar
_c_ 3. Su estado de ánimo es malo.	c. hablar con un(a) amigo/a
_f_ 4. Quiere prevenir la gripe.	d. ponerse una venda
_b_ 5. Le falta la respiración.	e. tomar aspirinas y descansar
_a_ 6. Está obeso/a.	f. ponerse una vacuna

Práctica

③ For additional practice, have students pick five more words from **Contextos** and create their own definitions.

③ Acróstico Completa el acróstico. Al terminarlo, se formará una palabra de **Contextos**.

```
        A
1. V I R U S
     2.  T E N S I Ó N
        O
   3.  Y E S O
        S
4. T R A S N O C H A R
        T
   5.  C I R U G Í A
6. D E S M A Y A R S E
        A
```

1. Organismo invisible que transmite enfermedades.
2. Si la tienes alta, puedes tener problemas del corazón.
3. Material blanco que se usa para inmovilizar fracturas.
4. No dormir en toda la noche.
5. Es sinónimo de *operación*.
6. Caerse y perder el conocimiento.

④ For item 1, review reflexives and object pronouns if necessary.

④ Amelia está enferma Completa las oraciones con la opción lógica.

1. Amelia está tosiendo continuamente. No se le cura (la gripe/la depresión).
2. Sus compañeros de trabajo no se enfermaron este año porque se pusieron (la herida/la vacuna).
3. Su madre siempre le había dicho que es mejor (mejorar/prevenir) las enfermedades que curarlas.
4. El médico le dio una receta para (un jarabe/un consultorio).
5. Su jefe le ha dicho que no vaya a trabajar. Ella tiene que volver a la oficina cuando esté (agotada/recuperada).

⑤ To add to the dialogue, have students write three sentences with the words not used in the activity.

⑤ Invite volunteers to act out their dialogues for the class.

⑤ Malos hábitos Martín tiene hábitos que no son buenos para la salud. Completa la conversación entre Martín y su doctor con las palabras de la lista. Haz los cambios necesarios.

ánimo	descansar	mejorar	sano
dejar de fumar	empeorar	pastillas	trasnochar
deprimido	engordar	salud	vacuna

MARTÍN Doctor, a mí me gusta pasar muchas horas comiendo y viendo tele.

DOCTOR Por eso usted está (1) ___engordando___ tanto. Debe hacer ejercicio y (2) ___mejorar___ su alimentación.

MARTÍN También me gusta salir y acostarme tarde.

DOCTOR No es bueno (3) ___trasnochar___ todo el tiempo. Es importante (4) ___descansar___.

MARTÍN ¡Pero, doctor! ¿Puedo fumar un poco, por lo menos?

DOCTOR No, don Martín. Usted debe (5) ___dejar de fumar___ cuanto antes.

MARTÍN ¡No puede ser, doctor! ¿Todo lo que me gusta hacer es malo para la (6) ___salud___? Si hago lo que me dice usted, voy a estar (7) ___sano___ pero deprimido.

DOCTOR No es así. Si usted mejora su forma física, su estado de (8) ___ánimo___ va a mejorar también. Recuerde: "Mente sana en cuerpo sano".

Teaching option
Have students decide whether these statements are true or false:
1. A Martín le gusta hacer ejercicio. (falso)
2. Martín no sale de noche. (falso) 3. El doctor le recomienda hacer ejercicio. (cierto)
4. Todo lo que hace Martín es malo para la salud. (cierto)

Comunicación

6 Vida sana

A. En parejas, háganse las preguntas de la encuesta.

	Siempre	A menudo	De vez en cuando	Nunca
1. ¿Trasnochas más de dos veces por semana?	☐	☐	☐	☐
2. ¿Practicas algún deporte?	☐	☐	☐	☐
3. ¿Consumes vitaminas y minerales diariamente?	☐	☐	☐	☐
4. ¿Comes mucha comida frita?	☐	☐	☐	☐
5. ¿Tienes dolores de cabeza?	☐	☐	☐	☐
6. ¿Te enfermas?	☐	☐	☐	☐
7. ¿Desayunas sin prisa?	☐	☐	☐	☐
8. ¿Pasas muchas horas del día sentado/a?	☐	☐	☐	☐
9. ¿Te pones de mal humor?	☐	☐	☐	☐
10. ¿Tienes problemas para dormir?	☐	☐	☐	☐

B. Imagina que eres médico/a. ¿Tiene tu compañero/a una vida sana? ¿Qué debe hacer para mejorar su salud? Utiliza la conversación entre Martín y su médico de la Actividad 5 como modelo.

7 Citas célebres

A. En grupos de cuatro, elijan las citas (*quotations*) que les parezcan más interesantes y expliquen por qué las eligieron.

La salud

"La salud no lo es todo pero sin ella, todo lo demás es nada."
A. Schopenhauer

"El ser humano pasa la primera mitad de su vida arruinando la salud y la otra mitad intentando recuperarla."
Joseph Leonard

"Come poco y cena más poco, que la salud de todo el cuerpo se decide en la oficina del estómago."
Miguel de Cervantes

La medicina

"Antes que al médico, llama a tu amigo."
Pitágoras

"Los médicos no están para curar, sino para recetar y cobrar; curarse o no es cuenta del enfermo."
Molière

"La esperanza es el mejor médico que yo conozco."
Alejandro Dumas, hijo.

La enfermedad

"El peor de todos los males es creer que los males no tienen remedio."
Francisco Cabarrus

"La investigación de las enfermedades ha avanzado tanto que cada vez es más difícil encontrar a alguien que esté completamente sano."
Aldous Huxley

"De noventa enfermedades, cincuenta las produce la culpa y cuarenta la ignorancia."
Anónimo

B. Utilicen el vocabulario de **Contextos** para escribir una cita original sobre la salud. Compártanla con la clase. ¿Cuál es la cita más original?

---

6 Have students write answers in two categories: healthy and unhealthy. Ask volunteers to share their partners' responses.

6 Ask students to create four sentences about their own lives using **siempre**, **a menudo**, **de vez en cuando**, and **nunca**.

7 After students complete Part B, have the class judge the sentences in several categories, such as most original, most realistic, and funniest.

7 For faster-paced classes, have pairs write an anecdote that ends in one of these quotes.

SUPERSITE

Los empleados de *Facetas* se preocupan por
mantenerse sanos y en forma.

Synopsis
- Diana and Johnny talk about exercise.
- Johnny and Fabiola discuss diet and exercise.
- Mariela has lost her voice.
- Johnny brings in an assortment of healthy foods,
  yet Fabiola finds him eating chocolate.

NATIONAL communication cultures STANDARDS

1

2

3

DIANA ¿Johnny? ¿Qué haces aquí tan
temprano?

JOHNNY Madrugué para ir al gimnasio.

DIANA ¿Estás enfermo?

JOHNNY ¿Qué? ¿Nunca haces ejercicio?

DIANA No mucho… A veces me dan
ganas de hacer ejercicio, y entonces
me acuesto y descanso hasta que se
me pasa.

En la cocina…

JOHNNY *(habla con los dulces)* Los
recordaré dondequiera que esté. Sé
que esto es difícil, pero deben ser
fuertes… No pongan esa cara de
"cómeme". Por mucho que insistan,
los tendré que tirar. Ojalá me puedan
olvidar.

FABIOLA ¿Empezaste a ir al gimnasio?
Te felicito. Para ponerse en forma hay
que trabajar duro.

JOHNNY No es fácil.

FABIOLA No es difícil. Yo, por ejemplo,
no hago ejercicio, pero trato de comer
cosas sanas.

JOHNNY Nada de comidas rápidas.

FABIOLA ¡Cómo me gustaría tener tu
fuerza de voluntad!

6

7

8

En la cocina…

DON MIGUEL ¡Válgame! Aquí debe haber
como mil pesos en dulces. ¡Mmm!
Y están buenos.

JOHNNY ¿Qué tal, don Miguel?
¿Cómo le va?

DON MIGUEL *(Sonríe sin poder decir nada
porque está comiendo.)*

JOHNNY ¡Otro que se ha quedado sin
voz! ¿Qué es esto? ¿Una epidemia?

FABIOLA ¿Qué compraste?

JOHNNY Comida bien nutritiva y baja en
calorías. Juré que jamás volvería a ver
un dulce.

FABIOLA ¿Qué es eso?

JOHNNY Esto es tan saludable que con
sólo tocar la caja te sientes mejor.

FABIOLA ¿Y sabe bien?

JOHNNY Claro, sólo hay que calentarlo.

En la oficina de Aguayo…

DIANA Los nuevos diseños están
perfectos. Gracias.

AGUAYO Mariela, insisto en que veas
a un doctor. Vete a casa y no vuelvas
hasta que no estés mejor. Te estoy
dando un consejo. No pienses en mí
como tu jefe.

DIANA Piensa en él como un amigo que
siempre tiene razón.

INSTRUCTIONAL RESOURCES Supersite/DVD: Fotonovela
Supersite/IRCD: Videoscript & Translation, SAM Answer Key
SAM/WebSAM: VM

Preview In pairs, have students cover the captions
and invent a short dialogue for one of the video stills.
Encourage them to use vocabulary from **Contextos.**

Personajes

 AGUAYO   DIANA ÉRIC FABIOLA JOHNNY MARIELA   DON MIGUEL

4

5

En la sala de conferencias…

AGUAYO (*dirigiéndose a Mariela*) Quiero que hagas unos cambios a estos diseños.

DIANA Creemos que son buenos y originales, pero tienen dos problemas.

ÉRIC Los que son buenos no son originales, y los que son originales no son buenos.

AGUAYO ¿Qué crees? (*Mariela no contesta.*)

Mariela escribe "perdí la voz" en la pizarra.

AGUAYO ¿Perdiste la voz?

DIANA Gracias a Dios… Por un momento creí que me había quedado sorda.

AGUAYO Estás enferma. Deberías estar en cama.

ÉRIC Sí, podías haber llamado para decir que no venías.

9

10

AGUAYO Por cierto, Diana, acompáñame a entregar los diseños ahora mismo. Tengo que volver enseguida. Estoy esperando una llamada muy importante.

DIANA Vamos.

Se van. Suena el teléfono. Mariela se queda horrorizada porque no puede contestarlo.

FABIOLA ¿No ibas a mejorar tu alimentación?

JOHNNY Si no puedes hacerlo bien, disfruta haciéndolo mal. Soy feliz.

FABIOLA Los dulces no dan la felicidad, Johnny.

JOHNNY Lo dices porque no has probado la *Chocobomba*.

Teaching option Have students list the characters and jot down any health-related information they learn about them from viewing the episode. Ex: **Johnny: Le gusta comer dulces.**

Expresiones útiles

Giving advice and making recommendations

Insisto en que veas/vea a un doctor.
I insist that you go see a doctor. (fam./form.)

Te aconsejo que vayas a casa.
I advise you to go home. (fam.)

Le aconsejo que vaya a casa.
I advise you to go home. (form.)

Sugiero que te pongas a dieta.
I suggest you go on a diet. (fam.)

Sugiero que se ponga usted a dieta.
I suggest you go on a diet. (form.)

Asking about tastes

¿Y sabe bien?
And does it taste good?

¿Cómo sabe?
How does it taste?

Sabe a ajo/menta/limón.
It tastes like garlic/mint/lemon.

¿Qué sabor tiene? ¿Chocolate?
What flavor is it? Chocolate?

Tiene un sabor dulce/agrio/ amargo/agradable.
It has a sweet/sour/bitter/pleasant taste.

Additional vocabulary

la comida rápida *fast food*
dondequiera *wherever*
la epidemia *epidemic*
la fuerza de voluntad *willpower*
madrugar *to wake up early*
mantenerse en forma *to stay in shape*
nutritivo/a *nutritious*
ponerse en forma *to get in shape*
quedarse sordo/a *to go deaf*
saludable *healthy*

Point out that **saber** (*to taste*) has the same conjugation as **saber** (*to know*).

Comprensión

1 **¿Cierto o falso?** Decide si las oraciones son **ciertas** o **falsas**. Corrige las **falsas**.

Cierto	Falso	
☑	☐	1. Johnny llegó temprano porque madrugó para ir al gimnasio.
☐	☑	2. Cuando Diana va al gimnasio se queda dormida.
		Diana no va al gimnasio, se va a dormir cuando tiene ganas de ir al gimnasio.
☐	☑	3. Los primeros diseños de Mariela están perfectos.
		Los nuevos diseños de Mariela están perfectos.
☐	☑	4. Diana se quedó sorda.
		Diana no escuchó a Mariela porque Mariela se quedó sin voz.
☑	☐	5. Don Miguel probó los dulces.
☑	☐	6. Johnny no continuó con su dieta.

2 For item 1, explain that the phrase **hay que** + [*infinitive*] is similar to *you have to*. Have students write three sentences using this structure.

2 **Oraciones incompletas** Completa las oraciones de la **Fotonovela** con la opción correcta.

1. Para ponerse en __c__ hay que trabajar duro.
   a. cama   b. dieta   c. forma

2. ¡Cómo me gustaría tener tu fuerza __b__!
   a. física   b. de voluntad   c. de carácter

3. ¡Otro que se ha quedado __b__!
   a. sordo   b. sin voz   c. dormido

4. Piensa en él como un amigo que siempre __a__.
   a. tiene razón   b. se mantiene en forma   c. se preocupa

3 Have pairs create two more categories from the lesson vocabulary list and make a list of related words.

3 **Títulos** Busca en la **Fotonovela** la palabra adecuada para poner un título a cada lista.
Answers may vary slightly.

dulces	ejercicio	comida rápida	comida nutritiva
chocolates	**correr**	**salchicha**	**sopa de verduras**
caramelos	**saltar**	**hamburguesa**	**ensalada**
pastel de chocolate	**caminar**	**papas fritas**	**pollo asado**
postre	**nadar**	**sándwich**	**frutas**

4 Ask students to share their own opinions about health. As a cultural comparison, ask heritage speakers to share attitudes toward health in their home countries.

4 **Opiniones**

A. Los empleados de *Facetas* tienen opiniones distintas sobre la salud y el bienestar. En parejas, escriban una descripción breve de la actitud de cada personaje. Utilicen las frases de la lista y añadan sus propias ideas.

comer comidas sanas	ir al gimnasio	permanecer en cama
descansar	ir al médico	probar los dulces

MODELO   Diana casi nunca va al gimnasio. Cree que es más importante descansar para mantenerse sana...

B. ¿Con qué opinión te identificas más? ¿Qué haces tú para mantenerte en forma?

Ampliación

(5) Comidas rápidas

A. Para ponerse en forma, Johnny decide evitar las comidas rápidas. En parejas, háganse las preguntas y comparen sus propias opiniones acerca de la comida rápida.

1. ¿Con qué frecuencia comes en restaurantes de comida rápida?

2. ¿Crees que la comida rápida es mala para la salud?

3. ¿Buscas opciones saludables cuando necesitas comer de prisa?

4. ¿Crees que las personas obesas tienen derecho a demandar (*sue*) a los restaurantes de comida rápida?

B. Ahora, en dos grupos, organicen un debate sobre los beneficios y desventajas de la comida rápida. Un grupo representa a los dueños y ejecutivos de los restaurantes, y el otro grupo representa a la gente que ha sufrido problemas de salud por comer demasiadas comidas rápidas.

(6) Apuntes culturales En parejas, lean los párrafos y contesten las preguntas.

Los dulces

"Los recordaré dondequiera que esté", dice Johnny despidiéndose de los dulces. ¡A los hispanos les encantan los dulces! Un postre muy popular de la cocina colombiana, venezolana, mexicana y centroamericana es el postre de **las tres leches**. Este postre se prepara con leche fresca, leche condensada y crema de leche. ¡Un verdadero manjar (*delicacy*)!

El deporte colombiano

Fabiola dice que para ponerse en forma hay que trabajar duro. La colombiana **María Isabel Urrutia Ocoró** sabe mucho de esto, pues su gran dedicación a la halterofilia (levantamiento de pesas) la convirtió en estrella del deporte colombiano. Ganó numerosos premios mundiales, entre ellos, la medalla de oro en las Olimpiadas de Sydney en el año 2000.

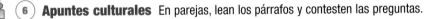

Las comidas rápidas

Fabiola y Johnny conversan sobre las comidas rápidas. En los países hispanos, las cadenas estadounidenses adaptan los menús a los sabores típicos de esos países. En Chile, McDonald's ofrece la **McPalta**, hamburguesa con palta (*avocado*), y los **McCafé** sirven postres tradicionales como la **rellenita de manjar** (*caramel*). ¿Podrá resistirse Johnny?

1. ¿Conoces otros postres típicos de los países hispanos? ¿De qué países o regiones son? ¿Cuáles son los ingredientes principales?

2. Menciona postres o platos típicos de tu cultura. ¿Cuál es tu preferido?

3. ¿Qué deportistas hispanos juegan en equipos de los EE.UU.?

4. ¿Probaste comidas rápidas de otras culturas? ¿Cuáles? ¿Cuál es tu favorita?

(5) Part A: Expand the discussion with additional questions: **¿De qué manera influye la comida rápida en la salud de los niños? ¿Iban mucho a los restaurantes de comida rápida cuando eran niños? ¿Creen que las experiencias con la comida que tenían cuando eran niños influyen en las decisiones que toman hoy en día?**

(6) Have heritage speakers talk about typical dishes and desserts from their home countries.

(6) Ask heritage speakers which sports are popular in their home countries.

(6) Bring in ads for fast food chains from other countries, or have students look them up on the Internet. Ask them to report the differences and similarities they notice, compared to ads from this country.

La salud y el bienestar

ciento veintinueve **129**

INSTRUCTIONAL RESOURCES
Supersite/DVD: Flash cultura; **Supersite:** Videoscript & Translation

COLOMBIA

En detalle

DE ABUELOS Y CHAMANES

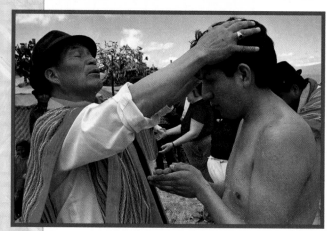

Sentada en su cocina en Bogotá, Marcela Uribe destapa frasquitos° de hierbas y describe las "agüitas°" que le enseñó a preparar su abuela: agüita de toronjil° para calmar los nervios, agüita de paico° para los cólicos° y muchas más.

Muchos de estos remedios caseros° son más que simples "recetas de la abuela". Su uso proviene de los conocimientos milenarios que los curanderos° y chamanes° han ido pasando de generación en generación. Colombia, segundo país en el mundo en diversidad de especies vegetales, desarrolló una medicina tradicional muy rica, que aún hoy subsiste en todos los niveles de la sociedad. A pesar de la llegada de la medicina científica, muchas comunidades indígenas siguen practicando su medicina tradicional. Cuanto más aislada está la comunidad, mejor mantiene sus tradiciones.

En la cultura indígena americana, lo espiritual y lo corporal se funden° con la naturaleza. Los curanderos y chamanes son los responsables de mantener estos mundos en equilibrio. Para ello, combinan las propiedades medicinales de las plantas con ritos sagrados. En Colombia, al igual que en otros países, hay un renovado interés por conocer las propiedades medicinales de las plantas que se han usado durante siglos. Instituciones gubernamentales, universidades y organizaciones ecologistas intentan recuperar y conservar estos conocimientos. En sólo siete años, el Instituto Nacional de Vigilancia de Alimentos y Medicamentos aumentó de 17 a 95 el número de plantas medicinales aprobadas para usos curativos.

El deseo de las empresas farmacéuticas de apropiarse de las plantas y patentarlas ha hecho que el gobierno colombiano controle el derecho a sacarlas del país. Esto es importante porque algunas están en peligro de extinción y porque estas plantas forman parte indeleble° de la identidad indígena. ∎

Algunas plantas curativas

Chuchuguaza Árbol que crece en la región amazónica de Colombia, Ecuador y Perú. Se usa como diurético y también contra el reumatismo, la gota° y la anemia.

Gualanday Árbol originario del Valle del Cauca y que crece en las regiones colombianas de Putumayo y Amazonas. La corteza°, la hoja y la flor se usan contra neuralgias, dolores de huesos, várices° y afecciones del hígado°.

Sauco Árbol proveniente de cultivos en la sabana° de Bogotá. La hoja, la corteza, el fruto y la flor se usan para tratar afecciones bronquiales.

destapa frasquitos *uncovers little jars* **agüitas** *herbal teas* **toronjil** *lemon balm* **paico** *Mexican tea (plant)* **cólicos** *cramps* **caseros** *home* **curanderos** *folk healers* **chamanes** *shamans* **se funden** *merge* **indeleble** *indelible* **gota** *gout* **corteza** *bark* **várices** *varicose veins* **afecciones del hígado** *liver conditions* **sabana** *savannah*

En detalle Preview the reading by asking students if there are any home remedies that they grew up with. Ex: ¿Usan remedios caseros? ¿De dónde vienen?

Teaching option Point out that the diminutive is used in the passage (frasco → frasquito, agua → agüita). See Estructura 7.3.

Lección 4

La salud y el bienestar

el/la buquí (R. Dom.)   *glutton*

cachucharse (Chi.)   *to hit oneself*

caer bien/mal   *to sit well/bad*

curar el empacho (Arg.)   *to cure indigestion*

estar constipado/a (Esp.)   *to be congested*

estar constipado/a (Amér. L.)   *to be constipated*

estar depre (Arg., Esp. y Pe.)   *to feel down*

estar funado/a (Chi.)   *to feel demotivated*

estar pachucho/a (Arg y Esp.)   *to be under the weather*

el/la matasanos (Esp.)   *bad doctor; quack*

¡Se me parte la cabeza! (Arg.)   *I have a splitting headache!*

La salud y el bienestar públicos

Los gobiernos hispanoamericanos suelen brindar servicios de salud pública gratuitos° a todos los ciudadanos. Algunos países, como Cuba, han desarrollado un **sistema de salud universalista** en el cual  todos los servicios son gratuitos. Otros países, como Chile, tienen un modelo mixto, que combina el sector público con el privado.

En el **ránking de calidad de vida** del año 2005 realizado por *The Economist Intelligence Unit*, España aparece en el décimo lugar sobre un total de 111 países. Este ránking considera no sólo los ingresos económicos, sino también otros indicadores como el bienestar y la satisfacción individual de las personas.

Entre los médicos latinoamericanos, se destaca **Carlos Finlay**, médico y biólogo cubano nacido en 1833. Su mayor contribución científica fue el descubrimiento del mecanismo de transmisión de la fiebre amarilla° que había sido un enigma desde sus primeros registros en el siglo XV. Recibió numerosos premios en Estados Unidos y Europa.

COMUNIDAD DE CHOCÓ

En ciertas zonas de Colombia, se han establecido comunidades de origen africano que han desarrollado tradiciones muy diferentes de las que se encuentran en el resto del país. Entre todas ellas, se destacan las comunidades afrocolombianas del Pacífico, como la de Chocó (ver mapa en la página anterior), por su particular sentido de la religiosidad, en la que la magia tiene un papel predominante. Esta visión religiosa le da una especial importancia a la salud y a la enfermedad. Además de conocer y aprovechar las propiedades curativas de las plantas, Chocó mantiene los conjuros° de sus ancestros africanos y las oraciones católicas de los conquistadores españoles. Esta mezcla de culturas tiene como resultado una tradición curandera diferente en la que se puede ver claramente la influencia europea, africana e indígena. En la actualidad, muchos miembros de esta comunidad acuden a° la medicina científica pero no dudan en usar sus métodos curativos tradicionales cuando lo consideran necesario.

❝Los conocimientos de la medicina tradicional son conocimientos adquiridos de nuestros antepasados y mantienen vivas las más ricas culturas de América Latina.❞
(Donato Ayma, político boliviano)

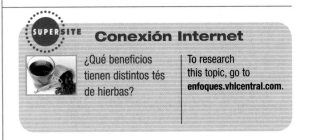

SUPERSITE   ### Conexión Internet

¿Qué beneficios tienen distintos tés de hierbas?

To research this topic, go to **enfoques.vhlcentral.com.**

conjuros *spells* **acuden a** *resort to* **gratuitos** *free of charge* **fiebre amarilla** *yellow fever*

El mundo hispanohablante For faster-paced classes, have students describe the healthcare system in the U.S. or Canada. Then have them debate the merits of public versus private healthcare.

La salud y el bienestar   *ciento treinta y uno* **131**

① Have students write two more true or false
statements about the reading. Ask classmates
to answer **cierto** or **falso**.

 SUPERSITE

¿Qué aprendiste?

① Comprensión Indica si estas afirmaciones son
ciertas o **falsas**. Corrige las falsas.

1. Marcela aprendió a usar infusiones en un
viaje a Colombia, la tierra de su abuela.
Falso. Marcela vive en Colombia.
2. Colombia es uno de los países con mayor
diversidad de especies vegetales.
Cierto.
3. En las prácticas curativas tradicionales,
se combinan las propiedades curativas
de las plantas con el poder curativo de
los animales. Falso. Se combinan las propiedades
curativas de las plantas con ritos sagrados.
4. Los conocimientos sobre los poderes
curativos de las plantas han pasado de
padres a hijos a través de los siglos.
Cierto.
5. En Colombia, el uso de plantas curativas
es popular sólo entre las comunidades
indígenas. Falso. Es común en todos los niveles de la
sociedad colombiana.
6. A pesar de la llegada de la medicina
científica, muchas comunidades
mantuvieron sus prácticas medicinales
tradicionales.
Cierto.
7. Las comunidades que mejor conservaron
las tradiciones fueron las que estaban más
cerca de la costa. Falso. Las comunidades que mejor
conservaron las tradiciones fueron las que estaban más aisladas.
8. En Colombia, las instituciones no se
preocupan por recuperar las tradiciones
curativas. Falso. En Colombia, instituciones gubernamentales,
universidades y organizaciones ecologistas intentan recuperar las tradiciones
9. Las empresas farmacéuticas quieren   curativas.
apropiarse de las plantas.
Cierto.
10. Colombia ha empezado a controlar las
exportaciones de plantas curativas.
Cierto.

② Oraciones incompletas Completa las oraciones con
la información correcta.

1. Las costumbres de las comunidades
afrocolombianas del/de ___Pacífico___ son muy
diferentes de las del resto del país.
a. Pacífico   b. Atlántico   c. Cauca
2. Estas comunidades mantienen costumbres
que mezclan la cultura africana, indígena y
___europea___.
a. caribeña   b. americana   c. europea
3. En Chile, el sistema de salud sigue el modelo
___mixto___.
a. mixto   b. universalista   c. privado
4. Carlos Finlay colaboró para descubrir cómo se
transmite ___la fiebre amarilla___
a. la malaria   b. la fiebre amarilla
c. la gripe
5. En Chile, usan *estar funado* para decir que
alguien tiene ___poca energía___.
a. indigestión   b. gripe
c. poca energía

③ Opiniones En parejas, hablen sobre estas preguntas:
¿Se puede patentar la naturaleza? ¿Tienen derecho las
empresas farmacéuticas a patentar plantas? ¿Tienen
derecho a hacerlo si modifican la estructura genética de
la planta? ¿Qué consecuencias tiene el patentamiento
de plantas y organismos vivos? Compartan su opinión
con la clase.

PROYECTO

Las plantas curativas

Como hemos visto, muchas comunidades
latinoamericanas usan las plantas para
curar diferentes enfermedades. Busca
información en Internet o en la biblioteca
sobre alguna de estas plantas.

Usa las preguntas como guía para tu
investigación.

- ¿Para qué se usa la planta?
- ¿En qué comunidad(es) se usa?
- ¿Qué enfermedad(es) específica(s) cura?
- ¿Cómo se usa según la tradición?
- ¿Se comprobaron científicamente las
propiedades de la planta?
- ¿Es común su uso en la medicina
científica?

Proyecto To help students organize the information,
have them begin with an outline. Encourage them to
bring a map of the area and some statistics on the
local population.

③ For variation, divide the class into two
groups for a class debate. For slower-
paced classes, list relevant vocabulary
on the board.

132 *ciento treinta y dos*

Lección 4

RITMOS

Marta Gómez

Marta Gómez es una de esas personas que siempre supo lo que quería. A los cuatro años, comenzó a cantar en un coro de su Cali natal. Más tarde, cursó sus estudios universitarios de música en la Pontificia Universidad Javeriana de Bogotá, y en 1999 ganó una beca° para estudiar en el Berklee College of Music en Boston, Estados Unidos. Allí, conoció a unos músicos argentinos con quienes formó una banda bajo su nombre. Así, Gómez pasó de la música clásica a cantar música folclórica latinoamericana con influencias de jazz. Hoy, la voz de esta cantautora° colombiana se escucha en toda Latinoamérica, Europa, Canadá y los Estados Unidos, donde actualmente vive. En 2005, su álbum *Cantos de agua dulce* fue nominado a los premios *Billboard* de la música latina como mejor álbum de jazz latino.

Discografía

2006 Entre cada palabra   **2004** Cantos de agua dulce   **2003** Sólo es vivir

Canción

Éste es un fragmento de la canción que tu instructor(a) te hará escuchar.

Canta

Canta cuando hay que cantar
y llora° cuando hay que llorar
y es que cantando lloras de todas formas
te da igual.

Y cuando quieras llorar yo te doy mi llanto
y en mí traigo a un país que sabe llorar
y si a eso le voy sumando a todos los
que sufren de soledad
entonces vamos llorando ya todo un mar.

Éstos son otros músicos hispanos famosos que estudiaron en el **Berklee College of Music**:
Pedro Aznar músico y cantautor (Argentina)
Juan Luis Guerra guitarrista y cantautor (República Dominicana)
Beto Hale baterista y compositor (México)
Danilo Pérez pianista y compositor (Panamá)
Néstor Torres flautista de jazz (Puerto Rico)

Juan Luis Guerra

Preguntas En parejas, contesten las preguntas con oraciones completas. Some answers will vary.

1. ¿Cómo se compone la banda de Marta Gómez? ¿Qué tipo de música tocan?
   La banda se compone de Marta Gómez y músicos argentinos. Tocan música folclórica con influencias de jazz.
2. ¿Qué otros hispanos estudiaron música en la misma universidad?
   Pedro Aznar, Juan Luis Guerra, Beto Hale, Danilo Pérez y Néstor Torres estudiaron en la misma universidad.
3. ¿Qué significa este verso de la canción: "y en mí traigo a un país que sabe llorar"?
4. ¿Es popular la música folclórica en tu cultura? Den ejemplos.

beca *scholarship* **cantautora** *singer-songwriter* **llora** *cry*

Ritmos Have students interpret the chorus of the song. *¿Por qué dice la cantante que cantar es igual que llorar?*

INSTRUCTIONAL RESOURCES
Supersite/IRCD:
Textbook Answer Key,
SAM Answer Key
SAM/WebSAM: WB, LM

TALLER DE CONSULTA

MANUAL DE GRAMÁTICA
Más práctica

4.1 The subjunctive in noun
clauses, p. 505
4.2 Commands, p. 506
4.3 **Por** and **para**, p. 507

Más gramática

4.4 The subjunctive with
impersonal expressions,
p. 508

To preview the material,
write three sentences on the
board using the subjunctive
form of regular **-ar, -er,** and
-ir verbs. Have volunteers
identify the verb forms and
ask how the endings differ
from the indicative.

¡ATENCIÓN!

The indicative is used to
express actions, states, or
facts the speaker considers
to be certain. The subjunctive
expresses the speaker's
attitude toward events, as
well as actions or states
that the speaker views as
uncertain.

• • • •

Verbs that end in **–car, -gar,**
and **–zar** undergo spelling
changes in the present
subjunctive.

sacar: saque

jugar: juegue

almorzar: almuerce

• • • •

The present subjunctive
form of **hay** is **haya**.

**No creo que haya una
solución.** *I don't think there
is a solution.*

4.1 The subjunctive in noun clauses

Forms of the present subjunctive

● The subjunctive (**el subjuntivo**) is used mainly in multiple clause sentences which express will, influence, emotion, doubt, or denial. The present subjunctive is formed by dropping the **–o** from the **yo** form of the present indicative and adding the subjunctive endings.

The present subjunctive		
hablar	**comer**	**escribir**
hable	coma	escriba
hables	comas	escribas
hable	coma	escriba
hablemos	comamos	escribamos
habléis	comáis	escribáis
hablen	coman	escriban

● Verbs with irregular **yo** forms show that same irregularity throughout the forms of the present subjunctive.

conocer	conozca	seguir	siga
decir	diga	tener	tenga
hacer	haga	traer	traiga
oír	oiga	venir	venga
poner	ponga	ver	vea

● Verbs that have stem changes in the present indicative have the same changes in the present subjunctive. Remember that only **–ir** verbs undergo stem changes in the **nosotros/as** and **vosotros/as** forms.

pensar (e:ie)	piense, pienses, piense, pensemos, penséis, piensen
jugar (u:ue)	juegue, juegues, juegue, juguemos, juguéis, jueguen
mostrar (o:ue)	muestre, muestres, muestre, mostremos, mostréis, muestren
entender (e:ie)	entienda, entiendas, entienda, entendamos, entendáis, entiendan
resolver (o:ue)	resuelva, resuelvas, resuelva, resolvamos, resolváis, resuelvan
pedir (e:i)	pida, pidas, pida, pidamos, pidáis, pidan
sentir (e:ie)	sienta, sientas, sienta, sintamos, sintáis, sientan
dormir (o:ue)	duerma, duermas, duerma, durmamos, durmáis, duerman

● The following five verbs are irregular in the present subjunctive.

dar	dé, des, dé, demos, deis, den
estar	esté, estés, esté, estemos, estéis, estén
ir	vaya, vayas, vaya, vayamos, vayáis, vayan
saber	sepa, sepas, sepa, sepamos, sepáis, sepan
ser	sea, seas, sea, seamos, seáis, sean

Verbs of will and influence

- A clause is a group of words that contains both a conjugated verb and a subject (expressed or implied). In a subordinate (dependent) noun clause (**oración subordinada sustantiva**), a group of words function together as a noun.

Quiero que hagas unos cambios en estos diseños.

- When the subject of the main clause of a sentence exerts influence or will on the subject of the subordinate clause, the verb in the subordinate clause must be in the subjunctive.

MAIN CLAUSE	CONNECTOR	SUBORDINATE CLAUSE
Yo quiero	**que**	tú vayas al médico.

Verbs and expressions of will and influence

aconsejar *to advise*
desear *to desire; to wish*
es importante *it's important*
es necesario *it's necessary*
es urgente *it's urgent*
exigir *to demand*

gustar *to like*
hacer *to make*
importar *to be important*
insistir (en) *to insist (on)*
mandar *to order*
necesitar *to need*
oponerse a *to oppose*
pedir (e:i) *to ask for; to request*

preferir (e:ie) *to prefer*
prohibir *to prohibit*
proponer *to propose*
querer (e:ie) *to want; to wish*
recomendar (e:ie) *to recommend*
rogar (o:ue) *to beg; to plead*
sugerir (e:ie) *to suggest*

Necesito que **consigas** estas pastillas en la farmacia.
I need you to get these pills at the pharmacy.

Insisto en que **vayas** a la sala de emergencias.
I insist that you go to the emergency room.

El médico siempre me **recomienda** que **deje** de fumar.
The doctor always recommends that I quit smoking.

Se oponen a que **salgas** si estás enfermo.
They object to your going out if you're sick.

- The infinitive, not the subjunctive, is used with verbs and expressions of will and influence if there is no change of subject in the sentence.

Quiero **ir** a Bogotá en junio.
I want to go to Bogota in June.

Prefiero que **vayas** en agosto.
I prefer that you go in August.

Verbs of emotion

- When the main clause expresses an emotion like hope, fear, joy, pity, or surprise, the verb in the subordinate clause must be in the subjunctive if its subject is different from that of the main clause.

Espero que **te recuperes** pronto.
I hope you recover quickly.

Qué pena que **necesites** una operación.
What a shame you need an operation.

Verbs and expressions of emotion

alegrarse (de) *to be happy (about)*	**es terrible** *it's terrible*	**molestar** *to bother*
es bueno *it's good*	**es una lástima** *it's a shame*	**sentir (e:ie)** *to be sorry; to regret*
es extraño *it's strange*	**es una pena** *it's a pity*	**sorprender** *to surprise*
es malo *it's bad*	**esperar** *to hope; to wish*	**temer** *to fear*
es mejor *it's better*	**gustar** *to like; to be pleasing*	**tener miedo (de)** *to be afraid (of)*
es ridículo *it's ridiculous*		

- The infinitive, not the subjunctive, is used with verbs and expressions of emotion if there is no change of subject in the sentence.

No me gusta **llegar** tarde.
I don't like to be late.

Es mejor que lo **hagas** ahora.
It's better that you do it now.

Verbs of doubt or denial

- When the main clause implies doubt, uncertainty, or denial, the verb in the subordinate clause must be in the subjunctive if its subject is different from that of the main clause.

No cree que él nos **quiera** engañar.
She doesn't believe that he wants to deceive us.

Dudan que eso **sea** un buen tratamiento.
They doubt that would be a good treatment.

Verbs and expressions of doubt and denial

dudar *to doubt*	**negar (e:ie)** *to deny*
es imposible *it's impossible*	**no creer** *not to believe*
es improbable *it's improbable*	**no es evidente** *it's not evident*
es poco seguro *it's uncertain*	**no es seguro** *it's not certain*
(no) es posible *it's (not) possible*	**no es verdad/cierto** *it's not true*
(no) es probable *it's (not) probable*	**no estar seguro (de)** *not to be sure (of)*

- The infinitive, not the subjunctive, is used with verbs and expressions of doubt or denial if there is no change in the subject of the sentence.

Es imposible **viajar** hoy.
It's impossible to travel today.

Es improbable que él **viaje** hoy.
It's unlikely that he would travel today.

 Práctica

1 **Opiniones contrarias** Escribe la oración que expresa lo opuesto en cada ocasión.

MODELO Dudo que la comida rápida **sea** buena para la salud.
> —No dudo que la comida rápida **es** buena para la salud.

1. Están seguros de que Pedro puede dejar de fumar.
No están seguros de que Pedro pueda dejar de fumar.
2. Es evidente que estás agotado.
No es evidente que estés agotado.
3. No creo que las medicinas naturales sean curativas.
Creo que las medicinas naturales son curativas.
4. Es verdad que la cirujana no quiere operarte.
No es verdad que la cirujana no quiera operarte.
5. No es seguro que este médico sepa el mejor tratamiento.
Es seguro que este médico sabe el mejor tratamiento.

2 **Siempre enferma** Últimamente, Ana María se enferma demasiado y sus amigas están preocupadas por ella. Completa la conversación con el infinitivo, el indicativo o el subjuntivo de los verbos entre paréntesis.

MARTA Es una pena que Ana María (1) ___esté___ (estar / está / esté) enferma otra vez.

ADRIANA El problema es que no le gusta (2) ___tomar___ (tomar / toma / tome) vitaminas. Además, ella casi nunca (3) ___come___ (comer / come / coma) verduras.

MARTA Y no creo que Ana María (4) ___haga___ (hacer / hace / haga) ejercicio. Yo siempre le (5) ___pido___ (pedir /pido / pida) que (6) ___venga___ (venir / viene / venga) conmigo al gimnasio, pero ella prefiere (7) ___quedarse___ (quedarse / se queda / se quede) en casa.

ADRIANA Y cuando ella se enferma, no (8) ___sigue___ (seguir / sigue / siga) los consejos del médico. Si él le recomienda que (9) ___permanezca___ (permanecer / permanece / permanezca) en cama, ella dice que no es necesario (10) ___descansar___ (descansar/ descansa / descanse). Si él le da una receta, ella ni (11) ___compra___ (comprar / compra /compre) las medicinas. ¿Qué vamos a hacer, Marta?

MARTA Es necesario que (12) ___hablemos___ (hablar / hablamos / hablemos) con ella. Si no, ¡temo que un día de éstos ella nos (13) ___llame___ (llamar / llama / llame) para llevarla a la sala de emergencias!

ADRIANA Bueno, creo que (14) ___tienes___ (tener / tienes / tengas) razón. ¡Sólo espero que ella nos (15) ___escuche___ (escuchar / escucha / escuche)!

3 **Consejos** Adriana y Marta le dan consejos a Ana María. Combina los elementos de cada columna para escribir cinco oraciones. No olvides usar el presente del subjuntivo.

MODELO —Te recomendamos que hagas más ejercicio.

aconsejar		comer frutas y verduras
es importante		descansar
es necesario	que	hacer más ejercicio
querer		ir al gimnasio
recomendar		seguir las recomendaciones del médico
sugerir		tomar las medicinas

TALLER DE CONSULTA

MANUAL DE GRAMÁTICA
Más práctica

4.1 The subjunctive in noun clauses, p. 505

① Have students create five similar sentences using subjunctive or indicative.

② For sentences that require subjunctive, have students explain why they used it.

③ As a variant, have one student write a main clause on the board. Then have another student complete the sentence with a subordinate clause in the subjunctive.

Teaching option Do a rapid-response drill. Write a list of noun clauses on the board (Ex: **Quiero que**…) and have students respond with a subordinate clause.

Práctica

④ Point out that Spanish contains over 2,000 words of Arabic origin. **Ojalá** is one, and it means **quiera Dios** (*God willing*), expressing a strong desire for something to happen.

④ Have students substitute **ojalá** with other subjunctive phrases that work in the context. Ex: **Espero que las hojas no te toquen…**

④ Ojalá Para muchos, el amor es una enfermedad. El cantante Silvio Rodríguez sugiere en esta canción una cura para el amor.

A. Utiliza el presente del subjuntivo de los verbos entre paréntesis para completar la estrofa *(verse)* de la canción.

> Ojalá que las hojas no te (1) ___toquen___ (tocar) el cuerpo cuando (2) ___caigan___ (caer) para que no las puedas convertir en cristal.
> Ojalá que la lluvia (3) ___deje___ (dejar) de ser milagro que baja por tu cuerpo.
> Ojalá que la luna (4) ___pueda___ (poder) salir sin ti.
> Ojalá que la tierra no te (5) ___bese___ (besar) los pasos.

B. Escribe tu propia estrofa para la canción de Silvio Rodríguez.

1. Ojalá que los sueños _____.

2. Ojalá que la noche _____.

3. Ojalá que la herida _____.

4. Ojalá una persona _____.

⑤ To preview the activity, have students write a personal ad as if they were Lucía or Roberto. Encourage them to be creative.

⑤ For an optional writing activity, help students create a list of possible problems about which someone might write to an advice columnist. Then have them use the present subjunctive to write a response letter giving advice. Recycle vocabulary from past lessons.

⑤ El hombre ideal Roberto está enamorado de Lucía, pero ella no le presta atención. Roberto está dispuesto a hacer cualquier cosa para ganar su amor. Mira el dibujo del hombre ideal de Lucía y escribe cinco recomendaciones para Roberto. Utiliza el presente del subjuntivo.

Roberto   hombre ideal

MODELO **Es necesario que...**
Roberto se vista mejor.

1. Le aconsejo que _____.

2. Es importante que _____.

3. Es mejor que _____.

4. Sugiero que _____.

5. Le propongo que _____.

Comunicación

6 Have students work in pairs to write a letter to Dr. Sánchez. Have them exchange letters and write responses.

6 Ask volunteers to read their letters and answers to the class. Then ask: **¿Qué debe hacer** [*name of student*] **en esta situación?**

6 **El doctor Sánchez responde** Los lectores de una revista de salud envían sus consultas al doctor Sánchez. En la columna de la izquierda están las preguntas y, a la derecha, algunas notas del médico para responder a esas preguntas. Trabajen en parejas para decidir qué notas corresponden a cada pregunta. Utilicen las expresiones de la lista. Luego redacten la respuesta para cada lector.

Los lectores preguntan. El Dr. Sánchez responde.

1. Estimado Dr. Sánchez:
   Tengo 55 años y quiero bajar 10 kilos. Mi médico insiste en que mejore mi alimentación. Probé varias dietas, pero no logro bajar de peso. ¿Qué puedo hacer? b
   Ana J.

2. Querido Dr. Sánchez:
   Tengo 38 años y sufro fuertes dolores de espalda (*back*). Trabajo en una oficina y estoy muchas horas sentada. Después de varios análisis, mi médico dijo que todo está bien en mis huesos (*bones*). Me recetó unas pastillas para los músculos, pero no quiero tomar medicinas. ¿Hay otra solución? c
   Isabel M.

3. Dr. Sánchez:
   Siempre me duele mucho el estómago. Soy muy nervioso y no puedo dormir. Mi médico me aconseja que trabaje menos. Pero eso es imposible.
   Andrés S. a

A. *No comer con prisa.*
   Pasear mucho.
   No tomar café.
   Practicar yoga.

B. *Caminar mucho.*
   Practicar natación.
   No comer las cuatro "p":
   papas, pastas, pan y postres.
   Tomar dos litros de agua
   por día.

C. *No permanecer sentada más*
   de dos horas seguidas.
   Hacer cincuenta minutos
   de ejercicio por día.
   Adoptar una buena postura
   al estar sentada.
   Elegir una buena cama.
   Usar una almohada delgada
   y dura.

es importante que	**le aconsejo que**
es improbable que	**le propongo que**
es necesario que	**le recomiendo que**
es poco seguro que	**le sugiero que**
es urgente que	**no es seguro que**

7 **Estilos de vida** En parejas, cada uno debe elegir una de estas dos personalidades. Después, dense consejos mutuamente para cambiar su estilo de vida. Utilicen el subjuntivo en la conversación.

1. Voy al gimnasio tres veces al día. Lo más importante en mi vida es mi cuerpo.

2. Me gusta salir por las noches. Trasnocho casi todos los días.

7 Give students these additional descriptions: **3. Siempre como comida rápida porque es fácil y mucho más barata. 4. Quiero entrenar para una maratón.**

INSTRUCTIONAL RESOURCES
Supersite/IRCD:
Textbook Answer Key,
SAM Answer Key
SAM/WebSAM: WB, LM

Point out that, while **usted** and **ustedes** may be omitted after polite commands, using them is more courteous.

4.2 Commands

Formal (*Ud.* and *Uds.*) commands

- Formal commands (**mandatos**) are used to give orders or advice to people you address as **usted** or **ustedes**. Their forms are identical to the present subjunctive forms for **usted** and **ustedes**.

Formal commands		
Infinitive	**Affirmative command**	**Negative command**
tomar	**tome** Ud.	no **tome** Ud.
	tomen Uds.	no **tomen** Uds.
volver	**vuelva** Ud.	no **vuelva** Ud.
	vuelvan Uds.	no **vuelvan** Uds.
salir	**salga** Ud.	no **salga** Ud.
	salgan Uds.	no **salgan** Uds.

Familiar (*tú*) commands

- Familar commands are used with people you address as **tú**. Affirmative **tú** commands have the same form as the **él, ella**, and **usted** form of the present indicative. Negative **tú** commands have the same form as the **tú** form of the present subjunctive.

Piensa en él como un amigo que tiene siempre razón.

No pienses en mí como tu jefe.

Familiar commands		
Infinitive	**Affirmative command**	**Negative command**
viajar	viaja	no viajes
empezar	empieza	no empieces
pedir	pide	no pidas

- Eight verbs have irregular affirmative **tú** commands. Their negative forms are still the same as the **tú** form of the present subjunctive.

decir	di	salir	sal
hacer	haz	ser	sé
ir	ve	tener	ten
poner	pon	venir	ven

¡ATENCIÓN!

***Vosotros/as* commands**

In Latin America, **ustedes** commands serve as the plural of familiar (**tú**) commands. The familiar plural **vosotros/as** command is used in Spain. The affirmative command is formed by changing the **–r** of the infinitive to **–d**. The negative command is identical to the **vosotros/as** form of the present subjunctive.

bailar: bailad/no bailéis

For reflexive verbs, affirmative commands are formed by dropping the **–r** and adding the reflexive pronoun **–os**. In negative commands, the pronoun precedes the verb.

levantarse: levantaos/ no os levantéis

Irse is irregular: **idos/ no os vayáis**

Teaching option Practice regular and irregular affirmative **tú** commands by having students give commands for the following situations: 1. Tengo mucha hambre. (Come.) 2. Estoy cansado/a. (Duerme.) 3. Hace calor en la clase. (Sal de la clase.)

Nosotros/as commands

- **Nosotros/as** commands are used to give orders or suggestions that include yourself as well as other people. In Spanish, **nosotros/as** commands correspond to the English *let's* + [*verb*]. Affirmative and negative **nosotros/as** commands are generally identical to the **nosotros/as** forms of the present subjunctive.

Indicate that **nosotros/as** commands can also be expressed with **vamos a +** [infinitive]. Ex: **¡Vamos a comer!** *Let's eat!*

Nosotros/as commands		
Infinitive	**Affirmative command**	**Negative command**
bailar	bailemos	no bailemos
beber	bebamos	no bebamos
abrir	abramos	no abramos

- The **nosotros/as** commands for **ir** and **irse** are irregular: **vamos** and **vámonos**. The negative commands are regular: **no vayamos** and **no nos vayamos.**

Using pronouns with commands

- When object and reflexive pronouns are used with affirmative commands, they are always attached to the verb. When used with negative commands, the pronouns appear after **no** and before the verb.

  Levántense temprano.
  Wake up early.

  Dime todo.
  Tell me everything.

  No se levanten temprano.
  Don't wake up early.

  No me digas.
  Don't tell me.

- When the pronouns **nos** or **se** are attached to an affirmative **nosotros/as** command, the final **s** of the command form is dropped.

  Sentémonos aquí.
  Let's sit here.

  Démoselo mañana.
  Let's give it to him/her tomorrow.

  No nos sentemos aquí.
  Let's not sit here.

  No se lo demos mañana.
  Let's not give it to him/her tomorrow.

¡ATENCIÓN!

When one or more pronouns are attached to an affirmative command, an accent mark may be necessary to maintain the original stress. This usually happens when the combined verb form has three or more syllables.

decir

di, dile, dímelo

diga, dígale, dígaselo

digamos, digámosle, digámoselo

Indirect (*él, ella, ellos, ellas*) commands

- The construction **que** + [*verb*] in the third-person subjunctive can be used to express indirect commands that correspond to the English *let someone do something*. If the subject of the indirect command is expressed, it usually follows the verb.

  Que pase el siguiente.
  Let the next person pass.

  Que lo **haga** ella.
  Let her do it.

- As with other uses of the subjunctive, pronouns are never attached to the conjugated verb, regardless of whether the indirect command is affirmative or negative.

  Que se lo den los otros.
  Que lo vuelvan a hacer.

  Que no se lo den.
  Que no lo vuelvan a hacer.

TALLER DE CONSULTA

See **2.1**, pp. 54–55 for object pronouns.

See **2.3**, pp. 62–63 for reflexive pronouns.

Explain that the main clause is implicit in indirect commands. Ex: **[Es necesario] Que pase el siguiente.**

TALLER DE CONSULTA

MANUAL DE GRAMÁTICA
Más práctica

4.2 Commands, p. 506

① Have students continue the activity in pairs. Ask each student to write two more sentences for his/her partner to change into commands.

1 **Mandatos** Cambia estas oraciones para que sean mandatos.

 1. Te conviene descansar. *Descansa.*

2. Deben relajarse. *Relájense.*

3. Es hora de que usted tome su pastilla. *Tome su pastilla.*

4. ¿Podría usted describir sus síntomas? *Describa sus síntomas.*

5. ¿Y si dejamos de fumar? *Dejemos de fumar.*

6. ¿Podrías consultar con un especialista? *Consulta con un especialista.*

7. Ustedes necesitan comer bien. *Coman bien.*

8. Le pido que se vaya de mi consultorio. *Váyase de mi consultorio.*

② Suggested answers for Part B: 1. Prevén las caries. 2. Cepíllate los dientes. 3. No comas dulces. 4. Pon poco azúcar en el café o té. 5. Come o bebe alimentos que tengan calcio. 6. Consulta al dentista periódicamente.

2 **El cuidado de los dientes**

A. Un dentista visita una escuela para hablar a los estudiantes sobre el cuidado de los dientes. Escribe los consejos que dio el dentista. Usa el imperativo formal de la segunda persona del plural.

1. prevenir las caries (*cavities*) *Prevengan las caries.*

2. cepillarse los dientes después de cada comida *Cepíllense los dientes después de cada comida.*

3. no comer dulces *No coman dulces.*

4. poner poco azúcar en el café o el té *Pongan poco azúcar en el café o el té.*

5. comer o beber alimentos que tengan calcio *Coman o beban alimentos que tengan calcio.*

6. consultar al dentista periódicamente *Consulten al dentista periódicamente.*

B. Un estudiante estuvo ausente el día de la charla con el dentista. Al día siguiente, sus compañeros le contaron sobre la charla y le dieron los mismos consejos. Reescribe los consejos usando el imperativo informal.

③ Have volunteers present their own problems or bad habits for the class to give appropriate advice using commands.

3 **El doctor de Felipito** Felipito es un niño muy inquieto. A cada rato tiene pequeños accidentes. Su doctor decide explicarle cómo evitarlos y cómo cuidar su salud. Utiliza mandatos informales para escribir las indicaciones del médico.

1.   2.   3.

4.   5.   6.

Teaching option Give one student a **tú** command. Have them respond with the **Ud.** command of the same verb. For additional practice, have a third student give the **Uds.** command form.

Comunicación

4 **Que lo hagan ellos** Carlos está tan entretenido con su nuevo videojuego que no quiere hacer nada más. En parejas, preparen una conversación entre Carlos y su madre en la que ella le da mandatos y Carlos sugiere que otras personas la ayuden. Utilicen mandatos indirectos en la conversación.

MODELO
MADRE Limpia tu cuarto, Carlos.
CARLOS Que lo limpie mi hermano. ¡Estoy a punto de alcanzar el próximo nivel!

ayudarme en la cocina	mis amigos
cortar cebollas	mi hermana
pasear al perro	mi hermano
llamar a la abuela	mi padre
ir a la farmacia	tú/Ud.

5 **Hasta el siglo XXII**

A. ¿Qué consejos le darías a un(a) amigo/a para que viva hasta el siglo XXII? En grupos pequeños, escriban ocho recomendaciones utilizando mandatos informales afirmativos y negativos. Sean creativos.

MODELO No tomes mucho café. Toma sólo agua y jugos naturales.

B. Ahora reúnanse con otro grupo y lean las dos listas. ¿En qué se parecen y en qué se diferencian sus recomendaciones?

6 **Anuncios** En grupos, elijan tres de estos productos y escriban un anuncio (*commercial*) de televisión para promocionar cada uno de ellos. Utilicen los mandatos formales para convencer al público de que lo compre.

MODELO El nuevo perfume "Enamorar" de Rita Ferrero le va a encantar. Cómprelo en cualquier perfumería de su ciudad. Pruébelo y…

perfume "Enamorar"	computadora portátil "Digitex"
chocolate sin calorías "Deliz"	crema hidratante "Suave"
raqueta de tenis "Rayo"	todo terreno "4 X 4"
pasta de dientes "Sonrisa Sana"	cámara digital "Flimp"

4 Recycle household vocabulary by adding these chores to the list: **hacer la cama, poner la mesa, lavar las ventanas, pasar la aspiradora.**

5 Have volunteers read their sentences aloud and write the commands on the board in two columns: **mandatos afirmativos** and **mandatos negativos.**

6 Ask groups to read their commercials aloud, then have the class vote on whether or not they were convinced to buy the product.

Teaching option Have pairs find ads in Spanish from magazines or the Internet that use the imperative or subjunctive forms. Have students present their ads to the class, commenting on the product advertised, the target audience, and the overall effectiveness of the ad.

INSTRUCTIONAL RESOURCES
Supersite/IRCD:
Textbook Answer Key,
SAM Answer Key
SAM/WebSAM: WB, LM

4.3 *Por* and *para*

- **Por** and **para** are both translated as *for*, but they are not interchangeable.

Madrugué para
ir al gimnasio.

Por mucho que
insistan, los tendré
que tirar.

Explain that **para** is often used with adverbs to indicate *in the direction of*.
para arriba *upwards*
para atrás *backwards*

Variación léxica Point out that in some regions, including the Caribbean, the second syllable of **para** is often dropped from spoken Spanish. Ex: **pa'rriba, pa'bajo**

Uses of *para*

Destination (*toward; in the direction of*)	El cirujano sale de su casa **para** la clínica a las ocho. *The surgeon leaves his house at eight to go to the clinic.*
Deadline or a specific time in the future (*by; for*)	El resultado del análisis va a estar listo **para** mañana. *The results of the analysis will be ready by tomorrow.*
Purpose or goal + [*infinitive*] (*in order to*)	El doctor usó un termómetro **para** ver si el niño tenía fiebre. *The doctor used a thermometer to see if the boy had a fever.*
Purpose + [*noun*] (*for; used for*)	El investigador descubrió una cura **para** la enfermedad. *The researcher discovered a cure for the illness.*
Recipient (*for*)	La enfermera preparó la cama **para** doña Ángela. *The nurse prepared the bed for Doña Ángela.*
Comparison with others or opinion (*for; considering*)	**Para** su edad, goza de muy buena salud. *For her age, she enjoys very good health.*
	Para mí, lo que tienes es gripe y no un resfriado. *To me, what you have is the flu, not a cold.*
Employment (*for*)	Mi hijo trabaja **para** una empresa farmacéutica. *My son works for a pharmaceutical company.*

Additional expressions with **para**:
para que *so that*
¿para qué? *why?; what for?*

Expressions with *para*

no estar para bromas *to be in no mood for jokes*	**para colmo** *to top it all off*
	para que sepas *just so you know*
no ser para tanto *to not be so important*	**para siempre** *forever*

Para ponerse en forma hay que trabajar duro.

Yo, por ejemplo, trato de comer cosas sanas.

Uses of *por*

Motion or a general location (along; through; around; by)	Me quebré la pierna corriendo **por** el parque. *I broke my leg running through the park.*
Duration of an action (for; during; in)	Estuvo en cama **por** dos meses. *He was in bed for two months.*
Reason or motive for an action (because of; on account of; on behalf of)	Rezó **por** su hijo enfermo. *She prayed for her sick child.*
Object of a search (for; in search of)	El enfermero fue **por** un termómetro. *The nurse went for a thermometer.*
Means by which (by; by way of; by means of)	Consulté con el doctor **por** teléfono. *I consulted with the doctor by phone.*
Exchange or substitution (for; in exchange for)	Cambiamos ese tratamiento **por** uno nuevo. *We changed from that treatment to a new one.*
Unit of measure (per; by)	Tengo que tomar las pastillas cinco veces **por** día. *I have to take the pills five times per day.*
Agent (passive voice) by	La nueva política de salud pública fue anunciada **por** la prensa. *The new public health policy was announced by the press.*

¡ATENCIÓN!

In many cases it is grammatically correct to use either **por** or **para** in a sentence. However, the meaning of each sentence is different.

Trabajó por su tío. *He worked for (in place of) his uncle.*

Trabajó para su tío. *He worked for his uncle('s company).*

Point out that **por** is always used with **gracias**. Ex: **Gracias por la cena.**

TALLER DE CONSULTA

The passive voice is discussed in detail in **11.1**, p. 408.

Additional expressions with **por**: **¡Por Dios!** *For God's sake!* **por escrito** *in writing*

Expressions with *por*

por ahora *for the time being*	**por lo menos** *at least*
por allí/aquí *around there/here*	**por lo tanto** *therefore*
por casualidad *by chance/accident*	**por lo visto** *apparently*
por cierto *by the way*	**por más/mucho que** *no matter how much*
por ejemplo *for example*	**por otro lado/otra parte** *on the other hand*
por eso *therefore; for that reason*	**por primera vez** *for the first time*
por fin *finally*	**por si acaso** *just in case*
por lo general *in general*	**por supuesto** *of course*

Práctica

---

1 · **Otra manera** Lee la primera oración y completa la segunda versión con **por** o **para**.

1. Mateo pasó el verano en Colombia con su abuela.
   Mateo fue a Colombia __para__ visitar a su abuela.

2. Ella estaba enferma y quería la compañía de su nieto.
   Ella estaba enferma; __por__ eso, Mateo decidió ir.

3. La familia le envió muchos regalos a la abuela.
   La famila envió muchos regalos __para__ la abuela.

4. La abuela se alegró mucho de la visita de Mateo.
   La abuela se puso muy feliz __por__ la visita de Mateo.

5. Mateo pasó tres meses allá.
   Mateo estuvo en Colombia __por__ tres meses.

Cartagena, Colombia

2 · **Carta de amor** Completa la carta con **por** y **para**.

> Mi amada Catalina:
>
> (1) __Por__ fin encuentro un momento (2) __para__ escribirte. Es que mi abuela me tiene a su lado (3) __por__ horas y horas cada día, contándome historias de su niñez aquí en Cartagena. Poquito a poco va recuperándose, pero no sé de dónde saca tantas fuerzas (4) __para__ hablar. Pero estoy aquí sólo (5) __por/para__ ella, así que no me quejo de nada. En las tardes ella descansa y yo suelo caminar (6) __por__ la playa y, (7) __por__ supuesto, pienso en ti…
>
> Hoy mi abuelita me pidió llamar (8) __por__ teléfono a la clínica, pues le duele mucho el estómago y cree que es (9) __por__ las otras medicinas que le recetó el cirujano. Mientras tío Javi la lleva a la clínica, yo iré al centro (10) __para__ hacer unas compras. Ya sé lo que voy a comprar (11) __para__ ti.
> ☺ Ya pronto nos veremos…
> Te amaré (12) __para/por__ siempre…
>
> Mateo

3 · **Oraciones** Utiliza palabras de cada columna para formar oraciones lógicas.

MODELO   Mi hermana preparó una cena especial para la fiesta.

caminar		él
comprar		la fiesta
jugar	por	mi mamá
hacer	para	su hermana
preparar		el parque

Sidebar:

TALLER DE CONSULTA

MANUAL DE GRAMÁTICA
Más práctica

4.3 **Por** and **para**, p. 507

2 Have students write a response letter from Catalina to Mateo, using **por** and **para** at least three times each.

3 For additional practice, tell students to add at least two more verbs and nouns to the list.

Teaching option For faster-paced classes, hand out a brief article in Spanish from a newspaper or magazine. Read the paragraph together and have volunteers explain why **por** and **para** is used in each instance.

Comunicación

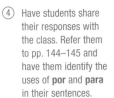

(4) **Soluciones** En parejas, comenten cuáles son las mejores maneras de lograr los objetivos de la lista. Sigan el modelo y utilicen **por** y **para**.

MODELO

—Para tener buena salud, lo mejor es comer cinco frutas o verduras por día porque tienen muchas vitaminas.

concentrarse al estudiar	relajarse
divertirse	ser famoso/a
hacer muchos amigos	ser organizado/a
mantenerse en forma	tener buena salud

(5) **Conversación** En parejas, elijan una de las situaciones y escriban una conversación. Utilicen **por** y **para** y algunas de las expresiones de la lista.

A. Don Horacio, tu vecino millonario, está escribiendo la versión final de su testamento (*will*). Él no tiene herederos y quiere dejar toda su fortuna a una sola persona. Está pensando en ti y en el alcalde (*mayor*) del pueblo. Convence a don Horacio de que te deje toda su fortuna a ti y no al alcalde.

B. Hace un año que trabajas en una librería y nunca has tenido vacaciones. Habla con tu jefe/a y dile que quieres tomarte unas vacaciones de dos semanas. Tu jefe/a dice que no necesitas tomarte vacaciones y te da algunas razones. Explícale tus razones y dile que si te vas de vacaciones vas a ser un(a) mejor empleado/a al regresar.

no es para tanto	por casualidad	por lo menos
para colmo	por eso	por lo tanto
para siempre	por fin	por supuesto

(6) **Síntesis** En grupos de cuatro, miren la foto e inventen una conversación que incluya a todos los miembros de la familia. Deben usar por lo menos tres verbos en el subjuntivo, tres mandatos y tres expresiones con **por** o **para**. Dramaticen la conversación para el resto de la clase.

For additional cumulative practice of all the grammar points in this lesson, go to **enfoques.vhlcentral.com**.

---

(4) Have students share their responses with the class. Refer them to pp. 144–145 and have them identify the uses of **por** and **para** in their sentences.

(5) Have two pairs act out their conversations for situations **A** and **B** in front of the class. Then have other students offer alternative ways to convince the **vecino** or **jefe/a**.

(6) While each group performs their scene, have the rest of the class take note of the uses of the subjunctive, the imperative and **por/para**. Then have volunteers write the sentences or phrases they heard on the board.

INSTRUCTIONAL RESOURCES
Supersite/DVD: Film Collection
Supersite/IRCD:
Script & Translation

Point out that, in 2007, *Éramos pocos* was nominated for an Oscar in the Short Film category.

Antes de ver el corto

ÉRAMOS POCOS

país España
duración 16 minutos
director Borja Cobeaga

protagonistas Joaquín (padre), Fernando (hijo), Lourdes (abuela)

Vocabulario

el álbum (de fotos) *(photo) album*
apañar *to mend; to fix*
apañarse *to manage*
el asilo (de ancianos) *nursing home*
descalzo/a *barefoot*
el desorden *mess*

enseguida *right away*
largarse *to take off*
el marco *frame*
la paella *(Esp.) traditional rice and seafood dish*
la tortilla *(Esp.) potato omelet*
el trastero *storage room*

---

① For expansion, ask students if they have ever tried **paella** or a Spanish **tortilla**. If any students have traveled to Spain, ask them to share any thoughts or stories involving Spanish food.

1 **Oraciones incompletas** Completa las oraciones con las palabras apropiadas.

1. Pones las fotos en un _____marco_____ para colocarlas en la pared.
2. Te vas a vivir a un _____asilo_____ cuando eres un anciano.
3. Guardas los muebles antiguos en un _____trastero_____.
4. Cuando no llevas zapatos, vas _____descalzo/a_____.
5. La _____tortilla_____ es un plato que se cocina con huevos y patatas.

② For item 3, have heritage speakers discuss nursing homes vs. living with the family in their families' countries of origin.

2 **Preguntas** En parejas, contesten las preguntas.

1. ¿Crees que los hombres ayudan en las tareas del hogar más que hace unos años?
2. ¿Conoces a alguna mujer que sea ama de casa? ¿Le gusta serlo?
3. ¿Cuáles son las ventajas y las desventajas de vivir en un asilo o vivir con la familia cuando una persona es anciana? ¿Qué vas a preferir tú: vivir en un asilo o vivir con la familia? ¿Por qué?
4. ¿Crees que la situación de los ancianos va a mejorar dentro de unos años? ¿Por qué?

③ Once students have watched the film, ask them if they were correct in their predictions.

3 **¿Qué sucederá?** En parejas, miren el fotograma e imaginen lo que va a ocurrir en la historia. Compartan sus ideas con la clase.

ramón barea   mariví bilbao   alejandro tejería

Premio a la mejor comedia, Aspen International Shorts Fest 2006, Aspen, EE.UU.

éramos pocos

un cortometraje de
borja cobeaga

sonido directo **miguel carretero**
posproducción de sonido **david rodriguez**
vestuario **pedro moreno**
dirección artística **enrique ferrero & ali larrey**
jefe de producción **pedro ruigómez momeñe**
música **aránzazu calleja**
montaje **jesús ramé**
fotografía **ignacio giménez-rico**
producción ejecutiva **oihana olea**
escrito por **borja cobeaga & sergio barrejón**
dirigido por **borja cobeaga**

altube filmeak   arsenico   CANAL+   Diputación de Valladolid   Kodak   Pecera estudio   DOLBY

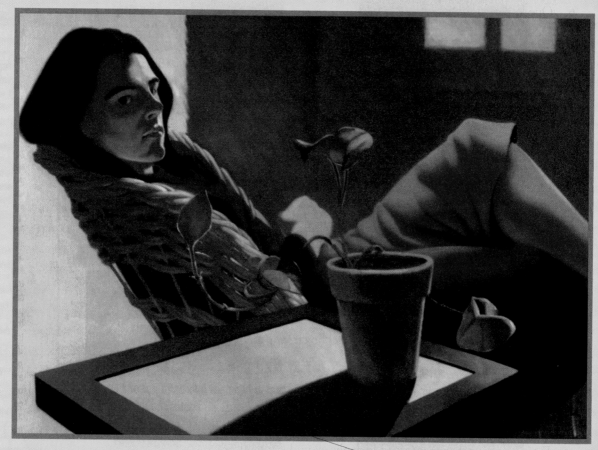

Vegetal Life, 1984.
Hector Giuffré, Argentina.

"Cuando sientes que la mano de la muerte
se posa sobre el hombro, la vida se ve
iluminada de otra manera…"

— Isabel Allende

Antes de leer

INSTRUCTIONAL RESOURCES
Supersite: Literatura recording

Mujeres de ojos grandes

Sobre la autora

Ángeles Mastretta nació en Puebla, México, en 1949. Estudió periodismo y colaboró en periódicos y revistas: "Escribía de todo: de política, de mujeres, de niños, de lo que veía, de lo que sentía, de literatura, de cultura, de guerra". Su primer libro fue de poemas: *La pájara pinta* (1978), pero *Arráncame la vida* (1985), su primera novela, le dio fama y reconocimiento. En su obra se destaca el pensamiento femenino. *Mujeres de ojos grandes* está compuesto de relatos sobre mujeres que muestran "el poder que tienen en sus cosas y el poder que tienen para hacer con sus vidas lo que quieran, aunque no lo demuestren. Son mujeres poderosas que se saben poderosas pero no lo ostentan (*boast*)".

Sobre la autora Have students talk about other female authors they have read who treat similar themes in their writing.

Vocabulario

el adelanto *improvement*	**el/la enfermero/a** *nurse*	**el ombligo** *navel*
la aguja *needle*	**el hallazgo** *finding; discovery*	**la pena** *sorrow*
la cordura *sanity*	**la insensatez** *folly*	**el regocijo** *joy*
desafiante *challenging*	**latir** *to beat*	**la terapia intensiva** *intensive care*

Variación léxica
el adelanto ⟷
  la mejora, el mejoramiento
el hallazgo ⟷
  el descubrimiento

La historia de Julio Completa el párrafo con las palabras apropiadas.

Julio prefería una vida (1) <u>desafiante</u> que no lo aburriera. Sin embargo al perder todo por la caída de la bolsa (*stock exchange*), Julio —siempre una persona tan sensata— perdió la (2) <u>cordura</u>. Después de unos meses, los síntomas desaparecieron para gran (3) <u>regocijo</u> de la familia. Sin embargo, pensar en su trabajo lo llenaba de (4) <u>pena</u> y en su corazón latía el deseo de hacer algo nuevo. Tan agradecido estaba con los médicos que decidió estudiar para ser (5) <u>enfermero</u>.

Conexión personal

Cuando te sientes enfermo/a, ¿intentas curarte por tus propios medios? ¿Alguna vez estuviste en un hospital? ¿Confías en la medicina tradicional o has probado la medicina alternativa? ¿Crees que la ciencia puede resolverlo todo?

Conexión personal Ask these questions to spark discussion: **¿Quieres ser médico/a o enfermero/a? ¿Por qué? ¿Qué cualidades se necesitan? ¿Cuáles son algunos programas de televisión populares que tienen lugar en un hospital? ¿Son realistas?**

Análisis literario: el símil o la comparación

El símil o la comparación es un recurso literario que consiste en comparar una cosa con otra por su semejanza, parecido o relación. De esa manera, se logra mayor expresividad. Implica el uso del término comparativo explícito: **como**. Por ejemplo: "*ojos* grandes **como** *lunas*". Crea algunas comparaciones con estos pares de palabras o inventa tus propias comparaciones: muerte/noche, rostro/fantasma, mejillas/manzanas, hombre/ratón, lugar/cementerio.

Análisis literario Have pairs choose artwork from the **Lecturas** pages found in each lesson of the book. Based on the image they choose, have them create a series of three similes. For slower-paced classes, review vocabulary from past lessons to get ideas. Have the class vote on the best one.

Mujeres de ojos grandes

Último cuento; sin título

Ángeles Mastretta

1 Tía Jose Rivadeneira tuvo una hija con los ojos grandes como dos lunas, como un deseo. Apenas colocada en su abrazo, todavía húmeda y vacilante°, la niña *hesitating*
5 mostró los ojos y algo en las alas° de sus labios *wings*
que parecía pregunta.

—¿Qué quieres saber? —le dijo tía Jose jugando a que entendía ese gesto.

Como todas las madres, tía Jose pensó
10 que no había en la historia del mundo una criatura tan hermosa como la suya. La deslumbraban° el color de su piel, el tamaño *dazzled*
de sus pestañas° y la placidez con que dormía. *eyelashes*
Temblaba de orgullo imaginando lo que haría
15 con la sangre y las quimeras° que latían en *fancy ideas*
su cuerpo.

Se dedicó a contemplarla con altivez° *arrogance; pride*
y regocijo durante más de tres semanas.
Entonces la inexpugnable° vida hizo caer *impregnable*

sobre la niña una enfermedad que en cinco 20
horas convirtió su extraordinaria viveza° en *liveliness*
un sueño extenuado° y remoto° que parecía *exhausted/remote; far off*
llevársela de regreso a la muerte.

Cuando todos sus talentos curativos
no lograron mejoría alguna, tía Jose, pálida 25
de terror, la cargó hasta el hospital. Ahí se
la quitaron de los brazos y una docena de
médicos y enfermeras empezaron a moverse
agitados y confundidos en torno a la niña. Tía
Jose la vio irse tras una puerta que le prohibía 30
la entrada y se dejó caer al suelo incapaz de
cargar consigo misma y con aquel dolor como
un acantilado°. *cliff*

Ahí la encontró su marido, que era un
hombre sensato y prudente como los hombres 35
acostumbran fingir° que son. La ayudó a *to feign*
levantarse y la regañó° por su falta de cordura *scolded*
y esperanza. Su marido confiaba en la ciencia

Teaching option Explain to students that the name **Jose**, without an accent and stressed on the first syllable (jo), is a woman's name, short for **Josefina**.

médica y hablaba de ella como otros hablan de Dios. Por eso lo turbaba° la insensatez en que se había colocado su mujer, incapaz de hacer otra cosa que llorar y maldecir° al destino.

disturbed; embarrassed

to damn; to curse

Aislaron a la niña en una sala de terapia intensiva. Un lugar blanco y limpio al que las madres sólo podían entrar media hora diaria. Entonces se llenaba de oraciones° y ruegos. Todas las mujeres persignaban° el rostro de sus hijos, les recorrían el cuerpo con estampas y agua bendita°, pedían a todo Dios que los dejara vivos. La tía Jose no conseguía sino llegar junto a la cuna° donde su hija apenas respiraba para pedirle: "no te mueras". Después lloraba y lloraba sin secarse los ojos ni moverse hasta que las enfermeras le avisaban que debía salir.

prayers

crossed

holy

cradle

Entonces volvía a sentarse en las bancas cercanas a la puerta, con la cabeza sobre las piernas, sin hambre y sin voz, rencorosa° y arisca°, ferviente° y desesperada. ¿Qué podía hacer? ¿Por qué tenía que vivir su hija? ¿Qué sería bueno ofrecerle a su cuerpo pequeño lleno de agujas y sondas° para que le interesara quedarse en este mundo? ¿Qué podría decirle para convencerla de que valía la pena hacer el esfuerzo en vez de morirse?

spiteful

churlish/ fervent

probes; catheters

Una mañana, sin saber la causa, iluminada sólo por los fantasmas de su corazón, se le acercó a la niña y empezó a contarle las historias de sus antepasadas°. Quiénes habían sido, qué mujeres tejieron° sus vidas con qué hombres antes de que la boca y el ombligo de su hija se anudaran° a ella. De qué estaban hechas, cuántos trabajos° habían pasado, qué penas y jolgorios° traía ella como herencia. Quiénes sembraron con intrepidez° y fantasías la vida que le tocaba prolongar.

ancestors

wove

tied

hardships

boisterous frolic

bravery

Durante muchos días recordó, imaginó, inventó. Cada minuto de cada hora disponible habló sin tregua° en el oído de su hija. Por fin, al atardecer de un jueves, mientras contaba implacable alguna historia, su hija abrió los ojos y la miró ávida° y desafiante, como sería el resto de su larga existencia.

relentlessly

avid; eager

El marido de tía Jose dio las gracias a los médicos, los médicos dieron gracias a los adelantos de su ciencia, la tía abrazó a su niña y salió del hospital sin decir una palabra. Sólo ella sabía a quiénes agradecer la vida de su hija. Sólo ella supo siempre que ninguna ciencia fue capaz de mover tanto, como la escondida en los ásperos° y sutiles° hallazgos de otras mujeres con los ojos grandes. ∎

rough; harsh/ subtle

Mujeres de ojos grandes
Ángeles Mastretta

1 **Comprensión** Contesta las siguientes preguntas con oraciones completas.

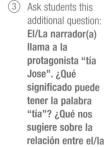

1. ¿Quiénes son los personajes de este relato?
Los personajes son la tía Jose, su marido y su hija.

2. ¿Tía Jose lleva inmediatamente a su hija al hospital?
No. Sólo cuando sus talentos curativos no logran mejoría, tía Jose la lleva al hospital.

3. ¿Qué piensa el marido de la ciencia de los médicos y del comportamiento de su esposa?
El marido confía en la ciencia médica y lo turba la insensatez de su esposa que está desesperada.

4. ¿Qué historias le cuenta tía Jose a su hija? ¿Son todas reales?
Tía Jose le cuenta historias de sus antepasadas. No todas son reales porque también imagina e inventa.

5. Para el padre de la niña, ¿qué o quién le salvó la vida? ¿Y para tía Jose?
Para el padre, los médicos y la ciencia salvaron a su hija. Para tía Jose fueron las historias sobre las mujeres que ella le contó.

2 For item 4, ask students: **¿Qué poder tiene el uso de luz y oscuridad en este cuento?**

2 **Análisis** Lee el relato nuevamente y contesta las preguntas.

1. Los ojos de la hija de tía Jose son "grandes como dos lunas, como un deseo". ¿Por qué se eligen estos dos términos para la comparación? ¿Puedes encontrar otras comparaciones en el cuento?

2. La expresión "las alas de sus labios" es un recurso ya analizado. ¿Cómo se llama?

3. En el hospital, la niña es llevada lejos de su madre, "tras una puerta que le prohibía la entrada". ¿A qué lugar se refiere?

4. Tía Jose comienza a contarle historias a su hija "iluminada por los fantasmas de su corazón". Reflexiona: ¿los fantasmas se asocian con la luz o con la oscuridad? ¿A quiénes se refiere la palabra "fantasmas" en el relato?

3 Ask students this additional question: **El/La narrador(a) llama a la protagonista "tía Jose". ¿Qué significado puede tener la palabra "tía"? ¿Qué nos sugiere sobre la relación entre el/la narrador(a) y la historia que cuenta?**

3 **Interpretación** En parejas, respondan las preguntas.

1. El personaje de la tía Jose pierde la voz ante la enfermedad de su hija. ¿Cómo recupera la voz y por qué?

2. La hija de tía Jose tiene ojos grandes al igual que las mujeres de los relatos que le cuenta su madre. ¿Qué creen que simboliza esto?

3. El padre agradece a los médicos por haber salvado a la niña; los médicos agradecen a la ciencia. ¿Por qué tía Jose "salió del hospital sin decir una palabra"?

4. ¿Qué creen que salvó la vida de la niña? ¿Conocen algún caso de recuperación asombrosa en la vida real?

4 **Debate** Formen dos grupos: uno debe hacer una lista de los argumentos que usó el marido de tía Jose para tranquilizarla en el hospital; el otro grupo debe imaginar cuáles eran las razones de las mujeres que rezaban (*prayed*) para sanar a sus hijos. Cuando hayan terminado la lista, organicen un debate para discutir las alternativas defendiendo el argumento que les tocó y señalando las debilidades del argumento contrario.

5 **Historias** Redacta una de las historias que la tía Jose le contó a su hija. Utiliza algunos de los usos de **por** y **para**. Incluye por lo menos dos comparaciones.

Antes de leer

Vocabulario

afligir *to afflict*

descubrir *to discover*

la dolencia *illness; condition*

la genética *genetics*

el/la indígena *indigenous person*

el/la investigador(a) *researcher*

la lesión *wound*

la población *population*

el pueblo *people*

recetar *to prescribe*

Oraciones incompletas Completa las oraciones con la palabra apropiada. No repitas palabras.

1. La diversidad cultural de Latinoamérica es un efecto del contacto entre múltiples ___pueblos/indígenas___.

2. La ___genética___ es la ciencia que estudia la herencia biológica.

3. La ___investigadora___ de este laboratorio trabaja para ___descubrir___ un tratamiento nuevo para el cáncer.

4. Cuando los españoles llegaron a Suramérica se encontraron con los ___indígenas/pueblos___ que estaban allí.

5. Los doctores trabajan para curar las ___dolencias/lesiones___ que ___afligen___ a los enfermos.

6. Debido a la epidemia, toda la ___población___ debe ponerse la vacuna.

Conexión personal ¿Puedes pensar en alguna enfermedad o dolencia que afecta a tu comunidad o a un grupo que conoces? ¿Ha recibido la comunidad alguna ayuda?

Contexto cultural

Situada en una zona de tránsito entre Norteamérica y Suramérica, Colombia presenta un lugar ideal para la convergencia de múltiples culturas. La mayoría de los habitantes son mestizos, es decir, descendientes de europeos y amerindios. Hay también más de diez millones de afrocolombianos —casi el veinte por ciento de la nación entera— y una población indígena que cuenta con más de 700.000 habitantes. De esta diversidad étnica han surgido (*have arisen*) costumbres variadas, una riquísima tradición musical y la multiplicidad lingüística. El lenguaje oficial del país es el español, pero todavía se hablan más de sesenta lenguas indígenas.

La ciencia: la nueva arma en una guerra antigua

1   Famoso por su talento especial con el arco y la flecha°, el pueblo   *bow and arrow*
    indígena Chimila tiene una historia larga de rebelión y resistencia
    contra los españoles de la época colonial. Estos valientes guerreros°   *warriors*
    formaron una sorprendente potencia militar que parecía imposible
5   de conquistar. Ahora, en nuestra época, los indígenas Chimila hacen
    guerra a° unos enemigos muy distintos: la pobreza, la falta de recursos°   *wage war against/*
    médicos y enfermedades endémicas sin solución.   *lack of resources*

allies/fight

tries 10

with the aim of 15

discovered

a chronic skin disorder 20

It appears 25

30

sources

pre-Columbian

dug up 35

40

45

50

Por fortuna, tienen aliados° en su lucha°. La Expedición Humana es una organización que identifica y trata de° resolver los problemas que afligen particularmente a las comunidades indígenas y afrocolombianas.

En los últimos quince años, varios grupos de la Expedición Humana se han integrado en numerosas comunidades con el fin de° determinar sus verdaderas necesidades. De esta manera, los investigadores han descubierto° que los Chimila tienen una incidencia sorprendentemente alta de una enfermedad dermatológica llamada prurigo actínico°. Esta enfermedad ataca a varios grupos indígenas en toda Latinoamérica y se considera incurable. Aparece° normalmente en niños pequeños en forma de lesiones y, en situaciones graves, puede afectar los ojos y la vista. A pesar de su potencial gravedad, el prurigo actínico ha recibido muy poca atención por parte de la comunidad médica mundial.

Al estudiar el caso desde muchos ángulos, el equipo de la Expedición Humana encontró información en varias fuentes° interesantes, incluyendo los artefactos precolombinos°. De las cerámicas con dibujos de enfermos que desenterraron° los arqueólogos, aprendieron que problemas similares han afectado a las poblaciones colombianas desde hace 2.500 años. Los investigadores sabían que la exposición al sol provoca la aparición del prurigo actínico, pero tenían muchas preguntas. ¿Por qué afecta especialmente a ciertas comunidades? En una población como los indígenas Chimila, ¿por qué aflige sólo a ciertas personas? ¿Qué tienen en común estos pacientes?

Los científicos decidieron explorar la base genética de la enfermedad. Después de años de investigación, el equipo de la Expedición Humana confirmó que existe una predisposición genética que, en combinación con la exposición al sol, causa las lesiones. Gracias a la cooperación de los Chimila en los estudios, los investigadores pudieron desarrollar° tratamientos más efectivos que utilizan medicamentos con menos efectos secundarios que los que habitualmente recetaban° los médicos. Estos medicamentos alternativos, asimismo, son de fácil adquisición y de bajo costo.

Según los Centros para el Control y la Prevención de Enfermedades° del gobierno de los Estados Unidos, la mayoría de las dolencias más comunes son el resultado de la interacción entre genes y ciertos factores medioambientales°. Los estudios que ha realizado la Expedición Humana son un modelo de cooperación entre personas de diferentes comunidades y de integración de muchas maneras de investigar. Nos ofrecen un ejemplo a imitar en la gran batalla° contra las enfermedades del mundo. ∎

to develop

prescribed

55

Centers for Disease Control and Prevention (CDC) 60

environmental 65

battle 70

Detalles de la investigación

- El prurigo actínico afecta principalmente a poblaciones indígenas y mestizas de países como México, Guatemala, Honduras, Colombia, Perú, Bolivia y el norte de Argentina, así como Canadá y Estados Unidos.

- Entre 704 habitantes de la comunidad Chimila, se diagnosticaron 56 casos.

- Fundada por el Instituto de Genética Humana de la Pontificia Universidad Javeriana de Bogotá, la Expedición Humana reúne a profesores, científicos y estudiantes con el propósito de servir a los pueblos colombianos que viven aislados de la capital y que tradicionalmente están menos representados en los estudios científicos del país.

- En la etapa llamada la Gran Expedición Humana (1992–3), los investigadores realizaron 17 viajes en los que participaron 320 personas, que visitaron 35 comunidades y atendieron alrededor de 8.000 pacientes en los lugares más apartados de Colombia.

Después de leer

La ciencia: la nueva arma en una guerra antigua

1 **Comprensión** Responde a las preguntas con oraciones completas.

1. ¿Contra quiénes lucharon los Chimila durante la época colonial?
   Lucharon contra los españoles.
2. ¿Qué han descubierto los investigadores de la Expedición Humana?
   Los investigadores han descubierto que los Chimila tienen una incidencia sorprendentemente alta de prurigo actínico.
3. ¿Qué es el prurigo actínico?
   El prurigo actínico es una enfermedad dermatológica.
4. ¿Ha recibido el prurigo actínico mucha atención por parte de la comunidad médica mundial? No. Ha recibido muy poca atención.
5. ¿Qué descubrimiento por parte de unos arqueólogos ayudó a la Expedición Humana? Los arqueólogos desenterraron cerámicas con dibujos de enfermos.
6. ¿Qué decidieron explorar los científicos de la Expedición Humana?
   Los científicos decidieron explorar la base genética de la enfermedad.

2 **Preguntas** Contesta las preguntas con oraciones completas.

1. ¿Cuál es la fama de los indígenas Chimila?
   Los indígenas Chimila tienen fama de ser valientes guerreros.
2. ¿Cuáles son algunos de los problemas que afectan al pueblo Chimila?
   Algunos de los problemas son la pobreza, la falta de recursos médicos y las enfermedades endémicas.
3. ¿Por qué es importante el desarrollo de nuevos tratamientos?
   Porque es importante buscar tratamientos más efectivos, con menos efectos secundarios y de bajo costo.
4. ¿Cuáles son los dos factores principales relacionados con la aparición de la enfermedad? Los dos factores principales son la predisposición genética y la exposición al sol.
5. ¿Cuál es el objetivo de la Expedición Humana? El objetivo es servir a los pueblos colombianos que viven en lugares apartados y suelen tener poca representación en los estudios científicos.
6. Según la perspectiva de los Centros para el Control y la Prevención de Enfermedades, ¿es el prurigo actínico una enfermedad inusual? Explica tu respuesta. No. Se produce por la misma combinación de factores que muchas enfermedades comunes.

3 **Los peligros del sol** En parejas, imaginen que son médicos y que están hablando con un grupo de niños que no comprenden los peligros de la exposición al sol. ¿Qué preguntas deben hacerles? ¿Qué consejos pueden darles? Usen el imperativo para los consejos.

4 **Debate** Considerando el dinero y el tiempo que se necesitan para curar o combatir una enfermedad como el prurigo actínico, ¿es aceptable utilizar gran cantidad de recursos para investigar los productos de belleza? Divídanse en grupos de cuatro para debatir el tema. Compartan sus conclusiones con la clase.

5 **Opiniones** Uno de los objetivos de la Expedición Humana es ayudar a comunidades particulares. En tu opinión, ¿es bueno que una universidad gaste dinero en la investigación de una enfermedad poco estudiada aunque afecte a pocas personas? O bien, ¿es más importante que los científicos piensen en los problemas de la mayor parte de la población? Utilizando expresiones con el subjuntivo, describe en tres párrafos lo que piensas de los objetivos de la Expedición Humana y defiende tu posición.

MODELO No pienso que sea una buena idea gastar tanto dinero en investigar enfermedades que afectan a pocas personas./Creo que es fundamental que la Expedición Humana trabaje para ayudar a comunidades pequeñas con pocos recursos económicos.

Márgenes (notas al margen)

1 Ask students to write a one-paragraph summary of the article based on their answers.

3 Have students create a public service announcement about the dangers of sun exposure.

4 Before debating the topic, help students brainstorm possible criteria: **el número de personas afectadas por la enfermedad, la gravedad de la enfermedad,** etc.

5 As a variant, have students write a letter to the head of **Expedición Humana** expressing his/her opinion on the matter. Review how to open and close a formal letter.

Atando cabos

¡A conversar!

La nueva cafetería Trabajen en grupos de cuatro. Imaginen que son consultores/as contratados/as por una escuela o universidad para diseñar una nueva cafetería que cumpla con los objetivos del recuadro. Presenten su plan a la clase.

Objetivos de la nueva cafetería

- brindar a los estudiantes un espacio para socializar y relajarse
- ofrecer una selección de alimentos que sea atractiva pero que al mismo tiempo sea saludable y lo más natural posible
- informar a los estudiantes acerca de temas relacionados con la salud, la alimentación y el bienestar a través de afiches y otros elementos visuales

---

¡A escribir!

Un decálogo Imagina que eres médico/a. Sigue el **Plan de redacción** para escribir un decálogo en el que das diez consejos generales a tus pacientes para que lleven una vida sana.

Plan de redacción

Preparación: Prepara un esquema (*outline*) con los diez consejos más importantes.

Título: Elige un título para el decálogo.

Contenido: Escribe los diez consejos. Utiliza el subjuntivo o el imperativo en todos los consejos. Puedes incluir la siguiente información.

- qué alimentos se deben comer y cuáles se deben evitar
- cuántas comidas se deben consumir al día
- horas que se deben dormir
- hábitos que se deben evitar

Cuídese:

1. Haga ejercicio tres veces a la semana como mínimo.

2. Es importante que no consuma muchas grasas.

3. Es esencial que...

¡A conversar!
- Encourage students to use examples from their own school.
- Have students research statistics or facts about student health to add to their discussion.
- Review food vocabulary and have students make a list of healthy foods that they would offer at the cafeteria.
- Students should also discuss possible challenges of creating the new cafeteria, such as budget or student resistance.

¡A escribir!
In addition to the list of ten **consejos**, have students also create a list of **posibles riesgos** if the advice is not followed. Ex: **Haga ejercicio tres veces a la semana como mínimo. Posible riesgo si no hace ejercicio: Es posible que engorde y tenga la tensión alta.**

Los síntomas y las enfermedades

la depresión	depression
la enfermedad	disease; illness
la gripe	flu
la herida	injury
el malestar	discomfort
la obesidad	obesity
el resfriado	cold
la respiración	breathing
la tensión (alta/baja)	(high/low) blood pressure
la tos	cough
el virus	virus
contagiarse	to become infected
desmayarse	to faint
empeorar	to deteriorate; to get worse
enfermarse	to get sick
estar resfriado/a	to have a cold
lastimarse	to get hurt
permanecer	to remain; to last
ponerse bien/mal	to get well/sick
sufrir (de)	to suffer (from)
tener buen/mal aspecto	to look healthy/sick
tener fiebre	to have a fever
toser	to cough
agotado/a	exhausted
inflamado/a	inflamed
mareado/a	dizzy

Los médicos y el hospital

la cirugía	surgery
el/la cirujano/a	surgeon
la consulta	doctor's appointment
el consultorio	doctor's office
la operación	operation
los primeros auxilios	first aid
la sala de emergencias	emergency room

Las medicinas y los tratamientos

la aspirina	aspirin
el calmante	painkiller; tranquilizer
el jarabe	syrup
la pastilla	pill
la receta	prescription
el tratamiento	treatment
la vacuna	vaccine
la venda	bandage
el yeso	cast
curarse	to heal; to be cured
poner una inyección	to give a shot
recuperarse	to recover
sanar	to heal
tratar	to treat
curativo/a	healing

La salud y el bienestar

la alimentación	diet (nutrition)
la autoestima	self-esteem
el bienestar	well-being
el estado de ánimo	mood
la salud	health
adelgazar	to lose weight
dejar de fumar	to quit smoking
descansar	to rest
engordar	to gain weight
estar a dieta	to be on a diet
mejorar	to improve
prevenir (e:ie)	to prevent
relajarse	to relax
trasnochar	to stay up all night
sano/a	healthy

Más vocabulario

Expresiones útiles	Ver p. 127
Estructura	Ver pp. 134–136, 140–141 y 144–145

Cinemateca

el álbum (de fotos)	(photo) album
el asilo (de ancianos)	nursing home
el desorden	mess
el marco	frame
la paella	(Esp.) traditional rice and seafood dish
la tortilla	(Esp.) potato omelet
el trastero	storage room
apañar	to mend; to fix
apañarse	to manage
largarse	to take off
enseguida	right away
descalzo/a	barefoot

Literatura

el adelanto	improvement
la aguja	needle
la cordura	sanity
el/la enfermero/a	nurse
el hallazgo	finding; discovery
la insensatez	folly
el ombligo	navel
la pena	sorrow
el regocijo	joy
la terapia intensiva	intensive care
latir	to beat
desafiante	challenging

Cultura

la dolencia	illness; condition
la genética	genetics
el/la indígena	indigenous person
el/la investigador(a)	researcher
la lesión	wound
la población	population
el pueblo	people
afligir	to afflict
descubrir	to discover
recetar	to prescribe

INSTRUCTIONAL RESOURCES
Supersite/IRCD: Testing program

Los viajes

Communicative Goals

You will expand your ability to...

- make comparisons
- express uncertainty and indefiniteness
- use negative and positive expressions

Práctica

③ Have pairs write three additional fill-in-the-blank sentences and read them aloud. Call on volunteers to provide the correct answers.

3 Oraciones incompletas Completa las oraciones con las palabras apropiadas de **Contextos**.

1. Si vas a estar solo/a en el hotel, tomas una habitación _____individual_____.

2. Cuando hay muchos coches en la calle al mismo tiempo, se producen _____congestionamientos_____.

3. Los barcos, cuando llegan a tierra, se amarran (*dock*) en los _____puertos_____.

4. Si vas a viajar a otro país, tienes que comprobar que tu pasaporte no esté _____vencido_____.

5. El deporte que se practica debajo del agua del mar es el _____buceo_____.

④ For additional practice, have students write a continuation of Mar and Pedro's conversation using lesson vocabulary.

4 Planes Haz los cambios que sean necesarios para completar la conversación.

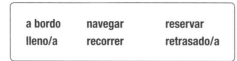

a bordo	navegar	reservar
lleno/a	recorrer	retrasado/a

MAR ¿Qué quieres hacer hoy? ¿Quieres ir al crucero que (1) _____recorre_____ las islas de la zona?

PEDRO ¿No hay que llamar antes para (2) _____reservar_____ las plazas (*seats*)?

MAR No creo que el barco esté (3) _____lleno_____. Espera, llamo por teléfono…

MAR ¡Tenemos suerte! El barco está (4) _____retrasado_____, ahora sale a las diez y media. Tenemos que estar (5) _____a bordo_____ a las diez. ¡En marcha!

PEDRO Perfecto, me gusta la idea. Hoy es un buen día para (6) _____navegar_____.

⑤ As a variant, have volunteers tell the class about one of their past vacations. Ask: ¿Qué **preparativos hicieron para el viaje?**

⑤ For slower-paced classes, provide a word bank: **agente de aduanas, despedida, hacer las maletas, isla, pasaje de ida y vuelta, ponerse el cinturón.**

5 De viaje En parejas, utilicen palabras y expresiones de **Contextos** para escribir oraciones completas sobre cada dibujo. Sigan el modelo.

MODELO Primero Eva hizo las maletas. Metió camisetas, un traje de baño y…

1.

2.

3.

4.

5.

6.

6 **Problemas** En parejas, representen una de estas situaciones. Den detalles, excusas y razones y traten de buscar una solución al problema. Luego representen la situación para el resto de la clase.

1. **ESTUDIANTE 1** Eres un(a) huésped en un hotel que está muy sucio. No te gusta el servicio de habitación y además hace demasiado calor en tu cuarto.

   ESTUDIANTE 2 Tu tío te ha dejado a cargo de su hotel. No sabes qué hacer. Es temporada alta y, como el hotel está lleno, tienes mucho que hacer.

2. **ESTUDIANTE 1** Eres un(a) agente del gobierno apostado/a (*assigned to*) en la frontera. Nadie puede cruzar sin su pasaporte.

   ESTUDIANTE 2 Después de viajar por muchas horas, llegas con tu hermano/a a la frontera. Aunque traes identificación, olvidaste tu pasaporte.

3. **ESTUDIANTE 1** Ibas manejando y has tenido un accidente. Te bajas del carro para hablar con el/la otro/a conductor(a). No tienes los papeles del seguro.

   ESTUDIANTE 2 Ibas manejando y has tenido un accidente. No llevabas el cinturón de seguridad puesto y te has roto una pierna.

7 **¡Bienvenidos!**

A. En grupos de cuatro, imaginen que trabajan en la Secretaría de Turismo de su ciudad. Tienen que organizar una visita turística de tres días. Conversen sobre las preguntas de la lista y luego preparen un itinerario detallado para los turistas.

- ¿Quiénes son los/las turistas y a qué aeropuerto/ puerto/estación llegan?

- ¿En qué hotel se alojan?

- ¿Qué excursiones pueden hacer?

- ¿Hay lugares exóticos para visitar?

- ¿Adónde pueden ir con un(a) guía turístico/a?

- ¿Pueden navegar en algún mar/río?

- ¿Hay algún museo/parque/edificio para visitar?

- ¿Pueden practicar algún deporte?

Tres días en Antigua Guatemala

B. Ahora reúnanse con otro grupo y túrnense para explicar sus itinerarios. Un grupo representa a los empleados de la Secretaría de Turismo y el otro a los turistas. Háganse preguntas específicas.

6 Give students this additional situation. **Estudiante 1: Llegas al aeropuerto y te das cuenta de que dejaste los pasajes en tu casa. Además, en la ciudad hay mucho congestionamiento. Estudiante 2: Eres taxista en el aeropuerto. Como has estado muy estresado/a, el médico te ha recomendado no apurarte por ningún motivo.**

7 Have students also answer logistical questions, such as: **¿Necesitan pasaporte y visa? ¿Cuánto dinero deben llevar para la visita?**

7 For expansion, have students write ads for places they have visited.

SUPERSITE

Synopsis
- Fabiola and Éric compare passports for their trip to Venezuela.
- Éric arrives dressed like Indiana Jones.
- Fabiola reminds Éric that they are traveling to write a story on ecotourism.
- Diana and Aguayo wrap Éric's suitcase in adhesive tape with the passport inside.

Fabiola y Éric se preparan para un viaje de ecoturismo a la selva amazónica.

DIANA Aquí están los boletos para Venezuela, la guía de la selva amazónica y los pasaportes… Después les doy la información del hotel.

ÉRIC Gracias.

FABIOLA Gracias.

ÉRIC ¿Me dejas ver tu pasaporte?

FABIOLA No me gusta como estoy en la foto. Me hicieron esperar tanto que salí con cara de enojo.

ÉRIC No te preocupes… Ésa es la cara que vas a poner cuando estés en la selva.

DIANA Es necesario que memoricen esto. A ver, repitan: tenemos que salir por la puerta 12.

FABIOLA, ÉRIC Y JOHNNY Tenemos que salir por la puerta 12.

DIANA El autobús del hotel nos va a recoger a las 8:30.

FABIOLA Y ÉRIC El autobús del hotel nos va a recoger a las 8:30.

ÉRIC Sí, pero en el Amazonas, Fabiola. ¡Amazonas!

MARIELA Es tan arriesgado que van a tener un guía turístico y el alojamiento más lujoso de la selva.

ÉRIC Mientras ella escribe su artículo en la seguridad del hotel, yo voy a estar explorando y tomando fotos. Debo estar protegido.

FABIOLA Según parece, de lo único que debes estar protegido es de ti mismo.

Juegan que están en la selva.

JOHNNY (*con la cara pintada*) ¿Cuál es el chiste? Los soldados llevan rayas… Lo he visto en las películas.

ÉRIC Intentémoslo nuevamente.

JOHNNY Esta vez soy un puma que te ataca desde un árbol.

ÉRIC Mejor.

Antes de despedirse, Éric guarda cosas en su maleta.

AGUAYO Por la seguridad de todos creo que debes dejar tu machete, Éric.

ÉRIC ¿Por qué debo dejarlo? Es un machete de mentiras.

DIANA Pero te puede traer problemas reales.

AGUAYO Todos en la selva te lo van a agradecer.

INSTRUCTIONAL RESOURCES Supersite/DVD: Fotonovela
Supersite/IRCD: Videoscript & Translation, SAM Answer Key
SAM/WebSAM: VM

Preview Have students read the dialogue in class and take note of any travel-related words or expressions. Review numbers and telling time before showing the video.

Lección 5

Personajes

AGUAYO

DIANA

ÉRIC

FABIOLA

JOHNNY

MARIELA

DIANA El último número que deben recordar es cuarenta y ocho dólares con cincuenta centavos.

FABIOLA Y ÉRIC Cuarenta y ocho dólares con cincuenta centavos.

JOHNNY Y ese último número, ¿para qué es?

DIANA Es lo que van a tener que pagar por llegar en taxi al hotel si olvidan los dos números primeros.

ÉRIC *(Entra vestido de explorador.)* Fuera, cobardes, la aventura ha comenzado.

MARIELA ¿Quién crees que eres? ¿México Jones?

ÉRIC No. Soy Cocodrilo Éric, el fotógrafo más valiente de la selva. Listo para enfrentar el peligro.

FABIOLA ¿Qué peligro? Vamos a hacer un reportaje sobre ecoturismo… ¡Ecoturismo!

ÉRIC ¿Alguien me puede ayudar a cerrar la maleta?

JOHNNY ¿Qué rayos hay acá dentro?

AGUAYO Es necesario que dejes algunas cosas.

ÉRIC Imposible. Todo lo que llevo es de primerísima necesidad.

JOHNNY ¿Cómo? ¿Esto?

Johnny saca un látigo de la maleta.

Diana cierra la maleta con cinta adhesiva.

DIANA Listo… ¡Buen viaje!

AGUAYO Espero que disfruten y que traigan el mejor reportaje que puedan.

JOHNNY Y es importante que no traten de mostrarse ingeniosos, ni cultos; sólo sean ustedes mismos.

DIANA Y no olviden sus pasaportes.

ÉRIC Ahora que me acuerdo… ¡lo había puesto en la maleta!

Los viajes

Teaching option Review the subjunctive in noun clauses (**Estructura 4.1**) by having students underline examples in the dialogue.

ciento sesenta y nueve **169**

Comprensión

1 **Comprensión** Contesta las preguntas con oraciones completas.

1. ¿Adónde van Éric y Fabiola?
Van a la selva amazónica.

2. ¿Por qué a Fabiola no le gusta la foto del pasaporte?
Salió con cara de enojo.

3. ¿A qué hora los recoge el autobús del hotel?
Los recoge a las ocho y media.

4. ¿Por qué van de viaje?
Van a hacer un reportaje sobre el ecoturismo.

5. ¿Será realmente un viaje arriesgado?
No, no será arriesgado porque tendrán un guía turístico y el alojamiento más lujoso de la selva.

6. ¿Por qué Éric tiene que dejar algunas cosas?
No cabe todo en la maleta.

2 **Preguntas y respuestas** Une las preguntas de la **Fotonovela** con las respuestas apropiadas. Luego identifica quién dice cada oración.

AGUAYO   DIANA   ÉRIC   FABIOLA   JOHNNY   MARIELA

__c__ 1. ¿Me dejas ver tu pasaporte? Éric

__a__ 2. Y ese último número, ¿para qué es? Johnny

__d__ 3. ¿Quién crees que eres? ¿México Jones? Mariela

__e__ 4. ¿Por qué debo dejarlo? Es un machete de mentiras. Éric

__b__ 5. ¿Alguien me puede ayudar a cerrar la maleta? Éric

a. Es lo que van a tener que pagar por llegar en taxi. Diana

b. Es necesario que dejes algunas cosas. Aguayo

c. No me gusta como estoy en la foto. Fabiola

d. No, soy el fotógrafo más valiente de la selva. Éric

e. Sí, pero te puede traer problemas reales. Diana

3 **Consejos**

A. Diana y Aguayo les dan varios consejos a Fabiola y Éric antes de su viaje a la selva. Utiliza el subjuntivo o el infinitivo para completar las sugerencias que les dan.

1. Es necesario que ___memoricen___ esto.

2. El último número que deben ___recordar___ es cuarenta y ocho dólares con cincuenta centavos.

3. Es lo que van a tener que ___pagar___ por llegar en taxi.

4. Creo que debes ___dejar___ tu machete.

5. Es necesario que ___dejes/dejen___ algunas cosas.

6. Espero que ___disfruten___ y que ___traigan___ el mejor reportaje que puedan.

B. ¿Qué sugerencias les darían ustedes? En parejas, escriban una lista de seis o siete consejos, órdenes y sugerencias para que disfruten de sus vacaciones y eviten problemas.

MODELO   Creo que deben probar la comida típica de Venezuela.

Espero que no hagan nada arriesgado y que tengan cuidado con los animales de la selva.

Sidebar:

1 As a class, create a time line about the video based on the activity answers.

2 Based on the episode, have students come up with original sentences describing the characters' personalities. Ex: **Mariela tiene mucha curiosidad. Éric busca la aventura.**

3 For slower-paced classes, review the subjunctive in noun clauses.

Teaching option
Have students imagine they are planning a spring break trip. Ask them to create a conversation between two students and a travel agent discussing the types of trips available to them (destination, price, activities, etc.). Ask heritage speakers to suggest attractions in their families' countries of origin.

Ampliación

 ¿Te gusta hacer ecoturismo? En parejas, háganse las preguntas. Luego, recomienden un viaje ideal para su compañero/a según los resultados.

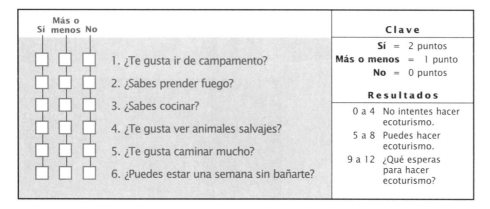

	Más o		
Sí	menos	No	

1. ¿Te gusta ir de campamento?
2. ¿Sabes prender fuego?
3. ¿Sabes cocinar?
4. ¿Te gusta ver animales salvajes?
5. ¿Te gusta caminar mucho?
6. ¿Puedes estar una semana sin bañarte?

Clave

Sí = 2 puntos
Más o menos = 1 punto
No = 0 puntos

Resultados

0 a 4 No intentes hacer ecoturismo.
5 a 8 Puedes hacer ecoturismo.
9 a 12 ¿Qué esperas para hacer ecoturismo?

④ Have students share results with the class and keep track on the board. Then agree on a possible class trip based on students' interests.

---

⑤ **Apuntes culturales** En parejas, lean los párrafos y contesten las preguntas.

⑤ To encourage discussion, ask what students do in their personal lives to protect the environment.

El felino más temido

Johnny juega a ser un puma listo para atacar a Éric. El puma habita en todo el continente americano, especialmente en montañas y bosques (*forests*). Por su fortaleza y agilidad, los incas lo consideraron el símbolo supremo de poder y fuerza. ¿Podrá Éric contra la astucia (*shrewdness*) de este felino?

Ecoturismo en Centroamérica

Fabiola y Éric van a realizar un reportaje sobre ecoturismo. En Centroamérica, el ecoturismo constituye no sólo una fuente importante de trabajo, sino también una forma de obtener recursos económicos para la administración de las áreas protegidas. Actualmente existen más de 550 áreas protegidas, lo que representa aproximadamente un 25% del territorio de la región.

El pulmón del planeta

La selva amazónica es la reserva ecológica generadora de oxígeno más grande del planeta. Comprende, entre otros países, Brasil, Venezuela y Perú. Es el hogar de numerosas comunidades indígenas, como los piaroas en Venezuela. ¿Qué pensarán los piaroas de las rayas de chocolate de Johnny?

1. ¿Qué animales fueron considerados sagrados en el pasado?, ¿y en la actualidad?
2. ¿Hay áreas protegidas en la región donde vives? ¿Cuál es su importancia para los habitantes de la zona? ¿Contienen especies amenazadas (*threatened*)?
3. ¿Conoces otros lugares en donde se puede hacer ecoturismo? ¿Cuáles son?
4. ¿Qué significa la expresión "el pulmón del planeta" (*the world's lung*)? ¿Qué otros "pulmones" existen? ¿Por qué es importante preservarlos?

Teaching option
Ask students to research an area known for its ecotourism in Latin America on the Internet. Have them prepare brief presentations, including the location, statistics, photos, and discussion questions. For a slower-paced class, give a list of searchable terms to help them get started.

INSTRUCTIONAL RESOURCES
Supersite/DVD: Flash cultura; **Supersite:** Videoscript & Translation

En detalle

CENTROAMÉRICA

LA RUTA DEL CAFÉ

Los turistas que llegan al "ecoalbergue" Finca° Esperanza Verde, ubicado a 1.200 metros (4.000 pies) de altura en la selva tropical nicaragüense, descubren un paraíso natural con bosques, montañas exuberantes y aves tropicales. En este paraíso, los turistas pueden visitar un cafetal° y conocer los aspectos humanos y ecológicos que se conjugan° para que podamos disfrutar de algo tan simple como una taza de café.

El café, ese compañero de las mañanas, es el protagonista de la vida social, cultural y económica de Centroamérica. Para el visitante, esto salta a la vista apenas llega a estas tierras: el paisaje está cubierto de cafetales. Hoy día dos de las terceras partes del café de todo el mundo son de origen americano.

Esta popular bebida llegó a América en el siglo XVIII. Pocos años después, su cultivo° se había extendido por México y Centroamérica. Los precios bajos del café de los últimos años han llevado a los productores centroamericanos a diversificar sus actividades: han iniciado el cultivo de café orgánico, han creado cooperativas de comercio justo° que buscan alcanzar° precios más equitativos° para productores y consumidores y se ha empezado a promocionar el ecoturismo.

La ruta del café en el siglo XVIII

El país pionero fue Costa Rica, que organizó la primera Ruta del Café, pero ya todos los países centroamericanos han creado sus rutas. Un día por la Ruta del Café suele constar de° una visita a las plantaciones de café, donde no sólo se conoce el proceso de cultivo y producción, sino que también se pueden tomar unas tazas de café. Después, se organizan almuerzos con platos típicos y, para terminar la jornada°, se visitan rutas históricas y pueblos cercanos donde los turistas pueden disfrutar del folklore local y comprar artesanías°. ∎

Finca *Farm* **cafetal** *coffee plantation* **se conjugan** *are combined* **cultivo** *cultivation* **justo** *fair* **alcanzar** *to reach* **equitativos** *equal; fair* **constar de** *to consist of* **jornada** *day* **artesanías** *handicrafts*

En detalle Preview the reading by discussing coffee. Ex: **¿Toman café todos los días? ¿Lo toman en casa o en otro sitio? ¿Es caro o barato? ¿Saben de dónde viene el café que toman?**

ASÍ LO DECIMOS

Los viajes

el turismo sostenible   *sustainable tourism*
el turismo sustentable (Arg.)

el billete (Esp.)   *ticket*
el boleto (Amér. L.)
el boleto redondo (Méx.)   *round-trip ticket*
la autopista (Esp.)   *highway; toll road*
la autovía (Esp.)   *highway*
la carretera (Esp.)   *road*
la burra (Gua.)   *bus*
la guagua (Rep. Dom.)

EL MUNDO HISPANOHABLANTE

De América al mundo

El tomate Su nombre se deriva de la palabra náhuatl° *tomatl.* Entró en Europa por la región de Galicia en el noroeste de España y se extendió luego a Francia e Italia. Los españoles y portugueses lo difundieron° por el Oriente Medio, África, Estados Unidos y Canadá.

El maíz Es uno de los cereales de mayor producción mundial junto con el trigo y el arroz. A pesar de controversias acerca de su origen exacto, los investigadores coinciden en que indígenas de América Central y México lo difundieron por el continente, los conquistadores lo introdujeron a Europa y los comerciantes lo llevaron a Asia y África.

La papa o patata Estudios científicos ubican el origen de la papa en el Perú. En la actualidad, la papa se consume por todo el mundo, pero Bielorrusia (Europa Oriental) es el mayor consumidor mundial con un promedio anual de 169 kilogramos (372 libras) por persona.

PERFIL

EL CANAL DE PANAMÁ

El Canal de Panamá, una de las obras arquitectónicas más extraordinarias del planeta, une° los océanos Atlántico y Pacífico a través del istmo° de Panamá. Es, a su vez, una ruta importantísima para la economía mundial, pues lo cruzan° más de 12.000 barcos por año, es decir, unos 230 barcos por semana. La monumental obra, construida por los Estados Unidos entre 1904 y 1914, consta de dos lagos artificiales, varios canales, tres estructuras de compuertas° y una represa°. Como no todo el canal se encuentra al nivel del mar, la finalidad° de las esclusas° es subir y bajar los barcos entre los niveles de los dos océanos y el nivel del canal. Dependiendo del tránsito, la travesía° por este atajo° de 80 kilómetros (50 millas) puede demorar° hasta 10 horas. Panamá y Estados Unidos negociaron la entrega del canal a Panamá en 1977, que pasó a estar bajo control panameño el 31 de diciembre de 1999.

❝ Viajar es imprescindible y la sed de viaje, un síntoma neto de inteligencia. ❞ (Enrique Jardiel Poncela, escritor español)

SUPERSITE Conexión Internet

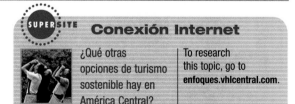

¿Qué otras opciones de turismo sostenible hay en América Central?

To research this topic, go to **enfoques.vhlcentral.com.**

une *links* **istmo** *isthmus* **cruzan** *cross* **compuertas** *lockgates* **represa** *dam* **finalidad** *purpose* **esclusas** *locks* **travesía** *crossing (by boat)* **atajo** *shortcut* **demorar** *last* **náhuatl** *Uto-Aztecan language* **difundieron** *spread*

Los viajes

Teaching option Ask students to read the quote. **¿Qué quiere decir "la sed de viaje"? ¿Por qué dice que la sed de viaje es un síntoma de inteligencia? ¿Están de acuerdo?**

ciento setenta y tres **173**

¿Qué aprendiste?

1 ¿Cierto o falso? Indica si estas afirmaciones son **ciertas** o **falsas**. Corrige las falsas.

1. Finca Esperanza Verde se encuentra en una zona montañosa de Costa Rica.
   Falso. Se encuentra en una zona montañosa de Nicaragua.

2. Los turistas que van a Finca Esperanza Verde pueden visitar un cafetal que se encuentra allí mismo. Cierto.

3. La mitad del café mundial se produce en América. Falso. Dos de las terceras partes del café mundial son de origen americano.

4. El café es originario del continente americano. Falso. El café llegó al continente americano en el siglo XVIII.

5. El café entró en América a través de México. Falso. El café entró en América por Martinica/ Santo Domingo.

6. Los productores tuvieron que diversificar sus actividades debido a los precios bajos del café. Cierto.

7. La finalidad de las cooperativas de comercio justo es ayudar a que los productores reciban un pago justo y los consumidores paguen precios razonables. Cierto.

8. El primer país en crear una Ruta del Café fue Honduras. Falso. El primer país en crear una Ruta del Café fue Costa Rica.

9. Los turistas pueden visitar las plantaciones pero no pueden presenciar el proceso de producción. Falso. Los turistas pueden conocer el proceso de cultivo y producción.

10. Los turistas que van a la Ruta del Café suelen visitar también las rutas históricas de la zona. Cierto.

2 Oraciones incompletas Completa las oraciones con la información correcta.

1. El Canal de Panamá está en manos panameñas ___desde fines de 1999___.

2. El Canal de Panamá tiene ___dos lagos___ artificiales.

3. Se usa un sistema de esclusas porque ___no todo el canal se encuentra al nivel del mar___.

4. En la República Dominicana, *guagua* significa ___autobús___.

5. ___Los españoles y los portugueses___ difundieron el tomate por Oriente Medio.

3 Preguntas En parejas, contesten las preguntas.

1. ¿Qué papel tiene el café en tu cultura? ¿Tiene la misma importancia que en la cultura centroamericana?

2. ¿Prefieres productos ecológicos y los productos que garantizan el comercio justo o compras productos comunes?

3. ¿Qué tipo de turismo sueles hacer? ¿Hiciste alguna vez ecoturismo?

4. ¿Qué alimentos provenientes de otros continentes forman parte de tu dieta?

4 Opiniones En grupos de tres, hablen sobre estas preguntas: ¿Es bueno para los países recibir turismo? ¿Por qué? ¿Qué consecuencias tiene la llegada del turismo a ciertas zonas? ¿Qué beneficios tiene viajar?

PROYECTO

Un viaje por la Ruta del Café

Busca información sobre una excursión organizada por una Ruta del Café. Imagina que vas a la excursión y escribe una pequeña descripción de un día de visita, basándote en la información que has encontrado.

Incluye información sobre:
- los platos típicos que comiste
- los pueblos que visitaste
- lo que aprendiste sobre el café
- qué fue lo más interesante de la visita
- lo que compraste para llevar a casa

Proyecto As an expansion activity, have students prepare a brochure of their **Proyecto** destination. Point out to students that the tourist in the photograph is Prince Albert of Monaco.

4 As an optional writing activity, have students describe a place that has changed because of tourism. **¿Cómo era antes? ¿Cómo es ahora?** Remind students to use the imperfect for describing in the past.

RITMOS

RUBÉN BLADES

Rubén Blades es quizás el artista más famoso en la historia de la música panameña. Heredó° la pasión musical de sus padres: su madre tocaba el piano y su padre era percusionista. Blades no es sólo artista; también es abogado y político. Estudió derecho° en Panamá y luego en los Estados Unidos, adonde él y su familia emigraron por problemas políticos. Allí, Blades encontró el espacio para desarrollar su talento musical: con canciones como *Pedro Navaja* transformó para siempre la salsa, género que hasta ese entonces no solía hablar de la problemática social latinoamericana. Incursionó además en otros géneros musicales: en *El capitán y la sirena*, explora ritmos asiáticos. Blades ha recibido incontables reconocimientos, entre ellos varios premios Grammy y en 2000 el título de Embajador Mundial contra el Racismo, otorgado° por la ONU.

Discografía

2002 Mundo   **1999** Tiempos   **1978** Siembra

Canción

Éste es un fragmento de la canción que tu instructor(a) te hará escuchar.

El capitán y la sirena

Una vez, un barco en plena alta mar
se hundió° en una fiera° tormenta.
Una bella sirena° salvó al capitán
y lo devolvió hasta la arena°.
Y el capitán de ella se enamoró,
y aunque también lo amó la sirena,
venían de mundos distintos los dos,
y su amor les sería una condena°.

La música de Blades se caracteriza por la gran experimentación musical. Éstos son algunos de los instrumentos que ha empleado en sus canciones.

el chekere (África)

el bongó (Cuba)

la clave (Cuba)

el didgeridoo (Australia)

 Preguntas En parejas, contesten las preguntas. Some answers will vary.

1. ¿Dónde y cuándo descubre Blades la pasión por la música?
   Blades descubre la pasión por la música de pequeño en su país natal, Panamá.
2. ¿Por qué se caracteriza la música de Blades? ¿Qué instrumentos utiliza? ¿Los has tocado alguna vez? Su música se caracteriza por la gran experimentación musical. Utiliza el didgeridoo, la clave, el chekere y el bongó.
3. En la canción, ¿qué le ocurrió al capitán? ¿Quién lo ayudó? ¿Cómo? El barco se hundió en el mar y la sirena salvó al capitán.
4. ¿Qué historia cuenta la canción? ¿Por qué Blades habla de "mundos distintos"?
   Cuenta una historia de amor entre un capitán y una sirena.

Heredó *He inherited* **derecho** *law* **otorgado** *awarded* **se hundió** *sank* **fiera** *fierce* **sirena** *mermaid* **arena** *sand* **condena** *sentence; condemnation*

Teaching option Review object pronouns (**Estructura 2.1**). Have students point them out in the song and identify which nouns are replaced. Ex: **lo** devolvió hasta la arena: direct object pronoun = lo ⟶ **el capitán**.

INSTRUCTIONAL RESOURCES
Supersite/IRCD:
Textbook Answer Key,
SAM Answer Key
SAM/WebSAM: WB, LM

TALLER DE CONSULTA

MANUAL DE GRAMÁTICA
Más práctica

5.1 Comparatives and
superlatives, p. 510
5.2 The subjunctive in
adjective clauses, p. 511
5.3 Negative and positive
expressions, p. 512

Más gramática

5.4 **Pero** and **sino**, p. 513

Remind students that
adjectives agree in gender
and number with the nouns
they modify.

To review adverbs,
refer students to the **Manual
de gramática, 6.4,** p. 518.

¡ATENCIÓN!

Tan and **tanto** can also
be used for emphasis,
rather than to compare:

tan *so*
tanto *so much*
tantos/as *so many*

¡El viaje es tan largo!
The trip is so long!

¡Viajas tanto!
You travel so much!

**¿Siempre traes tantas
maletas?**
*Do you always bring so
many suitcases?*

Remind students that
tanto/a(s) must agree in
gender and number when
used to modify nouns.

5.1 Comparatives and superlatives

Comparisons of inequality

- With adjectives, adverbs, nouns, and verbs, these constructions are used to make comparisons of inequality (*more than/less than*).

$$\text{más/menos} + \begin{bmatrix} \textit{adjective} \\ \textit{adverb} \\ \textit{noun} \end{bmatrix} + \text{que} \qquad \boxed{\textit{verb}} + \text{más/menos que}$$

ADJECTIVE	NOUN
Este hotel es **más elegante que** el otro.	Franco tiene **menos tiempo que** Clementina.
This hotel is more elegant than the other one.	*Franco has less time than Clementina does.*

ADVERB	VERB
¡Llegaste **más tarde que** yo!	Mi hermano **viaja menos que** yo.
You arrived later than I did!	*My brother travels less than I do.*

- Before a number (or equivalent expression), more/less than is expressed with **más/menos de.**

Un pasaje de ida y vuelta va a costar **más de** quinientos dólares.
A round-trip ticket will cost more than five hundred dollars.

Te consigo una respuesta en **menos de** media hora.
I'll get you an answer in less than half an hour.

Comparisons of equality

- These constructions are used to make comparisons of equality.

$$\text{tan} + \begin{bmatrix} \textit{adjective} \\ \textit{adverb} \end{bmatrix} + \text{como} \qquad \text{tanto/a(s)} + \begin{bmatrix} \textit{singular noun} \\ \textit{plural noun} \end{bmatrix} + \text{como}$$

$$\boxed{\textit{verb}} + \text{tanto como}$$

ADJECTIVE	NOUN
El vuelo de regreso no parece **tan largo como** el de ida.	Cuando viajo a la ciudad, tengo **tantas maletas como** tú.
The return flight doesn't seem as long as the flight over.	*When I travel to the city, I have as many suitcases as you do.*

ADVERB	VERB
Se puede ir de Madrid a Sevilla **tan rápido** en tren **como** en avión.	Guillermo **disfrutó tanto como** yo en las vacaciones.
You can get from Madrid to Sevilla as quickly by train as by plane.	*Guillermo enjoyed our vacation as much as I did.*

Superlatives

- This construction is used to form superlatives (**superlativos**). The noun is preceded by a definite article, and **de** is the equivalent of *in* or *of*.

$$\text{el/la/los/las} + \boxed{noun} + \text{más/menos} + \boxed{adjective} + \text{de}$$

Ésta es **la playa más bonita de** todas.
This is the prettiest beach of them all.

Es **el hotel menos caro del** pueblo.
It is the least expensive hotel in town.

- The noun may also be omitted from a superlative construction.

¿Conoce usted un buen restaurante en Sevilla?

Do you know a good restaurant in Sevilla?

Las Dos Palmas es **el más elegante de** la ciudad.

Las Dos Palmas is the most elegant one in the city.

Irregular comparatives and superlatives

Adjective	Comparative form	Superlative form
bueno/a *good*	**mejor** *better*	**el/la mejor** *best*
malo/a *bad*	**peor** *worse*	**el/la peor** *worst*
grande *big*	**mayor** *bigger*	**el/la mayor** *biggest*
pequeño/a *small*	**menor** *smaller*	**el/la menor** *smallest*
joven *young*	**menor** *younger*	**el/la menor** *youngest*
viejo/a *old*	**mayor** *older*	**el/la mayor** *oldest*

- When **grande** and **pequeño/a** refer to size and not age or quality, the regular comparative and superlative forms are used.

Ernesto es **mayor** que yo.
Ernesto is older than I am.

Ese edificio es **el más grande** de todos.
That building is the biggest one of all.

- When **mayor** and **menor** refer to age, they follow the noun they modify.

María Fernanda es mi hermana **menor**.
María Fernanda is my younger sister.

Hubo un **menor** número de turistas.
There was a smaller number of tourists.

- The adverbs **bien** and **mal** also have irregular comparatives, **mejor** and **peor**.

Mi esposo maneja muy mal.
¿Y el tuyo?
*My husband is a bad driver.
How about yours?*

¡Mi esposo maneja **peor** que los turistas!
My husband drives worse than the tourists!

Tú puedes hacerlo bien por ti mismo.
You can do it well by yourself.

Ayúdame, que tú lo haces **mejor** que yo.
Help me; you do it better than I do.

Práctica

TALLER DE CONSULTA

MANUAL DE GRAMÁTICA
Más práctica

5.1 Comparatives and superlatives, p. 510

① As a warm-up, ask students to compare ecotourism with traditional tourism using comparatives and superlatives.

① Before assigning the activity, make three columns on the board and label them *Adjective, Comparative form,* and *Superlative form.* Call out an adjective and have a volunteer write the appropriate forms on the board. Ex: **grande, mayor, el/la mayor.**

② Ask students what constitutes their idea of the worst possible trip.

③ Call on volunteers to add more categories to the list (**país, deporte, clase,** etc.). Have students make up their own comparative or superlative sentences for each new category.

1 **Demasiadas deudas** Ágata trabaja en una agencia de viajes y su amiga Elena en un hotel. Completa la conversación con las palabras de la lista.

baratísimos	más	menor	muchísimas
como	mejor	menos	que

ELENA Tengo (1) ___muchísimas___ deudas (*debts*) y necesito ganar (2) ___más___ dinero.

ÁGATA ¿Por qué no mandas tu currículum a mi empresa? No es tan prestigiosa (3) ___como___ la tuya, pero paga mejor.

ELENA Tú trabajas (4) ___menos___ horas (5) ___que___ yo, pero ganas más.

ÁGATA Y cuando quiero viajar, los pasajes me salen (6) ___baratísimos___, mientras que en el hotel no te dan ni el (7) ___menor___ descuento.

ELENA ¡Sin duda el trabajo tuyo es (8) ___mejor___ que el mío!

2 **El peor viaje de su vida** Conecta las frases de la izquierda con las correspondientes de la derecha para formar oraciones lógicas.

___h___ 1. El sábado pasado Alberto y yo hicimos el peor

___f___ 2. Yo llegué al aeropuerto más temprano

___g___ 3. Pero él pasó por seguridad más rápido

___c___ 4. Luego anunciaron que el vuelo estaba retrasado más

___a___ 5. Por fin salimos, tan cansados

___d___ 6. De repente, hubo un olor

___b___ 7. Alberto gritaba tanto

___e___ 8. Al final pasamos las vacaciones en casa, lo cual fue

a. como enojados.

b. como yo hasta que logramos aterrizar (*land*).

c. de tres horas a causa de un problema mecánico.

d. malísimo; ¡el motor se había prendido fuego!

e. menos interesante pero mucho más seguro.

f. que Alberto y no lo podía encontrar.

g. que yo y por fin nos encontramos en la puerta de embarque.

h. viaje de nuestra vida.

3 **Oraciones** Mira la información del cuadro y escribe cinco oraciones con superlativos y cinco con comparativos. Sigue el modelo.

MODELO
Harry Potter es más popular que *El Señor de los Anillos. Harry Potter* es el libro más vendido de la década.

Harry Potter	libro	menor
Jennifer López	cantante y actriz	famosa
Donald Trump	hombre de negocios	rico
El Nilo	río	largo
Disneyland	lugar	feliz

Comunicación

4 **Un viaje inolvidable**

A. Habla con un(a) compañero/a sobre el viaje más inolvidable de tu vida. Puede ser un viaje buenísimo o un viaje malísimo, e incluso puede ser un viaje imaginario. Debes hacer por lo menos siete u ocho oraciones usando comparativos y superlativos y algunas de las palabras de la lista. Túrnense.

mejor/peor que	tan
más/menos que	como
de los mejores/peores	buenísimo/malísimo

B. Ahora describe el viaje de tu compañero/a al resto de la clase. La clase tratará de adivinar qué viajes son verdaderos y cuáles son ficticios.

5 **Las vacaciones ideales** En grupos de cuatro, imaginen que son miembros de una familia que ganó un viaje de tres semanas a cualquier país del mundo. El único problema es que tienen que llegar a una decisión unánime para ganar su premio.

A. Primero, cada uno/a debe decidir cuál es el país ideal para sus vacaciones y escribir una descripción breve con las razones para escogerlo. Utiliza comparativos y superlativos en tu descripción.

B. Luego, túrnense para presentar sus opiniones y traten de convencer a los demás de que su país ideal es el mejor de todos. Deben usar comparativos y superlativos para comparar las atracciones de cada país. Compartan su decisión final con la clase.

MODELO   Es obvio que Venezuela es el mejor país para nuestras vacaciones. Venezuela tiene la catarata más alta del mundo y unas playas tan bonitas como las de la República Dominicana. Leí en un libro que en la selva amazónica hay mayor cantidad de aves que en Costa Rica. Además, ¡las arepas venezolanas son más ricas que las tortillas mexicanas!

4 For slower-paced classes, review lesson vocabulary and create a word bank on the board.

4 To facilitate discussion, have students work individually to prepare a list of questions for their partners about the trip.

5 Part A: If time and resources permit, bring in travel brochures or magazines for students to consult.

Teaching option
For additional practice with superlatives, have pairs role-play a conversation in which a freshman asks advice from a senior about the best/worst classes and professors.

INSTRUCTIONAL RESOURCES
Supersite/IRCD:
Textbook Answer Key,
SAM Answer Key
SAM/WebSAM: WB, LM

¡ATENCIÓN!

An adjective clause (**oración subordinada adjetiva**) is one that modifies or describes the noun or direct object in the main clause.

Preview the idea of uncertainty by asking questions using **buscar** and **necesitar**. Ex: **¿Buscan trabajo? ¿De qué tipo?**

Point out that while **que** is the most common connector, conjunctions like **donde** and **en que** can also be used before adjective clauses. Ex: **¿Hay algún restaurante por aquí donde se pueda fumar?**

Remind students that one of the main characteristics of the subjunctive is the idea of uncertainty.

5.2 The subjunctive in adjective clauses

- When the subordinate clause of a sentence refers to something (the antecedent) that is known to exist, the indicative is used. When the antecedent is uncertain or indefinite, the subjunctive is used.

MAIN CLAUSE	CONNECTOR	SUBORDINATE CLAUSE
Busco un trabajo	**que**	**pague bien.**

ANTECEDENT CERTAIN → INDICATIVE

Necesito el libro que **tiene** información sobre las ruinas mayas.
I need the book that has information about Mayan ruins.

Buscamos los documentos que **describen** el itinerario del viaje.
We're looking for the documents that describe the itinerary for the trip.

Aquí hay alguien que **conoce** muy bien la zona.
There is someone here who knows the area very well.

ANTECEDENT UNCERTAIN → SUBJUNCTIVE

Necesito un libro que **tenga** información sobre las ruinas mayas.
I need a book that has information about Mayan ruins.

Buscamos documentos que **describan** el itinerario del viaje.
We're looking for (any) documents that (may) describe the itinerary for the trip.

¿Hay alguien aquí que **conozca** muy bien la zona?
Is there anyone here who knows the area very well?

- When the antecedent of an adjective clause is a negative pronoun (**nadie, ninguno/a**), the subjunctive is used in the subordinate clause.

¡No hay nadie que la pueda cerrar, Éric!

No hay nada que pueda dejar.

ANTECEDENT CERTAIN → INDICATIVE

Elena tiene tres parientes que **viven** en San Salvador.
Elena has three relatives who live in San Salvador.

Para su viaje, hay dos países que **requieren** una visa.
For your trip, there are two countries that require visas.

Hay muchos viajeros que **quieren** quedarse en el hotel.
There are many travelers who want to stay at the hotel.

ANTECEDENT UNCERTAIN → SUBJUNCTIVE

Elena no tiene **ningún** pariente que **viva** en La Palma.
Elena doesn't have any relatives who live in La Palma.

Para su viaje, no hay **ningún** país que **requiera** una visa.
For your trip, there are no countries that require a visa.

No hay **nadie** que **quiera** alojarse en el albergue.
There is nobody who wants to stay at the hostel.

- The personal **a** is not used with direct objects that represent persons whose existence is uncertain.

ANTECEDENT UNCERTAIN → SUBJUNCTIVE
Busco un guía que **hable** inglés.
I'm looking for a guide who speaks English.

ANTECEDENT CERTAIN → INDICATIVE
Conozco **a** un guía que **habla** inglés.
I know a guide who speaks English.

- The personal **a** is maintained before **nadie** and **alguien**, even when their existence is uncertain.

ANTECEDENT UNCERTAIN → SUBJUNCTIVE
No conozco **a nadie** que **se queje** tanto como mi suegra.
I don't know anyone who complains as much as my mother-in-law.

ANTECEDENT CERTAIN → INDICATIVE
Yo conozco **a alguien** que **se queja** aún más... ¡la mía!
I know someone who complains even more... mine!

- The subjunctive is commonly used in questions with adjective clauses when the speaker is trying to find out information about which he or she is uncertain. If the person who responds knows the information, the indicative is used.

ANTECEDENT UNCERTAIN → SUBJUNCTIVE
¿Me recomienda usted un hotel que **esté** cerca de la costa?
Can you recommend a hotel that is near the coast?
¿Tiene otra brújula que **sea** más fácil de usar?
Do you have another compass that is easier to use?

ANTECEDENT CERTAIN → INDICATIVE
Sí, el hotel Flamingo **está** justo en la playa.
Yes, the Flamingo Hotel is right on the beach.
Vea ésta y, si no, tengo tres más que **son** muy fáciles de usar.
Look at this one, and if not, I have three others that are very easy to use.

Hotel Tucán

En el hotel Tucán su satisfacción es lo más importante. Si hay alguna cosa que podamos hacer para mejorar nuestros servicios, no dude en informarnos.

_____

_____

_____

_____

_____

Los viajes

Práctica

① Comidas típicas Marlene acaba de regresar de un viaje a Madrid y le fascinó la comida española. Completa su conversación con Frank usando expresiones negativas y positivas. Ten en cuenta que vas a usar una de ellas dos veces.

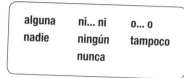

alguna	ni... ni	o... o
nadie	ningún	tampoco
	nunca	

MARLENE Frank, ¿(1) ___alguna___ vez has probado las tapas españolas?

FRANK No, (2) ___nunca___ he probado la comida española.

MARLENE ¿De veras? ¿No has probado (3) ___ni___ la tortilla de patata (4) ___ni___ la paella?

FRANK No, no he comido (5) ___ningún___ plato español. (6) ___Tampoco___ conozco los ingredientes típicos de la cocina española.

MARLENE Entonces tenemos que salir a comer juntos. ¿Conoces el restaurante llamado Carmela?

FRANK No, no conozco (7) ___ningún___ restaurante con ese nombre.

MARLENE (8) ___Nadie___ lo conoce. Es nuevo pero es muy bueno. A mí me viene bien que vayamos (9) ___o___ el lunes (10) ___o___ el jueves que viene.

FRANK El jueves también me viene bien.

② El viajero Imagina que eres un(a) viajero/a un poco especial y estás hablando de lo que no te gusta hacer en los viajes. Cambia las oraciones de positivas a negativas usando las expresiones negativas correspondientes. Sigue el modelo.

MODELO Yo siempre como la comida del país.
Nunca como la comida del país.

1. Cuando voy de viaje, siempre compro algunos regalos típicos.
Cuando voy de viaje, nunca compro ningún regalo típico.
2. A mí también me gusta visitar todos los lugares turísticos.
A mí tampoco me gusta visitar ningún lugar turístico.
3. Yo siempre hablo el idioma del país con todo el mundo.
Yo nunca hablo el idioma del país con nadie.
4. Normalmente, o alquilo un carro o alquilo una motocicleta.
Normalmente, ni alquilo un carro ni alquilo una motocicleta.
5. Siempre intento visitar a algún conocido de mi familia.
Nunca intento visitar a ningún conocido de mi familia.
6. Cuando visito un lugar nuevo, siempre hago algunos amigos.
Cuando visito un lugar nuevo, nunca hago amigos.

③ Argumentos En parejas, escriban los argumentos que provocarían estas respuestas.

¡Yo jamás haría eso!

Ninguno lo sabe.

Ni puedo ni quiero verla.

¡Yo nunca iría!

Yo tampoco.

Comunicación

4 **Escena** En grupos de tres, miren la foto y escriban una conversación entre un(a) hijo/a adolescente y sus padres usando expresiones positivas y negativas. Luego representen la conversación ante la clase.

④ As a follow-up activity, have students describe an argument they had with their own parents.

> **MODELO**
>
> **HIJA** ¿Por qué siempre desconfían de mí? No soy ninguna mentirosa y mis amigos tampoco lo son. No tienen ninguna razón para preocuparse.
>
> **MAMÁ** Sí hija, muy bien, pero recuerda que...

5 **Síntesis** La tormenta tropical Alberto azota (*is hitting*) las costas de Florida. Tú y un(a) compañero/a deben cubrir esta noticia para un programa de televisión. Uno/a de ustedes es el/la corresponsal y la otra persona es el/la conductor(a) del programa. Siguiendo el modelo, escriban una conversación sobre el alcance del desastre y las consecuencias para el turismo y para la gente local. Usen comparativos, superlativos, el subjuntivo en oraciones subordinadas adjetivas y expresiones negativas y positivas.

⑤ Have students work in pairs to prepare a mock interview with a resident of the Florida coast.

> **MODELO**
>
> **CONDUCTOR(A)** Cuéntanos, Juan Francisco, ¿cómo es la tormenta?
>
> **CORRESPONSAL** ¡Nunca he visto una tormenta tan destructiva! ¡No hay casas que puedan soportar vientos tan fuertes!
>
> **CONDUCTOR(A)** ¡Pero no es posible que el viento sea más fuerte que durante la tormenta Ximena en 1996!
>
> **CORRESPONSAL** Siempre dicen que esa tormenta fue la más fuerte, pero les aseguro que ésta es peor.

Teaching option As an additional communicative exercise, have groups invent a new tourism company. Ask students to write a paragraph describing the mission statement, the jobs they need to fill, and the type of person they are seeking. Encourage them to use lesson grammar and vocabulary. Ex: **Buscamos un guía que conozca la cultura nicaragüense.**

For additional cumulative practice of all the grammar points in this lesson, go to **enfoques.vhlcentral.com**.

5 CINEMATECA

Antes de ver el corto

EL ANILLO

país Puerto Rico
duración 8 minutos
director Coraly Santaliz Pérez

protagonistas la prometida, Arnaldo (su novio), el vagabundo, el dueño del restaurante, el empleado del restaurante, la novia del empleado, la anfitriona, la senadora

Vocabulario

el anillo *ring*	**echar** *to throw away*
el azar *chance*	**enganchar** *to get caught*
botar *to throw… out*	**la manga** *sleeve*
botarse *(P. Rico; Cuba) to outdo oneself*	**la sortija** *ring*
la casualidad *chance; coincidence*	**el tapón** *traffic jam*
el diamante *diamond*	**tirar** *to throw*

① Have students use vocabulary to write an anecdote about something that happened by chance (**por casualidad**).

1 Definiciones Conecta cada oración con la palabra correspondiente.

___d___ 1. Forma parte de una camisa.

___e___ 2. Sucede cuando hay mucho tráfico o cuando hay un accidente.

___f___ 3. Es un sinónimo de *anillo*.

___a___ 4. Es un conjunto de acontecimientos que ocurren por casualidad.

___b___ 5. Puede pasar esto si andas en bicicleta con pantalones muy anchos (*wide*).

a. azar
b. enganchar
c. diamante
d. manga
e. tapón
f. sortija
g. tirar

② For item 2, ask: **¿Hay una diferencia entre el valor monetario y el valor sentimental de algo?** Have students give examples.

2 Preguntas En parejas, contesten las preguntas.

1. ¿Alguna vez perdiste algo de mucho valor? ¿Lo encontraste?
2. ¿Encontraste algo valioso en alguna ocasión? ¿Qué hiciste?
3. ¿Pierdes cosas a menudo?
4. Imagina que encuentras tirado un anillo de diamantes. ¿Qué haces?

③ Once students have watched the film, ask them if they were correct in their predictions.

Teaching option Assign each student a character. As they watch the film, have them jot down descriptive words about that character. For slower-paced classes, review descriptive adjectives.

3 Un anillo En parejas, miren la fotografía del cortometraje e imaginen lo que va a ocurrir en la historia. Compartan sus ideas con la clase.

El Anillo

Premio al mejor guión en First Short Film Competition, patrocinado por The Film Foundation, Inc.

Producción Ejecutiva LUIS J. CRUZ ESPINETA "THE FILM FOUNDATION, INC."
Guión, Edición y Dirección CORALY SANTALIZ PÉREZ   Producción CORALY SANTALIZ PÉREZ / JAN G. SANTIAGO ECHANDI
Dirección de Fotografía CARLOS J. ZAYAS PLAZA   Música WALTER MORCIGLIO
Diseño de Sonido WALTER SANTALIZ   Actores GERARDO ORTIZ / ANNETTE SANTALIZ / JOSÉ JORGE MEDINA /
SASHA BETANCOURT / ANDRÉS SANTIAGO / VIVIANA FUSARO / ELIA ENID CADILLA

Después de leer

La luz es como el agua
Gabriel García Márquez

(1) Comprensión Indica si las oraciones son **ciertas** o **falsas**. Corrige las falsas.

1. La acción transcurre en Cartagena.
   Falso. La acción transcurre en Madrid.
2. Totó y Joel dicen que quieren el bote para pasear con sus compañeros en el río.
   Falso. Los niños dicen que lo único que quieren es tener el bote en el cuarto.
3. Los padres van todos los miércoles por la noche al cine.
   Cierto.
4. Los niños inundan la casa con agua del grifo.
   Falso. Inundan la casa con luz de la bombilla de una lámpara de la sala.
5. Los únicos que sobreviven a la inundación son los peces de colores.
   Cierto.
6. El que le sugiere a Totó la idea de que la luz es como el agua es su papá.
   Falso. El que le dice eso es el narrador.

(2) Análisis En parejas, relean la definición de realismo mágico y luego respondan las preguntas.

1. Los niños navegan "entre las islas de la casa". ¿Qué son las islas del apartamento?

2. ¿Qué significa la frase "rescataron del fondo de la luz las cosas que durante años se habían perdido en la oscuridad"? En la realidad, ¿les parece que la luz tiene fondo? En este relato, ¿cuál es el fondo de la luz?

3. Repasa el significado de *comparación* (**Lección 4**). ¿Se usan comparaciones en este relato? Escríbanlas y expliquen cómo proporcionan mayor expresividad.

(3) Interpretación Responde las preguntas con oraciones completas.

1. ¿Por qué te parece que, teniendo una gran casa en Cartagena, viven en Madrid en un pequeño apartamento? ¿Cuáles crees que podrían ser las causas?

2. El narrador señala que toda la aventura de los niños es consecuencia de una "ligereza" suya, porque "no tuvo el valor de pensarlo dos veces". ¿Por qué te parece que dice eso? ¿Qué opinas tú de su respuesta? ¿Crees que él es culpable de lo que ocurre después?

3. Los niños aprovechan que sus padres no están para inundar el apartamento y guardan el secreto; sólo se lo cuentan a sus compañeros. ¿Por qué hacen eso? ¿Puedes establecer algún paralelo entre ir al cine y navegar con la luz?

(4) Entrevista En grupos de cuatro, preparen una entrevista con el primer bombero que entró en el apartamento inundado. Uno/a de ustedes es el/la reportero/a y el resto son bomberos. Hablen sobre las causas y consecuencias del accidente y usen lenguaje objetivo y preciso. Luego representen la entrevista frente a la clase.

(5) Bitácoras de viaje Utilizando el realismo mágico, describe en una bitácora de viaje (*travel log*) un día de un viaje especial. Describe adónde fuiste, qué hiciste, con quién fuiste y por qué fue especial. Describe elementos maravillosos de tu viaje y presenta detalles mágicos como si fueran normales.

---

(2) Before completing the activity, review and discuss the concept of magical realism.

(3) Ask additional questions, such as: **¿Qué importancia tiene el hecho de que los padres van al cine cuando los niños se quedan solos en casa? ¿Por qué creen que el autor nos da los títulos de las películas? ¿Conocen estas películas?**

(4) As an expansion activity, have students write the official report issued by the fire department explaining what happened to the children.

Antes de leer

INSTRUCTIONAL RESOURCES
Supersite

Vocabulario

el apogeo *height; highest level*	**el mito** *myth*
el artefacto *artifact*	**la pared** *wall*
el campo *ball field*	**la piedra** *stone*
el/la dios(a) *god/godess*	**la pirámide** *pyramid*
el juego de pelota *ball game*	**la ruta maya** *the Mayan Trail*
la leyenda *legend*	

Tikal Completa las oraciones con las palabras apropiadas.

1. Tikal, antiguamente una gran ciudad, es ahora una impresionante colección de ruinas que se encuentra en la ___ruta maya___ de Guatemala.

2. Hay seis ___pirámides___ en el centro de la ciudad. Son los edificios más grandes de Tikal.

3. En la misma zona hay varios ___campos___ donde se jugaba al ___juego de pelota___.

4. Durante sus excavaciones, los arqueólogos han encontrado ___artefactos___ fascinantes y también esculturas y monumentos de ___piedra___.

Conexión personal ¿Cuál es la ruta más interesante que has recorrido? ¿Fue un viaje organizado o lo planeaste por tu cuenta?

Contexto cultural

Campo de pelota en Chichén Itzá

En la cultura maya, el deporte era a veces cuestión de vida y muerte. El juego de pelota se jugó durante más de 3.000 años en un campo entre muros (*walls*) con una pelota de goma (*rubber*) dura y mucha protección para el cuerpo de los jugadores. Era un juego muy violento y acababa a veces con un sacrificio ritual, posiblemente la decapitación (*beheading*) de algunos de los jugadores.

Cuenta la leyenda que los hermanos gemelos (*twins*) Ixbalanqué y Hunahpú eran tan aficionados al juego que enojaron a los dioses de la muerte, los señores de Xibalbá, con el ruido (*noise*) que hacían con las pelotas. Los señores de Xibalbá controlaban un mundo subterráneo, al que se llegaba por una cueva (*cave*). Todo individuo que entraba en Xibalbá pasaba por una serie de pruebas y trampas (*traps*) peligrosas como cruzar (*cross*) un río de escorpiones, entrar en una casa llena de cuchillos en movimiento y participar en un juego mortal de pelota. Los gemelos usaron su habilidad atlética, su inteligencia y la magia para vencer (*defeat*) a los dioses y transformarse en el sol y la luna. Por eso, entre los mayas el juego era una competencia entre fuerzas enemigas como el bien y el mal o la luz y la oscuridad.

Conexión personal
Ask students: **¿Por qué creen que es importante preservar y seguir las rutas de nuestros antepasados?**

Contexto cultural
Explain that the Mayans contributed significantly to astronomy, food, religion, architecture, and the Spanish language. Have students work in groups to research one of these elements on the Internet and give a short presentation.

Preview
Ask the class to discuss how travel can help us connect with history. Have students give examples from their own experiences.

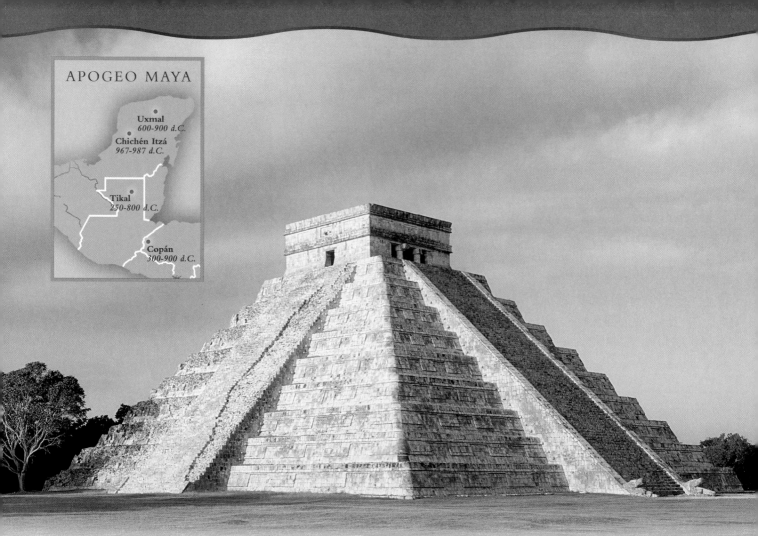

APOGEO MAYA

Uxmal
600-900 d.C.

Chichén Itzá
967-987 d.C.

Tikal
250-800 d.C.

Copán
300-900 d.C.

La ruta maya

1 Los mayas, investigadores de ciencias y matemáticas y destacados°   *outstanding*
arquitectos de espacios monumentales, han dejado evidencia de
un mundo ilustre e intelectual que todavía brilla hoy día. En su
momento de mayor extensión, el territorio maya incluía partes
5 de lo que ahora es México, Guatemala, Belice, El Salvador y
Honduras. Una imaginaria ruta maya une estos lugares dispersos,
atravesando° siglos y países, y revela restos de una gran civilización.   *crossing*
La ruta pasa por selva y ciudad, por vegetación exuberante y por

ruinas que resisten y también muestran el
10 paso del tiempo. El viajero puede elegir entre
múltiples lugares y numerosos caminos. Sin
embargo, hay un itinerario particular que
conecta la arquitectura, la cultura y el deporte
a través del tiempo y el espacio: la ruta de los
Due to 15 campos de pelota. Debido al° enorme valor
cultural del juego, se construyeron canchas
en casi todas las poblaciones importantes,
incluyendo las espléndidas construcciones
de Copán y Chichén Itzá. La ruta, que pasa
20 por algunos de los 700 campos de pelota,
unearths desentierra° maravillas arqueológicas.

En la densa selva en el oeste de Honduras,
arises cerca de la frontera con Guatemala, surge°
Copán, donde gobernaron varias dinastías
lies 25 de reyes. Entre las ruinas permanece° un
elegantísimo campo de pelota, una cancha
que tenía hasta vestuarios° para los jugadores.
dressing rooms
Grandes paredes, adornadas de esculturas
parrots/ surround de loros°, rodean° el campo más artístico de
30 Mesoamérica. En Copán vivía una élite de
sculpted artesanos y nobles que esculpían° y escribían
en piedra. Por eso, se concentran en Copán
sculptures/ steles la mayor cantidad de esculturas° y estelas°
stone tables —monumentos de figuras y lápidas° con

Chichén Itzá

El más impresionante de los campos
de pelota se encuentra en Chichén Itzá
en Yucatán, México. En su período de
esplendor, Chichén Itzá era el centro de
poder de Mesoamérica. Actualmente es uno 45
de los sitios arqueológicos más importantes
del mundo. La gran pirámide, conocida con
el nombre *El Castillo*, era un rascacielos° *skyscraper*
en su época. Con escaleras que suben a la
cumbre° por los cuatro lados, El Castillo 50 *peak*
sirvió de templo del dios Kukulcán. Hay
varias canchas de pelota en Chichén Itzá,
pero la más grandiosa y espectacular se llama
el Gran Juego de Pelota. A pesar de medir° *measuring*
166 por 68 metros (181 por 74 yardas), la 55
acústica es tan magnífica que sirve de modelo
para teatros: un susurro° se puede oír de un *whisper*
extremo al otro. Mientras competían, los
jugadores sentían la presión de las esculturas
que adornaban las paredes, las cuales 60
muestran a unos jugadores decapitando a
otros. El peligro era un recordatorio° de que *reminder*
el juego era también una ceremonia solemne
y el campo, un templo.

Esta ruta maya continúa por campos 65
como el de Uxmal en Yucatán, México,
donde se pueden apreciar grandes logros° *achievements*
arquitectónicos. En todos ellos, se oyen las
voces lejanas de la civilización maya, ecos que
nos hacen viajar por el tiempo y despiertan 70
la imaginación. ▪

Mesoamérica

La región de Mesoamérica empieza en el centro de
México y llega hasta la frontera entre Nicaragua y
Costa Rica. Aquí vivían sociedades agrarias que se
destacaron por sus avances en la arquitectura, el
arte y la tecnología en los 3.000 años anteriores a la
llegada de Cristóbal Colón al continente americano.
Entre las culturas de Mesoamérica se incluyen la
maya, azteca, olmeca y tolteca. Los mayas tomaron
la escritura y el calendario mesoamericanos y los
desarrollaron hasta su mayor grado de sofisticación.

---

35 jeroglíficos— de la ruta maya. En las famosas
stairways escalinatas° de la ciudad se pueden examinar
jeroglíficos que contienen todo un árbol
genealógico y que cuentan la historia de los
reyes de Copán. Estas inscripciones forman el
40 texto maya más largo que se preserva hoy día.

Después de leer

La ruta maya

1 **Comprensión** Decide si las oraciones son **ciertas** o **falsas**. Corrige las falsas.

1. En su momento de mayor extensión, el territorio maya empezaba en lo que hoy se llama México y terminaba en lo que hoy se llama Guatemala.
Falso. El territorio maya incluía partes de lo que ahora es México, Guatemala, Belice, El Salvador y Honduras.

2. Los mayas construyeron muy pocas canchas de pelota.
Falso. Construyeron canchas en casi todas las poblaciones importantes.

3. En Copán vivía una élite de artesanos y nobles que escribían en piedra.
Cierto.

4. Los jeroglíficos de Copán cuentan la leyenda de los gemelos Ixbalanqué y Hunahpú.
Falso. Los jeroglíficos de Copán contienen un árbol genealógico y cuentan la historia de los reyes de Copán.

5. Chichén Itzá fue el centro de poder de Mesoamérica.
Cierto.

6. El Castillo es la cancha de pelota más grande.
Falso. El Castillo es la gran pirámide y templo del dios Kukulcán. El Gran Juego de Pelota es la cancha más grandiosa y espectacular.

2 **Preguntas** Contesta las preguntas con oraciones completas.

1. ¿Qué significado tenía el juego de pelota en la cultura maya?

2. ¿Cuáles eran algunos de los peligros del juego?

3. ¿Qué tienen de extraordinario las ruinas de Copán?

4. ¿Qué detalles indican que Chichén Itzá había sido una ciudad importantísima?

5. ¿Cuál es un ejemplo de la importancia de los dioses para los mayas?

3 **Itinerarios** En grupos, preparen el itinerario para un recorrido por una de estas rutas. Luego compartan el itinerario con el resto de la clase.

- la ruta de los campos de béisbol
- Norteamérica de punta a punta
- las mansiones de los famosos en Hollywood

4 **Leyendas** Imagina que los gemelos de la leyenda maya, Ixbalanqué y Hunahpú, vuelven al mundo subterráneo de los señores de Xibalbá. Los dioses de la muerte quieren que los hermanos pasen por una serie de pruebas y trampas. Inventa un capítulo de su historia en tres párrafos. Utiliza los tiempos del pasado que conoces.

MODELO Una madrugada de un día frío y oscuro, los hermanos Ixbalanqué y Hunahpú decidieron volver a desafiar a los señores de Xibalbá...

Teaching notes (margin):

① Have students write two more true or false statements about the reading. Ask classmates to answer **cierto** or **falso**.

② For item 1, spark discussion by asking: **¿Qué opinan del juego de pelota?**

③ Preview this activity by asking students if they have traveled to different baseball stadiums or to Hollywood mansions. Then ask: **¿Están de acuerdo con que estos lugares son símbolos de la cultura estadounidense? ¿Por qué?**

③ Brainstorm other possible routes students could follow. Ex: **los parques nacionales, los monumentos nacionales**

③ Ask heritage students to talk about famous routes in their families' home countries.

④ Have students share the traps and tests they invented for their story and have the class vote on the most creative one.

Atando cabos

¡A conversar!

¡A conversar!
- Bring in travel magazines for possible honeymoon destinations.
- Have students give each couple two recommendations about their honeymoons using the subjunctive.
- Write columns **a, b, c,** and **d** on the board. As students describe the couples, record the adjectives they use under the appropriate column.

La luna de miel Trabajen en grupos de cuatro. Imaginen cómo fue la luna de miel de dos de estas parejas.

a   b   c   d

A. Primero, hablen acerca de la luna de miel de cada pareja: ¿cómo es la pareja?, ¿adónde fueron?, ¿qué hicieron?, ¿por qué eligieron ese lugar?, ¿qué cosas empacaron?

B. Luego, comparen las dos lunas de miel usando comparativos y expresiones negativas y positivas. Escriban por lo menos tres o cuatro comparaciones.

C. Por último, compartan sus comparaciones con la clase y escuchen las comparaciones de sus compañeros/as. Entre todos, realicen algunas comparaciones sobre todas las parejas usando comparativos y superlativos.

¡A escribir!

¡A escribir!
- Have students write a brief introduction about their expertise on the chosen location.
- Have students exchange their lists with a partner for peer editing.
- As a variant, have students think about pieces of advice for different travel groups: **un grupo de ancianos, un grupo de estudiantes universitarios, una familia con niños pequeños**.

Consejos de viaje Sigue el **Plan de redacción** para escribir unos consejos de viaje. Imagina que trabajas en una agencia de viajes y tienes que organizar una excursión para unos/as amigos/as tuyos/as que van a visitar una ciudad o un país que tú conoces bastante bien. Haz una lista de los lugares y cosas que les recomiendas que hagan. Ten en cuenta la personalidad de tus amigos/as y elige bien qué sitios crees que les van a gustar más.

Plan de redacción

Contenido: Recuerda que tienes que tener en cuenta el clima del lugar, la ropa que deben llevar, el hotel donde pueden alojarse y los espectáculos culturales a los que pueden asistir. También es importante que les recomiendes algún restaurante o alguna comida típica del lugar. No olvides utilizar oraciones con subjuntivo en todas tus recomendaciones. Puedes usar estas expresiones:

- Es importante que...
- Les recomiendo que...
- Busquen un hotel que...
- Es probable que...
- Es mejor que...
- Visiten lugares que...

Conclusión: Termina la lista de consejos deseándoles a tus amigos/as un buen viaje.

De viaje

la bienvenida	welcome
la despedida	farewell
el destino	destination
el itinerario	itinerary
la llegada	arrival
el pasaje (de ida y vuelta)	(round-trip) ticket
el pasaporte	passport
la temporada alta/ baja	high/low season
el/la viajero/a	traveler
hacer las maletas	to pack
hacer un viaje	to take a trip
ir(se) de vacaciones	to take a vacation
perder (e:ie) (el vuelo)	to miss (the flight)
regresar	to return
a bordo	on board
retrasado/a	delayed
vencido/a	expired
vigente	valid

El alojamiento

el albergue	hostel
el alojamiento	lodging
la habitación individual/doble	single/double room
la recepción	front desk
el servicio de habitación	room service
alojarse	to stay
cancelar	to cancel
estar lleno/a	to be full
quedarse	to stay
reservar	to reserve
de buena categoría	high quality
incluido/a	included
recomendable	recommendable; advisable

La seguridad y los accidentes

el accidente (automovilístico)	(car) accident
el/la agente de aduanas	customs agent
el aviso	notice; warning
el cinturón de seguridad	seatbelt
el congestionamiento	traffic jam
las medidas de seguridad	security measures
la seguridad	safety; security
el seguro	insurance
ponerse/quitarse (el cinturón)	to fasten/to unfasten (the seatbelt)
reducir (la velocidad)	to reduce (speed)
peligroso/a	dangerous
prohibido/a	prohibited

Las excursiones

la aventura	adventure
el/la aventurero/a	adventurer
la brújula	compass
el buceo	scuba diving
el campamento	campground
el crucero	cruise (ship)
el (eco)turismo	(eco)tourism
la excursión	excursion; tour
la frontera	border
el/la guía turístico/a	tour guide
la isla	island
las olas	waves
el puerto	port
las ruinas	ruins
la selva	jungle
el/la turista	tourist
navegar	to sail
recorrer	to visit; to go around
lejano/a	distant
turístico/a	tourist (adj.)

Más vocabulario

Expresiones útiles	Ver p. 169
Estructura	Ver pp. 176–177, 180–181 y 184–185

Cinemateca

el anillo	ring
el azar	chance
la casualidad	chance; coincidence
el diamante	diamond
la manga	sleeve
la sortija	ring
el tapón	traffic jam
botar	to throw… out
botarse	(P. Rico; Cuba) to outdo oneself
echar	to throw away
enganchar	to get caught
tirar	to throw

Literatura

la bahía	bay
el bote	boat
la cascada	cascade; waterfall
el faro	lighthouse; beacon
el muelle	pier
la pesca	fishing
la popa	stern
la proa	bow
el remo	oar
el tiburón	shark
flotar	to float
ahogado/a	drowned

Cultura

el apogeo	height; highest level
el artefacto	artifact
el campo	ball field
el/la dios(a)	god/godess
el juego de pelota	ball game
la leyenda	legend
el mito	myth
la pared	wall
la piedra	stone
la pirámide	pyramid
la ruta maya	the Mayan Trail

La naturaleza

Communicative Goals

You will expand your ability to…
- describe and narrate in the future
- express purpose, condition, and intent
- describe relationships between things/people/ideas

La naturaleza

Preview Ask discussion questions about nature and the environment. Ex: ¿Qué importancia tiene la naturaleza en tu vida diaria? ¿Crees que a veces se exageran los problemas del medio ambiente? Recycle previously learned vocabulary, such as common animal names.

La naturaleza

El Caribe presenta **costas** infinitas con palmeras **a orillas del mar**, aguas cristalinas y extensos **arrecifes** de coral con un **paisaje** submarino sin igual.

el árbol *tree*
el arrecife *reef*
el bosque (lluvioso) *(rain) forest*
el campo *countryside; field*
la cordillera *mountain range*

la costa *coast*
el desierto *desert*
el mar *sea*
la montaña *mountain*
el paisaje *landscape; scenery*
la tierra *land; earth*

húmedo/a *humid; damp*
seco/a *dry*

a orillas de *on the shore of*
al aire libre *outdoors*

Los animales

el ave (*f.*)/el pájaro *bird*
el cerdo *pig*
el conejo *rabbit*
el león *lion*
el mono *monkey*
la oveja *sheep*
el pez *fish*
la rana *frog*

la serpiente *snake*
el tigre *tiger*
la vaca *cow*

atrapar *to trap; to catch*
cazar *to hunt*
dar de comer *to feed*

extinguirse *to become extinct*
morder (o:ue) *to bite*

en peligro de extinción *endangered*
salvaje *wild*
venenoso/a *poisonous*

Los fenómenos naturales

el huracán *hurricane*
el incendio *fire*
la inundación *flood*
el relámpago *lightning*
la sequía *drought*
el terremoto *earthquake*
la tormenta (tropical) *(tropical) storm*
el trueno *thunder*

Variación léxica
el bosque lluvioso ⟷ el bosque húmedo (tropical)
conservar ⟷ preservar
la serpiente ⟷ la culebra
Remind students that the masculine articles **el** and **un** are used with feminine singular nouns that begin with a stressed **a** to facilitate pronunciation. Ex: **el ave → las aves**

El medio ambiente

Eugenia le explica a Jorge que el **reciclaje** de botellas es muy importante para evitar **malgastar** el plástico y **proteger** el **medio ambiente**.

el calentamiento global *global warming*
la capa de ozono *ozone layer*
el combustible *fuel*
la contaminación *pollution; contamination*

la deforestación *deforestation*
el desarrollo *development*
la erosión *erosion*
la fuente de energía *energy source*
el medio ambiente *environment*
los recursos naturales *natural resources*

agotar *to use up*
conservar *to conserve; to preserve*
contaminar *to pollute; to contaminate*
contribuir (a) *to contribute*
desaparecer *to disappear*
destruir *to destroy*
malgastar *to waste*
proteger *to protect*
reciclar *to recycle*

resolver (o:ue) *to solve*

dañino/a *harmful*
desechable *disposable*
renovable *renewable*
tóxico/a *toxic*

---

① For Part C, have pairs create two columns labeled **Antes** and **Después** to organize their ideas.

Práctica

1 **Escuchar**

 A. Escucha el informativo de la noche y después completa las oraciones con la opción correcta.

1. Hay __b__.
   a. una inundación   b. un incendio

2. Las causas de lo que ha ocurrido __b__.
   a. se conocen   b. se desconocen

3. En los últimos meses, ha habido __a__.
   a. mucha sequía   b. muchas tormentas

4. Las autoridades temen que __b__.
   a. los animales salvajes vayan a los pueblos
   b. el incendio se extienda

5. Los pueblos de los alrededores __a__.
   a. están en peligro   b. están contaminados

 B. Escucha la conversación entre Pilar y Juan y después contesta las preguntas con oraciones completas.

1. ¿Dónde hay un incendio?
   Hay un incendio en la Cordillera del Este.
2. Según lo que escuchó Pilar, ¿qué puede suceder?
   El incendio se puede extender a otras zonas.
3. ¿Qué animales tenían los abuelos de Juan?
   Los abuelos de Juan tenían ovejas.
4. ¿Qué hacía Pilar con los peces que veía?
   Pilar a veces les daba de comer a los peces.
5. ¿Qué ha pasado con los peces que había antes en la costa? Los peces que había antes en la costa han desaparecido.

C. En parejas, hablen de los cambios que han visto ustedes en la naturaleza a lo largo de los años. Hagan una lista y compártanla con la clase.

2 **¡A emparejar!** Conecta las palabras de forma lógica.

MODELO fenómeno natural: terremoto

__d__ 1. proteger		a. león
__e__ 2. tormenta		b. serpiente
__c__ 3. destrucción		c. incendio
__f__ 4. campo		d. conservar
__a/b__ 5. salvaje		e. trueno
__b__ 6. venenosa		f. aire libre

② As an expansion activity, have students make sentences with the associated words. Ex: **Al conservar el agua, protegemos el medio ambiente.**

Práctica

③ Ask students to write two more true or false statements using the lesson vocabulary. Have classmates answer **cierto** or **falso** and correct any false statements.

3 **¿Cierto o falso?** Indica si estas afirmaciones son **ciertas** o **falsas**. Corrige las falsas.

Cierto **Falso**

☑ ☐ 1. Un relámpago es un fenómeno natural que ilumina el cielo cuando hay tormenta.

☐ ☑ 2. Cuando algo es desechable, se debe reciclar.
Cuando algo es desechable, se debe tirar.

☐ ☑ 3. Algunas vacas son venenosas.
Algunas serpientes son venenosas.

☑ ☐ 4. Un producto tóxico es dañino para el medio ambiente.

☐ ☑ 5. La sequía es un largo período de tiempo con lluvias.
La sequía es un largo período de tiempo sin lluvias.

☑ ☐ 6. Un desierto es una extensión de tierra donde no suele llover.

☐ ☑ 7. Una inundación es un fenómeno natural que se produce cuando se mueve la tierra.
Un terremoto es un fenómeno natural que se produce cuando se mueve la tierra.

☐ ☑ 8. Dicen que el conejo es el rey de la selva.
Dicen que el león es el rey de la selva.

④ Remind students that not all words will be used.

4 **¿Qué es la biodiversidad?** Completa el artículo de la revista *Facetas* con la palabra o expresión correspondiente.

animal	costas	paisaje
arrecifes de coral	mar	proteger
bosques	medio ambiente	recursos naturales
conservar	montañas	tierra

La biodiversidad se refiere a la gran variedad de formas de vida —(1) ___animal___, vegetal y humana— que conviven en el (2) ___medio ambiente___, no sólo en la tierra sino también en el (3) ___mar___. Esta interdependencia significa que ninguna especie está aislada o puede vivir por sí sola. A pesar de que el Caribe comprende menos del 11 por ciento de la superficie total del planeta, su territorio contiene una vasta riqueza de vida silvestre (*wild*) que se encuentra a lo largo de sus (4) ___bosques___ tropicales húmedos, (5) ___montañas___ altas, extensas costas, y del increíble (6) ___arrecifes de coral___ submarino de los (7) ___paisaje___. Se estima que en la actualidad hay más de 65 organizaciones ambientalistas que trabajan para (8) ___conservar/proteger___ y (9) ___conservar/proteger___ los valiosos (10) ___recursos naturales___ de las islas caribeñas.

Teaching option
Discuss biodiversity in other regions. If time permits, use photographs of animals that are indigenous to the Spanish-speaking world to teach additional vocabulary. Ex: **el jaguar, el loro, el pingüino, el puma**. For an optional project, assign geographical regions to small groups and have them prepare presentations on the flora and fauna of each region.

Comunicación

 5 **Preguntas** En parejas, túrnense para contestar las preguntas.

1. Cuando vas de vacaciones, ¿qué tipo de lugar prefieres? ¿El campo, la costa, la montaña? ¿Por qué?

2. ¿Tienes un animal preferido? ¿Cuál es? ¿Por qué te gusta? ¿Y qué animales no te gustan? ¿Por qué?

3. ¿Qué opinas de la práctica de cazar animales salvajes? ¿Es cruel? ¿Es necesario controlar la población para el bien de la especie?

4. ¿Qué opinas del uso de abrigos de piel (*fur*)? ¿Hay alguna diferencia entre usar zapatos de cuero (*leather*) y usar un abrigo de piel de zorro (*fox*)?

5. ¿Qué fenómenos naturales son comunes en tu área? ¿Los huracanes, las sequías? ¿Qué efectos o consecuencias tienen para el medio ambiente?

6. En tu opinión, ¿cuál es el problema más grave que afecta al medio ambiente? ¿Qué podemos hacer para mejorar la situación?

 6 **¿Qué es mejor?** En parejas, hablen sobre las ventajas y las desventajas de las alternativas de la lista. Consideren el punto de vista práctico y el punto de vista ambiental. Utilicen el vocabulario de **Contextos**.

> - usar servilletas de papel o de tela (*cloth*)
> - tirar restos de comida a la basura o en el triturador del fregadero (*garbage disposal*)
> - acampar en un parque nacional o alojarse en un hotel
> - imprimir (*print*) el papel de los dos lados o simplemente imprimir menos

 7 **Asociaciones** En parejas, comparen sus personalidades con las cualidades de estos animales, elementos y/o fuerzas de la naturaleza. ¿Con cuáles te identificas? ¿Con cuáles crees que se identifica tu compañero/a? ¿Por qué? Comparen sus respuestas. Utilicen el vocabulario de **Contextos**.

árbol	fuente de energía	mar	relámpago
bosque	huracán	montaña	serpiente
conejo	incendio	pájaro	trueno
desierto	león	pez	terremoto

MODELO **terremoto**
Soy como un terremoto. No me quedo quieto/a un instante.

pájaro
Yo me identifico con los pájaros. Soy libre y soñador(a).

5 As an expansion activity, have students bring in news articles about an environmental problem or natural disaster to discuss with their partners.

5 Review the subjunctive with **conocer** by asking questions about the environment. Ex: **¿Conocen a alguien que tenga un vehículo eléctrico o híbrido? ¿Conocen alguna organización cuya meta sea proteger el medio ambiente?**

6 Ask students about environmental practices on campus. Ex: **¿Qué medidas toma tu escuela o universidad para conservar papel o reducir la cantidad de basura?**

7 Review similes in **Literatura, Lección 4.** Remind students to use **como** when making comparisons.

La naturaleza *doscientos siete* **207**

Synopsis
• Aguayo is trying to kill a spider, and Mariela and Fabiola are terrified.
• Mariela, Fabiola, and Aguayo talk about his upcoming camping vacation.
• Diana has agreed to look after Aguayo's pet fish.
• Mariela, Fabiola, and Diana spend their lunch hour trying to cheer up Bambi.

Aguayo se va de vacaciones, dejando su pez al cuidado de los empleados de *Facetas*.

MARIELA ¡Es una araña gigante!

FABIOLA No seas miedosa.

MARIELA ¿Qué haces allá arriba?

FABIOLA Estoy dejando espacio para que la atrapen.

DIANA Si la rocías con esto (*muestra el matamoscas en spray*), la matas bien muerta.

AGUAYO Pero esto es para matar moscas.

FABIOLA ¡Las arañas jamás se van a extinguir!

MARIELA Las que no se van a extinguir son las cucarachas. Sobreviven la nieve, los terremotos y hasta los huracanes, y ni la radiación les hace daño.

FABIOLA ¡Vaya! Y… ¿tú crees que sobrevivirían al café de Aguayo?

AGUAYO Mariela, ¿podrías hacer el favor de tomar mis mensajes? Voy a casa por mi pez. Diana se ofreció a cuidarlo durante mis vacaciones.

MARIELA ¡Cómo no, jefe!

AGUAYO Mañana por la tarde estaremos en el campamento.

FABIOLA ¿Cómo pueden llamarle "vacaciones" a eso de dormir en el suelo y comer comida enlatada?

AGUAYO Ésta es su comida. Sólo una vez al día. No le des más aunque ponga cara de perrito… Bueno, debo irme.

MARIELA ¿Cómo sabremos si pone cara de perrito?

AGUAYO En vez de hacer así (*hace gestos con la cara*)…, hace así.

JOHNNY Última llamada.

FABIOLA Nos quedaremos cuidando a Bambi.

ÉRIC Me encanta el pececito, pero me voy a almorzar. Buen provecho.

Los chicos se marchan.

DIANA ¡Ay! No sé ustedes, pero yo lo veo muy triste.

FABIOLA Claro. Su padre lo abandonó para irse a dormir con las hormigas.

MARIELA ¿Por qué no le damos de comer?

FABIOLA ¡Ya le he dado tres veces!

MARIELA Ya sé. Podríamos darle el postre.

INSTRUCTIONAL RESOURCES Supersite/DVD: Fotonovela
Supersite/IRCD: Videoscript & Translation, SAM Answer Key
SAM/WebSAM: VM

208 *doscientos ocho*

Preview Introduce the future tense by asking: **¿Qué creen que pasará en este episodio?** Note volunteers' answers on the board. After viewing the film, discuss which predictions were correct.

Personajes

 AGUAYO
 DIANA
 ÉRIC
 FABIOLA
 JOHNNY
 MARIELA

4

AGUAYO La idea es tener contacto con la naturaleza, Fabiola. Explorar y disfrutar de la mayor reserva natural del país.

MARIELA Debe ser emocionante.

AGUAYO Lo es. Sólo tengo una duda. ¿Qué debo hacer si veo un animal en peligro de extinción comerse una planta en peligro de extinción?

FABIOLA Tómale una foto.

5

AGUAYO Chicos, les presento a Bambi.

MARIELA ¿Qué? ¿No es Bambi un venadito?

AGUAYO ¿Lo es?

JOHNNY ¿No podrías ponerle un nombre más original?

FABIOLA Sí, como *Flipper*.

9

FABIOLA Miren lo que encontré en el escritorio de Johnny.

MARIELA ¡Galletitas de animales!

DIANA ¿Qué haces?

MARIELA Hay que encontrar la ballenita. Es un pez y está solo. Supongo que querrá compañía.

DIANA Pero no podemos darle galletas.

FABIOLA ¿Y qué vamos a hacer? Todavía se ve tan triste.

10

MARIELA ¡Ya sé! Tenemos que hacerlo sentir como si estuviera en su casa. (*Pegan una foto de la playa en la pecera.*) ¿Qué tal ésta con el mar?

DIANA ¡Perfecta! Se ve tan feliz.

FABIOLA Míralo.

Llegan los chicos.

ÉRIC ¡Bambi! Maldito pez. En una playa tropical con tres mujeres.

Comprensión

1 **¿Quién lo dijo?** Identifica lo que dijo cada personaje.

1. No podemos darle galletas.   Diana
2. Mañana por la tarde, estaremos en el campamento.   Aguayo
3. Tómale una foto.   Fabiola
4. Me encanta el pececito, pero me voy a almorzar.   Éric
5. Podríamos darle el postre.   Mariela

> AGUAYO
> DIANA
> ÉRIC
> FABIOLA
> MARIELA

2 **¿Qué falta?** Completa las oraciones con las frases de la lista.

> las cucarachas   un nombre original
> el pez   denle de comer
> de comer   tener contacto con la naturaleza

1. **FABIOLA** ¿Tu crees que __las cucarachas__ pueden sobrevivir al café de Aguayo?
2. **MARIELA** Debe ser emocionante __tener contacto con la naturaleza__.
3. **FABIOLA** Sí, __un nombre original__ como "Flipper".
4. **AGUAYO** __Denle de comer__ sólo una vez al día.
5. **MARIELA** ¿Cómo sabremos si __el pez__ pone cara de perrito?
6. **FABIOLA** Ya le he dado tres veces __de comer__.

3 **¿Qué dijo?** Comenta lo que dijeron los personajes. Utiliza los verbos entre paréntesis.

> **MODELO**   JOHNNY ¿No podrías ponerle un nombre más original? (sugerir a Aguayo)
> Johnny le sugiere a Aguayo que le ponga un nombre más original.

AGUAYO Mariela, ¿podrías hacer el favor de tomar mis mensajes? (pedir a Mariela)
Aguayo le pide a Mariela que tome sus mensajes.
FABIOLA Toma una foto. (aconsejar a Aguayo)
Fabiola le aconseja a Aguayo que tomé una foto.
AGUAYO No le des más aunque ponga cara de perrito… (ordenar a Mariela)
Aguayo le ordena a Mariela que no le dé más aunque ponga cara de perrito.
MARIELA ¿Por qué no le damos de comer? (sugerir a Diana)
Mariela le sugiere a Diana que le den de comer.

4 **Preguntas y respuestas** En parejas, háganse preguntas sobre estos temas.

> **MODELO**   irse de campamento
> —¿Quién se va de campamento?
> —Aguayo se va de campamento.

> • tenerle miedo a las arañas   • irse a almorzar
> • Aguayo y su esposa / comer   • dar de comer
> • cuidar a la mascota   • sentirse feliz

Ampliación

⑤ Ask students to predict Aguayo's response to the letter.

⑤ As a variant, have students write a letter from Bambi's point of view. Explain what he heard, saw, and felt under Diana's care. Encourage students to be creative.

⑤ **Carta a Aguayo** Aguayo dejó a su pececito al cuidado de los empleados de *Facetas*, pero ocurrió algo terrible: Bambi se murió. Ahora, ellos deben contarle a Aguayo lo sucedido. En parejas, escriban la carta que los empleados le enviaron a Aguayo.

Querido jefe:

Esperamos que esté disfrutando de sus vacaciones y de la comida enlatada. Nosotros estamos bien, pero tenemos que darle una mala noticia. El otro día...

⑥ **Apuntes culturales** En parejas, lean los párrafos y contesten las preguntas.

Las mascotas

Aguayo dejará su mascota Bambi al cuidado de Diana. Otro tipo de mascota con hábitos acuáticos es el carpincho (*capybara*), común a orillas de ríos en Sudamérica. Este simpático "animalito" fácil de domesticar es el roedor (*rodent*) más grande del planeta, ¡con un peso de hasta 100 libras! Un poquito grande para la oficina de *Facetas*, ¿no?

De campamento

Según Aguayo, la idea de acampar es estar en contacto con la naturaleza. Un sitio emocionante para acampar es la comunidad boliviana de **Rurrenabaque**, puerta de entrada al **Parque Nacional Madidi**. Este parque, una de las reservas más importantes del planeta, comprende cinco pisos (*floors*) ecológicos, desde llanuras (*plains*) amazónicas hasta cordilleras nevadas.

El alacrán

Fabiola y Mariela les tienen miedo a las arañas. ¡Y no es para menos! Algunos arácnidos (*arachnids*) son muy peligrosos. En la República Dominicana, los alacranes (*scorpions*) son temidos (*feared*) por su veneno mortal. Se los puede encontrar debajo de los muebles, en los zapatos… ¿Sobrevivirían los alacranes al matamoscas de Diana?

⑥ For an expansion activity, have students research an exotic animal on the Internet and present their findings to the class. Then have students vote according to different categories: **el animal más peligroso, el animal más fácil de domesticar**, etc.

⑥ **Piso ecológico,** which can be translated as ecological "floor" or "belt," refers to areas that share the same characteristics within an altitude range. This term is typically used to describe the geography of Peru, Bolivia, and other Andean countries.

1. ¿Qué mascotas exóticas conoces? Menciona como mínimo tres o cuatro. ¿Cuáles son sus hábitos? ¿Son fáciles o difíciles de domesticar? ¿Son peligrosos/as?

2. ¿Has acampado alguna vez? ¿Dónde? ¿Por cuántos días? ¿Qué hiciste?

3. ¿Qué significa la expresión "piso ecológico"? ¿Has estado alguna vez en una región con distintos "pisos ecológicos"? ¿Cómo es la geografía de la región en donde vives?

4. ¿Has visto un alacrán alguna vez? ¿Qué otros insectos peligrosos conoces? ¿Te han picado (*bitten*)? ¿Les tienes miedo?

Teaching option Ask heritage speakers what pets are common in their families' countries of origin.

INSTRUCTIONAL RESOURCES
Supersite/DVD: Flash cultura; **Supersite:** Videoscript & Translation

EL CARIBE

En detalle

Los bosques DEL MAR

¿Te sumergiste alguna vez en el más absoluto de los silencios para contemplar los majestuosos arrecifes de coral? En el Caribe hay más de 26.000 kilómetros cuadrados de arrecifes, también llamados *bosques tropicales del mar* por la inmensa biodiversidad que se encuentra en ellos. Sus extravagantes formas de intensos colores proporcionan° el ecosistema ideal para las más de 4.000 especies de peces y miles de especies de plantas que en ellos habitan.

Nuestras vidas también dependen de estas formaciones: los arrecifes del Caribe protegen las costas de Florida y de los países caribeños de los huracanes. Sus inmensas estructuras aplacan° la fuerza de las tormentas antes de que lleguen a las costas, cumpliendo la función de barreras° naturales. También protegen las playas de la erosión y son un refugio para muchas especies animales en peligro de extinción.

En Cuba se destacan° los arrecifes de María la Gorda, en el extremo occidental de la isla. En esta área altamente protegida, más de 20 especies de corales forman verdaderas cordilleras, grutas° y túneles subterráneos.

3200 Km de arrecifes
Cuba
María La Gorda
166 Km de arrecifes
237 especies de coral
República Dominicana
Puerto Rico
Parque Nacional Submarino La Caleta

Lamentablemente, los arrecifes están en peligro por culpa de la mano del hombre. La construcción desmedida° en las costas y la contaminación de las aguas por los desechos° de las alcantarillas° provocan la sedimentación. Esto enturbia° el agua y mata el coral porque le quita la luz que necesita. La pesca descontrolada, el exceso de turismo y la recolección de coral por parte de los buceadores son otros de sus grandes enemigos. De hecho, algunos expertos dicen que el 70% del coral desaparecerá en unos 40 años. Así que, si eres uno de los afortunados que pueden visitarlos, cuídalos, no los toques y avisa si ves que alguien los está dañando. Su futuro depende de todos nosotros. ∎

Los **arrecifes de coral** son uno de los más antiguos hábitats de la Tierra; algunos de ellos llegan a tener más de 10.000 años. Muchos los confunden con plantas o con rocas, pero los arrecifes de coral son, en realidad, estructuras formadas por pólipos° de coral, unos animales diminutos° que al morir dejan unos residuos de piedra caliza°. Los arrecifes son el refugio ideal para muchos tipos de animales, tales como esponjas, peces y tortugas.

proporcionan *provide* **aplacan** *diminish* **barreras** *barriers* **se destacan** *stand out* **grutas** *caves* **desmedida** *excessive*
desechos *waste* **alcantarillas** *sewers* **enturbia** *clouds* **pólipos** *polyps* **diminutos** *minute* **piedra caliza** *limestone*

En detalle Preview the reading with introductory questions. Ex: **¿Hicieron buceo alguna vez? ¿Dónde? ¿Vieron arrecifes de coral? ¿Cómo eran?**

Así lo decimos Have heritage speakers give other common expressions/idioms that use animal names. Ex: **tener pájaros en la cabeza (Esp.)** *to be a scatterbrain*

Perfil Ask students if they can think of other environmental preservation projects that serve as tourist attractions.

ASÍ LO DECIMOS

Frases de animales

andar como perro sin pulga° (Méx.)   *to be carefree*

comer como un chancho   *to eat like a pig; to pig out*

¡El mono está chiflando!° (Cu.)   *How windy!*

estar como una cabra° (Esp.)   *to be as mad as a hatter*

marca perro (Arg., Chi. y Uru.)   *(of an object) by an unknown brand*

¡Me pica el bagre!° (Arg.)   *I'm getting hungry!*

¡Qué búfalo/a! (Nic.)   *Fantastic!*

¡Qué tortuga! (Col.)   *(of a person) How slow!*

ser (una) rata   *to be stingy*

EL MUNDO HISPANOHABLANTE

Organizaciones ambientales

Protección de la biosfera El Parque Nacional Yasuní, declarado Reserva Mundial de la Biosfera por la UNESCO en 1989, está ubicado en la Amazonia ecuatoriana. En la actualidad, varias organizaciones ambientales intentan frenar° el avance de compañías petroleras que operan en el 60% del territorio del parque.

Campañas contra transgénicos En 2004, Greenpeace comenzó una campaña en Chile. Quieren que el gobierno obligue a las empresas alimenticias a identificar los alimentos elaborados con ingredientes de origen transgénico mediante el etiquetado de los envases°.

Protección de aves amenazadas Gracias al Fondo Peregrino de Panamá, las aves arpías° están siendo rescatadas y protegidas. Se calcula que Panamá es el único país de América Latina que protege esta ave. En 2002 y 2003 se estima que nacieron un promedio de siete aves por año, cifra que en otros países lleva años alcanzar.

PERFIL

PARQUE NACIONAL SUBMARINO LA CALETA

En 1984, por obra y gracia del Grupo de Investigadores Submarinos, el buque° de rescate *Hickory* se hundió en el Parque Nacional Submarino La Caleta, a unos 17 kilómetros de Santo Domingo. No fue un accidente, sino que el objetivo de los especialistas era sumergir el buque intacto para que sirviera de arrecife artificial para las especies en peligro. Con el paso de los años, el barco se cubrió de esponjas y corales, y por él pasean miles de peces. El *Hickory*, que está a unos 20 metros de profundidad, es hoy día una de las mayores atracciones del Parque. Por cierto, el *Hickory* no es el único atractivo del Parque Nacional. Tiene otro barco-museo hundido para el buceo y en sus aguas, que llegan a una profundidad de 180 metros (590 pies), se pueden contemplar tres terrazas de arrecifes. Los corales forman verdaderas alfombras de tonos rojos, amarillos y anaranjados que impresionan al buceador más exigente.

> « El hombre no sólo es un problema para sí, sino también para la biosfera en que le ha tocado vivir. »
>
> (Ramón Margalef, ecólogo español)

SUPERSITE Conexión Internet

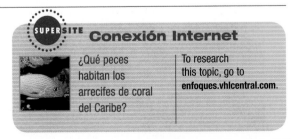

¿Qué peces habitan los arrecifes de coral del Caribe?

To research this topic, go to **enfoques.vhlcentral.com**.

andar como... *(lit.) to be like a dog without a flea* **el mono...** *(lit.) the monkey is whistling* **estar como...** *(lit.) to be like a goat* **me pica...** *(lit.) my catfish is itching/tickling me* **buque** *ship* **frenar** *to slow down* **etiquetado...** *container labeling* **aves arpías** *harpy eagles*

El mundo hispanohablante Ask: De estas tres actividades, ¿cuál les parece la más importante? ¿Por qué? ¿Es importante que la comida no contenga ingredientes de origen transgénico?

Teaching option Read the quote aloud to the class and ask: ¿Creen que este ecólogo es optimista o pesimista? ¿Por qué?

La naturaleza   *doscientos trece* 213

¿Qué aprendiste?

1 **¿Cierto o falso?** Indica si estas afirmaciones son ciertas o falsas. Corrige las falsas.

1. Los arrecifes de coral son unas plantas de intensos colores. Falso. Los arrecifes no son plantas, son estructuras formadas por animales diminutos.

2. Los arrecifes de coral también son conocidos como los *bosques tropicales del mar*. Cierto.

3. Los huracanes se hacen más fuertes cuando pasan por los arrecifes. Falso. Los huracanes pierden fuerza porque los arrecifes cumplen la función de barreras naturales.

4. Estas estructuras son un ecosistema ideal para las especies en peligro de extinción. Cierto.

5. Las formaciones de coral necesitan luz. Cierto.

6. Está permitido que los turistas tomen un poco de coral para llevárselo. Falso. Uno de los grandes enemigos de los arrecifes es la recolección de coral por parte de los turistas.

7. María la Gorda se encuentra en el extremo occidental de Puerto Rico. Falso. Se encuentra en el extremo occidental de Cuba.

8. En María la Gorda, los arrecifes forman túneles y cordilleras. Cierto.

9. La construcción de casas cerca de las playas no afecta al desarrollo de los arrecifes. Falso. La construcción de casas y la contaminación por los desechos de las alcantarillas afectan a su desarrollo.

10. Los arrecifes de coral son uno de los hábitats más antiguos del planeta. Cierto.

11. En los arrecifes no viven tortugas porque no encuentran su alimento. Falso. En los arrecifes viven tortugas.

12. Los expertos están preocupados por el futuro de los arrecifes. Cierto.

2 **Opciones** Elige la opción correcta.

1. El Grupo de Investigadores Submarinos hundieron el *Hickory* para crear (un parque nacional/(un arrecife artificial)).

2. El Parque Nacional Submarino La Caleta está ubicado en (Puerto Rico/ (la República Dominicana)).

3. ¿No quieres contribuir para el regalo de Juan? ¡Eres ((una rata)/un chancho)!

4. Si estás en Argentina y tiene hambre, dices que ((te pica el bagre)/estás como una cabra).

3 **Preguntas** Contesta las preguntas. Some answers will vary.

1. ¿Qué quieren frenar las organizaciones ambientales en el Parque Nacional Yasuní? Las organizaciones ambientales quieren frenar el avance de las compañías petroleras.

2. ¿Qué animales protege el Fondo Peregrino de Panamá? El Fondo Peregrino de Panamá protege las aves arpías.

3. ¿Qué busca Greenpeace con la campaña contra transgénicos? Greenpeace busca que obliguen a las empresas alimenticias a identificar los alimentos que contienen ingredientes transgénicos.

4. En tu opinión, ¿a qué se refiere Ramón Margalef cuando dice que el hombre es un problema para la biosfera?

4 **Opiniones** En parejas, conversen sobre la contaminación del mar. ¿Les preocupa la contaminación del mar? ¿Creen que tienen algún hábito en su vida diaria que perjudica nuestros mares? ¿Están dispuestos a cambiar su estilo de vida? ¿Qué cambiarían? Compartan su opinión con la clase.

PROYECTO

Arrecifes del Caribe

Busquen información sobre los arrecifes de coral de Cuba, Puerto Rico y la República Dominicana. Elijan una zona de arrecifes y preparen una presentación para la clase. La presentación debe incluir:

- datos sobre la ubicación y la extensión
- datos sobre turismo
- datos sobre las especies de coral y otras especies de los arrecifes
- información sobre el estado de los arrecifes. ¿Están en peligro? ¿Alguna organización los protege?

¡No olviden incluir un mapa con la ubicación exacta para presentarlo en la clase!

GILBERTO SANTA ROSA

Gilberto Santa Rosa, más conocido como el Caballero de la Salsa, es considerado el heredero de la tradición salsera caribeña y el puente° hacia los nuevos tiempos de este género musical. Comenzó su carrera de adolescente cuando fue invitado a participar en bandas famosas, entre ellas la orquesta *La Grande* junto al destacado° trompetista Elías López. Hoy este puertorriqueño es una figura consagrada en su país y en el mundo. Santa Rosa se convirtió en el primer cantante de música tropical en actuar en el Carnegie Hall en Nueva York. Su éxito artístico radica° en su talento como sonero° en la interpretación de música tropical y también de boleros. En su producción *Directo al corazón* (2006), que incluye *Isla del encanto*, Santa Rosa coquetea con el reggaetón y la balada y, fiel a su estilo, da justo en el blanco°.

Discografía

2006 Directo al corazón   **2002** Intenso   **1995** En vivo desde el Carnegie Hall

Canción

Éste es un fragmento de la canción que tu instructor(a) te hará escuchar.

Isla del encanto

Cuando la luna cae sobre tus palmeras
Y en tus playas el mar agita sus olas
El firmamento brinda su mejor estrella
Para darle la luz a tu preciosa arena.

Por la mañana siempre sale el sol primero
Y se llena de luz el paraíso mío
Y en la verde montaña el jibarito° canta
Un lelolay° que es signo en el mundo entero.

> La **Rueda de Casino** es una de las variantes más llamativas de salsa surgida en los años cincuenta en Cuba. Las parejas bailan en forma circular y, cuando el líder del grupo hace un llamado° con el nombre de un tipo de vuelta°, las mujeres deben cambiar de pareja. Existen muchísimos llamados, algunos de ellos muy graciosos, como por ejemplo: *pa'arriba, ¡dile que no!* y *Juana la cubana*.

Preguntas En parejas, contesten las preguntas.   Some answers will vary.

1. ¿Cuándo comenzó la formación artística de Gilberto Santa Rosa?   Comenzó cuando, siendo adolescente, fue invitado a participar en bandas famosas.
2. ¿Por qué el título de la canción es *Isla del encanto*? ¿A qué se refiere?   La canción se refiere a Puerto Rico.
3. ¿Qué es la Rueda de Casino?   Es un estilo de baile en forma circular en el que las parejas cambian al llamado de un líder.
4. ¿Qué otros cantantes de salsa conocen? ¿Bailan salsa?

puente *bridge* **destacado** *renowned* **radica** *lies* **sonero** *improvisational singer* **blanco** *target*
jibarito *little Puerto Rican farmer* **lelolay** *exclamation typical of jíbaros* **llamado** *call* **vuelta** *turn*

Ritmos Point out the use of possessive adjectives in the song (tu preciosa arena, el paraíso mío) (Estructura 2.5). Ask: ¿Cómo es la relación entre el cantante y la isla?

INSTRUCTIONAL RESOURCES
Supersite/IRCD:
Textbook Answer Key,
SAM Answer Key
SAM/WebSAM: WB, LM

¡ATENCIÓN!

Note that all of the future
tense endings carry a
written accent mark,
except the **nosotros/as**
form.

Point out that some irregular
verbs drop the **–e–** of the
infinitive ending (**caber →
cabr-**), while others replace
the **–e–** or **–i–** of the infinitive
ending with **–d–** (**poner →
pondr-**).

Decir and **hacer** have individual
irregularities. Emphasize that
in the future, while some verb
stems are irregular, the verb
endings never change.

Remind students that the
impersonal form of **haber** is the
same for singular and plural.
Ex: **Habrá un examen al final
del semestre. Habrá cinco
exámenes en total.**

6.1 The future

Forms of the future tense

Mañana por la tarde
estaremos en
el campamento.

Nos quedaremos
cuidando a Bambi.

- The future tense (**el futuro**) uses the same endings for all **–ar, –er**, and **–ir** verbs.
  For regular verbs, the endings are added to the infinitive.

The future tense		
hablar	**deber**	**abrir**
hablaré	deberé	abriré
hablarás	deberás	abrirás
hablará	deberá	abrirá
hablaremos	deberemos	abriremos
hablaréis	deberéis	abriréis
hablarán	deberán	abrirán

- For irregular verbs, the same future endings are added to the irregular stem.

Infinitive	stem	future forms
caber	cabr-	cabré, cabrás, cabrá, cabremos, cabréis, cabrán
haber	habr-	habré, habrás, habrá, habremos, habréis, habrán
poder	podr-	podré, podrás, podrá, podremos, podréis, podrán
querer	querr-	querré, querrás, querrá, querremos, querréis, querrán
saber	sabr-	sabré, sabrás, sabrá, sabremos, sabréis, sabrán
poner	pondr-	pondré, pondrás, pondrá, pondremos, pondréis, pondrán
salir	saldr-	saldré, saldrás, saldrá, saldremos, saldréis, saldrán
tener	tendr-	tendré, tendrás, tendrá, tendremos, tendréis, tendrán
valer	valdr-	valdré, valdrás, valdrá, valdremos, valdréis, valdrán
venir	vendr-	vendré, vendrás, vendrá, vendremos, vendréis, vendrán
decir	dir-	diré, dirás, dirá, diremos, diréis, dirán
hacer	har-	haré, harás, hará, haremos, haréis, harán

Uses of the future tense

- In Spanish, as in English, the future tense is one of many ways to express actions or conditions that will happen in the future.

| PRESENT INDICATIVE |

conveys a sense of certainty that the action will occur

Llegan a la costa mañana.

They arrive at the coast tomorrow.

PRESENT SUBJUNCTIVE

refers to an action that has yet to occur: used after verbs of will and influence.

Prefiero que lleguen a la costa mañana.

I prefer that they arrive at the coast tomorrow.

ir a + [infinitive]

expresses the near future; is commonly used in everyday speech

Van a llegar a la costa mañana.

They are going to arrive at the coast tomorrow.

FUTURE TENSE

expresses an action that will occur; often implies more certainty than ir a + [infinitive]

Llegarán a la costa mañana.

They will arrive at the coast tomorrow.

¡ATENCIÓN!

The future tense is used less frequently in Spanish than in English.

Te llamo mañana.
I'll call you tomorrow.

- The English word *will* can refer either to future time or to someone's willingness to do something. To express willingness, Spanish uses the verb **querer** + [infinitive], not the future tense.

¿Quieres contribuir a la protección del medio ambiente?

Will you contribute to the protection of the environment?

Quiero ayudar, pero no sé por dónde empezar.

I'm willing to help, but I don't know where to begin.

Remind students that the auxiliary verb *will* does not have a Spanish equivalent.
yo iré → *I will go*
ella hablará → *she will speak*

- In Spanish, the future tense may be used to express conjecture or probability, even about present events. English expresses this sense in various ways, such as *wonder, bet, must be, may, might,* and *probably.*

¿Qué hora **será**?

I wonder what time it is.

¿**Lloverá** mañana?
Do you think it will rain tomorrow?

Ya **serán** las dos de la mañana.

It must be two a.m. by now.

Probablemente **tendremos** un poco de sol y un poco de viento.
It'll probably be sunny and windy.

- When the present subjunctive follows a conjunction of time like **cuando, después (de) que, en cuanto, hasta que,** and **tan pronto como,** the future tense is often used in the main clause of the sentence.

Nos quedaremos lejos de la costa **hasta que pase** el huracán.
We'll stay far from the coast until the hurricane passes.

En cuanto termine de llover, **regresaremos** a casa.
As soon as it stops raining, we'll go back home.

TALLER DE CONSULTA

For a detailed explanation of the subjunctive with conjunctions of time, see **6.2.**

 **Práctica**

TALLER DE CONSULTA

MANUAL DE GRAMÁTICA

Más práctica

6.1 The future, p. 515

① Before beginning the activity, discuss different predictions that have been or could be made about the end of the world.

① For Part B, have volunteers describe recent films or novels that make predictions about the future of the planet.

② Remind students to watch for irregular verbs as they complete the activity.

1 **Catástrofe** Hay muchas historias que cuentan el fin del mundo. Aquí tienes una de ellas.

A. Primero, lee la historia y subraya las expresiones del futuro. Después cambia esas expresiones por verbos en futuro.

(1) Los videntes (*fortunetellers*) aseguran que van a llegar catástrofes. (2) El clima va a cambiar. (3) Va a haber huracanes y terremotos. (4) Vamos a vivir tormentas permanentes. (5) Una gran niebla va a caer sobre el mundo. (6) El suelo del bosque va a temblar. (7) El mundo que conocemos también va a acabarse. (8) En ese instante, la tierra va a volver a sus orígenes.

1. __llegarán__
2. __cambiará__
3. __Habrá__
4. __Viviremos__
5. __caerá__
6. __temblará__
7. __se acabará__
8. __volverá__

B. Ahora, en parejas, escriban su propia historia del futuro del planeta. Pueden inspirarse en el párrafo anterior o pueden escribir una versión más optimista.

2 **Horóscopo chino** En el horóscopo chino cada signo es un animal. Lee las predicciones del horóscopo chino para la serpiente. Conjuga los verbos en paréntesis usando el futuro.

Trabajo: Esta semana (tú) (1) __tendrás__ (tener) que trabajar duro. (2) __Saldrás__ (salir) poco y no (3) __podrás__ (poder) divertirte, pero (4) __valdrá__ (valer) la pena. Muy pronto (5) __conseguirás__ (conseguir) el puesto que esperas.

Dinero: (6) __Vendrán__ (venir) tormentas económicas. No malgastes tus ahorros.

Salud: (7) __Resolverás__ (resolver) tus problemas respiratorios, pero (8) __deberás__ (deber) cuidarte la garganta.

Amor: (9) __Recibirás__ (recibir) una noticia muy buena. Una persona especial te (10) __dirá__ (decir) que te ama. (11) __Vendrán__ (venir) días felices.

3 **El vidente** En parejas, imaginen que uno/a de ustedes es un(a) vidente (*fortuneteller*). La otra persona quiere saber qué le sucederá en el futuro cuando hable español fluidamente. El/La vidente deberá contestar preguntas sobre estos temas.

• viajes
• relaciones
• trabajo
• estudios

MODELO
ESTUDIANTE ¿Seguiré estudiando español en el futuro?
VIDENTE Sí, dentro de diez años harás un doctorado en español.

Teaching option Divide the class into two teams. Indicate one team member at a time, alternating between teams. Call out an infinitive and a subject pronoun and have the team member give the correct future form. Award one point for each correct answer. The team with the most points wins.

Comunicación

4 Viaje ecológico Tú y tu compañero/a tienen que planear un viaje ecológico. Decidan a qué país irán, en qué fechas y qué harán allí. Usen ocho verbos en futuro.

④ If time and resources permit, bring in tourist materials about different Spanish-speaking countries.

ECOTURISMO

Puerto Rico

- acampar en la costa y disfrutar de las playas
- visitar el Viejo San Juan
- montar a caballo por la Cordillera Central
- ir en bicicleta por la costa
- viajar en barco por Isla Culebra

República Dominicana

- ir en kayak por los ríos tropicales
- bucear por los arrecifes
- ir de safari por La Descubierta y ver los cocodrilos del Lago Enriquillo
- disfrutar del paisaje de Barahona
- observar las aves en el Parque Nacional del Este

5 ¿Qué será de...? Todo cambia con el paso del tiempo. En parejas, conversen sobre lo que sucederá en el futuro en relación con estos temas y lugares.

⑤ Ask pairs to come up with their own predictions about things that will happen 25, 50, and 100 years from now.

- las ballenas (*whales*) en 2200
- Venecia en 2035
- los libros tradicionales en 2105
- la televisión en 2056
- Internet en 2050
- las hamburguesas en 2020
- los Polos Norte y Sur en 2300
- el Amazonas en 2100
- Los Ángeles en 2245
- el petróleo en 2025

6 ¿Dónde estarán en 20 años? La fama es, en muchas ocasiones, pasajera (*fleeting*). En grupos de tres, hagan una lista de cinco personas famosas y anticipen lo que será de ellas dentro de veinte años.

⑥ Model the activity by talking about one celebrity first as a class.

7 Situaciones En parejas, seleccionen uno de estos temas e inventen una conversación usando el tiempo futuro.

⑦ Have volunteers perform their conversation for the class. For listening comprehension, ask students to jot down the verbs used in the future.

1. Dos jóvenes han terminado sus estudios universitarios y hablan sobre lo que harán para convertirse en millonarios.
2. Dos ladrones acaban de robar todo el dinero de un banco internacional. Piensa en lo que hará la policía para atraparlos.
3. Los/Las hermanos/as Rondón han decidido convertir su granja (*farm*) en un centro de ecoturismo. Deben planear algunas atracciones para los turistas.
4. Dos científicos se reúnen para participar en un intercambio (*exchange*) de ideas. El objetivo es controlar, reducir e, idealmente, eliminar la contaminación del aire en las grandes ciudades. Cada uno/a dice lo que hará o inventará para conseguirlo.

6.2 The subjunctive in adverbial clauses

- In Spanish, adverbial clauses are commonly introduced by conjunctions. Certain conjunctions require the subjunctive, while others can be followed by the subjunctive or the indicative, depending on the context in which they are used.

¡Estoy dejando espacio para que la atrapen!

No le des más comida aunque ponga cara de perrito.

Conjunctions that require the subjunctive

- Certain conjunctions are always followed by the subjunctive because they introduce actions or states that are uncertain or have not yet happened. These conjunctions commonly express purpose, condition, or intent.

MAIN CLAUSE	CONNECTOR	SUBORDINATE CLAUSE
Se acabará el petróleo en pocos años	a menos que	busquemos energías alternativas.

> **Conjunctions that require the subjunctive**
>
> | | |
> |---|---|
> | **a menos que** *unless* | **en caso (de) que** *in case* |
> | **antes (de) que** *before* | **para que** *so that* |
> | **con tal (de) que** *provided that* | **sin que** *without; unless* |

El gobierno se prepara **en caso de que haya** una gran sequía el verano que viene.
The government is getting ready in case there is a big drought in the coming summer.

Iremos a las montañas el próximo miércoles **a menos que haga** mal tiempo.
We will go to the mountains next Wednesday unless the weather is bad.

Debemos proteger a los animales salvajes **antes de que se extingan**.
We should protect wild animals before they become extinct.

- If there is no change of subject in the sentence, a subordinate clause is not necessary. Instead, the prepositions **antes de, con tal de, en caso de, para**, and **sin** can be used, followed by the infinitive. Note that the connector **que** is not necessary in this case.

Las organizaciones ecologistas trabajan **para proteger** los arrecifes de coral.
Environmental organizations work to protect coral reefs.

Tienes que pedir permiso **antes de darles de comer** a los monos del zoológico.
You have to ask permission before feeding the monkeys at the zoo.

Conjunctions followed by the subjunctive or the indicative

- If the action in the main clause has not yet occurred, then the subjunctive is used after conjunctions of time or concession. Note that adverbial clauses often come at the beginning of a sentence.

Conjunctions of time or concession	
a pesar de que *despite*	**hasta que** *until*
aunque *although; even if*	**luego que** *as soon as*
cuando *when*	**mientras que** *while*
después (de) que *after*	**siempre que** *as long as*
en cuanto *as soon as*	**tan pronto como** *as soon as*

La excursión no saldrá **hasta que estemos** todos.
The excursion will not leave until we all are here.

Dejaremos libre al pájaro **en cuanto** el veterinario nos **diga** que puede volar.
We will free the bird as soon as the vet tells us it can fly.

Aunque me **digan** que es inofensivo, no me acercaré al perro.
Even if they tell me he's harmless, I'm not going near the dog.

Cuando Pedro vaya a cazar, tendrá cuidado con las serpientes venenosas.
When Pedro goes hunting, he will be careful of the poisonous snakes.

- If the action in the main clause has already happened, or happens habitually, then the indicative is used in the adverbial clause.

Tan pronto como paró de llover, Matías salió a jugar al parque.

As soon as the rain stopped, Matías went out to play in the park.

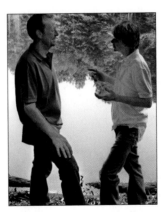

Mi padre y yo siempre nos peleamos **cuando hablamos** del calentamiento global.
My father and I always fight when we talk about global warming.

Clarify that, when possible, Spanish uses [*preposition*] + [*infinitive*] instead of [*conjunction*] + [*subjunctive*] when there is no change of subject.
Ex: **Voy a acostarme después de ver las noticias.**
For many conjunctions of time, however, a corresponding preposition does not exist. In these cases, [*conjunction*] + [*subjunctive*] is used even when there is no change of subject. Ex: **Lo haré en cuanto tenga una oportunidad.**

 **Práctica**

TALLER DE CONSULTA

MANUAL DE GRAMÁTICA
Más práctica

6.2 The subjunctive in
adverbial clauses, p. 516

(1) **Reunión** Completa las oraciones con el indicativo (presente o pretérito) o el subjuntivo de los verbos entre paréntesis.

1. Los ecologistas no apoyarán al alcalde (*mayor*) a menos que éste ___cambie___ (cambiar) su política de medio ambiente.

2. El alcalde va a hablar con su asesor (*advisor*) antes de que ___lleguen___ (llegar) los ecologistas.

3. Los ecologistas entraron en la oficina del alcalde tan pronto como ___supieron___ (saber) que los esperaban.

4. El alcalde les asegura que siempre piensa en el medio ambiente cuando ___da___ (dar) permisos para construir edificios nuevos.

5. Los ecologistas van a estar preocupados hasta que el alcalde ___responda___ (responder) todas sus preguntas.

(2) **¿Infinitivo o subjuntivo?** Completa las oraciones con el verbo en infinitivo o en subjuntivo.

(2) Before completing
the activity, have
students underline
the conjunctions and
connector **que** for
each item.

1. Compraré un carro híbrido con tal de que no ___sea___ (ser) muy caro. Compraré un carro híbrido con tal de ___conservar___ (conservar) los recursos naturales.

2. Los biólogos viajan para ___estudiar___ (estudiar) la biodiversidad. Los biólogos viajan para que la biodiversidad se ___conozca___ (conocer).

3. Él se preocupará por el calentamiento global después de que los científicos le ___demuestren___ (demostrar) que es una realidad. Él se preocupará por el calentamiento global después de ___ver___ (ver) con sus propios ojos lo que ocurre.

4. No podremos continuar sin ___tener___ (tener) un mapa. No podremos continuar sin que alguien nos ___dé___ (dar) un mapa.

(3) **Declaraciones** Elige la conjunción adecuada para completar la conversación entre un periodista y la señora Corbo, encargada de relaciones públicas de un zoológico.

PERIODISTA Señora Corbo, ¿qué le parece el artículo que se ha publicado en el que se dice que el zoológico no trata bien a los animales?

SRA. CORBO Lo he leído, y (1) ___aunque___ (aunque / cuando) yo no estoy de acuerdo con el artículo, hemos iniciado una investigación. (2) ___Tan pronto como___ (Hasta que / Tan pronto como) terminemos la investigación, se lo comunicaremos a la prensa. Queremos hablar con todos los empleados (3) ___para que___ (en cuanto / para que) no haya ninguna duda.

PERIODISTA ¿Es verdad que limpian las jaulas (*cages*) sólo cuando va a haber una inspección (4) ___para que___ (para que / sin que) el zoológico no tenga problemas con las autoridades?

SRA. CORBO Le aseguro que todo se limpia diariamente hasta el último detalle. Y si no me cree, lo invito a que nos visite mañana mismo.

PERIODISTA ¿Cuándo cree que sabrán lo que ha ocurrido?

SRA. CORBO (5) ___En cuanto___ (En cuanto / Aunque) termine la investigación.

Teaching option Divide the class into two teams: **Subjuntivo** and **Indicativo**. Write a conjunction on the board. Ex: **con tal (de) que, hasta que**, etc. Have a member of team **Subjuntivo** create an original sentence using the subjunctive; have a team member from team **Indicativo** use the same construction with the indicative in the adverbial clause. Award one point for each correct answer. The team with the most points wins.

Comunicación

4 **Instrucciones** Javier va a salir de viaje por el país, así que le ha dejado una lista de instrucciones a su compañero de casa. En parejas, túrnense para preparar las instrucciones usando oraciones adverbiales con subjuntivo y las conjunciones de la lista.

> **MODELO** No uses mi computadora a menos que sea una emergencia.

a menos que
a pesar de que
con tal de que
cuando
en caso de que
en cuanto
para que
siempre que
tan pronto como

Instrucciones
- Darles de comer a los peces
- Comprar productos ecológicos
- No pasear el perro si hay tormenta
- Usar sólo papel reciclado
- No usar mucha agua excepto para regar (to water) las plantas
- Llamarme por cualquier problema

5 **Situaciones** En parejas, túrnense para completar las oraciones.

1. Terminaré mis estudios a tiempo a menos que…
2. Me iré a vivir a otro país en caso de que…
3. Ahorraré (*I will save*) mucho dinero para que…
4. Yo cambiaré de carrera en cuanto…
5. Me jubilaré (*I will retire*) cuando…

6 **Huracán** En grupos de cuatro, imaginen que son compañeros/as de casa y que un huracán se acerca a la zona donde viven. Escriban un plan para explicar qué harán en diferentes situaciones hipotéticas o futuras. Usen el subjuntivo y las conjunciones adverbiales. Consideren estas posibles situaciones.

- las bombillas de luz se queman
- las ventanas se rompen
- las líneas de teléfono se cortan
- el sótano se inunda (*floods*)
- los vecinos ya se han ido
- no hay suficiente alimento

4 Have students recycle vocabulary about the household (**Lección 3**) to create additional instructions. Ex: **lavar los platos, apagar el televisor**, etc.

5 Call on students to share their partners' responses.

6 Ask students to create two sentences using superlatives (**Estructura 5.1**). Ex: **Si las ventanas se rompen, lo más importante es quedarse adentro de la casa.**

INSTRUCTIONAL RESOURCES
Supersite/IRCD: Text Answer Key,
SAM Answer Key
SAM/WebSAM: WB, LM

6.3 Prepositions: *a*, *hacia*, and *con*

The preposition *a*

- The preposition **a** can mean *to*, *at*, *for*, *upon*, *within*, *of*, *from*, or *by*, depending on the context. Sometimes it has no direct translation in English.

Terminó **a** las doce.	Le compré un pájaro exótico **a** Juan.
It ended at midnight.	*I bought an exotic bird from/for Juan.*
Lucy estaba **a** mi derecha.	**Al** llegar a casa, me sentí feliz.
Lucy was to/on my right.	*Upon returning home, I felt happy.*
El Mar Caribe está **a** doce millas de aquí.	Fui **a** casa de mis padres para ayudarlos después de la inundación.
The Caribbean Sea is twelve miles from here.	*I went to my parents' house to help them after the flood.*

- The preposition **a** introduces indirect objects.

Le prometió **a** su hijo que irían a navegar.	Hoy, en el zoo, le di de comer **a** un conejo.
He promised his son they would go sailing.	*Today, in the zoo, I fed a rabbit.*

- The preposition **a** can be used in commands.

¡**A** comer!	¡**A** dormir!
Let's eat!	*Time for bed!*

- When a direct object noun is a person (or a pet), it is preceded by the personal **a**, which has no equivalent in English. The personal **a** is also used with the words **alguien, nadie**, and **alguno**.

¿Viste **a** tus amigos en el parque?	No, no he visto **a** nadie.
Did you see your friends in the park?	*No, I haven't seen anyone.*

- The personal **a** is not used when the person in question is not specific.

La organización ambiental busca voluntarios.	Sí, necesitan voluntarios para limpiar la costa.
The environmental organization is looking for volunteers.	*Yes, they need volunteers to clean the coast.*

The preposition *hacia*

- With movement, either literal or figurative, **hacia** means *toward* or *to*.

La actitud de Manuel **hacia** mí fue negativa.	El biólogo se dirige **hacia** Puerto Rico para la entrevista.
Manuel's attitude toward me was negative.	*The biologist is headed to Puerto Rico for the interview.*

- With time, **hacia** means *approximately*, *around*, *about*, or *toward*.

El programa que queremos ver empieza **hacia** las 8.	La televisión se hizo popular **hacia** la segunda mitad del siglo XX.
The show that we want to watch will begin around 8:00.	*Television became popular toward the second half of the twentieth century.*

¡ATENCIÓN!

Some verbs require **a** when used with an infinitive, such as **ir a, comenzar a, volver a, enseñar a, aprender a,** and **ayudar a.**

Aprendí a manejar.
I learned to drive.

Me ayudó a arreglar el coche.
He helped me fix the car.

Remind students that
a + el = al.

Remind students not to confuse the direct object that follows the personal **a** with the indirect object that responds to **¿A quién?** Ex: **Llamamos a la directora. / Le dimos el guión a la directora.**

¡ATENCIÓN!

There is no accent mark on the **i** in the preposition **hacia**. The stress falls on the first **a**. The word **hacía** is a form of the verb **hacer**.

The preposition *con*

La idea es tener contacto con la naturaleza.

¡Maldito pez! En una playa tropical con tres mujeres.

- The preposition **con** means *with*.

Me gustaría hablar **con** el director del departamento.

I would like to speak with the director of the department.

Es una organización ecológica **con** muchos miembros.

It's an environmental organization with lots of members.

- Many English adverbs can be expressed in Spanish with **con** + [*noun*].

Habló del tema **con** cuidado.

She spoke about the issue carefully.

Hablaba **con** cariño.

He spoke affectionately.

- The preposition **con** is also used rhetorically to emphasize the value or the quality of something or someone, contrary to a given fact or situation. In this case, **con** conveys surprise at an apparent conflict between two known facts. In English, the words *but*, *even though*, and *in spite of* are used.

Los turistas tiraron los envoltorios al suelo.

The tourists threw wrappers on the ground.

¡**Con** lo limpio que estaba todo!

But the place was so clean!

- If **con** is followed by **mí** or **ti**, it forms a contraction: **conmigo**, **contigo**.

con + mí	conmigo
con + ti	contigo

¿Quieres venir **conmigo** al campo?
Do you want to come with me to the countryside?

Por supuesto que quiero ir **contigo**.
Of course I want to go with you.

- **Consigo** is the contraction of **con + usted/ustedes** or con + **él/ella/ellos/ellas**. **Consigo** is equivalent to the English *with himself/herself/yourself* or *with themselves/yourselves*, and is commonly followed by **mismo**. It is only used when the subject of the sentence is the same person referred to after **con**.

Están satisfechos **consigo mismos**.

La sequía trajo **consigo** muchos problemas.

Fui al cine **con él**.

Prefiero ir al parque **con usted**.

Point out that it is never correct to say **con mí** or **con ti**. Also remind students that, while the personal pronoun **mí** carries an accent to distinguish it from the possessive adjective **mi, ti** never has an accent.

Práctica

TALLER DE CONSULTA

MANUAL DE GRAMÁTICA
Más práctica

6.3 Prepositions: **a, hacia,** and **con**, p. 517

1 **¿Cuál es?** Elige entre las preposiciones **a**, **hacia** y **con** para completar cada oración.

1. El león caminaba ___hacia___ el árbol.
2. Dijeron que la tormenta empezaría ___hacia/a___ las dos de la tarde.
3. Le prometí que iba ___a___ ahorrar combustible.
4. Ellos van a tratar de ser responsables ___con___ el medio ambiente.
5. Contribuyó a la campaña ecológica ___con___ mucho dinero.
6. El depósito de combustible estaba ___a___ mi izquierda.

② Pair slower-paced learners with advanced learners and ask them to identify why **a** is needed in each case according to the explanation in **Estructura 6.3**.

2 **Amigos** Primero, completa los párrafos con las preposiciones **a** y **con**. Marca los casos que no necesitan una preposición con una **X**.

Emilio invitó (1) ___a___ María (2) ___a___ ir de excursión. Él quería ir al bosque (3) ___con___ ella porque quería mostrarle un paisaje donde se podían ver (4) ___X___ muchos pájaros. Él sabía que (5) ___a___ ella le gustaba observar (6) ___X___ las aves. María le dijo que sí (7) ___a___ Emilio. Ella no conocía (8) ___a___ nadie más (9) ___con___ quien compartir su interés por la naturaleza. Hacía poco que había llegado (10) ___a___ la ciudad y buscaba (11) ___X___ amigos (12) ___con___ sus mismos intereses.

③ For expansion, have students write a conversation between María, Emilio, and his little brother to make plans for their next visit to the mountain. Have students use at least five examples of **con** contractions.

3 **Conversación** Completa la conversación de Emilio y María con la opción correcta de la preposición **con**. Puedes usar las opciones de la lista más de una vez.

con	con ustedes	consigo
con nosotros	conmigo	contigo

EMILIO Gracias por haber venido (1) ___conmigo___ a la montaña. Ha sido una tarde divertida.

MARÍA No, Emilio. Gracias a ti por haberme invitado a venir (2) ___contigo___. No conocía este sitio y es maravilloso. ¡(3) ___Con___ lo que me gustan las montañas! Echo de menos venir más a menudo.

EMILIO Pues ya lo sabes, puedes venir (4) ___conmigo___ cuando quieras. ¿Qué te parece si lo repetimos la próxima semana?

MARÍA Me encantaría volver. La próxima vez, vendré (5) ___con___ mis prismáticos (*binoculars*) para ver los pájaros.

EMILIO A veces, vengo (6) ___con___ mi hermano pequeño. Tiene once años; seguro que te cae bien. Si quieres, la semana que viene puede venir (7) ___con nosotros___. Él siempre se trae una cámara (8) ___consigo___. Él dice que va a ser un director famoso.

MARÍA Perfecto, la semana que viene venimos los tres. Estoy segura de que lo voy a pasar bien (9) ___con ustedes___.

Teaching option For additional practice, write **a, hacia,** and **con** on three index cards and shuffle them. Have volunteers pick a card and create a sentence using that preposition. As a variation, have students base their sentences on the previous student's answer. Appoint one student to record the sentences and read them back to the class to create an absurd story.

Comunicación

4 **Safari** En parejas, escriban un artículo periodístico breve sobre lo que le sucedió a un grupo de turistas durante un safari. Usen por lo menos cuatro frases de la lista. Sean imaginativos. Después, compartan el informe con la clase.

hacia el león	con la cámara digital	con la boca abierta
al guía	a tomar una foto	a correr
hacia el carro	a nadie	hacia el tigre

5 **Noticias** En grupos de cuatro o cinco, lean los titulares (*headlines*) e inventen la noticia. Formen un círculo. El primero debe leer el titular al segundo, añadiendo (*adding*) algo. El segundo estudiante repite la noticia al tercero y añade otra cosa, y así sucesivamente (*and so on*). Las partes que añadan a la noticia deben incluir las preposiciones **a**, **con** o **hacia**.

> **MODELO** **Acusaron a Petrosur de contaminar el río.**
> **ESTUDIANTE 1** Acusaron a Petrosur de contaminar el río <u>con productos químicos</u>.
> **ESTUDIANTE 2** Acusaron a Petrosur de contaminar el río <u>con productos químicos</u>. <u>A diario se ven horribles manchas que flotan en el agua</u>.
> **ESTUDIANTE 3** Acusaron a Petrosur de contaminar el río <u>con productos químicos</u>. <u>A diario se ven horribles manchas que flotan en el agua hacia la bahía</u>.

1. Inventaron un combustible nuevo.
2. El presidente felicitó (*congratulated*) a los bomberos.
3. Inauguran hoy una nueva reserva.
4. Se acerca una tormenta.

6 **Síntesis**

A. En parejas, háganse estas preguntas sobre la naturaleza. Deben usar el futuro, el subjuntivo y las preposiciones **a**, **hacia** y **con** en sus respuestas.

1. ¿Conoces a alguien que contribuya a cuidar el medio ambiente?
2. ¿Te gusta cazar? ¿Conoces a mucha gente que cace?
3. ¿Crees que reciclar es importante? ¿Por qué? ¿Qué sucederá si no reciclamos?
4. ¿Qué actitud tienes hacia el uso de productos desechables?
5. ¿Crees que el calentamiento global empeorará a menos que cambiemos nuestro estilo de vida?
6. ¿Qué medidas debe tomar el gobierno para que no se agoten los recursos naturales?

B. Informen a la clase de lo que han aprendido de su compañero/a usando las preposiciones correspondientes. Sigan el modelo.

> **MODELO** Juana, mi compañera, dice que no conoce a nadie que contribuya a cuidar el medio ambiente. Ella dice que si no reciclamos, tendremos problemas con la cantidad de basura...

4 To help students prepare their articles, encourage them to create a time line of events before they begin writing.

5 As a variation, have students find authentic **titulares** from Spanish-speaking newspapers on the Internet.

6 Review the subjunctive with **conocer**, if necessary (Estructura 5.2).

For additional cumulative practice of all the grammar points in this lesson, go to enfoques.vhlcentral.com.

Teaching option For a faster-paced class, have students find a paragraph or article and analyze the use of **a, hacia**, and **con**. Ask volunteers to present some examples to the class. Then discuss which preposition was most commonly used.

La naturaleza ... page

La naturaleza   *doscientos veintisiete* **227**

INSTRUCTIONAL RESOURCES
Supersite/DVD: Film Collection
Supersite/IRCD:
Script & Translation

Antes de ver el corto

 EL DÍA MENOS PENSADO

país México   **director** Rodrigo Ordóñez
duración 13 minutos   **protagonistas** Julián, Inés, Ricardo (vecino),
Esther (esposa de Ricardo)

Vocabulario

acabarse *to run out; to come to an end*	**resentido/a** *resentful*
la cisterna *cistern; underground tank*	**la salida** *exit*
descuidar(se) *to get distracted; to neglect*	**sobre todo** *above all*
disculparse *to apologize*	**el tanque** *tank*
envenenado/a *poisoned*	**la tubería** *piping*
quedarse sin *to run out of*	**el/la vándalo/a** *vandal*

① Ask students to create sentences with the vocabulary words not used in the exercise.

① El carpincho Pedro Completa el párrafo con las palabras o las frases apropiadas.

Noticia de último momento: un grupo de (1) _____vándalos_____ causó graves daños (*harm*) en la Reserva Ecológica. Aparentemente, los guardias nocturnos (2) __se descuidaron__ y no los vieron entrar por una de las (3) _____salidas_____. Los delincuentes hicieron un agujero (*hole*) en la (4) _____tubería_____ que lleva agua para llenar los (5) _____tanques_____ en la zona de los baños. Pero eso no fue todo. Por la mañana, los guardaparques se encontraron con una triste escena. Además de encontrar el parque inundado (*flooded*) y de (6) __quedarse sin__ agua en la (7) _____cisterna_____, encontraron muy enfermo al carpincho (*capybara*) Pedro, el animalito más querido de la reserva. Le habían dado comida (8) _____envenenada_____. Afortunadamente, los veterinarios aseguran que el carpincho se va a recuperar.

② Continue discussion by asking students additional questions. **¿Se preocupan mucho por el futuro del planeta? ¿Creen que es fácil vivir sin pensar tanto en los problemas del medio ambiente?** Ask heritage speakers which environmental issues are important in their families' native countries.

② Preguntas En parejas, contesten las preguntas.

1. ¿Qué tipos de contaminación hay en su comunidad? Mencionen dos o tres.
2. ¿Creen que algún día se puede acabar el agua? ¿Qué pasará si eso sucede?
3. Observen el afiche del cortometraje. ¿Qué está mirando el hombre?
4. Observen los fotogramas. ¿Qué está sucediendo en cada uno?
5. El corto se titula *El día menos pensado* (*When you least expect it*). ¿Qué catástrofes ecológicas pueden ocurrir el día menos pensado?

Teaching option In small groups, have students discuss films they have seen that involve an environmental crisis or natural disaster. **¿Fue realista la representación del problema? ¿Cómo afectó la situación a los personajes, al gobierno y a la sociedad?**

El día menos pensado

Una producción de FONDO NACIONAL PARA LA CULTURA Y LAS ARTES/INSTITUTO MEXICANO DE CINEMATOGRAFÍA/ GUERRILLA FILMS con apoyo de MEXATIL INDUSTRIAL, S.A. DE C.V./EQUIPMENT & FILM DESIGN (EFD)/CALABAZITAZ TIERNAZ/KODAK DE MÉXICO/CINECOLOR MÉXICO Guión y Dirección RODRIGO ORDÓÑEZ Basada en un cuento de SERGIO FERNÁNDEZ BRAVO Fotografía EVERARDO GONZÁLEZ Productor Ejecutivo GABRIEL SORIANO Dirección de Arte AMARANTA SÁNCHEZ Música Original CARLOS RUIZ Diseño Sonoro LENA ESQUENAZI Edición JUAN MANUEL FIGUEROA Actores FERNANDO BECERRIL/MARTA AURA/BRUNO BICHIR/CLAUDIA RÍOS

EL ECLIPSE

Augusto Monterroso

Teaching option As students read the story, have them take notes on how the author depicts the passing of time. Then ask students what effect the author's treatment of time has on the pace and flow of the story.

friar 1   Cuando fray° Bartolomé Arrazola se sintió perdido, aceptó que ya nada podría salvarlo. La selva

powerful/captured poderosa° de Guatemala lo había apresado°, implacable y definitiva. Ante su ignorancia topográfica se

5 sentó con tranquilidad a esperar la muerte. Quiso morir allí, sin ninguna esperanza, aislado, con el pensamiento fijo en la España distante, particularmente en el convento de Los Abrojos, donde Carlos Quinto condescendiera una vez a

zeal bajar de su eminencia para decirle que confiaba en el celo°

redemptive 10 religioso de su labor redentora°.

surrounded   Al despertar se encontró rodeado° por un grupo de indígenas

face de rostro° impasible que se disponían a sacrificarlo ante un

bed altar, un altar que a Bartolomé le pareció como el lecho° en que

fears descansaría, al fin, de sus temores°, de su destino, de sí mismo.

15   Tres años en el país le habían conferido un mediano

command (of a language) dominio° de las lenguas nativas. Intentó algo. Dijo algunas palabras que fueron comprendidas.

blossomed   Entonces floreció° en él una idea que tuvo por digna de su talento y de su cultura universal y de su arduo conocimiento

20 de Aristóteles. Recordó que para ese día se esperaba un eclipse total de sol. Y dispuso, en lo más íntimo°, valerse de° aquel

deepest recesses/to take advantage of conocimiento para engañar° a sus opresores y salvar la vida.

to trick; to deceive

    —Si me matáis —les dijo— puedo hacer que el sol se oscurezca en su altura.

25   Los indígenas lo miraron fijamente y Bartolomé sorprendió la incredulidad en sus ojos. Vio que se produjo un pequeño

counsel/disdain consejo°, y esperó confiado, no sin cierto desdén°.

    Dos horas después el corazón de fray Bartolomé Arrazola

was gushing chorreaba° su sangre vehemente sobre la piedra de los

30 sacrificios (brillante bajo la opaca luz de un sol eclipsado), mientras uno de los indígenas recitaba sin ninguna inflexión de voz, sin prisa, una por una, las infinitas fechas en que se producirían eclipses solares y lunares, que los astrónomos de la comunidad maya habían previsto y anotado en sus códices

35 sin la valiosa ayuda de Aristóteles. ∎

El eclipse

Augusto Monterroso

① Ask students to write a one-paragraph summary of the story, based on their answers.

① Comprensión Contesta las preguntas con oraciones completas.

1. ¿Dónde se encontraba fray Bartolomé?
   Él se encontraba en la selva de Guatemala.
2. ¿Conocía el protagonista la lengua de los indígenas?
   Sí, conocía varias lenguas nativas.
3. ¿Qué querían hacer los indígenas con fray Bartolomé?
   Ellos querían sacrificarlo.
4. ¿Qué les advirtió fray Bartolomé a los indígenas?
   Él les advirtió que si lo mataban iba a hacer que el sol se oscureciera.
5. ¿Qué quería fray Bartolomé que los indígenas creyeran?
   Él quería que los indígenas creyeran que tenía poderes sobrenaturales.
6. ¿Qué recitaba un indígena mientras el corazón del fraile sangraba?
   Un indígena recitaba las fechas en que se producirían eclipses solares y lunares.

② Ask questions for students to reflect on their reaction to the story: **¿Creían que fray Bartolomé iba a sobrevivir? ¿En qué momento de la historia se dieron cuenta de que iba a morir? ¿Se identifican con el protagonista?**

② Interpretación Contesta las siguientes preguntas.

1. ¿Por qué crees que fray Bartolomé pensaba en el convento de Los Abrojos antes de morir?
2. ¿Cuál había sido la misión de fray Bartolomé en Guatemala?
3. ¿Quién le había encomendado esa misión?
4. A pesar de los conocimientos de Aristóteles, ¿por qué el protagonista no consiguió salvarse?

③ Suggest that students divide the research tasks among their group. Appoint one person to research the history of the phenomenon or disaster, another to find visual aids, and a third to find news stories or anecdotes.

③ Fenómenos naturales En la historia de la humanidad, los fenómenos y los desastres naturales y otros acontecimientos han sido motivo de muchos temores (*fears*) y supersticiones. A veces, esos temores tenían fundamento, pero otras veces eran supersticiones sin fundamento alguno.

A. En grupos de tres, investiguen acerca de un fenómeno o desastre natural o un acontecimiento que haya despertado grandes temores y supersticiones antes de suceder. ¿Se cumplieron los temores o eran supersticiones sin fundamento? Pueden elegir fenómenos o desastres de la lista o pensar en otros. Presenten la investigación al resto de la clase.

- el cometa Halley
- la llegada del año 2000
- la amenaza nuclear durante la guerra fría
- la erupción del volcán Vesubio en Pompeya

③ For Part B, as students read their **microcuento** aloud, have the rest of the class jot down any questions they have.

B. Escriban un microcuento sobre uno de los fenómenos o acontecimientos presentados. Lean el microcuento al resto de la clase. Sus compañeros/as deben adivinar de qué fenómeno o acontecimiento se trata.

④ Encourage students to use comparatives and superlatives in their letters.

④ Escribir En la selva guatemalteca, fray Bartolomé seguramente observó gran cantidad de plantas silvestres y animales salvajes que no conocía hasta entonces. Investiga acerca de la flora y la fauna de la selva guatemalteca. Luego, imagina que eres fray Bartolomé y tienes que escribirle una carta al Rey Carlos V contándole acerca de lo que observaste en la selva. Usa el vocabulario de la lección.

④ As an expansion activity, have students write a response letter from the point of view of King Charles V.

MODELO Estimado Rey Carlos V: Como Su Majestad sabe, le escribo desde la selva de Guatemala adonde llegué hace ya tres años. En esta carta, quiero contarle...

Teaching option Have students invent an alternate ending to the story and share it with the rest of the class. Then have students vote on the best ending.

Antes de leer

INSTRUCTIONAL RESOURCES
Supersite

Vocabulario

ambiental *environmental*	**el monte** *mountain*
el bombardeo *bombing*	**la pureza** *purity*
el ecosistema *ecosystem*	**el refugio** *refuge*
la especie *species*	**el terreno** *land*
el/la manifestante *protester*	**el veneno** *poison*

El Yunque Completa las oraciones con el vocabulario de la tabla.

1. Puerto Rico es una isla de _____terreno_____ muy variado: hay montañas, playas y hasta un bosque tropical, el Bosque Nacional del Caribe, también llamado El Yunque.

2. El Yunque tiene una diversidad de vegetación impresionante, que incluye casi 250 _____especies_____ de árboles.

3. También es un _____refugio_____ natural para los animales, ya que en el bosque están protegidos de la caza.

4. El _____monte_____ más alto de El Yunque es El Toro, con una altura de 1.077 metros (3.533 pies).

5. Hay grupos dedicados a la protección _____ambiental_____ de El Yunque. Buscan preservar la _____pureza_____ de este paraíso tropical.

Conexión personal ¿Qué significa la naturaleza para ti? ¿Es una fuente de trabajo o de comida? ¿O es un lugar de diversión y belleza? ¿Qué haces para proteger la naturaleza?

Contexto cultural

Situada en el agua transparente del Mar Caribe, la pequeña **isla de Vieques** es un refugio de lagunas, bahías y playas que forman un hábitat ideal para varias clases de tortugas marinas (*sea turtles*), el manatí antillano (*manatee*) y arrecifes de coral. La gente de Vieques comparte los pequeños montes y las aguas cristalinas (*crystal clear*) de la isla con una rica variedad de flora y fauna, entre ellas cinco especies de plantas y diez especies de animales en peligro de extinción.

La isla de Vieques, de 33 kilómetros de largo por 7,2 de ancho (20,5 por 4,3 millas), es un municipio de Puerto Rico y tiene 9.000 habitantes. Puerto Rico es un Estado Libre Asociado de los Estados Unidos. Los habitantes de Puerto Rico, también llamados *boricuas*, son ciudadanos (*citizens*) estadounidenses.

Conexión personal
Ask students about the first time they experienced a particular aspect of nature. Ex: **¿Recuerdan la primera vez que vieron el mar o el océano? ¿Cómo se sintieron?**

Contexto cultural
Have pairs research tourism in Vieques today on the Internet. **¿Cuáles son las playas, los hoteles y las actividades más populares en la isla? ¿Cómo ha cambiado el turismo en los últimos diez años?**

Preview
Ask students to discuss the link between tourism and nature conservation. **¿Creen que se puede aumentar el turismo de una zona y a la vez proteger las riquezas naturales del lugar? ¿El turismo puede dañar la naturaleza? ¿Cómo?**

La conservación de Vieques

Vieques—Vista aérea de la zona de maniobras militares

1 **"¡Vieques renace!"°** anuncia el gobierno de este municipio *Vieques is reborn!*
puertorriqueño, que busca estimular la economía de una isla rica
en naturaleza, pero pobre en economía. Vieques dispone de° *boasts*
sitios arqueológicos importantes, playas espectaculares, un fuerte° *fort*
5 histórico y una bahía bioluminiscente, la Bahía Mosquito, que es
una maravilla de la naturaleza. Sus arrecifes de coral contienen
un ecosistema de enorme productividad y diversidad biológica.
Forman un pequeño paraíso que alberga y protege una inmensa
variedad de especies de plantas y animales acuáticos.

Sin embargo, en vez de tener una tradición de alto turismo, la isla ha padecido° graves problemas. Vieques fue utilizada para prácticas de bombardeo desde 1941. En esa época muchas personas fueron desalojadas° cuando la Armada° de los Estados Unidos ocupó dos áreas en los extremos de la isla. Las prácticas continuaron por varias décadas, pero en abril de 1999 un guardia de seguridad murió cuando una bomba cayó fuera de la zona de tiro°. La muerte de David Sanes encolerizó° a los viequenses° y dio origen a° una campaña de desobediencia civil. El presidente Clinton prometió cesar el entrenamiento° de bombardeo en Vieques, pero éste continuó con bombas inertes a pesar de que los viequenses habían exigido "¡Ni una bomba más!". Los manifestantes entraban en la zona de tiro y establecían campamentos; otros se manifestaban° en Puerto Rico y en los Estados Unidos, y pronto captaron° la atención internacional. Robert Kennedy, Jr., Jesse Jackson, Rigoberta Menchú y el Dalai Lama, entre otros, hicieron declaraciones a favor de Vieques y muchas personas fueron a la cárcel° después de ser arrestadas en la zona de tiro.

La protesta se centró en gran parte en los problemas que las bombas habían causado al medioambiente, a la economía de Vieques y a la salud de los viequenses. Las décadas de prácticas de bombardeo dejaron un nivel muy alto de contaminación, que incluye la presencia de uranio reducido (un veneno muy peligroso). Algunos piensan que la incidencia de cáncer de Vieques —25% más alta que la de todo Puerto Rico— se debe a la exposición de los habitantes a elementos tóxicos. Estas acusaciones han provocado controversia ya que la Armada negó los efectos sobre la salud de los viequenses. Finalmente, después de una dura campaña de protesta y lucha°, las prácticas de bombardeo terminaron para siempre en 2003. Los terrenos de la Armada pasaron al Departamento de Caza y Pesca, y la Agencia de Protección Ambiental (EPA) declaró en 2005 que la limpieza ambiental de Vieques sería una de las prioridades nacionales.

Los extremos este y oeste de la isla ahora constituyen una reserva ambiental, la más grande del Caribe. Los viequenses esperan que la isla pueda, en su renacimiento, volver a un estado de mayor pureza natural y al mismo tiempo desarrollar su economía. Vieques sigue siendo un símbolo de resistencia y es un lugar cada día más popular para el turismo local y extranjero. ■

Marginal glosses (left):
- 10 suffered
- evicted
- Navy 15
- 20
- live-fire range 25
- angered
- inhabitants of Vieques
- gave rise to
- 30
- training
- 35

Marginal glosses (right):
- demonstrated
- captured
- 40
- jail
- 45
- 50
- 55
- 60
- struggle
- 65
- 70
- 75
- 80

> **"La protesta se centró en gran parte en los problemas que las bombas habían causado al medioambiente, a la economía de Vieques y a la salud de los viequenses."**

¿Qué es la bioluminiscencia?

Es un efecto de fosforescencia verdeazul, causado por unos microorganismos que, al agitarse, dan un brillo extraordinario a las aguas durante la noche. El pez o bañista que se mueve bajo el agua emite una luz radiante. Para que se produzca este fenómeno extraordinario, se requiere una serie de condiciones muy especiales de temperatura, ambiente y poca contaminación.

Después de leer

La conservación de Vieques

1 Comprensión Elige la respuesta correcta para completar cada oración.

1. Vieques es un municipio de (la República Dominicana/**Puerto Rico**).

2. Entre los atractivos de la isla se encuentra (un pico altísimo/**una bahía bioluminiscente**).

3. Los arrecifes de coral son importantes para la biodiversidad porque (**albergan una inmensa variedad de especies**/protegen la capa de ozono).

4. La protesta en contra de la presencia de la Armada se produjo después (**de la muerte de un guardia de seguridad**/del uso de bombas inertes).

5. Las prácticas de bombardeo dejaron (problemas de erosión/**un nivel alto de contaminación**).

6. Muchas personas fueron arrestadas (por robar uranio reducido/**por ingresar en la zona de prácticas de bombardeo**).

7. Los extremos de la isla ahora contienen (una zona de tiro/**una reserva ambiental**).

8. La bioluminiscencia es un efecto causado por (**microorganismos**/la contaminación).

2 Interpretación Responde a las preguntas.

1. ¿Qué potencial turístico tiene Vieques? Da ejemplos. Vieques tiene mucho potencial turístico.
   Tiene sitios arqueológicos importantes, playas espectaculares, un fuerte histórico y una bahía bioluminiscente.

2. ¿Qué hacía la Armada en Vieques?
   La Armada realizaba prácticas de bombardeo.

3. ¿Cuál era el deseo de los manifestantes de Vieques?
   El deseo de los manifestantes era terminar con las prácticas de bombardeo.

4. ¿Por qué creen que la Armada de los Estados Unidos estaba autorizada a hacer prácticas de bombardeo en Vieques?
   Suggested answer: La Armada de los EE.UU. estaba autorizada porque Puerto Rico es parte de los Estados Unidos.

5. ¿Qué ocurre cuando una persona o un pez nada en la bahía bioluminiscente?
   La persona o el pez emite una luz radiante.

3 Ampliación En parejas, contesten las preguntas.

1. ¿Por qué es importante conservar una isla como Vieques?

2. ¿Qué efectos puede tener la declaración de la EPA? ¿Cómo puede mejorar la vida de los viequenses si se limpia la contaminación?

4 Reunión con el presidente En grupos de cuatro, inventen una conversación sobre las prácticas de la Armada. Por una parte hablan dos manifestantes y por otra el presidente Clinton y un(a) representante de la Armada. Utilicen los tiempos verbales que conocen, incluyendo el futuro. Después representen la conversación delante de la clase.

5 El futuro de Vieques Imagina que eres un habitante de Vieques. Escribe una carta a un amigo contándole cómo crees que cambiarán las cosas en Vieques. Explica cómo se resolverán los problemas de contaminación y cómo se va a promover el turismo.

Teacher sidebar notes:

2. Ask expansion questions, such as: **¿Qué efectos tuvo la presencia de la Armada en la salud de los habitantes? ¿Conocen otros lugares donde los habitantes hayan sufrido problemas de salud a causa de la contaminación?**

4. In order to help students prepare the dialogue, have groups make a two-column chart listing the important supporting arguments for the protesters and the U.S. government.

5. As an optional writing expansion, have students include a paragraph in which they try to convince their friend to visit Vieques.

Atando cabos

¡A conversar!

Mascotas exóticas

A. En parejas, preparen una conversación. Imaginen que uno/a de ustedes se va de vacaciones y le pide a un(a) amigo/a que le cuide la mascota (*pet*) exótica. Utilicen las formas del futuro y las preposiciones aprendidas en esta lección.

B. Hablen sobre las preguntas y luego compartan sus opiniones con el resto de la clase. Usen las frases y expresiones del recuadro para expresar sus opiniones.

- ¿Creen que está bien tener mascotas exóticas? ¿Por qué?
- ¿Creen que está bien tener animales en exhibición en los zoológicos? ¿Por qué?

No estoy (muy) de acuerdo.	Para mí, ...
No es así.	En mi opinión,...
No comparto esa opinión.	(Yo) creo que...
No coincido.	Estoy convencido/a de que...

¡A escribir!

Patrimonio mundial Una de las misiones de la UNESCO es promover la protección del patrimonio mundial, cultural y natural de la humanidad. Para ello, ha creado una lista de áreas protegidas por su valor histórico o natural. Varias áreas naturales de Cuba se encuentran en este listado. En grupos de cuatro, elijan una de las áreas de la lista para preparar un afiche informativo.

Valle de Viñales
Parque Nacional Alejandro de Humboldt
Parque Nacional Desembarco del Granma

A. Investiguen acerca del sitio elegido. Usen estas preguntas como guía: ¿Dónde está el lugar que eligieron? ¿Por qué se caracteriza? ¿Por qué fue declarado Patrimonio mundial? ¿Tiene sólo valor natural o es importante por su cultura e historia?

B. Preparen un afiche informativo sobre el lugar elegido. Incluyan un título, recuadros con texto, mapas e imágenes con epígrafes (*captions*).

¡A conversar!

- For Part A, have students write a list of recommendations for how to care for their pet. Ex: **Es importante que pasees a mi cocodrilo todos los días. Dale de comer a las 5 de la tarde.**
- Ask students to list the qualities their friend should have in order to properly care for their pet. Ex: **Tiene que ser paciente y responsable.**
- For Part B, ask the expansion question: **¿Existen animales domésticos que requieran más atención que otros? Den ejemplos.**

¡A escribir!

- Before students begin writing, have them visit the UNESCO website and read the criteria for choosing World Heritage sites.
- In preparation for creating the poster, encourage students to map their ideas.

La naturaleza

el árbol	tree
el arrecife	reef
el bosque (lluvioso)	(rain) forest
el campo	countryside; field
la cordillera	mountain range
la costa	coast
el desierto	desert
el mar	sea
la montaña	mountain
el paisaje	landscape; scenery
la tierra	land; earth
húmedo/a	humid; damp
seco/a	dry
a orillas de	on the shore of
al aire libre	outdoors

Los animales

el ave (f.)/ el pájaro	bird
el cerdo	pig
el conejo	rabbit
el león	lion
el mono	monkey
la oveja	sheep
el pez	fish
la rana	frog
la serpiente	snake
el tigre	tiger
la vaca	cow
atrapar	to trap; to catch
cazar	to hunt
dar de comer	to feed
extinguirse	to become extinct
morder (o:ue)	to bite
en peligro de extinción	endangered
salvaje	wild
venenoso/a	poisonous

INSTRUCTIONAL RESOURCES
Supersite/IRCD: Testing program

Los fenómenos naturales

el huracán	hurricane
el incendio	fire
la inundación	flood
el relámpago	lightning
la sequía	drought
el terremoto	earthquake
la tormenta (tropical)	(tropical) storm
el trueno	thunder

El medio ambiente

el calentamiento global	global warming
la capa de ozono	ozone layer
el combustible	fuel
la contaminación	pollution; contamination
la deforestación	deforestation
el desarrollo	development
la erosión	erosion
la fuente de energía	energy source
el medio ambiente	environment
los recursos naturales	natural resources
agotar	to use up
conservar	to conserve; to preserve
contaminar	to pollute; to contaminate
contribuir (a)	to contribute
desaparecer	to disappear
destruir	to destroy
malgastar	to waste
proteger	to protect
reciclar	to recycle
resolver (o:ue)	to solve
dañino/a	harmful
desechable	disposable
renovable	renewable
tóxico/a	toxic

Más vocabulario

Expresiones útiles	Ver p. 209
Estructura	Ver pp. 216–217, 220–221 y 224–225

Cinemateca

la cisterna	cistern; underground tank
la salida	exit
el tanque	tank
la tubería	piping
el/la vándalo/a	vandal
acabarse	to run out; to come to an end
descuidar(se)	to get distracted; to neglect
disculparse	to apologize
quedarse sin	to run out of
envenenado/a	poisoned
resentido/a	resentful
sobre todo	above all

Literatura

la esperanza	hope
la prisa	hurry; rush
disponerse a	to be about to
florecer	to flower
oscurecer	to darken
prever	to foresee
sacrificar	to sacrifice
salvar	to save
aislado/a	isolated
digno/a	worthy
valioso/a	valuable

Cultura

el bombardeo	bombing
el ecosistema	ecosystem
la especie	species
el/la manifestante	protester
el monte	mountain
la pureza	purity
el refugio	refuge
el terreno	land
el veneno	poison
ambiental	environmental

La tecnología y la ciencia

Communicative Goals
You will expand your ability to...
- describe past events and conditions
- emphasize the size of objects and people
- express affection or scorn

La tecnología y la ciencia

INSTRUCTIONAL RESOURCES
Supersite/IRCD:
Audioscripts,
Textbook Answer Key,
SAM Answer Key
SAM/WebSAM: WB, LM

Preview: Ask students about the role of technology in our daily lives. **¿Podrían vivir sin el correo electrónico o el teléfono celular? ¿Qué ventajas y desventajas tiene la tecnología en nuestras vidas diarias?**

La tecnología

Gisela se pasa largas horas frente a su **computadora portátil** **navegando en la red**, leyendo **blogs** y **descargando** su música preferida.

la arroba *@ symbol*
el blog *blog*
el buscador *search engine*
la computadora portátil *laptop*
la contraseña *password*
el corrector ortográfico *spell-checker*
la dirección de correo electrónico *e-mail address*
la informática *computer science*
Internet *Internet*
el mensaje (de texto) *(text) message*
la página web *web page*
el programa (de computación) *software*
el reproductor de CD/DVD/MP3 *CD/DVD/MP3 player*
el teléfono celular *cell phone*

adjuntar (un archivo) *to attach (a file)*
borrar *to erase*
descargar *to download*
guardar *to save*
navegar en la red *to surf the web*

avanzado/a *advanced*
digital *digital*
en línea *online*
inalámbrico/a *wireless*

La astronomía y el universo

el agujero negro *black hole*
el cohete *rocket*
el cometa *comet*
el espacio *space*
la estrella (fugaz) *(shooting) star*

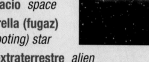

el/la extraterrestre *alien*
la gravedad *gravity*
el ovni *UFO*

el telescopio *telescope*
el transbordador espacial *space shuttle*

Las profesiones de la ciencia

el/la astronauta *astronaut*
el/la astrónomo/a *astronomer*
el/la biólogo/a *biologist*
el/la científico/a *scientist*
el/la físico/a *physicist*
el/la ingeniero/a *engineer*
el/la matemático/a *mathematician*
el/la químico/a *chemist*

Variación léxica
el teléfono celular ⟷ el celular; el móvil
la computadora ⟷ el ordenador
Point out that **ovni** is short for **objeto volador no identificado.**
Point out that it is correct to say **la Internet** or **el Internet**. The choice of feminine or masculine article, or no article, is mostly regional.

La ciencia y los inventos

Los científicos han realizado incontables **experimentos** sobre el **ADN** humano, los cuales han sido esenciales para los **avances revolucionarios** de esta década, como la clonación.

el ADN (ácido desoxirribonucleico) *DNA*
el avance *advance; breakthrough*
la célula *cell*
el desafío *challenge*
el descubrimiento *discovery*
el experimento *experiment*
el gen *gene*
el invento *invention*
la patente *patent*
la teoría *theory*

clonar *to clone*
comprobar (o:ue) *to prove*
crear *to create*
fabricar *to manufacture; to make*
formular *to formulate*
inventar *to invent*

investigar *to investigate; to research*

(bio)químico/a *(bio)chemical*
especializado/a *specialized*
ético/a *ethical*
innovador(a) *innovative*
revolucionario/a *revolutionary*

Teaching option Play **Concentración**. On eight index cards, write the names of items related to technology and science. Another eight cards should have corresponding pictures. Place the cards face down in rows of four and have pairs select two cards. If the cards match, the pairs keep them. If they do not match, the pairs replace the cards. The pair with the most cards at the end wins.

La tecnología y la ciencia

 # Práctica

① As students listen to the speech, have them write down any vocabulary words that they hear. Then ask volunteers to share their lists with the class.

1 Escuchar

 A. Escucha lo que dice Mariana Serrano y luego decide si las oraciones son **ciertas** o **falsas**. Corrige las falsas.

1. Mariana Serrano reflexiona sobre los desafíos del futuro. Cierto.
2. No hay dinero para investigar nuevas medicinas. Falso. Hay bastante dinero para investigar nuevas medicinas.
3. Mariana Serrano cree que la ciencia y la ética deben ir unidas. Cierto.
4. Carlos Obregón es astrónomo. Falso. Carlos Obregón es biólogo.

 B. Escucha la conversación entre Carlos Obregón y Mariana Serrano y contesta las preguntas.

1. ¿Qué le ha pasado a Carlos? Se le cayó la computadora portátil y perdió los documentos de la conferencia.
2. ¿Dónde escribe Mariana casi todos los días? en un blog
3. ¿Qué le tiene que dar Mariana a Carlos? la dirección de la página web
4. ¿Cómo se la va a dar Mariana? en un mensaje de texto

2 Sopa de letras Busca seis palabras del vocabulario.

1. Se utiliza en las direcciones de correo electrónico.
2. Un objeto extraterrestre.
3. Reproducir un ser vivo exactamente igual.
4. Se utiliza para investigar cosas en Internet.
5. El vehículo que se utiliza para ir al espacio.
6. Se utiliza para ver las estrellas.

K	J	A	N	T	I	C	P	S	T
C	A	L	A	N	T	A	R	U	E
O	X	S	A	R	V	R	E	C	L
H	G	T	I	Ó	R	S	H	N	E
E	E	R	T	C	R	O	I	M	S
T	S	U	B	A	V	V	B	D	C
E	C	T	N	O	M	N	R	A	O
C	A	O	O	L	Z	I	L	R	P
Ó	L	N	N	Í	N	U	R	P	I
C	B	U	S	C	A	D	O	R	O

② For additional practice, have students write a paragraph using these or other vocabulary items.

doscientos cuarenta y cinco **245**

Práctica

3 For an extra challenge, have volunteers explain what the related words have in common.

3 **No pertenece** Identifica la palabra que no pertenece al grupo.

1. ADN–célula–buscador–gen
2. astronauta–red–cohete–espacio
3. descargar–adjuntar–guardar–clonar
4. descubrimiento–gravedad–avance–invento
5. bioquímico–avanzado–revolucionario–innovador
6. científico–biólogo–extraterrestre–ingeniero

4 For expansion, have students create similar sentences with the remaining words.

4 **Para... se necesita...** ¿Qué se necesita para hacer lo siguiente? Añade el artículo correcto: **un** o **una**.

computadora portátil	desafío	matemático	teléfono celular
contraseña	estrella fugaz	patente	telescopio
corrector ortográfico	experimento	reproductor	teoría

1. Para pedir un deseo se necesita ver ___una estrella fugaz___.
2. Para ver un DVD se necesita ___un reproductor___.
3. Para navegar en la red en la playa se necesita ___una computadora portátil___.
4. Para hacer una llamada en un autobús se necesita ___un teléfono celular___.
5. Para escribir sin errores en la computadora se necesita ___un corrector ortográfico___.
6. Para proteger la información de la computadora se necesita ___una contraseña___.
7. Para obtener el derecho de comercializar un invento se necesita ___una patente___.
8. Para observar la Luna y las estrellas desde la Tierra se necesita ___un telescopio___.

5 Model the activity with a volunteer from the class using the word **blog**. Say: **Es un diario en Internet donde se pueden escribir los pensamientos y opiniones personales.**

5 **Definiciones** Primero, elige cinco palabras de la lista y escribe una definición para cada una. Luego, en parejas, túrnense para leerse las definiciones y adivinar de qué palabra se trata.

astronauta	digital	invento
astrónomo/a	en línea	navegar en la red
biólogo/a	experimento	patente
borrar	físico/a	teléfono celular
descargar	gen	teoría

Comunicación

6 **Actualidad científica** Algunos piensan que la biotecnología no tiene límites. ¿Qué opinas tú sobre el tema? Marca las afirmaciones con las que estás de acuerdo y comparte tus opiniones con un(a) compañero/a. ¿Cuáles son los aspectos positivos y negativos de la manipulación genética?

- ☐ 1. La clonación de seres humanos es una herramienta importante para luchar contra las enfermedades genéticas.
- ☐ 2. La genética ha ido demasiado lejos. El hombre no puede jugar a alterar la naturaleza humana. No es ético y sólo producirá sufrimiento.
- ☐ 3. Es injusto gastar dinero en experimentos genéticos cuando hay gente que muere de hambre y de enfermedades que se pueden curar fácilmente.
- ☐ 4. La clonación es una respuesta al problema de la infertilidad.
- ☐ 5. La clonación de seres humanos disminuirá (*will diminish*) nuestro respeto por la vida humana.
- ☐ 6. Clonar seres humanos en un mundo superpoblado (*overpopulated*) no tiene sentido.

7 **Soluciones** En grupos de tres, encuentren soluciones a las difíciles situaciones de estas personas. Cada uno de ustedes debe dar al menos dos consejos para cada caso. Utilicen la imaginación y tantas palabras del vocabulario como puedan.

- Un astrónomo ha detectado una tormenta espacial y piensa que puede ser peligroso mandar un cohete al espacio. No quiere que los astronautas estén en peligro. Sus jefes, sin embargo, no quieren cancelarlo porque, de lo contrario, saben que recibirán críticas en los periódicos.

- Una astronauta descubre extraterrestres en un viaje al espacio. Estos seres son muy pacíficos e inofensivos y le ruegan que no diga nada a su regreso a la Tierra, porque temen que los humanos los destruyan.

8 **Observaciones de la galaxia** Inspirándose en el dibujo, trabajen en parejas para escribir una historia breve. Utilicen por lo menos ocho palabras de **Contextos**. ¡Dejen volar la imaginación!

¿Quién era el hombre?

¿Dónde estaba?

¿Qué quería hacer?

¿Qué sorpresa inesperada encontró?

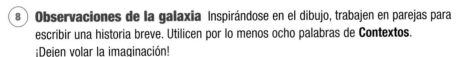

6 For advanced classes, organize a debate between two groups. One group should argue in favor of biotechnology, and the other against. The questions in Activity 6 may guide in the debate. Encourage students to use impersonal expressions with the subjunctive in their arguments. Ex: **Es malo que, es mejor que, es importante que…**

7 For additional writing practice, have students draft a letter to the astronomer or astronaut giving advice.

8 Ask pairs to exchange their stories with another pair. Ask: **¿En qué se parecen y en qué se diferencian las dos historias?**

SUPERSITE

La oficina de la revista *Facetas* recibe una pantalla líquida.

Synopsis
• An LCD screen is delivered to the office.
• Johnny faints and everyone attempts to revive him.
• Johnny and Fabiola attempt to install the screen, causing a short circuit.
• Everyone contemplates the shortcomings of technology in the candle-lit conference room.

1

HOMBRE 1 Aquí está la pantalla líquida que pidieron. Pues, tiene imagen digital, sonido de alta definición, control remoto universal y capacidad para conexión de satélite e Internet desde el momento de la instalación.

JOHNNY ¿Y está en esa caja tan grandota?

HOMBRE 1 Si es tan amable, me da su firmita en la parte de abajo, por favor.

2

Johnny está en el suelo desmayado.

HOMBRE 2 ¿Por qué no piden una ambulancia?

MARIELA No se preocupe. Fue sólo una pequeñísima sobredosis de euforia.

HOMBRE 1 ¡Esto es tan emocionante! Nunca se había desmayado nadie.

FABIOLA No conocían a Johnny.

HOMBRE 2 Eso es lo que yo llamo "el poder de la tecnología".

3

ÉRIC Jefe, pruebe con esto a ver si despierta. *(Le entrega un poco de sal.)*

AGUAYO ¿Qué se supone que haga?

ÉRIC Ábralo y páseselo por la nariz.

AGUAYO Esto no funciona.

DIANA Ay, yo conozco un remedio infalible.

ÉRIC ¡¿Qué haces?!

Diana le pone sal en la boca a Johnny. Johnny se despierta.

6

Más tarde... Johnny y Fabiola van a poner la pantalla en la pared.

AGUAYO Johnny, ¿estás seguro de que sabes lo que haces?

JOHNNY Tranquilo, jefe, no es tan difícil.

FABIOLA Es sólo un agujerito en la pared.

7

El teléfono suena.

MARIELA Revista *Facetas*, buenas tardes. Jefe, tiene una llamada de su esposa en la línea tres.

AGUAYO Pregúntale dónde está y dile que la llamo luego.

MARIELA Un segundito.

AGUAYO Estaré en mi oficina. No quiero ver este desorden.

8

Mientras trabajan, se va la luz.

FABIOLA ¡Johnny!

JOHNNY ¿Qué pasó?

FABIOLA ¡Johnny! ¡Johnny!

JOHNNY Está bien, está bien. Ahí viene el jefe.

AGUAYO No es tan difícil. Es sólo un agujerito en la pared... ¡No funciona ni el teléfono!

JOHNNY *(a Aguayo)* Si quiere puede usar mi celular.

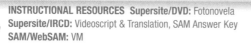

INSTRUCTIONAL RESOURCES Supersite/DVD: Fotonovela
Supersite/IRCD: Videoscript & Translation, SAM Answer Key
SAM/WebSAM: VM

Preview Have students scan the text for technology-related vocabulary. Then have them predict what the characters are discussing in the episode.

AGUAYO

DIANA

ÉRIC

FABIOLA

JOHNNY

MARIELA

HOMBRE 1

HOMBRE 2

JOHNNY ¿Sabían que en el transbordador espacial de la NASA tienen este tipo de pantallas?

MARIELA Espero que a ningún astronauta le dé por desmayarse.

AGUAYO ¿Dónde vamos a instalarla?

DIANA En esta pared, pero hay que buscar quien lo haga porque nosotros no tenemos las herramientas.

JOHNNY ¿Qué? ¿No tienes una caja (de herramientas)?

ÉRIC A menos que quieras pegar la pantalla con cinta adhesiva y luego ponerle aceite lubricante, no.

FABIOLA Hay una construcción allá abajo.

Johnny y Fabiola se van a buscar las herramientas.

Más tarde, en la sala de conferencias...

AGUAYO Rodeados de la mejor tecnología para terminar alumbrados por unas velas.

DIANA Nada ha cambiado desde los inicios de la humanidad.

MARIELA Hablando de cosas profundas... ¿Alguna vez se han preguntado adónde se va la luz cuando se va?

Expresiones útiles

Expressing size

Si es tan amable, ¿me da su firmita?
Would you please sign? (Lit. If you were so kind, would you give me your little signature?)

Fue sólo una pequeñísima sobredosis de euforia.
It was just a tiny overdose of euphoria.

Un segundito.
Just a second. (Lit. a tiny second)

¿Y está en esa caja tan grandota?
And is it in that really big box?

Talking about what has/had happened

Nada ha cambiado.
Nothing has changed.

Nada había cambiado.
Nothing had changed.

¿Alguna vez se han preguntado…?
Have you ever asked yourselves…?

Nunca se había desmayado nadie.
No one had ever fainted before.

Additional vocabulary

el agujerito *small hole*
alta definición *high definition*
la conexión de satélite *satellite connection*
el control remoto universal *universal remote control*
el desorden *disorder; mess*
funcionar *to work*
la herramienta *tool*
la imagen *image*
instalar *to install*
la luz *power; electricity*
la pantalla líquida *LCD screen*
rodeado/a *surrounded*

Variación léxica
la conexión de satélite ⟷ la conexión satelital
el control remoto universal ⟷ el mando universal (Esp.)
el desorden ⟷ el desbarajuste, el caos

Comprensión

① In pairs, have students correct the false statements.

1 **¿Cierto o falso?** Indica si las oraciones son **ciertas** o **falsas**.

1. Johnny se desmayó debido a la euforia del momento. cierto
2. La nueva tecnología no impresiona a nadie. falso
3. Aguayo está preocupado por lo que hace Johnny. cierto
4. A pesar de los avances de la tecnología, las velas son prácticas. cierto
5. Según Diana, sus remedios nunca funcionan. falso

② In pairs, have students redo the activity by asking corresponding questions using **¿Por qué?** Ex: **¿Por qué propone alguien pedir una ambulancia?**

2 **Razones** Elige el final lógico para cada oración.

___e___ 1. Alguien propone pedir una ambulancia porque

___c___ 2. Éric le explica a Aguayo cómo despertar a Johnny porque

___a___ 3. Diana propone buscar a alguien para instalar la pantalla porque

___d___ 4. Aguayo se encierra en su oficina porque

___b___ 5. Los empleados alumbran la oficina con velas porque

a. no tienen herramientas.
b. no hay luz.
c. Aguayo no sabe cómo hacerlo.
d. no quiere ver el desorden.
e. Johnny se desmayó.

③ Have pairs write definitions for these additional words: **celular, sobredosis,** and **vela.**

3 **Definiciones** Busca en la **Fotonovela** la palabra que corresponda a cada definición.

control remoto universal
1. Aparato que permite centralizar y controlar a distancia distintos equipos electrónicos.

pantalla líquida
transbordador espacial
2. Aparato de televisión que transmite una imagen de alta definición.
3. Vehículo que viaja por el espacio.

herramientas
4. Instrumentos que generalmente se usan para instalar o para arreglar algo.

Internet
5. Red Informática Mundial formada por la conexión directa entre las computadoras.

conexión de satélite
6. Sistema inalámbrico de televisión que incluye acceso a gran variedad de películas, eventos deportivos y noticias internacionales.

④ For slower-paced classes, ask volunteers to read the statements aloud before completing the activity. Then play the episode again and have students take notes to help them prepare their answers.

4 **¿Por qué lo dicen?** En parejas, expliquen a qué se refieren los personajes de la **Fotonovela** en cada cita (*quote*).

1. **HOMBRE** Eso es lo que yo llamo "el poder de la tecnología".
2. **MARIELA** Fue sólo una pequeñísima sobredosis de euforia.
3. **AGUAYO** ¿Estás seguro de que sabes lo que haces?
4. **DIANA** Nada ha cambiado desde los inicios de la humanidad.
5. **AGUAYO** ¡No funciona ni el teléfono!
6. **DIANA** Yo conozco un remedio infalible.

Ampliación

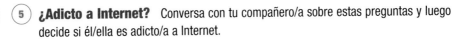

⑤ As a class, have a similar discussion about cell phones.

⑤ **¿Adicto a Internet?** Conversa con tu compañero/a sobre estas preguntas y luego decide si él/ella es adicto/a a Internet.

1. ¿Tienes una cuenta de correo electrónico? ¿Con qué frecuencia la chequeas?

2. ¿Dejas de hacer las tareas de clase o trabajo por pasar más tiempo navegando en Internet? ¿Por qué? Explica con ejemplos.

3. ¿Visitas sitios de *chat*? ¿Cuáles? ¿Con quién(es) te encuentras? ¿Piensas que es más divertido chatear que charlar en persona?

4. Si se corta la conexión de Internet por más de tres días, ¿cómo te sientes?, ¿te pones ansioso/a?, ¿permaneces indiferente? Explica con ejemplos.

5. Si necesitas hablar con un(a) amigo/a que vive cerca, ¿prefieres chatear o ir directamente a su cuarto o a su casa?

⑥ Ask heritage speakers what the popular television channels are in the Spanish-speaking world. Have volunteers find out which of these channels are available in the U.S./Canada.

⑥ **Apuntes culturales** En parejas, lean los párrafos y contesten las preguntas.

Los cibercafés

¡Johnny podrá navegar por Internet desde la pantalla líquida! En Hispanoamérica, fuera de la casa y el trabajo, los **cibercafés** son sitios muy populares para acceder a Internet. Además de este servicio, venden café, comida y son puntos de encuentro con amigos. ¿Seguirá yendo Johnny a los cibercafés, o ahora llevará a sus amigos a la oficina?

Los mensajes de texto

Johnny le prestó el celular a Aguayo para que se comunicara con su esposa. Si viviera en Argentina, seguramente haría como la mayoría de los argentinos y le enviaría un **mensaje de texto** a su esposa diciendo: "tamos sin luz n l ofi. dsps t llamo" (Estamos sin luz en la oficina. Después te llamo). ¡Ojalá que el jefe no le gaste todo el crédito a Johnny!

La conexión satelital

Con conexión satelital, Johnny podrá acceder a canales de todo el mundo. De igual modo, muchos inmigrantes hispanos en los EE.UU. pueden seguir en contacto con sus países de origen gracias a este servicio: los ecuatorianos pueden mirar **ECUAVISA Internacional** y los peruanos, **Perú Sur**.

1. ¿Has estado en algún cibercafé? ¿Cuándo y dónde? ¿Son comunes los cibercafés en donde tú vives? ¿Dónde navegas habitualmente?

2. Muchos jóvenes prefieren enviar mensajes de texto en lugar de llamar por teléfono. ¿Tú mandas mensajes de texto? ¿A quiénes? ¿Cuántos por día?

3. ¿Existe en tu cultura un lenguaje especial para los mensajes de texto? Explica con varios ejemplos.

4. ¿Prefieres la televisión por cable o por satélite? ¿Hay alguna diferencia?

Teaching option Review the imperfect (**Estructura 3.2**). Ask: ¿Cómo era la vida antes de tener acceso a Internet? ¿Y antes de los teléfonos celulares?

Teaching option Have students work in groups of three and imagine they are opening their own Internet café. Ask them to create a commercial in which they give the name, location, and services offered at their café. Encourage them to use subjunctive and command forms in the ad. Have volunteers present their commercials to the class.

Left page (partial)

Animación

las caricaturas (Col.)
los dibujitos (Arg.)
los muñequitos (Cu.)
las películas CG   *CG*
la laptop (Amér. L.)
la notebook (Arg.)
el portátil (Esp.)
el computador (Col. y (
el ordenador (Esp.)
el mouse (Amér. L.)
el ratón (Esp. y Pe.)

Otros
y

- La televisión de ho contribución de Gu ingeniero mexican recibió a los 22 añ estadounidense po de la historia.

- Ellen Ochoa, una n nacida en California ascendencia mexic que de niña soñó c flautista, se ha con en **la primera astr hispana** en trabaja NASA. También ha relacionados con **s**

- Durante la década Raúl Ramírez inven máquina manual lla a las familias pobre casas. Hoy, esta ma de "viviendas autos construyen° sus pr

① Ask students to write two more true or false statements about the readings and exchange them with a partner.

① Review years in Spanish with the class. Ask questions about the dates of different inventions. Ex: *¿En qué año inventó Mario Dávila el semáforo para ciegos?*

③ Continue the discussion by asking volunteers, **¿Alguna vez has pensado en un posible invento? ¿Qué es?**

¿Qué aprendiste?

① ¿Cierto o falso? Indica si las oraciones son ciertas o falsas. Corrige las falsas.

1. Hay muchos inventores en Argentina. Cierto.

2. El sistema de huellas digitales lo inventó un argentino. Cierto.

3. Walt Disney fue el primer director que realizó un largometraje de animación. Falso. Quirino Cristiani fue el primero en crear un largometraje de animación.

4. La cámara que inventó Cristiani sólo le permitía trabajar con las manos. Falso. La cámara que inventó Cristiani le permitía trabajar con las manos y con los pies.

5. La primera película de animación con sonido fue *El Apóstol*. Falso. La primera película de animación con sonido fue *Peludópolis*.

6. Después de la Segunda Guerra Mundial, hubo una crisis en el cine de animación y se hicieron menos películas. Falso. El cine de animación vivió un *boom* después de la Segunda Guerra Mundial.

7. La verdadera revolución en el mundo de la animación surgió con la llegada de las computadoras. Cierto.

8. Las computadoras han facilitado que más personas tengan la posibilidad de hacer películas de animación. Cierto.

9. En el sistema de *stop-motion*, los escenarios y personajes se dibujan en programas de computadora. Falso. Los escenarios y personajes están hechos en tres dimensiones.

10. Jorge Weber inventó el semáforo para ciegos en 1983. Falso. Mario Dávila inventó el semáforo para ciegos en 1983.

② Oraciones Completa las oraciones.

1. Juan Pablo Zaramella trabaja con (dibujos/<u>plastilina</u>).

2. Juan Pablo Zaramella utiliza el método de (dibujitos/<u>*stop-motion*</u>) porque le da más libertad creativa.

3. El mexicano Guillermo González Camarena patentó (una cámara de cine/<u>el primer televisor en color</u>).

4. Ellen Ochoa es (flautista y astronauta/<u>astronauta e inventora</u>).

5. Si estás en Colombia y quieres ver animación, dices que quieres ver (dibujitos/<u>caricaturas</u>).

③ Preguntas En parejas, contesten las preguntas.

1. ¿Qué invento es más importante: el semáforo para ciegos o el televisor en color? ¿Por qué?

2. ¿Por qué crees que en muchos países hispanos se usan términos de computación en inglés, como *mouse* o *laptop*? ¿Está bien usarlos o deben usarse términos en español?

3. ¿Qué significa la afirmación de que las computadoras "han democratizado el acceso al arte de la animación"?

④ Opiniones Muchos inventos han cambiado nuestras vidas. En parejas, hagan una lista con los cinco inventos más importantes de los siglos XX y XXI. ¿Por qué los han elegido? Compartan su opinión con la clase. ¿Hay algún invento que esté en todas las listas? ¿Cuál es el más importante? ¿Están de acuerdo?

PROYECTO

Inventores

Busca información sobre un(a) inventor(a) argentino/a (o de otro país latinoamericano) y prepara una presentación para la clase sobre su vida y su invento más importante. Debes incluir:

• una breve biografía del inventor

• una descripción del invento

• el uso de su invento

• una foto o una ilustración del invento

• tu opinión acerca de la importancia del invento en la época en la que vivió el/la inventor(a) y en la actualidad

④ For advanced classes, have volunteers describe life before and after each invention using the preterite and the imperfect.

Proyecto To help students get started, write on the board a series of questions that they should aim to answer in their presentations. Ex: **¿De dónde es el inventor? ¿En qué año inventó...? ¿Cómo cambió la vida diaria de aquella época a causa de este invento?**

RITMOS

Bersuit Vergarabat

La Bersuit, como la llaman sus fanáticos, es actualmente la banda más influyente y de mayor éxito del rock argentino. La banda, compuesta por ocho integrantes, está liderada por **Gustavo Cordera**, quien a finales de los 80 decidió abandonar sus estudios de comunicación para dedicarse por entero a la música. Con el álbum *Libertinaje*, lanzado° en 1998, la Bersuit logró despegar° hacia escenarios internacionales. Realizó giras° por España, los Estados Unidos y gran parte de Latinoamérica. Su reciente trabajo discográfico *Testosterona* (2005) ganó el premio argentino **Gardel de oro**. Según Cordera, la canción *Madre hay una sola* de ese mismo álbum es "una autocrítica del hombre ciudadano que advierte el inexorable deterioro del medio ambiente por el rumbo del mundo actual y su propia forma de vida".

Discografía

2005 Testosterona   **2002** De la cabeza con Bersuit Vergarabat   **1998** Libertinaje

Canción

Éste es un fragmento de la canción que tu instructor(a) te hará escuchar.

Madre hay una sola

Yo te agradezco porque aquí estoy,

Vos° sos mi única madre,

con alma y vida yo venero tu jardín...

Te agradezco aunque me voy

avergonzado° por ser parte de la especie,

que hoy te viola° en un patético festín…

Banda de pijamas La Bersuit Vergarabat ha hecho de la locura y la rebeldía su sello° artístico. En todos sus conciertos, los integrantes de la banda aparecen vestidos con sus característicos pijamas, como se puede ver en esta foto de su álbum *De la cabeza*. Se dice que llevan pijamas en homenaje al prestigioso hospital psiquiátrico José Tiburcio Borda en Buenos Aires.

Preguntas En parejas, contesten las preguntas. Some answers will vary.

1. ¿Qué estudiaba Gustavo Cordera antes de dedicarse a la música?
   Estudiaba comunicación.
2. ¿Cuál es el tema central de la canción?
   El tema es el deterioro de la naturaleza causado por el hombre.
3. ¿A quién le habla el cantante? ¿Qué le dice? Explica.
   Le habla a la naturaleza y le dice que es su única madre y que se siente avergonzado.
4. ¿Cuál es tu opinión sobre la ropa que generalmente se ponen los músicos para los conciertos? ¿Te parece divertido o ridículo que hagan esto?

lanzado *launched* **despegar** *to take off* **giras** *tours* **Vos** *Tú* **avergonzado** *ashamed* **viola** *rapes* **sello** *hallmark*

Ritmos Point out the use of the **voseo** in the song. Explain that **vos** is the second person singular pronoun commonly used in Argentina in place of **tú**. It carries a different verb conjugation.

7.1 The present perfect

Nada ha cambiado desde los inicios de la humanidad.

INSTRUCTIONAL RESOURCES
Supersite/IRCD: Textbook Answer Key, SAM Answer Key
SAM/WebSAM: WB, LM

TALLER DE CONSULTA

MANUAL DE GRAMÁTICA
Más práctica

7.1 The present perfect, p. 520
7.2 The past perfect, p. 521
7.3 Diminutives and augmentatives, p. 522

Más gramática

7.4 Expressions of time with **hacer**, p. 523

• • • •

While English speakers often use the present perfect to express actions that continue into the present time, Spanish uses the phrase **hace** + [*period of time*] + **que** + [*present tense*].

Hace dos años que estudio español.

I have studied Spanish for two years.

Point out that the present perfect is more commonly used in Spain than in Latin America for describing recent events.

- In Spanish, as in English, the present perfect tense (**el pretérito perfecto**) expresses what *has happened*. It generally refers to recently completed actions or to a past that still bears relevance in the present.

  Mi jefe **ha decidido** que a partir de esta semana hay que comunicarse por Internet y no gastar en llamadas internacionales.
  My boss has decided that as of this week we have to communicate through the Internet rather than spend money on international calls.

  Juan **ha terminado** la carrera de ingeniería, pero aún no **ha decidido** qué va a hacer a partir de ahora.
  Juan has graduated as an engineer, but he still hasn't decided what to do from now on.

- The present perfect is formed with the present tense of the verb **haber** and a past participle. Regular past participles are formed by adding **–ado** to the stem of **–ar** verbs and **–ido** to the stem of **–er** and **–ir** verbs.

The present perfect		
comprar	**beber**	**recibir**
he comprado	he bebido	he recibido
has comprado	has bebido	has recibido
ha comprado	ha bebido	ha recibido
hemos comprado	hemos bebido	hemos recibido
habéis comprado	habéis bebido	habéis recibido
han comprado	han bebido	han recibido

- Note that past participles do not change form in the present perfect tense.

  Todavía no **hemos comprado** la computadora nueva.
  We still haven't bought the new computer.

  La bióloga aún no **ha terminado** su trabajo de investigación.
  The biologist hasn't finished her research work yet.

- To express that something *has just happened*, **acabar de** + [*infinitive*], not the present perfect, is used. **Acabar** is a regular -ar verb.

  Acabo de recibir un mensaje de texto.
  I've just received a text message.

  ¡**Acabamos de ver** un ovni!
  We just saw a UFO!

- When the stem of an **–er** or **–ir** verb ends in **a, e**, or **o**, the past participle requires a written accent (**ído**) to maintain the correct stress. No accent mark is needed for stems ending in **u**.

  ca-er → ca**í**do   le-er → le**í**do

  o-ír → o**í**do   constru-ir → constru**i**do

- Several verbs have irregular past participles.

abrir		abierto		morir		muerto
cubrir		cubierto		poner		puesto
decir	▶	dicho		resolver	▶	resuelto
descubrir		descubierto		romper		roto
escribir		escrito		ver		visto
hacer		hecho		volver		vuelto

  Perdón, es que **he escrito** cuatro mensajes por correo electrónico y no me
      han resuelto el problema.
  Excuse me, but I have written four e-mails and you still haven't solved my problem.

  El ingeniero me asegura que ya **ha visto** sus mensajes y dice que muy pronto
      lo llamará.
  The engineer assures me that he has seen your e-mails and says he will call you soon.

- In the present perfect, pronouns and the word **no** always precede the verb **haber**, which cannot be separated from the past participle by any other word.

  ¿Por qué **no has patentado** todavía tu invento?
  Why haven't you patented your invention yet?

  ¡Todavía **no lo he terminado** de perfeccionar!
  I haven't finished perfecting it yet!

¿Alguna vez se han preguntado adónde se va la luz cuando se va?

Note that, while in English adverbs are frequently used in between the helping verb and the past participle, in Spanish they are placed either before **haber** or after the participle. Ex: *She has already arrived.* **Ya ha llegado. /Ha llegado ya.**

- Note that, when a past participle is used as an adjective, it must agree in number and gender with the noun it modifies. Past participles are often used as adjectives with **estar** or other verbs to describe physical or emotional states.

  Las fórmulas matemáticas ya
      están **preparadas**.
  *The mathematical equations are
      already prepared.*

  Los laboratorios están **cerrados**
      hasta el lunes.
  *The laboratories are closed
      until Monday.*

TALLER DE CONSULTA

For detailed coverage of past participles with **ser, estar**, and other verbs, see:

11.1 The passive voice, p. 408

11.4 Past participles used as adjectives, p. 543

Práctica

TALLER DE CONSULTA

MANUAL DE GRAMÁTICA
Más práctica

7.1 The present perfect,
p. 520

① Ask volunteers to identify the irregular participles.

① El asistente de laboratorio La directora del laboratorio está enojada porque el asistente ha llegado tarde. Completa la conversación con las formas del pretérito perfecto.

DIRECTORA ¿Dónde (1) __has estado__ (estar) tú toda la mañana y qué (2) __has hecho__ (hacer) con mi computadora portátil?

ASISTENTE Ay, (yo) (3) __he tenido__ (tener) la peor mañana de mi vida... Resulta que ayer me llevé su computadora para seguir con el análisis del experimento y...

DIRECTORA ¿Pero por qué no usaste la tuya?

ASISTENTE Porque usted todavía no (4) __ha descargado__ (descargar) todos los programas que necesito. Pues, hacía unas compras en la tarde, y la dejé en alguna parte.

DIRECTORA Me estás mintiendo. En realidad la (5) __has roto__ (romper), ¿no?

ASISTENTE No, no la (6) __he roto__ (romper); la (7) __he perdido__ (perder). Por eso, esta mañana (8) __he vuelto__ (volver) a todas las tiendas y les (9) __he preguntado__ (preguntar) a todos si la (10) __han visto__ (ver).

② Oraciones Combina los elementos para formar oraciones completas. Utiliza el pretérito perfecto y añade elementos cuando sea necesario.

> **MODELO** yo / siempre / querer / teléfono celular / con reproductor de MP3
> Yo siempre he querido un teléfono celular con reproductor de MP3.

1. nosotros / comprar / cámara digital / más innovadora
   Nosotros hemos comprado una cámara digital más innovadora.
2. tú / nunca / pensar / en ser / matemático
   Tú nunca has pensado en ser matemático.
3. los científicos / ya / descubrir / cura
   Los científicos ya han descubierto una/la cura.
4. el profesor / escribir / fórmulas / en la pizarra
   El profesor ha escrito las fórmulas en la pizarra.
5. mis padres / siempre / creer / en los ovnis
   Mis padres siempre han creído en los ovnis.

③ Have students survey each other again, asking: **¿Qué has hecho hoy?** Model the response by describing things you have done and writing them on the board. Ex: **He tomado tres tazas de café. He corregido los exámenes de ayer.**

③ ¿Qué has hecho? Indica si has hecho o experimentado lo siguiente.

> **MODELO** ir al Polo Sur
> No he ido al Polo Sur pero he viajado a Latinoamérica.

1. viajar a la luna
2. ganar la lotería
3. ver a un extraterrestre
4. inventar algo

5. conocer al presidente del país
6. estar despierto/a por más de dos días
7. hacer algo revolucionario
8. soñar con ser astronauta

④ Have volunteers share what they learned about their classmates.

④ Preguntas personales Busca un(a) compañero/a de clase a quien no conozcas bien y hazle preguntas sobre su vida usando el pretérito perfecto.

> **MODELO** —¿Has tomado clases de informática?
> —Sí, he tomado muchas clases de informática. ¡Siempre me ha fascinado la tecnología!

conocer a una persona famosa	practicar algún deporte
escribir poemas	visitar un país hispano
estar enamorado/a	vivir en el extranjero

Teaching option Do a rapid-response drill. Call out a verb and subject, and have volunteers respond with a complete sentence using the present perfect.

Comunicación

5 **¿Eres tecnofóbico?** Utiliza el pretérito perfecto para completar las oraciones. Luego, en parejas, conviertan las oraciones de la encuesta en preguntas para descubrir si son tecnomaníaticos/as o tecnofóbicos/as. Comparen los resultados. ¿Están de acuerdo?

¿Eres tecnofóbico?

No parece haber punto intermedio: la gente ama la tecnología o la odia. Contesta las preguntas para saber si eres tecnomaníatico o tecnofóbico.

1. Yo __he comprado__ (comprar) ___ aparatos tecnológicos durante el último año.
   a. más de diez   b. entre cinco y diez
   c. menos de cinco   d. cero

2. Yo __he tratado__ (tratar) de aprender ___ sobre los avances tecnológicos de los últimos meses.
   a. todo lo posible   b. lo suficiente
   c. un poco   d. muy poco

3. Para escribirles a los amigos, siempre __he preferido__ (preferir) ___.
   a. los mensajes de texto
   b. los mensajes instantáneos
   c. el correo electrónico
   d. las cartas escritas a mano

4. Los recursos que __he utilizado__ (utilizar) más este año para hacer investigaciones son ___.
   a. buscadores
   b. las bases de datos de la biblioteca
   c. enciclopedias en línea
   d. enciclopedias tradicionales

5. Para las noticias diarias, mi fuente favorita esta semana __ha sido__ (ser) ___.
   a. Internet   b. la televisión
   c. la radio   d. el periódico

6. Para conseguir música, __he dependido__ (depender) más que todo de ___.
   a. descargar archivos MP3   b. comprar los CD en línea
   c. comprar los CD en las tiendas d. escuchar los cassettes de mis padres

7. El teléfono que __he usado__ (usar) más este año es ___.
   a. un celular nuevo con cámara digital b. el celular que compré hace tres años
   c. el teléfono de casa   d. ninguno — prefiero hablar en persona

8. Siempre __he creído__ (creer) que los avances tecnológicos ___ la calidad de vida.
   a. son esenciales para   b. mejoran
   c. pueden empeorar   d. arruinan

Clave
a. = 3 puntos
b. = 2 puntos
c. = 1 punto
d. = 0 puntos

Resultados
19 - 24 ¡Eres **tecnomaníatico**!
13 - 18 Te sientes cómodo en un mundo tecnológico.
7 - 12 No te has mantenido al día con los avances recientes.
0 - 6 ¡Eres **tecnofóbico**!

---

6 **Celebridades** En grupos de tres, cada miembro debe pensar en una persona famosa, sin decir quién es. Las otras dos personas deben hacer preguntas. Utilicen el pretérito perfecto para dar pistas hasta que hayan adivinado el nombre de cada celebridad.

MODELO
ESTUDIANTE 1 Este hombre ha ganado muchísimo dinero.
ESTUDIANTE 2 ¿Es Donald Trump?

---

5 As an expansion activity, divide the class into two groups: **tecnomaníaticos** and **tecnofóbicos**. Have the first group give recommendations to the **tecnofóbicos** to help them overcome their fears of technology. Have the other group give advice to the **tecnomaníaticos** about how to depend less on technology. Remind students to use subjunctive or command forms.

6 For visual learners, bring in magazines to help students choose a famous person.

6 For additional practice with the present perfect, have students also choose famous couples. Ex: **Han actuado juntos en una película y han adoptado a una niña de África.** → **¿Son Brad Pitt y Angelina Jolie?**

7.2 The past perfect

- The past perfect tense (**el pluscuamperfecto**) is formed with the imperfect of **haber** and a past participle. As with other perfect tenses, the past participle does not change form.

The past perfect		
viajar	**perder**	**incluir**
había viajado	había perdido	había incluido
habías viajado	habías perdido	habías incluido
había viajado	había perdido	había incluido
habíamos viajado	habíamos perdido	habíamos incluido
habíais viajado	habíais perdido	habíais incluido
habían viajado	habían perdido	habían incluido

- In Spanish, as in English, the past perfect expresses what someone *had done* or what *had occurred* before another action or condition in the past.

Decidí comprar una cámara digital nueva porque la vieja se me **había roto** varias veces.
I decided to buy a new digital camera because the old one had broken on me several times.

Cuando por fin les dieron la patente, otros ingenieros ya **habían inventado** una tecnología mejor.
When they were finally given the patent, other engineers had already invented a better technology.

Draw a time line on the board to compare and contrast preterite, present perfect, and past perfect tenses.

- **Antes, nunca, todavía**, and **ya** are often used with the past perfect to indicate that one action occurred before another. Note that adverbs, pronouns, and the word **no** may not separate **haber** from the past participle.

¡Nunca se había desmayado nadie!

Cuando se desconectó la computadora, **aún no había guardado** el documento.
When the computer got disconnected, I hadn't yet saved the document.

María Eugenia y Gisela **nunca habían visto** una estrella fugaz tan luminosa antes.
María Eugenia y Gisela had never seen such a bright shooting star before.

Ya me había explicado la teoría, pero no la entendí hasta que vi el experimento.
He had already explained the theory to me, but I didn't understand it until I saw the experiment.

Los ovnis **todavía no habían aterrizado**, pero los terrícolas ya estaban corriendo asustados.
The UFOs hadn't yet landed, but the earthlings were already running scared.

Práctica y comunicación

TALLER DE CONSULTA

MANUAL DE GRAMÁTICA
Más práctica

7.2 The past perfect,
p. 521

1 **Discurso** Jorge Báez, un médico dedicado a la genética, ha recibido un premio por su trabajo. Completa su discurso de agradecimiento con el pluscuamperfecto.

Muchas gracias por este premio. Recuerdo que antes de cumplir 12 años ya
(1) __había decidido__ (decidir) ser médico. Desde pequeño, mi madre siempre me
(2) __había llevado__ (llevar) al hospital donde ella trabajaba y recuerdo que desde la
primera vez me (3) __habían fascinado__ (fascinar) esos médicos vestidos de blanco. Luego, al
cumplir 26 años, ya (4) __había pasado__ (pasar) tres años estudiando las propiedades de
los genes humanos, en especial desde que (5) __había visto__ (ver) un programa en la
televisión sobre la clonación. Cuando terminé mis estudios de posgrado, ya se
(6) __habían hecho__ (hacer) grandes adelantos científicos...

2 **Explicación** Reescribe las oraciones usando el pluscuamperfecto. Sigue el modelo.

MODELO
Me duché a las 7:00. Antes de ducharme hablé con mi hermano.
Ya había hablado con mi hermano antes de ducharme.

1. Yo salí de casa a las 8:00. Antes de salir de casa miré mi correo electrónico.
   Ya había mirado mi correo electrónico antes de salir de casa.
2. Llegué a la oficina a las 8:30. Antes de llegar a la oficina tomé un café.
   Ya había tomado un café antes de llegar a la oficina.
3. Se apagó la computadora a las 10:00. Yo guardé los archivos a las 9:55.
   Ya había guardado los archivos cuando se apagó la computadora.
4. Fui a tomar un café. Antes, comprobé que todo estaba bien.
   Ya había comprobado que todo estaba bien cuando fui a tomar un café.

3 **Informe** En grupos de tres, imaginen que son policías y deben preparar un informe sobre un accidente entre tres autos. Inventen una historia de lo que ha ocurrido de acuerdo con el dibujo. Usen el pluscuamperfecto y las palabras **antes**, **nunca**, **todavía** y **ya**.

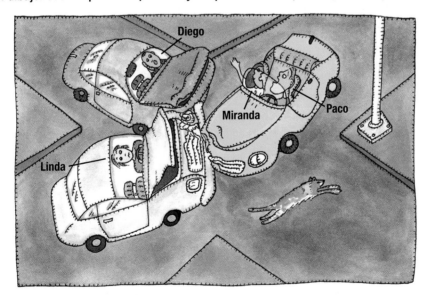

1 For additional practice with the past perfect, have students imagine they have also just won an award. Have a volunteer begin by stating: **Gracias por este premio de____. Recuerdo que antes de cumplir 12 años yo ya había...** Call on several volunteers to add to the speech, using the past perfect in their sentences.

3 To reinforce the difference between present perfect and past perfect, ask students to use at least two examples of each in their reports. Ex: **Hemos concluido las investigaciones del accidente.../La mujer ya había doblado cuando...**

3 After students complete the activity, call on volunteers to act out the scene. Involve the entire class by having everyone play a role: drivers, police officers, and witnesses. Remind students to use the past perfect in their questions and answers.

INSTRUCTIONAL RESOURCES
Supersite/IRCD: Textbook
Answer Key, SAM Answer Key
SAM/WebSAM: WB, LM

¡ATENCIÓN!

Many root words take on new meanings when diminutive or augmentative endings are added.

pan *bread*

panecillo *roll*

pastel *cake*

pastelito *pastry*

cabeza *head*

cabezón/cabezona *stubborn (person)*

palabra *word*

palabrota *swear word*

Ask heritage speakers which words they often use in the augmentative or diminutive forms and which suffixes are most common in their families.

7.3 Diminutives and augmentatives

- Diminutives and augmentatives (**diminutivos y aumentativos**) are frequently used in conversational Spanish. They emphasize size or express shades of meaning like affection, amazement, scorn, or ridicule. Diminutives and augmentatives are formed by adding a suffix to the root of nouns, adjectives (which agree in gender and number), and occasionally adverbs. Because formation and use of diminutives and augmentatives varies greatly from one region to another, there are very few established rules about this aspect of the Spanish language. In this section, you will learn to recognize the most commonly used suffixes and their uses.

Diminutives

Tranquilo, jefe, es sólo un agujerito en la pared.

- Here are the most common diminutive suffixes.

Diminutive endings		
-ito/a	-cito/a	-ecito/a
-illo/a	-cillo/a	-ecillo/a

Pedrito, ¿me traes un **cafecito** con un **panecillo**?
Little Pedro, would you bring me a little cup of coffee with a roll?

Ahorita, **abuelita**, se los preparo **rapidito**.
Right away, Granny, I'll have them ready in a jiffy.

- Most words form the diminutive by adding **–ito/a**. However, the suffix **–illo/a** is also common in some regions. For words ending in vowels (except **–e**), the last vowel is dropped before the suffix.

  bajo → bajito *very short; very softly*   **libro → libr**illo *booklet*

  ahora → ahorita *right now; very soon*   **ventana → ventan**illa *plane/car/bus window*

  Miguel → Miguelito *Mikey*   **campana → campan**illa *hand bell*

- Most words that end in **–e, -n**, or **-r** use the forms **–cito/a** or **–cillo/a**. However, one-syllable words often use **–ecito/a** or **–ecillo/a**.

  hombre → hombrecillo *little man*   **pan → pan**ecillo *roll*

  Carmen → Carmencita *little Carmen*   **flor → flor**ecita *little flower*

  amor → amorcito *sweetheart*   **pez → pec**ecito *little fish*

- Note these spelling changes.

  chico **→ chi**quillo *little boy; very small*   **agua → ag**üita *little bit of water*

  amigo **→ ami**guito *little friend*   **lu**z **→ lu**cecita *little light*

¡ATENCIÓN!

For words ending in **–s** (singular or plural), diminutive and augmentative endings precede the final **–s**.

Carlos **→ Carlito**s

besos **→ besito**s

Augmentatives

¿Y está en esa caja tan grandota?

- The most common augmentative suffixes are forms of **–ón/-ona**, **–ote/-ota**, and **–azo/-aza**.

Augmentative endings		
-ón	-ote	-azo
-ona	-ota	-aza

Hijo, ¿por qué tienes ese **chichonazo** en la cabeza?
Son, how'd you get that huge bump on your head?

Jorge se gastó un **dinerazo** en una **pantallota** enorme, ¡sólo para ver partidos de fútbol!
Jorge spent a ton of money on a humongous TV screen, just to watch soccer games!

- Most words form the augmentative by simply adding the suffix to the word. For words ending in vowels, the final vowel is usually dropped.

soltero → solterón *confirmed bachelor*   casa → casona *big house; mansion*

grande → grandote/a *really big*   palabra → palabrota *swear word*

perro → perrazo *big, scary dog*   manos → manazas *big hands (clumsy)*

- You may notice a tendency to change a feminine word to a masculine one when the suffix **-ón** is used, unless it refers specifically to someone's gender.

la silla → el sillón *armchair*   la mujer → la mujerona *big woman*

la mancha → el manchón *large stain*   mimosa → mimosona *very affectionate*

Regional use of diminutives and augmentatives

- Both diminutive and augmentative suffixes may vary from one region to another and sometimes convey different meanings or connotations.

¡Ay, qué **perrito** más lindo!
Oh, what a cute little puppy!

¡Ay, qué **perrillo** más feo!
Oh, what an ugly little mutt!

¡Qué **hombretote**!
What a big man!

¡Qué **hombrón**!
What a strong/brave man!

- In regions where diminutives and augmentatives are used heavily in conversational Spanish, double endings are frequently used for additional emphasis.

chico/a → chiquito/a → chiquitito/a   grande → grandote/a → grandotote

¡ATENCIÓN!

The letters **t** or **et** are occasionally added to the beginning of augmentative endings.

guapa → guapetona

golpe → golpetazo

• • • •

The masculine suffix **–azo** can also mean *blow* or *shot*.

flecha → flechazo
arrow wound; love at first sight

rodilla → rodillazo
a blow with the knee

Point out that Costa Ricans are known as **ticos/as** because of their fondness for the diminutive **ico/a**.

TALLER DE CONSULTA

The absolute superlative ending **–ísimo/a** is often used interchangeably or in conjunction with diminutives and augmentatives. See **Estructura 5.1,** pp. 176–177.

¡El pastel se ve **riquísimo**!
The cake looks delicious!

Te doy un pedacito **chiquitísimo**.
I'll give you a teensy tiny little piece.

Práctica

TALLER DE CONSULTA

MANUAL DE GRAMÁTICA
Más práctica

7.3 Diminutives and
augmentatives, p. 522

① For additional practice,
have volunteers give
the corresponding
augmentative or
diminutive form for
each answer. Ex:
golpetazo → golpecito

1 **La carta** Completa la carta con la forma indicada de cada palabra. Haz los cambios que creas necesarios.

Querido (1) _____Pablito_____ (Pablo, –ito):

Tu mamá me contó lo del (2) _____golpetazo_____ (golpe, –tazo) que te dio Lucas en la escuela. Pues, cuando yo era (3) _____pequeñito_____ (pequeño, –ito), como tú, jugaba siempre en la calle. Mi (4) _____abuelita_____ (abuela, –ita) me decía que no fuera con los (5) _____amigotes_____ (amigos, –ote) de mi hermano porque ellos eran mayores que yo y eran (6) _____hombrones_____ (hombres, –ón). Yo entonces, era muy (7) _____cabezón_____ (cabeza, –ón) y nunca hacía lo que ella decía. Una tarde, estaba jugando al fútbol, y uno de ellos me dio un (8) _____rodillazo_____ (rodilla, –azo) y me rompió la (9) _____narizota_____ (nariz, –ota). Nunca más jugué con ellos, y desde entonces, sólo salí con mis (10) _____amiguitos_____ (amigos, –ito). Espero que me vengas a visitar (11) _____prontito_____ (pronto, –ito). Un (12) _____besito_____ (beso, –ito) de

Tu abuelo César

② For additional
practice, ask follow-
up questions. Ex:
¿Tienen hermanitos?
¿Conocen a alguien
que viva en una
casona?

2 **Oraciones incompletas** Completa las oraciones con el aumentativo o diminutivo que corresponde a la definición entre paréntesis. Suggested answers.

1. ¿Por qué no les gusta a los profesores que los estudiantes digan _____palabrotas_____ (palabras feas y desagradables)?

2. El _____perrito_____ (perro pequeño) de mi novia es muy lindo y amistoso.

3. Ese abogado tiene una buena _____narizota_____ (nariz grande) para adivinar los problemas de sus clientes.

4. Mis abuelos viven en una _____casona_____ (mansión) muy vieja.

5. La cantante Samantha siempre lleva una _____florecita_____ (flor pequeña) en el cabello.

6. A mi _____hermanita_____ (hermana menor) le fascinan los libros de ciencia ficción.

Teaching option Divide
the class into two teams:
Aumentativo and
Diminutivo. Call out a
word and have one
team member give a
corresponding form. Ex:
perro: perrito (diminutive),
perrazo (augmentative).
Alternate between teams.
Award one point for each
correct answer, and an
extra point for using
the word in a complete
sentence. The team with
the most points wins.

3 **¿Qué palabra es?** Reemplaza cada una de estas frases con el aumentativo o diminutivo que exprese la misma idea. Suggested answers.

1. muy grande _____grandote/grandota_____

2. agujero pequeño _____agujerito_____

3. cuarto grande y amplio _____cuartote_____

4. sillas para niños _____sillitas_____

5. libro grande y grueso _____librote_____

6. estrella pequeña _____estrellita_____

7. hombre alto y fuerte _____hombrón_____

8. muy cerca _____cerquita_____

9. abuelo querido _____abuelito_____

10. hombres que piensan que siempre tienen la razón _____cabezones_____

Comunicación

4 En el parque Todas las mañanas el señor Escobar sale a correr al parque. En parejas, miren los dos dibujos y túrnense para describir las diferencias entre lo que vio ayer y lo que ha visto esta mañana. Utilicen oraciones completas con diminutivos y/o aumentativos.

> **MODELO** —Ayer el señor Escobar vio un perrito lindo en el parque, pero esta mañana un perrazo feroz lo ha perseguido.

abuelo	bajo	gordo	libro	pequeño
alto	delgado	grande	nieto	perro
avión	galleta	lejos	pan	taza

4 As an expansion activity, have students describe what Mr. Escobar will see tomorrow. Encourage students to be creative.

5 Síntesis Es el año 2500. Junto con dos amigos/as, has decidido pasar un semestre en el extranjero... ¡en el espacio! Para compartir la experiencia con los amigos que no pudieron ir, han creado un blog para contar lo que han visto y han hecho cada día. Escriban cinco entradas del blog. Deben incluir por lo menos tres verbos en el pretérito perfecto, tres en el pluscuamperfecto y tres diminutivos y/o aumentativos. Utilicen algunas frases y palabras de la lista y añadan sus propias ideas.

> **MODELO** Lunes, 13 de marzo
> Hemos pasado el día entero orbitando la Luna. De niños, siempre habíamos querido ser astronautas, y este viaje es un sueño hecho realidad. Desde aquí, la Tierra es sólo una pelotita, como el globo que habíamos estudiado de chiquitos...

Esta mañana hemos...	Antes del viaje, habíamos...	cerquita / estrellita
Aún no hemos...	Cuando llegamos a la Luna,	chiquito / grandote
Los astronautas nos han...	el profesor ya había...	cohetazo / rapidito
	En el pasado,	
	los astrónomos habían...	

5 Before students begin writing, have them prepare a time line of events to use as a reference.

Teaching option For additional communicative practice, have students discuss the use of bad words in society and in their own lives. Ask: ¿Usan palabrotas? ¿Cuándo? ¿Les parece bien que utilicen palabrotas en las cadenas de televisión?

For additional cumulative practice of all the grammar points in this lesson, go to **enfoques.vhlcentral.com**.

INSTRUCTIONAL RESOURCES
Supersite/DVD: Film Collection
Supersite/IRCD:
Script & Translation

Variación léxica
al final de cuentas ⟷ al fin
y al cabo

¡ATENCIÓN!

La palabra **voseo** se
refiere al uso de **vos** en
lugar de **tú** y se utiliza en
casi toda la Argentina y
también en otras partes de
América del Sur y América
Central. En este uso, los
verbos en presente en
la segunda persona del
singular se acentúan en la
última sílaba. Los verbos
irregulares se conjugan
como si fueran regulares.
Por ejemplo:
vos tenés = tú tienes
vos querés = tú quieres

① For additional practice,
have students form
sentences with the
remaining words.

② For slower-paced
classes, review the
future tense before
completing the activity
and encourage them to
use it in their answers.

Antes de ver el corto

HAPPY COOL

país Argentina

duración 14 minutos

director Gabriel Dodero

protagonistas Julio, Mabel
(esposa), Pablito (hijo), suegro,
Daniel (amigo)

Vocabulario

al alcance de la mano *within reach*	**descongelar(se)** *to defrost*	**la guita** *cash; dough (Arg.)*
al final de cuentas *after all*	**duro/a** *hard; difficult*	**la plata** *money (L. Am.)*
congelar(se) *to freeze*	**hacer clic** *to click*	**el/la vago/a** *slacker*
derretir(se) (e:i) *to melt*	**el interrogante** *question; doubt*	**vos** *tú (Arg.)*

① **Oraciones incompletas** Completa las oraciones con las palabras o las frases apropiadas.

1. Hoy día, gracias a Internet, todo parece estar ___al alcance de la mano___. Sólo hay que escribir
un par de palabras en un buscador, ___hacer clic___ y listo.

2. Mi hermana es una ___vaga___. Quiere ganar ___plata/guita___ sin trabajar.

3. Los científicos no pueden prever con exactitud cuánto tiempo tardarán en
___derretirse___ los glaciares (*glaciers*).

4. Para preparar la cena esta noche, no quiero trabajar mucho. Simplemente voy a
___descongelar___ la pasta que sobró (*was left over*) del otro día. ___Al final de cuentas___, Juan Carlos
llega a casa tan cansado del trabajo que no disfruta de la comida, así que no vale
la pena que yo me pase horas cocinando.

② **Preguntas** En parejas, contesten las preguntas y expliquen sus respuestas.

1. ¿Creen que la vida en el futuro va a ser mejor?

2. ¿Qué avances tecnológicos creen que existirán para el año 2050? Mencionen tres.

3. ¿De qué manera pueden la ciencia y la tecnología ayudar a resolver problemas
sociales? Den tres ejemplos.

4. Observen el afiche del cortometraje. ¿Qué está mirando la mujer? ¿Dónde está?

5. Observen los fotogramas. ¿Qué sucede en cada uno? ¿Creen que las imágenes
son de la misma época?

6. Imaginen que se puede viajar en el tiempo. ¿Qué consecuencias puede
tener esto?

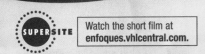

Happy Cool

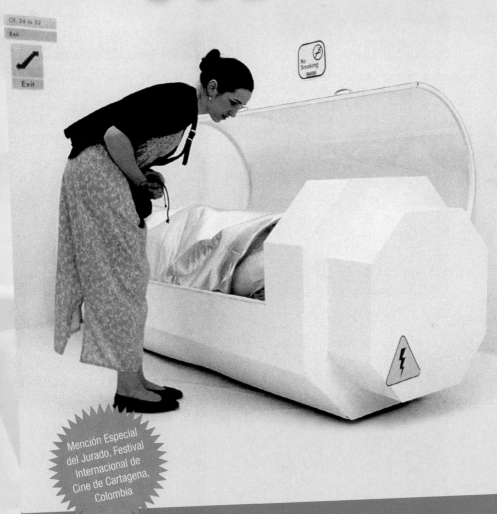

Mención Especial del Jurado, Festival Internacional de Cine de Cartagena, Colombia

Una producción del INSTITUTO NACIONAL DE CINE Y ARTES AUDIOVISUALES Guión y Dirección GABRIEL DODERO
Producción Ejecutiva ANDRÉS "Gato" MARTÍNEZ CANTÓ Dirección de Fotografía LEANDRO MARTÍNEZ
Dirección de Arte PATRICIA IBARRA Montaje LEANDRO PATRONELLI Dirección de Sonido FERNANDO VEGA
Actores CARLOS BERRAYMUNDO/CECILIA ROCHE/JORGE OCHOA/NORBERTO ARCUSÍN/GONZALO SAN MARTÍN/
NORBERTO FERNÁNDEZ/GISELLE CHEWELLE

Escenas

JULIO Yo vengo de buscar trabajo y no consigo nada, y encima tengo que ver esto. El chico me pierde el respeto a mí, yo ya no sé qué decirle a tu papá que nos está bancando° acá en su casa.

JULIO Mirá°, Mabel, yo quizá me tenga que congelar. Un tiempito nomás. Yo creo que esto en uno o dos años se soluciona.
MABEL Pero, Julio, ¿qué decís°? ¿Cómo podés° pensar en una cosa así?

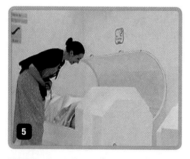

MABEL Ay, Julio, ¡qué tecnología!
JULIO Sí, sí... se ve que es gente seria... hay mucha plata invertida acá.
MABEL Ah... no sé qué voy a hacer. No sé si traerte flores como si estuvieras en un cementerio o qué.

LOCUTOR No hay trabajo, pero hay una empresa que piensa en usted. *Happy Cool*, la tecnología que lo ayuda a esperar los buenos tiempos. [...] ¡Congélese!, y viva el resto de su vida en el momento oportuno.

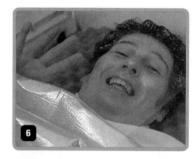

DANIEL ¿Vos te acordás° cuando éramos pibes° que pensábamos que en el 2000 la tecnología iba a ser tan poderosa que no iba a hacer falta laburar°?

MABEL Volvé° pronto.
JULIO Ojalá que la situación económica mejore...
MABEL Ojalá...
JULIO Sí, así me descongelan cuanto antes.
MABEL Cuidáte°... te voy a extrañar.

nos... *he is putting us up* **Mirá** *Mira* **decís** *dices* **podés** *puedes* **acordás** *acuerdas* **pibes** *kids* **laburar** *work* **Volvé** *Vuelve* **Cuidáte** *Cuídate*

Después de ver el corto

1 **Comprensión** Contesta las preguntas con oraciones completas.

1. ¿De quién es la casa donde viven Julio y su familia? La casa es del suegro de Julio.
2. ¿Cuánto tiempo lleva desempleado Julio? Julio lleva dos años y medio desempleado.
3. ¿Qué opina al principio Julio de la congelación? Al principio Julio no está de acuerdo con la congelación.
4. ¿Qué promete la empresa *Happy Cool*? La empresa promete congelar a las personas hasta que la situación económica mejore.
5. ¿Quién paga por la congelación de Julio? El suegro de Julio paga por su congelación.
6. ¿En qué año se descongela Julio? Julio se descongela en el año 2001.
7. ¿Qué pasó en su familia mientras él estaba congelado? Su esposa se casó con otro hombre.
8. ¿Cómo soluciona Mabel la situación al final? Mabel pone a Julio en el congelador de su casa.

2 **Interpretación** En parejas, contesten las preguntas y expliquen sus respuestas.

1. ¿Para quiénes se destinan los servicios de *Happy Cool*? ¿Por qué?
2. ¿Por qué creen que Julio decide finalmente que sí quiere ser congelado?
3. ¿Es el regreso de Julio como él lo imaginaba? ¿Por qué?
4. ¿Por qué resulta irónico el comentario de Mabel: "Al final, lo casero es lo mejor"?

3 **Ampliación** En parejas, contesten las preguntas.

1. ¿Por qué piensan que la gente cree en la publicidad de *Happy Cool*?
2. Imaginen que están desempleados desde hace tres años. ¿Qué harían?
3. ¿Confían en las publicidades de productos o servicios que parecen demasiado buenos o demasiado baratos? Den ejemplos.
4. ¿Creen que en el futuro la ciencia y la tecnología van a estar tan avanzadas que no va a ser necesario trabajar?

4 **Viajeros** En el sueño de Julio hay una máquina para viajar en el tiempo. En grupos de tres, imaginen que ustedes la usaron tres veces. Escriban lo que hicieron en cada viaje y luego compartan sus viajes con la clase.

Fecha	Lugar	Actividades

5 **El regreso** Imagina que la congelación ha sido un éxito y Julio despierta en un futuro mejor. Escribe un párrafo explicando qué es lo que ocurre.

- ¿Cómo ha sido la vida de su esposa?
- ¿Cómo es su hijo y qué hace?
- ¿Cómo está su suegro? ¿Qué piensa ahora de su yerno?
- ¿Cómo es la situación económica?
- ¿Qué tipo de trabajo consigue Julio?
- ¿Son ahora todos más felices?
- ¿Fue una buena idea congelarse?

Teaching option As an optional outside project, have students work in pairs to research the economic situation in Argentina after the major political/economic crisis that took place in December 2001 and compare it with the film. Encourage students to bring newspaper articles or other information they have found to share with the class.

① Have students work with a partner to write a brief summary of the film.

③ Ask students to compare/contrast their own answers with their partners' opinions.

④ As a variant, have students select three famous people from the past or three important moments in history to visit.

⑤ Before completing the activity, ask students about their predictions for the film's ending. Ex: **¿Habían creído que el experimento iba a ser un éxito? ¿Habían pensado algunos de ustedes que todo iba a ser peor para Julio?**

Composición Constructiva, 1938.
Joaquín Torres García, Uruguay.

"Ninguna ciencia, en cuanto a ciencia,
engaña; el engaño está en quien no sabe."

— Miguel de Cervantes

Antes de leer

Ese bobo del móvil

Sobre el autor

Arturo Pérez-Reverte nació en Cartagena (España) en 1951. Comenzó su carrera como corresponsal de guerra en prensa, radio y televisión, y durante veinte años vivió la mayor parte de los conflictos internacionales prácticamente en la línea de fuego. Comenzó a escribir ficción en 1986 y a partir de 1994 se dedicó de lleno (*fully*) a la literatura, especialmente a la novela de aventuras. Ha publicado gran cantidad de novelas que se tradujeron a varios idiomas, y algunas fueron llevadas al cine, como *La tabla de Flandes, El Club Dumas* (dirigida por Roman Polanski con el título de *La Novena Puerta*) y *Alatriste*, basada en su serie de novelas de *El Capitán Alatriste*. Desde 1991 escribe una página de opinión en *El Semanal* que se ha convertido en una de las más leídas de España.

Vocabulario

ahorrarse *to save oneself*
apagado/a *turned off*
el auricular *telephone receiver*

el/la bobo/a *silly, stupid person*
la motosierra *power saw*
el móvil *cell phone*

el/la navegante *navigator*
sonar (o:ue) *to ring*
el vagón *carriage; coach*

Oraciones incompletas Completa las oraciones utilizando las palabras del vocabulario.

1. En España al teléfono celular lo llaman ____móvil____.

2. Antes, los aventureros eran ____navegantes____ y viajaban de puerto en puerto.

3. Esperé durante horas una llamada, pero el teléfono nunca ____sonó____. Más tarde recordé que lo había dejado ____apagado____. ¡Qué ____bobo/boba____ que soy!

4. Al llegar a la estación, el tren ya partía y apenas pude subir al último ____vagón____.

Conexión personal

¿Te gusta estar siempre conectado con tus amigos? ¿Tienes teléfono celular? ¿Lo usas mucho? Cuando hablas con alguien, ¿buscas tener un poco de privacidad, o no te importa que la gente te escuche?

Análisis literario: la ironía

La ironía consiste en un uso figurativo del lenguaje en el que se expresa lo contrario de lo que se piensa. Para eso se utiliza una palabra o frase que tiene la intención de sugerir el significado opuesto al enunciado. Por ejemplo, se puede señalar la avaricia (*greed*) de alguien con el comentario: "¡Qué generosidad!" Inventa el comentario irónico que podrías hacer en estas circunstancias.

- Regresas a tu casa y te encuentras con mucho ruido y problemas.
- Te das cuenta de que la fila en la que estás avanza lentamente.
- Tenías planes de pasar el día al aire libre y de repente empieza a llover.

Preview Have students read the Cervantes quote aloud and ask volunteers to give their interpretations. Ask: **En su opinión, ¿a qué tipo de "engaño" se refiere Cervantes?**

Ese bobo del móvil

Arturo Pérez-Reverte

Mira, Manolo, Paco, María Luisa o como te llames. Me vas a perdonar que te lo diga aquí, por escrito, de modo más o menos público; pero así me ahorro decírtelo a la cara el próximo día que nos encontremos en el aeropuerto, o en el AVE°, o en el café. Así evito coger yo el teléfono y decirle a quien sea, a grito pelado°, aquí estoy, y te llamo para contarte que tengo al lado a un imbécil que cuenta su vida y no me deja vivir. De esta manera soslayo° incidentes.

Spanish fast train

shouting at the top of one's voice

elude; evade

Y la próxima vez, cuando en mitad de tu impúdica° cháchara° te vuelvas casualmente hacia mí y veas que te estoy mirando, sabrás lo que tengo en la cabeza. Lo que pienso de ti y de tu teléfono parlanchín°. Que también puede ocurrir que, aparte de mí, haya más gente alrededor que piense lo mismo; lo que pasa es que la mayor parte de esa gente no puede despacharse a gusto° cada semana en una página como ésta, y yo tengo la suerte de que sí. Y les brindo el toro°.

immodest/ chit-chat; idle talk

chattering

to speak one's mind

dedicate the bull (in a bullfight)

I've had it

dude

loony; nutty

so-and-so

gesticulating

plastic

solicitor

I couldn't care less

Maybe

up-to-date

match-seller/ shrugged

search

to ponder

embezzlement/ seat

Estoy hasta la glotis° de tropezarme contigo y con tu teléfono. Te lo juro, chaval°. O chavala. El otro día te vi por la calle, y al principio creí que estabas majareta°, imagínate, un fulano° que camina hablando solo en voz muy alta y gesticulando° furioso con una mano arriba y abajo. Ése está para los tigres, pensé. Hasta que vi el móvil que llevaba pegado a la oreja, y al pasar por tu lado me enteré, con pelos y señales, de que las piezas de PVC° no han llegado esta semana, como tú esperabas, y que el gestor° de Ciudad Real es un indeseable. A mí, francamente, el PVC y el gestor de Ciudad Real me importan un carajo°; pero conseguiste que, a mis propias preocupaciones, sumara las tuyas. Vaya a cuenta de la solidaridad, me dije. Ningún hombre es una isla. Y seguí camino.

A la media hora te encontré de nuevo en un café. Lo mismo° no eras tú, pero te juro que tenías la misma cara de bobo mientras le gritabas al móvil. Yo había comprado un libro maravilloso, un libro viejo que hablaba de costas lejanas y antiguos navegantes, e intentaba leer algunas páginas y sumergirme en su encanto. Pero ahí estabas tú, en la mesa contigua, para tenerme al corriente° de que te hallabas en Madrid y en un café, cosa que por otra parte yo sabía perfectamente porque te estaba viendo, y de que no volverías a Zaragoza hasta el martes por la noche. Por qué por la noche y no por la mañana, me dije, interrogando inútilmente a Alfonso el cerillero°, que se encogía de hombros° como diciendo: a mí que me registren°. Tal vez tiene motivos poderosos o inconfesables, deduje tras cavilar° un rato sobre el asunto: una amante, un desfalco°, un escaño° en el Parlamento. Al fin despejaste la incógnita diciéndole a quien fuera que Ordóñez llegaba de La Coruña a mediodía, y eso me tranquilizó

bastante. Estaba claro, tratándose de Ordóñez. Entonces decidí cambiar de mesa.

Al día siguiente estabas en el aeropuerto. Lo sé porque yo era el que se encontraba detrás en la cola de embarque, cuando le decías a tu hijo que la motosierra estaba estropeada°. No sé para qué diablos quería tu hijo, a su edad, usar la motosierra; pero durante un rato obtuve de ti una detallada relación° del uso de la motosierra y de su aceite lubricante. Me volví un experto en la maldita motosierra, en cipreses y arizónicas. El regreso lo hice en tren a los dos días, y allí estabas tú, claro, un par de asientos más lejos. Te reconocí por la musiquilla del móvil, que es la de Bonanza. Sonó quince veces y te juro que nunca he odiado tanto a la familia Cartwright. Para la ocasión te habías travestido de ejecutiva madura, eficiente y agresiva; pero te reconocí en el acto cuando informabas a todo el vagón sobre pormenores° diversos de tu vida profesional. Gritabas mucho, la verdad, tal vez para imponerte a las otras voces y musiquillas de tirurí tirurí que pugnaban° con la tuya a lo largo y ancho del vagón. Yo intentaba corregir las pruebas de una novela, y no podía concentrarme. Aquí hablabas del partido de fútbol del domingo, allá saludabas a la familia, acullá comentabas lo mal que le iba a Olivares en Nueva York. Me sentí rodeado°, como checheno° en Grozni. Horroroso. Tal vez por eso, cuando me levanté, fui a la plataforma del vagón, encendí el móvil que siempre llevo apagado e hice una llamada, procurando° hablar bajito° y con una mano cubriendo la voz sobre el auricular, la azafata del vagón me miró de un modo extraño, con sospecha. Si habla así pensaría, tan disimulado° y clandestino, algo tiene que ocultar (...). ■

Publicado en *El Semanal,* 5 de marzo de 2000

damaged

narration; account

details

fought; struggled

surrounded

Chechnyan

trying

softly

hidden; concealed

Después de leer

Ese bobo del móvil

Arturo Pérez-Reverte

① Comprensión Responde a las preguntas con oraciones completas.

1. ¿Qué sentimientos le provocan al narrador los que hablan por teléfono?
   Él dice que está hasta la glotis (harto) con esas personas y sus teléfonos.
2. ¿En qué lugares se encuentra con estas personas?
   Se encuentra con estas personas en todas partes: el aeropuerto, el AVE, el café, la calle.
3. ¿La gente que habla por teléfono celular está loca?
   No, él cree que está loco un hombre porque habla solo por la calle, pero después se da cuenta de que está hablando por teléfono.
4. ¿Qué otras "musiquillas" escucha el narrador en el tren?
   Las otras musiquillas son de otros móviles.
5. Además del teléfono, ¿qué tienen en común estas personas según el narrador? Según el narrador, estas personas tienen la misma cara de bobo.

② Análisis Lee el relato nuevamente y responde.

1. El narrador utiliza la segunda persona (tú) en este relato. ¿Se dirige sólo a personas que se llaman Manolo, Paco y María Luisa?
2. El autor comienza el artículo con el pedido: "me vas a perdonar que te lo diga aquí". ¿Crees que el autor realmente se está disculpando?
3. Busca ejemplos de expresiones o palabras que indican o se relacionan con la forma de hablar por teléfono de estas personas. ¿Cómo contribuyen estas expresiones al tono del relato? ¿Qué dicen acerca de la opinión del autor?

③ Interpretación Responde a las preguntas con oraciones completas.

1. ¿Por qué crees que al narrador le molestan tanto las personas que hablan por su móvil? ¿Te parece que su reacción es exagerada?
2. Las personas del relato, ¿discuten de cosas importantes en sus móviles? ¿Qué te parece que los motiva a utilizar el teléfono celular?
3. ¿Crees que es cierto que todos los que hablan por su móvil tienen "la misma cara de bobo"? ¿Qué otras características encuentra el narrador en ellos?
4. ¿Te parece que el narrador se resiste a los avances tecnológicos? ¿Por qué?
5. ¿Crees que podría hablarse de "contaminación de ruido en un espacio público"? ¿Crees que es legítimo protestar contra eso?

④ Opiniones En parejas, lean estas afirmaciones y digan si están de acuerdo o no, y por qué. Después, compartan su opinión con la clase.

- El teléfono celular nos ayuda a mantenernos en contacto.
- En nuestra sociedad existe una dependencia obsesiva del teléfono celular que puede llegar a la adicción.

⑤ Escribir Elige uno de los temas y redacta una carta de opinión para un periódico. Tu carta debe tener por lo menos diez oraciones. Elige un tono irónico marcadamente a favor o en contra y explica tus razones.

- Responde al artículo de Pérez-Reverte.
- Escribe sobre el avance de algún otro objeto de la vida diaria.

Teaching option Tell pairs to choose a person mentioned in the article and create a dialogue between him or her and the author. Then have pairs perform their dialogues for the class.

Antes de leer

INSTRUCTIONAL RESOURCES
Supersite

Vocabulario

a la vanguardia *at the forefront*	**el enlace** *link*
actualizar *to update*	**el/la novelista** *novelist*
la bitácora *travel log; weblog*	**el sitio web** *website*
la blogonovela *blognovel*	**el/la usuario/a** *user*
la blogosfera *blogosphere*	**la web** *the web*

Mi amigo periodista Completa las oraciones. No puedes usar la misma palabra más de una vez.

1. Mi amigo periodista entiende mucho de tecnología y prefiere utilizar la _____web_____ para informarse y para publicar sus ideas.

2. Él no compra periódicos, sino que consulta varios _____sitios web_____ de noticias.

3. Después escribe sus comentarios sobre la política argentina en una _____bitácora_____ con _____enlaces_____ que conectan al lector a periódicos electrónicos.

4. Muchos _____novelistas_____ contemporáneos están interesados en incursionar en el nuevo fenómeno literario conocido como la _____blogonovela_____.

Conexión personal ¿Con qué frecuencia te conectas a Internet? ¿Es fundamental para ti o podrías vivir sin estar conectado? ¿Para qué navegas por Internet?

	siempre	con frecuencia	casi nunca	nunca
banca electrónica				
comunicación				
diversión				
estudios				
noticias				
trabajo				

Contexto cultural

"¿Qué hacía la gente antes de la existencia de Internet?" Muchos nos hacemos esta pregunta en situaciones cotidianas como resolver un debate entre amigos con una búsqueda rápida en una base de datos (*database*) de cine, pagar una factura por medio de la banca electrónica o hablar con alguien a mil kilómetros de distancia con el mensajero instantáneo. Internet ha transformado la vida moderna, abriendo paso (*paving the way*) a múltiples posibilidades de comunicación, comercio, investigación y diversión. ¿Hay algo que sigue igual después de la revolución informática? ¿Qué ha pasado, por ejemplo, con el arte? ¿Cómo ha sido afectado por las innovaciones tecnológicas?

Conexión personal Ask volunteers to give specific examples of their Internet use for each category. Ex: **Noticias: Todos los días me meto en la página web del periódico local para leer las noticias.**

Contexto cultural Brainstorm different categories of art on the board (music, fiction, fine arts, etc.). Then have students discuss how the Internet specifically affected that type of art. Ex: **Antes la gente compraba CD, pero ahora se puede descargar toda la música de Internet y guardarla en un reproductor de MP3.**

Preview Ask students about reading online. **¿Creen que la calidad de la escritura en línea es tan buena como lo que se publica en los libros, revistas o periódicos? ¿Es posible que algún día se termine la publicación de libros y leamos todo en Internet?**

Hernán Casciari:
arte en la blogosfera

¹ Si el medio artístico° del siglo XX fue el cine, ¿cuál será el nuevo   *artistic medium*
medio del siglo XXI? El trabajo innovador del argentino Hernán
Casciari sugiere la posibilidad de la blogonovela. Casciari ha
desarrollado el nuevo género con creatividad, humor y una buena
⁵ dosis de ironía. Las blogonovelas imitan el formato del blog —un
diario electrónico, también llamado bitácora— pero los "autores"
son o personajes de ficción o versiones apócrifas° de individuos   *fictitious*
reales. El uso de Internet permite que Casciari incorpore imágenes

para que la lectura sea también una
10 experiencia visual. Explica el escritor:
"Vale más ilustrar un rostro con una
fotografía o un dibujo, en lugar de
hacer una descripción literaria".
Sus sitios web incluyen enlaces para
15 que la lectura sea activa. También
invitan comentarios para que lectura y
escritura sean interactivas.

alters various patterns
categorize 20
La blogonovela rompe con varios
esquemas° tradicionales y se hace
difícil de clasificar°. Si Casciari prefiere a
veces la fotografía a la descripción, ¿es la
blogonovela literatura o arte visual? ¿Aspira a
ser un arte serio o cultura popular? Si el autor
es argentino pero vive en España, ¿la obra se
25 debe considerar española o argentina? Por
otra parte, si aparece primero en Internet,
¿sería realmente un arte global?

> **Los blogs de Hernán Casciari**
>
> _El diario de Letizia Ortiz_
> _Weblog de una mujer gorda_
> _Juan Dámaso, vidente_
> _Klikowsky. El día a día de un argentino en Euskadi_

rules
30
Además, las blogonovelas juegan con
niveles de realidad y con las reglas° de la
ficción. El diario falso seduce al lector, que
cree leer confesiones íntimas. Sin embargo,
el autor de una blogonovela mantiene una
relación inusual con su lector. La persona que
abre una novela tradicional recibe información
according to the order 35 según el orden° de las páginas de un libro.
Pero el usuario informado de un sitio web
beginning crea su propio orden. ¿Cuál es el comienzo° y
cuál es el final de un blog? En _Weblog de una
mujer gorda_, Casciari incluye muchos enlaces,
40 que a veces introducen información antes de
la bitácora. ¿Pero qué pasa si un individuo
decide no abrir un enlace? El lector de una
blogonovela es autor de su propio camino en
zigzag, una lectura animada por ilustraciones
45 gráficas y fotos.

Weblog de una mujer gorda es la
blogonovela más célebre de Casciari.
La autora ficticia es Mirta Bertotti,
una mujer de poca educación pero
con aptitud tecnológica y facilidad 50
con las palabras. Esta madre sufrida°,   _long-suffering_
pero de actitud optimista, decide un
día crear un blog sobre su familia
desestructurada°. Mirta actualiza su   _dysfunctional_
bitácora frecuentemente, narrando las 55
particularidades de los Bertotti, los
problemas de los hijos adolescentes y otros
relatos° sobre los retos° de su vida. Mirta   _stories/ challenges_
parece quejarse de su mala suerte, pero
sus palabras revelan humor, cariño y fuerza 60
interior°, una resistencia a los problemas muy   _inner strength_
modernos que afectan su vida.

Casciari desafía° nuestras expectativas,   _challenges_
pero más que reírse del lector, le provoca
risa y sorpresa. Sus experimentos de ficción 65
y realidad —como solicitar comentarios
auténticos en blogs de ficción— nos divierten;
pero además nos introducen a un nuevo y
amplio° mundo creativo posible ahora debido   _wide_
al encuentro entre el arte e Internet. ■   70

Datos biográficos

Hernán Casciari
nació en Buenos Aires
en 1971. Además de
estar a la vanguardia
de las blogonovelas,
Casciari es también periodista. En los días
inmediatamente anteriores y posteriores a
la boda del príncipe Felipe de España en
mayo de 2005, Casciari creó la blogonovela
El diario de Letizia Ortiz, donde inventaba
los pensamientos más íntimos de la novia.
También en 2005, la exitosa blogonovela
Weblog de una mujer gorda fue publicada en
España en forma de novela tradicional con el
título _Más respeto, que soy tu madre_. Desde
el año 2000 Casciari reside en Barcelona.

INSTRUCTIONAL RESOURCES
Supersite/IRCD:
Audioscripts,
Textbook Answer Key,
SAM Answer Key
SAM/WebSAM: WB, LM

La economía y el trabajo

Preview Survey students' work and financial experience. ¿Ya han preparado su currículum vitae? ¿Se han presentado alguna vez a una entrevista de trabajo? ¿Quién se ocupa de sus finanzas, ustedes o sus padres?

El trabajo

el aumento de sueldo *raise in salary*
la compañía *company*
la conferencia *conference*
el contrato *contract*
el currículum vitae *résumé*
el empleo *employment; job*
la entrevista de trabajo *job interview*

En la **entrevista de trabajo**, Eugenia presentó su **currículum vitae** e hizo preguntas sobre la **compañía**, las tareas del **puesto** y las condiciones de **empleo**.

el puesto *position; job*
la reunión *meeting*
el sueldo mínimo *minimum wage*

administrar *to manage; to run*
ascender (e:ie) *to rise; to be promoted*
contratar *to hire*
despedir (e:i) *to fire*
exigir *to demand*
ganar bien/mal *to be well/poorly paid*
ganarse la vida *to earn a living*
jubilarse *to retire*
renunciar *to quit*
solicitar *to apply for*

capaz *competent; capable*
desempleado/a *unemployed*
empleado/a *employed*
exitoso/a *successful*
incapaz *incompetent; incapable*

Empleado del mes

José

Las finanzas

el ahorro *savings*
la bancarrota *bankruptcy*
el cajero automático *ATM*
la cuenta corriente *checking account*
la cuenta de ahorros *savings account*
la deuda *debt*
el presupuesto *budget*

ahorrar *to save*
cobrar *to charge; to receive*
depositar *to deposit*
financiar *to finance*
gastar *to spend*
invertir (e:ie) *to invest*
pedir (e:i) prestado/a *to borrow*
prestar *to lend*

a corto/largo plazo *short/long-term*
fijo/a *permanent; fixed*
financiero/a *financial*

La economía

la bolsa de valores *stock market*
el comercio *commerce; trade*
el desempleo *unemployment*
la empresa multinacional *multinational company*
la globalización *globalization*
la huelga *strike*
el impuesto (de ventas) *(sales) tax*
la inversión (extranjera) *(foreign) investment*
el mercado *market*
la pobreza *poverty*
la riqueza *wealth*
el sindicato *labor union*

exportar *to export*
importar *to import*

La Sra. Bonilla comenzó su carrera profesional como **vendedora**, luego pasó a ser **gerente** y ahora es una alta **ejecutiva**. Espera que le ofrezcan ser **socia** este año.

el/la asesor(a) *consultant; advisor*
el/la contador(a) *accountant*
el/la dueño/a *owner*
el/la ejecutivo/a *executive*
el/la empleado/a *employee*
el/la gerente *manager*
el hombre/la mujer de negocios *businessman/woman*
el/la socio/a *partner; member*
el/la vendedor(a) *salesperson*

Variación léxica
la conferencia ⟷ el congreso
despedir ⟷ echar
desempleado/a ⟷ desocupado/a
Point out that **dar una conferencia** means *to give a lecture.*

La economía y el trabajo

---

① For slower-paced classes, play the commercial and dialogue twice, encouraging students to listen for new vocabulary words.

 Práctica

(1) Escuchar

A. Escucha el anuncio de *Creditinstant* y luego decide si las oraciones son **ciertas** o **falsas**. Corrige las falsas.

1. *Creditinstant* ofrece un puesto de trabajo con un buen sueldo. Falso. *Creditinstant* es una empresa que presta dinero.

2. Los clientes tienen que devolver el dinero a corto plazo. Falso. Los clientes pueden devolver el dinero a corto o largo plazo.

3. Los clientes pueden solicitar el dinero llamando por teléfono. Cierto.

4. *Creditinstant* deposita el dinero en la cuenta de ahorros en veinticuatro horas. Falso. *Creditinstant* deposita el dinero en la cuenta corriente en cuarenta y ocho horas.

5. Los clientes pueden gastar el dinero en lo que quieran. Cierto.

B. Escucha la conversación entre un cliente y un representante de *Creditinstant* y contesta las preguntas con oraciones completas.
Answers will vary slightly.

1. ¿Qué necesita la clienta?
Necesita que le presten dos mil dólares.

2. ¿En qué trabaja la clienta?
Ella es dueña de una pequeña tienda de ropa.

3. ¿Qué puesto de trabajo tiene su esposo?
Su esposo es ejecutivo de una empresa multinacional.

4. ¿Para qué necesita la clienta el dinero?
La clienta necesita el dinero para financiar su viaje de vacaciones.

(2) Crucigrama Lee las definiciones y coloca las palabras en el lugar correspondiente del cuadro.

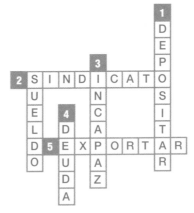

Horizontales
2. organización de trabajadores
5. vender productos a otros países

Verticales
1. poner dinero en el banco
2. sinónimo de *salario*
3. alguien que no es capaz
4. dinero que se debe

② For expansion, have students work in pairs to create their own crossword puzzles with the new vocabulary, then exchange with another pair to complete the puzzles.

Práctica

③ For expansion, write these additional items on the board: **un hombre de negocios de 65 años, un(a) vendedor(a) de carros, el/la gerente de un banco multinacional,** and **un(a) ejecutivo/a de una empresa que va a la bancarrota.** Ask volunteers: **¿Qué busca?**

③ **¿Qué buscan?** Indica qué es lo que busca cada una de estas personas.

<u>b</u> 1. un(a) contador(a)

<u>f</u> 2. el/la ministro/a de trabajo

<u>c</u> 3. un(a) empleado/a que lleva mucho tiempo en la empresa

<u>a</u> 4. una persona desempleada

<u>e</u> 5. el/la dueño/a de una empresa

<u>d</u> 6. un(a) gerente que entrevista a un(a) solicitante

a. conseguir un trabajo, aunque le paguen el sueldo mínimo

b. que sus clientes paguen lo mínimo posible de impuestos

c. un aumento de sueldo

d. hacerle preguntas sobre el currículum vitae

e. que sus ejecutivos administren bien su dinero

f. que baje el desempleo y vengan inversiones del extranjero

④ For each item, ask: **¿Quién diría esta frase?** Ex 1: **un abuelo de 70 años**

④ Ask students to provide a related word for five of the terms in the list. Ex: **financieros → finanzas**

④ **Cosas que dice la gente** Completa las oraciones con los términos de la lista.

administrar	empleo	inversiones
ahorros	financieros	jubilar
bolsa de valores	incapaces	sindicatos

1. "Ya me quiero ___jubilar___. Estoy cansado y quiero disfrutar de mis nietos."

2. "Si no mejoramos nuestra forma de ___administrar___, esta empresa fracasará."

3. "¿Quiere usted reducir sus deudas, invertir en la ___bolsa de valores___ y ahorrar para la jubilación? Nuestros asesores ___financieros___ lo pueden ayudar."

4. "He gastado todos mis ___ahorros___. Necesito un ___empleo___."

5. "Se deben recibir más ___inversiones___ para salvar la compañía."

6. "Los ___sindicatos___ sólo dan problemas."

⑤ **Definiciones**

A. En parejas, definan brevemente las palabras.

ascender	contrato	exigir	importar	riqueza
cobrar	despedir	huelga	mercado	socio

B. Improvisen una historia utilizando al menos seis palabras de la lista. Compartan su historia con la clase.

MODELO Ayer, a las cuatro de la tarde, el sindicato que organizaba la huelga exigió una reunión con los socios…

Teaching option For additional vocabulary practice, have pairs prepare a conversation using at least ten words from **Contextos**. Ask volunteers to perform their conversations for the class.

6 **¿Qué opinas?** En parejas, contesten las preguntas y después compartan su opinión con la clase.

1. ¿Piensas que el dinero es lo más importante en la vida? Razona tu respuesta.

2. ¿Sigues la información de la bolsa de valores? ¿Crees que es buena idea invertir todos los ahorros en la bolsa de valores?

3. ¿Crees que la economía del país afecta a tu vida personal? ¿Cómo?

4. ¿Piensas que se podrá acabar con la pobreza en el futuro?

5. ¿Tú sacrificarías algo para conseguir que no hubiera pobreza en el mundo?

6. ¿Crees que la economía norteamericana va a ser la más fuerte dentro de veinte años? Razona tu respuesta.

7. ¿Qué consecuencias piensas que va a tener la globalización?

8. ¿La globalización va a ser positiva para los países ricos? ¿Y para los pobres?

7 **El consejero de trabajo** En parejas, imaginen que uno/a de ustedes está a punto de graduarse y no sabe qué trabajo lo/la hará feliz. La otra persona es un(a) consejero/a de trabajo. Túrnense para hacerse preguntas y darse consejos sobre cuál sería el mejor trabajo para cada uno/a. Utilicen y expandan las preguntas e ideas de la lista.

Preguntas	**Debes trabajar en...**
a. ¿Eres capaz de trabajar bajo presión?	• los negocios
b. ¿Te gusta administrar?	• las ciencias
c. ¿Qué te importa más: ganar bien o disfrutar del trabajo?	• la política
d. ¿Te gusta trabajar en equipo o prefieres trabajar solo/a?	• una empresa multinacional
e. ¿Qué clases te han gustado más?	• las finanzas
f. ¿Te gusta viajar?	• la tecnología
g. ¿Es importante que tu trabajo sea creativo?	• las artes
h. ¿Esperas que tu empleo ayude a mejorar la sociedad?	• una organización humanitaria
i. ¿Quieres ser dueño/a de tu propia compañía?	• la educación
j. ¿Qué tipos de conferencias te interesan más: de tecnología, de música, de educación?	• el turismo
k. ¿En qué puesto anterior has sido más exitoso/a?	• un restaurante
l. ¿...?	• la medicina
	• el comercio
	• ...

6 Encourage students to support their opinions with examples or personal anecdotes.

6 To help aid students' discussions for items 7 and 8, have them brainstorm a list of the advantages and disadvantages of globalization.

7 If time and resources permit, have pairs look at classified ads from online newspapers in Spanish to find the ideal job in their chosen fields.

SUPERSITE

El equipo de *Facetas* celebra el segundo aniversario de la revista. Es un momento lleno de recuerdos.

Synopsis
- Facetas celebrates its second anniversary.
- Everyone recalls Fabiola's interview and Johnny's first day of work.
- The employees talk about a gift for Aguayo.
- Fabiola asks Aguayo for a raise.

1

En la sala de conferencias...

TODOS ¡Cumpleaños feliz!

AGUAYO Antes de apagar las velas de nuestro segundo aniversario, quiero que cada uno cierre los ojos y luego pida un deseo.

JOHNNY Lo estoy pensando...

TODOS Uno, dos, tres...

Apagan las velas.

2

DIANA Ahh... ¿Quién lo diría? Dos años y tantos recuerdos.

AGUAYO ¿Recuerdas cuando viniste a tu entrevista de trabajo y Éric pensó que tu padre era millonario?

FABIOLA Sí. Recuerdo que puso esa cara.

Fabiola recuerda...

3

AGUAYO Éric, te presento a Fabiola Ledesma, nuestra nueva escritora.

ÉRIC ¿No eres tú la hija del banquero y empresario millonario Ledesma?

FABIOLA No. Mi padre es ingeniero y no es millonario.

ÉRIC Perdona. Por un momento pensé que me había enamorado de ti.

6

De vuelta en el presente...

AGUAYO Ahora de vuelta al trabajo. (*Se marcha.*)

MARIELA ¡Aposté que nos darían la tarde libre!

DIANA Chicos, he estado pensando en hacerle un regalo de aniversario a Aguayo.

FABIOLA Siento no poder ayudarte, pero estoy en crisis económica.

DIANA Por lo menos ayúdenme a escoger el regalo.

7

FABIOLA Debe ser algo importado. Algo pequeño, fino y divertido.

ÉRIC ¿Qué tal un pececito de colores?

TODOS ¡Pobre Bambi!

FABIOLA Me refiero a algo de corte ejecutivo, Éric. Algo exclusivo.

ÉRIC Mariela, ¿qué le darías a un hombre que lo tiene todo?

MARIELA Mi número de teléfono.

8

En la oficina de Aguayo...

FABIOLA Jefe, ¿tiene un minuto?

AGUAYO ¿Sí?

FABIOLA Usted sabe que tengo un gran currículum y que soy muy productiva en lo mío.

AGUAYO ¿Sí?

FABIOLA Y que mis artículos son bien acogidos, y ello le ha traído a la revista...

INSTRUCTIONAL RESOURCES Supersite/DVD: Fotonovela
Supersite/IRCD: Videoscript & Translation, SAM Answer Key
SAM/WebSAM: VM

Preview Have students look at the video stills and brainstorm a list of adjectives that describe how the characters might feel in each scene. After students watch the video, have them revise their lists.

Lección 8

Personajes

AGUAYO

DIANA

ÉRIC

FABIOLA

JOHNNY

MARIELA

De vuelta en el presente…

AGUAYO Brindo por nuestra revista, por nuestro éxito y, en conclusión, brindo por quienes trabajan duro… ¡Salud!

TODOS ¡Salud!

DIANA Eso me recuerda el primer día que Johnny trabajó en la oficina.

Diana recuerda…

DIANA Se supone que estuvieras aquí hace media hora y sin embargo, llegas tarde. Los empleados en esta empresa entran a las nueve de la mañana y trabajan duro todo el día. Sabes lo que es el trabajo duro, ¿verdad?

JOHNNY En mi trabajo anterior entraba a las cuatro de la mañana y jamás llegué tarde.

DIANA A esa hora nunca se sabe si llegas demasiado tarde o demasiado temprano.

AGUAYO ¿Qué es lo que quieres, Fabiola?

FABIOLA Un aumento de sueldo.

AGUAYO ¿Qué pasa contigo? Te aumenté el sueldo hace seis meses.

FABIOLA Pero hay tres compañías que andan detrás de mí. Por lo tanto, merezco otro aumento.

AGUAYO ¿Qué empresas son?

FABIOLA (*avergonzada*) La del teléfono, la del agua y la de la luz.

Más tarde…

DIANA Ya sé qué regalarle a Aguayo… un llavero.

(*Éric y Fabiola ponen cara de repugnancia.*)

DIANA ¿Qué?

FABIOLA No lo culpo si lo cambia por un pez.

Comprensión

1 ¿Pasado o presente? En la **Fotonovela** los personajes recuerdan algunos sucesos (*events*) del pasado. Indica si estas oraciones describen sucesos del **pasado** o del **presente**. Luego completa las oraciones con la forma adecuada del verbo.

	Pasado	Presente
1. Éric ___creyó___ (creer) que Fabiola era hija de un millonario.	☑	☐
2. Los empleados de la revista ___brindan___ (brindar) por el aniversario.	☐	☑
3. Éric ___pensó___ (pensar) que se había enamorado de Fabiola.	☑	☐
4. Diana ___propone___ (proponer) hacerle un regalo a Aguayo.	☐	☑
5. Johnny ___llegó___ (llegar) tarde a la oficina.	☑	☐
6. Fabiola le ___pide___ (pedir) a Aguayo un aumento de sueldo.	☐	☑

2 La trama Indica con números el orden en que ocurrieron los hechos (*events*) de este episodio.

___2___ a. Brindan por la revista.

___1___ b. Cantan cumpleaños feliz.

___5___ c. Fabiola pide un aumento de sueldo.

___6___ d. Diana piensa regalarle a Aguayo un llavero.

___4___ e. Éric sugiere regalarle a Aguayo un pececito de colores.

___3___ f. Fabiola dice que está en crisis económica.

3 ¿Quién lo diría? ¿Qué empleado de *Facetas* diría cada una de estas oraciones?

___Diana___ 1. Hace ya dos años que trabajamos aquí. ¡Quién lo diría!

___Aguayo___ 2. ¡Pidan todos un deseo!

___Fabiola___ 3. Jefe, usted sabe que trabajo muy duro.

___Fabiola___ 4. Mi padre no es empresario.

___Mariela___ 5. Yo pensaba que nos dejarían irnos más temprano del trabajo.

4 Preguntas Contesta las preguntas con oraciones completas.

1. ¿Qué celebran los empleados de *Facetas*?
2. ¿Por qué creía Éric que se había enamorado de Fabiola? Explica tu respuesta.
3. ¿Por qué Fabiola no puede ayudar con el regalo?
4. ¿Le gusta a Fabiola la idea de regalarle un llavero a Aguayo?

5 Lo tiene todo ¿Qué le darías tú a alguien que lo tiene todo? Trabajen en grupos de cinco para inventar una conversación entre los empleados de *Facetas*. Tendrán que ponerse de acuerdo sobre un regalo para Aguayo. Utilicen la frase **Yo le daría…** y expliquen sus razones.

MODELO

FABIOLA ¡Ese llavero no es de corte ejecutivo, Diana! Yo le daría un reloj porque él siempre insiste en que lleguemos a tiempo a la oficina.

JOHNNY ¡Pero Aguayo ya tiene un Rolex! Yo le daría…

---

1 For additional comprehension practice, give students these true or false statements: **El padre de Fabiola es un empresario millonario.** (falso) **Johnny nunca llegó tarde al trabajo.** (falso) **A Fabiola le aumentaron el sueldo hace seis meses.** (cierto)

2 For expansion, have students change the sentences to the past and rewrite them in the form of a paragraph.

4 For slower-paced classes, replay the video to help students answer the questions.

5 For additional practice, have groups perform their conversations for the class.

Ampliación

(6) Preguntas Conversen sobre estas preguntas y compartan sus respuestas con la clase.

1. ¿Qué le darías tú a Aguayo? ¿Alguna vez le diste un regalo a un jefe?

2. ¿Conoces tú a alguien que lo tiene todo? ¿Cómo es? ¿Trabaja duro? ¿Crees que él/ella merece todo lo que tiene?

3. ¿Alguna vez tuviste que comprarle un regalo a esa persona? ¿Qué escogiste?

4. ¿Cuál es el mejor regalo que has recibido en tu vida? ¿Por qué?

5. ¿Cuáles son los mejores regalos por menos de $10? ¿Por menos de $25? ¿Por menos de $100?

(7) Apuntes culturales En parejas, lean los párrafos y contesten las preguntas.

El currículum vitae

Fabiola tiene mucha experiencia laboral. Seguramente, cuando presentó su **currículum vitae** a *Facetas*, además de la información profesional, incluyó datos personales que son comunes en el mundo laboral hispano: fecha de nacimiento, estado civil, una foto color, si tiene carro… ¿Habrá salido en la foto con la misma cara de enojo con que salió en el pasaporte?

El millonario ingeniero

El padre de Fabiola no es millonario, sino un modesto ingeniero, pero el venezolano **Lorenzo Mendoza** es ingeniero y millonario. Dueño del Grupo Polar, que además financia la fundación más grande del país, Mendoza construyó la tercera (*third largest*) fortuna de Latinoamérica con empresas que fundó su abuelo. Sin embargo, lleva una vida modesta junto a su esposa e hijos.

Facetas y Caretas

¡*Facetas* cumple dos años! Otra revista importante en el mundo hispano es *Caretas*. Comenzó a publicarse en 1950 en una pequeña oficina de Lima, Perú. Hoy es la revista más leída del país y trata temas como política, cultura, eventos sociales y viajes. Ojalá que *Facetas* tenga el mismo éxito y… ¡agrande la oficina!

1. ¿Sabías que en algunos países hispanos es común poner en el currículum el estado civil y la cantidad de hijos? ¿Qué piensas sobre dar datos personales en el currículum? ¿Estás de acuerdo? En tu cultura, ¿qué información contienen los currículums?

2. ¿Qué otros millonarios conoces? ¿Qué ventajas y desventajas hay en ser millonario? Explica.

3. ¿Lees revistas? ¿Qué tipos de revistas te interesan más? ¿Por qué? ¿Estás suscrito/a a alguna? ¿A cuál?

4. En tu opinión, ¿son más populares las revistas tradicionales o las revistas por Internet? ¿Por qué? ¿Qué ventajas tiene cada tipo de revista? ¿Cuál prefieres tú?

VENEZUELA

En detalle

EL ORO NEGRO

Mira a tu alrededor: el carro, las lámparas, los objetos de plástico, las pinturas, las telas, en fin, casi todo lo que tienes proviene del petróleo. Si hacemos caso a las estadísticas, parte de ese petróleo puede ser venezolano. Venezuela es el cuarto país exportador de petróleo° del mundo, sólo aventajado° por los países árabes. El 80% de los ingresos° del país provienen de la exportación de petróleo. Aproximadamente el 70% del petróleo se exporta a los EE.UU.

La primera explotación petrolífera se inició en 1914, cuando se descubrió un enorme yacimiento° en la costa oriental del lago de Maracaibo (ver mapa). Este acontecimiento inició una nueva etapa en la historia venezolana, pues abrió su economía a los mercados internacionales. Durante las primeras décadas, la explotación estaba en manos extranjeras, lo que hacía que la riqueza petrolífera no se tradujera en una mejora de la situación económica del país. La crisis internacional de 1973, que provocó la subida del precio del crudo°, le dio al gobierno venezolano la oportunidad de nacionalizar la empresa petrolera.

En 1976 entró en efecto la Ley de Nacionalización del Petróleo. Desde entonces, la extracción, la refinación y la exportación están en manos de la empresa estatal° Petróleos de Venezuela, SA (PDVSA). Gracias a la subida de los precios petroleros de los últimos años, la empresa ha podido aumentar drásticamente la cantidad de dinero que destina a programas sociales dedicados a la educación, salud y a infraestructuras del país. Hoy día, PDVSA tiene una gran presencia internacional, con refinerías en el Caribe, Estados Unidos y Europa. En 1986, PDVSA adquirió° el cincuenta por ciento de CITGO y, cuatro años más tarde, se convirtió en única propietaria° de la empresa. ∎

Historia del petróleo en Venezuela

Se descubre el importante yacimiento en la costa este del lago de Maracaibo.	La Ley de Impuesto sobre la Renta obliga a las compañías extranjeras a pagar impuestos por la explotación del petróleo.		Crisis internacional del petróleo. La OPEP reduce la producción y aumenta el precio del barril°. Se raciona el uso del crudo en los países occidentales.		Se inicia la huelga general.	
1914	**1922**	**1943**	**1960**	**1973**	**1976**	**2002**
	Comienza la explotación petrolera a gran escala.		Se funda la OPEP (Organización de Países Exportadores de Petróleo) por iniciativa venezolana.		El primero de enero empieza la nacionalización petrolera.	

exportador de petróleo *oil-exporting* **aventajado** *surpassed* **ingresos** *income* **yacimiento** *oilfield*
crudo *crude oil* **empresa estatal** *state company* **adquirió** *purchased* **propietaria** *owner* **barril** *barrel*

En detalle Preview the reading by asking students about the importance of oil. Ex: ¿Dependemos del petróleo? ¿De qué manera? Den ejemplos.

ASÍ LO DECIMOS

El dinero

los chavos (P. R.) *money*
la lana (Méx.)
las pelas (Esp.)

la peseta (P. R.) *quarter (American coin)*

comer cable (Ven.) *to be broke; to have no money*
estar pelado (Col.)
no tener guano (Cu.)

estar forrado/a en billete (Col. y Méx.) *to be loaded*
tener una pila de dinero

ser gasolero/a (Arg.) *to have frugal taste*

PERFIL

LA HUELGA GENERAL DE 2002–2003

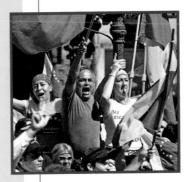

El 2002 fue un año de gran convulsión política y social en Venezuela. La controvertida personalidad de su presidente, Hugo Chávez, creó una enorme división en el país. Las grandes empresas, entre ellas PDVSA, temerosas° de la política económica del gobierno, convocaron° una huelga para el 2 de diciembre. En un principio, el paro°, que buscaba la renuncia de Chávez, era de veinticuatro horas pero ante su negativa a renunciar, se alargó de forma indefinida. Durante esos días, había una gran escasez° y era común ver a la gente haciendo cola en las gasolineras y en los supermercados. Muchos empresarios y comerciantes se fueron a la ruina, el desempleo aumentó y, a nivel internacional, los precios del petróleo subieron. La huelga, una de las más largas de la historia, terminó el 3 de febrero del 2003, después de que el gobierno de Chávez retomara el control de PDVSA.

EL MUNDO HISPANOHABLANTE

Fuentes alternativas

- Argentina es el mayor consumidor de **gas natural comprimido°** en el mundo según estadísticas de 2005. Este **combustible alternativo** abastece° no sólo gran parte del transporte público, sino también carros particulares que han sido adaptados para usar esta alternativa limpia y económica. En 2005, el número de vehículos convertidos alcanzaba el millón y medio.

- **El biodiesel**, un combustible elaborado a partir de **aceite de cocina usado,** constituye una fuente de energía renovable, biodegradable y económica. En Uruguay, por ejemplo, una empresa de transporte de Montevideo mueve sus autobuses combinando aceite usado y metanol.

- Ecuador ha comenzado a producir **gasolina de caña de azúcar°**. El proyecto comenzó en Guayaquil con el uso del excedente de azúcar producida en el país. A largo plazo este biocombustible ayudará a reducir la contaminación de la ciudad.

> **❝ Mira si será malo el trabajo, que deben pagarte para que lo hagas. ❞**
> (Facundo Cabral, cantautor argentino)

SUPERSITE **Conexión Internet**

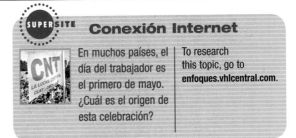

En muchos países, el día del trabajador es el primero de mayo. ¿Cuál es el origen de esta celebración?

To research this topic, go to **enfoques.vhlcentral.com.**

temerosas *fearful* **convocaron** *called* **paro** *strike* **escasez** *shortage* **comprimido** *compressed* **abastece** *supplies* **caña de azúcar** *sugar cane*

② For item 5, have volunteers create similar sentences with other words and phrases from **Así lo decimos.** Ex: **Si estás en México y tienes mucho dinero, se dice que estás forrado/a en billete.**

③ For item 4, ask students: **Si ustedes hicieran huelga en la universidad/escuela, ¿para qué sería?**

¿Qué aprendiste?

① Comprensión Indica si estas afirmaciones son **ciertas** o **falsas**. Corrige las falsas.

1. Venezuela es el cuarto país exportador de petróleo del mundo. Cierto.

2. Venezuela exporta el 80% del petróleo que produce. Falso. El 80% de los ingresos del país provienen de la exportación de petróleo.

3. Estados Unidos no compra petróleo venezolano. Falso. Estados Unidos compra mucho petróleo venezolano.

4. En 1914 se fundó la OPEP. Falso. En 1914 se inició la primera explotación petrolera.

5. Hay un yacimiento muy grande en la costa este del lago de Maracaibo. Cierto.

6. Durante los primeros años, la explotación de la riqueza petrolera estaba en manos venezolanas. Falso. La explotación de la riqueza petrolera estaba en manos extranjeras.

7. En las primeras décadas, el dinero del petróleo ayudó a mejorar la economía venezolana. Falso. Durante las primeras décadas el dinero del petróleo no mejoró la economía venezolana.

8. La crisis de 1973 provocó una subida del precio del petróleo. Cierto.

9. En 1976, PDVSA fue comprada por una empresa norteamericana. Falso. En 1976, PDVSA se convirtió en una empresa estatal venezolana.

10. PDVSA tiene refinerías en países extranjeros. Cierto.

11. La empresa de petróleo estatal ha aumentado la cantidad que destina a programas sociales. Cierto.

12. PDVSA es dueña del cincuenta por ciento de CITGO. Falso. PDVSA es dueña del ciento por ciento de CITGO.

② Oraciones incompletas Completa las oraciones con la información correcta.

1. La huelga venezolana fue convocada por ___las grandes empresas___.

2. En un principio, la huelga iba a durar ___un día/veinticuatro horas___.

3. Durante la huelga, era común ver gente haciendo cola ___en gasolineras y supermercados___.

4. En Argentina, muchos carros funcionan con ___gas natural comprimido___.

5. Si estás en Venezuela y no tienes dinero, se dice que ___comes cable___.

③ Opiniones En parejas, contesten las preguntas.

1. ¿Las empresas de combustible y de servicios (como gas, luz, transporte) deben ser públicas o privadas? ¿Por qué?

2. ¿Tendrías un carro híbrido? ¿Por qué?

3. ¿Crees que el petróleo se acabará durante tu vida? ¿Con qué se reemplazará?

4. En América Latina, las universidades tienen Centros de estudiantes, que funcionan en forma parecida a los sindicatos. A veces incluso realizan huelgas. ¿Cómo se organizan los estudiantes en tu escuela/universidad?

5. ¿Son necesarias las huelgas? ¿Conocen alguna en la que se haya conseguido el objetivo?

PROYECTO

Fuentes de energía alternativas

La foto muestra a dos trabajadores mexicanos modificando una camioneta para que funcione con gas natural comprimido o propano. Investiga cuáles son otros combustibles o fuentes de energía alternativos utilizados en Latinoamérica y elige cuál te parece mejor. Prepara una presentación sobre este combustible o fuente de energía y la posibilidad de que sea utilizado masivamente en el futuro.

- ¿Cómo se obtiene o se produce?
- ¿Cuáles son sus ventajas?
- ¿Cuáles son sus desventajas?
- ¿Cómo se puede promover su uso?

Proyecto To help students organize their ideas, have them start by creating a grid listing the alternative fuel sources, their production methods, and the advantages and disadvantages of each.

RITMOS

DESORDEN PÚBLICO

Rebeldes, irónicos, llenos de energía y comprometidos° con su pueblo: así se puede definir a los ocho integrantes de la banda de ska **Desorden Público**. Sus creadores **Horacio Blanco** y **José Luis "Caplís" Chacín** comenzaron como DJs de música punk, ska británico, *new wave* y reggae jamaiquino en Caracas, Venezuela. En 1985, inspirados en la segunda etapa de ska conocida como *Two-Tone*, que tuvo su centro en Inglaterra, los músicos decidieron formar una banda con un nombre que satirizara los camiones de Orden Público de la Guardia Nacional Venezolana°. Recurriendo al humor negro, sus letras reflejan la realidad política, económica y social de Venezuela y otros países en desarrollo°. En la actualidad, Desorden Público representa el más importante proyecto de ska latinoamericano con multitudinarios conciertos por todo el mundo en los que han llegado a convocar° hasta 40 mil personas.

Discografía

2000 Diablo   **1997** Plomo Revienta   **1988** Desorden Público

Canción

Éste es un fragmento de la canción que tu instructor(a) te hará escuchar.

El Clon

En un futuro cercano me mandaré a hacer un clon
Perfecto gemelo idéntico nacido en el laboratorio
Para reponer° mi inversión lo reventaré trabajando°
Yo su amo°, su creador, ahora tendré un esclavo.
(...) Me daré la buena vida, me mudaré a la Florida
Mientras mi clon trabaja en América Latina.

Curiosidades:
- El ska, precursor del reggae, comenzó en Jamaica en los años 30 y se desarrolló en Inglaterra a fines de los 70.
- Desorden Público fusiona ska con ritmos latinos y afrovenezolanos.
- Sus canciones tienen un alto contenido político.
- Cada vez que Horacio Blanco escucha sus canciones en la radio cambia de estación.

 Preguntas En parejas, contesten las preguntas. Some answers will vary.

1. Las canciones de Desorden Público contienen altas dosis de humor negro. ¿Pueden encontrar ejemplos en el fragmento? El autor/cantante quiere tener un clon para tenerlo como esclavo y quiere reponer la inversión haciéndolo trabajar mucho.

2. ¿En qué se diferencia Desorden Público de las típicas bandas de ska británicas? Su música fusiona ska con ritmos latinos y afrovenezolanos.

3. ¿Conocen otras bandas de ska? ¿De dónde son? ¿Les gustan?

4. La canción cuenta la historia de un hombre y su clon. ¿Cómo es la relación entre ellos?

comprometidos engaged **Guardia...** Venezuelan National Guard **en desarrollo** developing
convocar gather **reponer** regain; recover **lo reventaré trabajando** I will exploit him **amo** master

Ritmos To preview the grammar of **Lección 8**, ask:
¿Qué harían ustedes si tuvieran la oportunidad
de clonarse?

INSTRUCTIONAL RESOURCES
Supersite/IRCD:
Textbook Answer Key,
SAM Answer Key
SAM/WebSAM: WB, LM

TALLER DE CONSULTA

MANUAL DE GRAMÁTICA
Más práctica

8.1 The conditional, p. 525

8.2 The past subjunctive,
p. 526

8.3 **Si** clauses with simple
tenses, p. 527

Más gramática

8.4 Transitional expressions,
p. 528

¡ATENCIÓN!

Note that all of the
conditional endings carry
a written accent mark.

To help students remember
the written accent, compare
the pronunciation of **María** and
farmacia.

Point out that the conditional
tense is formed with the same
stem as the future tense.

8.1 The conditional

- To express the idea of what *would* happen, use the conditional tense.

¿Qué le darías a
un hombre que lo
tiene todo?

- The conditional tense (**el condicional**) uses the same endings for all **–ar**, **–er**, and **–ir** verbs. For regular verbs, the endings are added to the infinitive.

The conditional		
dar	**ser**	**vivir**
daría	**ser**ía	**vivir**ía
darías	**ser**ías	**vivir**ías
daría	**ser**ía	**vivir**ía
daríamos	**ser**íamos	**vivir**íamos
daríais	**ser**íais	**vivir**íais
darían	**ser**ían	**vivir**ían

- Verbs with irregular future stems have the same irregular stem in the conditional.

Infinitive	stem	conditional
caber	cabr–	**cabría, cabrías, cabría, cabríamos, cabríais, cabrían**
haber	habr–	**habría, habrías, habría, habríamos, habríais, habrían**
poder	podr–	**podría, podrías, podría, podríamos, podríais, podrían**
querer	querr–	**querría, querrías, querría, querríamos, querríais, querrían**
saber	sabr–	**sabría, sabrías, sabría, sabríamos, sabríais, sabrían**
poner	pondr–	**pondría, pondrías, pondría, pondríamos, pondríais, pondrían**
salir	saldr–	**saldría, saldrías, saldría, saldríamos, saldríais, saldrían**
tener	tendr–	**tendría, tendrías, tendría, tendríamos, tendríais, tendrían**
valer	valdr–	**valdría, valdrías, valdría, valdríamos, valdríais, valdrían**
venir	vendr–	**vendría, vendrías, vendría, vendríamos, vendríais, vendrían**
decir	dir–	**diría, dirías, diría, diríamos, diríais, dirían**
hacer	har–	**haría, harías, haría, haríamos, haríais, harían**

Uses of the conditional

- The conditional is used to express what would occur under certain circumstances.

  En Venezuela, ¿qué lugar **visitarías** primero?
  In Venezuela, which place would you visit first?

  Iría primero a Caracas y después a Isla Margarita.
  First I would go to Caracas and then to Isla Margarita.

¿No sería ahora el momento justo para ir de vacaciones a **la Isla Margarita?**

- The conditional is also used to make polite requests.

  Me **gustaría** cobrar este cheque.
  I would like to cash this check.

  ¿**Podría** firmar aquí, en el reverso?
  Would you please sign here, on the back?

- In subordinate clauses, the conditional is often used to express what *would happen* after another action took place. To express what *will happen* after another action takes place, the future tense is used instead.

CONDITIONAL	FUTURE
Creía que hoy **haría** mucho viento.	**Creo** que mañana **hará** mucho viento.
I thought it would be very windy today.	*I think it will be very windy tomorrow.*

- In Spanish, the conditional may be used to express conjecture or probability about a past condition or event. English expresses this sense with expressions such as *wondered, must have been,* and *was probably.*

  ¿Qué hora **era** cuando regresó?
  What time did he return?

  Serían las ocho.
  It must have been eight o'clock.

  ¿Cuánta gente **había** en la fiesta?
  How many people were at the party?

  Habría como veinte personas.
  There must have been about twenty people.

- The conditional is also used to report statements made in the future tense.

  Iremos a la fiesta.
  We'll go to the party.

  Dijeron que **irían** a la fiesta.
  They said they'd go to the party.

Práctica

TALLER DE CONSULTA

MANUAL DE GRAMÁTICA
Más práctica

8.1 The conditional, p. 525

① For expansion, have students change the dialogue into a narrative.

1 **La entrevista** Alberto sueña con trabajar para una agencia medioambiental y estaría dispuesto a hacer cualquier cosa para que la directora lo contrate. Utiliza el condicional de los verbos entre paréntesis para completar la entrevista.

ALBERTO Si yo pudiera formar parte de esta organización, (1) ___estaría___ (estar) dispuesto (*ready*) a ayudar en todo lo posible.

ELENA Sí, lo sé, pero tú no (2) ___podrías___ (poder) hacer mucho. No tienes la preparación necesaria. Tú (3) ___necesitarías___ (necesitar) estudios de biología.

ALBERTO Bueno, yo (4) ___ayudaría___ (ayudar) con las cosas menos difíciles. Por ejemplo, (5) ___haría___ (hacer) el café para las reuniones.

ELENA Estoy segura de que todos (6) ___agradecerían___ (agradecer) tu colaboración. Les preguntaré para ver si necesitan ayuda.

ALBERTO Eres muy amable, Elena. (7) ___Daría___ (dar) cualquier cosa por trabajar con ustedes. Y (8) ___consideraría___ (considerar) la posibilidad de volver a la universidad para estudiar biología. (9) ___Tendría___ (tener) que trabajar duro, pero lo (10) ___haría___ (hacer) porque no (11) ___sabría___ (saber) qué hacer sin un trabajo significativo. Sé que el esfuerzo (12) ___valdría___ (valer) la pena.

② Model these additional polite expressions: ¿Serías tan amable de...? / ¿Me harías el favor de...? / ¿Te importaría...?

2 **El primer día** La agencia contrató a Alberto y hoy fue su primer día como asistente administrativo. Utiliza el condicional para cambiar estos mandatos directos por los mandatos indirectos que la directora le dio a Alberto. Sigue el modelo.

Mandatos directos	Mandatos indirectos
Hazme un café.	¿Me harías un café, por favor?
Saca estas fotocopias.	1. ¿Sacarías estas fotocopias, por favor?
Pon los mensajes en mi escritorio.	2. ¿Pondrías los mensajes en mi escritorio, por favor?
Manda este fax.	3. ¿Mandarías este fax, por favor?
Diles a los voluntarios que vengan también.	4. ¿Les dirías a los voluntarios que vengan también, por favor?
Sal a almorzar con nosotros.	5. ¿Saldrías a almorzar con nosotros, por favor?

3 **Lo que hizo Juan** Utilizamos el condicional para expresar el futuro en el contexto de una acción pasada. Explica lo que quiso hacer Juan, usando las claves dadas. Agrega también por qué no lo pudo hacer.

MODELO pensar / llegar

Juan pensó que llegaría temprano a la oficina, pero el metro tardó media hora.

1. pensar / comer Juan pensó que comería…
2. decir / poner Juan dijo que pondría…
3. imaginar / tener Juan imaginó que tendría…
4. escribir / venir Juan escribió que vendría…
5. contarles / querer Juan les contó que querría…
6. suponer / hacer Juan supuso que haría…
7. explicar / salir Juan explicó que saldría…
8. creer / terminar Juan creyó que terminaría…
9. decidir / viajar Juan decidió que viajaría…
10. opinar / ser Juan opinó que sería…

Teaching option For additional practice, line students up in teams of six and write an infinitive on the board. When you call out ¡Empieza!, the first team member writes the **yo** form of the verb in the conditional, then passes the chalk to the next team member, who writes the **tú** form, and so on. The team that finishes first and has all the forms correct wins the round.

Comunicación

 (4) **¿Qué pasaría?** En parejas, completen estas oraciones utilizando verbos en el condicional. Luego compartan sus oraciones con la clase.

TALLER DE CONSULTA

The first part of each sentence uses the past subjunctive, which will be covered in **8.2,** pp. 298–299.

> **MODELO** **Si yo trabajara para una empresa multinacional, ...**
>
> —Si yo trabajara para una empresa multinacional, viajaría por el mundo entero. Aprendería cinco idiomas y...

1. Si hubiera una recesión económica en el país, ...
2. Si yo ganara más dinero, ...
3. Si mi novio/a decidiera trabajar en otro país, ...
4. Si todos mis profesores estuvieran en huelga, ...
5. Si mi jefe/a me despidiera, ...
6. Si no tuviera que ganarme la vida, ...

(4) For advanced classes, ask students to change the sentences to the present / future. Ex: **Si hay una recesión económica en el país, habrá menos trabajo y más desempleo.**

 (5) **El trabajo de tus sueños** Imagina que puedes escoger cualquier profesión del mundo. Explícale a un(a) compañero/a cuál sería tu trabajo ideal, por qué te gustaría esa profesión y qué harías en tu empleo. Háganse preguntas y utilicen por lo menos cuatro verbos en el condicional.

> **MODELO** Mi trabajo ideal sería jugar al baloncesto en la NBA. Me gustaría porque soy adicto a este deporte, pero también porque ganaría millones y podría...

 (6) **¿Qué harías?** Piensa en lo que harías en estas situaciones. Usa el condicional. Luego compártelo con tres compañeros/as.

(6) Continue the exercise by having volunteers invent situations to which other students can respond with the conditional. Ex: **Te encuentras con el presidente. / Te das cuenta de que no queda nada en tu cuenta de ahorros.**

Teaching option Have students invent dilemmas; then have volunteers give advice using the conditional. Teach students the phrases **Yo que tú** and **Yo, en tu lugar** (*If I were you*). Ex: **Tengo dos citas la misma noche. → Yo que tú, cancelaría una de las citas.** Point out that these phrases can also be used with other persons: **yo que ella; yo, en su lugar.**

INSTRUCTIONAL RESOURCES
Supersite/IRCD:
Textbook Answer Key,
SAM Answer Key
SAM/WebSAM: WB, LM

TALLER DE CONSULTA

See **3.1, pp. 94-95** for the preterite forms of regular, irregular, and stem-changing verbs.

¡ATENCIÓN!

The **nosotros/as** form of the past subjunctive always has a written accent.

8.2 The past subjunctive

Forms of the past subjunctive

- The past subjunctive (*el imperfecto del subjuntivo*) of all verbs is formed by dropping the **–ron** ending from the **ustedes/ellos/ellas** form of the preterite and adding the past subjunctive endings.

The past subjunctive		
caminar	**perder**	**vivir**
caminara	perdiera	viviera
caminaras	perdieras	vivieras
caminara	perdiera	viviera
camináramos	perdiéramos	viviéramos
caminarais	perdierais	vivierais
caminaran	perdieran	vivieran

Estela dudaba de que su madre la **ayudara** a financiar un carro nuevo.
Estela doubted that her mother would help her finance a new car.

A los dueños les sorprendió que **vendieran** más en enero que en diciembre.
The owners were surprised that they sold more in January than in December.

Ya hablé con el recepcionista y me recomendó que le **escribiera** al gerente.
I already spoke to the receptionist and he recommended that I write to the manager.

Have students identify which verbs have stem changes, spelling changes, and irregular conjugations from the verbs listed to the right. Ask volunteers to add more verbs of each type to the list.

- Verbs that have stem changes, spelling changes, or irregularities in the **ustedes/ellos/ellas** form of the preterite also have them in all forms of the past subjunctive.

infinitive	preterite form	past subjunctive forms
pedir	pidieron	pidiera, pidieras, pidiera, pidiéramos, pidierais, pidieran
sentir	sintieron	sintiera, sintieras, sintiera, sintiéramos, sintierais, sintieran
dormir	durmieron	durmiera, durmieras, durmiera, durmiéramos, durmierais, durmieran
influir	influyeron	influyera, influyeras, influyera, influyéramos, influyerais, influyeran
saber	supieron	supiera, supieras, supiera, supiéramos, supierais, supieran
ir/ser	fueron	fuera, fueras, fuera, fuéramos, fuerais, fueran

Point out that both conjugations for the **nosotros/as** form have a written accent. Ex: **fuéramos, fuésemos**

These alternate endings are presented for recognition only; their forms are not included in the Testing Program.

- In Spain and some other parts of the Spanish-speaking world, the past subjunctive is commonly used with another set of endings (**–se, –ses, –se, –semos, –seis, –sen**). You will also see these forms in literary selections.

La señora Medina exigió que le **mandásemos** el contrato para el viernes.
Ms. Medina demanded that we send her the contract by Friday.

La señora Medina exigió que le **mandáramos** el contrato para el viernes.
Ms. Medina demanded that we send her the contract by Friday.

Uses of the past subjunctive

- The past subunctive is required in the same situations as the present subjunctive, except that the point of reference is always in the past. When the verb in the main clause is in the past, the verb in the subordinate clause is in the past subjunctive.

Te pedí que llegaras a las nueve, Johnny.

To review uses of the subjunctive, ask students to identify the noun clauses, adjective clauses, and adverbial clauses in the sample sentences.

PRESENT TIME

El jefe sugiere que **vayas** a la reunión.
The boss recommends that you go to the meeting.

Espero que ustedes no **tengan** problemas con el nuevo sistema.
I hope you won't have any problems with the new system.

Buscamos a alguien que **conozca** bien el mercado.
We are looking for someone who knows the market well.

Les mando mi currículum en caso de que **haya** un puesto disponible.
I'm sending them my résumé in case there is a position available.

PAST TIME

El jefe sugirió que **fueras** a la reunión.
The boss recommended that you go to the meeting.

Esperaba que no **tuvieran** problemas con el nuevo sistema.
I was hoping you wouldn't have any problems with the new system.

Buscábamos a alguien que **conociera** bien el mercado.
We were looking for someone who knew the market well.

Les mandé mi currículum en caso de que **hubiera** un puesto disponible.
I sent them my résumé, in case there were a position available.

Point out that the subjunctive mood does exist in English both in the past and present tenses. However, since there is only one verb in English with more than one form in the past tense, the only time it creates a noticeable difference is with the verb *to be.*
*I wish my boss **were** nicer.*
*If I **were** you, I would ask for a raise.*

- The expression **como si** (*as if*) is always followed by the past subjunctive.

    Alfredo gasta dinero **como si fuera** millonario.
    Alfredo spends money as if he were a millionaire.

    El presidente habló de la economía **como si** no **hubiera** una recesión.
    The president talked about the economy as if there were no recession.

    Ella rechazó mi opinión **como si** no **importara**.
    She rejected my opinion as if it didn't matter.

- The past subjunctive is also commonly used with **querer** to make polite requests or to soften statements.

    Quisiera que me llames hoy.
    I would like you to call me today.

    Quisiera hablar con usted.
    I would like to speak with you.

TALLER DE CONSULTA

The past subunctive is also frequently used in **si** clauses. See **8.3,** pp. 302–303.

Si pudiera, compraría más acciones.
If I could, I would buy more shares.

Práctica

TALLER DE CONSULTA

MANUAL DE GRAMÁTICA
Más práctica

8.2 The past subjunctive,
p. 526

① For additional practice, have students write Luis Miguel's response to Jessica using the past and present subjunctive, as well as the conditional tense.

---

① El peor día Completa el mensaje electrónico que Jessica le mandó a su hermano mayor después de su primer día como pasante (*intern*) de verano. Utiliza el imperfecto del subjuntivo.

De:	jessica8@email.com
Para:	luismiguel@email.com
Asunto:	el peor día de mi vida

Luis Miguel:
Sé que te pedí el otro día que no me (1)____dieras____ (dar) más consejos sobre qué hacer este verano pero, ¡ahora sí necesito tus consejos! Hoy fue el peor día de mi vida, ¡te lo juro! Me aconsejaste que no (2)___solicitara___ (solicitar) un puesto como pasante, pero a mí no me importaba que ellos me (3)___pagaran___ (pagar) el sueldo mínimo. No creía que (4)___existiera___ (existir) ninguna oportunidad mejor que ésta. ¡Pero hoy el jefe me trató como si yo (5)___fuera___ (ser) su esclava! Primero exigió que yo (6)___preparara___ (preparar) el café para toda la oficina. Después me dijo que (7)___saliera___ (salir) a comprar más tinta (*ink*) para la impresora. Luego, como si eso (8)___fuera___ (ser) poco, insistió en que yo (9)___ordenara___ (ordenar) su escritorio. ¡Como si toda mi experiencia del verano pasado no (10)___valiera___ (valer) ni un centavo! Hablando de dinero... cuando le pedí que (11)___depositara___ (depositar) el sueldo en mi cuenta corriente, él me dijo, "¿Qué sueldo? Nuestros pasantes trabajan gratis". ¡Renuncié y punto!

---

② As a variant, have students think of some famous couples and make up sentences about what each spouse asked the other to do.

② ¿Qué le pidieron? María Laura Santillán es presidenta de una universidad. En parejas, usen la tabla y preparen una conversación en que ella le cuenta a un amigo todo lo que le pidieron que hiciera el primer día de clases.

MODELO
— ¿Qué te pidió tu secretaria?
— Mi secretaria me pidió que le diera menos trabajo.

Personajes	Verbo	Actividad
los profesores		construir un estadio nuevo
los estudiantes		hacer menos ruido
el club que protege el medio ambiente	me pidió que	plantar más árboles
los vecinos de la universidad	me pidieron que	dar más días de vacaciones
el entrenador del equipo de fútbol		comprar más computadoras

---

③ Have students repeat the activity, describing a difficult roommate or family member they have lived with and the things they asked each other to do. Ex: **Le dije a mi compañera de cuarto que no tocara el saxofón a las tres de la mañana.**

Teaching option For additional practice, write the following drill on the board and have students change each verb to the past subjunctive according to each subject. **1.** estar: él/nosotros/tú **2.** emplear: yo/ella/Ud. **3.** insistir: ellos/Uds./él **4.** poder: ellas/yo/nosotros **5.** obtener: nosotros/tú/ella

③ Dueño El dueño del apartamento donde vivían tú y tu compañero/a era muy estricto. Túrnense para comentar las reglas que tenían que seguir, usando el imperfecto del subjuntivo.

MODELO
El dueño de mi apartamento me dijo/pidió/ordenó que no cocinara comidas aromáticas.

1. no usar la calefacción en abril
2. limpiar los pisos dos veces al día
3. no tener visitas en el apartamento después de las 10 de la noche
4. hacer la cama todos los días
5. sacar la basura todos los días
6. no encender las luces antes de las 8 de la noche

Comunicación

4 **De niño** En parejas, háganse estas preguntas y contesten con detalles. Luego, utilicen el imperfecto del subjuntivo para hacerse cinco preguntas más sobre su niñez.

> **MODELO**
> — ¿Esperabas que tus padres fueran perfectos?
> — Sí, esperaba que mis padres fueran mejores que los padres de mis amigos...

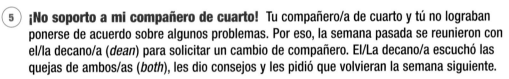

La imaginación ✳	Las relaciones ♡	⚑ La escuela ⚑
¿Esperabas que tus padres fueran perfectos?	¿Querías que tu primer amor durara toda la vida?	¿Soñabas con que el/la maestro/a cancelara la clase todos los días?
¿Dudabas que los superhéroes existieran?	¿Querías que tus padres te compraran todo lo que pedías?	¿Esperabas que tus amigos de la infancia siguieran siendo tus amigos toda la vida?
¿Esperabas que Santa Claus te trajera los regalos que le pedías?	¿Querías que tus familiares pasaran menos o más tiempo contigo?	¿Deseabas que las vacaciones de verano se alargaran *(were longer)*?
¿Qué más esperabas?	¿Qué más querías?	¿Qué más deseabas?

5 **¡No soporto a mi compañero de cuarto!** Tu compañero/a de cuarto y tú no lograban ponerse de acuerdo sobre algunos problemas. Por eso, la semana pasada se reunieron con el/la decano/a *(dean)* para solicitar un cambio de compañero. El/La decano/a escuchó las quejas de ambos/as *(both)*, les dio consejos y les pidió que volvieran la semana siguiente.

A. Primero, escribe cinco oraciones para describir lo que le pediste a tu compañero/a de cuarto. Utiliza el imperfecto del subjuntivo.

B. Ahora, en grupos de tres, preparen una conversación entre el/la decano/a y los/las dos estudiantes. Cada persona debe utilizar por lo menos tres verbos en el imperfecto del subjuntivo. Luego representen la conversación para la clase. ¿Habrá solución?

> **MODELO**
> **DECANO/A** Bueno, les pedí que trataran de resolver los problemas. ¿Cómo les fue?
> **ESTUDIANTE 1** Le dije a Isabel que no usara la ropa mía sin pedir permiso. ¡Pero llegó a una fiesta con mi mejor vestido!
> **ESTUDIANTE 2** Y yo le pedí a Celia que no escuchara música cuando estoy durmiendo. ¡Pero sigue poniendo el estéreo a todo volumen!

④ For expansion, have small groups describe things they believed when they were children. Each group should then select one story to present to the class. Encourage volunteers to ask clarifying questions.

⑤ Have students recycle household vocabulary (Lección 3).

⑤ For Part B, ask: **¿Están de acuerdo con la solución que ofrece el/la decano/a?** Encourage volunteers to give alternate solutions for each conflict using the present subjunctive.

TALLER DE CONSULTA

For other transitional
expressions that express
cause and effect, see
**Manual de gramática, 8.4,
p. 528.**

Remind students that **si** (*if*) does
not carry an accent mark.

Have a volunteer read the ad
aloud. Then ask students to
brainstorm alternate tag lines
using **si** clauses.

8.3 *Si* clauses with simple tenses

- **Si** (*if*) clauses express a condition or event upon which another condition or event depends. Sentences with **si** clauses are often hypothetical statements. They contain a subordinate clause (**si** clause) and a main clause (result clause).

No lo culpo
si lo cambia por
un pez.

- The **si** clause may be the first or second clause in a sentence. Note that a comma is used only when the **si** clause comes first.

Si tienes tiempo, ven con nosotros.
If you have time, come with us.

Iré con ustedes **si** no trabajo.
I'll go with you if I don't work.

Hypothetical statements about the future

- In hypothetical statements about possible or probable *future* events, the **si** clause uses the present indicative. The result clause may use the present indicative, the future indicative, **ir a** + [*infinitive*], or a command.

Si clause: PRESENT INDICATIVE		Main clause
Si salgo temprano del trabajo, *If I finish work early,*	PRESENT TENSE	**voy** al cine con Andrés. *I'm going to the movies with Andrés.*
Si usted no mejora su currículum, *If you don't improve your résumé,*	FUTURE TENSE	nunca **conseguirá** empleo. *you'll never get a job.*
Si la jefa me pregunta, *If the boss asks me,*	IR A + [*INFINITIVE*]	no le **voy a mentir**. *I'm not going to lie to her.*
Si hay algún problema, *If there is a problem,*	COMMAND	**háganos** saber de inmediato. *let us know right away.*

Hypothetical statements about the present

- In hypothetical statements about improbable or contrary-to-fact *present* situations, the **si** clause uses the past subjunctive. The result clause uses the conditional.

¡ATENCIÓN!

A contrary-to-fact situation is one that is possible, but will probably not happen and/or has not occurred.

Si clause: PAST SUBJUNCTIVE	Main clause: CONDITIONAL
¡**Si** ustedes no **fueran** tan incapaces, *If you weren't all so incapable,*	ya lo **tendrían** listo! *you'd already have this ready!*
Si sacaras un préstamo a largo plazo, *If you took out a long-term loan,*	**pagarías** menos por mes. *you'd pay less each month.*
Si no **estuviera** tan cansada, *If I weren't so tired,*	**saldría** a cenar contigo. *I'd go out to dinner with you.*

Si no estuviera en crisis económica, te ayudaría.

Si yo fuera él, les daría la tarde libre.

Habitual conditions and actions in the past

- In statements that express habitual past actions that are not contrary-to-fact, both the **si** clause and the result clause use the imperfect.

TALLER DE CONSULTA

Hypothetical and contrary-to-fact statements about the past use **si** clauses with compound tenses. You will learn more about these structures in **Estructura 10.4** in the **Manual de gramática.**

Si clause: IMPERFECT	Main clause: IMPERFECT
Si Milena **tenía** tiempo libre, *If Milena had free time,*	siempre **iba** a la playa. *she would always go to the beach.*
Si mi papá **salía** de viaje de negocios, *If my dad went on a business trip,*	siempre me **traía** un regalito. *he always brought me back a little present.*

Si no me levantaba a las tres de la mañana, llegaba tarde al trabajo.

Begin several sentences with **si** clauses and call on volunteers to finish each sentence. Ex: **Si tengo tiempo hoy...** / **Si tuviera un par de horas libres...** / **De niño/a, si tenía ratos libres...**

Práctica

Práctica

---

1 Situaciones Completa las oraciones con el tiempo verbal adecuado.

A. Situaciones probables o futuras

1. Si Teresa no viene pronto, nosotros __tendremos/vamos a tener__ (tener) que ir sin ella.

2. Si tú no __trabajas__ (trabajar) hoy, vámonos al cine.

B. Situaciones hipotéticas sobre el presente

3. Si Carla tuviera más experiencia, yo la __contrataría__ (contratar).

4. Si Gabriel __ganara__ (ganar) más, podría ir de viaje.

C. Situaciones habituales en el pasado

5. Si llegaba tarde en mi trabajo anterior, la gerente me __gritaba__ (gritar).

6. Si nosotros no __hacíamos__ (hacer) la tarea, el profesor Cortijo nos daba una prueba sorpresa.

2 Si trabajara menos Carolina y Leticia trabajan cuarenta horas por semana y se imaginan qué harían si trabajaran menos horas. Completa la conversación con el condicional o el imperfecto del subjuntivo.

CAROLINA Estoy todo el día en la oficina, pero si (1) __trabajara__ (trabajar) menos, tendría más tiempo para divertirme. Si sólo viniera a la oficina algunas horas por semana, (2) __practicaría__ (practicar) el alpinismo más a menudo.

LETICIA ¿Alpinismo? ¡Qué aburrido! Si yo tuviera más tiempo libre, (3) __haría__ (hacer) todas las noches lo mismo: (4) __iría__ (ir) al cine, luego (5) __saldría__ (salir) a cenar y, para terminar la noche, (6) __haría__ (hacer) una fiesta para celebrar que ya no tengo que ir a trabajar por la mañana. Si nosotras (7) __tuviéramos__ (tener) la suerte de no tener que trabajar nunca más, nos pasaríamos todo el día sin hacer absolutamente nada.

CAROLINA ¿Te imaginas? Si la vida fuera así, nosotras (8) __seríamos__ (ser) mucho más felices, ¿no crees?

3 Situaciones Completa las oraciones.

1. Si salimos esta noche, _____.
2. Si me llama el jefe, _____.
3. Saldré contigo después del trabajo si _____.
4. Si mis padres no me prestan dinero, _____.
5. Si tuviera el coche este sábado, _____.
6. Tendría más dinero si _____.
7. Si íbamos de vacaciones, _____.
8. Si peleaba con mis hermanos, _____.
9. Te prestaría el libro si _____.
10. Si mis amigos no tienen otros planes, _____.

Side notes (TALLER DE CONSULTA):

MANUAL DE GRAMÁTICA
Más práctica

8.3 **Si** clauses with simple tenses, p. 527

① For additional practice, have volunteers reread the complete sentences, inverting the two clauses. Ex: **Tendremos que ir sin Teresa si ella no viene pronto.**

② In pairs, have students write a similar dialogue about what they would do if they had only one class per semester.

③ For slower-paced classes, have students identify the appropriate verb tense for each item before completing the activity.

Comunicación

(4) **Si yo fuera...** En parejas, háganse preguntas sobre quiénes serían y cómo serían sus vidas si fueran estas personas.

> **MODELO** **un(a) cantante famoso/a**
> — ¿Si fueras una cantante famosa, quién serías?
> — Si fuera una cantante famosa, sería Christina Aguilera. Pasaría el tiempo haciendo videos, dando conciertos...

1. un(a) cantante famoso/a
2. un personaje histórico famoso
3. un personaje de un libro
4. un(a) actor/actriz famoso/a
5. un(a) empresario/a
6. un(a) deportista exitoso/a

(5) **¿Qué harías?** En parejas, miren los dibujos y túrnense para preguntarse qué harían si les ocurriera lo que muestra cada dibujo. Sigan el modelo y sean creativos.
Sample answers.

> **MODELO** — ¿Qué harías si alguien te invitara a bailar tango?
> — Si alguien me invitara a bailar tango, seguramente yo me pondría muy nervioso/a y saldría corriendo.

1.

2.

Si mi suegro viniera a verme, yo lo recibiría con mucho gusto y lo invitaría a comer.

Si estuviera en una playa donde hay tiburones, no nadaría.

3.

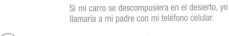

4.

Si mi carro se descompusiera en el desierto, yo llamaría a mi padre con mi teléfono celular.

Si me quedara atrapado en un ascensor, me pondría muy nervioso y apretaría todos los botones hasta que alguno funcionara.

(6) **Síntesis** En grupos de cuatro, conversen sobre qué harían en estas situaciones. Luego cada persona debe inventar una situación más y preguntarle al grupo qué haría. Utilicen oraciones con **si**, el condicional y el imperfecto del subjuntivo.

1. ver a alguien intentando robar un carro
2. quedar atrapado/a en una tormenta de nieve
3. tener ocho hijos
4. despertarse tarde la mañana del examen final
5. descubrir que tienes el poder de ser invisible
6. enamorarse de alguien a primera vista

(4) As a variant, bring in magazines and have students in pairs ask each other questions based on pictures of various celebrities.

(5) For an optional writing activity, have students write a short story in pairs based on one of these drawings. Then have pairs exchange their short stories for peer editing.

(6) Give students these additional items: **7. romper la computadora portátil de tu mejor amigo/a 8. enterarte de que sólo te queda una semana de vida 9. inventar una máquina de tiempo 10. perder tu pasaporte en un país extranjero**

For additional cumulative practice of all the grammar points in this lesson, go to **enfoques.vhlcentral.com**.

INSTRUCTIONAL RESOURCES
Supersite/DVD: Film Collection
Supersite/IRCD:
Script & Translation

Antes de ver el corto

CLOWN

país España

duración 11 minutos

director Stephen Lynch

protagonistas el payaso, Luisa, el jefe

Vocabulario

la amenaza *threat*	**humillar** *to humiliate*
el/la cobrador(a) *debt collector*	**el/la moroso/a** *debtor*
cumplir *to carry out*	**el/la payaso/a** *clown*
deber *to owe*	**el sueldo fijo** *base salary*
dejar en paz *to leave alone*	**tozudo/a** *stubborn*

Variación léxica
cumplir ⟷ realizar
tozudo/a ⟷ cabezón/
cabezona
el/la moroso(a) ⟷ el/la
deudor(a)

① For additional practice, have students form sentences with the remaining words and read them aloud.

1 **Oraciones incompletas** Completa las oraciones con las palabras apropiadas.

1. Alguien que no paga sus deudas es un ___moroso___.
2. Además del ___sueldo fijo___, la empresa me paga comisiones.
3. Una persona ___tozuda___ nunca quiere cambiar de opinión.
4. Un ___payaso___ trabaja en el circo.
5. Cuando alguien no paga, algunas empresas contratan a un ___cobrador___.

② Continue the discussion by asking additional questions. Ex: **¿Qué se necesita para que un trabajo sea divertido? ¿Prefieren trabajar solos o en equipo? ¿Les gustaría tener un trabajo que les permitiera viajar mucho?**

2 **Preguntas** En parejas, contesten las preguntas.

1. ¿Has tenido alguna vez un trabajo que no te gustaba? ¿Cuál?
2. Imagina que necesitas trabajar con urgencia. ¿Dónde buscarías trabajo? ¿Por qué?
3. ¿Eres capaz de hacer cosas que no te gustan por ganar dinero? Razona tu respuesta.
4. ¿Qué empleo crees que nunca harías? ¿Por qué?
5. Cuando eras niño/a, ¿qué trabajo soñabas con tener de grande?

③ After watching the film, ask students if their initial impressions were correct.

3 **¿Qué sucederá?** En parejas, miren el fotograma e imaginen lo que va a ocurrir en la historia. Preparen una lista de adjetivos que podrían usarse para describir la personalidad del payaso. Compartan sus ideas con la clase.

con **ROGER CASAMAJOR** y **LUCÍA DEL RÍO**
THE LIFT presenta una película de **STEPHEN LYNCH**
montaje **GABRIEL JORGES** · fotografía **PABLO CRUZ**
dirección de arte **ANJA MAYER** · diseño de vestuario **ANA LAURA SOLIS**
música **MARVIN PONTIAC / LOS CHICHOS**
guión **STEPHEN LYNCH** · producida por **JUAN CARLOS POLANCO**
dirigida por **STEPHEN LYNCH**

ARGUMENTO Un hombre comienza su primer día como cobrador vestido de payaso.

PAYASO ¿Luisa River? ¿Luisa River?
LUISA Sí.
PAYASO Debe usted 771 euros a Telefónica. Vengo a cobrar.
LUISA ¿Y tú quién eres?
PAYASO Soy de los cobradores del circo.

LUISA No tengo teléfono. Ni trabajo. Así que les dices a tus clientes que o me encuentran trabajo o que me dejen en paz.
PAYASO Mire Luisa, se lo voy a explicar para que lo entienda. Mi trabajo consiste en humillarla y seguirla hasta que nos pague.

LUISA Llega tarde tu amenaza. Debo tres meses de alquiler, y ya he vendido el coche, y la tele y todo, y tengo dos hijos y su padre no pasa un duro°. Así que tu factura me la suda° en este momento. Lo siento, payaso, me encantaría pagarte, pero esto es lo que hay°.

PAYASO ¿Estás orgullosa? ¿No te avergüenza? ¿No tienes vergüenza, Luisa? Yo llevo la nariz roja, ¿pero quién hace aquí el payaso?
LUISA ¿Quieres una respuesta? Pues sí, estoy orgullosa de no tener que ganarme la vida humillando a la gente.

PAYASO ¿Tú crees que yo me quería dedicar a esto? Pues no. Pero si tengo que hacerlo para mantener a mi mujer y a mi bebé, pues lo haré. Es patético, pero lo haré.
LUISA ¿Tienes un bebé?
PAYASO Una niña, de siete meses.

JEFE ¿Y cómo ha ido?
PAYASO Bueno, pues… bien.
JEFE ¿Pero cobraste o no?
PAYASO No, cobrar, cobrar no, pero…
JEFE ¿Fuiste tozudo?
PAYASO ¡Muy tozudo!

duro *five-peseta coin* **me la suda** *I don't give a damn*
esto es lo que hay *take it or leave it*

Después de ver el corto

 (1) Comprensión Contesta las preguntas con oraciones completas.

1. ¿En qué consiste el trabajo del payaso?   Tiene que cobrar deudas.

2. ¿Por qué sigue a Luisa?   Luisa debe dinero a la compañía de teléfono.

3. ¿Qué razones le da Luisa al payaso para no pagar?   Luisa le dice al payaso que tiene dos hijos y que no tiene trabajo.

4. ¿Adónde van después de bajar del autobús?   Van a una cafetería.

5. ¿Tiene familia el payaso?   El payaso está casado y tiene una niña de siete meses.

6. ¿Qué razones le da el payaso a su jefe para explicar que Luisa no puede pagar?
   Le dice que tiene dos hijos y que uno de ellos necesita un transplante.

7. ¿Qué le dice el jefe al payaso?   Le dice que todo era una prueba.

8. ¿Por qué se enoja el payaso con Luisa?   Ella le había mentido y él pierde el trabajo.

(2) Ampliación Contesta las preguntas con oraciones completas.

1. ¿Por qué está nervioso el payaso al principio?

2. ¿Piensas que le gusta su trabajo? ¿Por qué?

3. Explica qué ocurre al final del corto.

4. ¿Crees que Luisa actuó bien? ¿Por qué? Explica tu respuesta.

5. Imagina que no tienes dinero y te ofrecen este puesto de trabajo. ¿Lo tomarías? Razona tu respuesta.

(3) Opiniones En parejas, lean la cita. ¿Están de acuerdo con lo que se expresa en ella? Compartan su opinión con la clase.

> ❝ Pues sí, estoy orgullosa de no tener que ganarme la vida humillando a la gente como haces tú. No tengo nada, muy bien, pero tengo mi dignidad. ❞

(4) Entrevistas de trabajo En parejas, imaginen la entrevista de trabajo entre el hombre y el jefe de la empresa de cobradores.

A. Conversen acerca de estas preguntas.

• ¿Qué preguntas le hizo el jefe antes de ofrecerle el trabajo?

• ¿Qué contestó el hombre?

• ¿Cómo reaccionó cuando le dijeron que tenía que vestirse de payaso?

B. Ensayen la entrevista de trabajo entre el hombre y el jefe. Luego, actúen la entrevista frente a la clase.

(1) After students have finished, have them work in pairs to write a brief summary of the film.

(2) For item 1, have students write what Luisa and the clown are thinking when they first meet.

(2) Ask additional questions for discussion. Ex: **En un contexto diferente, ¿creen que Luisa y el payaso podrían ser amigos? ¿Por qué?**

(4) For Part A, have students respond to additional questions and discuss. Ex: **¿Qué experiencia laboral tenía el hombre antes de solicitar este puesto? ¿Qué opina su familia de su nuevo trabajo?**

Horacio Quiroga

La abeja haragana

1　Había una vez en una colmena una abeja que no quería trabajar, es decir, recorría los árboles uno por uno para tomar el jugo de las flores; pero en vez 5 de conservarlo para convertirlo en miel, se lo tomaba del todo.

Era, pues, una abeja haragana. Todas las mañanas, apenas el sol calentaba el aire, la abejita se asomaba° a la puerta de la colmena, 10 veía que hacía buen tiempo, se peinaba con las patas, como hacen las moscas, y echaba entonces a volar, muy contenta del lindo día. Zumbaba° muerta de gusto de flor en flor, entraba en la colmena, volvía a salir, y así se 15 lo pasaba todo el día mientras las otras abejas se mataban trabajando para llenar la colmena de miel, porque la miel es el alimento de las abejas recién nacidas°.

stuck her head out

She buzzed

newborn

Como las abejas son muy serias, comenzaron a disgustarse con el proceder° 20 de la hermana haragana. En la puerta de las colmenas hay siempre unas cuantas abejas que están de guardia° para cuidar que no entren bichos° en la colmena. Estas abejas suelen ser muy viejas, con gran experiencia de la vida y 25 tienen el lomo° pelado° porque han perdido todos los pelos de rozar° contra la puerta de la colmena.

behavior

on duty

bugs

back / hairless

pass lightly over

Un día, pues, detuvieron a la abeja haragana cuando iba a entrar, diciéndole: 30

—Compañera: es necesario que trabajes, porque todas las abejas debemos trabajar.

La abejita contestó:

—Yo ando todo el día volando, y me canso mucho. 35

—No es cuestión de que te canses mucho

—respondieron—, sino de que trabajes un poco.
Es la primera advertencia que te hacemos.

Y diciendo así la dejaron pasar.

40 Pero la abeja haragana no se corregía. De
modo que a la tarde siguiente las abejas que
estaban de guardia le dijeron:

—Hay que trabajar, hermana.

Y ella respondió en seguida:

45 —¡Uno de estos días lo voy a hacer!

—No es cuestión de que lo hagas uno de
estos días —le respondieron— sino mañana
mismo.

Y la dejaron pasar.

50 Al anochecer siguiente se repitió la misma
cosa. Antes de que le dijeran nada, la abejita
exclamó:

—¡Sí, sí hermanas! ¡Ya me acuerdo de lo
que he prometido!

55 —No es cuestión de que te acuerdes de lo
prometido —le respondieron—, sino de que
trabajes. Hoy es 19 de abril. Pues bien: trata

drop de que mañana, 20, hayas traído una gota°
siquiera de miel. Y ahora, pasa.

60 Y diciendo esto, se apartaron para dejarla
entrar.

Pero el 20 de abril pasó en vano como
todos los demás. Con la diferencia de que al
caer el sol el tiempo se descompuso y comenzó

to blow 65 a soplar° un viento frío.

in a hurry La abejita haragana voló apresurada°
hacia su colmena, pensando en lo calentito
que estaría allá dentro. Pero cuando quiso
entrar, las abejas que estaban de guardia se

70 lo impidieron.

—¡No se entra! —le dijeron fríamente.

cried out —¡Yo quiero entrar! —clamó° la abejita—.
Ésta es mi colmena.

—Ésta es la colmena de unas pobres abejas

75 trabajadoras —le contestaron las otras—. No
hay entrada para las haraganas.

—¡Mañana sin falta voy a trabajar!
—insistió la abejita.

—No hay mañana para las que no trabajan

pushed 80 —respondieron las abejas. Y esto diciendo la
empujaron° afuera.

La abejita, sin saber qué hacer, voló
un rato aún; pero ya la noche caía y se veía

to hold on to/ apenas. Quiso cogerse° de una hoja°, y cayó al
leaf suelo. Tenía el cuerpo entumecido° por el aire 85 *numb*
frío, y no podía volar más.

Arrastrándose° entonces por el suelo, *Crawling*
trepando° y bajando de los palitos° y *climbing/*
piedritas°, que le parecían montañas, llegó *little sticks/*
a la puerta de la colmena, a tiempo que 90 *little stones*
comenzaban a caer frías gotas de lluvia.

—¡Perdón!—gimió° la abeja—. ¡Déjenme *groaned*
entrar!

—Ya es tarde —le respondieron.

—¡Por favor, hermanas! ¡Tengo sueño! 95

—Es más tarde aún.

—¡Compañeras, por piedad! ¡Tengo frío!

—Imposible.

—¡Por última vez! ¡Me voy a morir!
Entonces le dijeron: 100

—No, no morirás. Aprenderás en
una sola noche lo que es el descanso
ganado con el trabajo. Vete.

Y la echaron.

Entonces, temblando de frío, con las alas 105
mojadas° y tropezando°, la abeja se arrastró, *wet/stumbling*
se arrastró hasta que de pronto rodó° por un *rolled*
agujero°; cayó rodando, mejor dicho, al fondo *hole*
de una caverna°. *cave*

Creyó que no iba a concluir nunca 110
de bajar. Al fin llegó al fondo, y se halló° *found herself*
bruscamente ante una víbora°, una culebra° *viper/snake*
verde de lomo color ladrillo°, que la miraba *brick*
enroscada° y presta a lanzarse sobre° ella. *curled up/*
throw itself
En verdad, aquella caverna era el hueco° 115 *onto*
de un árbol que habían trasplantado hacía *hollow*
tiempo, y que la culebra había elegido
de guarida°. *lair*

Las culebras comen abejas, que les gustan
mucho. Por esto la abejita, al encontrarse ante 120
su enemiga°, murmuró cerrando los ojos: *enemy*

—¡Adiós mi vida! Ésta es la última hora
que yo veo la luz.

Pero con gran sorpresa suya, la culebra no
solamente no la devoró sino que le dijo: 125

—¿Qué tal, abejita? No has de ser° muy *You must*
not be

trabajadora para estar aquí a estas horas.

—Es cierto —murmuró la abejita—. No trabajo, y yo tengo la culpa°.

I'm to blame

—Siendo así —agregó° la culebra, burlona°—, voy a quitar del mundo a un mal bicho como tú. Te voy a comer, abeja.

added
mockingly

—¡No es justo eso, no es justo! No es justo que usted me coma porque es más fuerte que yo. Los hombres saben lo que es justicia.

—¡Ah, ah! —exclamó la culebra, enroscándose° ligero°—. ¿Tú conoces bien a los hombres? ¿Tú crees que los hombres, que les quitan la miel a ustedes, son más justos, grandísima tonta?

coiling up/
fast

—No, no es por eso que nos quitan la miel —respondió la abeja.

—¿Y por qué, entonces?

—Porque son más inteligentes.

Así dijo la abejita. Pero la culebra se echó a reír, exclamando:

—¡Bueno! Con justicia o sin ella, te voy a comer; apróntate°.

get ready

Y se echó atrás, para lanzarse sobre la abeja. Pero ésta exclamó:

—Usted hace eso porque es menos inteligente que yo.

—Pues bien —dijo la culebra—, vamos a verlo. Vamos a hacer dos pruebas. La que haga la prueba más rara, ésa gana. Si gano yo, te como.

—¿Y si gano yo? —preguntó la abejita.

—Si ganas tú —repuso su enemiga—, tienes el derecho de pasar la noche aquí, hasta que sea de día. ¿Te conviene°?

Does that
work for you?

—Aceptado —contestó la abeja.

La culebra se echó a reír de nuevo, porque se le había ocurrido una cosa que jamás podría hacer una abeja. Y he aquí lo que hizo:

Salió un instante afuera, tan velozmente que la abeja no tuvo tiempo de nada. Y volvió trayendo una cápsula° de semillas° de eucalipto, de un eucalipto que estaba al lado de la colmena y que le daba sombra.

capsule/
seeds

Los muchachos hacen bailar como trompos° esas cápsulas, y les llaman trompitos de eucalipto.

spinning tops

—Esto es lo que voy a hacer —dijo la culebra—. ¡Fíjate bien, atención!

Y arrollando° vivamente la cola alrededor del trompito como un piolín° la desenvolvió a toda velocidad, con tanta rapidez que el trompito quedó bailando y zumbando como un loco.

coiling up
string

La culebra reía, y con mucha razón, porque jamás una abeja ha hecho ni podrá hacer bailar a un trompito. Pero cuando el trompito, que se había quedado dormido zumbando, como les pasa a los trompos de naranjo, cayó por fin al suelo, la abeja dijo:

—Esa prueba es muy linda, y yo nunca podré hacer eso.

—Entonces, te como —exclamó la culebra.

—¡Un momento! Yo no puedo hacer eso; pero hago una cosa que nadie hace.

—¿Qué es eso?

—Desaparecer.

—¿Cómo? —exclamó la culebra, dando un salto de sorpresa—. ¿Desaparecer sin salir de aquí?

—Sin salir de aquí.

—Pues bien, ¡hazlo! Y si no lo haces, te como en seguida —dijo la culebra.

El caso es que mientras el trompito bailaba, la abeja había tenido tiempo de examinar la caverna y había visto una plantita que crecía allí. Era un arbustillo°, casi un yuyito°, con grandes hojas del tamaño de una moneda de dos centavos.

shrub
weed

La abeja se arrimó° a la plantita, teniendo cuidado de no tocarla, y dijo así:

came closer to

—Ahora me toca a mí, señora Culebra. Me va a hacer el favor de darse vuelta, y contar hasta tres. Cuando diga "tres" búsqueme por todas partes, ¡ya no estaré más!

Y así pasó, en efecto. La culebra dijo rápidamente: "uno..., dos..., tres", y se volvió y abrió la boca cuan grande era, de sorpresa: allí no había nadie. Miró arriba, abajo, a todos lados, recorrió los rincones°, la plantita, tanteó° todo con la lengua. Inútil: la abeja había desaparecido.

corners; nooks
she felt out

La culebra comprendió entonces que si su

prueba del trompito era muy buena, la prueba
220 de la abeja era simplemente extraordinaria.
¿Qué se había hecho? ¿Dónde estaba?

Una voz que apenas se oía —la voz de la
abejita— salió del medio de la cueva.

—¿No me vas a hacer nada? —dijo la
225 voz—. ¿Puedo contar con tu juramento?

—Sí —respondió la culebra—. Te lo juro.
¿Dónde estás?

—Aquí —respondió la abejita, apareciendo
suddenly súbitamente° de entre una hoja cerrada de
230 la plantita.

¿Qué había pasado?
Una cosa muy sencilla:
la plantita en cuestión
mimosa era una sensitiva°, muy
pudica or 235 común también en Buenos
sensitive plant Aires, y que tiene la
particularidad de que sus
hojas se cierran al menor
contacto. Solamente
240 que esta aventura pasaba
province in en Misiones°, donde la
Argentina vegetación es muy rica, y por lo tanto muy
grandes las hojas de las sensitivas. De
aquí que al contacto de la abeja, las
hiding 245 hojas se cerraron, ocultando° completamente
al insecto.

La inteligencia de la culebra no había
alcanzado nunca a darse cuenta de este
fenómeno; pero la abeja lo había observado, y
250 se aprovechaba de él para salvar su vida.

La culebra no dijo nada, pero quedó muy
irritada con su derrota°, tanto que la abeja
defeat pasó toda la noche recordando a su enemiga
la promesa que había hecho de respetarla.

255 Fue una noche larga, interminable, que las
close to dos pasaron arrimadas contra° la pared más
alta de la caverna, porque la tormenta se había
had broken desencadenado°, y el agua entraba como un
out río adentro.

260 Hacía mucho frío, además, y adentro
reinaba la oscuridad más completa. De
cuando en cuando la culebra sentía impulsos
de lanzarse sobre la abeja, y ésta creía entonces
llegado el término de su vida.

Nunca jamás creyó la abejita que 265
una noche podría ser tan fría, tan larga,
tan horrible. Recordaba su vida anterior,
durmiendo noche tras noche en la colmena,
bien calentita, y lloraba entonces en silencio.

Cuando llegó el día, y salió el sol, porque 270
el tiempo se había compuesto, la abejita voló
y lloró otra vez en silencio ante la puerta de la
colmena hecha por el esfuerzo° de la familia. *effort*
Las abejas de guardia la dejaron pasar sin
decirle nada, porque comprendieron que 275 *wanderer*
la que volvía no era la paseandera°

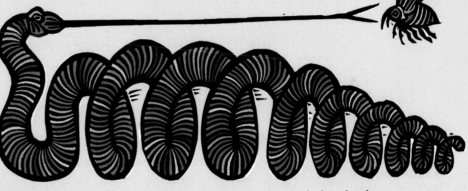

haragana, sino una abeja que había hecho
en sólo una noche un duro aprendizaje de la
vida.

Así fue, en efecto. En adelante, ninguna 280
como ella recogió tanto polen ni fabricó tanta
miel. Y cuando el otoño llegó, y llegó también
el término de sus días, tuvo aún tiempo de dar
una última lección antes de morir a las jóvenes
abejas que la rodeaban°: 285 *surrounded*
                                              her
—No es nuestra inteligencia, sino nuestro
trabajo quien nos hace tan fuertes. Yo usé una
sola vez mi inteligencia, y fue para salvar mi
vida. No habría necesitado de ese esfuerzo,
si hubiera trabajado como todas. Me he 290
cansado tanto volando de aquí para allá, como
trabajando. Lo que me faltaba era la noción
del deber, que adquirí aquella noche.

Trabajen, compañeras, pensando que
el fin a que tienden° nuestros esfuerzos —la 295 *work towards*
felicidad de todos— es muy superior a la
fatiga de cada uno. A esto los hombres llaman
ideal, y tienen razón. No hay otra filosofía en
la vida de un hombre y de una abeja. ▪

La abeja haragana
Horacio Quiroga

1 **Comprensión** Enumera los acontecimientos en el orden en que aparecen en el cuento.

___8___ a. La abeja haragana gana la prueba.

___1___ b. Las guardianas dejan que la abeja haragana entre en la colmena pero le advierten que será la última vez.

___5___ c. Una culebra le anuncia que la va a devorar.

___10___ d. Las guardianas dejan pasar a la abeja que ya no es haragana.

___2___ e. La abeja promete cambiar pero no cumple.

___7___ f. La culebra hace su prueba con éxito.

___9___ g. La abeja regresa a la colmena después de pasar la noche afuera.

___3___ h. Las guardianas le prohíben entrar en la colmena.

___6___ i. La culebra le propone hacer dos pruebas.

___4___ j. La abeja cae por un hueco en un árbol.

2 **Análisis** Lee el relato nuevamente y responde las preguntas.

1. ¿Qué características podrías señalar de la abeja haragana? ¿En qué se diferenciaba de las otras abejas?

2. ¿Qué te parece que puede representar la víbora?

3. En el relato, ¿qué es lo que salva a la abeja de la víbora?

4. ¿Cuál es la moraleja de la fábula?

3 **Interpretación** En parejas, respondan las preguntas.

1. En el relato se contraponen claramente dos lugares: la colmena y el exterior. ¿Puedes encontrar una palabra que caracterice a cada uno?

2. Las guardianas advierten a la abeja varias veces antes de impedirle la entrada. ¿Te parece bien lo que hacen? ¿Crees que tienen razón?

3. ¿Por qué es tan importante que todas colaboren con la tarea de recoger el polen? ¿Para qué sirve la miel que hacen las abejas? ¿Qué sentido tiene eso para la comunidad?

4. ¿Qué crees que hizo recapacitar a la abeja haragana?

5. ¿Estás de acuerdo con la moraleja de la fábula?

6. ¿Te parece que la abeja fue feliz al aceptar las reglas de la colmena?

4 **Tu propia fábula** Elige una de las comparaciones de la lista y escribe una fábula breve sobre el animal y la cualidad o vicio. Si lo prefieres, puedes elegir otro animal y otra cualidad o vicio. No olvides concluir el relato con una moraleja.

- inocente como un cordero (*lamb*)
- astuto (*sly*) como un zorro (*fox*)
- fuerte como un león
- terco (*stubborn*) como una mula

---

① For expansion, have students write a paragraph describing the events of the fable using the sentences in the exercise. Refer them to the **Manual de gramática, 8.4, p. 528, for useful transitional words and expressions such as **primero, finalmente, por eso,** and **entonces.**

② Ask additional questions, such as: ¿Cómo creen que se sintió la abeja cuando no le permitieron entrar en la colmena? ¿Y cuando volvió a la colmena?

③ Point out that the snake addresses the bee in the **tú form, while the bee answers back in the **Ud.** form. ¿Por qué creen que sucede esto?**

③ For expansion, ask: Si escribieran otra fábula con la misma moraleja pero con otros protagonistas, ¿qué animales eligirían? ¿Cómo cambiaría la historia? Expliquen su respuesta.

④ Before students begin writing, encourage them to map out their fables. Have students include the characters, the setting, the basic plot, and the moral in their outlines.

Teaching option If time and resources permit, bring in other fables in Spanish. Have students compare the fables with *La abeja haragana* and share their ideas with the class.

Teaching option As an optional writing assignment, have students write a story from the viewpoint of one of the guards, including her perspective on what the protagonist was like before and after the snake incident.

Antes de leer

INSTRUCTIONAL RESOURCES
Supersite

Vocabulario

adinerado/a *wealthy*	**la huella** *trace; mark*
el anfitrión/la anfitriona *host(ess)*	**el lujo** *luxury*
diseñar *to design*	**el privilegio** *privilege*
enérgico/a *energetic*	**tomar en serio** *to take seriously*

Balenciaga Completa el párrafo usando una vez cada palabra y frase.

Cristóbal Balenciaga nació en España en 1895. Ya de joven, Balenciaga comenzó a (1) ___diseñar___ ropa. Para él la moda era algo que había que (2) ___tomar en serio___. En 1937 abrió una tienda en París donde atendía a una clientela exclusiva y (3) ___adinerada___. Tuvo el (4) ___privilegio___ de vestir a muchos famosos. Jackie Kennedy lució (*wore*) sus diseños como (5) ___anfitriona___ de elegantes cenas y eventos. El estilo de este (6) ___enérgico___ y creativo diseñador se caracterizaba por la discreción y la elegancia. En 1968 el (7) ___lujo___ y la elegancia del estilo Balenciaga casi desaparecen. El diseñador cerró su tienda porque se sentía desilusionado con la nueva moda *prêt-à-porter* (*ready-to-wear*). Sin embargo, el estilo Balenciaga dejó su (8) ___huella___ para siempre en el mundo de la moda, y actualmente el Grupo Gucci sigue produciendo la línea Balenciaga.

Conexión personal ¿Te gusta vestirte a la moda o no te importa mucho la ropa? Llena la encuesta personal y después compara tus respuestas con las de un(a) compañero/a.

	Siempre	A veces	Nunca
1. Voy a las tiendas de ropa.			
2. Todos los años cambio mi vestuario.			
3. Mis accesorios hacen juego con mi ropa.			
4. Salgo bien vestido/a de casa.			
5. Me compro ropa que veo en las revistas.			
6. Me gusta comprar ropa cara.			

Conexión personal
Organize a debate. Divide the class into two groups and have them sit in opposite sides of the room. Ask one group to give reasons why style and fashion are important, and have the other give counterarguments. Tell students that they are free to move across the room and join the other group if they change their minds.

Contexto cultural

Cuando pensamos en la moda, solemos pensar en Milán, París o Nueva York. Sin embargo, gracias a diseñadores como la venezolana **Carolina Herrera** o el dominicano **Oscar de la Renta**, los diseñadores latinoamericanos comenzaron a dejar su huella en el mundo de la moda.

Por iniciativa de Herrera, se estableció en 1999 el Consejo de Diseñadores de Moda Latinoamericanos. Esta organización sin fines de lucro (*nonprofit*) promueve a los diseñadores latinoamericanos y organiza la Semana de la Moda de las Américas, evento muy popular entre celebridades, empresarios de la moda y periodistas.

Contexto cultural Discuss style and fashion in a social and cultural context. **¿Existen culturas que valoren la moda más que otras? ¿Creen que la moda depende de la clase social de una persona? ¿De qué manera el estilo o la moda pueden influenciar la identidad de una persona? ¿Cómo?**

Preview Carolina Herrera says that success is addictive. Ask students if they agree with this statement and discuss their experience with success. **¿Creen que el éxito puede servir como incentivo? ¿El éxito puede tener consecuencias negativas? ¿Qué queremos decir con la expresión "el éxito se le subió a la cabeza"?**

Carolina Herrera
una señora en su punto

Isabel Piquer

Carolina Herrera, 1979.
Andy Warhol, 1928–1987.

1   Cuando cumplió los 40, Carolina Herrera decidió hacer algo inaudito°: empezar a trabajar. No tenía por qué. Vivía en Caracas *unheard of* en un mundo de lujo y privilegio. Pertenecía a una de las familias más antiguas y adineradas de Venezuela. Estaba felizmente casada, 5 tenía cuatro hijos. Llevaba casi diez años en la lista de las mujeres más elegantes del mundo. Era la perfecta anfitriona, la reina de las fiestas de sociedad. Nadie se lo tomó muy en serio.

De eso hace 22 años. "Nunca hubiera podido anticipar este éxito. Cuando empiezas, 10 creo que nunca sabes muy bien adónde vas ni si vas a gustar, porque tampoco lo estás pensando. Y de repente llega. Luego, si tienes un poquito de éxito, es imposible parar porque es como una droga". Sentada 15 en uno de los sillones de su oficina de la Séptima Avenida, en el Garment District de Nueva York, Herrera habla con la voz melosa° de su acento natal. Está perfecta. Ni una arruga°. Es la imagen de la distinción 20 que ha sabido crear y vender desde su primer desfile, en un apartamento prestado de Park Avenue.

soft
wrinkle

Carolina Herrera tiene la pose y la elegancia de una mujer de mundo. En 25 Caracas vivió las legendarias fiestas de su suegra, Mimi Herrera, amiga de Greta Garbo y de la duquesa de Windsor. En Nueva York fue la diseñadora de Jackie Kennedy en los últimos 12 años de su vida. Warhol le hizo 30 tres retratos, todos iguales salvo por el color de la sombra de ojos. Y cuando *Vanity Fair* sacó el pasado abril una portada plegable° sobre estrellas y leyendas de Hollywood, no encontró mejor decorado que una réplica 35 del salón victoriano de su casa del Upper East Side.

fold-out

Tenía 13 años cuando su abuela la llevó a París, a un desfile de Cristóbal Balenciaga. Fue su primera introducción a la alta costura°. 40 Le gustó, pero no lo bastante como para pensar en dedicarse a la moda. "Yo no era de las que jugaban a vestir a sus muñecas°". Sin embargo, aquella experiencia dejó huella. Aún ahora asegura inspirarse en las líneas 45 claras y sencillas del español que triunfó en Francia.

haute couture

dolls

Esta imagen elitista también ha jugado en su contra. A menudo se ha relegado a Carolina Herrera a la categoría de diseñadora para las 50 *ladies who lunch* (las damas que almuerzan). "Si yo sólo hubiera hecho colecciones para mis amigas habría cerrado hace veinte años,

porque una compañía no se puede basar en eso. Es imposible. En aquel momento decidieron ponerme esa etiqueta°, pero mi 55 moda no sólo ha sido para ellas".

label

El tiempo le ha dado la razón. El Park Avenue chic, las faldas por debajo de la rodilla, lo clásico, lo caro llenan las páginas de las revistas. Todo el mundo quiere parecerse a 60 la adinerada minoría neoyorquina. "La moda es algo que cambia, pero ciertos elementos son constantes: la sofisticación, la elegancia y, por supuesto, el lujo", dice la diseñadora. "La moda es una fantasía, una locura, un misterio. 65

Carolina Herrera, hija, sigue la huella de su famosa madre. Además de trabajar junto a su madre en el negocio de la moda, es quien se encarga de los perfumes que llevan la marca Carolina Herrera. También es portavoz (*spokesperson*) de la marca CH Carolina Herrera, línea de tono más informal lanzada en 2005 que incluye ropa y accesorios para hombres y mujeres.

¿Qué es la moda? Es algo que necesitas todos los días porque te vistes todos los días. Cuando la gente está combinando lo que se va a poner por las mañanas, ya está haciendo moda. Moda es historia, es civilización, es 70 arte, es un negocio".

"Cuando empecé, tenía 40 años. Acababa de nacer mi primer nieto. A menudo me han preguntado por qué se me ocurrió meterme en esta aventura. Creo que hay un momento 75 en la vida de todo el mundo en el que debes hacer lo que realmente quieres". ■

Publicado en El País *(España) el 28 de septiembre de 2001.*

SUPERSITE ⬤ · **Después de leer**

Carolina Herrera: una señora en su punto

① For expansion, ask students to write two more true or false statements about the reading. Have them ask classmates to answer **cierto** or **falso** and correct any false statements.

① **Comprensión** Decide si las oraciones son **ciertas** o **falsas**. Corrige las oraciones falsas.

	Cierto	Falso	
	☑	☐	1. Carolina Herrera comenzó a diseñar ropa a los cuarenta años.
	☐	☑	2. Carolina Herrera vive ahora en París. Ella vive en Nueva York.
	☐	☑	3. De pequeña, Carolina Herrera vestía a sus muñecas. Ella no jugaba a vestir a sus muñecas.
	☑	☐	4. Carolina Herrera viene de una familia muy rica.
	☑	☐	5. Según Carolina, la moda es arte y negocio.
	☐	☑	6. Carolina siempre recibe muy buenas críticas. Su moda recibió críticas negativas.
	☐	☑	7. Jackie Kennedy sólo le encargó algunos vestidos. Carolina Herrera diseñó para ella por 12 años.
	☑	☐	8. Andy Warhol hizo tres retratos de Carolina Herrera.

② For item 4, have students create their own definition of fashion.

② For expansion, talk about age in the context of work. **¿Sería difícil montar su propia empresa a los 40 años? ¿Cuáles serían las ventajas y desventajas de hacerlo a esa edad? ¿De qué manera la edad afectaría los planes para el futuro de la empresa?**

② **Interpretación** Contesta las preguntas con oraciones completas.

1. ¿Era común que las mujeres de la clase social de Carolina trabajaran? ¿Ha cambiado esto con el paso de los años?

2. ¿Pensaba Carolina que iba a tener un gran éxito cuando empezó a diseñar ropa? Razona tu respuesta.

3. ¿Crees que Carolina es una buena mujer de negocios? Explica tu respuesta y cita ejemplos del texto.

4. ¿Cómo describe la moda Carolina? ¿Con qué cosas la compara? ¿Qué opinas sobre esta definición de la moda?

③ Before students begin, have them decide what kind of product they intend to design. Have them create a slogan for their product using a **si** clause.

③ **Diseñadores** En grupos, imaginen que van a montar un negocio como diseñadores (de ropa, de interiores o de jardines). ¿Qué necesitarían para comenzarlo? Preparen una lista de cinco cosas que tendrían que tener para comenzar. Usen verbos en condicional y oraciones con **si**.

> **MODELO** Necesitaríamos dos diseñadores/as de moda.

④ Add this sentence to the exercise: **La moda es lo que nos define, lo que nos permite ser únicos/as.**

④ Have students exchange drafts for peer editing.

④ **La moda** Elige una de las afirmaciones y escribe un párrafo para expresar tu opinión a favor o en contra. Usa el condicional, el imperfecto del subjuntivo y oraciones con **si**.

> **MODELO** **Se puede rechazar a un(a) candidato/a para un puesto de trabajo si se presenta mal vestido/a para una entrevista.**
>
> No estoy de acuerdo. Si no estuvieras capacitado para el puesto, te podrían rechazar; pero si no les gusta tu ropa, ése no es un buen motivo para rechazarte.

• La moda promueve la superficialidad y es responsable de muchos trastornos de la alimentación (*eating disorders*) entre las mujeres jóvenes.

• Para tener éxito en el mundo empresarial, hay que lucir (*appear*) siempre elegante.

• En otros países la gente se viste mejor para ir a trabajar.

• Se puede rechazar a un(a) candidato/a para un puesto de trabajo si se presenta mal vestido/a para una entrevista.

Teaching option Bring in several clothing catalogues. Practice the conditional and **si** clauses by asking, **¿Cuándo te pondrías esto?** Ex: (*a running outfit*) **Si corriera una carrera, me pondría este conjunto.**

Atando cabos

¡A conversar!

Proyecto publicitario

A. Formen grupos de cuatro. Imaginen que deben presentar un proyecto publicitario al directorio de una empresa. Elijan uno de estos proyectos.

- camisas que nunca se arrugan
- un programa para aprender a hablar español mientras duermes
- un servicio para encontrar compañeros de estudio por Internet
- una peluquería para humanos y mascotas

B. Para preparar el proyecto, respondan a estas preguntas.

1. ¿Qué quieren vender con su publicidad?
2. ¿Cómo son las personas que comprarían el producto o servicio? ¿Qué edad tienen? ¿De qué sexo son? ¿Qué cosas les gustan?
3. ¿Qué tipo(s) de publicidad harían (afiches, en radio, en televisión, en Internet)?
4. ¿Qué necesitarían para hacer la publicidad?
5. ¿Cuál será el eslogan del producto o servicio?

C. Preparen la presentación de su proyecto para el resto de la clase. Decidan quién presentará cada punto. Practiquen la presentación varias veces. Pueden usar elementos visuales como ayuda (afiches, etc). Para ordenar su presentación, pueden utilizar estas expresiones:

- Este proyecto es para...
- Sabemos que el público...
- Por eso hemos decidido...
- En primer / segundo lugar...
- Además / También / Igualmente...
- Finalmente / Por último...

D. Presenten el proyecto. Den las razones de lo que han decidido hacer. Sus compañeros pueden hacerles preguntas sobre el proyecto.

E. Cuando cada grupo haya terminado su presentación, voten para elegir la mejor idea publicitaria.

¡A escribir!

Pasantía de verano Imagina que quieres solicitar un puesto para una pasantía (*internship*) de verano en una de las empresas de la actividad anterior. Escribe una carta de tres párrafos para solicitar un puesto como pasante de verano. Usa cláusulas con **si** en tu carta.

- Primer párrafo: explica por qué estás escribiendo.
- Segundo párrafo: da detalles sobre tus estudios y experiencia laboral.
- Tercer párrafo: explica por qué crees que eres el/la mejor candidato/a para el puesto.

¡A conversar!
- Encourage students to invent their own product line.
- Ask students to think of a famous person to be their spokesperson. Have them create a tagline or testimonial from that person about the product.
- Encourage students to assign each group member a different task. Ex: creating a magazine ad, developing market research (with graphs or other visuals), inventing slogans, etc.

¡A escribir!
- Give the class sample cover letters in Spanish as a reference.
- Have students outline the purpose and audience of their letter. **¿Quién va a leer la carta y qué busca esta persona? ¿De qué maneras pueden diferenciar su carta de las demás?**
- Before students begin writing, have them invent a short ad for the internship for which they are applying. Then encourage them to refer to this ad throughout their letter.

El trabajo

el aumento de sueldo	raise in salary
la compañía	company
la conferencia	conference
el contrato	contract
el currículum vitae	résumé
el empleo	employment; job
la entrevista de trabajo	job interview
el puesto	position; job
la reunión	meeting
el sueldo mínimo	minimum wage
administrar	to manage; to run
ascender (e:ie)	to rise; to be promoted
contratar	to hire
despedir (e:i)	to fire
exigir	to demand
ganar bien/mal	to be well/poorly paid
ganarse la vida	to earn a living
jubilarse	to retire
renunciar	to quit
solicitar	to apply for
(des)empleado/a	(un)employed
exitoso/a	successful
(in)capaz	(in)competent; (in)capable

La gente en el trabajo

el/la asesor(a)	consultant; advisor
el/la contador(a)	accountant
el/la dueño/a	owner
el/la ejecutivo/a	executive
el/la empleado/a	employee
el/la gerente	manager
el hombre/la mujer de negocios	businessman/woman
el/la socio/a	partner; member
el/la vendedor(a)	salesperson

INSTRUCTIONAL RESOURCES
Supersite/IRCD: Testing program

La economía

la bolsa de valores	stock market
el comercio	commerce; trade
el desempleo	unemployment
la empresa multinacional	multinational company
la globalización	globalization
la huelga	strike
el impuesto (de ventas)	(sales) tax
la inversión (extranjera)	(foreign) investment
el mercado	market
la pobreza	poverty
la riqueza	wealth
el sindicato	labor union
exportar	to export
importar	to import

Las finanzas

el ahorro	savings
la bancarrota	bankruptcy
el cajero automático	ATM
la cuenta corriente	checking account
la cuenta de ahorros	savings account
la deuda	debt
el presupuesto	budget
ahorrar	to save
cobrar	to charge; to receive
depositar	to deposit
financiar	to finance
gastar	to spend
invertir (e:ie)	to invest
pedir (e:i) prestado/a	to borrow
prestar	to lend
a corto/largo plazo	short/long-term
fijo/a	permanent; fixed
financiero/a	financial

Más vocabulario

Expresiones útiles	Ver p. 287
Estructura	Ver pp. 294–295, 298–299 y 302–303

Cinemateca

la amenaza	threat
el/la cobrador(a)	debt collector
el/la moroso/a	debtor
el/la payaso/a	clown
el sueldo fijo	base salary
cumplir	to carry out
deber	to owe
dejar en paz	to leave alone
humillar	to humiliate
tozudo/a	stubborn

Literatura

la advertencia	warning
el aprendizaje	learning
la colmena	beehive
el deber	duty
el descanso	rest
la experiencia	experience
la fatiga	fatigue; weariness
la miel	honey
el polen	pollen
volar (o:ue)	to fly
haragán/haragana	lazy; idle
trabajador(a)	industrious; hard-working

Cultura

el anfitrión/la anfitriona	host(ess)
la huella	trace; mark
el lujo	luxury
el privilegio	privilege
diseñar	to design
tomar en serio	to take seriously
adinerado/a	wealthy
enérgico/a	energetic

La cultura popular y los medios de comunicación

Communicative Goals

You will expand your ability to…

- express will, emotion, doubt, or denial in the past
- express uncertainty, indefiniteness, condition, and intent in the past
- create longer, more informative sentences
- reference general ideas

9 CONTEXTOS

INSTRUCTIONAL RESOURCES
Supersite/IRCD:
Audioscripts,
Textbook Answer Key,
SAM Answer Key
SAM/WebSAM: WB, LM

La cultura popular y los medios de comunicación

Preview Initiate a discussion about current trends, the latest fads, and popular culture. Ask about the importance of television, news, and online media in students' lives: **¿Siguen las noticias todos los días? ¿Tienen confianza en las noticias de la televisión? ¿Del periódico? ¿De la radio? ¿Siguen los chismes de las celebridades?**

La televisión, la radio y el cine

La **locutora** anunció a los **oyentes** de la **radioemisora** que iba a presentar una canción de la **banda sonora** del nuevo éxito de Almodóvar.

la banda sonora *soundtrack*
la cadena *network*
el canal *channel*
el/la corresponsal *correspondent*
el/la crítico/a de cine *film critic*
el documental *documentary*
los efectos especiales *special effects*
el episodio (final) *(final) episode*
el/la locutor(a) de radio *radio announcer*
el/la oyente *listener*
la (radio)emisora *radio station*
el reportaje *news report*
el/la reportero/a *reporter*
los subtítulos *subtitles*
la telenovela *soap opera*
el/la televidente *television viewer*
el video musical *music video*

grabar *to record*
rodar (o:ue) *to film*
transmitir *to broadcast*

doblado/a *dubbed*
en directo/vivo *live*

La cultura popular

la celebridad *celebrity*
el chisme *gossip*
la estrella (pop) *(pop) star [m/f]*
la fama *fame*
la moda pasajera *fad*
la tendencia/la moda *trend*

hacerse famoso/a *to become famous*
tener buena/mala fama
    to have a good/bad reputation

actual *current*
de moda *popular; in fashion*
influyente *influential*
pasado/a de moda *out-of-date; no longer popular*

Los medios de comunicación

el acontecimiento *event*
la actualidad *current events*
el anuncio *advertisement; commercial*
la censura *censorship*
la libertad de prensa *freedom of the press*
los medios de comunicación *media*
la parcialidad *bias*
la publicidad *advertising*

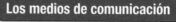

Siempre dormía muy mal.
Nunca podía relajarme.
Estaba desesperado; no sabía qué hacer.
Ahora, mis problemas están
resueltos con mi nueva cama.

DORMALUX
LA CAMA DE TUS SUEÑOS

el público *public; audience*

enterarse (de) *to become informed (about)*
estar al tanto/al día *to be informed, up-to-date*

actualizado/a *up-to-date*
controvertido/a *controversial*
de último momento *up-to-the-minute*
destacado/a *prominent*
(im)parcial *(un)biased*

Variación léxica
el episodio ⟷ el capítulo
los chismes ⟷ el cotilleo
Point out that **actual** and **actualidad** are false cognates.

María lee el **periódico** todas las mañanas. Prefiere leer primero los **titulares** de la **portada** y las **tiras cómicas**. Después lee las **noticias internacionales**.

el/la lector(a) *reader*
las noticias locales/nacionales/internacionales
  local/domestic/international news
el periódico/el diario *newspaper*
el/la periodista *journalist*

la portada *front page; cover*

El Mundo
El Presidente denuncia terrorismo | Ex líder robó fondos secretos

la prensa *press*
la prensa sensacionalista *tabloid(s)*
el/la redactor(a) *editor*
la revista (electrónica) *(online) magazine*
la sección de sociedad *lifestyle section*
la sección deportiva *sports page/section*
la tira cómica *comic strip*
el titular *headline*

imprimir *to print*
publicar *to publish*
suscribirse (a) *to subscribe (to)*

La cultura popular y los medios de comunicación

---

① As students listen to the news report and interview, have them jot down notes and key words.

SUPERSITE

Práctica

1 **Escuchar**

A. La famosa periodista Laura Arcos está esperando la llegada de famosos al Teatro Nacional, donde se van a entregar unos premios. Escucha lo que dice Laura y después elige la opción correcta.

1. a. Es un programa de radio.
   (b.) Es un programa de televisión.

2. a. Se van a entregar premios al mejor teatro hispano.
   (b.) Se van a entregar premios al mejor cine hispano.

3. a. El programa se grabó la noche anterior.
   (b.) El programa se transmite en directo.

4. (a.) Augusto Ríos es un reportero de la sección de sociedad.
   b. Augusto Ríos es un famoso crítico de cine.

5. a. Augusto Ríos no sabe mucho de moda.
   (b.) Augusto Ríos está al tanto de la última moda.

B. Laura Arcos entrevista a la actriz Ángela Vera. Escucha su conversación y después contesta las preguntas.
Answers will vary. Possible answers.

1. ¿Es importante para la actriz Ángela Vera seguir las tendencias de la moda?
   no
2. ¿Ha tenido buenas críticas su última película?
   sí
3. ¿Es el director de la película una celebridad?
   no
4. ¿A qué género pertenecía la primera película de Juan Izaguirre y de qué se trataba?
   documental; la prensa sensacionalista

2 **Analogías** Completa cada analogía.

actual	destacado	imprimir
chisme	emisora	lector

1. radio : oyente :: revista : ___lector___
2. televisión : cadena :: radio : ___emisora___
3. parcialidad : parcial :: actualidad : ___actual___
4. periódico : noticia :: prensa sensacionalista : ___chisme___
5. cine : rodar :: prensa : ___imprimir___
6. influyente : importante :: prominente : ___destacado___

② For advanced classes, have students describe the relationship between each word set. Ex: **el/la oyente** es la persona que escucha la radio; **el/la lector(a)** es la persona que lee la revista.

Práctica

(3) For additional practice, have students work in pairs to create definitions for five more words. Then have them exchange papers with another pair and complete the activity.

(3) Definiciones Indica las palabras que corresponden a cada definición.

_a_ 1. Dice si una película es buena o no.		a. crítico de cine
_e_ 2. Escucha la radio.		b. estrella pop
_d_ 3. Habla en la radio.		c. lector
_c_ 4. Se suscribe a sus revistas y periódicos favoritos.		d. locutor
_b_ 5. Aparece en videos musicales y conciertos.		e. oyente
_f_ 6. Revisa artículos y mejora la calidad de la revista.		f. redactor

(4) As an optional writing assignment, have students write a short paragraph for the society section of the newspaper summarizing the celebrity interview.

(4) El acontecimiento del año Completa el texto con las palabras correctas de la lista.

acontecimiento	destacado	mala fama	sensacionalista
anuncios	enterarme	periodista	tira cómica
cadena	estrella	público	transmitieron

No quise perderme el (1) ___acontecimiento___ del año y al final me lo perdí. La (2) ___estrella___ de cine asistió al estreno de su última película y una (3) ___periodista___ famosa la entrevistó. Fotógrafos de buena y (4) ___mala fama___ sacaban fotos para venderlas a las revistas de prensa (5) ___sensacionalista___. Algunos reporteros entrevistaban a un (6) ___destacado___ crítico de cine. El (7) ___público___ se entretenía viendo escenas de la película en una pantalla gigante. Varios canales de televisión (8) ___transmitieron___ el acontecimiento en directo. Al final, no sé qué pasó. Cambié de canal durante los (9) ___anuncios___ y me dormí. Mañana voy a leer la sección de sociedad para (10) ___enterarme___ de todos los detalles.

(5) Ask heritage speakers to talk about the press in their families' countries of origin.

(5) Los medios de comunicación Di si estás de acuerdo o no con cada afirmación. Después, comparte tus opiniones con la clase.

	Sí	No
1. Hoy día es más fácil enterarse de lo que pasa en el mundo.	☐	☐
2. Gracias a la información que transmiten los medios de comunicación, la gente tiene menos prejuicios que antes.	☐	☐
3. La libertad de prensa es un mito.	☐	☐
4. La publicidad quiere entretener al público.	☐	☐
5. El único objetivo de la prensa sensacionalista es informar.	☐	☐
6. Gracias a Internet, es fácil encontrar información imparcial.	☐	☐
7. La imagen tiene mucho poder en el mundo de la comunicación.	☐	☐
8. Hoy día los reporteros son vendedores de opiniones.	☐	☐
9. Tenemos demasiada información. Es imposible asimilarla.	☐	☐
10. El mundo es un sitio mejor gracias a los medios de comunicación.	☐	☐

Teaching option For additional practice, write the words **radio, cine, periódico, televisión**, and **revista** on the board. For each media form, have students call out related words from **Contextos**. Ex: **radio: emisora, locutor, oyente, estrella pop.**

Comunicación

 6 **Preguntas** En parejas, háganse las preguntas y comparen sus intereses y opiniones.

1. Si tuvieras la oportunidad de hacerlo, ¿trabajarías en una telenovela?

2. Si fueras un(a) corresponsal político/a, ¿crees que podrías ser imparcial?

3. ¿Crees que la censura de la prensa es necesaria en algunas ocasiones? ¿En cuáles?

4. ¿Qué periodista piensas que es el/la más controvertido/a? ¿Por qué?

5. ¿Te interesa leer noticias de actualidad? ¿Por qué?

6. ¿Qué secciones del periódico te interesan más? ¿Qué programas de radio y de televisión?

7. ¿Cuáles son las características de un buen locutor? ¿Es mejor si entretiene al público o si habla lo mínimo posible?

8. ¿Te interesan más las noticias locales, nacionales o internacionales? ¿Por qué?

9. Cuando ves una película, ¿qué te importa más: la trama (*plot*), la actuación, los efectos especiales o la banda sonora?

10. Si pudieras suscribirte gratis a cinco revistas, ¿cuáles escogerías? ¿Por qué?

 7 **Escritores**

A. En parejas, escriban por lo menos tres oraciones que podrían aparecer en cada uno de estos medios. ¡Sean creativos!

- la portada de un periódico
- el episodio final de una comedia
- un documental
- un *talk show* de radio controvertido
- un artículo de una revista sensacionalista
- una tira cómica

B. Ahora, lean sus oraciones a otra pareja y traten de adivinar el medio en el que aparece cada oración.

 8 **Nueva revista** En grupos de tres, imaginen que trabajan en una agencia de publicidad y los han contratado para realizar la publicidad de una revista que va a salir al mercado. Hagan el anuncio y después compártanlo con la clase. Usen las preguntas como guía.

- ¿Cuál es el nombre?
- ¿En qué es diferente esta revista?
- ¿Qué secciones va a tener?
- ¿Cómo son los periodistas y reporteros que van a trabajar en ella?
- ¿Qué tipo de lectores busca?

6 For item 3, divide the class into two groups and organize a debate about censorship and freedom of the press.

7 Part A: For expansion, add these items to the list: **un anuncio de servicio público, un noticiero de 24 horas, el primer episodio de una telenovela, la sección de sociedad de un periódico.**

8 Have students also describe the primary market for their magazine. **¿Quién leería esta revista? ¿Qué tipos de anuncios encontrarían en la revista?**

Teaching option For an optional writing activity, ask students to write and read an original piece of news (weather report, movie review, sports article). Have the class vote on the most original, funniest, most realistic, etc.

SUPERSITE

Fabiola consigue su primer papel como doble de una estrella de telenovelas.

Synopsis
- Fabiola announces that she will make an appearance on a soap opera.
- It becomes apparent that Aguayo is a soap opera fan.
- Fabiola rehearses her scene in the office.
- After learning what an actor's double does, Fabiola prepares to rehearse a fall.

JOHNNY ¿Qué tal te fue?

FABIOLA Bien.

AGUAYO ¿Es todo lo que tienes que decir de una entrevista con Patricia Montero, la gran actriz de telenovelas? Pensé que estarías más emocionada.

FABIOLA Lo estoy. Tengo que hacer mi gran escena en la telenovela y quiero concentrarme.

AGUAYO Y JOHNNY ¿Qué?

FABIOLA Al terminar la entrevista, cuando salí del camerino un señor me preguntó si yo era la doble de Patricia Montero.

MARIELA ¿Y qué le dijiste?

FABIOLA Dije, bueno... sí.

AGUAYO ¡No puedo creer que hayas hecho eso!

FABIOLA Fue una de esas situaciones en las que uno, aunque realmente no quiera, tiene que mentir.

ÉRIC Y, ¿qué pasó después?

FABIOLA Me dio estos papeles.

JOHNNY ¡Es el guión de la telenovela!

FABIOLA Mañana tengo que estar muy temprano en el canal, lista para grabar.

JOHNNY ¡Aquí hay escenas bien interesantes!

Más tarde, ensayando la escena…

FABIOLA Éric será el director.

JOHNNY ¿Por qué no puedo ser yo el director?

ÉRIC No tienes los juguetitos.

FABIOLA Tú serás Fernando y Mariela será Carla.

ÉRIC Comencemos. Página tres. La escena en donde Valeria sorprende a Fernando con Carla. Tú estarás aquí y tú aquí. *(Los separa.)*

JOHNNY ¿Qué? ¿No sabes leer? *(Lee.)* "Sorprende a Fernando en los *brazos* de Carla". *(Se abrazan.)*

ÉRIC Está bien. Fabiola, llegarás por aquí y los sorprenderás. ¿Listos? ¡Acción!

FABIOLA ¡Fernando Javier! Tendrás que decidir. ¡O estás con ella o estás conmigo!

JOHNNY ¡Valeria… ! *(Pausa.)*

JOHNNY *(Continúa.)* Ni la amo a ella, ni te amo a ti… *(Diana entra.)* Las amo a las dos.

Diana se queda horrorizada.

INSTRUCTIONAL RESOURCES Supersite/DVD: Fotonovela
Supersite/IRCD: Videoscript & Translation, SAM Answer Key
SAM/WebSAM: VM

Preview: Before reading the dialogue, assign the video stills to ten students. The first predicts what happens in the first video still. The next student continues based on the previous answer, and so on.

Lección 9

Personajes

AGUAYO

DIANA

ÉRIC

FABIOLA

JOHNNY

MARIELA

AGUAYO *(Lee.)* "Valeria entra a la habitación y sorprende a Fernando en brazos de..." ¿Carla? *(Pausa.)*

AGUAYO *(Continúa.)* "Sorprende a Fernando en brazos de Carla." ¡Lo sabía! Sabía que el muy idiota la engañaría con esa estúpida. Ni siquiera es lo suficientemente hombre para...

Aguayo se va. Los demás se quedan sorprendidos.

AGUAYO Me alegro que hayas conseguido ese papel. El otro día pasé frente al televisor y vi un pedacito. Mi esposa no se la pierde.

FABIOLA Hablando de eso, quería pedirle permiso para tomarme el resto del día libre. Necesito ensayar las escenas de mañana.

AGUAYO Las puedes practicar en la oficina. A los chicos les encanta ese asunto de las telenovelas.

FABIOLA *(Explica la situación.)* Y por eso estamos ensayando mis escenas.

DIANA Gracias a Dios... pero yo creo que están confundidos. Los dobles no tienen líneas. Sólo hacen las escenas en donde la estrella está en peligro.

MARIELA Cierto. *(Lee.)* Página seis: "Valeria salta por la ventana".

Más tarde...

ÉRIC ¡Acción!

FABIOLA Sé que decidieron casarse. Espero que se hayan divertido a mis espaldas. Adiós mundo cruel. *(Grita pero no salta.)* ¡Aaahhhggg!

ÉRIC Muy bien. Ahora, ¡salta!

FABIOLA Ni loca. Primero, mi maquillaje.

Expresiones útiles

Referring to general ideas and concepts

¡Lo sabía!
I knew it!

¿Es todo lo que tienes que decir?
Is that all you have to say?

Lo difícil/interesante/triste es...
The hard/interesting/sad thing is...

¡No puedo creer que hayas hecho eso!
I can't believe what you've done!

Les encanta ese asunto de las telenovelas.
They love all that soap opera stuff.

Introducing an idea or opinion

Hablando de eso...
Speaking of that . . .

Ahora que lo dices...
Now that you mention it . . .

Estando yo en tu lugar...
If I were you . . .

Por mi parte... *As for me . . .*

A mi parecer... *In my opinion . . .*

Additional vocabulary

a mis espaldas *behind my back*
el actor/la actriz *actor/actress*
el camerino *star's dressing room*
el/la doble *double*
engañar *to deceive; to trick*
ensayar *to rehearse*
el guión *screenplay; script*
¡Ni loco/a! *No way!*
el papel *role*

Comprensión

1. Comprensión Respondan a las preguntas con oraciones completas.

1. ¿Por qué Fabiola dice que necesita concentrarse?
   Lo dice porque tiene que ensayar su escena en la telenovela.
2. ¿Cómo consiguió Fabiola el papel?
   Un señor le preguntó si era la doble de Patricia Montero y ella le dijo que sí.
3. ¿Cuál es el personaje de la telenovela que no le gusta a Aguayo?
   A Aguayo no le gusta Fernando.
4. ¿Qué ve Valeria, la protagonista, cuando entra a la habitación?
   Valeria ve a Fernando en brazos de Carla.
5. ¿A quién ama Fernando?
   Fernando ama a las dos mujeres.
6. ¿Por qué cree Diana que sus compañeros están confundidos?
   Diana cree que están confundidos porque los dobles no tienen líneas.

2. ¿Quién es? Todos quieren ayudar a Fabiola a ensayar las escenas de la telenovela.

A. ¿Quién representa cada papel?

1. Valeria _____Fabiola_____
2. Fernando _____Johnny_____
3. Carla _____Mariela_____
4. el director de la telenovela _____Éric_____

Aguayo   Diana   Éric

Johnny   Mariela   Fabiola

B. ¿Cuál de los empleados de *Facetas* haría cada uno de estos comentarios?

1. ¡Uy! ¿Se habrán dado cuenta de que yo veo telenovelas? Aguayo
2. Este papel es aburridísimo. ¡No logro decir ni una palabra! Mariela
3. Soy el más preparado para dirigir a los actores. Éric
4. Mis compañeros no saben nada sobre los dobles. Diana
5. Este papel es más peligroso de lo que pensaba. Fabiola
6. ¡Este director no sabe nada! Voy a hacer lo que dice el guión. Johnny

3. Opiniones En parejas, pregúntense si están de acuerdo con estas afirmaciones. Razonen sus respuestas y compartan sus opiniones con la clase.

Sí	No	
☐	☐	1. Hay ciertas situaciones en las que, aunque uno no quiera, es mejor mentir que decir la verdad.
☐	☐	2. Ser actor/actriz es más interesante que ser director(a).
☐	☐	3. Es posible estar enamorado/a de dos personas a la vez.
☐	☐	4. Si pudiera escoger, preferiría ser una estrella de tele que ser el/la doble.
☐	☐	5. Si descubriera a mi novio/a en los brazos de otra persona, rompería con él/ella.
☐	☐	6. Para hacerse famoso/a, es más importante ser bello/a que talentoso/a.

Margin notes:

① To check comprehension, have students write five sentences describing what happened in the video.

② Part B: For expansion, have students continue the activity by writing four additional sentences from this episode. Then ask them to exchange papers with a partner and match each sentence with a character.

③ For additional discussion, give students these sentences.

7. Los buenos actores no tienen que ensayar mucho.

8. Las telenovelas son sólo para las mujeres.

9. Cuando una actriz envejece, ya no hay papeles para ella.

Teaching option If resources permit, have students watch an episode from a current **telenovela** and write a brief summary or critique.

Ampliación

④ **Los productores** En grupos de cinco, diseñen su propia telenovela. Primero, asignen papeles a estos cinco actores y expliquen la relación entre ellos. Luego, inventen un título para la telenovela y escriban el diálogo para una de las escenas. Cada personaje debe decir por lo menos una línea. Finalmente, representen la escena con todos los personajes.

Lida

Francisco

José

Lourdes

Martín

④ To help students write their soap operas, encourage them to make a diagram of the relationship between the characters before they begin writing dialogue.

⑤ **Apuntes culturales** En parejas, lean los párrafos y contesten las preguntas.

⑤ For item 2, have heritage speakers talk about popular soap operas that their families watch on Spanish television channels.

Camino a las estrellas

¡Fabiola consiguió su primer papel en una telenovela! Las telenovelas latinoamericanas se pueden comparar al cine de Hollywood por su importancia social y económica. Megaestrellas mexicanas como **Thalía** (ver foto), **Salma Hayek** y **Gael García Bernal** (**Lección 2**), que iniciaron sus carreras artísticas en telenovelas, no habrían alcanzado (*would not have reached*) su fama actual sin ellas. ¿Tendrá la misma suerte Fabiola?

La (anti)estrella

Fabiola daría todo por ser una estrella de telenovela, pues ellas son mujeres muy bellas… excepto *Betty, la fea*. La estrella de esta producción colombiana, que rompió con todos los estereotipos de belleza femenina, logró conquistar corazones con frenillos (*braces*), gafas con marcos gruesos y ropa pasada de moda. ¿Qué tal se vería Fabiola como la doble de Betty en la versión estadounidense de la cadena ABC?

⑤ Ask additional discussion questions. **¿Creen que las radionovelas pueden captar la atención de los oyentes de la misma manera que las telenovelas a sus televidentes? Si fueran actores, ¿qué preferirían: actuar en una radionovela o en una telenovela? ¿Por qué?**

La radionovela

Aguayo es un gran aficionado a las telenovelas. Otro género muy popular en todo el mundo hispano es la **radionovela**. Este tipo de novela transmitida por radio entretiene a audiencias tanto como las telenovelas, y en Centroamérica también cumple la función de educar a los habitantes sobre los desastres naturales y sus medidas de prevención.

1. ¿Qué otras megaestrellas latinas conoces? ¿Cómo comenzaron su carrera?
2. ¿En qué se diferencian las telenovelas latinoamericanas de las de EE.UU.?
3. ¿Conoces otras antiestrellas? ¿Cómo se hicieron famosas?
4. ¿Qué programas de radio escuchas? ¿Escuchas radionovelas?
5. ¿Te gustan las telenovelas o prefieres las series semanales?

① As a variant, read the true/false statements aloud. Have students raise one hand if the statement is true and both hands if it is false. Call on volunteers to correct the false statements.

② In pairs, have students create additional sentences with missing words. Then ask them to exchange their papers with other students and complete them.

¿Qué aprendiste?

① Comprensión Indica si estas afirmaciones sobre el mate son **ciertas** o **falsas**. Corrige las falsas.

1. Es muy frecuente ver a gente bebiendo mate en el Uruguay. Cierto.

2. El recipiente para el mate suele ser de metal. Falso. Suele ser una calabaza seca.

3. La bombilla es el tubo que se utiliza para beber el mate. Cierto.

4. El mate se bebe principalmente en la Argentina, el Uruguay y el Paraguay. Cierto.

5. Los primeros en consumir la yerba mate como infusión fueron los indígenas guaraníes. Cierto.

6. La bebida se hizo popular muy rápidamente entre la población no indígena. Cierto.

7. Los jesuitas intentaron prohibir todo tipo de infusiones hechas con yerba mate. Falso. Intentaron prohibir la forma tradicional.

8. La mateína altera los patrones del sueño más que la cafeína. Falso. La mateína no altera los patrones del sueño como la cafeína.

9. Cuando un grupo de personas toma mate, cada persona toma de un recipiente distinto. Falso. Todos toman del mismo mate.

10. El mate tiene minerales pero no vitaminas. Falso. El mate tiene minerales y vitaminas.

11. La persona que sirve el mate se llama "cebador". Cierto.

12. El mate es más popular por su larga tradición que por sus propiedades para la salud. Cierto.

② Oraciones incompletas Completa las oraciones.

1. La murga uruguaya es _____.
a. un grupo de teatro clásico   b. un ritmo africano   (c.) un género músico-teatral

2. El Carnaval de Montevideo empieza en _____.
(a.) enero   b. febrero   c. marzo

3. La horchata se prepara con _____.
a. trigo   b. café   (c.) arroz

4. En España, le dicen **zumo** al _____.
a. té frío   b. tereré   (c.) jugo

③ Preguntas Contesta las preguntas.

1. ¿Hay radioemisoras o discotecas en tu comunidad que ponen salsa? ¿Qué bailes son populares en tu ciudad?

2. En tu opinión, ¿cuál es el mensaje del eslogan "Es nuestra", usado para promocionar Inca Kola?

3. ¿Alguna vez tomaste mate? ¿Lo harías? ¿Lo volverías a tomar?

4. En tu cultura, ¿es común que varias personas tomen del mismo recipiente?

④ Opiniones El candombe y la murga forman parte de la identidad cultural de Uruguay. En parejas, hagan una lista de cinco tradiciones norteamericanas que son parte imprescindible de su cultura popular. Después, compartan su lista con la clase.

PROYECTO

Raíces africanas

El candombe uruguayo tiene sus raíces en los ritmos que tocaban los esclavos africanos. Muchos otros ritmos populares de América Latina también provienen de África o tienen fuerte influencia africana. La lista incluye la cumbia, el merengue, la salsa, el mambo y hasta el tango. Elige e investiga uno de estos ritmos y prepara un afiche informativo para presentar en clase.

Tu investigación debe incluir:

- el nombre del ritmo, su origen e historia
- dónde es popular y cuáles son sus características
- qué importancia/papel tiene el ritmo que elegiste en la cultura popular local
- otros datos importantes

④ For follow-up, have volunteers write their lists on the board. Encourage students to explain why each of the traditions is important.

Proyecto Brainstorm a list of adjectives that might be used to describe music. Ex: **el ritmo lento/rápido, la melodía triste/alegre.** Encourage students to bring in an example of the music they have chosen to prese

334 *trescientos treinta y cuatro*

Lección 9

RITMOS

NATALIA OREIRO

La actriz y cantante pop **Natalia Oreiro** nació en el Uruguay en 1977. Después de un sinnúmero° de audiciones, para las cuales gastaba todos sus ahorros, su gran perseverancia y esfuerzo le permitieron ganarse un lugar en el mundo de la actuación. A los diecisiete años se radicó° en Argentina donde comenzó a grabar telenovelas. En 1998 le llegó la consagración artística con la telenovela *Muñeca° Brava* —vendida a más de cincuenta países— y con su primer papel cinematográfico. Al poco tiempo, la joven actriz logró cumplir el deseo de incursionar en el canto y, a partir de allí, se sucedieron tres álbumes. *Río de la Plata*, del álbum *Tu veneno°*, cuenta cómo de niña creció entre tamboriles y murgas. El éxito de esta uruguaya no sabe de barreras culturales ni lingüísticas: sus canciones hacen furor° tanto en Sudamérica como en Grecia, Israel, India y toda Europa Oriental.

Discografía

2002 Turmalina   **2001** Tu veneno   **1999** Natalia Oreiro

Canción

Éste es un fragmento de la canción que tu instructor(a) te hará escuchar.

Río de la Plata
por Facundo Monti

Soy del Río de la Plata
Corazón latino
Soy bien candombera
Llevo siempre una sonrisa
Con mi sueño a cuestas°
No tengo fronteras.
Soy del Río de la Plata
Que viva el candombe de sangre caliente
Ritmo que me enciende el alma
Que brilla en los ojos de toda mi gente.

En su último trabajo televisivo, *Sos° mi vida*, **Natalia Oreiro** encarna° el personaje de **Monita**, una boxeadora que vive en un barrio humilde de Buenos Aires llamado La Boca. Para este papel, la artista debió aprender boxeo y entrenar todas las noches. "Yo no había visto ni **Rocky**", confesó un día la actriz.

Preguntas En parejas, contesten las preguntas. Some answers will vary.

1. ¿Qué significa la afirmación de que el éxito de Oreiro no sabe de "barreras culturales ni lingüísticas"? Significa que Oreiro es popular en muchos países.
2. ¿Por qué Oreiro dice en la canción: "Soy bien candombera"? Lo dice porque es uruguaya y el candombe es un ritmo popular del Uruguay.
3. ¿Cuál es el personaje de su última novela? ¿Es un personaje fácil o difícil de interpretar? Oreiro encarna el personaje de una boxeadora.
4. La canción *Río de la Plata* cuenta la historia de Oreiro. ¿Cómo ha sido su historia?

sinnúmero *countless* **se radicó** *settled* **Muñeca** *Doll* **veneno** *poison*
hacen furor *are all the rage* **a cuestas** *on one's shoulders* **Sos** *Eres* **encarna** *personifies*

Ritmos Have a volunteer read the lyrics aloud. Ask: **En su opinión, ¿cómo es una persona que no tiene fronteras?**

INSTRUCTIONAL RESOURCES
Supersite/IRCD:
Textbook Answer Key,
SAM Answer Key
SAM/WebSAM: WB, LM

TALLER DE CONSULTA

MANUAL DE GRAMÁTICA
Más práctica

9.1 The present perfect
subjunctive, p. 530
9.2 Relative pronouns,
p. 531
9.3 The neuter **lo**, p. 532

Más gramática

9.4 **Qué** vs. **cuál**, p. 533

• • • •

To review the present and
past subjunctive, see **4.1,
5.2,** and **6.2.** The past
perfect subjunctive is
covered in **10.3.**

Point out that all perfect tenses
are formed with the verb **haber**
(*to have*) and a past participle.

Review irregular past
participles, such as **vuelto,
dicho, hecho, puesto,**
and **visto.**

Review uses of the subjunctive
and verbs that convey will,
emotion, doubt, or uncertainty.
Ex: **querer, alegrarse, dudar.**

¡ATENCIÓN!

In a multiple-clause
sentence, the choice of
tense for the verb in the
subjunctive depends on
when the action takes
place in each clause.
The present perfect
subjunctive is used
primarily when the action
of the main clause is in
the present tense, but the
action in the subordinate
clause is in the past.

9.1 The present perfect subjunctive

Me alegro de que
hayas conseguido
ese papel.

Espero que se
hayan divertido a
mis espaldas.

- The present perfect subjunctive (**el pretérito perfecto de subjuntivo**) is formed with the present subjunctive of **haber** and a past participle.

The present perfect subjunctive		
cerrar	**perder**	**asistir**
haya cerrado	haya perdido	haya asistido
hayas cerrado	hayas perdido	hayas asistido
haya cerrado	haya perdido	haya asistido
hayamos cerrado	hayamos perdido	hayamos asistido
hayáis cerrado	hayáis perdido	hayáis asistido
hayan cerrado	hayan perdido	hayan asistido

- Like the present perfect indicative, the present perfect subjunctive is used to refer to recently completed actions or past actions that still bear relevance in the present. It is used mainly in multiple-clause sentences that express will, emotion, doubt, or uncertainty.

PRESENT PERFECT INDICATIVE	PRESENT PERFECT SUBJUNCTIVE
Luis me dijo que **ha dejado** de ver ese programa.	Me alegro de que Luis **haya dejado** de ver ese programa.
Luis told me that he has stopped watching that show.	*I'm glad that Luis has stopped watching that show.*

- Note the difference in meaning between the three subjunctive tenses you have learned so far.

PRESENT SUBJUNCTIVE	PRESENT PERFECT SUBJUNCTIVE	PAST SUBJUNCTIVE
Las cadenas nacionales **buscan** corresponsales que **hablen** varios idiomas.	**Prefieren** contratar a los que **hayan trabajado** en el extranjero.	Antes, **insistían** en que los solicitantes **tuvieran** cinco años de experiencia.
The national networks look for correspondents who speak several languages.	*They prefer to hire those who have worked abroad.*	*In the past, they insisted that applicants have five years' experience.*

Práctica y comunicación

1 **¿Indicativo o subjuntivo?** Elige entre el pretérito perfecto del indicativo y el pretérito perfecto del subjuntivo para completar las oraciones.

1. Necesito contratar un corresponsal que (ha / haya) estado en el Paraguay. haya
2. Quiero conocer al actor que (ha / haya) trabajado en *Amores perros*. ha
3. Hasta que no (has / hayas) conocido a las personas que leen la prensa sensacionalista, no sabrás por qué la leen. hayas
4. Estoy seguro de que todos los actores (han / hayan) estudiado el guión. han
5. Cuando ustedes (han / hayan) leído esta noticia, estarán de acuerdo conmigo. hayan

2 **Opuestas** Escribe la oración que expresa lo opuesto en cada ocasión. En algunos casos debes usar el pretérito perfecto del subjuntivo y en otros el pretérito perfecto del indicativo.

> **MODELO** Dudo que ese actor haya aprendido a actuar bien.
>
> No dudo que ese actor ha aprendido a actuar bien.

1. El canal cree que sus periodistas han hablado con el dictador.
   El canal no cree que sus periodistas hayan hablado con el dictador.
2. No creo que el director les haya dado pocas órdenes a sus actores.
   Creo que el director les ha dado pocas órdenes a sus actores.
3. Estoy seguro de que la mayoría del público ha leído la noticia.
   No estoy seguro de que la mayoría del público haya leído la noticia.
4. No es seguro que la prensa sensacionalista haya publicado esa noticia.
   Es seguro que la prensa sensacionalista ha publicado esa noticia.
5. Pienso que ese actor ha sido el protagonista de *El año de la bestia*.
   No pienso que ese actor haya sido el protagonista de *El año de la bestia*.

3 **Competencia** Julieta y Marcela han estado juntas en una audición y Julieta ha conseguido el papel de la protagonista. En parejas, combinen los elementos de la lista y añadan detalles para escribir cinco quejas (*complaints*) de Marcela. Utilicen el pretérito perfecto del subjuntivo. Luego, dramaticen una conversación entre las dos actrices.

Dudo que	conseguir el papel
Me molesta que	tener suficiente experiencia
Me sorprende que	trabajar con ese director
No creo que	(no) darme otra oportunidad
No es justo que	escoger la mejor actriz

4 **¡Despedido!** Hoy el dueño de la emisora ha despedido a Eduardo Storni, el famoso y controvertido locutor del programa *Storni, ¡sin censura!* En parejas, escriban su conversación, utilizando por lo menos cinco oraciones con el pretérito perfecto del indicativo y del subjuntivo. Luego represéntenla para la clase.

> **MODELO** **DUEÑO** Es una lástima que usted no haya escuchado nuestras advertencias. Usted ha violado casi todas las reglas de la cadena.
>
> **STORNI** Pero mi público siempre me ha apoyado. Mis oyentes estarán furiosos de que usted no haya respetado la libertad de prensa.

Teaching option For an extra challenge, have students invent three true statements and three false statements about things they have done this year. Partners should respond with the present perfect indicative if they believe the statement is true and the present perfect subjunctive if they think it is false. Ex: **Es cierto que has tomado tres clases de historia. No creo que hayas aprendido cinco idiomas.**

TALLER DE CONSULTA

MANUAL DE GRAMÁTICA
Más práctica

9.1 The present perfect subjunctive, p. 530

1 For follow-up, have students explain why they chose the indicative or subjunctive for each item.

2 For additional practice, ask students to create two new items and have a partner provide the opposite sentence.

4 As a variant, have students choose a famous news anchor or talk show host and create a similar dialogue.

TALLER DE CONSULTA

See **Manual de gramática 9.4**, p. 533 to review the uses of **qué** and **cuál** in asking questions.

9.2 Relative pronouns

¡No puedo creer que hayas hecho eso!

Fue una de esas situaciones en las que uno tiene que mentir.

¡ATENCIÓN!

Relative pronouns are used to connect short sentences or clauses in order to create longer, smoother sentences. Unlike the interrogative words **qué, quién(es)**, and **cuál(es)**, relative pronouns never have accent marks.

If necessary, briefly review the difference between *who* (subject pronoun) and *whom* (object pronoun) before presenting relative pronouns in Spanish.

¡ATENCIÓN!

In everyday Spanish, **en que** and **en el/la cual** are often replaced by **donde**.

La casa **donde** vivo es muy grande.

La universidad **donde** estudio es muy prestigiosa.

The relative pronoun *que*

- **Que** (*that, which, who*) is the most frequently used relative pronoun (**pronombre relativo**). It can refer to people or things, subjects or objects, and can be used in restrictive clauses (no commas) or nonrestrictive clauses (with commas). Note that although some relative pronouns may be omitted in English, they must always be used in Spanish.

  El reportaje **que** vi ayer me hizo cambiar de opinión sobre la guerra.
  The report (that) I saw last night made me change my opinion about the war.

  Las primeras diez personas **que** respondan correctamente ganarán una suscripción gratuita.
  The first ten people who respond correctly will win a free subscription.

  El desastre fue causado por la lluvia, **que** ha durado más de dos semanas.
  The disaster was caused by the rain, which has lasted over two weeks.

El/La que

- After prepositions, **que** is used with the definite article: **el que, la que, los que**, or **las que**. The article must agree in gender and number with the thing or person it refers to (the antecedent). When referring to *things* (but not *people*), the article may be omitted after short prepositions, such as **en, de**, and **con**.

  Los periódicos **para los que** escribo son independientes.
  The newspapers I write for are independent. (Lit: for which I write)

  El edificio **en (el) que** viven es viejo.
  The building they live in is old.

  La fotógrafa **con la que** trabajo ganó varios premios.
  The photographer with whom I work won several awards.

- **El que, la que, los que**, and **las que** are also used for clarification in nonrestrictive clauses (with commas) when it might be unclear to what or whom the clause refers.

  Hablé con los empleados de la compañía, **los que** están contaminando el río.
  I spoke with the employees of the company, the ones who are polluting the river.

  Hablé con los empleados de la compañía, **la que** está contaminando el río.
  I spoke with the employees of the company, (the one) which is polluting the river.

El/La cual

- **El cual, la cual, los cuales**, and **las cuales** are generally interchangeable with **el que, la que, los que**, and **las que**. They are often used in more formal speech or writing. Note that when **el cual** and its forms are used, the definite article is never omitted.

    El edificio **en el cual** se encuentra la emisora de radio es viejo.
    The building in which the radio station is located is old.

    La revista **para la cual** trabajo es muy influyente.
    The magazine for which I work is very influential.

Quien/Quienes

- **Quien** (*singular*) and **quienes** (*plural*) are used to refer only to people, not to things. **Quien(es)** is generally interchangeable with forms of **el que** and **el cual**.

    Los investigadores, **quienes (los que/los cuales)** estudian los medios de comunicación, son del Ecuador.
    The researchers, who are studying mass media, are from Ecuador.

    El investigador **de quien (del que/del cual)** hablaron era mi profesor.
    The researcher about whom they spoke was my professor.

- Although **que** and **quien(es)** may both refer to people, their use depends on the structure of the sentence.

- In restrictive clauses (no commas) that refer to people, **que** is used if no preposition is present. If a preposition or the personal **a** is present, **quien** (or **el que/el cual**) is used instead. Below, **que** is equivalent to *who*, while **quien** expresses *whom*.

    La gente **que** mira televisión está harta de las cadenas sensacionalistas.
    The people who watch TV are tired of sensationalist networks.

    Esperamos la respuesta de los políticos **a quienes (a los que/a los cuales)** queremos entrevistar.
    We're waiting for a response from the politicians (whom) we want to interview.

- In nonrestrictive clauses (with commas) that refer to people, **quien** (or **el que/el cual**) is generally used, not **que**.

    Juan y María, **quienes** trabajan conmigo, escriben la sección deportiva.
    Juan and María, who work with me, write the sports section.

The relative adjective *cuyo*

- The relative adjective **cuyo (cuya, cuyos, cuyas)** means *whose* and agrees in number and gender with the noun it precedes. Remember that **de quién(es)**, not **cuyo**, is used in questions to express *whose*.

    El equipo periodístico, **cuyo** proyecto aprobaron, viajará en febrero.
    The team of reporters, whose project they approved, will travel in February.

    La fotógrafa Daniela Pérez, **cuyas** fotos anteriores ganaron muchos premios, los acompañará.
    Photographer Daniela Pérez, whose earlier photos won many awards, will go with them.

TALLER DE CONSULTA

The neuter forms **lo que** and **lo cual** are used when referring to a whole situation or idea. See **9.3**, p. 342.

¿Qué es lo que te molesta?
What is it that's bothering you?

Ella habla sin parar, lo cual me enoja mucho.
She won't stop talking, which is making me really angry.

¡ATENCIÓN!

When used with **a** or **de**, the contractions **al que/cual** and **del que/cual** are formed.

¡ATENCIÓN!

In everyday Spanish, the formal rules for using relative pronouns are not always followed.

Formal:
Los estudiantes de los cuales hablamos...

Informal:
Los estudiantes de que hablamos...

Formal:
La mujer a quien conocí ayer...

Informal:
La mujer que conocí ayer...

Práctica

TALLER DE CONSULTA

MANUAL DE GRAMÁTICA
Más práctica

9.2 Relative pronouns, p. 531

1 **Oraciones incompletas** Selecciona la palabra o expresión adecuada para completar las oraciones.

1. El señor Castillo, ___a___ revista se dedica a la moda, se fue de viaje a París.
   a. cuya   b. cuyo   c. cuyos

2. Los músicos ___b___ conociste ayer han grabado la banda sonora de la película.
   a. a quien   b. a quienes   c. quien

3. El corto ___a___ te hablé no está doblado.
   a. del que   b. de quien   c. el cual

4. El reportaje de anoche, ___a___ se transmitió en el canal 7, me pareció muy parcial.
   a. el cual   b. la cual   c. los que

5. Los artículos ___c___ se publican en esa revista son puro chisme.
   a. los cuales   b. los que   c. que

2 **El tereré** Completa este artículo sobre el tereré con los pronombres relativos de la lista. Algunos pronombres pueden repetirse.

EL TERERÉ

| que |
| en el que |
| con quien |
| cuyo |
| en la que |

Existe un país (1) _en el que_ el mate tuvo (2) _que_ adaptarse a su clima: el Paraguay. En este país, (3) _cuyo_ clima subtropical presenta calurosos veranos, el tradicional mate caliente debió convertirse en una bebida fría y refrescante (4) _que_ ayudara a atenuar el clima. Así, el tereré, (5) _cuyo_ nombre proviene del guaraní, es la bebida más popular de los paraguayos.

Para prepararlo, se coloca yerba en el recipiente llamado mate. En lugar de agua caliente en un termo o pava (*kettle*), se usa una jarra (6) _en la que_ se coloca agua y/o jugo de limón con mucho hielo. La bebida se bebe con una bombilla (*straw*) (7) _que_ generalmente es de metal. En el Paraguay, se dice (8) _que_ el tereré es como un amigo (9) _con quien_ se comparten alegrías y tristezas, momentos cotidianos y toda una vida.

3 **Definiciones** Escribe una definición para cada término, usando pronombres relativos.
Answers may vary. Suggested answers given.

MODELO el redactor
Es la persona cuyo trabajo es preparar artículos para publicación.

1. la prensa sensacionalista _Son periódicos, programas de noticias, etc. en los cuales se exageran las noticias._

2. los subtítulos _Son palabras sin las cuales/que no entendemos las películas extranjeras._

3. la portada _Es la página del periódico en la cual/que aparecen las noticias más importantes._

4. el titular _Es la frase con la cual/que comienza un artículo._

5. los televidentes _Son las personas para quienes se transmite un programa de televisión._

6. la fama _Es el hecho de que una persona sea reconocida por mucha gente._

2 For follow-up, have partners ask each other questions about the paragraph. Encourage them to use relative pronouns in their questions and responses.

3 Have students read their definitions aloud; the class should guess which item is being described.

Teaching option For additional practice, bring in pictures and ask questions that use relative pronouns or elicit them in student answers. Ex: **¿Quién está leyendo el periódico?** (**La chica rubia que está sentada en el banco está leyendo el periódico.**)

Comunicación

4 **Tendencias** Piensa sobre las tendencias actuales y completa el recuadro con tus preferencias. En parejas, compartan esta información. Informen a sus compañeros/as lo que han aprendido sobre la otra persona usando pronombres relativos. Sigan el modelo.

MODELO Ana Sofía mira todo el tiempo videos musicales en su iPod. Es una persona a quien le encanta llevar su iPod a todos lados.

	Sí	No	Depende
1. Me aburren los videos musicales en la tele. Prefiero verlos en un iPod.	☐	☐	☐
2. Siempre escucho música alternativa y pienso que el *hip-hop* no es arte.	☐	☐	☐
3. Yo sólo compro ropa cara a la que se le ve el logotipo impreso en grande.	☐	☐	☐
4. ¿Documentales? ¿Qué es eso? Sólo miro los éxitos de taquilla de Hollywood.	☐	☐	☐
5. ¡Puaj! Los *reality shows* son horribles y deberían prohibirse.	☐	☐	☐
6. Me puedo pasar horas leyendo revistas de moda y de chismes sobre famosos.	☐	☐	☐
7. ¡Qué chévere (*How cool*)! ¡Un restaurante con platos innovadores! Los restaurantes de comidas tradicionales ya pasaron de moda.	☐	☐	☐
8. ¡Salsotecas jamás! No me gusta la música latina. Prefiero escuchar los 40 principales (*top 40*) de la radio.	☐	☐	☐

5 **¿Quién es quién?** La clase se divide en dos equipos. Un integrante del equipo A piensa en un(a) compañero/a y da tres pistas. El equipo B tiene que adivinar de quién se trata. Si adivina con la primera pista, obtiene 3 puntos; con la segunda, obtiene 2 puntos; con la tercera, obtiene 1 punto.

MODELO Estoy pensando en alguien con quien almorzamos.
Estoy pensando en alguien cuyos ojos son marrones.
Estoy pensando en alguien que lleva pantalones azules.

6 **Fama** En parejas, preparen una entrevista entre un reportero y una estrella. Utilicen por lo menos seis pronombres relativos.

MODELO **REPORTERO** Díganos, ¿dónde encontró este vestido tan divino?
ESTRELLA Gracias, me lo regaló un amigo muy talentoso, cuya tienda siempre tiene lo mejor de la moda.
REPORTERO Y me he enterado de que está usted con un nuevo amor, quien trabajó con usted en su última telenovela…

4 For expansion, have students explain those items for which they answered **Depende**.

5 Encourage students to use a different relative pronoun for each clue.

6 For advanced classes, have students also include three uses of the present perfect subjunctive.

9.3 The neuter *lo*

- The definite articles **el, la, los**, and **las** modify masculine or feminine nouns. The neuter article **lo** is used to refer to concepts that have no gender.

¿Es todo lo que tienes que decir?

¡Lo sabía! Ni es lo suficientemente hombre para...

Preview the neuter **lo** by asking discussion questions. Ex: **¿Qué es lo más difícil de estudiar otro idioma?**

- In Spanish, the construction **lo** + [*masculine singular adjective*] is used to express general characteristics and abstract ideas. The English equivalent of this construction is *the* + [*adjective*] + *thing*.

    Cuando leo las noticias, **lo difícil** es diferenciar entre el hecho y la opinión.
    When I read the news, the difficult thing is to differentiate between fact and opinion.

    Lo bueno de ser famosa es que me da la oportunidad de cambiar el mundo.
    The good thing about being famous is that it gives me the chance to change the world.

Remind students that **mejor** and **peor** are comparative forms of **bueno** and **malo** (**Estructura 5.1**). They do not require **más**.

- To express the idea of *the most* or *the least*, **más** and **menos** can be added after **lo**. **Lo mejor** and **lo peor** mean *the best/worst* (*thing*).

    Para ser un buen reportero, **lo más importante** es ser imparcial.
    To be a good reporter, the most important thing is to be unbiased.

    ¡Aún no te he contado **lo peor** del artículo!
    I still haven't told you about the worst part of the article!

- The construction **lo** + [*adjective or adverb*] + **que** is used to express the English *how* + [*adjective*]. In these cases, the adjective agrees in number and gender with the noun it modifies.

lo + [*adjective*] + **que**
¿No te das cuenta de **lo bella que** eres, María Fernanda?
María Fernanda, don't you realize how beautiful you are?

lo + [*adverb*] + **que**
Recuerda **lo bien que** te fue el año pasado en su clase.
Remember how well you did last year in his class.

- **Lo que** is equivalent to the English *what, that,* or *which*. It is used to refer to an abstract idea, or to a previously mentioned situation or concept.

    ¿Qué fue **lo que** más te gustó de tu viaje a Uruguay?
    What was the thing that you enjoyed most about your trip to Uruguay?

    Lo que más me gustó fue el Carnaval de Montevideo.
    The thing I liked best was the Carnival of Montevideo.

Práctica y comunicación

TALLER DE CONSULTA

MANUAL DE GRAMÁTICA
Más práctica

9.3 The neuter **lo**, p. 532

① **Chisme** La gran estrella pop, Estela Moreno, responde a las críticas que han aparecido en medios periodísticos sobre su súbita (*sudden*) boda con Ricardo Rubio. Completa las oraciones con **lo, lo que** o **qué**.

"Repito que es completamente falso (1) ___lo que___ ha salido en la prensa sensacionalista. Siempre habíamos querido una ceremonia pequeña y privada, para mantener (2) ___lo___ romántico de la ocasión. El lugar, la fecha, los pocos invitados, pues todo (3) ___lo___ tuvimos planeado desde hace meses. ¡Ay, (4) ___qué/lo___ difícil fue guardar el secreto, para que el público no se diera cuenta de (5) ___lo que___ estábamos planeando! (6) ___Lo que___ más me molesta es que la prensa nos acuse de un romance súbito. (7) ___Lo___ nuestro es un amor que comenzó hace dos años y que durará para toda la vida. ¡Ya (8) ___lo___ verán!"

② **Reacciones** Combina las frases para formar oraciones que tengan **lo** + [adjetivo/adverbio] + **que**.

MODELO   parecer mentira / qué poco Juan se preocupa por el chisme
Parece mentira lo poco que Juan se preocupa por el chisme.

1. asombrarme / qué lejos está el centro comercial   Me asombra lo lejos que está el centro comercial.

2. sorprenderme / qué obediente es tu gato   Me sorprende lo obediente que es tu gato.

3. no poder creer / qué influyente es la publicidad   No puedo creer lo influyente que es la publicidad.

4. ser una sorpresa / qué bien se vive en este pueblo   Es una sorpresa lo bien que se vive en este pueblo.

5. ser increíble / qué rápido se hizo famoso aquel cantante   Es increíble lo rápido que se hizo famoso aquel cantante.

③ **Ser o no ser** En grupos de cuatro, conversen sobre las ventajas y desventajas de cada una de estas profesiones. Luego escriban oraciones completas para describir **lo bueno, lo malo, lo mejor** o **lo peor** de cada profesión. Compartan sus ideas con la clase.

actor/actriz	crítico/a de cine	redactor(a)
cantante	locutor(a) de radio	reportero/a

④ **Síntesis** En parejas, escriban una carta para la sección editorial del periódico universitario dando su opinión sobre un acontecimiento o tema de actualidad. Utilicen por lo menos tres verbos en el pretérito perfecto de subjuntivo, tres oraciones con **lo** o **lo que** y tres oraciones con pronombres relativos. Utilicen algunas frases de la lista o inventen sus propias ideas. Lean su carta a la clase y debatan el tema.

me molesta que...	lo importante...	que
me alegra que...	lo que más/menos...	el/la cual
no puedo creer que...	lo que pienso sobre...	quien(es)

② Give students additional items. Ex: **frustrarme / qué difícil es encontrar trabajo; molestarme / qué dramática es esta actriz; ser asombroso / qué tonto es el crítico de cine.**

② Ask volunteers to form corresponding questions. Ex: **¿Te asombra lo lejos que está el centro comercial?**

③ Have students share their opinions about other professions using the neuter **lo**. Recycle vocabulary about jobs and work (**Lección 8**).

Teaching option For additional practice, write a series of adjectives and adverbs on pieces of paper and put them in a hat. Have volunteers choose a word and make a sentence using **lo** + [*adjective/adverb*] + **que**.

For additional cumulative practice of all the grammar points in this lesson, go to **enfoques.vhlcentral.com**.

La cultura popular y los medios de comunicación   *trescientos cuarenta y tres* **343**

Antes de ver el corto

INSTRUCTIONAL RESOURCES
Supersite/DVD: Film Collection
Supersite/IRCD:
Script & Translation

SINTONÍA

país España   **director** Jose Mari Goenaga
duración 9 minutos   **protagonistas** el hombre, la mujer, el locutor

Vocabulario

aclarar *to clarify*
dar la gana *to feel like*
darse cuenta (de) *to realize*
darse por aludido/a *to realize or assume that one is being referred to*
embalarse *to go too fast*

fijarse *to notice*
el maletero *trunk*
la nuca *nape*
parar el carro *to hold your horses*
pillar *to get (catch)*
la sintonía *synchronization; tuning; connection*

① Have volunteers create definitions for the remaining words.

① Definiciones Escribe la palabra adecuada para cada definición.

1. la parte del carro en la que guardas las compras: ____maletero____
2. la parte de atrás de la cabeza: ____nuca____
3. el hecho de explicar algo para evitar confusiones: ____aclarar____
4. comprender o entender algo: ____darse cuenta____
5. ir demasiado deprisa: ____embalarse____

② Continue the discussion by asking additional questions. Ex: **¿Qué riesgos corres al contar tus problemas por la radio o la tele? ¿Crees que los locutores de radio y los presentadores de televisión pueden dar buenos consejos?**

② Preguntas Contesta las preguntas.

1. ¿Prefieres escuchar programas de radio o sólo música cuando vas en autobús o en carro?
2. Si tuvieras un problema que no supieras solucionar, ¿llamarías a un programa de radio o de televisión? ¿Por qué?
3. Imagina que te sientes atraído/a por alguien que ves en la calle. ¿Le pedirías una cita?
4. Si escuchas a dos personas que parecen hablar de ti sin decir tu nombre, ¿te das por aludido/a enseguida o tardas en darte cuenta?

 ③ ¿Qué sucederá? En parejas, miren los fotogramas e imaginen lo que va a ocurrir en la historia. ¿Cuál es la relación entre el locutor y las personas que esperan para pagar el peaje (*toll*)? Compartan sus ideas con la clase. Incluyan tres o cuatro datos o especulaciones sobre cada fotograma.

Teaching option Have students use **darse cuenta** to write a brief anecdote about a time they suddenly realized something. Remind students to follow the phrase with **de**. Ex: **Un día estaba cenando con un amigo cuando me di cuenta de que alguien había robado mi bolso...**

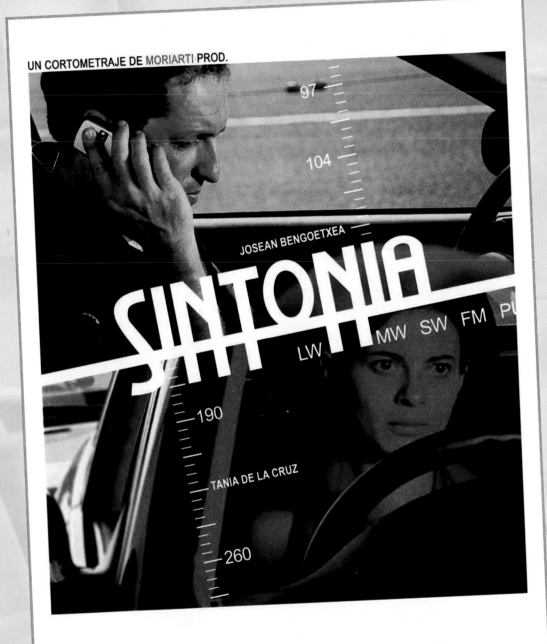

UN CORTOMETRAJE DE MORIARTI PROD.

97

104

JOSEAN BENGOETXEA

SINTONIA

LW MW SW FM PU

190

TANIA DE LA CRUZ

260

plain to students that
e actor's last name is
onounced **Bengoechea**.
is name (as well as other
formation in the poster
d in the film opening titles
d credits) is in Basque.
th Spanish and Basque
e spoken in the Basque
untry (Northeast of Spain).

moriarti produkzioak PRESENTA A JOSEAN BENGOETXEA TANIA DE LA CRUZ UNAI GARCÍA
FOTOGRAFÍA **RITA NORIEGA** MÚSICA **PASCAL GAIGNE** SONIDO **IÑAKI DÍEZ** MEZCLAS **AURELIO MARTÍNEZ** MONTAJE **RAÚL
LÓPEZ** DIRECCIÓN ARTÍSTICA **MENÓ** VESTUARIO **LEIRE ORELLA** MAQUILLAJE **MARI RODRÍGUEZ**
PRODUCCIÓN **AITOR ARREGI** GUIÓN Y DIRECCIÓN **JOSE MARI GOENAGA**

ARGUMENTO Un joven, atrapado en un atasco en la carretera, se siente atraído por la chica que maneja el carro de al lado.

LOCUTOR Última oportunidad para llamar... No os cortéis° y decidle a quien queráis lo que os dé la gana y no lo dejéis para otro momento. El número, el número es el 943365482... Tenemos una nueva llamada. Hola, ¿con quién hablamos?

HOMBRE Manuel Ezeiza. Manolo, Manolo de Donosti.
LOCUTOR Muy bien, Manolo de Donosti. ¿Y a quién quieres enviar tu mensaje?
HOMBRE La verdad es que no lo sé, pero sé que nos está oyendo.

LOCUTOR Bueno, igual el mensaje puede darnos alguna pista°.
HOMBRE Sí, bueno, llamaba porque me he fijado que te has dejado parte del vestido fuera del coche. Y, bueno, yo no te conozco pero... te he visto cantando y querría, quedar contigo... o tomar algo...

LOCUTOR Bueno, para el carro... Esto es un poco surrealista. Le estás pidiendo una cita a una cantante que va en un coche con el abrigo fuera. ¿Y cómo sabe que te diriges a ella?
HOMBRE Todavía no lo sabe. Está sonriendo, como si esto no fuera con ella.

LOCUTOR Pues dale una pista para que se aclare. ¿Cómo es ella? ¿Qué hace?
HOMBRE Pues lleva algo rojo... ahora se toca la nuca con su mano y ahora el pelo... que es muy oscuro. Y ahora parece que empieza a darse cuenta. Sí, sí, definitivamente se ha dado cuenta.

LOCUTOR A ver, ¿quién le dice a ella que tú no eres, no sé, un psicópata?
HOMBRE ¿Y quién me dice a mí que no es ella la psicópata? Se trata de asumir riesgos. Yo tampoco te conozco. Pensaba que estaría bien quedar contigo.

cortéis *get shy* pista *clue*

Después de ver el corto

1 **Comprensión** Contesta las preguntas con oraciones completas.

1. ¿Dónde está el hombre?
   El hombre está en su carro.
2. ¿A quién llama por teléfono?
   El hombre llama por teléfono a un programa de radio.
3. ¿Qué tipo de programa de radio es?
   Es un programa que recibe llamadas de personas que quieren enviarle un mensaje a alguien.
4. ¿Por qué llama el hombre al programa de radio?
   Quiere decirle a la chica que se ha pillado el vestido en la puerta del carro.
5. ¿Cómo sabe que la mujer está oyendo esa cadena de radio?
   Sabe que está oyendo ese programa de radio porque la ha visto cantando la canción de la radio.
6. ¿Por qué le dice el locutor al hombre que la mujer a lo mejor no quiere salir con él?
   Le dice que tiene que convencer a la chica porque ella puede pensar que es un psicópata.
7. ¿Dónde se conocen el hombre y la mujer en persona?
   Se conocen en una gasolinera.
8. ¿Qué le dice la mujer al hombre?
   Le dice que se quedó sin gasolina.

2 **Ampliación** Contesta las preguntas con oraciones completas.

1. ¿El hombre le habla siempre al locutor o le habla también a la mujer directamente? Explica tu respuesta.
2. ¿Qué harías tú si vieras que alguien en el carro de al lado se ha pillado la ropa en la puerta?
3. En un momento la mujer apaga la radio pero después la vuelve a encender. ¿Qué crees que está pensando en ese momento?
4. ¿Por qué crees que para la mujer en la gasolinera?

3 **Imagina**

A. En parejas, preparen la conversación entre el hombre y la mujer en la gasolinera. Cada uno debe tener por lo menos tres intervenciones en la conversación. Luego, representen la conversación frente a la clase.

B. Imaginen qué ocurre después. ¿Siguen en contacto? ¿Tienen una cita? ¿Qué ocurre en sus vidas? Compartan su final con la clase.

4 **Relaciones mediáticas** Hoy en día, muchas parejas se conocen gracias a los medios de comunicación. En parejas, inventen una historia de amor sobre dos personas que se conocen a través de uno de los medios de la lista. Incluyan detalles sobre cómo se conoció la pareja, por qué fue a través de ese medio específico y cuál fue el desenlace (*outcome*) de la historia. Después, cuenten su historia a la clase.

una revista	un programa de radio
un programa de televisión	Internet

1 To further test students' comprehension, write a series of sentences about the plot on strips of paper. Then have volunteers draw sentences and arrange them in chronological order.

2 Ask additional questions. Ex: **¿Qué harías si estuvieras en el lugar de esta mujer? ¿Irías a la gasolinera? ¿Qué sucedería si este hombre y esta mujer…?**

3 To help students write their dialogues, replay the last scene of the film without sound and have them pay extra attention to the body language of the characters.

3 As a variant, divide the class into two groups, **Ella** and **Él**. Have the first group write a dialogue in which the woman tells her best friend what happened. The second group should write a similar dialogue from the man's viewpoint.

4 For expansion, have students work in pairs to create an ad for a new dating service offered through a magazine, television show, radio show, or online. Encourage students to be creative with the services' title and slogan.

Teaching option Discuss dating practices. Ask: **¿Les parece raro conocer a alguien por Internet o por un anuncio en el periódico? ¿Tendrían vergüenza de contarle a un amigo que conocieron a su novio/a así?**

Autómovil vestido, 1941.
Salvador Dalí, España.

"Modestamente, la televisión no es culpable de nada. Es un espejo en el que nos miramos todos, y al mirarnos nos reflejamos."

— Manuel Campo Vidal

Antes de leer

Sueños digitales (fragmento)

Edmundo Paz Soldán

Sobre el autor

Edmundo Paz Soldán nació en 1967 en Cochabamba, Bolivia; estudió Ciencias Políticas y más tarde se doctoró en Lengua y Literatura Hispanas en Berkeley. Actualmente vive en los EE.UU., donde enseña literatura latinoamericana en la Universidad de Cornell. Su novela *El delirio de Turing* recibió el Premio Nacional de Novela 2002 de Bolivia. Paz Soldán forma parte de una nueva corriente narrativa latinoamericana que hace hincapié (*lays emphasis*) en la cultura urbana, con constantes referencias a los medios de comunicación y a las nuevas tecnologías, lejos ya de los rasgos mágicos característicos de la generación anterior de narradores. Según explicó el autor en una entrevista: "Aquí no se trata tanto de reemplazar el realismo mágico como de mostrar otro lado en el que no se concentró, que es la cultura urbana".

Vocabulario

el/la columnista *columnist*

denunciar *to denounce*

el informativo *news bulletin*

manipular *to manipulate*

la oferta *offer; proposal*

el organismo público *government agency*

el/la periodista *journalist*

la propaganda *advertisement*

Sinónimos Busca en el vocabulario sinónimos para estas palabras.

1. acusar _____denunciar_____

2. programa de noticias _____informativo_____

3. reportero _____periodista/columnista_____

4. aviso publicitario _____propaganda_____

5. propuesta _____oferta_____

6. institución del gobierno _____organismo público_____

Conexión personal

¿Alguna vez te encontraste en una situación en la que no estabas de acuerdo con algo pero tuviste que hacerlo igual porque era tu trabajo? ¿Cómo te sentiste?

Análisis literario: la cultura urbana

Una nueva generación de narradores latinoamericanos, que incluye nombres como Rodrigo Fresán, Edmundo Paz Soldán y Naief Yehya, entre otros, quiere romper con el realismo mágico. Prefieren ocuparse de criaturas urbanas de clase media alta que se mueven en un mundo globalizado y comparten los mismos códigos de todas las grandes ciudades del mundo. Al leer este relato, presta atención para ver si logras encontrar alguno de los aspectos que crees que son típicos de Latinoamérica. Al terminar, responde: ¿resulta obvio que la historia transcurre en Latinoamérica o podría desarrollarse (*take place*) en algún otro lugar del mundo? ¿Por qué?

Sebastián es un talentoso diseñador gráfico que trabaja para un periódico en la capital boliviana. Es conocido en el ambiente del diseño por su especial talento para la manipulación de imágenes digitales. Está a punto de recibir una visita inesperada en su oficina cuyas consecuencias pueden cambiar el curso de la historia de su país.

Sueños digitales

(fragmento)

Edmundo Paz Soldán

Un jueves por la mañana, sonó el teléfono en el Cuarto Iluminado y una mujer pidió hablar con Sebastián. Braudel, que dibujaba con CorelDraw en la computadora (una plaza desierta y llena de restos de columnas, un obvio homenaje a Chirico para ser utilizado en una propaganda de una compañía de seguros°), le dijo que esperara. Le preguntó a Píxel si había visto a Sebastián. —¿De parte de quién?

—De una revista de La Paz. Queremos entrevistarlo.

—Está por ahí. Lo vi hace un rato.

Sebastián apareció con una Hola en la mano. Píxel lo miró moviendo la cabeza de arriba a abajo, impresionado. Había creado un monstruo: no pasaba mucho tiempo desde aquel día en que Sebastián había aparecido en la oficina con la petulancia° de sus años, quejándose de alguna tontería. Tampoco pasaba mucho tiempo desde que la cabeza del Che y el cuerpo de la Welch se habían impreso en el imaginario citadino como partes inseparables de un todo. Ahora a Sebastián lo buscaba la fama, mientras él, sin cuya imaginación visionaria los Seres Digitales no hubieran abandonado una computadora y comenzado a adquirir vida propia, era ignorado sin misericordia. Había creado un monstruo que creaba monstruos.

—¿Algo interesante? —preguntó con tono casual, apenas Sebastián colgó.

—Nada —respondió Sebastián—. Le dije que no quería publicidad.

Lo cierto era que la llamada lo había intrigado. La mujer le dijo que no se trataba de una entrevista, sino de una «oferta muy interesante». Había quedado° en encontrarse con ella esa misma tarde, en un café alejado del centro°. No perdería nada escuchándola.

Píxel se dijo que hasta los monstruos podían terminar siendo devorados. Eso lo

había aprendido jugando Pac-Man.

Al salir, Sebastián se cruzó con Alissa y Valeria Rosales. Discutían. La Rosales era una columnista que tenía la costumbre de meterse en líos° por pasársela denunciando la corrupción de las juntas vecinales, el comité cívico, los sindicatos, la alcaldía y la prefectura, todos los organismos públicos susceptibles° de corrupción (que eran todos los organismos públicos).

A Sebastián se le había ocurrido pedirle a Alissa un aumento de sueldo. Ella podría convencer a Junior. La vio tan metida en su discusión°, que siguió su camino sin decir nada.

El Mediterráneo tenía las paredes llenas de fotos de artistas de la época dorada de Hollywood. Era pequeño, y se respiraba un olor a granos frescos de café y a cigarrillo. Había poca gente, y Sebastián supo quién era la mujer apenas entró. Se acercó a su mesa en el fondo.

—Isabel Andrade —dijo ella extendiendo la mano. Tenía una minifalda° negra y botines° de gamuza°, un agitado escote en ve en la camisa azul marino. Sebastián percibió que tenía las mismas cejas finas y oblicuas de Nikki°. Ella se levantó y le extendió la mano.

—Bond. James Bond —dijo él con una mueca° burlona, no había podido evitar la broma. El pelo rubio recogido en un moño, el pañuelo en el cuello: azafata o ejecutiva de cuentas. Otros la hubieran encontrado linda; él no, o sí, pero de manera inofensiva.

Sebastián resopló —a veces le faltaba aire, era raro, no fumaba mucho y de vez en cuando iba al gimnasio, debía hacerse chequear—, y tomó asiento. Pidió una limonada al mozo°. Isabel pidió un café con leche.

—Usted dirá —dijo Sebastián.

Isabel miró alrededor suyo, como cerciorándose° de que no la espiaban°. Sacó

Glosses (right margin):
- to get into trouble
- liable
- argument
- miniskirt
- ankle boots/ suede
- Sebastián's wife
- expression
- waiter
- making sure/ were spying

Glosses (left margin):
- insurance
- petulance
- had agreed to
- downtown

Sueños digitales (fragmento)
Edmundo Paz Soldán

1 ① **Comprensión** Decide si las oraciones son **ciertas** o **falsas**. Corrige las falsas.

1. El apellido de Sebastián es Píxel. Falso. Píxel es un compañero de trabajo.

2. La acción se desarrolla en Bolivia. Cierto.

3. Sebastián cree que la mujer quiere hacerle una entrevista para una revista.
Falso. La mujer le dice que no se trata de una entrevista sino de una oferta muy interesante.

4. Las fotos prueban la corrupción del presidente Montenegro.
Cierto.

5. Isabel le propone algo inocente.
Falso. Isabel le pide de manera inocente algo nada inocente.

6. Sebastián dice que no acepta la propuesta.
Falso. Aunque le dice a Isabel que no le promete nada, parece que ya ha decidido manipular la foto.

2 **Interpretación** En parejas, respondan a las preguntas.

1. ¿En qué época piensas que se desarrolla el relato?

2. La mujer cita a Sebastián en un café alejado del centro. ¿Les parece que lo hace por alguna razón?

3. ¿Cuáles crees que pueden ser las tareas específicas del Ministerio de Informaciones?

4. ¿Qué prueban las fotos que le muestra Isabel?

5. ¿Qué factores piensas que lo impulsan a tomar la decisión de hacer o no el trabajo? ¿Crees que hará el trabajo?

3 **Análisis** Lee el relato nuevamente y responde a las preguntas.

1. ¿Qué características podrías señalar de Sebastián? ¿Podría ser un joven profesional de otro lugar? ¿O es, para ti, un típico latinoamericano?

2. En el relato se mencionan el programa CorelDraw, el pintor De Chirico, la revista Hola, Raquel Welch, el Che Guevara, el juego de Pac-Man y James Bond. ¿Qué tienen en común? ¿Qué te dicen acerca del punto de vista del autor?

3. Relee la descripción del café. ¿Piensas que podrías encontrarlo en cualquier lugar del mundo o sólo en una ciudad de América del Sur?

4. ¿Te parece que la historia podría estar basada en eventos reales? ¿Por qué?

4 **Situaciones éticas** En grupos de tres, lean estas situaciones y decidan si lo que hizo el personaje es ético o no y expliquen por qué.

• Juan va por la calle y encuentra tirado un reloj. Decide quedárselo.

• Una persona sale en carro del estacionamiento de un supermercado y María observa que la persona olvidó una caja de latas de refresco. María espera unos diez minutos y, como la persona no regresa, se lleva la caja de latas.

5 **La verdad** Imagina que eres un(a) periodista que logra apoderarse de las fotos y escribe un artículo exponiendo el complot del Ministerio de Informaciones para ocultar la verdad. Escribe un titular y un artículo de tres párrafos.

Teaching notes (left margin)

① Have students write two more true or false statements about the reading. Then ask classmates to answer **cierto** or **falso** and correct any false statements.

② Ask additional questions, such as: **¿Creen que Sebastián guardará el secreto? Al principio, ¿qué pensaban que iba a ser la "oferta interesante"?**

③ For item 1, ask: **¿Cómo cambiaría el tono de la historia si el autor no hiciera referencias a la cultura popular?** Point out that many of these references are relevant to a specific time period. **¿Qué efecto tendrían estas referencias en un lector que lea esta historia dentro de cien años?**

④ Give students an additional dilemma: **Marcelo va a la oficina del profesor de francés. El profesor no está, pero Marcelo ve el examen de mañana sobre el escritorio y le echa una mirada para ver el tipo de ejercicios.**

④ Ask volunteers to share a personal anecdote in which they were faced with an ethical dilemma. Encourage classmates to ask questions.

⑤ Before students begin writing, brainstorm a list of questions the readers of this article will want answered. Ex: **¿Cuándo sucedió? ¿Quién tomó la decisión de ocultar la verdad?**

Antes de leer

INSTRUCTIONAL RESOURCES
Supersite

Vocabulario

aislar *to isolate*

bilingüe *bilingual*

el guaraní *Guarani*

el/la hablante *speaker*

el idioma *language*

la lengua *language; tongue*

monolingüe *monolingual*

vencer *to conquer*

Idiomas de Bolivia Completa las oraciones con el vocabulario de la tabla.

1. Gran parte de los ciudadanos de Bolivia son ___hablantes___ de español.

2. Aunque los conquistadores españoles trataron de imponer el ___idioma___ de su tierra, no se puede decir que los habitantes de Bolivia son ___monolingües___.

3. La ___lengua___ materna de muchos bolivianos no viene de los españoles, sino de los indígenas que son nativos del lugar.

4. Hay muchos bolivianos ___bilingües___ que se comunican en español y quechua o en español y aymara.

Conexión personal ¿De dónde vienen tus antepasados? ¿Han preservado algo de otra cultura? ¿Qué cosas? ¿Te identificas con esa(s) cultura(s)?

Contexto cultural

Los ríos, las montañas y la historia se han juntado (*come together*) para aislar a algunos pueblos de Latinoamérica y, en el proceso, permitir la supervivencia (*survival*) de cientos de idiomas indígenas. Suramérica manifiesta una diversidad lingüística casi incomparable. De hecho, en la época anterior a la conquista europea, existían más de 1.500 idiomas. En la actualidad, suramericanos bilingües y monolingües conversan en más de 350 lenguas de raíces (*roots*) no relacionadas. Entre las más de 500 lenguas que se calcula que existen en Latinoamérica, se encuentran 56 familias lingüísticas y 73 idiomas aislados, es decir, idiomas sin relación aparente. En comparación, los idiomas de Europa provienen de (*come from*) tres familias lingüísticas y hay sólo un idioma aislado, el vasco.

Algunas lenguas indígenas disponen de pocos hablantes y están en peligro de extinción, pero muchas otras prosperan y mantienen un papel central. Por ejemplo, el quechua, idioma de los incas, tiene diez millones de hablantes, sobre todo en el Perú y Bolivia y también en zonas de Colombia, el Ecuador, la Argentina y Chile. En Bolivia, el Paraguay y el Perú, por lo menos una lengua indígena comparte con el español el puesto (*position*) de lengua oficial del país.

Conexión personal Have students write brief statements about their origin, traditions, and habits. Ex: **Hablo otro idioma con mis padres y mis parientes. Nací en otro país. Soy estadounidense. Viví mucho tiempo en otro país. Mis abuelos vinieron después de la guerra.** Then have students go around the room and find one person that matches each statement.

Contexto cultural Encourage students to think about the characteristics of a bilingual society. Ask: **¿Creen que la sociedad estadounidense es bilingüe? ¿El español debe ser un idioma oficial en los EE.UU.? Justifiquen sus respuestas.**

Guaraní: la lengua vencedora

ÑE'ĒMYESAKÃHA
DICCIONARIO
lexicológico Guaraní–Guaraní

Instituto Superior de Educación
"Dr. Raúl Peña".
Decreto de creación del 16 de enero de 1968.
Ley de Autonomía Institucional N°1692 del 7 de mayo de 2001.

SERVI LIBRO

Diccionario
GUARANÍ-CASTELLANO
CASTELLANO-GUARANÍ

"AVAÑE'Ē POTY"

Selección lexicográfica de
FÉLIX DE GUARANIA

SERVI LIBRO

1 Es más probable que un habitante de Asunción, capital del
Paraguay, salude a un amigo con las palabras **Mba'éichapa reiko?**
que con la pregunta *¿Qué tal?* Lo más lógico es que el compañero
responda **Iporânte ha nde?** en vez de *Bien, ¿y tú?* También es más
5 probable que un niño paraguayo comience la escuela (o **mbo'ehao**)
sin hablar español que sin saber comunicarse en guaraní.

Hay cientos de idiomas en Latinoamérica pero el caso del guaraní en el Paraguay es único. Más que una lengua oficial, el guaraní
10 es la lengua del pueblo paraguayo. Cuando los españoles invadieron lo que ahora se conoce como Latinoamérica, trajeron e impusieron° su lengua como parte de la conquista cultural. Aunque muchas personas
15 se resistieron a aprenderlo, el español se convirtió° en lengua del gobierno y de las instituciones oficiales en casi todas partes. En la actualidad, el hecho de conversar en español o en uno de los múltiples idiomas
20 indígenas depende frecuentemente del origen de un individuo, de su contexto social, de sus raíces familiares y de muchos factores más. El uso de una lengua autóctona° típicamente se limita a las poblaciones indígenas, sobre
25 todo a las que viven aisladas. En el Paraguay, aunque la mayoría de la población es mestiza°, actualmente las comunidades indígenas de origen guaraní son una minoría sumamente° pequeña. Sin embargo, el guaraní se ha
30 adoptado universalmente como lengua oral de todas las personas y en todos los lugares.

El conocido escritor uruguayo Eduardo Galeano afirma que no hay otro país más que el Paraguay en el que "la lengua de los
35 vencidos se haya convertido en lengua de los vencedores". Las estadísticas cuentan una historia impresionante: casi el 40% de la población paraguaya es monolingüe en guaraní, más del 50% es bilingüe y sólo el
40 5% es monolingüe en español. Es decir, la lengua de la minoría nativa ha conquistado el país. Casi todos los hablantes del guaraní se expresan en *jopara*, una versión híbrida del idioma que toma prestadas° palabras del
45 español.

Aunque la predominancia° del guaraní es innegable°, los defensores de la lengua han observado que el español ha mantenido hasta hace poco una posición privilegiada
50 en el gobierno y en la educación. La falta de equilibrio se debe a una variedad de razones complejas, incluyendo algunos factores sociales, diferentes oportunidades económicas

imposed

became

native

of Spanish and native American descent

extremely

borrows

prevalence

undeniable

y el uso del español para comunicarse con la comunidad global. No obstante, en las 55 últimas décadas se reconoce cada vez más la importancia del guaraní y su prestigio aumenta°. En 1992 se cambió la constitución paraguaya para incluir la declaración: "El Paraguay es un país pluricultural y bilingüe. 60 Son idiomas oficiales el castellano y el guaraní". El guaraní prospera también en las artes y en los medios de comunicación. Existe una larga tradición popular de narrativa oral que en las últimas décadas se ha incorporado 65 a la escritura e inspirado a jóvenes poetas. El célebre novelista paraguayo Augusto Roa Bastos (1917–2005) ha introducido expresiones y sonidos del guaraní en sus cuentos. Aunque la presencia en los medios 70 escritos aún es escasa, los nuevos medios de comunicación del siglo XX y XXI contribuyen a la promoción del idioma, y permiten, por ejemplo, que se estudie guaraní y que se publiquen narrativas en Internet. 75

¿Cómo logró una lengua indígena superar al español y convertirse en el idioma más hablado del Paraguay? ¿Se debe a alguna particularidad del lenguaje? ¿O es la consecuencia de factores históricos, como 80 la decisión de los jesuitas de predicar° el catolicismo en guaraní? ¿Qué papel tiene el aislamiento del Paraguay, ubicado en el corazón del continente y sin salida al mar? Nunca se podrá identificar una sola razón, 85 pero es evidente que con su capacidad de supervivencia y adaptación a los nuevos tiempos, el guaraní comienza a conquistar el futuro. ■

is growing

preach

El guaraní

- En el Paraguay más del 90% de la población se comunica en guaraní. Junto con el español, es lengua oficial del país.
- También se habla guaraní en partes de Brasil, Bolivia y la Argentina.
- La moneda del Paraguay se llama guaraní.

Guaraní: la lengua vencedora

① Comprensión Después de leer el texto, decide si las oraciones son **ciertas** o **falsas**. Corrige las falsas.

Cierto	Falso	
☐	☑	1. Suramérica manifiesta poca variedad lingüística. Suramérica manifiesta una diversidad lingüística casi incomparable.
☑	☐	2. Por lo general, en Suramérica sólo las poblaciones indígenas hablan una lengua indígena.
☐	☑	3. La mayoría de la población paraguaya es de origen guaraní. La mayoría de la población paraguaya es mestiza.
☐	☑	4. El 50% de la población del Paraguay es monolingüe en español. El 40% de la población es monolingüe en guaraní, más del 50% es bilingüe y sólo el 5% es monolingüe en español.
☑	☐	5. La Constitución de 1992 declaró que el Paraguay es un país pluricultural y bilingüe.
☑	☐	6. Existe una larga tradición popular de narrativa oral en guaraní.

② Análisis Contesta las preguntas utilizando oraciones completas. Some answers will vary.

1. ¿Cuáles son algunas de las señales de que una lengua prospera?

2. ¿De qué manera es especial el caso del guaraní?
El idioma de una minoría étnica se convirtió en el idioma de la mayoría.

3. ¿Por qué se dice que el guaraní es el lenguaje del pueblo paraguayo?
La mayoría de los paraguayos se comunican en guaraní.

4. ¿A quiénes se refiere Eduardo Galeano cuando habla de los "vencedores" y los "vencidos"?
Los vencedores son los españoles que colonizaron el Paraguay y los vencidos son las minorías indígenas.

5. ¿Qué es el *jopara* y quién lo utiliza?
Es una versión híbrida del guaraní que usa palabras del español. Lo utilizan casi todos los hablantes del guaraní.

③ Reflexión Un ejemplo de la tradición de narrativa oral en guaraní son los dichos populares. En grupos de tres, expliquen el significado y el posible contexto de los tres dichos del recuadro. ¿Hay algún dicho en español o en inglés que tenga un mensaje similar? ¿Qué elementos característicos de la cultura local se hacen evidentes en los dichos?

Dichos populares en guaraní

Hetárõ machu kuéra, mbaipy jepe nahatãi.

Si hay muchas cocineras, ni la polenta se puede hacer.

Ñande rógape mante japytu'upa.

Sólo descansamos bien en nuestra casa.

Ani rerovase nde ajaka ava ambue akã ári.

No pongas tu canasto en la cabeza de otra persona.

---

④ Ensayo ¿Por qué crees que el gobierno del Paraguay cambió su constitución en 1992? ¿El cambio protege a una minoría o refleja la realidad de la mayoría? ¿Cuáles son las ventajas de vivir en un país pluricultural y bilingüe? ¿Hay alguna complicación? Escribe una composición de por lo menos tres párrafos dando tu opinión sobre estas preguntas.

---

② Have students give other examples of bilingual communities. Be sure to point out important examples they will already be familiar with: Canada, Hawaii, etc.

③ Ask volunteers to give examples of a situation in which these phrases might be used.

④ Have students free-write their essays without crossing things out or worrying about spelling and grammar. Once they have completed a rough draft, ask them to revise with a different color pen.

Teaching option For advanced classes, have students write a brief comparative essay about bilingualism in Paraguay and the United States or Canada. Ask them to consider language use at work, at school, and in popular culture. Encourage students to use comparative forms (**Estructura 5.1**) and expressions with **lo**.

Atando cabos

¡A conversar!

¿Telenovelas educativas?

A. Lean la cita y, en grupos de tres, compartan sus respuestas a estas preguntas.

> "Todo programa educa, sólo que —lo mismo que la escuela, lo mismo que el hogar— puede educar bien o mal." (Mario Kaplún, periodista argentino-uruguayo)

1. ¿Están de acuerdo con esta cita? ¿O creen que sólo los programas explícitamente educativos pueden enseñar algo al público?

2. Si "educar" significa "aumentar los conocimientos", ¿de qué manera un programa de televisión puede educar "mal"? ¿Están de acuerdo con esa definición?

B. Los participantes de un debate tuvieron que dar su opinión sobre el valor de las telenovelas teniendo en cuenta lo dicho por Mario Kaplún. Lean las dos opiniones y decidan con cuál están más de acuerdo. Agreguen más argumentos para defender la postura que tomaron. Usen los pronombres relativos **que**, **cual** y **cuyo**.

El *debate* de hoy: las telenovelas

En la cita, Mario Kaplún se refiere a la televisión en general. ¿Qué pasa en el caso particular de las telenovelas? ¿Creen que las telenovelas educan "bien" o "mal"?

Carlos Moreira (52)
Colonia, Uruguay

¡Estoy de acuerdo! Incluso las peores telenovelas pueden educar "bien". En primer lugar, siempre educan indirectamente. Los personajes suelen ser estereotipos, lo cual es importante porque permite que los televidentes se identifiquen con los deseos y los temores de personajes que se muestran como modelos positivos. Además, en países como México se producen telenovelas con fines específicamente educativos, los cuales incluyen enseñar al público acerca de enfermedades, problemas sociales, etc.

Sonia Ferrero (37)
Ciudad del Este, Paraguay

Las telenovelas siempre educan mal, lo que es igual que decir que no educan. ¿Qué puede tener de educativo un melodrama exagerado con personajes que se engañan constantemente? ¿Qué pueden tener de positivo historias que muestran relaciones personales retorcidas (*twisted*)? Yo no veo nada educativo en melodramas que perpetúan estereotipos sobre buenos, malos, ricos y pobres. Me gustaría ver telenovelas más realistas, cuyos personajes sean personas comunes.

¡A escribir!

Televisión en guaraní

Imagina que vives en el Paraguay y tu telenovela favorita sólo se transmite en español. Escribe una carta al periódico paraguayo *La Nación* pidiendo que se haga una versión doblada al guaraní o que se incluyan subtítulos en guaraní. Explica por qué crees que es importante que haya una versión en guaraní. Debes incluir también tu opinión sobre estas preguntas: ¿Quiénes se beneficiarían? ¿Por qué? ¿Quién debería cubrir el costo de la versión en guaraní: los productores de la telenovela o el gobierno? ¿Debería ser obligatorio ofrecer versiones de programas en los dos idiomas?

¡A conversar!
- Point out that some elementary and high schools have access to student news channels and other informational programming. Ask: **¿Les parece bien que haya televisores en los salones de clase? ¿Cuáles son las ventajas y desventajas de esto?**
- Ask students to think of popular news channels. **¿Quiénes son los dueños de las grandes cadenas y cómo influye esto en el contenido de sus programas?**
- For Part B, have students make arguments about the educational value of talk shows, reality shows, and cartoons.

¡A escribir!
- Review how the subjunctive can be useful for persuasion. Ex: **Es necesario que… Me gustaría que… Aunque…**
- Encourage students to brainstorm what the potential benefits of a dubbed version of the soap opera would be to the network.
- As an additional writing exercise, have students exchange their letters with classmates and write a response letter from the officials at the television network.

La cultura popular y los medios de comunicación   *trescientos cincuenta y nueve* **359**

La televisión, la radio y el cine

la banda sonora	soundtrack
la cadena	network
el canal	channel
el/la corresponsal	correspondent
el/la crítico/a de cine	film critic
el documental	documentary
los efectos especiales	special effects
el episodio (final)	(final) episode
el/la locutor(a) de radio	radio announcer
el/la oyente	listener
la (radio)emisora	radio station
el reportaje	news report
el/la reportero/a	reporter
los subtítulos	subtitles
la telenovela	soap opera
el/la televidente	television viewer
el video musical	music video
grabar	to record
rodar (o:ue)	to film
transmitir	to broadcast
doblado/a	dubbed
en directo/vivo	live

La cultura popular

la celebridad	celebrity
el chisme	gossip
la estrella (pop)	(pop) star [m/f]
la fama	fame
la moda pasajera	fad
la tendencia/ la moda	trend
hacerse famoso/a	to become famous
tener buena/ mala fama	to have a good/ bad reputation
actual	current
de moda	popular; in fashion
influyente	influential
pasado/a de moda	out-of-date; no longer popular

Los medios de comunicación

el acontecimiento	event
la actualidad	current events
el anuncio	advertisement; commercial
la censura	censorship
la libertad de prensa	freedom of the press
los medios de comunicación	media
la parcialidad	bias
la publicidad	advertising
el público	public; audience
enterarse (de)	to become informed (about)
estar al tanto/al día	to be informed, up-to-date
actualizado/a	up-to-date
controvertido/a	controversial
de último momento	up-to-the-minute
destacado/a	prominent
(im)parcial	(un)biased

La prensa

el/la lector(a)	reader
las noticias locales/ nacionales/ internacionales	local/domestic/ international news
el periódico/ el diario	newspaper
el/la periodista	journalist
la portada	front page; cover
la prensa	press
la prensa sensacionalista	tabloid(s)
el/la redactor(a)	editor
la revista (electrónica)	(online) magazine
la sección de sociedad	lifestyle section
la sección deportiva	sports page/section
la tira cómica	comic strip
el titular	headline
imprimir	to print
publicar	to publish
suscribirse (a)	to subscribe (to)

Cinemateca

el maletero	trunk
la nuca	nape
la sintonía	synchronization; tuning; connection
aclarar	to clarify
dar la gana	to feel like
darse cuenta (de)	to realize
darse por aludido/a	to realize/assume that one is being referred to
embalarse	to go too fast
fijarse	to notice
parar el carro	to hold your horses
pillar	to get (catch)

Literatura

el/la columnista	columnist
el informativo	news bulletin
la oferta	offer; proposal
el organismo público	government agency
el/la periodista	journalist
la propaganda	advertisement
denunciar	to denounce
manipular	to manipulate

Cultura

el guaraní	Guarani
el/la hablante	speaker
el idioma	language
la lengua	language; tongue
aislar	to isolate
vencer	to conquer
bilingüe	bilingual
monolingüe	monolingual

Más vocabulario

Expresiones útiles	Ver p. 329
Estructura	Ver pp. 336, 338–339 y 342

La literatura y el arte  **10**

Communicative Goals

You will expand your ability to...
- say what will have happened
- say what would have happened
- make contrary-to-fact statements about the past

SUPERSITE

INSTRUCTIONAL RESOURCES
Supersite/IRCD:
Audioscripts,
Textbook Answer Key,
SAM Answer Key
SAM/WebSAM: WB, LM

La literatura y el arte

Preview Find out about students' experience with art and literature. ¿Qué papel tienen el arte y la literatura en sus vidas diarias? ¿Les gusta ir a los museos de arte? ¿Estudian literatura en sus clases? ¿Cuáles son sus artistas y autores preferidos?

La literatura

Después de **hojear** un atlas para consultar unos mapas, María Cecilia sigue trabajando en el **argumento** de su nueva novela **humorística**, que **narra** con humor la historia de un náufrago.

el argumento *plot*
la caracterización *characterization*
la estrofa *stanza*
el/la narrador(a) *narrator*
el personaje *character*
el/la protagonista *protagonist*
el punto de vista *point of view*
la rima *rhyme*
el verso *line (of poetry)*
———
desarrollarse *to take place*
hojear *to skim*
narrar *to narrate*
tratarse de *to be about; to deal with*
———
didáctico/a *educational*
humorístico/a *humorous*
satírico/a *satirical*
trágico/a *tragic*

Los géneros literarios

la (auto)biografía *(auto)biography*
la ciencia ficción *science fiction*
la literatura infantil/juvenil *children's literature*
la novela rosa *romance novel*
la poesía *poetry*
la prosa *prose*
———
clásico/a *classic*
de terror *horror (story/novel)*

histórico/a *historical*
policíaco/a *detective (story/novel)*

Los artistas

el/la artesano/a *artisan*
el/la dramaturgo/a *playwright*
el/la ensayista *essayist*
el/la escultor(a) *sculptor*
el/la muralista *muralist*
el/la novelista *novelist*
el/la pintor(a) *painter*
el/la poeta *poet*

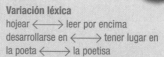

Variación léxica
hojear ←——→ leer por encima
desarrollarse en ←——→ tener lugar en
la poeta ←——→ la poetisa

El arte

En la clase de **bellas artes**, Mario y Lucía tienen que pintar una **naturaleza muerta**. Mario eligió usar **óleo** pero Lucía prefiere la **acuarela**.

la acuarela *watercolor*
el autorretrato *self-portrait*
las bellas artes *fine arts*
el cuadro *painting*
la escultura *sculpture*
la naturaleza muerta *still life*
la obra (de arte) *work (of art)*
el óleo *oil painting*
el pincel *paintbrush*
la pintura *paint; painting*
la tela *canvas*

dibujar *to draw*
diseñar *to design*
esculpir *to sculpt*
reflejar *to reflect; to depict*

abstracto/a *abstract*
contemporáneo/a *contemporary*
inquietante *disturbing; unsettling*
intrigante *intriguing*
llamativo/a *striking*
luminoso/a *bright*
realista *realistic; realist*

al estilo de *in the style of*
de buen/mal gusto *in good/bad taste*

Las corrientes artísticas

la corriente/el movimiento *movement*
el cubismo *cubism*
el expresionismo *expressionism*
el impresionismo *impressionism*
el realismo *realism*
el romanticismo *romanticism*
el surrealismo *surrealism*

La literatura y el arte

---

① To aid comprehension, have students read the questions before listening to the interview.

Práctica

1 Escuchar

A. Escucha el programa de televisión y después completa las oraciones con la opción correcta.

1. Se ha organizado una (corriente / (exposición)) en el Museo de Arte Contemporáneo.

2. La exposición trata de los movimientos artísticos desde el ((romanticismo)/ realismo).

3. En la exposición se pueden ver las obras de escultores y (artesanos /(pintores)) del país.

4. Muchos creen que la obra de José Ortiz es de (buen /(mal)) gusto.

5. El presentador del programa encuentra la obra de José Ortiz muy ((intrigante)/ abstracta).

B. Escucha la entrevista del programa *ArteDifusión* y contesta las preguntas. Answers may vary slightly.

1. ¿A qué género literario pertenece la novela *El viento*?
   al género de novela histórica

2. ¿De qué otros géneros tiene elementos?
   elementos humorísticos y de novela rosa

3. ¿Desde qué punto de vista se ha escrito esta novela?
   desde el punto de vista de un protagonista masculino

4. ¿Qué personajes son los más frecuentes en la obra de Mayka Ledesma?
   los personajes femeninos

5. ¿Qué tienen que hacer los lectores para darse cuenta de que es una obra divertida?
   hojear la obra

C. En parejas, inventen una entrevista a un(a) escritor(a) o artista famoso/a y represéntenla para la clase.

2 Relaciones Conecta las palabras de forma lógica.

_f_ 1. estrofa	a. corriente artística
_a_ 2. cubismo	b. teatro
_c_ 3. tela	c. pincel
_e_ 4. esculpir	d. artesano
_b_ 5. dramaturgo	e. escultor
_h_ 6. novela policíaca	f. verso
_d_ 7. artesanía	g. realismo
_g_ 8. realista	h. género literario

② For expansion, call on volunteers to describe the relationship between each word set. Ex: **El cubismo es una corriente artística.**

Teaching option For additional vocabulary practice, have students find an art piece on the Internet and write a brief description using at least five words from **Contextos**.

trescientos sesenta y tres **363**

Práctica

③ For additional practice, have students work in pairs to create five more sentences with missing vocabulary words. Then have them exchange papers with another pair and complete the activity.

③ Un crítico sin inspiración Un crítico de arte y literatura dejó oraciones a medio completar. Completa sus oraciones con algunos de los términos de la lista.

acuarela	de mal gusto
al estilo de	inquietante
argumento	llamativo

1. Sus obras son demasiado ___llamativas___; en todas usa muchos colores brillantes.

2. La ___inquietante___ escena en la que aparece el fantasma del padre está inspirada en su novela anterior.

3. Vi un par de óleos bellos en su nueva exhibición, pero lo que más impresiona son las ___acuarelas___.

4. El ___argumento___ de la novela es tan confuso que ni se puede comprender.

5. Tan admirada es, que todos en la nueva generación desean también pintar ___al estilo de___ su maestra.

④ As an optional writing assignment, have students invent plot fragments for these literary genres: **novela de terror, novela histórica, novela juvenil.**

④ Géneros En parejas, lean los fragmentos de estas obras e indiquen a qué género literario pertenecen. Luego, elijan uno de los fragmentos y desarrollen brevemente el argumento.

1. María Fernanda del Olmo estaba locamente enamorada de Roberto Castro, pero vivía su amor en silencio. ___novela rosa___

2. Una intensísima luz lo despertó. ¿Qué podía ser? Extrañado, se acercó a la ventana. Estaba confundido, ¿era un sueño? El cielo estaba cubierto de pequeñas luces que se movían de un lado a otro, sin sentido. ___ciencia ficción___

3. Harry estaba en su despacho, aburrido. Hacía días que buscaba sin éxito al único testigo (*witness*) del crimen. ___novela policíaca___

4. Sólo tenía doce años cuando nos fuimos a vivir a Chile. Todavía lo recuerdo como uno de los momentos más importantes de mi vida. ___autobiografía___

⑤ Ask additional discussion questions about art. Ex: **¿Les gusta el arte en los espacios públicos? ¿Creen que el gobierno local debe invertir en las artes? ¿Qué importancia tiene el arte para la gente de una ciudad? Expliquen sus repuestas.**

⑤ Preferencias Contesta las preguntas con oraciones completas. Después, comparte tus respuestas con un(a) compañero/a.

1. ¿Cuál es tu género literario favorito? ¿Y tu personaje favorito? ¿Por qué?

2. ¿Crees que hay arte de mal gusto? Razona tu respuesta.

3. Imagina que eres artista. ¿Qué serías: muralista, poeta, escultor(a), otro?

4. ¿Qué estilo te interesa más, el realista o el abstracto?

5. ¿Qué influye más en la sociedad: la pluma (*pen*) o el pincel? ¿Por qué?

6. ¿Qué corriente artística te parece más innovadora? ¿Por qué?

⑤ For expansion, ask students to talk about the last book they read. **¿Quién es el autor? ¿A qué género pertenece el libro? ¿De qué se trata?**

Comunicación

6 **Corrientes artísticas** En grupos de tres, describan estos cuadros y respondan las preguntas. Utilicen algunos términos de la lista en sus respuestas.

- ¿A qué corriente artística pertenece la obra?
- ¿Cómo es el estilo del pintor?
- ¿Qué adjetivos usarías para describir el cuadro?
- ¿Hay otras obras u otros artistas que sean comparables?

abstracto	cubismo
contemporáneo	expresionismo
intrigante	impresionismo
llamativo	realismo
luminoso	romanticismo
realista	surrealismo

Reloj blando en el momento de su primera explosión, Salvador Dalí

Marilyn, Andy Warhol

Mujer sentada en un sillón rojo, Pablo Picasso

Montón de heno, Claude Monet

7 **Críticas literarias** En parejas, escojan un texto que hayan leído. Escriban una breve crítica de la obra, incluyendo todos los puntos de análisis de la lista. Luego presenten su análisis a la clase y ofrezcan su opinión sobre el valor artístico de la obra. ¿La recomendarían?

Género	¿A qué género literario pertenece la obra?
Caracterización	¿Es adecuada la caracterización de los personajes? ¿Te sentiste identificado/a con el/la protagonista?
Punto de vista	¿Quién narra la historia: uno/a de los personajes o un narrador omnisciente?
Argumento	¿Hay sorpresas? ¿Hay acción sin sentido? ¿Se hace lento el desarrollo?
Ambiente	¿En qué época se desarrolla la historia y en qué lugar? ¿Son realistas las descripciones del ambiente (*setting*)?
Tono	¿Cuál es el tono de la obra? ¿Es humorística? ¿Trágica? ¿Didáctica? ¿Qué quiere lograr el/la autor(a) a través del tono?
Tema	¿Cuál es el tema de la obra? ¿Estás de acuerdo con el/la autor(a)?

6 Have students vote for their favorite painting. If time and resources permit, bring in additional artwork for groups to critique.

6 For slower-paced classes, review comparatives and superlatives (**Estructura 5.1**) to help students make comparisons.

7 If students have trouble getting inspired, refer them back to some of the readings they have seen in this course.

7 For expansion, ask: **¿Cómo es la tapa de tu libro preferido?** Have students explain how the art or designs used on the cover correspond to the story.

Teaching option Divide the class into two groups and have them create surveys for their classmates to fill out. One group should survey students' opinions on literature, and the other should survey their opinions on art. Discuss the results as a class.

SUPERSITE

Johnny enseña a sus compañeros de trabajo cómo criticar una obra de arte.

Synopsis
- Johnny brings in a few paintings that Mariela and Éric find ugly.
- Johnny teaches Éric and Mariela the "right" way to appreciate art.
- Fabiola wishes to buy one of the paintings.
- Johnny imagines himself as an art auctioneer.
- Aguayo thinks Fabiola's painting is awful.

JOHNNY Chicos, ésas son las pinturas de las que les hablé. Las conseguí muy baratas. Voy a escribir un artículo sobre ellas. ¿Les dicen algo?

MARIELA Sí, me dicen *iahhgg*.

JOHNNY ¿Cómo que son feas? Es arte. No pueden criticarlo así.

MARIELA Es lo que la gente hace con el arte. Sea modernismo, surrealismo o cubismo, si es feo es feo.

JOHNNY Les mostraré cómo se critica una obra de arte correctamente. Hagamos como si estuviésemos observando las pinturas en una galería. ¿Quieren?

ÉRIC Bien.

Fingiendo que están en una galería…

JOHNNY Me imagino que habrán visto toda la exposición. ¿Qué les parece?

ÉRIC Habría preferido ir al cine. Estas pinturas son una porquería.

JOHNNY No puedes decir eso en una exposición. Si las obras no te gustan, tú debes decir algo más artístico como que son primitivas o son radicales.

MARIELA Si hubiera pensado que son primitivas o que son radicales lo habría dicho. Pero son horribles.

JOHNNY Mariela, *horrible* ya no se usa.

Diana pasa y ve las pinturas.

DIANA Esas pinturas son… ¡horribles!

Luego, en la cocina…

JOHNNY El artista jamás cambiará los colores. ¿Por qué me hiciste decirle que sí?

MARIELA No hubieras vendido ni una sola pieza.

JOHNNY No quiero venderlas, tengo que escribir sobre ellas.

MARIELA No está de más. Podrías llegar a ser un gran vendedor de arte.

JOHNNY *(imaginando…)* Nadie hubiera imaginado un final mejor para esta subasta. Les presento una obra maestra: la *Mona Lisa*.

AGUAYO Quinientos millones de pesos.

JOHNNY ¿Quién da más?

FABIOLA Mil millones de pesos.

JOHNNY Se lo lleva la señorita.

FABIOLA ¿Podría hablar con el artista para que le acentúe un poco la sonrisa?

Más tarde, en la oficina…

JOHNNY Me alegra que hayas decidido no cambiar la obra.

FABIOLA Hubiera sido una falta de respeto.

JOHNNY Claro. Bueno, que la disfrutes.

INSTRUCTIONAL RESOURCES Supersite/DVD: Fotonovela
Supersite/IRCD: Videoscript & Translation, SAM Answer Key
SAM/WebSAM: VM

Preview Before watching the video, assign the video stills to groups of two or three. Ask each group to perform the mini-dialogues for the class.

Lección 10

AGUAYO

DIANA

ÉRIC

FABIOLA

JOHNNY

MARIELA

Fabiola llega a la oficina...

FABIOLA ¡Qué hermoso! Es como el verso de un poema. Habré visto arte antes pero esto es especial. ¿Está a la venta?

MARIELA ¡Claro!

FABIOLA Hay un detalle. No tiene amarillo. ¿Podrías hablar con el artista para que le cambie algunos colores?

JOHNNY ¡Imposible!

FABIOLA Son sólo pinceladas.

JOHNNY Está bien. Voy a hablar con el artista para que le haga los cambios.

FABIOLA Gracias. Pero recuerda que es ésta. Las otras dos son algo...

MARIELA ¿Radicales?

ÉRIC ¿Primitivas?

FABIOLA No, horribles.

En el escritorio de Mariela...

ÉRIC Perdiste la apuesta. Págame.

MARIELA Todavía no puedo creer que haya comprado esa pintura.

ÉRIC Oye, si lo prefieres, en vez de pagar la apuesta, puedes invitarme a cenar.

MARIELA *(sonriendo)* Ni que me hubiera vuelto loca.

Entra Aguayo...

AGUAYO ¿Son las obras para tu artículo?

JOHNNY Sí. ¿Qué le parecen, jefe?

AGUAYO Diría que éstas dos son... primitivas. Pero la del medio *(mirando el cuadro de Fabiola)* definitivamente es... horrible.

Expresiones útiles

Speculating about the past

Me imagino que habrán visto toda la exposición.
I gather you've seen the whole exhibition.

Habrás visto arte surrealista antes, pero esto es especial.
You may have looked at surrealist art before, but this is really something special.

Nadie hubiera imaginado un final mejor.
No one could have imagined a better ending.

Reacting to an idea or opinion

¿Cómo que son feos?
What do you mean they're ugly?

Habría preferido...
I would have preferred...

Si hubiera pensado que..., lo habría dicho.
If I had thought that..., I would have said so.

¡Ni que me hubiera vuelto loco/a!
Not even if I'd gone mad!

Additional vocabulary

acentuar *to accentuate*
criticar *to critique*
estar a la venta *to be for sale*
la galería *gallery*
la pieza *piece*
la pincelada *brushstroke*
la porquería *garbage; poor quality*
la subasta *auction*

Teaching option Photocopy the Videoscript and white out 10–15 words to create a master for a cloze activity. Hand out the photocopies and have students fill in the missing words as they watch the episode.

① Ask students to invent two events that happened before the sequence and two that happen after.

1 **¿Qué pasó?** Indica con números el orden en el que ocurrieron estos hechos.

__2__ a. Diana dice que los cuadros son horribles.

__6__ b. Aguayo opina sobre las pinturas de Johnny.

__1__ c. Johnny les enseña a sus compañeros cómo criticar una obra de arte.

__5__ d. Mariela y Éric hablan de su apuesta (*bet*).

__3__ e. Fabiola quiere comprar una de las pinturas de Johnny.

__4__ f. Johnny sueña con ser un gran vendedor de arte.

② For slower-paced classes, replay the video, pausing at key scenes.

2 **¿Realidad o fantasía?** Indica cuáles de estos acontecimientos verdaderamente ocurrieron y cuáles no.

Realidad	Fantasía	
☐	☑	1. Los empleados de *Facetas* fueron a una galería de arte.
☑	☐	2. Fabiola compró un cuadro que a Mariela le parecía horrible.
☐	☑	3. El pintor agregó amarillo a su cuadro para que Fabiola lo comprara.
☐	☑	4. Johnny vendió la *Mona Lisa* en una subasta.
☐	☑	5. Mariela y Éric salieron a cenar.
☑	☐	6. Aguayo pensó que dos de las piezas eran primitivas.

③ Have students invent five additional statements. Then have them exchange papers with a partner and answer **¿Quién lo diría?**

3 **¿Quién?** Decide quién dijo o posiblemente diría estas oraciones.

ÉRIC   JOHNNY   FABIOLA   MARIELA

1. No pueden criticar el arte diciendo que es *feo*. ___Johnny___

2. A esta pintura le falta color amarillo. ___Fabiola___

3. Todavía no puedo creer que Fabiola haya comprado la pintura. ___Mariela___

4. ¿Por qué no me invitas a cenar, Mariela? ___Éric___

5. Podrías llegar a ser un gran vendedor de arte. ___Mariela___

④ For additional practice, call on volunteers to perform their improvisations for the class. Before they begin, have them describe the setting for each scene.

4 **Conversaciones** En parejas, improvisen una de estas situaciones.

- Mariela y Éric hacen la apuesta. ¿Qué dicen?

- Johnny le pide al pintor que cambie los colores del cuadro. ¿Cómo reacciona el pintor?

- Fabiola le muestra el cuadro a su novio. ¿Qué opina él?

Teaching option If time permits, bring in examples of artwork and tell students to imagine the artist has offered to change the piece according to their suggestions. Ask: **¿Qué cambios harían?**

Ampliación

5 **Sueños** Johnny tiene un sueño en el que llega a ser un famoso vendedor de arte. En parejas, escojan a otros dos personajes de la **Fotonovela** e inventen sus sueños y fantasías.

> **MODELO** Éric sueña con ser Cocodrilo Éric, el fotógrafo más valiente de la selva. En sus fantasías sobre el Amazonas…

6 **Apuntes culturales** En parejas, lean los párrafos y contesten las preguntas.

Salvador Dalí

¿Una exposición o una película?

Según Éric, el cine es más divertido que una exposición surrealista. Uno de los máximos íconos del surrealismo fue **Salvador Dalí**, artista excéntrico español que incursionó en la pintura (ver **Lecturas, Lección 9**) y el cine, entre otros. En *Un perro andaluz*, película clásica del cine español de Luis Buñuel y Salvador Dalí, no hay idea ni imagen que tenga explicación lógica. ¡Quizás Éric la encuentre interesante!

Radicales, sí; feas, ¡jamás!

Para Johnny, hay pinturas radicales, primitivas, pero ¡jamás feas! Por ejemplo, si Johnny criticara la obra del famoso pintor figurativo chileno **Gonzalo Cienfuegos** diría: "Como se observa en su obra *El trofeo*, su arte es radical aunque las figuras aparezcan con cierto realismo. El pintor crea su propio lenguaje con humor e ironía..." ¿Entenderán Éric y Mariela lo que quiere decir Johnny?

El trofeo

Museo MALBA

Por amor al arte

Fabiola se enamoró de una pintura y decidió comprarla. Como ella, el argentino **Eduardo Constantini** decidió comprar dos pinturas en 1970. Su colección privada fue creciendo hasta transformarse en el **MALBA**, Museo de Arte Latinoamericano de Buenos Aires, que posee 130 obras de su colección permanente.

1. El surrealismo fue un movimiento de vanguardia. ¿Sabes de otros movimientos artísticos? ¿Cómo son?

2. ¿Qué tipo de arte te gusta más: el arte clásico como la *Mona Lisa* de Leonardo Da Vinci o el arte moderno como el de Dalí o el de Gonzalo Cienfuegos?

3. ¿Has visitado museos recientemente? ¿Cuáles? Cuenta lo que viste.

4. ¿Cuál es tu opinión sobre los coleccionistas de arte? ¿Piensas que malgastan su dinero o, por el contrario, realizan una inversión?

5. ¿Qué opinas del arte digital?

6. ¿Qué obra de arte te gustaría tener en la sala de tu casa? ¿Por qué?

CHILE

INSTRUCTIONAL RESOURCES
Supersite/DVD: Flash cultura; Supersite: Videoscript & Translation

En detalle

LAS CASAS DE NERUDA

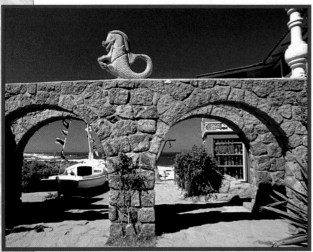

Isla Negra

Muchos de nosotros hemos visto la maravillosa película *Il Postino.* En ella, un cartero se hace amigo del gran poeta chileno. La película reproduce los años que Pablo Neruda vivió en el sur de Italia por razones políticas. Sus continuos viajes como cónsul y el posterior exilio político fueron factores importantísimos en la vida de Neruda. Marcaron, sin duda, su eterno deseo de crear refugios personales en sus casas de Chile. A lo largo de los años, Neruda compró y luego mandó remodelar o construir tres casas en su país natal: "La Sebastiana" en Valparaíso, "La Chascona" en Santiago y la "Isla Negra" en la ciudad costera del mismo nombre. Para él, estas construcciones eran mucho más que simples casas; eran, como su poesía, creaciones personales y, muchas veces, una proyección de sus universos poéticos. Las iba construyendo sin prisa, con gran dedicación y eligiendo hasta el más mínimo detalle.

Isla Negra era la favorita del poeta, y allí fue enterrado° junto con Matilde Urrutia, su gran amor. Hoy día, las tres residencias son casas-museo y reciben más de 100.000 visitantes al año. La Fundación Pablo Neruda, creada por voluntad° expresa del poeta, las administra. Aparte de conservar su patrimonio artístico y encargarse del mantenimiento° de las casas, la fundación organiza actividades culturales y exposiciones.

Hoy día, gracias al deseo de Neruda de mantener las casas como un legado° para el pueblo chileno, todos sus admiradores pueden hacer una visita a una de sus casas. Pueden sentir, por un momento, que forman parte del particular mundo creativo del escritor. ∎

Isla Negra
Neruda compró una pequeña cabaña en 1938 y la fue ampliando a lo largo de los años. La reconstruyó de tal manera que pareciera el interior de un barco. Su tumba y la de Matilde Urrutia están ubicadas en una terraza de la casa con una impresionante vista del Pacífico.

La Chascona
Está situada en un terreno vertical en Santiago de Chile. Se inició su construcción en 1953 y fue bautizada "La Chascona" en honor a Matilde Urrutia. *Chascona*, en Chile, significa "despeinada".

La Sebastiana
La casa, llamada así en honor al arquitecto Sebastián Collado, está en la ciudad de Valparaíso. Se inauguró el 18 de septiembre de 1961. Desde ella se disfruta de una vista privilegiada, en este caso sobre la bahía. Era el lugar favorito de Neruda para pasar la Nochevieja°.

enterrado *buried* voluntad *wish* mantenimiento *maintenance* legado *legacy* Nochevieja *New Year's Eve*

En detalle Pablo Neruda said that his houses were reflections of his poetic universe. Ask students if they believe that the home is a reflection of one's inner self. ¿Creen que una casa puede transmitir el espíritu de las personas que viven en ella? ¿Cómo?

Artes visuales

el arte digital *digital art*

el arte gráfico *graphic art*

el videoarte *video art*

la cerámica *pottery*

el dibujo *drawing; sketching*

el grabado *engraving*

el grafiti *graffiti*

el mural *mural painting*

la orfebrería *goldwork*

el tapiz *tapestry*

Otros creadores

Frida Kahlo es una de las figuras más representativas de la pintura introspectiva mexicana del siglo XX. Su vida estuvo marcada por enfermedades y un matrimonio tortuoso con el muralista Diego Rivera. Es conocida principalmente por sus autorretratos en los que expresa el dolor de su vida personal. (Ver un ejemplo en la **Lección 6**.)

Santiago Calatrava es el arquitecto español de más fama internacional en la actualidad. En sus creaciones predomina el color blanco. El Palacio de Artes, el Museo de las Ciencias y el Hemisférico en Valencia (España) son algunas de sus obras más destacadas.

Ariel Lacayo Argueñal es un famoso chef nicaragüense. Estudió administración y cursó una maestría en enología en los Estados Unidos. En el restaurante neoyorquino Patria cocinó para celebridades como los Clinton, Nicole Kidman y los príncipes de Mónaco. Hoy, junto a su padre, deleita paladares° en un restaurante criollo en Nicaragua.

NERUDA EN LA PINTURA

de la serie
Todo en ti fue naufragio,
Guillermo Núñez

En el año 2002, la Fundación Pablo Neruda y la Fundación Amigos del Arte organizaron una particular exposición para conmemorar el centenario° del poeta chileno más universal, Pablo Neruda. Al mismo tiempo querían celebrar los ochenta años del libro de poemas en español más leído de la historia, *Veinte poemas de amor y una canción desesperada*. Participaron en el proyecto veintiún pintores chilenos.

Su labor: elegir un poema de Neruda, interiorizarlo y plasmar° su proceso de lectura en una pintura. El resultado de la exposición fue un estimulante diálogo entre palabra e imagen. Todos los participantes reflexionaron sobre la palabra poética y, al mismo tiempo, sobre su propio proceso creativo. Entre los pintores que colaboraron estaba el internacionalmente reconocido Guillermo Núñez, quien publicó un libro que cuenta la experiencia de pintar la obra de Neruda. Núñez lleva la conexión entre literatura y pintura a un nivel todavía más complejo.

Guillermo Núñez

❝La eternidad es una de las raras virtudes de la literatura.❞
(Adolfo Bioy Casares, escritor argentino)

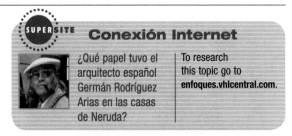

Conexión Internet

¿Qué papel tuvo el arquitecto español Germán Rodríguez Arias en las casas de Neruda?

To research this topic go to **enfoques.vhlcentral.com**.

centenario *centennial (hundred-year celebration of Neruda's birth)*
plasmar *give expression to* **deleita paladares** *pleases the palate*

① After completing the activity, have students create corresponding questions for each item. Ex: ¿De qué se trata la película *Il Postino*?

③ For item 3, ask students to create their own definition of art. Then call on volunteers to share their definitions with the class.

¿Qué aprendiste?

① ¿Cierto o falso? Indica si estas afirmaciones sobre Neruda son **ciertas** o **falsas**. Corrige las falsas.

1. La película *Il Postino* reproduce los años de exilio de Neruda en Italia. Cierto.

2. Neruda no salió casi nunca de Chile. Falso. Viajó como cónsul y luego estuvo en el exilio por razones políticas.

3. Neruda tenía dos casas en Chile: Isla Negra y La Chascona. Falso. Neruda tenía tres casas en Chile: La Sebastiana, Isla Negra y La Chascona.

4. La casa La Chascona se llama así porque está ubicada en un pueblo que también tiene ese nombre. Falso. La casa La Chascona se llama así en honor a Matilde Urrutia.

5. Neruda intervenía muy activamente en la construcción y decoración de sus casas. Cierto.

6. El poeta está enterrado en La Sebastiana. Falso. El poeta está enterrado en Isla Negra.

7. Hoy día, las tres casas son museos. Cierto.

8. La Fundación Pablo Neruda se creó por deseo e iniciativa de los admiradores del poeta. Falso. La Fundación Pablo Neruda se creó por deseo expreso del poeta.

9. La casa Isla Negra está decorada como si fuera un barco. Cierto.

10. A Pablo Neruda le gustaba pasar la Nochevieja en la casa La Sebastiana. Cierto.

11. La Chascona está ubicada en un terreno vertical. Cierto.

12. La Sebastiana, ubicada en Santiago, tiene una vista privilegiada de la ciudad. Falso. La Sebastiana está ubicada en Valparaíso y tiene una vista privilegiada sobre la bahía.

② Oraciones incompletas Completa las oraciones con la información correcta.

1. La Fundación Neruda y la Fundación Amigos del Arte organizaron una exposición para conmemorar __el centenario del poeta__.

2. Los veintiún artistas que participaron tenían que __pintar un cuadro inspirado en un poema__.

3. En las creaciones de Santiago Calatrava predomina __el color blanco__.

4. Diego Rivera se hizo famoso por __sus murales__.

③ Preguntas Contesta las preguntas.

1. ¿Crees que la cerámica y la orfebrería son artes u oficios (*trades*)?

2. ¿Alguna vez hiciste alguna obra usando una de las técnicas de la lista de **Así lo decimos**? ¿Qué hiciste?

3. ¿Crees que una obra arquitectónica o el trabajo de un chef se pueden considerar obras de arte? Explica tu respuesta.

 ④ Opiniones En parejas, elijan otro artista o creador hispano que no haya sido mencionado en esta lección. Expliquen por qué les gusta ese artista o sus obras.

MODELO Hemos elegido al arquitecto argentino Jorge Mario Jáuregui. Nos interesa su trabajo en el programa Favela Barrio en Río de Janeiro porque...

PROYECTO

Artistas

Elige una obra en particular de uno de los artistas que se han presentado en **El mundo hispanohablante**. Busca información y prepara una presentación breve para la clase. No olvides mostrar una fotografía o ilustración de la obra. Usa las preguntas como guía.

- ¿Quién es el/la artista?
- ¿Cómo se llama la obra?
- ¿Cuáles son las características de la obra?
- ¿Por qué es famosa la obra y por qué la elegiste?

④ For additional discussion, have volunteers share the first time they experienced the works of their favorite artists.

Proyecto Encourage students to make their presentations interactive by beginning with a thought-provoking question.

Violeta Parra

"Yo me llamo **Violeta Parra**, pero no estoy muy segura. Tengo cincuenta años a disposición del viento fuerte. En mi vida me ha tocado muy seco todo y muy salado°, pero así es la vida exactamente…" Así se describe la mayor artista chilena del siglo XX, nacida en 1917 en el pueblo de San Carlos. Tuvo una difícil infancia que compartió con ocho hermanos. Despertó su afición musical de niña cuando comenzó cantando en circos y sitios públicos. Su hermano Nicanor la impulsó para que rescatara la música folclórica chilena. Con su actuación en la casa de Pablo Neruda en 1953, su voz comenzó a popularizarse. Siguieron conciertos por Europa y Latinoamérica y su música fundó las bases para la "Nueva Canción". Además del canto, también incursionó en el tapiz°, el bordado°, la escultura y la pintura. En su arte se evidencia un profundo contenido humano que la define como una artista universal más allá del tiempo y de las fronteras.

Discografía

1966 Las últimas composiciones de Violeta Parra   **1956** Violeta Parra, Canto y guitarra
1957 La tonada presentada

Canción

Éste es un fragmento de la canción que tu instructor(a) te hará escuchar.

Gracias a la vida

Gracias a la vida que me ha dado tanto

Me ha dado la risa y me ha dado el llanto°

Así yo distingo dicha° de quebranto°

Los dos materiales que forman mi canto

Y el canto de ustedes que es el mismo canto

Y el canto de todos que es mi propio canto.

¿ Sabías que la canción **Gracias a la vida** fue interpretada por un sinnúmero° de artistas ?

Ésta es una pequeña lista:

- **Joan Baez** (Estados Unidos)
- **Mariette Bodier** (Holanda)
- **David Byrne** (Escocia)
- **Danilo Pérez** (Panamá)
- **Mercedes Sosa** (Argentina)
- **Pedro Vargas** (México)

 Preguntas En parejas, respondan estas preguntas. Some answers will vary.

1. "Me ha tocado muy seco todo y muy salado." ¿Qué quiere decir Violeta Parra con esto?
   Quiere decir que ha tenido una vida difícil.
2. ¿Qué personas influyeron en su vida artística?
   Su hermano Nicanor Parra y el poeta Pablo Neruda influyeron en su vida artística.
3. En la actualidad, Parra es considerada una artista influyente y universal. ¿Por qué?
   Su arte contiene un profundo contenido humano.
4. En esta canción, Violeta Parra le agradece a la vida. ¿Qué le agradece? ¿Por qué?

salado *salty; jinxed* **tapiz** *tapestry* **bordado** *embroidery* **llanto** *crying*
dicha *happiness* **quebranto** *pain; suffering* **sinnúmero** *countless*

Ritmos Explain that the **Nueva Canción** movement emerged in Chile in the mid-sixties and spread throughout Latin America. Concerned with the problems of injustice and poverty, it revived traditional Latin American folk music and incorporated political and reactionary statements in its lyrics.

Teaching option For advanced classes, point out that this story is an example of metafiction, where the author makes references to the reading of fiction within the story itself. Ask students to consider this technique as they read.

Continuidad

Julio Cortázar

de los parques

Teaching option
Encourage students to read the text section by section, underlining sensory details for later discussion.

1 Había empezado a leer la novela unos días antes. La abandonó por negocios urgentes, volvió a abrirla cuando regresaba en tren a la finca°; se dejaba 5 interesar lentamente por la trama, por el dibujo de los personajes. Esa tarde, después de escribir una carta a su apoderado° y discutir con el mayordomo° una cuestión de aparcerías°, volvió al libro en la tranquilidad 10 del estudio que miraba hacia el parque de los robles°. Arrellanado° en su sillón favorito, de espaldas a la puerta que lo hubiera molestado como una irritante posibilidad de intrusiones, dejó que su mano izquierda acariciara una y 15 otra vez el terciopelo° verde y se puso a leer los últimos capítulos. Su memoria retenía sin esfuerzo los nombres y las imágenes de los protagonistas; la ilusión novelesca lo ganó casi enseguida. Gozaba del placer casi perverso 20 de irse desgajando° línea a línea de lo que lo rodeaba, y sentir a la vez que su cabeza descansaba cómodamente en el terciopelo del alto respaldo°, que los cigarrillos seguían al alcance de la mano, que más allá de los 25 ventanales danzaba el aire del atardecer bajo los robles. Palabra a palabra, absorbido por la sórdida disyuntiva° de los héroes, dejándose ir hacia las imágenes que se concertaban y adquirían color y movimiento, fue testigo del 30 último encuentro en la cabaña del monte°.

Primero entraba la mujer, recelosa°; ahora llegaba el amante, lastimada la cara por el chicotazo° de una rama°. Admirablemente restañaba° ella la sangre con sus besos, pero 35 él rechazaba sus caricias, no había venido para repetir las ceremonias de una pasión secreta, protegida por un mundo de hojas secas y senderos furtivos. El puñal° se entibiaba° contra su pecho y debajo latía° la libertad agazapada°. Un diálogo anhelante° corría 40 por las páginas como un arroyo de serpientes, y se sentía que todo estaba decidido desde siempre. Hasta esas caricias que enredaban° el cuerpo del amante como queriendo retenerlo y disuadirlo, dibujaban abominablemente 45 la figura de otro cuerpo que era necesario destruir. Nada había sido olvidado: coartadas, azares, posibles errores. A partir de esa hora cada instante tenía su empleo minuciosamente atribuido. El doble repaso despiadado° 50 se interrumpía apenas para que una mano acariciara una mejilla. Empezaba a anochecer.

Sin mirarse ya, atados rígidamente a la tarea que los esperaba, se separaron en la puerta de la cabaña. Ella debía seguir 55 por la senda° que iba al norte. Desde la senda opuesta él se volvió un instante para verla correr con el pelo suelto. Corrió a su vez, parapetándose° en los árboles y los setos°, hasta distinguir en la bruma malva 60 del crepúsculo° la alameda° que llevaba a la casa. Los perros no debían ladrar°, y no ladraron. El mayordomo no estaría a esa hora, y no estaba. Subió los tres peldaños° del porche y entró. Desde la sangre galopando° 65 en sus oídos le llegaban las palabras de la mujer: primero una sala azul, después una galería, una escalera alfombrada°. En lo alto, dos puertas. Nadie en la primera habitación, nadie en la segunda. La puerta del salón, 70 y entonces el puñal en la mano, la luz de los ventanales, el alto respaldo de un sillón de terciopelo verde, la cabeza del hombre en el sillón leyendo una novela. ■

country house — finca°
agent — apoderado°
butler — mayordomo°
sharecropping — aparcerías°
oak trees / Settled — robles° / Arrellanado°
velvet — terciopelo°
tearing off — desgajando°
back (of chair or sofa) — respaldo°
dilemma — disyuntiva°
the cabin in the woods — cabaña del monte°
suspicious(ly) — recelosa°
lash / branch — chicotazo° / rama°
staunched — restañaba°

dagger / was becoming warm — puñal° / entibiaba°
was beating — latía°
crouched (in wait) / yearning — agazapada° / anhelante°
were entangling — enredaban°
pitiless — despiadado°
trail — senda°
taking cover — parapetándose°
hedges — setos°
twilight / cottonwood-lined path / bark — crepúsculo° / alameda° / ladrar°
steps — peldaños°
pounding — galopando°
carpeted — alfombrada°

Después de leer

Continuidad de los parques
Julio Cortázar

1 **Comprensión** Ordena de forma cronológica lo que sucede en el cuento.

  __2__ a. Sentado en su sillón de terciopelo verde, volvió al libro en la tranquilidad del estudio.

  __5__ b. Finalmente, ella se fue hacia el norte y él llegó hasta la casa del bosque.

  __1__ c. Un hombre regresó a su finca después de haber terminado unos negocios urgentes.

  __8__ d. Llegó hasta el salón y se dirigió hacia el hombre que, sentado en el sillón de terciopelo verde, estaba leyendo una novela.

  __6__ e. Ese día los perros no ladraron y el mayordomo no estaba.

  __3__ f. En la novela, una mujer y su amante se encontraban en una cabaña.

  __7__ g. Él subió los tres peldaños del porche y entró en la casa.

  __4__ h. Se habían reunido allí para terminar de planear un asesinato.

2 Ask students to look at their answers to item 4. Then, have them work in pairs to invent a backstory, describing a series of events that leads one or more of the characters to this particular night.

2 **Interpretación** Contesta las preguntas.

1. Según se deduce de sus costumbres, ¿cómo crees que es la personalidad del hombre que estaba sentado en el sillón? Presenta ejemplos del cuento.

2. ¿Quiénes se reúnen en la cabaña del monte y para qué?

3. ¿Por qué crees que el mayordomo no trabajaba ese día?

4. ¿Qué relación hay entre la pareja de la cabaña y el hombre que está leyendo la novela?

5. ¿Quién crees que es la víctima? Haz una lista de las claves que hay en el cuento.

6. ¿Cómo logra el escritor mantener la atención de sus lectores?

3 Before beginning the activity, ask: **¿Cuál es el punto de vista? ¿Quién narra la historia?**

3 **Análisis** En "Continuidad de los parques", Julio Cortázar mezcla la realidad con la ficción. En parejas, conversen sobre estas preguntas.

1. ¿Qué habría pasado si el hombre del sillón hubiera cerrado el libro antes?

2. Imaginen que la novela que está leyendo el hombre es de otro género: humor, romance, ciencia ficción, etc. ¿Cuál hubiera sido el final en ese caso? Escríbanlo y luego, compártanlo con la clase.

3. Expliquen por qué creen que este cuento se titula "Continuidad de los parques".

4 Before students begin writing, have them reread the text and take notes on the adjectives used to describe the characters. Encourage them to recycle these words when writing their new ending.

4 **Un nuevo final** Escribe un párrafo que describa lo que sucede después del final del cuento. ¿Sobre cuál de las dos historias vas a escribir? ¿La historia del hombre que lee la novela o la segunda historia dentro de la primera?

Antes de leer

INSTRUCTIONAL RESOURCES
Supersite

Vocabulario

la alusión *allusion*

el canon *literary canon*

editar *to publish*

el estereotipo *stereotype*

estético/a *aesthetic*

la narrativa *narrative work*

el relato *story; account*

transcurrir *to take place*

tratar (sobre/acerca de)
to be about; to deal with

La muerte y la doncella Completa las oraciones con el vocabulario de la tabla.

1. El argentino-chileno Ariel Dorfman se considera miembro del _____canon_____ literario de Latinoamérica, en parte por el éxito de su obra de teatro *La muerte y la doncella*.

2. La _____narrativa_____ de Dorfman incluye géneros como la novela y el ensayo.

3. *La muerte y la doncella* _____trata acerca de/sobre_____ los efectos de la tortura en una mujer, que cree encontrarse con su torturador.

4. La obra es interesante porque ninguno de los personajes es un _____estereotipo_____, sino un individuo complejo.

5. La acción _____transcurre_____ en un lugar que no se identifica, pero podría ser el Chile de Pinochet.

Conexión personal ¿Puede haber estereotipos positivos? ¿O son todos, por definición, negativos? ¿Cómo puede un estereotipo aparentemente positivo limitar a un individuo?

Contexto cultural

Gabriel García Márquez

En 1967, Gabriel García Márquez escribió una obra que ha dejado una huella (*mark*) profunda en la literatura de América Latina. *Cien años de soledad* es uno de los ejemplos mayores del *realismo mágico* y nos transporta al pueblo mítico de Macondo, donde objetos comunes como el hielo (*ice*) se presentan como maravillosos mientras las cosas más sorprendentes —como una lluvia de flores que caen del cielo— se narran como si fueran normales. Incluso en el siglo XXI las obras de García Márquez dominan el mercado literario y se siguen estudiando como ejemplos de un género creativo y comprometido (*politically engaged*). Más notable aún, han conseguido definir un estilo que se reconoce mundialmente como latinoamericano y que todavía inspira a nuevos escritores. Isabel Allende y Laura Esquivel son dos escritoras destacadas que en los años ochenta iniciaron una vuelta, que continúa hasta el día de hoy, al mundo del realismo mágico con las muy exitosas novelas *La casa de los espíritus* (1982) y *Como agua para chocolate* (1989).

Conexión personal Call on volunteers to give their own definition of a stereotype. Then have students tell anecdotes about their personal experiences with stereotypes. Ask: **¿Cuál es la mejor manera de romper con los estereotipos?**

Contexto cultural Discuss the effects of globalization. Encourage students who have traveled or lived in other countries to talk about their experiences abroad. Ex: **¿Qué elementos son "globales" hoy en día? ¿La comida? ¿Las telecomunicaciones? ¿Creen que la globalización hace que las personas vayan perdiendo su cultura? Justifiquen sus respuestas.**

Preview Ask students to read the title of the article and look at the background art on the next page. Ask: **En su opinión, ¿de qué se trata este artículo?**

De Macondo a McOndo

¹ En Santiago de Chile, ¿es típico observar una tormenta de flores?
¿Es sorprendente encontrar un cubito de hielo° en una Coca-Cola   *ice cube*
en Buenos Aires? Un grupo de jóvenes escritores, encabezado° por   *led*
el chileno Alberto Fuguet, responde rotundamente° que no. Estos   *emphatically*
⁵ escritores afirman que tienen más en común con la generación
estadounidense que creció con los videojuegos y MTV que con
el mundo mágico y mítico de Macondo. Por eso, transformando
el nombre del pueblo ficticio de las novelas de García Márquez,
el grupo tomó el nombre "McOndo" en un guiño de ojo° al   *wink*

omnipresente McDonald's, a las pioneras computadoras Macintosh y a los *condos.*

El grupo McOndo escribe una literatura intensamente personal, urbana y llena de alusiones a la cultura popular. Fuguet describe a su grupo como apolítico, adicto a la televisión por cable y aficionado a Internet. La televisión, la radio, el cine e Internet infiltran sus obras e introducen temas globales y muy corrientes°. Las obras de Fuguet revelan más huellas de Hollywood que de García Márquez o Borges, y mayor influencia de videos musicales estadounidenses que de *Cien años de soledad.*

¿Qué hay de latinoamericano en las obras de McOndo?, se preguntan algunos lectores que identifican América Latina con el realismo mágico. ¿No podrían transcurrir en cualquier sitio?, es otra pregunta habitual. Justamente, el editor de una revista literaria estadounidense muy prestigiosa le hizo esta pregunta a Fuguet. La revista rechazó° uno de sus cuentos. Las novelas de Isabel Allende y Laura Esquivel, por ejemplo, llevan al lector a un lugar exótico cuyos olores y colores son a la vez extraños y familiares. ¿Pueden tener éxito en el mercado literario relatos en los que nada es exótico para los lectores acostumbrados a la vida urbana de la gran ciudad?

Los escritores de McOndo tampoco se identifican con los productos de sus contemporáneos más realistas como, por ejemplo, Sandra Cisneros, Julia Álvarez y Esmeralda Santiago, que cuentan la difícil experiencia de los latinos en los Estados Unidos. Los personajes de McOndo son latinos en un mundo globalizado. Esto se ve

current — línea 20
rejected — línea 35

como un hecho normal y no como una experiencia especial o traumática. Según los jóvenes de McOndo, su literatura es tan latinoamericana como las otras porque sus obras tratan acerca de la realidad de muchas personas: una existencia moderna, comercial, confusa y sin fronteras. En su opinión, la noción de que la realidad latinoamericana está constituida por hombres de fuerza descomunal°,

massive

Los escritores de McOndo

Algunos escritores que se identifican con **Alberto Fuguet** y el mundo de McOndo son: Rodrigo Fresán y Martín Rejtman de Argentina, Jaime Bayly del Perú, Sergio Gómez de Chile, Edmundo Paz Soldán de Bolivia y Naief Yehya de México. En 1997 Sergio Gómez y Alberto Fuguet editaron una antología de cuentos titulada *McOndo*, que incluye relatos de escritores latinoamericanos menores de treinta y cinco años.

tormentas de flores y muchachas que suben al cielo no sólo es estereotípica sino empobrecedora°. Fuguet escribe en un ensayo muy conocido de salon.com que se ha convertido en el manifiesto de los escritores de McOndo: "Es una injusticia reducir la esencia de América Latina a hombres con ponchos y sombreros, zares de la droga° que portan armas° y señoritas sensuales que se menean° al ritmo de la salsa." Fuguet prefiere representar el mundo reconocible de los videoclubes, la comida rápida y la música popular. Sólo con el tiempo sabremos si su propuesta° estética tendrá la presencia duradera°, la influencia y la importancia indiscutida del realismo mágico. ∎

damaging

drug lords / gun-toting swing

proposal
long-lasting

Teaching option Read the first paragraph of the article together as a class. If time and resources permit, read the corresponding passages from *Cien años de soledad* and discuss the meaning of these allusions within the context of the article.

Teaching option As students read, have them jot down a list of pop culture elements that are mentioned in the reading. Have them put a star next to those elements with which they strongly identify.

De Macondo a McOndo

(1) Comprensión Responde las preguntas con oraciones completas. Some answers will vary.

1. En el siglo XXI, ¿tienen éxito las obras de realismo mágico?
Sí, las obras de García Márquez dominan el mercado literario y también son populares las novelas de Isabel Allende y Laura Esquivel.

2. ¿De dónde viene el nombre McOndo? Es una transformación de Macondo, el nombre del pueblo de García Márquez, y una referencia a McDonald's, a las computadoras Macintosh y a los *condos*.

3. ¿Cuáles son algunas de las influencias importantes en la literatura de Fuguet?
La televisión, la radio, el cine e Internet son algunas influencias importantes.

4. ¿Cuáles son algunas de las críticas que reciben los escritores de McOndo?
Sus obras podrían transcurrir en cualquier lugar; los personajes no son típicamente latinoamericanos.

5. ¿Por qué se identifican más los escritores de McOndo con algunos jóvenes estadounidenses que con García Márquez u otros escritores?
El estilo de vida de estos escritores se parece al de los jóvenes estadounidenses.

(2) Reflexión En parejas, respondan las preguntas.

② For item 2, have students share examples of stereotypes in literature they have read or movies they have seen.

1. ¿Qué opinan los jóvenes de McOndo de las representaciones de hombres con ponchos y de las señoritas sensuales que bailan salsa?

2. ¿Qué opinas del uso de estereotipos en la literatura y en el cine?

3. ¿Crees que el estilo de los escritores de McOndo es incompatible con el realismo mágico? ¿Se podrían combinar en una obra? ¿Cuál sería el resultado?

③ To help students organize their thoughts, have them make two columns and take notes about the quotes under each.

(3) Comparación En grupos de tres, comparen las dos citas. La primera es de la lectura de García Márquez de la **Lección 5** y la segunda de Paz Soldán de la **Lección 9**. Las dos narran un cambio clave dentro de cada historia.

> Un chorro (*spurt*) de luz dorada y fresca como el agua empezó a salir de la bombilla (*light bulb*) rota, y lo dejaron correr hasta que el nivel llegó a cuatro palmos. Entonces cortaron la corriente (*current*), sacaron el bote, y navegaron a placer (*at their pleasure*) por entre las islas de la casa.

> Y era muy cierto que cualquiera podía manipular una imagen en la computadora, pero eran los mínimos detalles los que separaban al verdadero artista-técnico de la multitud. Las expresiones y las capas de colores que uno manipulaba en la pantalla debían definirse con números para cuya precisión a veces se necesitaban hasta seis decimales.

1. ¿Qué es lo que puede suceder después de cada una de las citas? ¿Cuál de los sucesos que pueden ocurrir es más "maravilloso"?

2. ¿Qué diferencias pueden observar en el estilo de los dos escritores? ¿Cuál es más directo? ¿Cuál usa más recursos, por ejemplo metáforas?

3. ¿Qué estilo prefieren y por qué?

④ Brainstorm additional situations. Ex: **tu reproductor de MP3 guarda toda la música del mundo; tu cámara digital puede pintar retratos.**

(4) Realismo mágico tecnológico Elige una de las situaciones y escribe el primer párrafo de un cuento en el que el autor decide recurrir al realismo mágico para describir objetos y situaciones que se relacionan con la tecnología, la vida urbana y la cultura pop.

- un virus infectó la computadora
- tu celular hace llamadas por sí solo
- no recuerdas dónde estacionaste el carro nuevo

Teaching option In groups of four, ask students to discuss how the digital era and increased mobility have increased cultural exchange. Ask students to group their examples in two columns: the first should list examples of U.S. influence on Latin American popular culture, and the second should provide examples of Latin American influence on U.S. popular culture.

Atando cabos

¡A conversar!

Literatura y arte Trabajen en grupos de cuatro para preparar una presentación sobre un(a) escritor(a), un(a) escultor(a) o un(a) pintor(a) que les interese.

Tema: Preparen una presentación sobre alguno de los artistas famosos de esta lección o elijan otro.

Preparación: Investiguen en Internet o en la biblioteca. Una vez que tengan la información sobre el/la artista, elijan los puntos más importantes a tratar. Busquen o preparen material audiovisual para ofrecer una visión más amplia del tema.

Organización: Escriban un esquema que les ayude a organizar su presentación. Pueden guiarse respondiendo las siguientes preguntas.

1. ¿Dónde nació este personaje?
2. ¿A qué se dedicó o dedica?
3. ¿Cómo llegó a ser conocido?
4. ¿Qué logros alcanzó con su obra?

Estrategia de comunicación

Cómo hablar de arte

1. No habríamos elegido a este/a artista si su obra no fuera...

2. Se hizo famoso/a gracias a...

3. Uno de los rasgos que caracteriza a este/a artista es....

4. A veces, los temas que trata son...

5. En esta obra podemos ver ciertos rasgos del movimiento cubista/ surrealista/indigenista...

6. Actualmente, sus obras...

¡A escribir!

Obras maestras culinarias Imagina que eres un(a) chef, que al igual que el chef de *Las viandas*, se considera un(a) verdadero/a artista. Todas las semanas escribes una columna con críticas de restaurantes para una revista de arte. Elige un plato que te guste cocinar o que siempre comas en tu restaurante favorito y escribe un párrafo en el que describes el plato como si fuera una obra de arte. Usa el vocabulario que aprendiste en esta lección.

MODELO Hoy quiero presentarles una obra radical: ravioles de cochinillo con salsa Dalí. Es un verdadero festival estético para los ojos y el paladar.

La literatura

el argumento	plot
la caracterización	characterization
la estrofa	stanza
el/la narrador(a)	narrator
el personaje	character
el/la protagonista	protagonist
el punto de vista	point of view
la rima	rhyme
el verso	line (of poetry)
desarrollarse	to take place
hojear	to skim
narrar	to narrate
tratarse de	to be about; to deal with
didáctico/a	educational
humorístico/a	humorous
satírico/a	satirical
trágico/a	tragic

Los géneros literarios

la (auto)biografía	(auto)biography
la ciencia ficción	science fiction
la literatura infantil/ juvenil	children's literature
la novela rosa	romance novel
la poesía	poetry
la prosa	prose
clásico/a	classic
de terror	horror (story/novel)
histórico/a	historical
policíaco/a	detective (story/novel)

Los artistas

el/la artesano/a	artisan
el/la dramaturgo/a	playwright
el/la ensayista	essayist
el/la escultor(a)	sculptor
el/la muralista	muralist
el/la novelista	novelist
el/la pintor(a)	painter
el/la poeta	poet

El arte

la acuarela	watercolor
el autorretrato	self-portrait
las bellas artes	fine arts
el cuadro	painting
la escultura	sculpture
la naturaleza muerta	still life
la obra (de arte)	work (of art)
el óleo	oil painting
el pincel	paintbrush
la pintura	paint; painting
la tela	canvas
dibujar	to draw
diseñar	to design
esculpir	to sculpt
reflejar	to reflect; to depict
abstracto/a	abstract
contemporáneo/a	contemporary
inquietante	disturbing; unsettling
intrigante	intriguing
llamativo/a	striking
luminoso/a	bright
realista	realistic; realist
al estilo de	in the style of
de buen/mal gusto	in good/bad taste

Las corrientes artísticas

la corriente/el movimiento	movement
el cubismo	cubism
el expresionismo	expressionism
el impresionismo	impressionism
el realismo	realism
el romanticismo	romanticism
el surrealismo	surrealism

Más vocabulario

Expresiones útiles	Ver p. 367
Estructura	Ver pp. 374, 376 y 378

Cinemateca

la barbaridad	outrageous thing
el cochinillo	suckling pig
el/la comensal	dinner guest
el compromiso	awkward situation
el jabalí	wild boar
la ofensa	insult
acompañar	to come with
contundente	filling; heavy

Literatura

el arroyo	stream
la coartada	alibi
la mejilla	cheek
el pecho	chest
el repaso	revision; review
el/la testigo	witness
la trama	plot
acariciar	to caress
al alcance	within reach

Cultura

la alusión	allusion
el canon	literary canon
el estereotipo	stereotype
la narrativa	narrative work
el relato	story; account
editar	to publish
transcurrir	to take place
tratar (sobre/acerca de)	to be about; to deal with
estético/a	aesthetic

INSTRUCTIONAL RESOURCES
Supersite/IRCD: Testing program

La política y la religión 11

Communicative Goals

You will expand your ability to...

- describe actions in the passive voice
- make impersonal or generalized statements
- talk about unexpected or accidental events
- describe time and space relationships

INSTRUCTIONAL RESOURCES
Supersite/IRCD:
Audioscripts,
Textbook Answer Key,
SAM Answer Key
SAM/WebSAM: WB, LM

La política y la religión

Preview Ask students if they often engage in conversation about politics or religion. **¿Conocen a muchas personas que se apasionen por los temas políticos? ¿Hablarían de estos temas con alguien que acaban de conocer? ¿Por qué?**

La religión

María Elena participa siempre en las ceremonias **religiosas** de su **iglesia**. El día de "El Señor del gran Poder" ella **reza** y luego baila para celebrar su **fe** en **Dios**.

la creencia belief
el/la creyente believer
Dios God
la fe faith
la iglesia church
la mezquita mosque
la sinagoga synagogue
el templo temple

bendecir to bless
creer en to believe in
meditar to meditate
rechazar to reject
rezar to pray

espiritual spiritual
(in)moral (im)moral
religioso/a religious
sagrado/a sacred; holy

Las creencias religiosas

agnóstico/a agnostic
ateo/a atheist
budista Buddhist
católico/a Catholic

cristiano/a Christian
hindú Hindu
judío/a Jewish
musulmán/musulmana Muslim

Los cargos públicos

el alcalde/la alcaldesa mayor

el/la diputado/a representative
el/la embajador(a) ambassador
el/la gobernador(a) governor
el/la juez(a) judge
el/la primer(a) ministro/a prime minister
el/la senador(a) senator

Variación léxica
la polémica ⟷ la controversia
protestar ⟷ manifestar
rechazar ⟷ repudiar
Point out that adjectives describing religion are not capitalized in Spanish.

Rosario Dawson, actriz y **activista**, fundó la organización Voto Latino, que realiza una **campaña** para aumentar el número de **ciudadanos** latinos que **se inscriben** para **votar** y participan en las **elecciones** estadounidenses.

el/la activista *activist*

la campaña *campaign*

el/la candidato/a *candidate*

el/la ciudadano/a *citizen*

los derechos (humanos/civiles) *(human/civil) rights*

el exilio político *political exile*

la guerra (civil) *(civil) war*

la ideología *ideology*

la inmigración *immigration*

la libertad *freedom*

el/la líder *leader*

la manifestación *protest; demonstration*

la mayoría *majority*

la minoría *minority*

el partido político *political party*

la polémica *controversy*

el/la político/a *politician*

el proyecto de ley *bill*

el terrorismo *terrorism*

aprobar (o:ue) una ley *to pass a law*

elegir (e:i) *to elect*

emigrar *to emigrate*

ganar/perder (e:ie) las elecciones *to win/lose an election*

gobernar (e:ie) *to govern*

inscribirse *to register*

luchar *to fight; to struggle*

pronunciar un discurso *to give a speech*

protestar *to protest*

votar *to vote*

conservador(a) *conservative*

(des)igual *(un)equal*

(in)justo/a *(un)just*

liberal *liberal*

 Práctica

① To aid comprehension, ask follow-up questions about the dialogue. Ex: **¿Creen que Ana Lozano es sincera?**

1 **Escuchar**

🎧 **A.** Escucha la presentación y después completa las oraciones con la opción correcta.

1. Los asistentes a la reunión son ___b___.
   a. compañeros de oficina
   b. miembros de un partido

2. Ana Lozano es ___a___.
   a. una candidata   b. la presidenta del país

3. El partido piensa que ___b___ están en peligro.
   a. las leyes   b. los derechos civiles

4. Según el presentador, el proyecto de ley es ___a___.
   a. inmoral   b. justo

5. El partido tiene planes para luchar contra ___b___.
   a. la corrupción   b. el terrorismo y la injusticia

🎧 **B.** Escucha la conversación entre Tony y José Manuel y contesta las preguntas.
Answers will vary. Possible answers.

1. ¿Por qué está tan ocupado José Manuel?
   Está colaborando en la campaña de Ana Lozano.
2. ¿Qué piensa Tony de Ana Lozano?
   que una mujer no va a ser presidenta este año
3. ¿Qué opina José Manuel de la candidata?
   que la candidata es una política excelente y que es una auténtica líder
4. ¿Qué va a hacer Tony en las elecciones?
   No va a votar.
5. ¿Adónde va José Manuel?
   a una manifestación enfrente de la casa del gobernador

C. En grupos de cuatro, conversen sobre estas preguntas.

1. ¿Te pareces más a Tony o a José Manuel?

2. ¿Has votado en unas elecciones? ¿Cuáles? ¿Ganó tu candidato/a?

3. ¿Alguna vez participaste en una campaña política o manifestación? ¿Por qué?

2 **No pertenece** Identifica la palabra que no pertenece.

1. mezquita–iglesia–sinagoga–budista
2. ciudadano–sagrado–religioso–espiritual
3. meditar–rezar–emigrar–creer
4. desigual–discurso–injusto–inmoral
5. creyente–campaña–elecciones–candidato
6. luchar–protestar–bendecir–rechazar

Práctica

3 For more practice, have students define these additional items: **diputados, ciudadanos, gobernadores.**

3 **Los políticos** Empareja las personas de la primera columna con sus funciones políticas.

_f_	1. activistas	a.	Representan estados o provincias y aprueban leyes.
_b_	2. alcaldes	b.	Son responsables de los asuntos del pueblo o ciudad.
_e_	3. candidatos	c.	Trabajan en un tribunal (*court*) y dictan sentencias.
_d_	4. embajadores	d.	Representan un país ante otros países.
_c_	5. jueces	e.	Hacen campañas porque quieren asumir un cargo público.
_a_	6. senadores	f.	Organizan manifestaciones y luchan por sus ideales.

4 **¿Quién es?** Identifica a qué personaje se refieren estas situaciones.

> activista   agnóstico/a   ateo/a   creyente   político/a

creyente 1. Va al templo siempre que puede. Lo/La ayuda a encontrar la paz espiritual. Una vez allí, reza y medita sobre los temas que le preocupan.

activista 2. Él/Ella y un grupo de amigos/as se manifestaron delante del ayuntamiento (*city hall*) todos los lunes del pasado año para pedir el fin de la guerra. No tiene miedo de crear polémica, con tal de conseguir su objetivo.

político/a 3. Tiene fama de corrupto/a y mentiroso/a, pero él/ella cree que esas opiniones son parte de su trabajo y las acepta con coraje. Cree firmemente en el sistema y quiere mejorar el mundo.

ateo/a 4. Sus padres van mucho a la iglesia, pero él/ella no tiene ninguna creencia religiosa. Durante las fiestas religiosas, siempre terminan peleándose.

agnóstico/a 5. No tiene fe, pero no niega la existencia de un ser superior. Nunca habla de religión pero no le importa tener amigos religiosos.

5 **Antónimos** Identifica ocho palabras de **Contextos** que sean antónimos de estas palabras.

1. conservador: _liberal_
2. igual: _desigual_
3. ateo: _creyente_
4. creer: _rechazar_

5. justo: _injusto_
6. paz: _guerra_
7. mayoría: _minoría_
8. moral: _inmoral_

6 For expansion, have students create three questions about religion and politics for class discussion.

6 **Oraciones** En parejas, utilicen las palabras de la lista para escribir seis oraciones sobre la religión y la política. ¡Sean creativos!

espiritual	(in)moral	ministro
fe	libertad	polémica
gobernador	luchar	religioso
ideología	meditar	sagrado

Teaching option For additional vocabulary practice, organize a class game of Twenty Questions. Volunteers take turns selecting a vocabulary item and responding to classmates' questions until someone guesses the correct word. Encourage all students to use the new vocabulary when asking and responding to questions.

Comunicación

 **7** **Estereotipos** Lee estos estereotipos sobre la política. Luego, en grupos de tres, cada persona debe añadir otro estereotipo a la lista. Conversen sobre todas las oraciones. ¿Están de acuerdo? ¿Por qué? Den ejemplos de la actualidad para defender sus opiniones.

> **"Las personas que no votan no tienen derecho a quejarse."**

> "Los senadores y diputados prometen mucho y hacen poco."

> **"Los conservadores no se preocupan por el medio ambiente."**

> "Los liberales no se preocupan por la defensa del país."

> "La política no es más que polémica y escándalo."

8 **Elecciones**

A. En parejas, miren los carteles electorales y decidan por cuál de los dos candidatos votarían en las elecciones. ¿Por qué? Compartan sus opiniones con la clase.

B. Ahora, imaginen que ustedes quieren presentarse como candidatos/as a presidente/a y vicepresidente/a de su gobierno estudiantil. Diseñen su propio cartel y preparen un discurso para la clase, utilizando por lo menos ocho palabras de **Contextos**. Luego, la clase votará por los/las mejores candidatos/as.

9 **Creencias religiosas** Muchas religiones tienen aspectos en común. En parejas, escriban un párrafo breve sobre aspectos en común de las religiones que conocen. Utilicen por lo menos seis palabras de la lista y añadan sus propias ideas.

creencia	líder
creyente	meditar
Dios	moral
espiritual	rezar
fe	sagrado

7 Assign one representative from each group to briefly summarize their conversation about stereotypes.

8 Part A: Encourage students to use **si** clauses to talk about their votes. Ex: **Votaría por Rosa Ríos si ella decidiera invertir más en los parques urbanos.**

8 Part B: Ask students: **¿Alguna vez han sido parte del gobierno estudiantil? ¿Cuáles son los temas más importantes para los estudiantes?**

9 Encourage students to draw from personal experiences for their paragraphs.

Teaching option Divide the class into three groups. Have each group choose a representative as its candidate for student government. Then moderate a debate in which each candidate addresses issues on campus. Encourage class discussion.

La diputada Tere Zamora visita la redacción de *Facetas* para dar una rueda de prensa.

Synopsis
- Mariela returns from the airport without Representative Tere Zamora.
- Aguayo is anxious about the stranded representative.
- Éric and Fabiola watch a crowd of journalists outside the office on TV.
- The journalists interview Representative Zamora about her role in politics.
- Mariela returns from the airport without Representative Zamora again and puts her foot in her mouth.

1

AGUAYO ¿Y la diputada?

MARIELA La esperé frente a la salida, pero nunca llegó.

DIANA ¿Dejaste a la señora Zamora en el aeropuerto?

MARIELA ¿Cómo dijiste que se llama?

AGUAYO Zamora. Tere Zamora.

MARIELA Pensé que me habían dicho *Teresa Mora*.

2

AGUAYO Por la constitución de este país, si no regresas con la diputada, estás despedida.

MARIELA No se preocupe, jefe. La encontraré.

DIANA Recuerda, es una mujer cuarentona con ojeras y de aspecto militar. (*Mariela se va.*) No puedo creer que se haya equivocado de nombre.

AGUAYO No sólo eso, sino que dejó a la diputada en el aeropuerto.

3

JOHNNY Todo se arreglará. Tómenlo con calma.

AGUAYO Invito a la política más prominente y controversial del norte del país para una entrevista en exclusiva, y una de mis empleadas la deja en el aeropuerto, y ¿debo tomarlo con calma?

ÉRIC Ya la encontrará. Son políticos. Aparecen sin que nadie los llame.

6

DIANA No se moleste. Yo se la leeré. "Por su aportación a la democracia, los derechos humanos, la justicia y la libertad. De la revista *Facetas* para la honorable diputada Teresa Mora." (*Se le cae de las manos.*) ¡Uy!... Tengo las manos tan resbaladizas. Debe ser por el hambre... ¿Almorzamos?

Diana y la diputada se van.

7

FABIOLA ¿Viste a todos esos periodistas allá fuera?

Están viendo televisión.

ÉRIC Cualquier político que luche contra la corrupción se convierte en un fenómeno publicitario.

FABIOLA ¿Quién es ése que corre? (*Señala la tele.*)

FABIOLA Y ÉRIC ¡Es Johnny!

JOHNNY (*Entra corriendo*) ¡Me acaban de confundir con Ricky Martin!

8

En la oficina, dando una rueda de prensa...

PERIODISTA Hacer cumplir la ley le ha dado una posición de liderazgo en el gobierno. ¿Cuándo sabremos si será candidata a senadora, señora diputada?

DIPUTADA Se enterarán de los detalles de mi futuro político en la próxima edición de la revista *Facetas*.

INSTRUCTIONAL RESOURCES Supersite/DVD: Fotonovela
Supersite/IRCD: Videoscript & Translation, SAM Answer Key
SAM/WebSAM: VM

Preview Before they watch the video, ask students: ¿Alguna vez cometieron un error en el trabajo? ¿Su jefe/a se enteró? ¿Cuál fue la consecuencia de este error?

Personajes

AGUAYO

DIANA

ÉRIC

FABIOLA

JOHNNY

MARIELA

LA DIPUTADA TERE ZAMORA

PERIODISTA

4

AGUAYO *(furioso, seguro de que es Mariela)* ¡Qué... *(entra la diputada)* gusto saludarla, señora diputada! Disculpe los inconvenientes, señora Zamora. Envié a una persona a recogerla, pero, como ve, nunca se encontraron.

DIPUTADA Son cosas que pasan, pero no se preocupen; lo importante es hacer la entrevista.

5

DIANA Pero antes queremos darle un regalo de bienvenida.

JOHNNY Como muestra de nuestro agradecimiento, le hacemos este humilde obsequio.

DIPUTADA ¡El calendario azteca!

FABIOLA Y tiene una dedicatoria en la parte de atrás escrita en caligrafía por nuestra artista gráfica.

DIANA *(pálida)* ¿Por Mariela?

Diana toma el calendario.

9

PERIODISTA Eso es favoritismo.

DIPUTADA Favoritismo ¡no!, sino que los periodistas de *Facetas* son los únicos que tratan la política con respeto.

10

Más tarde, en la sala de conferencias...

MARIELA Lo siento, pero no encontré a ninguna cuarentona con ojeras y con aspecto militar. *(Se entera de que la diputada está presente.)* Aunque ahora mismo regreso a ver si encuentro a la guapa diputada que estaba buscando.

Mariela se va avergonzada.

Expresiones útiles

Presenting gifts and expressing gratitude

Como muestra de nuestro agradecimiento...
In expression of our gratitude...

Por su aportación a...
For your contribution to...

Le hacemos este humilde obsequio.
We present this humble gift.

Talking about accidents

¡Se me cayó! / ¡Se le cayó!
I dropped it! / She/He dropped it!

Todo se arreglará.
Everything will work itself out.

Tómenlo con calma.
Take it easy.

Son cosas que pasan.
No se preocupen.
These things happen. Don't worry.

Additional vocabulary

el aspecto *look; appearance*
cuarentón/cuarentona *someone in his/her forties*
cumplir la ley *to abide by the law*
la dedicatoria *dedication*
la democracia *democracy*
el favoritismo *favoritism*
la justicia *justice*
el liderazgo *leadership*
militar *military*
las ojeras *bags under the eyes*
prominente *prominent*
resbaladizo/a *slippery*
la rueda de prensa *press conference*

Variación léxica
la aportación ⟷ el aporte
el aspecto ⟷ la apariencia
prominente ⟷ destacado/a

INSTRUCTIONAL RESOURCES
Supersite/DVD: Flash cultura; **Supersite:** Videoscript & Translation

En detalle

BOLIVIA

EL CARNAVAL
DE ORURO

Durante los cuarenta días de fiesta del Carnaval de Oruro, generalmente a fines de febrero, los grupos folclóricos llenan las calles de música y baile. Los espectáculos cuentan las historias de la conquista y honran a la Virgen del Socavón, protectora de la ciudad. Los habitantes le dan gran importancia a las coreografías y a la confección° de los disfraces° que preparan a lo largo de todo el año. Uno de los elementos más famosos de este carnaval son las máscaras° de diablo. Estas piezas de artesanía son originales y contienen símbolos de la mitología andina, como la serpiente o el cóndor. Hoy día, son consideradas verdaderas creaciones artísticas y se han convertido en objetos de colección.

El desfile° más celebrado, y el que muestra la fusión de tradiciones católicas e indígenas, es el de las *diabladas*. En él, los participantes se visten con elaboradísimos disfraces de diablos y realizan bailes en honor de la Virgen. Tanto la figura del diablo como la de la Virgen del Socavón tienen elementos de la tradición indígena. El Tío Supay es una figura ancestral andina que con el tiempo pasó a identificarse con el diablo de la tradición cristiana. Otro personaje de la mitología andina, la diosa benefactora de los urus° se integró plenamente con la Virgen del Socavón.

Con el paso de los años el Carnaval de Oruro se ha convertido también en visita obligada para los turistas. En 2001 fue proclamado "Obra maestra del patrimonio oral e inmaterial de la humanidad" por la UNESCO. ∎

Otros desfiles del Carnaval de Oruro

- **Morenadas** Desfile de personajes que representan a los esclavos africanos, a los indígenas y a los conquistadores españoles
- **Caporales** Desfile que representa la brutalidad de los capataces° que vigilaban° a los trabajadores indígenas y africanos

Leyendas
Según la leyenda, el Tío Supay, dios de las minas° bolivianas, protege las riquezas que se esconden bajo la tierra. Esta divinidad andina no tiene clemencia y, por siglos, se ha cobrado° la vida de los mineros° que no reconocen su poder. Según cuenta la mitología andina, una deidad femenina bajó del cielo a proteger a los urus del Tío Supay y éste, tras la derrota°, tuvo que irse a vivir bajo tierra.

confección *making* **disfraces** *costumes* **máscaras** *masks* **desfile** *parade* **urus** *indigenous people native to the region* **minas** *mines* **se ha cobrado** *he has claimed* **mineros** *miners* **derrota** *defeat* **capataces** *foremen* **vigilaban** *watched over*

En detalle Ask follow-up questions: **¿Les gustaría ir al Carnaval de Oruro? ¿Conocen otras celebraciones que mezclen elementos históricos y culturales con aspectos religiosos? ¿Cuáles?**

404 *cuatrocientos cuatro*

Lección 11

Así lo decimos Give students additional phrases for
discussing religion and politics. Ex: **darle la vuelta a la
tortilla (Esp.)** (to turn the tables on a topic)

Así lo decimos Remind students that the use
of **que** after **ojalá** is optional. Ex: **Ojalá (que)
tuviera mil dólares.**

ASÍ LO DECIMOS

La religión y la política

cada muerte de obispo° once in a blue moon

estar en capilla° to be punished

mano de santo° (Esp.) effective medicine

ojalá° I wish; hopefully

ser más viejo/a que Matusalén° to be very old

ajustarse el cinturón° to adjust to a harsh economic situation

medir con doble vara to have double standards

un(a) ñoqui (Arg.) a person getting paid for a government
position he/she doesn't hold

un(a) politiquillo (Esp. y Méx.) minor politician

EL MUNDO HISPANOHABLANTE

Campañas y elecciones

- **La ley seca**, común en varios países de
  Latinoamérica, prohíbe la venta de bebidas
  alcohólicas el día de las elecciones, que
  generalmente es un domingo. En Costa Rica,
  esta ley, introducida en 1952, rige° desde el
  viernes a la medianoche hasta el lunes próximo.

- **Las escuelas** son los lugares comunes para
  votar en la Argentina. Los votantes van a las
  escuelas y realizan la votación en las aulas°,
  llamadas *cuartos oscuros* porque las ventanas se
  cubren para que nadie pueda observar al votante.
  Las elecciones son el domingo y, generalmente,
  el lunes siguiente no hay clases.

- **El cierre de campaña** ocurre unos días previos al
  día de la votación según la ley de algunos países.
  En el Ecuador, por ejemplo,
  los candidatos políticos y los
  medios de comunicación no
  pueden hacer propaganda ni
  expresar opiniones políticas
  un cierto número de días
  antes de las elecciones.

PERFIL

EVO MORALES

En diciembre de
2005, Evo Morales
ganó las elecciones
presidenciales
de Bolivia y se
convirtió en el primer
presidente indígena
en la historia del país.
Nació en 1959, en
un pequeño pueblo
marcado por la
pobreza. Su familia, de
ascendencia aymara,
vivía en condiciones tan precarias que cuatro de sus
hermanos murieron antes de los dos años. Ya de muy
joven, se inscribió en un sindicato de campesinos donde
no tardó en mostrar sus dotes° de líder. Su carrera
política dio un gran salto en 1997, cuando ganó las
elecciones para la Cámara de los Diputados con un
setenta por ciento de los votos. A partir de allí, y no libre
de controversia por sus posturas políticas, se transformó
en uno de los mayores protagonistas del panorama
político de Bolivia. Su discurso político se centra en la
nacionalización de los recursos mineros del país y en la
lucha por los derechos de los campesinos.

**❝No vivir tan deprisa, valorar lo
que tenemos y dedicarnos más
a los demás❞**
(Evo Morales, presidente de Bolivia)

SUPERSITE Conexión Internet

¿En qué países de
América Latina es
obligatorio el voto?

To research
this topic, go to
enfoques.vhlcentral.com.

---

dotes skills; talent **cada muerte...** (lit.) every time a bishop dies **estar en...** (lit.) to be in a
chapel **mano de santo** (lit.) saint's hand **ojalá** (from Arabic law šálláh) God willing
ser más viejo... (lit.) to be older than Methuselah **ajustarse...** (lit.) to tighten one's belt
rige is in force **aulas** classrooms

El mundo hispanohablante Call on
volunteers to compare voting practices in
Latin American countries and in the US.

Teaching option Call on a volunteer to read the quote
aloud. Ask: ¿Creen que esta cita sería buena para el
discurso político de un(a) candidato/a? ¿Por qué?

① As a variant, have students line up around the room. Read the true/false statements. If the statement is true, have students take one step forward. If the statement is false, students do not move. Have volunteers correct the false statements.

③ For item 5, discuss ways to promote political participation among young people. If time permits, have pairs develop a proposal for a campaign to attract young voters.

¿Qué aprendiste?

1 **¿Cierto o falso?** Indica si estas afirmaciones son ciertas o falsas. Corrige las falsas.

1. El Carnaval de Oruro combina historias de la conquista con elementos religiosos.
   Cierto.
2. La Virgen del Socavón es la protectora de la ciudad. Cierto.
3. Las máscaras de diablo tienen símbolos de la mitología indígena. Cierto.
4. Las máscaras son todas iguales.
   Falso. Las máscaras son todas originales.
5. El desfile más famoso es el de las morenadas. Falso. El desfile más famoso es el de las diabladas.
6. El diablo de los carnavales tiene elementos del Tío Supay de la mitología andina. Cierto.
7. El desfile de las morenadas se realiza en conmemoración a la Virgen del Socavón.
   Falso. Se realiza en conmemoración a los antiguos esclavos.
8. El Carnaval de Oruro ha sido declarado "Obra maestra del patrimonio oral e inmaterial de la humanidad". Cierto.

2 **Oraciones** Completa las oraciones con la información correcta.

1. Al ganar las elecciones, Evo Morales se convirtió en ___el primer presidente indígena de Bolivia___
2. La familia de Morales era ___de ascendencia aymara/de___ origen muy humilde
3. De joven, Morales se inscribió en ___un sindicato___
4. Uno de los temas principales de su discurso político es ___la nacionalización de los recursos mineros/la___ lucha por los derechos de los campesinos

3 **Las elecciones** Contesta las preguntas con oraciones completas. Some answers will vary.

1. ¿En qué situación se usa el dicho "cada muerte de obispo"? ¿Existen en tu cultura otros dichos con referencias religiosas?
   Se usa para referirse a algo que ocurre con poca frecuencia.
2. ¿Crees que debería ser obligatorio votar? ¿Por qué?
3. ¿Qué día se suelen celebrar las elecciones en Latinoamérica? ¿Qué opinas de que las elecciones sean un día no laborable?
   Las elecciones se suelen celebrar los domingos.
4. ¿Por qué se llaman "cuartos oscuros" las salas usadas en Argentina para votar?
   Se llaman cuartos oscuros porque se cubren las ventanas.
5. ¿Qué harías para promover la participación en las elecciones en tu comunidad?

4 **Opiniones** En parejas, den su opinión sobre la importancia del dinero en la política. Usen las preguntas como guía.

- ¿Es positivo o negativo que un(a) político/a tenga dinero antes de llegar al poder?
- ¿Cómo deben ser los salarios de los políticos?
- ¿Creen que está bien que los políticos reciban donaciones de empresas?
- ¿De qué manera el origen y el nivel social de un gobernante pueden marcar su ideología?

PROYECTO

Carnaval de Gualeguaychú, Argentina

Carnavales

Muchos lugares de América Latina tienen celebraciones de carnaval. Elige una región o ciudad latinoamericana —aparte de Oruro y Montevideo (**Lección 9**)— que tenga celebraciones especiales para carnaval. Describe la celebración y explica las similitudes y diferencias con el Carnaval de Oruro.

Puedes elegir una región o ciudad de la lista o investigar otra que desees.

- Carnaval de San Miguel, El Salvador
- Carnaval de Barranquilla, Colombia
- Carnaval de Gualeguaychú, Argentina
- Carnaval Cimarrón, República Dominicana

Proyecto Encourage students to make a list of questions they intend to answer in their projects. Have them include maps or photos and suggest a one-day itinerary for someone attending the celebration.

406 *cuatrocientos seis*

Lección 11

P...

1 Oraciones Complet... participio pasado.

1. La libertad es _____
2. El discurso fue _____
3. La seguridad de _____
4. Las leyes van a s_____
5. Aquellos dos ser_____
6. La ley fue _____ defendi...
7. El nuevo proyec_____
8. Los derechos hu_____

2 Decirlo de otra ma...
modelo. ¡Presta aten...

MODELO   Los ...
          Dos s...

1. El general ya ha ...
2. El juez suspendi...
3. El líder sindical ...
4. La diputada reci...
5. El secretario org...
6. La candidata pro...
7. El ejército ha ma...
   por el ejército a la zona del ...
8. Los manifestante...
   apoyadas por los manifesta...

3 Concurso

- **Primer paso:** Escr...
  Formen grupos de ...
  cinco oraciones en ...
  papelitos con las o...

- **Segundo paso:** Ca...
  Dividan la clase en ...
  con una oración y ...
  pasiva a activa en ...
  al otro equipo.

- **Tercer paso:** ¿Cuá...
  Cuando hayan usa...
  que cada equipo ha...
  oraciones correctas...

La política y la religión

RITMOS

LOS KJARKAS

En 1965, en Capinota, un pueblo en el altiplano° boliviano, nació la agrupación folclórica **Los Kjarkas.** Los hermanos Wilson, Castel y Gonzalo Hermosa, junto con Edgar Villarroel, comenzaron cantando zambas° argentinas y más tarde incorporaron música típica de Bolivia, que hasta entonces permanecía olvidada por influencias extranjeras. El grupo se disolvió, pero en 1971 inició su segunda etapa bajo la dirección del maestro autodidacta° Gonzalo, quien hoy continúa dirigiendo al grupo integrado por su hijo y por su hermano menor, Elmer, entre otros. Los Kjarkas llevaron la música de Bolivia a Latinoamérica, Europa y Asia cantando en español y en quechua canciones que hablan de amor y de cuestiones sociales, y que reflejan la renovación del folclore boliviano y su fusión con otros ritmos. La historia de la música de Bolivia no podría escribirse sin referirse a la historia de Los Kjarkas.

Discografía

2001 Mi sueño mejor   **2000** Sentimiento andino Vol. I y II   **1975** Bolivia

Canción
Éste es un fragmento de la canción que tu instructor(a) te hará escuchar.

Bolivia

Quiero pegar un grito° de liberación,
después de siglo y medio de humillación,
Bolivia…

Quiero tengan° tus días destino mejor
y el futuro sonría prometedor…

Si bien los hijos de Elmer y Gonzalo conformarán la próxima generación Kjarkas, el futuro de Los Kjarkas no sólo está en manos de la propia familia. La **escuela de música** Kjarkas en Bolivia ha abierto sucursales° en el Ecuador, el Perú y el Japón, difundiendo así la música folclórica boliviana por el mundo entero.

Preguntas En parejas, contesten las preguntas. Some answers will vary.

1. ¿Qué tipo de música comenzaron cantando Los Kjarkas? ¿Por qué?
   Comenzaron cantando zambas argentinas porque la música boliviana no era popular.
2. ¿Por qué se dice que "la historia de la música boliviana no podría escribirse sin Los Kjarkas"?
3. En tu opinión, ¿cuál es el tema central de la canción *Bolivia*?
4. ¿Cómo piensas que será el futuro de Los Kjarkas?

altiplano *high plateau* **zambas** *folk rhythm from the northwest of Argentina* **autodidacta** *self-taught*
pegar un grito *to scream out loud* **Quiero tengan** *variation of* Quiero que tengan **sucursales** *branches*

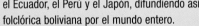

Ritmos Ask heritage speakers if they are familiar with any folkloric songs from their families' home countries. Ask: **¿Sobre qué temas tratan estas canciones?** If time and resources permit, have students bring in examples.

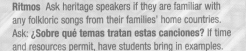

INSTRUCTIONAL RESOURCES
Supersite/IRCD:
Textbook Answer Key,
SAM Answer Key
SAM/WebSAM: WB, LM

11.1

INSTRUCTIONAL RESOURCES
Supersite/IRCD:
Textbook Answer Key,
SAM Answer Key
SAM/WebSAM: WB, LM

TALLER DE CONSULTA

MANUAL DE GRAMÁTICA
Más práctica
11.1 The passive voice,
p. 540
11.2 Uses of **se**, p. 541
11.3 Prepositions: **de, desde,
en, entre, hasta, sin**, p. 542

Más gramática
11.4 Past participles used as
adjectives, p. 543

• • • •

To review irregular past
participles, see **7.1**,
pp. 256–257.

• • • •

Passive statements may
also be expressed with the
passive **se**. See **11.2**,
pp. 410–411.

¡ATENCIÓN!

The person performing the
action (the agent) is not
always explicit.

**La ciudad fue fundada
en 1883.**
*The city was founded
in 1883.*

Remind students that in
Spanish, the subject may
be placed after the verb.
Ex: **Carlos lo hizo./Lo hizo
Carlos.** Both variations use
the active voice and should
not be confused with passive
constructions. Ex: **Fue hecho
por Carlos.**

Clarify that, while **ser**
may be used in any tense,
the passive voice is most
commonly used to refer to
past actions.

TALLER DE CONSULTA

Past participles used as
adjectives also agree in
gender and number. See
**Manual de gramática
11.4**, p. 543.

TALLER DE CONSULTA

In passive constructions
with **se**, just like in the
passive voice, the object of
a verb becomes the subject
of the sentence.

Active: **La compañía
necesita más fondos.**
*The company needs
more funds.*

Passive: **Se necesitan
más fondos.**
More funds are needed.

For more on the passive
voice, see **11.1**, p. 408.

Remind students that if the
agent who *performs* the
action is stated, the passive
voice must be used instead
of the passive **se**. Ex: **Los
impuestos serán subidos
por los senadores.**

Point out the difference
between passive
constructions and
reflexive verbs.

Demonstrate the prolific
use of the impersonal **se**
in everyday life. Ex: **Se habla
español. Se dan clases de
español.**

¡Se nos perdió la
diputada!

¿Se permite
tomar una foto?

11.2 Uses of *se*

The passive *se*

• In Spanish, the reflexive pronoun **se** is often used as a substitute for the passive voice
when the person performing the action is not stated. The third-person singular verb form
is used with singular nouns, and the third-person plural form is used with plural nouns.

> **Se subirán** los impuestos a
> final de año.
> *Taxes will be raised at the
> end of the year.*

> **Se ve** el monumento desde
> la catedral.
> *The monument is visible from
> the cathedral.*

• When the passive **se** refers to a specific person or persons, the personal **a** is used and the
verb is always singular.

> En las elecciones pasadas, **se eligió
> al** alcalde casi por unanimidad.
> *In the last elections, the mayor was
> elected almost unanimously.*

> **Se informó a** los senadores del
> nuevo proyecto de ley.
> *The senators were informed
> of the new bill.*

The impersonal *se*

• **Se** is also used with third-person singular verbs in impersonal constructions where the
subject of the sentence is indefinite. In English, the words *one, people, you*, or *they* are
often used instead.

> **Se habla** mucho de la crisis.
> *They're talking a lot about the crisis.*

> ¿**Se puede** vivir sin fe?
> *Can one live without faith?*

> **Se dice** que es mejor prestar que
> pedir prestado.
> *They say it is better to lend
> than to borrow.*

> No **se debe** votar sin informarse
> sobre los candidatos.
> *One shouldn't vote without becoming
> informed on the candidates.*

• Constructions with the impersonal **se** are often used on signs and warnings.

> **Se prohíbe** fumar.

> **No se puede** entrar.

A contar

Utilicen p

1. Juan e
2. El libr
3. Estaba
4. Hasta
5. Sin ell
6. Entre

 5 **Síntesis**

A. Cada
   rey A
   pista

   Datos
   • Pa
     Le

   • Ga
     Es

   • Be
     45
     la

B. Ahor
   ¿Disc
   tres
   de Es

Se to express unexpected events

¡Ay, no!
¡Se me cayó!

- **Se** is also used in statements that describe accidental or unplanned incidents. In this construction, the person who performs the action is de-emphasized, so as to imply that the incident is not his or her direct responsibility.

	INDIRECT OBJECT PRONOUN	VERB	SUBJECT
Se	me	perdió	el reloj.

- These verbs are frequently used with **se** to describe unplanned events.

acabar *to run out of*	**olvidar** *to forget*
caer *to fall; to drop*	**perder (e:ie)** *to lose*
dañar *to damage; to break*	**quedar** *to be left behind*
lastimar *to hurt*	**romper** *to break*

¡Se nos quedaron las bolsas en la tienda!   **Se me dañó** el celular.
We left our bags behind at the store!   *My cell phone broke.*

Note that while **caer** means *to fall*, Spanish has no exact translation for *to drop*.
Se me cayó./Lo dejé caer.
I dropped it.

- In this construction, the person *to whom the event happened* is expressed as an indirect object. The thing that would normally be the direct object of the sentence becomes the subject.

	INDIRECT OBJECT PRONOUN	VERB	SUBJECT
Se	me	acabó	el dinero.
	te	cayeron	las gafas.
	le	lastimó	la pierna.
	nos	dañó	el radio.
	os	olvidaron	las llaves.
	les	perdió	el documento.

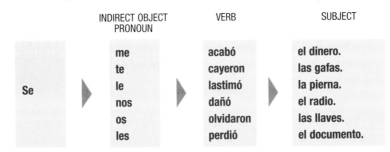

- To clarify or emphasize the person to whom the unexpected occurrence happened, the construction commonly begins with **a** + [*noun*] or **a** + [*prepositional pronoun*].

A María siempre se le olvida inscribirse para votar.
María always forgets to register to vote.

A mí se me cayeron todos los documentos en medio de la calle.
I dropped all the documents in the middle of the street.

TALLER DE CONSULT

MANUAL DE GRAMÁTIC,
Más práctica
11.3 Prepositions: **de, des**
en, entre, hasta, sin, p. 5

① To
ha
th
ob
ea

② Mc
cla
A
ta

② Have students work in
pairs to complete this
exercise. Then call on
volunteers to read each
section aloud.

③ Fo
stu
se
pr
1.
el
pr

④ Moc
ask
forr
as e

Teachin
addition
series o
on the b
to suppl
a constr
Cuando
le cayó

Teaching option For
additional practice, write
the prepositions **de, desde,
en, entre, hasta**, and **sin**
on index cards. Call on
volunteers to choose a
card at random and create
a sentence using that
preposition. Continue until the
whole class has participated.

Synopsis A Venezuelan
family emigrates to
New York and opens a
restaurant. Worried that
their business is failing,
they decide to use U.S.
business strategies to
attract new customers.
Meanwhile, their daughter
complains of feeling
caught between two
cultures and strives to
express her own ideology.
In the end, it becomes
obvious that the political
climate the family left
behind in Venezuela is also
present in their life
in the U.S.

Preview

• Ask students to share
what they know about
the current political
situation in Venezuela.
Explain that the
Venezuelan leader
referenced in this
film, Hugo Chávez, is
a controversial figure
who draws incredibly
strong reactions from
both his supporters and
detractors. Many recent
Venezuelan immigrants
have come to the U.S. in
protest of his policies.

• Ask students to
imagine they own
a restaurant in New
York. Ask: **¿Qué harían
para promocionar
su restaurante al
público? ¿Han ido
a restaurantes de
comida típica de otros
países? Describan la
experiencia (la comida,
la decoración, el
ambiente, los demás
comensales).**

Escenas

ARGUMENTO La difícil situación política venezolana lleva a una familia a empezar una nueva vida en Nueva York. Allí tienen que luchar para sacar adelante su restaurante y adaptarse a las nuevas circunstancias.

GLORIA Mi amor, ¿y si nosotros vendemos esto y nos vamos para Venezuela?
ALBERTO ¿A qué vamos a regresar? ¿Para que nos vuelvan a asaltar? Toda la gente está tratando de irse.
ROSARIO Hay otro grupo de gente que está tratando de hacer algo útil por el país.

GLORIA Yo creo que ella tiene razón, ¿sabes? Nosotros somos como las arepas de tofu esas que yo estoy haciendo: queriendo ser lo que no somos. Ay, caramba, chico, francamente ¿habrá sido buena idea venirnos para acá? Aquí nadie nos conoce. Lo dejamos todo... ¡la familia!

GLORIA El dinero que teníamos en Caracas no existe más. Se lo presté a mi prima Chela cuando la botaron° de PVSA. Como no tenía prestaciones ni seguro, no tenía como para el colegio de los muchachos ni el alquiler tampoco. Como es obvio, pues no tiene cómo pagarnos.

GLORIA Aquí lo que hay que hacer es pensar cómo es que vamos a sacar este restaurante adelante, ¡y todos!
ALBERTO Pero que quede bien claro que yo no regreso al país hasta que esos imbéciles se vayan de allí, se vayan del gobierno.

MANIFESTANTES ¡Referéndum!
GLORIA Tenemos un restaurante venezolano. Tenemos arepas, cachapas°...
MANIFESTANTE Señora, ¿usted ya firmó para el nuevo referéndum? Mire que están diciendo que las firmas anteriores son ilegales.

CLIENTE ¿Qué hacen los chavistas° por aquí?
ALBERTO Gloria, ¿tú no habrás invitado a esta gente?
GLORIA Bueno, mi amor, nosotros mandamos invitación, *email*.

cachapas *cornmeal pancakes* **botaron** *laid (her) off*
chavistas *Chávez supporters*

Después de ver el corto

① To further test comprehension, ask additional questions. **¿Por qué los amigos de Alberto comparan Venezuela con Cuba? ¿Cómo reacciona Gloria cuando Rosario dice que sale con Mingo?**

① **Comprensión** Contesta las preguntas con oraciones completas.

1. ¿Qué tipo de comida se sirve en el restaurante? Se sirve comida venezolana.

2. ¿Cuándo dice Alberto que regresará a Venezuela? Alberto dice que regresará a Venezuela cuando los que están ahora abandonen el gobierno.

3. ¿Qué contesta Rosario cuando su padre dice que toda la gente se quiere ir de Venezuela? Rosario dice que hay gente en Venezuela que quiere hacer algo útil y no huir.

4. ¿Con quién quiere salir Rosario por la noche? Rosario quiere salir con Mingo, el empleado del restaurante.

5. ¿Para qué va Gloria a la manifestación? Gloria va a la manifestación para hacer publicidad para el restaurante.

6. ¿Qué pide la gente que está en la manifestación? La gente que está en la manifestación pide un nuevo referéndum para Venezuela.

7. Después de unos días, ¿qué le dice Gloria a su hija sobre su amistad con Mingo? Le dice que está bien que salga con él, que Mingo no es menos que ellos.

8. ¿Por qué se enojan algunos clientes del restaurante al final del corto? Algunos clientes se enojan cuando entran unos seguidores de Chávez.

② For item 1, call on volunteers to list the different themes from the film on the board. Refer to these themes as you guide class discussion.

② Ask heritage speakers or other bicultural students if they identified with any elements of the film.

② **Ampliación** Contesta las preguntas con oraciones completas.

1. ¿Qué temas se tratan en *El Rincón de Venezuela*?

2. ¿Por qué se fue la familia de Venezuela?

3. ¿Por qué habla Gloria del *American Way of Management*? ¿En qué consiste?

4. ¿Crees que tendrían éxito las arepas de tofu? ¿Por qué?

5. ¿Por qué se opone Gloria al principio a que su hija salga con Mingo? ¿Por qué cambia luego de opinión?

③ For slower-paced classes, replay the corresponding scenes from the film.

③ **Escenas**

A. En parejas, describan lo que ocurre en estas dos escenas del corto. ¿Sobre qué están hablando los personajes? Luego, improvisen la conversación entre los dos personajes.

B. Elijan una de las escenas e imaginen qué sucederá con los dos personajes después del final del corto. Compartan su historia con la clase.

④ Before beginning the activity, brainstorm additional political issues to debate.

④ **¡Ni un paso más!** En parejas, imaginen que son enemigos políticos. Uno/a de ustedes tiene que plantear uno de los problemas políticos de la lista desde el punto de vista de la oposición y la otra persona tiene que defender la postura del gobierno. Preparen tres o cuatro argumentos desde su punto de vista y después presenten su debate delante de la clase.

- impuestos
- llamamiento a filas (*draft*)
- política internacional
- servicios sociales

Teaching option Have students work in small groups to write an alternate ending for the film. Encourage them to consider all of the main characters and how they interact with the restaurant clientele. Ask group representatives to share their new endings with the class.

San Antonio de Oriente, 1957.
José Antonio Velásquez, Honduras.

"Yo no sé si Dios existe, pero si existe, sé que no le va a molestar mi duda."

— Mario Benedetti

Antes de leer

INSTRUCTIONAL RESOURCES
Supersite: Literatura recording

El alba del Viernes Santo

Sobre la autora

Emilia Pardo Bazán fue una de las escritoras españolas más famosas del siglo XIX. Nació en una familia aristocrática en La Coruña (Galicia) en 1851 y murió en Madrid en 1921. Escribió más de 500 obras cultivando gran variedad de géneros, pero fue más conocida como novelista con títulos como *Los pazos de Ulloa*. Propagó el naturalismo en España, movimiento caracterizado por la descripción detallada y muy precisa de una parte de la vida representativa de la existencia social. Como feminista pionera, escribió artículos que denunciaban el sexismo dominante en España y sugirió cambios a favor de la mujer, como el derecho de obtener una educación semejante a la del hombre.

Vocabulario

el alba *dawn; daybreak*	**culpable** *guilty*	**el milagro** *miracle*
la capilla *chapel*	**devoto/a** *pious; devout*	**el remordimiento** *remorse*
el claustro *cloister*	**el fraile** *friar*	**venerar** *to worship*

Definiciones Escribe la palabra adecuada para cada definición.

1. iglesia pequeña ___capilla___
2. responsable de un delito ___culpable___
3. sentimiento de culpa ___remordimiento___
4. muy religioso ___devoto___
5. hecho inexplicable ___milagro___

Conexión personal

¿Te pasó alguna vez que, tratando de hacer el bien, todo haya salido mal? ¿Cuál fue la consecuencia?

Análisis literario: la voz narrativa

Toda historia tiene por lo menos un narrador. El narrador puede ser uno de los personajes o puede ser una voz que cuenta la historia pero no participa de ella. A veces, la voz narrativa es omnisciente, es decir que sabe absolutamente todo sobre los personajes y los acontecimientos (*events*). En otros casos, el narrador nos relata sólo la parte de la historia que conoce o la parte que elige contar. Aunque el autor puede reflejar su pensamiento en las palabras del narrador, no se debe identificar al autor con el narrador. Una escritora puede contar una historia desde el punto de vista narrativo de un hombre, y un adulto puede hacerlo a través de la voz narrativa de un niño. A veces existen muchas voces narrativas que añaden complejidad y textura al relato. Cuando leas el cuento de Pardo Bazán, presta atención a los distintos niveles de voces narrativas. ¿Cuántos narradores hay? ¿Qué efecto tiene esto?

Preview
• Ask students if they have ever talked to strangers while traveling. **¿De qué hablaron? ¿Tenían ganas de hablar con esa persona o fueron las circunstancias que los obligaron a tener una conversación?**
• Ask: **¿Creen en los milagros? ¿Alguna vez oyeron hablar de acontecimientos extraordinarios que sucedieron como consecuencia de pedidos de oración?**

Conexión personal
For expansion, ask: **¿Trataste de explicar a los demás que tus intenciones eran buenas? ¿Qué podrías haber hecho para que la situación no te hubiera salido tan mal?**

Análisis literario
Ask students about other works of fiction they have read. **¿Han leído una historia escrita por un hombre en la cual la narradora era una mujer o viceversa? ¿O una obra con muchos narradores? ¿Siempre confían en el punto de vista del narrador?**

El alba del Viernes Santo

1 Cuando creyendo hacer bien hacemos mal —dijo Celio—, el corazón sangra°, y nos acordamos de la frase de una heroína de Tolstoi: «No son nuestros 5 defectos, sino nuestras cualidades, las que nos pierden.» Cada Semana Santa experimento mayor inquietud° en la conciencia, porque una vez quise atribuirme° el papel de Dios. Si algún día sabéis que me he metido a fraile, 10 será que la memoria de aquella Semana Santa ha resucitado en forma aguda°, de remordimiento. Así que me hayáis oído, diréis si soy o no soy tan culpable como creo ser.

Es el caso que —por huir de días en que 15 Madrid está insoportable, sin distracciones ni comodidades, sin coches ni teatros y hasta sin grandes solemnidades religiosas— se me ocurrió ir a pasar la Semana Santa a un pueblo donde hubiese catedral, y donde lo 20 inusitado° y pintoresco de la impresión me refrescase el espíritu. Metí ropa en una maleta y el Miércoles Santo me dirigí a la estación; el pueblo elegido fue S***, una de las ciudades más arcaicas de España, en la cual se venera 25 un devotísimo Cristo, famoso por sus milagros y su antigüedad y por la leyenda corriente de que está vestido de humana piel°.

En el mismo departamento que yo viajaba una señora, con quien establecí, si no 30 amistad, esa comunicación casi íntima que suele crearse a las pocas horas de ir dos seres sociables juntos, encerrados en un espacio estrecho°. La corriente de simpatía se hizo más viva al confesarme la señora que se dirigía

también a S*** para detenerse allí los días de 35 Semana Santa.

No empiecen ustedes a suponer que amaga° algún episodio amoroso, de esos que en viaje caminan tan rápidos como el tren mismo. No me echó sus redes° el amor, 40 sino algo tan dañoso como él: la piedad. Era mi compañera de departamento una señora como de unos cuarenta y pico° de años, con señales de grande y extraordinaria belleza, destruida por hondísimas° y lacerantes° 45 penas°, más que por la edad. Sus perfectas facciones estaban marchitas° y adelgazadas; sus ojos, negros y grandes, revelaban cierto extravío° y los cercaban cárdenas ojeras°; su boca mostraba la contracción de la amargura° 50 y del miedo. Vestía de luto°. Para expresar con una frase la impresión que producía, diré que se asemejaba° a las imágenes de la Virgen de los Dolores; y apenas me refirió su corta y terrible historia, la semejanza° se precisó, y 55 hasta creí ver sobre su pecho anhelante° brillar los cuchillos; seis hincados° en el corazón, el séptimo ya a punto de clavarse° del todo.

—Yo soy de S*** —declaró con voz gemidora°—. He tenido siete hijos, ¡siete!, a 60 cuál más guapo, a cuál más bueno, a cuál más propio° para envanecer° a una reina. Tres eran niñas, y cuatro, niños. Nos consagramos a ellos por completo mi marido y yo, y logramos criarlos sanos de cuerpo y alma. Llegado el 65 momento de darles educación, nos trasladamos a Madrid, y ahí empiezan las pruebas inauditas° a que Dios quiso someternos°. Poco a poco, de

bleeds

restlessness
to attribute to myself

sharp; acute

unusual

skin

narrow; tight

threatens to be

nets

forty-something

very deep/ distressing
sorrows
withered

loss/purple bags under the eyes
bitterness
mourning

she resembled

resemblance
yearning
nailed; driven (into)
to drive in

moaning

suitable/ to make vain

outrageous; unprecedented
submit us to

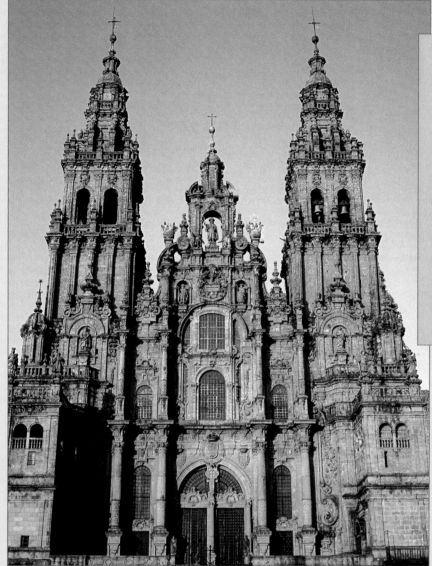

Santiago de Compostela, Galicia, España

El catolicismo en España

El catolicismo ocupa un papel central en la vida religiosa, social y cultural de los españoles. La Semana Santa (*Holy Week*) es una de las principales celebraciones, caracterizada tanto por la solemnidad religiosa como por los festejos populares.

El lugar de peregrinación más famoso de España es Santiago de Compostela, en Galicia. Se dice que allí yacen los restos del apóstol Santiago (*St. James, the apostle*). Miles de peregrinos de España y de otros países recorren todos los años el Camino de Santiago, que termina frente a la imponente catedral de Santiago.

enfermedades diversas, fueron muriéndose
70 seis de mis hijos..., ¡seis!, ¡seis!, y al cabo, mi marido, que más feliz que yo sucumbió al dolor, porque su mal fue un padecimiento° del hígado°, de esos que la melancolía engendra° y agrava°. ¿Comprende usted mi situación
75 moral? ¿Se da usted cuenta de lo que seré yo, después de asistir, velar°, medicinar a siete; de presenciar siete agonías, de secar siete veces el sudor de la muerte en las heladas sienes°, de recoger siete últimos suspiros° que eran el
80 aliento° de mi vida propia, y de amortajar° siete

rígidos cuerpos que habían palpitado de cariño bajo mis besos y mis ternezas°? Pues bien: lo acepté todo, ¡todo!, porque me lo enviaba Dios; no me rebelé, y sólo pedí que me dejasen al hijo que me quedaba, al más pequeño, una 85 criatura como un ángel, que, estoy segura de ello, no ha perdido la inocencia bautismal. Así se lo manifesté a Dios en mis continuos rezos: ¡que no me quite a mi Jacinto y conservaré fuerzas para conformarme y aceptar todo lo 90 demás, en descargo de mis culpas!... Y ahora... Al llegar aquí, la madre dolorosa se cubrió los

suffering
liver/generates
makes worse

to keep watch

icy temples
sighs
breath/to shroud

expressions of tenderness

ojos con el pañuelo y su cuerpo se estremeció° *trembled*
convulsivamente al batir° de los sollozos° que *shaking/sobs*
ya no salían afuera.

—Y ahora, caballero..., figúrese usted que
también mi Jacinto se me muere.

Salté en el asiento; la lástima° me exaltaba° *pity; compassion/ excited*
como exaltan las pasiones.

—Señora, ¡no es posible! —exclamé sin
saber lo que decía.

—¡Sí lo es! —repitió ella, fijándome los
ojos secos ya, por falta de lágrimas—. Jacinto,
creen los médicos, tiene un principio de
tisis°; me voy a quedar sola..., es decir, ¡no, *tuberculosis*
quedarme no!, porque Dios no tiene derecho
a exigir que viva, si me arrebata° lo único que *snatches*
me dejó. ¡Ah! ¡Si Dios se me lleva a Jacinto...,
he sufrido bastante, soy libre! ¡No faltaba otra
cosa! —añadió sombríamente—. ¡A la Virgen
sólo se le murió uno!

—Dios no se lo llevará —afirmé por calmar
a la infeliz°. *the poor woman*

—Así lo creo —contestó ella con serenidad
que encontré asombrosa°—. Así le creo, así lo *amazing*
espero y a eso voy a mi pueblo, donde está el
Santo Cristo, del que nunca debí apartarme°. *separate myself*
El Santo Cristo fue siempre mi abogado° y *advocate*
protector y a Él vengo, porque Él puede
hacerlo, a pedir el milagro: la salud de mi hijo,
que allá queda en una cama, sin fuerzas para
levantarse. Cuando yo me eche a los pies del
Cristo, ¡veremos si me lo niega!

Transfigurada por la esperanza, irradiando
luz sus ojos, encendido su rostro°, la señora *face*
había recobrado°, momentáneamente, una *recovered*
belleza sublime. —¿Usted no ha oído del Santo
Cristo de mi pueblo? Dicen que es antiquísimo,
y que lo modelaron sobre el propio cuerpo
sagrado del Señor, cubriéndolo con la piel
de un santo mártir, a quien se la arrancaron° *pulled out*
los verdugos°. Su pelo y su barba crecen; su *executioners*
frente suda°; sus ojos lloran, y cuando quiere *sweats*
conceder la gracia que se le pide, su cabeza,
moviéndose, se inclina en señal de asentimiento° *consent*
al otro lado...

No me atreví° a preguntar a la desolada *I didn't dare*
señora si lo que afirmaba tenía fundamento
y prueba. Al contrario: la fuerza sugestiva de
la fe es tal, que me puse a desear creer, y, por
consecuencia, a creer ya casi, toda aquella
leyenda dorada de los primitivos siglos. Ella
prosiguió, entusiasta, exaltadísima:

—Y dicen que cuando se le implora al
amanecer del día de Viernes Santo, no se
niega nunca... Iré, pues, ese día, de rodillas°, *on one's knees*
arrastrándome, hasta el camarín del Cristo °. *chapel*

Así terminó aquella conversación fatal.
Prodigué° a la viajera, lo mejor que supe, *I provided in abundance*
atenciones y cuidados, y al bajarnos en
S*** nos dirigimos a la misma fonda° —tal *inn*
vez la única del pueblo—. Dejando ya a la
desdichada° madre, fui a visitar la catedral, que *unfortunate*
es de las más características del siglo XII: entre
fortaleza e iglesia, y con su ábside° rodeado *apse*
de capillas obscuras, misteriosas, húmedas,
donde el aire es una mezcla de incienso y frío
sepulcral, parecido al ritmo, ya solemnemente
tranquilo, de las generaciones muertas. Una de
estas capillas era la del Cristo, y naturalmente
despertó mi curiosidad. Di generosa propina° *tip*
al sacristán°, que era un jorobado° bilioso y *sexton/ hunchback*
servil°, y obtuve quedarme solo con la efigie°, *servile/image*
a horas en que los devotos no se aparecían

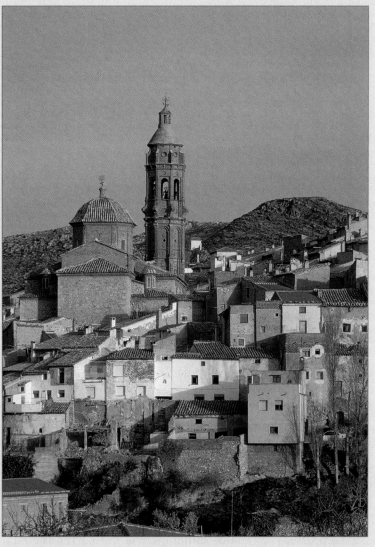

¹⁶⁵ por allí y podía, sin irreverencia ni escándalo, contemplarla y hasta tocarla, mirándola de cerca. Era una escultura mediocre, defectuosa°, que no debía de haber sido modelada sobre ningún cuerpo humano. Poseía, no obstante, ¹⁷⁰ como otros muchos Cristos legendarios, cierta peculiar belleza, una sugestión romántica indudable. Sus melenas lacias° caían sobre el demacrado° pecho; sus pupilas de vidrio parecían llorar efectivamente. Lo envolvía ¹⁷⁵ una piel gruesa, amarillenta, flexible, de poros anchos°, que sin ser humana podía parecerlo. Bajo los pies contraídos y enclavados°, tres

defective

straight hair
emaciated

wide
nailed

huevos de avestruz° atestiguaban° la devoción de algún navegante. Su enagüilla° era de blanca seda°, con fleco de oro. Registrando ¹⁸⁰ bien, armado de palmatoria°, vi que el altar donde campea° el Cristo, destacándose sobre un fondo de rojo damasco, está desviado° de la pared, y que, por detrás, queda un hueco° en que puede caber una persona. Carcomida° ¹⁸⁵ escalerilla sube hasta la altura de las piernas de la efigie, y encaramándose° por ella, noté que el paño de damasco tenía una abertura°, un descosido° entre dos lienzos°, y que por él asomaba la punta de un cordel° recio°, del cual ¹⁹⁰

ostrich/bore witness to
garment
silk
candlestick
stands out
offset
hollow
Decayed

climbing up
opening; gap
open seam/ linen cloth
thin rope/sturdy

unconsciously

tiré maquinalmente°. Al bajar de nuevo a la capilla y mirar al Cristo, observé con asombro, al pronto, con terror, que su cabeza, antes inclinada a la derecha, lo estaba a la izquierda ahora. Sin embargo, casi inmediatamente comprendí: subí la escalera de nuevo, tiré otra vez, bajé, y me cercioré° de que la cabeza había girado° al lado contrario. ¡Vamos, entendido! Había un mecanismo, el cordel lo ponía en actividad, y el efecto, para quien, ignorándolo, estuviese de rodillas al pie de la efigie, debía de ser completo y fulminante°.

I made sure

turned

crushing; devastating

Creo que ya entonces germinó° en mí la funesta° idea que luego puse por obra. No lo puedo asegurar, porque no es fácil saber cómo se precisa y actúa sobre nosotros un propósito, latente en la voluntad. Acaso no me di cuenta de mi inspiración (llamémosle así) hasta que mi compañera de viaje me advirtió, la noche del Jueves Santo, que pensaba salir a las tres, antes de amanecer, a la capilla del Cristo, y me encargó de sobornar° al sacristán para que abriese la catedral a una hora tan insólita.

germinated

ill-fated; fatal

to bribe

—Yo deseaba más aún —advirtió ella—. Deseaba quedarme en la capilla toda la noche velando y rezando. Pero tengo miedo a desmayarme. ¡Estoy tan débil! ¡Se me confunden tanto las ideas!

Cumplí el encargo, y cuando todavía las estrellas brillaban, nos dirigimos hacia la catedral. Nos abrieron la puerta excusada del claustro, luego otra lateral que comunica con las dos primeras capillas absidales°, y pretextando° que me retiraba para dejar en libertad a la señora —cuyo brazo sentí temblar

chapels located in the apse

under the pretext

sobre el mío todo el camino—, aproveché la obscuridad y un momento favorable para deslizarme detrás de la efigie, en lo alto de la escalera, donde aguardé palpitándome el corazón. Dos minutos después entró la señora y se arrodilló, abismándose° en rezos silenciosos. El alba no lucía aún.

immersing herself

Transcurrió media hora. Poco a poco una claridad blanquecina empezó a descubrir la forma de los objetos, y vi la hendidura°, y vi el cordoncito, saliente, al alcance de mi mano. Al mismo tiempo escuché elevarse una voz, ¡qué voz!... Ardiente, de intensidad sobrehumana, clamando, como si se dirigiese no a una imagen, sino a una persona real y efectiva:

crack

—¡No me lo lleves! Promételo... ¡Es lo único que me queda, es mi solo amor, Jesús! ¡Dios mío! ¡Promete! ¡No me lo lleves!

Trastornado°, sin reflexionar, tiré pausadamente del cordoncito... Hubo un gran silencio, pavoroso°; después oí un grito ronco°, terrible, y la caída de un cuerpo contra el suelo... Me precipité...

Troubled

frightful

hoarse

—¿Se había desmayado? —preguntamos a Celio todos.

—Eso sería lo de menos... Volvió en sí..., ¡pero con la razón enteramente perdida! Nos burlamos° de las locuras° repentinas en novelas y comedias... ¡Y existen! Cierto que aquélla venía preparada de tiempo atrás, y sólo esperaba para mostrarse un choque, un chispazo°.

We make fun/ insanities

spark

—¿Y el hijo? ¿Se murió al fin?

—El hijo salvó, para mayor confusión y vergüenza mía —murmuró Celio. ∎

Después de leer

El alba del Viernes Santo
Emilia Pardo Bazán

(1) Comprensión Contesta las preguntas con oraciones completas.

1. ¿Quiénes son los personajes del relato?
   Los personajes son Celio, la mujer del tren y el Cristo.
2. ¿Por qué decide Celio pasar la Semana Santa en un pueblo?
   Piensa que Madrid está insoportable durante Semana Santa./Quiere ir a lugar que le refresque el espíritu.
3. ¿Cuál es la historia de la mujer?
   La mujer perdió a su marido y seis hijos, y ahora su último hijo está enfermo.
4. ¿Celio cree en la leyenda del Cristo?
   Celio desea creer por el bien de la mujer.
5. ¿Qué significa lo que él descubre al visitar a solas la catedral?
   Su descubrimiento es la prueba de que la estatua no es milagrosa.
6. ¿Por qué la historia se llama *El alba del Viernes Santo*?
   Se llama así porque en el momento del alba es cuando se produce el milagro, según la leyenda.

(2) Análisis Lee el relato nuevamente y responde las preguntas.

1. ¿Cómo es la mujer que Celio encuentra en el tren? ¿A quién le recuerda?

2. Relee la descripción de la catedral. ¿Qué sensación te produce?

3. Tras conocer a la mujer, Celio señala: "Así terminó aquella conversación fatal"; y, más tarde, después de descubrir el mecanismo del cordel: "Creo que ya entonces germinó en mí la funesta idea que luego puse por obra". ¿Por qué te parece que utiliza las palabras "fatal" y "funesta"?

4. Relee la sección **Análisis literario**. ¿Cuántos narradores tiene este cuento? ¿Quiénes son? Da ejemplos de los distintos puntos de vista narrativos.

(3) Interpretación En parejas, contesten las preguntas.

1. El narrador viaja a la ciudad buscando distracciones; ¿las encuentra?

2. ¿Qué es lo que atrae al narrador hacia la mujer del tren?

3. ¿Por qué piensas que decide involucrarse accionando el mecanismo del Cristo? ¿Lo hace conscientemente? ¿Cuál era su propósito?

4. ¿Te parece que Celio realmente es culpable del final trágico de la mujer? ¿O crees que la mujer ya tenía problemas mentales? Explica tu respuesta.

5. ¿Por qué dice Celio al comienzo del relato que algún día podría meterse a fraile? ¿Cómo se siente Celio por lo sucedido?

6. ¿Crees que esta historia tiene una moraleja? Si tu respuesta es sí, ¿cuál es la moraleja? Si tu respuesta es no, explica por qué.

(4) El juicio Imagina que Celio es arrestado por causar la locura de la mujer. En grupos de cinco o seis, organicen el juicio oral a Celio. Repartan los papeles: juez(a), Celio, abogado/a defensor(a), fiscal (*prosecutor*) y uno/a o dos testigos. Ensayen una parte del juicio. Después, representen la escena delante de la clase.

(5) Remordimiento Imagina que eres Celio, quien, lleno de remordimiento, y antes de entrar a un monasterio, ha decidido enviarle una carta a Jacinto, el hijo de la mujer, explicándole las circunstancias reales que desencadenaron (*triggered*) la locura de su madre. Incluye por lo menos dos usos diferentes de **se** en tu carta.

Antes de leer

INSTRUCTIONAL RESOURCES
Supersite

Vocabulario

el altiplano *high plateau*	**marítimo/a** *maritime*
árido/a *arid*	**la pérdida** *loss*
ceder *to give up*	**reclamar** *to claim; to demand*
el límite *border*	**el territorio** *territory*

El Salar de Uyuni Completa el párrafo con el vocabulario de la tabla.

El Salar de Uyuni, uno de los lugares más impresionantes de Bolivia, se encuentra a una altura de 3.650 metros (11.975 pies) en un (1) ___altiplano___ en el suroeste de Bolivia, no muy lejos del (2) ___límite___ con Chile. Es un lugar (3) ___árido___, de poca lluvia, donde se secó un lago prehistórico. Este (4) ___territorio___ tan blanco impresiona a los turistas porque parece nieve. El Salar de Uyuni es un desierto de sal, en vez de arena.

Conexión personal ¿Has perdido alguna vez una cosa que significaba muchísimo para ti? Explica lo que ocurrió y cómo reaccionaste.

Contexto cultural

El **Desierto de Atacama** está ubicado en un altiplano al borde del océano Pacífico. Es uno de los desiertos más áridos del mundo: sólo recibe tres milímetros de lluvia al año. El paisaje de Atacama es tan impresionante y peculiar que la revista estadounidense *Science* lo ha comparado con el planeta Marte. Parece vacío (*empty*), pero Atacama es muy rico en algunos minerales que dependen de la sequía. En el siglo XIX se descubrió que en el territorio había abundante salitre y guano. El salitre (o nitrato de sodio) es un tipo de sal y el guano (del quechua *wanu*) consiste en excrementos de pájaros marinos y murciélagos (*bats*). El valor principal de los dos es como ingredientes para fertilizantes y explosivos. Estos recursos naturales, tan atractivos por su precio en el mercado internacional de la época, hicieron del desierto un oasis económico.

Conexión personal Ask students to explain how the object was significant to them. Ask: **¿Fue algo que te costó mucho dinero? ¿Era posible reemplazarlo? ¿Cuáles fueron las consecuencias de esta pérdida?**

Contexto cultural Discuss students' travels. Ex: **¿Alguna vez han visitado un desierto o una tundra? ¿Dónde está ubicado/a? ¿Cómo es?**

Preview Point out Bolivia on a map. Ask students to read the title aloud and predict the content of the article.

Cómo Bolivia perdió su mar

Mapa antiguo de Bolivia.

Lago Titicaca, Bolivia.

1   Hay países que se asocian indiscutiblemente° con un paisaje natural.   *indisputably*
Algunos son Nepal con las montañas blancas del Himalaya, Arabia
Saudita con el desierto, y Bolivia con... ¿el mar? Así debería ser,
piensan muchos bolivianos con nostalgia y mucho anhelo° desde   *longing*
5   que Bolivia —durante la Guerra del Pacífico (1879)— cedió a
Chile el Desierto de Atacama con su costa, el único acceso al
océano que tenían los bolivianos.

La guerra no surgió° por el acceso al mar, sino por cuestiones económicas y por el control de los depósitos de minerales en el Desierto de Atacama. Sin embargo, es la desaparición de la salida al mar lo que ha dejado una cicatriz° profunda. Cuenta el escritor peruano Mario Vargas Llosa, quien vivió de niño en la ciudad boliviana de Cochabamba, que todas las semanas los estudiantes de su escuela cantaban un himno reclamando el mar. Muchos bolivianos siguen sin aceptar la pérdida de hace más de cien años. Se sienten mutilados porque se creen legítimamente un país marítimo. Así lo había decidido su fundador, Simón Bolívar, al fijar los límites del país en 1825.

didn't arise (line 8)
scar (line 13)

Cuando Bolívar estableció las fronteras de Bolivia, incluyó parte del Desierto de Atacama que llegaba hasta al mar. Chile tenía ya el control económico de la región y, a pesar de los deseos de Bolívar, lo siguió manteniendo. Cuando se descubrieron los ricos recursos naturales del Desierto de Atacama, Chile comenzó a explotar° las minas de salitre y guano. La tensión sobre las exportaciones chilenas y los impuestos que Bolivia quería cobrar por la extracción de estos productos provocó un conflicto inevitable en 1878. Las fuerzas armadas de Bolivia —a pesar de

work; drill (line 35)

La batalla de Arica

La batalla de Arica de 1880 fue una de las más duras para los dos bandos. Las tropas chilenas subieron a una colina escarpada (*steep hill*), el Morro de Arica, para atacar al enemigo que esperaba. Los dos lados perdieron muchas vidas, incluyendo un coronel peruano que se tiró al mar desde un acantilado (*cliff*) con su caballo en un intento fallido (*failed*) de engañar a las tropas chilenas, invitándolas a caer al Pacífico.

la ayuda de su aliado, el Perú— no pudieron contender ni en tierra ni en mar con la moderna armada° chilena. La guerra terminó en 1883 con la concesión° de varios territorios a Chile. En 1904, Bolivia abandonó permanentemente el control del Desierto de Atacama, con sus depósitos de minerales y su única salida al Pacífico. A cambio, Chile construyó un ferrocarril° para que Bolivia tuviera acceso al mar.

navy (line 42)
granting (line 44)
railroad (line 53)

No obstante, Bolivia no dio por finalizada la cuestión°. En el centenario de 2004, el presidente Carlos Mesa pidió de nuevo el acceso marítimo durante una reunión en la Cumbre de las Américas. Aunque le fue negado en aquella ocasión, en julio de 2006 los dos países decidieron reanudar las negociaciones°. Sea cual sea el resultado de las negociaciones, algo está claro: los bolivianos quieren su mar y su costa, no un viaje en tren. ∎

did not think that the matter was over (line 55)
to resume talks (line 61)

Se sienten mutilados porque se creen legítimamente un país marítimo. Así lo había decidido su fundador, Simón Bolívar...

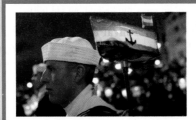

¿Una armada en Bolivia?

A pesar de su distancia al Pacífico, Bolivia mantiene una armada desde 1963 a la espera del día en que vuelvan a tener salida al mar. La Fuerza Naval Boliviana cuenta con doscientas embarcaciones (*boats*) y un buque de guerra (*warship*). Se entrena en el agua dulce del inmenso lago Titicaca.

Teaching option As students read, call attention to uses of se and the passive voice. Ex: **Cuando se descubrieron...** (line 33); **Aunque le fue negado...** (line 58).

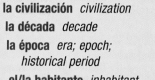

INSTRUCTIONAL RESOURCES
Supersite/IRCD:
Audioscripts,
Textbook Answer Key,
SAM Answer Key
SAM/WebSAM:
WB, LM

La historia y la civilización

Preview Take a quick survey to find out which students enjoy studying history. Ask: ¿Por qué es importante estudiar la historia? ¿Creen que debe ser obligatorio estudiarla en la escuela o la universidad?

La historia y la civilización

De la **antigua** ciudad de Quilmes, en el norte de Argentina, sólo quedan ruinas. En el **siglo** XVII, los **habitantes** fueron obligados a **establecerse** cerca de Buenos Aires.

la civilización *civilization*
la década *decade*
la época *era; epoch; historical period*
el/la habitante *inhabitant*
la historia *history*
el/la historiador(a) *historian*
la humanidad *humankind*
el imperio *empire*
el reino *reign; kingdom*
el siglo *century*
———
establecer(se) *to establish (oneself)*
habitar *to inhabit*
integrarse (a) *to become part (of)*
pertenecer (a) *to belong (to)*
poblar (o:ue) *to settle; to populate*
———
antiguo/a *ancient*
(pre)histórico/a *(pre)historic*

Los conceptos

el aprendizaje *learning*
el conocimiento *knowledge*
la enseñanza *teaching; lesson*
la herencia (cultural) *(cultural) heritage*
la (in)certidumbre *(un)certainty*
la (in)estabilidad *(in)stability*
la sabiduría *wisdom*

Las características

adelantado/a *advanced*
culto/a *cultured; educated; refined*
derrotado/a *defeated*
desarrollado/a *developed*
forzado/a *forced*

pacífico/a *peaceful*
poderoso/a *powerful*
victorioso/a *victorious*

Los gobernantes

el/la cacique *tribal chief*
el/la conquistador(a) *conquistador; conqueror*
el/la dictador(a) *dictator*
el emperador/la emperatriz *emperor/empress*
el/la gobernante *ruler*
el/la monarca *monarch*
el rey/la reina *king/queen*
el/la soberano/a *sovereign; ruler*

Variación léxica
integrarse ⟷ incorporarse
la herencia ⟷ el legado
la cacique ⟷ la cacica

La conquista y la independencia

Con la abolición de la **esclavitud** en 1810 por decisión de Manuel Hidalgo, México **encabeza** la lista de naciones americanas que **suprimieron** esta práctica y **liberaron** a los **esclavos**.

la batalla *battle*
la colonia *colony*
la conquista *conquest*
el ejército *army*
la esclavitud *slavery*
el/la esclavo/a *slave*
las fuerzas armadas *armed forces*
el/la guerrero/a *warrior*
la independencia *independence*
la soberanía *sovereignty*
el/la soldado *soldier*
la tribu *tribe*

———

colonizar *to colonize*
conquistar *to conquer*
derribar/derrocar *to overthrow*
derrotar *to defeat*
encabezar *to lead*
explotar *to exploit*
expulsar *to expel*
invadir *to invade*
liberar *to liberate*
oprimir *to oppress*
rendirse (e:i) *to surrender*
suprimir *to abolish; to suppress*

La historia y la civilización

---

① For Part B, play the dialogue again and have students create two additional comprehension questions for their classmates to answer.

 Práctica

① Escuchar

A. Escucha la conversación entre dos historiadores y completa las oraciones con la opción correcta.

1. La especialidad de Mónica es ___a___.
   a. la época colonial de Hispanoamérica
   b. la Guerra de la Independencia

2. A Mónica le interesa mucho ___a___.
   a. la conquista   b. la monarquía

3. El artículo que le gustó a Franco trataba de ___b___.
   a. civilizaciones prehistóricas
   b. antiguas colonias

4. Franco, en sus clases, cuenta historias personales de ___b___.
   a. reyes y guerreros   b. reyes y gobernantes

B. Escucha parte de una de las clases de Mónica y después contesta las preguntas.

1. ¿Quién era Álvar Núñez Cabeza de Vaca?
   un conquistador español
2. ¿A qué lugar lo llevaron las tormentas?
   a la costa de Texas
3. ¿Qué ocurrió durante los años que Cabeza de Vaca vivió con los indígenas?
   Se integró a las costumbres indígenas.
4. ¿En qué se basaba el gobierno que intentó establecer en el Paraguay?
   en el respeto a las comunidades indígenas

② Crucigrama Completa el crucigrama.

1. pensamiento expresado con palabras
2. persona que sube al poder y elimina los derechos democráticos de los ciudadanos
3. gobernante de un imperio
4. cien años
5. hombre que forma parte de las fuerzas armadas
6. tranquilo; que busca la paz

② Assign different vocabulary headings from **Contextos** and have students create three more definitions, then exchange papers with a partner to find the right words.

El equipo de _Facetas_ va a asistir a la ceremonia de premios para los mejores periodistas del año.

Synopsis:
- Johnny arrives at the office in a suit and imagines himself receiving an award.
- Éric, Mariela, and Aguayo are nominated for journalism awards.
- Éric invites Mariela to be his date.
- Aguayo reminisces about memorable times at the office.

NATIONAL communication cultures STANDARDS

MARIELA ¿Qué haces vestido así tan temprano?

DIANA La ceremonia no comienza hasta las siete.

JOHNNY Tengo que practicar con el traje puesto.

AGUAYO ¿Practicar qué?

JOHNNY Ponerme de pie, subir las escaleras, sentarme, saludar y todo eso. Imagínense…

Johnny imagina que recibe un premio…

JOHNNY Quisiera dar las gracias a mis amigos, a mis padres, a mi compadre, a mis familiares, a Dios por este premio que me han dado. De verdad, muchas gracias, los quiero a todos. ¡Muchas gracias! ¡Gracias!

Aguayo sale corriendo de su oficina.

AGUAYO ¡Llegó la lista! ¡Llegó la lista! _(Lee.)_ "En la categoría de mejor serie de fotos, por las fotos de las pirámides de Teotihuacán, Éric Vargas."

JOHNNY Felicidades.

AGUAYO _(Lee.)_ "En la categoría de mejor diseño de revista, por la revista _Facetas_, Mariela Burgos."

MARIELA Gracias.

Al mismo tiempo, en la cocina…

JOHNNY ¿Con quién vas a ir esta noche?

ÉRIC ¿Estás loco? Entre boletos, comida y todo lo demás, me arruinaría. Mejor voy solo.

JOHNNY No creo que debas ir solo. ¿Y qué tal si invitas a alguien que _ya_ tiene boleto?

ÉRIC ¿A quién?

JOHNNY A Mariela.

ÉRIC ¿A Mariela?

JOHNNY Éric, es esta noche o nunca. ¿En qué otra ocasión te va a ver vestido con traje? Además, tienes que aprovechar que ella está de buen humor. Creo que antes te estaba mirando de una manera diferente…

ÉRIC No sé…

Más tarde, en el escritorio de Mariela…

ÉRIC ¿Qué tal?

MARIELA Todo bien.

ÉRIC Muy bonitos zapatos.

MARIELA Gracias.

ÉRIC Y MARIELA _(al mismo tiempo)_ Quería preguntarte si…

ÉRIC Disculpa, tú primero…

MARIELA No, tú primero…

INSTRUCTIONAL RESOURCES Supersite/DVD: Fotonovela
Supersite/IRCD: Videoscript & Translation, SAM Answer Key
SAM/WebSAM: VM

Preview Review the personality traits of each character, then have students predict which two characters might go on a date.

Lección 12

Personajes

 AGUAYO

 DIANA

 ÉRIC

 FABIOLA

 JOHNNY

 MARIELA

AGUAYO *(Lee.)* "En la categoría de mejor artículo, por 'Historia y civilización en América Latina', José Raúl Aguayo." No lo puedo creer. ¡Tres nominaciones!

Todos están muy contentos, pero Johnny tiene cara de triste.

DIANA Johnny, ¿cómo te van a nominar para un premio?... ¡si no presentaste ningún trabajo!

JOHNNY *(riéndose)* Claro... pues, es verdad.

Más tarde, en el escritorio de Mariela...

MARIELA Mira qué zapatos tan bonitos voy a llevar esta noche.

FABIOLA Pero... ¿tú sabes andar con eso?

MARIELA ¡Llevo toda mi vida andando con tacón alto!

FABIOLA Mira, de todas formas, te aconsejo que no te los pongas sin probártelos antes.

Degrees of formality in expressing wishes

Direct
Quiero invitarte a venir conmigo a la ceremonia.
I want to ask you to come to the ceremony with me.

More formal
Quería invitarte a venir conmigo a la ceremonia.
I wanted to ask you to come to the ceremony with me.

Most formal
Quisiera invitarte a venir conmigo a la ceremonia.
I would like to invite you to come to the ceremony with me.

Expressing anticipation and excitement

¿Estás preparado/a para la gran noche?
Are you ready for the big night?

¡Qué nervios!/¡Qué emoción!
I'm so nervous!/I'm so excited!

Es hoy o nunca.
It's now or never.

¡No lo puedo creer!
I can't believe it!

Additional vocabulary

de todas formas *in any case*
la herradura *horseshoe*
la nominación *nomination*
ponerse de pie *to stand up*
el premio *award; prize*
el tacón (alto) *(high) heel*

Esa noche...

DIANA ¡Qué nervios!

FABIOLA ¿Qué fue eso?

JOHNNY *(con una herradura en la mano)* Es todo lo que necesitamos esta noche.

Éric y Mariela hablan a solas.

ÉRIC ¿Estás preparada para la gran noche?

MARIELA Lista.

Todos entran al ascensor, esperando a Aguayo.

ÉRIC *(grita)* ¡Jefe!

Aguayo se queda solo, mirando la oficina emocionado. Por fin, apaga la luz, entra al ascensor y todos se van.

Teaching option Ask students who they think will win and how they might celebrate after the ceremony.

INSTRUCTIONAL RESOURCES
Supersite/DVD: Flash cultura; **Supersite:** Videoscript & Translation

PERÚ Y ECUADOR

En detalle

La herencia de los incas

El auge° del imperio inca duró sólo trescientos años (del siglo XIII al XVI). Esta civilización nunca conoció la rueda°, el hierro° o el caballo, elementos que en otras culturas estuvieron directamente relacionados con el progreso. Sin embargo, los incas dejaron huellas° indelebles° en la lengua, la cultura, la agricultura, la ingeniería, la planificación urbana y la industria textil en el Perú, el Ecuador y el resto de la región andina.

El centro del imperio inca era la ciudad de Cuzco, en el actual Perú. La red° de caminos establecida por los incas tenía una extensión de aproximadamente 20.000 kilómetros (12.500 millas), y recorría el territorio que ahora ocupan seis países: la Argentina, Bolivia, Chile, Colombia, el Ecuador y el Perú. La ruta principal, de unos 5.000 kilómetros de extensión, recorría los Andes desde el norte de Ecuador hasta el centro de Chile. No se trataba de simples caminos de tierra°: muchos eran caminos empedrados° y a veces incluían puentes colgantes° o flotantes°, puentes de piedra o terraplenes°. Miles de turistas de todo el mundo recorren el tramo más conocido de este sistema de rutas: el Camino del Inca, que llega a Machu Picchu; mientras que millones de suramericanos recorren —quizás sin saberlo— viejos caminos incas, ya que muchas rutas de Suramérica siguen el mismo trazado° marcado por los incas hace seiscientos años.

Los incas se destacaron por el uso de la ingeniería con fines agrícolas°. Convirtieron tierras altas y empinadas° en áreas productivas a través de la construcción de sistemas de terrazas de cultivo. También construyeron canales que llevaban agua para regar° plantaciones en zonas desérticas. Algunas de estas innovaciones tecnológicas siguen en uso actualmente.

El legado° cultural se aprecia principalmente en el uso de dos lenguas habladas por los incas: el aymara y el quechua. La presencia inca también se percibe en la vida cotidiana, a través de las costumbres y tradiciones que pasan de generación en generación, una de cuyas expresiones más visibles es la industria textil tradicional, que sigue usando las mismas técnicas de antaño°. ∎

El correo inca
Un avanzado sistema de rutas no sería de mucha utilidad sin un sistema de comunicación eficiente. Los incas usaban un sistema de **chasquis**, o mensajeros, para llevar órdenes y noticias por todo el imperio. El sistema utilizado por los chasquis era similar al de las carreras de relevos°. Se dice que fue el sistema de mensajería más rápido hasta la invención del telégrafo. Los chasquis podían llevar un mensaje de Quito a Cuzco (aproximadamente 2.000 kilómetros) en sólo cinco días.

auge *peak* **rueda** *wheel* **hierro** *iron* **huellas** *marks* **indelebles** *permanent* **red** *network* **caminos de tierra** *dirt roads*
empedrados *cobbled* **colgantes** *hanging* **flotantes** *floating* **terraplenes** *embankments* **trazado** *route* **fines agrícolas** *agricultural purposes*
empinadas *steep* **regar** *to water* **legado** *legacy* **de antaño** *from the past; of yesteryear* **carreras de relevos** *relay races*

En detalle Ask these discussion questions: ¿Cuáles son las características de una civilización avanzada? ¿El uso de computadoras y celulares significa que vivimos en una cultura avanzada? Expliquen sus respuestas.

ASÍ LO DECIMOS

Palabras de lenguas indígenas

el cacao (maya) *cacao; cocoa*

el charqui (quechua) *dried beef; jerky*

el chicle (maya y náhuatl) *gum*

el chocolate (náhuatl) *chocolate*

el cóndor (quechua) *condor*

el coyote (náhuatl) *coyote*

la guagua (quechua) *baby boy/girl*

el huracán (taíno) *hurricane*

la llama (quechua) *llama*

el poncho (mapuche) *poncho*

el puma (quechua) *puma*

EL MUNDO HISPANOHABLANTE

Curiosidades

- Situada en el istmo de Tehuantepec, en México, **Juchitán** es una comunidad mayoritariamente indígena cuyos mitos y creencias resisten la influencia del exterior. Se dice que aquí todavía subsiste el **matriarcado°** porque las mujeres tienen una presencia tan vital en la economía y en la sociedad.

- La **Catedral de Sal** en Zipaquirá, cerca de Bogotá, Colombia, es una obra única de ingeniería y arte. Esta construcción subterránea fue realizada en una mina de sal que los **indígenas**  **muiscas** de esa zona ya explotaban° antes de la llegada de los españoles al continente americano.

- La sociedad **Rapa Nui**, desarrollada en condiciones de aislamiento° extremo en la Isla de Pascua, Chile, presenta numerosos interrogantes° que se resisten a ser descifrados. Sus famosas esculturas monolíticas, sus altares megalíticos y su escritura jeroglífica siguen siendo un misterio que maravilla a los investigadores.

PERFIL

MACHU PICCHU

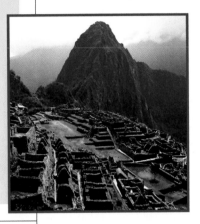

La ciudad de Machu Picchu es el ejemplo más famoso de las sofisticadas técnicas arquitectónicas de la civilización inca. Las ruinas están ubicadas° a unos 112 kilómetros (70 millas) de Cuzco, Perú, en una zona montañosa desde la que se pueden disfrutar unas vistas espectaculares del valle del Urubamba. En el corazón de Machu Picchu está la plaza central, en la que se pueden ver los templos y los edificios del gobierno. Uno de los monumentos más famosos es el *intihuatana*, un tipo de observatorio astronómico inca, utilizado para observar el sol y para medir° las estaciones del año y el transcurso del tiempo. También se realizaban allí ceremonias en honor al Sol y la elevación del terreno permitía que todos los habitantes las presenciaran.

> **❝Una cosa es continuar la historia y otra repetirla.❞** (Jacinto Benavente, dramaturgo español)

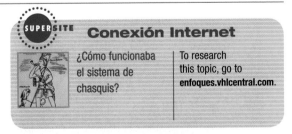

SUPERSITE **Conexión Internet**

¿Cómo funcionaba el sistema de chasquis?

To research this topic, go to **enfoques.vhlcentral.com**.

ubicadas *located* **medir** *to measure* **matriarcado** *matriarchy* **explotaban** *worked* **aislamiento** *isolation* **interrogantes** *mysteries*

¿Qué aprendiste?

① ¿Cierto o falso? Indica si estas afirmaciones son **ciertas** o **falsas**. Corrige las falsas.

1. El imperio inca alcanzó su auge después de la llegada de los españoles.
   Falso. El auge del imperio inca comenzó antes de su llegada.

2. El imperio inca se extendía hasta Panamá.
   Falso. El imperio inca se extendía hasta Ecuador/Colombia.

3. La principal ruta inca recorría la costa atlántica de Suramérica. Falso. La principal ruta inca recorría la región andina.

4. Algunos caminos actuales siguen el trazado de viejas rutas incas. Cierto.

5. Los incas cultivaban las tierras bajas con un sistema de terrazas. Falso. Cultivaban las tierras altas con un sistema de terrazas.

6. Todavía se siguen utilizando algunas de las técnicas agrícolas de los incas. Cierto.

7. Todavía se usan dos idiomas hablados por los incas. Cierto.

8. Un solo chasqui se encargaba de llevar los mensajes de Quito a Cuzco. Falso. Los chasquis usaban un sistema similar al de las carreras de relevos.

② Oraciones incompletas Elige la opción correcta.

1. Machu Picchu es (el templo inca más famoso / <u>el ejemplo más famoso de arquitectura inca</u>).

2. El **intihuatana** era un (templo / <u>observatorio</u>).

3. El **charqui** es (<u>una comida</u> / un tipo de poncho).

4. La palabra **llama** viene de la lengua (mapuche / <u>quechua</u>).

③ Preguntas Contesta las preguntas con oraciones completas.

1. ¿Dónde está Juchitán? Juchitán está en el istmo de Tehuantepec en México.

2. ¿Por qué se dice que en Juchitán subsiste el matriarcado? Las mujeres tienen una presencia vital en la economía y en la sociedad.

3. ¿Dónde se construyó la Catedral de Sal de Zipaquirá? La Catedral de Sal se construyó en una mina de sal.

4. ¿Qué grupo indígena explotaba la mina de sal de Zipaquirá? Los indígenas muiscas explotaban la mina de sal de Zipaquirá.

5. ¿Qué isla chilena tiene esculturas monolíticas? La Isla de Pascua tiene esculturas monolíticas.

④ Opiniones En parejas, hablen de la importancia de mantener los usos y las costumbres tradicionales y del posible efecto de las tradiciones en el desarrollo económico de las sociedades. Usen las preguntas como guía:

- ¿Es importante mantener las tradiciones? ¿Por qué?

- ¿Es posible desarrollar economías competitivas aprovechando las tradiciones?

- ¿Creen que las tradiciones pueden perderse si se explota su potencial económico?

Contesten las preguntas, den ejemplos de sus puntos de vista y después compartan su opinión con la clase.

PROYECTO

Monolitos, Isla de Pascua

Monumentos antiguos

Elige uno de los lugares de la lista u otra construcción antigua importante en un país de habla hispana. Busca información sobre el lugar y prepara una presentación para la clase. No olvides incluir información sobre la época en la que se construyó, quién lo hizo y, si se sabe, con qué objetivo. Incluye una fotografía o una ilustración de la obra o construcción.

- Monolitos de la Isla de Pascua
- Líneas de Nazca
- Catedral de Sal
- Monte Albán

Proyecto To help students get started, have them create a chart of information they should include in their presentation. Ex: time line of events, current tourist information, efforts to conserve cultural heritage, relevant historical figures.

448 *cuatrocientos cuarenta y ocho*

Lección 12

SUPERSITE

RITMOS

PERÚ NEGRO

Alrededor de 1700, cuando los españoles prohibieron los tambores a los esclavos, éstos convirtieron las cajas para recolectar frutas en instrumentos musicales, y así se inventó "el cajón"°. Mientras duró la esclavitud, este legado debió transmitirse en privado. Estas tradiciones aún siguen vivas, y uno de sus principales exponentes es **Perú Negro**, una compañía° de danza y baile folclórico afroperuano creada en 1969. Su fundador, Ronaldo Campos, comenzó cantando en un pequeño pueblo. Pronto integró a toda su familia y creó Perú Negrito, una academia de baile para niños. En sus coloridos espectáculos, los bailarines danzan landós, festejos y zambas malató° al ritmo del cajón, la cajita de limosna° y la quijada de burro°. Representan "las costumbres de los negros peruanos... lo que los negros esclavos dejaron, lo que nuestros abuelos nos enseñaron", dice Rony Campos, hijo del fundador y actual director.

Discografía

2004 Jolgorio   **2000** Sangre de un don

Canción

Éste es un fragmento de la canción que tu instructor(a) te hará escuchar.

Negro con sabor
por Rony Campos

Así fueron paseando con quijada y con cajón
Casi al mundo entero Perú Negro lo llevó.
Así fueron paseando con quijada y con cajón
Casi al mundo entero Perú Negro lo llevó.
Moviendo la cintura con dulzura y con sabor
Que tonada le pondría, Perú Negro él formó.
Moviendo la cintura con dulzura y con sabor
Que tonada le pondría, Perú Negro él formó.

El cajón es peruano. Así se llama la campaña que realizaron artistas peruanos para difundir la paternidad de este instrumento. El origen del cajón causó controversia cuando se comenzó a asociar su invención con el flamenco español. En 2001, el cajón fue declarado patrimonio° cultural de la nación.

Preguntas En parejas, contesten las preguntas. Some answers will vary.

1. ¿Cómo y cuándo surgió el cajón peruano? El cajón surgió en 1700 cuando los españoles prohibieron el uso de tambores a los esclavos.
2. ¿Qué fue la campaña "El cajón es peruano"? ¿Cuál fue su objetivo? La campaña quería difundir la paternidad del cajón que muchos asociaban con la música flamenca.
3. La letra de la canción habla de una persona. ¿Quién creen que es esa persona?
4. ¿Son populares la música y la danza de diferentes grupos étnicos en la región donde ustedes viven? ¿De qué manera enriquecen la cultura?

cajón *straddled wooden box* **compañía** *ensemble* **landós, festejos y zambas malató** *traditional Afro-Peruvian dances* **cajita de limosna** *small trapezoidal box with lid*
quijada de burro *percussion instrument made of a donkey jawbone ornamented with bells* **cintura** *waist* **dulzura** *sweetness* **tonada** *tune* **patrimonio** *heritage*

Ritmos For cultural expansion, provide background information about the history of slavery during the colonial period and the influence of African traditions in the music and culture of Latin America.

NATIONAL comparisons STANDARDS

INSTRUCTIONAL RESOURCES
Supersite/IRCD:
Textbook Answer Key,
SAM Answer Key
SAM/WebSAM: WB, LM

TALLER DE CONSULTA

MANUAL DE GRAMÁTICA
Más práctica
12.1 Uses of the infinitive,
p. 545
12.2 Summary of the
indicative, p. 546
12.3 Summary of the
subjunctive, p. 547

Más gramática
12.4 **Pedir/preguntar** and
conocer/saber, p. 548

¡ATENCIÓN!

An infinitive is the
unconjugated form of a
verb and ends in **–ar**, **–er**,
or **–ir**.

¡ATENCIÓN!

The gerund form may also
be used after verbs of
perception.
**Te escuché hablando
con él.**
I heard you talking to him.

Remind students that, while
saber and **pedir** are frequently
followed by an infinitive,
conocer and **preguntar** have
different meanings and are
used differently. See **Manual
de gramática 12.4**, p. 548.

Sé manejar.
I know how to drive.
Conozco a Sara.
I know Sara.
Me pidió estudiar más.
He asked me to study more.
Me preguntó si tenía hambre.
She asked me if I was hungry.

Remind students that
impersonal expressions
may be expressed in any
tense. Ex: **Fue necesario
repetir el experimento.
Sería mejor comprar un
reproductor de DVD que
arreglar el VHS.**

12.1 Uses of the infinitive

¿Tú sabes andar
con eso?

Quería
preguntarte si...

- The infinitive (**el infinitivo**) is commonly used after other conjugated verbs, especially when there is no change of subject. **Deber, decidir, desear, necesitar, pensar, poder, preferir, querer**, and **saber** are all frequently followed by infinitives.

  Después de tres décadas de guerra, el rey **decidió rendirse**.
  After three decades of war, the king decided to surrender.

  Preferimos no **viajar** a esa región durante este período de inestabilidad.
  We prefer not to travel to that region during this period of instability.

- When the person or thing performing an action changes, the second verb is usually conjugated as part of a subordinate clause. Verbs of perception, however, such as **escuchar, mirar, oír, sentir**, and **ver**, are followed by the infinitive.

  Te **oigo hablar**, ¡pero no entiendo nada!
  I hear you speak, but I don't understand anything!

  Si la **ven salir**, avísenme enseguida, por favor.
  If you see her leave, please let me know immediately!

- Many verbs of influence, such as **dejar, hacer, mandar, pedir, permitir**, and **prohibir,** may also be followed by the infinitive. Often, an indirect object pronoun is used to show who is affected by the action.

  La profesora **nos hizo leer** artículos sobre la conquista.
  The teacher made us read articles about the conquest.

  El comité **me ha dejado continuar** con las investigaciones.
  The committee has allowed me to continue with my research.

- The infinitive may be used with impersonal expressions, such as **es importante, es fácil**, and **es bueno**. It is required after **hay que** and **tener que**.

  Es importante celebrar nuestra herencia cultural.
  It's important to celebrate our cultural heritage.

  Hay que hacer todo lo posible para lograr una solución pacífica.
  Everything possible must be done to find a peaceful solution.

Tengo que practicar
con el traje puesto.

- After prepositions, the infinitive is used.

> Se cree que las estatuas fueron construidas **para proteger** al templo.
> *It is believed that the statues were built in order to protect the temple.*

> El arqueólogo las miró con cuidado, **sin decir** nada.
> *The archeologist looked at them carefully, without saying a word.*

- Many Spanish verbs follow the pattern of [*conjugated* verb] + [*preposition*] + [*infinitive*]. The prepositions for this pattern are **de, a**, or **en**.

¿Con quién vas a ir esta noche?

Remind students that when there is a change of subject, the conjunction **que** is added after the preposition to create a subordinate clause with a conjugated verb.

acabar de *to have just (done something)*	**quedar en** *to agree (to)*
aprender a *to learn (to)*	**tardar en** *to take time (to)*
enseñar a *to teach (to)*	**tratar de** *to try (to)*

> **Acabo de hablar** con el profesor López.
> *I have just spoken with Professor López.*

> **Trato de estudiar** todos los días.
> *I try to study every day.*

> Su computadora **tarda en** encenderse.
> *His computer takes a while to start up.*

> **Quedamos en hacerlo.**
> *We agreed to do it.*

- While **deber** + [*infinitive*] suggests obligation, **deber** + **de** + [*infinitive*] suggests probability.

> El pueblo **debe de saber** la verdad.
> *Surely, the people must know the truth.*

> El pueblo **debe saber** la verdad.
> *The people need to know the truth.*

- In Spanish, unlike in English, the gerund form of a verb (*talking, working,* etc.) may not be used as a noun or in giving instructions. The infinitive form is used instead.

> **Ver** es creer.
> *Seeing is believing.*

> No **fumar**.
> *No smoking.*

> El arte de **mirar**.
> *The art of seeing.*

LEER ES PODER

Teaching option Use the **Fotonovela** to present and discuss uses of the infinitive. While viewing the episode, have students jot down verbs they hear in the infinitive. Play the episode a second time, pausing to discuss each use of the infinitive.

Práctica

TALLER DE CONSULTA

MANUAL DE GRAMÁTICA
Más práctica
12.1 Uses of the infinitive,
p. 545

1 **Oraciones** Forma oraciones completas con los elementos dados. Sigue el modelo y añade preposiciones cuando sea necesario.

> **MODELO** la arqueóloga / esperar / descubrir / tesoros antiguos
>
> La arqueóloga espera descubrir tesoros antiguos.

1. Luis / pensar / ser / historiador
   Luis piensa (en) ser historiador.
2. él / querer / especializarse / la historia sudamericana
   Él quiere especializarse en la historia sudamericana.
3. el profesor Sánchez / le /enseñar / hablar / lenguas indígenas
   El profesor Sánchez le enseña a hablar lenguas indígenas.
4. sus padres / le / aconsejar / estudiar / extranjero
   Sus padres le aconsejan estudiar en el extranjero.
5. Luis / acabar / pedir información / programa en el Ecuador
   Luis acaba de pedir información sobre un programa en el Ecuador.

2 **Una profesora exigente** Hay una nueva profesora de historia en el departamento. Lee las instrucciones que ella le dio a su clase. Luego, escribe oraciones completas desde el punto de vista de los estudiantes, describiendo lo que ella les pidió. Sigue el modelo.

> **MODELO** Lean cien páginas del texto para mañana. (hacer)
>
> Nos hizo leer cien páginas del texto para mañana.

1. Escriban un trabajo de cincuenta páginas. (obligar a)
   Nos obligó a escribir un trabajo de cincuenta páginas.
2. No coman en clase. (prohibir)
   Nos prohibió comer en clase.
3. Busquen diez libros sobre el tema. (hacer)
   Nos hizo buscar diez libros sobre el tema.
4. Vayan hoy mismo al museo para ver la exhibición africana. (mandar)
   Nos mandó ir hoy mismo al museo para ver la exhibición africana.
5. No vengan a clase sin leer el material. (no permitir)
   No nos permitió venir a clase sin leer el material.

3 **Documental** Lee las preguntas de esta entrevista con Fabián Mateos, director del documental histórico *Bolívar*. Luego inventa sus respuestas. Contesta con oraciones completas y utiliza verbos en infinitivo.

PREGUNTA Me dijeron que la filmación acaba de terminar. ¿Es así?

RESPUESTA (1) _____

PREGUNTA ¿Te acostumbraste a vivir en el Perú? ¿Piensas volver?

RESPUESTA (2) _____

PREGUNTA ¿Crees que el documental nos hará cambiar de idea sobre los héroes
de la independencia sudamericana?

RESPUESTA (3) _____

PREGUNTA ¿Fue difícil escoger al actor que representa a Simón Bolívar?

RESPUESTA (4) _____

PREGUNTA ¿Piensas hacer otro documental histórico? ¿Hay otro tema histórico
que te gustaría explorar?

RESPUESTA (5) _____

① Remind students to
add prepositions as
necessary.

② For additional practice,
have students use
infinitives to add three
more classroom rules.

③ As a variant, have
students work in pairs
to create responses.
Then call on volunteers
to perform the
interview for the class.

Teaching option For
more practice with
infinitives, divide the class
into two teams. Indicate
one team member at a
time, alternating between
teams. Give an impersonal
expression (such as **es
bueno, hay que, tener
que**). The team member
must create a sentence.
Each correct sentence
earns a point.

Comunicación

 4 **Recomendaciones** En parejas, háganse estas preguntas sobre sus planes para el futuro. Luego túrnense para hacerse cinco recomendaciones para lograr sus metas. Utilicen las frases de la lista y el infinitivo, y añadan sus propias ideas.

1. ¿Qué clases quieres tomar?
2. ¿Qué profesión deseas tener?
3. ¿Esperas viajar a otros países? ¿Cuáles?
4. ¿Qué cosas nuevas quieres aprender a hacer?
5. ¿Qué metas deseas alcanzar?

es bueno	estudiar
es fácil	explorar
es importante	viajar
hay que	¿?
tener que	¿?

5 **Viajes maravillosos**

A. En grupos de cuatro, imaginen que ustedes son científicos/as y han creado una máquina para viajar en el tiempo. Quieren comenzar un negocio con su invento, vendiendo pasajes y siendo guías históricos. Escriban un anuncio breve, utilizando por lo menos seis frases de la lista.

acabar de	quedar en
aprender a	querer
es fácil	tardar en
es increíble	tratar de

B. Ahora imaginen que son los/las turistas que compraron pasajes y que acaban de volver de su primer viaje al pasado. Escojan un período histórico y luego escriban una descripción de lo que vieron e hicieron, utilizando por lo menos seis verbos en infinitivo. Sigan el modelo.

MODELO Acabamos de regresar de nuestro primer viaje al pasado. ¡Aún no podemos creer que anduvimos con los dinosaurios! El primer día...

4 Ask students additional questions about the future. Ex: **¿Piensas casarte algún día? ¿Te interesaría vivir en una gran ciudad? ¿Quieres vivir en otro país? Para ti, ¿será importante ganar mucho dinero en tu futuro trabajo?**

5 For Part A, have students create a television ad for their time machine and perform it for the class.

5 For Part B, encourage students to use the verbs listed on p. 451.

NATIONAL comparisons STANDARDS

INSTRUCTIONAL RESOURCES
Supersite/IRCD:
Textbook Answer Key,
SAM Answer Key
SAM/WebSAM: WB, LM

TALLER DE CONSULTA

To review indicative verb
forms, see:

The present tense
1.1, pp. 14–15

The preterite
3.1, pp. 94–95

The imperfect
3.2, pp. 98–99

The future
6.1, pp. 216–217

The conditional
8.1, pp. 294–295

The present perfect
7.1, pp. 256–257

The past perfect
7.2, p. 260

The future perfect
10.1, p. 374

The conditional perfect
10.2, p. 376

Review the concept of
mood and ask volunteers
to distinguish between
the indicative and
subjunctive moods.

To review progressive
forms, see **Estructura 1.3,**
pp. 22–23.

To review imperative verb
forms, see **Estructura**
4.2, pp. 140–141.

12.2 Summary of the indicative

Indicative verb forms

● This chart provides a summary of indicative verb forms for regular **–ar**, **-er**, and **–ir** verbs.

Indicative verb forms					
-ar verbs		**-er verbs**		**-ir verbs**	
PRESENT					
canto	cantamos	bebo	bebemos	recibo	recibimos
cantas	cantáis	bebes	bebéis	recibes	recibís
canta	cantan	bebe	beben	recibe	reciben
PRETERITE					
canté	cantamos	bebí	bebimos	recibí	recibimos
cantaste	cantasteis	bebiste	bebisteis	recibiste	recibisteis
cantó	cantaron	bebió	bebieron	recibió	recibieron
IMPERFECT					
cantaba	cantábamos	bebía	bebíamos	recibía	recibíamos
cantabas	cantabais	bebías	bebíais	recibías	recibíais
cantaba	cantaban	bebía	bebían	recibía	recibían
FUTURE					
cantaré	cantaremos	beberé	beberemos	recibiré	recibiremos
cantarás	cantaréis	beberás	beberéis	recibirás	recibiréis
cantará	cantarán	beberá	beberán	recibirá	recibirán
CONDITIONAL					
cantaría	cantaríamos	bebería	beberíamos	recibiría	recibiríamos
cantarías	cantaríais	beberías	beberíais	recibirías	recibiríais
cantaría	cantarían	bebería	beberían	recibiría	recibirían

PRESENT PERFECT	PAST PERFECT	FUTURE PERFECT	CONDITIONAL PERFECT
he	había	habré	habría
has	habías	habrás	habrías
ha ⊕ ⌈cantado	había ⊕ ⌈cantado	habrá ⊕ ⌈cantado	habría ⊕ ⌈cantado
hemos ⎸bebido	habíamos ⎸bebido	habremos ⎸bebido	habríamos ⎸bebido
habéis ⌊recibido	habíais ⌊recibido	habréis ⌊recibido	habríais ⌊recibido
han	habían	habrán	habrían

Uses of indicative verb tenses

¡Llegó la lista!

¡Es todo lo que necesitamos esta noche!

- This chart explains when each of the indicative verb tenses is appropriate.

Uses of indicative verb tenses

PRESENT

- timeless events: La gente **quiere** vivir en paz.
- habitual events that still occur: Mi madre **sale** del trabajo a las cinco.
- events happening right now: Ellos **están** enojados.
- future events expected to happen: Te **llamo** este fin de semana.

PRETERITE

- actions or states beginning/ending at a definite point in the past: Ayer **firmamos** el contrato.

IMPERFECT

- past events without focus on beginning, end, or completeness: Yo **leía** mientras ella **estudiaba**.
- habitual past actions: Ana siempre **iba** a ese restaurante.
- mental, physical, and emotional states: Mi abuelo **era** alto y fuerte.

FUTURE

- future events: **Iré** a Madrid en dos semanas.
- probability about the present: ¿**Estará** en su oficina ahora?

CONDITIONAL

- what would happen: Él **lucharía** por sus ideales.
- future events in past-tense narration: Me dijo que lo **haría** él mismo.
- conjecture about the past: ¿Qué hora **sería** cuando regresaron?

PRESENT PERFECT

- what has occurred: **Han cruzado** la frontera.

PAST PERFECT

- what had occurred: Lo **habían hablado** hace tiempo.

FUTURE PERFECT

- what will have occurred: Para la próxima semana, ya **se habrá estrenado** la película.

CONDITIONAL PERFECT

- what would have occurred: Juan **habría sido** un gran atleta.

Práctica

TALLER DE CONSULTA

MANUAL DE GRAMÁTICA
Más práctica
12.2 Summary of the indicative, p. 546

① Preview the exercise by asking students what they know about the United Nations and its stance on human rights.

1 Declaración En 1948, la ONU (Organización de las Naciones Unidas) aprobó la *Declaración Universal de los Derechos Humanos*. A continuación se presentan algunos de los derechos básicos del hombre. Selecciona la forma adecuada del verbo entre paréntesis.

1. Todas las personas (nacen / nacían) libres e iguales.
2. No se (discriminó / discriminará) por ninguna razón: ni nacionalidad, ni raza, ni ideas políticas, ni sexo, ni edad, ni otras.
3. Todas las personas (tendrían / tendrán) derecho a la vida y a la libertad.
4. No (habría / habrá) esclavos.
5. Toda persona (tiene / tendría) derecho a una nacionalidad.
6. Nadie (sufre / sufrirá) torturas ni tratos crueles.
7. Todos (son / eran) iguales ante la ley y (tienen / tuvieron) los mismos derechos legales.
8. La discriminación (era / será) castigada.
9. Nadie (va / irá) a la cárcel sin motivo.
10. Se (juzga / juzgará) de una manera justa a todos los presos.

② For follow-up, ask students to make a list of past, present, and future events for their own lives. Then have pairs exchange time lines and write a short narrative for each other.

2 Pasado, presente y futuro David y Sandra son novios. Antes de conocerse tenían vidas muy distintas. Escribe diez oraciones completas sobre el pasado, el presente y el futuro de esta pareja. Utiliza las ideas de la lista o inventa tus propios detalles.

PASADO	PRESENTE	FUTURO
vivir en la ciudad/campo	estudiar en la universidad	trabajar
viajar con la familia	salir con amigos	casarse
hacer deportes	ir al cine	tener hijos
divertirse	viajar	vivir en los suburbios

③ For an extra challenge, call on volunteers to describe their experience as king or queen for a day, using the past indicative. Ex: **Cuando fui rey/reina por un día, disfruté mucho del lujo. Nunca había vivido en un palacio, así que fue una experiencia única.**

3 Rey por un día Hoy, por un sólo día, te has convertido en rey/reina de un dominio extenso. Primero, lee la descripción e identifica el tiempo verbal de cada verbo en indicativo. Luego, contesta las preguntas con oraciones completas.

8:00 Te despiertas en el palacio. ¿Qué te gustaría hacer? ¿Disfrutarás del lujo?

12:00 Tus asesores te dicen que las fuerzas armadas del enemigo han invadido y que habrán llegado hasta el palacio antes de las cuatro. ¿Qué haces?

4:00 Cuando tus soldados por fin llegaron al palacio, las fuerzas enemigas ya habían entrado. Te han secuestrado y están exigiendo la mitad de tu reino. ¿Qué les dices?

6:00 ¿Lograste resolver el conflicto? ¿Habrías preferido convertirte en otra cosa?

Teaching option For additional practice, have students bring in a news article, poem, or brief story. Ask them to identify the indicative verb forms throughout the text. If necessary, have students refer to the chart on p. 455.

Comunicación

4 La historia En parejas, háganse estas preguntas sobre la historia.

1. ¿Crees que la vida era mejor hace cincuenta años? ¿Crees que será mejor o peor en el futuro?
2. ¿Cuál fue el acontecimiento más importante de toda la historia de la humanidad?
3. ¿Qué suceso histórico te habría gustado cambiar?
4. ¿Qué habrá pasado en el mundo en cincuenta años?
5. ¿Crees que hemos aprendido de los errores humanos del pasado?

4 Ask additional questions using the indicative. Ex: **En tu opinión, ¿qué influencia ha tenido la tecnología en la historia de la humanidad? ¿Crees que los datos históricos que lees en los libros de texto son siempre correctos?**

5 ¿Quién es? En parejas, escojan una persona famosa. Escriban una lista de los acontecimientos de su vida (pasados, presentes y los que puedan ocurrir en el futuro). Cuando hayan terminado, lean en voz alta la lista y el resto de la clase tendrá que adivinar de quién se trata.

6 Historias extrañas En grupos de tres, lean las historias y contesten las preguntas. Luego, compartan sus respuestas con la clase.

1. Un rey regresó victorioso a su reino. Había conquistado enormes territorios y había traído muchas riquezas. Dos días después, desapareció.
   - ¿Qué le pasó?
2. Un emperador guerrero y poderoso derrotó a los integrantes de una tribu indígena. Durante años los explotó cruelmente como esclavos. Un buen día, les dio a todos la libertad.
   - ¿Por qué el emperador habrá liberado a los esclavos?

6 As an optional writing activity, have students write a newspaper article about one of the events.

7 Acontecimientos Lee la lista de acontecimientos históricos y ordénalos según su importancia. Luego, en parejas, expliquen por qué ordenaron los acontecimientos de esa manera. Compartan sus ideas con la clase.

7 Ask students to rearrange the events chronologically.

> _____ La independencia de los Estados Unidos
> _____ La llegada de Cristóbal Colón al continente americano
> _____ La invención del automóvil
> _____ La Segunda Guerra Mundial
> _____ La llegada del hombre a la Luna
> _____ La caída del muro de Berlín
> _____ La invención de Internet
> _____ El descubrimiento de la penicilina
> _____ La invención de la computadora

Teaching option For additional practice, have students work in small groups to prepare and perform a live news report about a famous historical event. Ask them to include at least five different verb tenses.

12.3 Summary of the subjunctive

Subjunctive verb forms

TALLER DE CONSULTA

To review subjunctive verb
forms, see:

**The subjunctive in noun
clauses 4.1, pp. 134–136**

**The past subjunctive
8.2, pp. 298–299**

**The present perfect
subjunctive
9.1, p. 336**

**The past perfect
subjunctive
10.3, p. 378**

- This chart provides a summary of subjunctive verb forms for regular **–ar, –er**, and **–ir** verbs.

No creo que
debas ir solo.

No creo que
Mariela esté interesada
en ir conmigo.

Subjunctive verb forms					
-ar verbs		**-er verbs**		**-ir verbs**	
PRESENT SUBJUNCTIVE					
hable	hablemos	beba	bebamos	viva	vivamos
hables	habléis	bebas	bebáis	vivas	viváis
hable	hablen	beba	beban	viva	vivan
PAST SUBJUNCTIVE					
hablara	habláramos	bebiera	bebiéramos	viviera	viviéramos
hablaras	hablarais	bebieras	bebierais	vivieras	vivierais
hablara	hablaran	bebiera	bebieran	viviera	vivieran
PRESENT PERFECT SUBJUNCTIVE					
haya hablado		haya bebido		haya vivido	
hayas hablado		hayas bebido		hayas vivido	
haya hablado		haya bebido		haya vivido	
hayamos hablado		hayamos bebido		hayamos vivido	
hayáis hablado		hayáis bebido		hayáis vivido	
hayan hablado		hayan bebido		hayan vivido	
PAST PERFECT SUBJUNCTIVE					
hubiera hablado		hubiera bebido		hubiera vivido	
hubieras hablado		hubieras bebido		hubieras vivido	
hubiera hablado		hubiera bebido		hubiera vivido	
hubiéramos hablado		hubiéramos bebido		hubiéramos vivido	
hubierais hablado		hubierais bebido		hubierais vivido	
hubieran hablado		hubieran bebido		hubieran vivido	

Uses of subjunctive verb tenses

Me hubiera gustado ser nominado.

Te aconsejo que no te los pongas sin probártelos.

- The subjunctive is used mainly in multiple clause sentences. This chart explains when each of the subjunctive verb tenses is appropriate.

Uses of subjunctive verb tenses

PRESENT

- main clause is in the present: Quiero que **hagas** un esfuerzo.
- main clause is in the future: Ganará las elecciones a menos que **cometa** algún error.

PAST

- main clause is in the past: Esperaba que **vinieras**.
- hypothetical statements about the present: Si **tuviéramos** boletos, iríamos al concierto.

PRESENT PERFECT

- main clause is in the present while subordinate clause is in the past: ¡Es imposible que te **hayan despedido** de tu trabajo!

PAST PERFECT

- main clause is in the past and subordinate clause refers to earlier event: Me molestó que mi madre me **hubiera despertado** tan temprano.
- hypothetical statements about the past: Si me **hubieras llamado**, habría salido contigo anoche.

Es importante que **estudiemos** nuestra propia historia.

It is important that we study our own history.

Los indígenas no querían que el conquistador **invadiera** sus tierras.

The indigenous people did not want the conqueror to invade their lands.

Cristóbal Colón no **hubiera llegado** a América sin el apoyo del Rey.

Christopher Columbus wouldn't have arrived in America without the King's support.

El éxito del arqueólogo depende de las ruinas que **haya descubierto**.

The archeologist's success depends on the ruins he may have discovered.

To review the uses of the subjunctive, see:

The subjunctive in noun clauses
4.1 pp. 134–136

The subjunctive in adjective clauses
5.2 pp. 180–181

The subjunctive in adverbial clauses
6.2 pp. 220–221

¡ATENCIÓN!

Ojalá (que) is always followed by the subjunctive.

Ojalá (que) se mejore pronto.

Impersonal expressions of will, emotion, or uncertainty are followed by the subjunctive unless there is no change of subject.

Es terrible que tú fumes.

Es terrible fumar.

Compare and contrast the use of subjunctive and indicative with conjunctions by providing additional examples.

Teaching option Use an excerpt from a past **Lectura** to review subjunctive and indicative verb tenses and forms. Have students underline as many different verb forms as they can. Go over the results as a class and ask volunteers to explain the uses of each verb tense.

The subjunctive vs. the indicative

- This chart contrasts the uses of the subjunctive with those of the indicative (or infinitive).

Subjunctive	**Indicative (or infinitive)**
• after expressions of will and influence when there are two different subjects: Quieren que **vuelvas** temprano.	• after expressions of will and influence when there is only one subject (infinitive): Quieren **volver** temprano.
• after expressions of emotion when there are two different subjects: La profesora tenía miedo de que sus estudiantes no **aprobaran** el examen.	• after expressions of emotion when there is only one subject (infinitive): Los estudiantes tenían miedo de no **aprobar** el examen.
• after expressions of doubt, disbelief, or denial when there are two different subjects: Es imposible que Beto **haya salido** por esa puerta.	• after expressions of doubt, disbelief, or denial when there is only one subject (infinitive): Es imposible **salir** por esa puerta; siempre está cerrada.
• when the person or thing in the main clause is uncertain or indefinite: Buscan un empleado que **haya estudiado** administración de empresas.	• when the person or thing in the main clause is certain or definite (indicative): Contrataron a un empleado que **estudió** administración de empresas.
• after **a menos que, antes (de) que, con tal (de) que, en caso (de) que, para que,** and **sin que**: El abogado hizo todo lo posible para que su cliente no **fuera** a la cárcel.	• after **a menos de, antes de, con tal de, en caso de, para,** and **sin** when there is no change in subject (infinitive): El abogado hizo todo lo posible para **defender** a su cliente.
• after the conjuctions **cuando, después (de) que, en cuanto, hasta que**, and **tan pronto como** when they refer to future actions: Compraré otro teléfono celular cuando me **ofrezcan** un plan adecuado a mis necesidades.	• after the conjuctions **cuando, después (de) que, en cuanto, hasta que,** and **tan pronto como** when they do not refer to future actions (indicative): Compré otro teléfono celular cuando me **ofrecieron** un plan adecuado a mis necesidades.
• after **si** in hypothetical or contrary-to-fact statements about the present: Si **tuviera** tiempo, iría al cine.	• after **si** in hypothetical statements about possible or probable future events (indicative): Si **tengo** tiempo, iré al cine.
• after **si** in hypothetical or contrary-to-fact statements about the past: Si **hubiera tenido** tiempo, habría ido al cine.	• after **si** in statements that express habitual past actions (indicative): Si **tenía tiempo**, siempre iba al cine.

 **Práctica**

① **Oraciones incompletas** Empareja las frases para formar oraciones lógicas.

   __d__ 1. Gabi no irá a la fiesta a menos que...

   __c__ 2. Habríamos llegado antes si...

   __b__ 3. Hoy es mi cumpleaños. Espero que mis padres...

   __e__ 4. Iría a Europa si...

   __a__ 5. Mis parientes siempre exigían que...

a. limpiara mi cuarto.

b. me hayan comprado algo bonito.

c. no hubieras manejado tan lento.

d. termine de hacer su tarea.

e. tuviera más tiempo.

② **Cita perdida** Selecciona la forma adecuada del verbo entre paréntesis para completar la conversación.

EMA Buenos días. Busco a Miguel Pérez.

ROSA Qué lástima que ya (1) __haya salido__ (salga / haya salido / hubiera salido). No creo que (2) __vuelva__ (vuelva / volviera / haya vuelto) hasta las cuatro.

EMA Le había dicho que yo vendría a verlo el martes, pero él me dijo que yo (3) __viniera__ (viniera / haya venido / hubiera venido) hoy.

ROSA No veo nada en su agenda. Y no creo que al señor Pérez se le (4) __haya olvidado / hubiera olvidado__ (olvide / haya olvidado / hubiera olvidado) la cita. Si usted le (5) __hubiera pedido__ (pida / haya pedido / hubiera pedido) una cita, él me lo habría mencionado. Si quiere, le digo que la (6) __llame__ (llame / llamara / haya llamado) tan pronto como (7) __llegue__ (llegue / llegara / hubiera llegado). A menos que usted (8) __quiera__ (quiera / haya querido / hubiera querido) esperar...

③ **¿En qué tiempo?** Completa las oraciones con el subjuntivo (presente, imperfecto, pretérito perfecto o pluscuamperfecto) de los verbos entre paréntesis.

1. Antes de que los primeros españoles __pisaran__ (pisar) el suelo americano, los vikingos ya habían viajado a América.

2. El profesor Gómez viajará al Amazonas. Cuando __llegue__ (llegar) allí, investigará algunas tribus aisladas.

3. Siempre que __haya__ (haber) democracia, habrá libertad de prensa.

4. Cuando __termine__ (terminar) la guerra civil, el país mejorará.

5. El cacique les habló a sus guerreros para que __lucharan__ (luchar) con entusiasmo.

6. La historia del país habría sido muy distinta si la monarquía no __hubiera caído__ (caer).

7. La fundación humanitaria prefiere contratar a personas que ya __hayan viajado__ (viajar) al país donde trabajarán.

8. Si los gobernantes __hubieran sabido__ (saber) lo que ahora sabemos, nunca habrían firmado el acuerdo.

TALLER DE CONSULTA

MANUAL DE GRAMÁTICA
Más práctica
12.3 Summary of the subjunctive, p. 547

① Call on volunteers to explain why the subjunctive is used for each item.

② Have volunteers perform the completed dialogue for the class.

③ Model the activity by asking volunteers to talk about historical events using **antes de que, cuando**, and **siempre que**.

Práctica

④ Ask students to give their answers and an explanation of why they chose the indicative or subjunctive.

④ **Los pueblos americanos** Selecciona la forma adecuada de los verbos entre paréntesis.

1. La ley venezolana les prohibía a los militares que (votaron /(votaran)/ votar) en las elecciones presidenciales.
2. Te recomiendo que (estudias /(estudies)/ estudiar) los cambios políticos en el Perú.
3. Me gustaría (lucho / luche /(luchar)) por los derechos de los indígenas.
4. Los primeros hombres que (poblaron)/ poblaran / poblar) América llegaron desde Asia.
5. Es una lástima que los conquistadores (destruyeron /(destruyeran)/ destruir) algunas culturas americanas.
6. No es cierto que todos los indígenas americanos (se han rendido /(se hayan rendido)/ rendirse) pacíficamente.
7. Sé que la dictadura (es)/ sea / ser) la peor forma de gobierno.
8. ¡Ojalá los pueblos americanos (habían luchado /(hubieran luchado)/ luchar) más por sus derechos!

⑤ Ask pairs to use the same structures to write five sentences about ancient indigenous civilizations.

⑤ **Las formas verbales** Conecta las frases de las columnas. Usa las formas y los tiempos verbales apropiados.

A.
1. El historiador busca el libro que c
2. El historiador busca un libro que b
3. El historiador buscó un libro que a

   a. explicara los últimos cambios políticos.
   b. explique los últimos cambios políticos.
   c. explica los últimos cambios políticos.

B.
1. En su viaje, el historiador no conoció a ningún indígena que c
2. En su viaje, el historiador había conocido a un solo indígena que b
3. En su viaje, el historiador conoció a un solo indígena que a

   a. tenía contacto con tribus vecinas.
   b. había tenido contacto con tribus vecinas.
   c. tuviera contacto con tribus vecinas.

C.
1. Eva no conocía a nadie que c
2. Eva conocía a un solo profesor que a
3. Eva conoce a un solo profesor que b

   a. había estudiado la cultura china.
   b. ha estudiado la cultura china.
   c. hubiera estudiado la cultura china.

⑥ **¿Indicativo o subjuntivo?** Completa las oraciones con verbos en subjuntivo o en indicativo.

1. Me gustaría que mis hijos __tuvieran__ (tener) más tiempo para leer los diarios que escribió mi abuelo al emigrar.
2. El profesor me recomendó que yo __preservara__ (preservar) mi herencia cultural.
3. Me molestaba que ella __hablara__ (hablar) de esa manera sobre los inmigrantes.
4. Mi abuela hizo todo lo posible para que todos nosotros __visitáramos__ (visitar) su país de origen.
5. Cada día __llegan__ (llegar) al país nuevos inmigrantes llenos de sueños.
6. La situación __ha cambiado__ (cambiar) en los últimos años porque los habitantes de mi país ya no emigran tanto como en el pasado.

Teaching option For cultural expansion, give students an article about a significant historical event. Go over it with the class, clarifying any unfamiliar vocabulary. Then ask small groups to write a summary of the article in which they use at least three sentences in the subjunctive.

Comunicación

 7 **La historia**

A. En parejas, inventen una conversación entre dos personas de una de estas épocas, utilizando todos los tiempos verbales del indicativo y subjuntivo que sean apropiados. Recuerden que la conversación debe reflejar el contexto sociopolítico de aquella época.

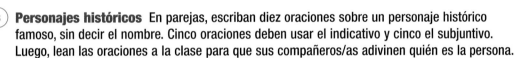

Períodos históricos	
La Prehistoria	La Guerra por la Independencia
La Edad Media	La primera mitad del siglo XX
La época de la Colonia	El nuevo milenio

B. Ahora, representen su conversación a otra pareja para que adivine el período histórico en que viven los personajes.

 8 **Personajes históricos** En parejas, escriban diez oraciones sobre un personaje histórico famoso, sin decir el nombre. Cinco oraciones deben usar el indicativo y cinco el subjuntivo. Luego, lean las oraciones a la clase para que sus compañeros/as adivinen quién es la persona.

 9 **Síntesis**

A. En grupos de cuatro, lean la lista de temas. ¿Cuáles eran sus pensamientos, deseos y opiniones acerca de estos temas cuando eran niños/as? ¿Qué piensan ahora? ¿Qué opiniones e ideas han surgido o cambiado a través de sus conversaciones en esta clase? ¿Creen que sus pensamientos cambiarán en el futuro?

la historia y la civilización	la naturaleza
la política y la religión	los viajes
la literatura y el arte	la salud y el bienestar
la cultura popular y los medios	la vida diaria
la economía y el trabajo	las diversiones
la tecnología y la ciencia	las relaciones personales

B. Ahora, escojan uno de los temas de la lista y escriban un breve resumen de sus respuestas a las preguntas de la parte A. Utilicen por lo menos tres tiempos verbales en indicativo, tres en subjuntivo y tres verbos en infinitivo. Compartan sus pensamientos con la clase.

7 Before completing the activity, have the class brainstorm the socio-political circumstances that define each historical period.

7 If students need help getting started, improvise a conversation with a volunteer or write a sample sentence on the board for each historical period.

9 To help students organize their ideas, have them create three columns: **el pasado, el presente,** and **el futuro.**

9 For Part B, have students exchange their papers with another group for peer editing.

9 This activity may be used to review and synthesize the grammar, vocabulary, and themes from the entire course.

For additional cumulative practice of all the grammar points in this lesson, go to **enfoques.vhlcentral.com**.

Antes de ver el corto

INSTRUCTIONAL RESOURCES
Supersite/DVD: Film Collection
Supersite/IRCD:
Script & Translation

 UN PEDAZO DE TIERRA

país Argentina
duración 24 min.
director Jorge Gaggero

protagonistas don Aurelio (tatarabuelo),
Irene (madre), Ramiro y Agustín
(hijos), Pedro

Vocabulario

el cura *priest*	**el rancho** *ranch*
engañar *to betray*	**reconocer** *to recognize*
enterrar (e:ie) *to bury*	**sepultar** *to bury*
jurar *to promise*	**el/la tatarabuelo/a** *great-great-grandfather/ great-great-grandmother*

To aid comprehension, introduce this additional vocabulary from the film.

tomar el pelo *to pull someone's leg*
el mantenimiento *maintenance*
la facha *look*
aquí mismo *right here*

Point out that **reconocer** is conjugated like **conocer**.

1 Mis antepasados Completa el párrafo con las palabras apropiadas.

Mi (1) __tatarabuelo__ está enterrado cerca del (2) __rancho__ donde nació. Antes de morir, le hizo (3) __jurar__ a mi (4) __tatarabuela__ que lo iban a (5) __sepultar/enterrar__ allí. Tuvieron dos hijos en esa vieja casa de campo. El mayor fue mi bisabuelo. El menor decidió ser (6) __cura__.

2 Preguntas En parejas, contesten las preguntas.

1. ¿Dónde pasaron la infancia y la juventud tus abuelos y tus padres? ¿Cómo fue su infancia y juventud?

2. ¿Recuerdas algún lugar de tu infancia (por ejemplo, una casa o un parque) que haya cambiado o ya no exista? ¿Cómo te sentiste al ver que el lugar había cambiado?

3. ¿Escribirías un testamento (*will*)? ¿Qué instrucciones dejarías en tu testamento?

4. ¿Alguna vez ayudaste a alguien a cumplir un deseo? ¿Qué hiciste?

3 Otros países En parejas, imaginen que tienen que ir a vivir a otro país. Hagan una lista de tres países en los que creen que les gustaría vivir. Expliquen por qué han elegido esos países y digan qué aspectos positivos y negativos tiene vivir allí. Compartan su lista con la clase.

② Continue the discussion by asking additional questions. Ex: **¿De qué manera supiste cómo fue la vida de tus abuelos en su juventud? ¿Te han enseñado fotos? ¿Te han contado historias? ¿Crees que nuestra percepción de un lugar cambia con la edad?**

③ As a variant, have pairs complete the activity with the three Spanish-speaking countries that appeal to them most.

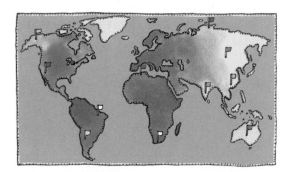

UN PEDAZO DE TIERRA

PRIMER PREMIO: *Academy of Television Arts & Sciences College Television Awards*
MEJOR CORTO: *Festival Internacional de Cortometrajes de Bilbao*
PREMIO AL MEJOR CORTOMETRAJE: *San Francisco Latino Film Fest*

Una producción de KOO KOO PRODUCTIONS Guión y Dirección JORGE GAGGERO Fotografía HILDA MERCADO
Montaje JOSE PULIDO Música XAVIER ASALI/MARCELO BERESTOVOY
Actores RUBÉN MORENO/ROBERTO ENTIQUE/ERICK CARRILLO/ART BONILLA

Escenas

ARGUMENTO Don Aurelio, muy enfermo, le pide a su familia que lo entierren en el mismo lugar donde está enterrada su esposa.

DON AURELIO Palos Verdes...
IRENE Sí.
DON AURELIO ...quiero que me entierren en Palos Verdes.
IRENE Se lo juramos. Tranquilo, tranquilo, abuelo. Ya viene el cura.

RAMIRO Oye, ¿tú crees que llegue? Son como 400 kilómetros.
AGUSTÍN Sí, le cambié las bujías°, los cables, tapa del distribuidor. Sí, quedó como nuevo.
RAMIRO ¿Y el abuelo?
AGUSTÍN Sólo Dios sabe.

DON AURELIO Esto no es Palos Verdes, no. Ustedes me quieren engañar.
RAMIRO Sí, es Palos Verdes, abuelo.
DON AURELIO No hay ranchos. Aquí no hay ranchos.

DON AURELIO Aquí mismo me casé con tu tatarabuela. Fue una linda ceremonia. Merceditas bajó del carro con su largo vestido blanco. Dos meses tardaron con las puntillas° y esas bobadas°.

PEDRO No reconozco ningún lugar.
AGUSTÍN ¿No?
PEDRO No, nada. A ver, a ver, a ver, espérenme tantito... ¡este lugar yo lo conozco! Digo, conozco el árbol. Sí, es de los más viejos de acá.
RAMIRO Ahí nació el abuelo y está sepultada la abuela Mercedes.

(Ramiro se acerca por el pasillo° al cuarto que está con la puerta abierta. Puede ver a su hermano de espaldas°. Al entrar, encuentra al abuelo recostado° con los ojos entreabiertos° y una sonrisa.)
AGUSTÍN Está muerto.

bujías *spark plugs* **puntillas** *lace trim* **bobadas** *silly things*
pasillo *hallway* **de espaldas** *from behind* **recostado** *lying down*
entreabiertos *half-open*

Después de ver el corto

(1) Comprensión Contesta las preguntas con oraciones completas.

1. ¿Por qué está en la cama don Aurelio? Don Aurelio está en la cama porque se está muriendo.
2. ¿Adónde van en el carro? ¿Por qué? Van a Palos Verdes, California. Don Aurelio quiere que lo entierren allí.
3. ¿Dónde está enterrada Merceditas, la esposa de don Aurelio? Está enterrada en Palos Verdes.
4. ¿En qué trabaja Pedro? Trabaja en el mantenimiento de jardines.
5. ¿Qué le ocurre al abuelo mientras duerme? El abuelo muere mientras duerme.
6. ¿Dónde lo entierran? Lo entierran debajo de un árbol, junto a su esposa.

(2) Interpretar Contesta las preguntas y explica tus respuestas.

1. ¿Cuál es la actitud de Irene hacia don Aurelio al comienzo del corto? ¿Crees que la actitud inicial de los jóvenes está influenciada por Irene?
2. ¿Cambia la actitud de los jóvenes hacia su abuelo?
3. ¿Por qué crees que Ramiro se quiere quedar en Palos Verdes?
4. En tu opinión, ¿por qué se titula el corto *Un pedazo de tierra*?

(3) El pasado y el futuro En parejas, hablen de las citas. Expliquen la importancia que tienen dentro de la historia. ¿Cuál es la actitud de cada uno de los personajes hacia el pasado? ¿Y hacia el futuro?

> "Ándele, don Aurelio, déjese ir… déjese ir…" *Irene*

> "Si se nos va antes, pues lo dejamos acá y con la platita que nos dieron pues disfrutamos de las playas de California." *Ramiro*

> "Mire, don Aurelio, Palos Verdes cambió. Ya no es territorio mexicano y su rancho ya no existe. Mírese usted en las fotos, no es igual. Ya nada es igual." *Agustín*

> "¡Quién hubiera dicho que le arreglaría la tumba en cada cambio de estación!" *Agustín*

(4) Postal Imagina que eres Ramiro. Tu hermano regresó a México y tú te quedaste en Palos Verdes. Escribe un mensaje de correo electrónico a un amigo contándole cómo es tu experiencia en Palos Verdes. Cuéntale qué cosas te gustan de vivir en los Estados Unidos, qué cosas extrañas de la vida en México, cómo va tu trabajo y qué vínculos (*connections*) estás formando con nuevas personas. Explica cómo te sientes con respecto a tu decisión de no volver a México con tu hermano.

(1) Have students read the comprehension questions before viewing the film. Then have them answer the questions in pairs.

(2) Ask these additional questions for class discussion: **¿Sería más preciso decir que Ramiro se ha ido o que ha regresado? ¿Por qué?**

(3) Before completing the activity, replay the portions of the film that contain the quotes shown.

(4) As a variant, divide the class into small groups. Have some groups write an e-mail from Ramiro's perspective, and the others from Agustín's point of view.

Teaching option Relate *Un pedazo de tierra* to students' personal lives. Ask: ¿Quieren quedarse en el lugar donde crecieron o prefieren conocer otros lugares y culturas? ¿Les interesa volver a la tierra de sus antepasados? ¿Por qué?

El indio alcalde de Chincheros: Varayoc, 1925.
José Sabogal, Perú.

"Los que no creen en la inmortalidad
creen en la historia."

— José Martí

Antes de leer

INSTRUCTIONAL RESOURCES
Supersite: Literatura recording

Mis recuerdos de Tibacuí

Sobre la autora

Josefa Acevedo de Gómez fue la primera mujer escritora de Colombia después de la época colonial. Además, fue la primera escritora laica (*lay*), ya que durante la colonia las únicas escritoras colombianas eran religiosas. Nació en Bogotá el 23 de enero de 1803 y murió en Pasca el 19 de enero de 1861. Provenía de una familia de fortuna y con una importante participación en la vida política y militar de la flamante (*brand-new*) república. Recibió una educación que no era común para las mujeres de su época, tuvo dos hijos y se ganó un lugar en las letras de su país como poetisa y escritora moralista y costumbrista. Sus obras incluyen ensayos sobre temas como los deberes de los casados y la economía doméstica, que permiten conocer los usos y costumbres de la época. También escribió numerosos cuentos, poesías y biografías.

Vocabulario

la aldea *village*	**el/la mayor** *elder*
el cementerio *cemetery*	**la parroquia** *parish*
la choza *hut*	**la procesión** *procession*
esclavizar *to enslave*	**la raza** *race*

Palabras relacionadas Elige la palabra que no corresponda al grupo.

1. cura – parroquia – (choza)
2. raza – (procesiones) – descendientes
3. choza – casa – (monarca)
4. (esclavizar) – liberar – independencia
5. aldeas – pueblos – (mayores)

Conexión personal

¿Conoces alguna aldea o pueblo en el campo? ¿Qué diferencias notas con respecto a una gran ciudad o capital? ¿Cómo es la gente? ¿Te parece que las tradiciones del país se guardan mejor en el campo que en las grandes ciudades?

Análisis literario: el costumbrismo

El costumbrismo narra las costumbres de una región o país determinado, buscando una expresión nacional. En general se trata de composiciones breves (ensayos o cuentos); el elemento más importante es la descripción detallada, y puede incluir algún tipo de crítica.

Presta atención a las descripciones de usos, costumbres, modos de vida y personajes típicos en el relato que vas a leer.

Conexión personal For expansion, ask students about where they grew up: **¿Tu pueblo/ciudad natal ha cambiado mucho a lo largo de los años? Describe tu pueblo/ciudad antes y ahora.**

Análisis literario
• Ask students about customs and traditions. **Si escribieras un ensayo sobre tu pueblo natal, ¿cuáles son las costumbres que incluirías?** Call on volunteers to give the class a detailed description of one important custom.

• Have students give examples from film or literature in which the protagonist revisits his or her hometown after time away.

Preview Ask students to discuss this question: **¿Por qué creen que es importante que, además de contar hechos que involucran a personas importantes y a naciones, los autores e historiadores cuenten las historias de gente común?**

Mis *recuerdos* de Tibacuí

Point out that the current name of the town is Tibacuy and it is located in the Cundinamarca Department in Colombia.

Josefa Acevedo de Gómez

halfway through ₁ A mediados° del año de 1836 me
vicinity hallaba yo en las inmediaciones° de
la parroquia de Tibacuí, en el cantón
de Fusagasugá, y recibí una atenta y expresiva
₅ invitación del cura, el alcalde y los principales
attend vecinos, para que concurriese° a la fiesta
feast to de Corpus°, que se celebraba el domingo
commemorate inmediato. Jamás he gustado de fiestas ni
the institution
of the Holy
Eucharist

de reuniones bulliciosas°, por lo cual pensé   *boisterous*
excusarme; mas° al recordar la pequeñez de ₁₀ *but*
aquella parroquia y la pobreza del vecindario,
comprendí que no sería aquella fiesta de la
clase de la que siempre he evitado, porque
producen disipación en el espíritu y dejan
vacío° en el corazón. Fui, pues, a Tibacuí y ₁₅ *emptiness*
llegué a las siete de la mañana.

Teaching option As students read, have them take notes
on the narrator's descriptions and reactions to Tibacuí.

Compónese° aquella población de una o dos docenas de casas pajizas°, sumamente° estrechas y pobres, esparcidas° aquí y acullá° por la pendiente que forma la falda° prolongada de una alta y espesa montaña. Hay en el lugar más llano una pequeña iglesia de teja°, pobre y aseada°, a cuya izquierda se ve la casa del cura, también de paja, como las demás del pueblo, pero menos pequeña que las otras habitaciones. Entre éstas hay algunas que no pudieron cubrirse con paja a causa de la pobreza de sus dueños, y sólo les sirven de techado° algunas anchas° y verdes hojas de fique°. La plaza no es sino la continuación de una colina° cubierta de verde yerba°, cuyo cuadro lo forman cuatro ermitas° de tierra y en sus costados° solamente se ven la cárcel° y cinco o seis chozas miserables. A la derecha de la iglesia, paralela a un costado de la plaza, hay una hondonada° verde y llena de árboles silvestres°, por la cual corre en invierno un hermoso torrente°, pero que en verano está seca y cubierta de mullida grama°. Esta hondonada se prolonga como trescientas varas° hasta el pie de la Plaza, y los naturales° la llaman la calle de la Amargura por ser aquél el camino por donde suelen llevar las procesiones de semana santa. Estas pocas chozas, sombreadas° por verdes platanares°, elevados aguacates° y aromáticos chirimoyos°, y rodeadas por algunas gallinas, patos, perros, cerdos y otros animales domésticos, presentan un aspecto pintoresco e interesante para quien no busca allí el lujo y las comodidades de la vida. El vecindario se compone de dos razas perfectamente marcadas: algunos blancos, en quienes se descubre desde luego el origen europeo; el resto, indios puros, descendientes de los antiguos poseedores de la América. Todos son labradores°; todos pobres, y, casi puedo decir, todos honrados y sencillos, hospitalarios y amables. Allí no ha penetrado todavía la civilización del siglo XIX.

Cuando yo llegué, me rodeó la mayor parte del vecindario. Unos querían que fuese a alojarme a su casita, otros que admitiese su almuerzo, otros que les permitiese cuidar de mi caballo. Procuré manifestar mi agradecimiento a todos, y fui a desmontarme en la casa del cura, digno pastor de aquella inocente grey°. Luego que conversamos un rato, salí a tomar chocolate en casa del alcalde y a dar un paseo por la plaza. Jamás olvidaré ni la obsequiosa° bondad° con que se me dio un decente y abundante desayuno, ni la grata° impresión que recibí al dar aquel paseo matutino°.

Con palmas y árboles floridos cortados en la montaña vecina se había formado una doble calle de verdura por los cuatro lados de la plaza. Esta calle estaba cortada en varios puntos por vistosos arcos, cubiertos de flores y de todas las frutas que brinda° la sierra caliente en aquella estación: era el mes de junio. Aquí se veía un hermoso racimo° de mararayes°; allí dos o tres de amarillos y sazonados plátanos; más allá un grupo de aromáticas chirimoyas°; después una multitud de lustrosos aguacates, de una magnitud poco común; acá un extraño tejido de guamas° de diversas especies y figuras; en otra parte, yucas° extraordinarias y gran variedad de raíces, legumbres y hortalizas°.

Margin glosses:
- *Se compone* / made of straw/extremely scattered
- here and there/slope (20)
- roof tile/neat
- roofing/wide / agave leaves (30)
- hill/grass / hermitages / sides/jail
- dale; glen / wild / stream / soft grass
- yards/natives
- shaded/banana groves / avocados/cherimoya (tree) (45)
- peasants
- flock
- attentive; obliging/kindness
- pleasant / morning
- offers
- bunch/fruit of the ruffle palm
- cherimoya (fruit)
- tropical tree
- yucca; manioc / vegetables

Figura humana hecha con fruta en el Festival de las frutas y las flores durante Corpus Christi en Anolaima, Colombia.

y hermosos adornos, que aquellas inmensas fuentes de plata, aquella multitud de espejos, cintas, flecos° y retazos de seda° y gasa° que *fringe/silk/* *gauze* se ostentan en esta fiesta, en la capital de la 110 República! Yo gozaba con delicia de este espectáculo, y las risas, cantos y alegría de este pueblo inocente, alejaban de mí las tristes impresiones que casi siempre dejan en mi alma *with lots of* las reuniones en numerosas concurrencias°. 115 *participants* Mezcléme° con los hijos de Tibacuí, y tuve el **Me mezclé** placer de ayudarles a componer sus ermitas, altares y arcos, procurando que los menos pobres no dañasen con adornos heterogéneos el gusto sencillo y campestre que allí reinaba. 120

Las campanas repicaban° sin cesar, y *bells pealed* todo el mundo se manifestaba alegre, activo y oficioso°. De repente oí el ruido de un *diligent* tamboril° y un pito°. Entonces vino a bailar *small drum/* *whistle* delante de mí la danza del pueblo. Componíase 125 ésta de doce jóvenes indígenas de 15 a 18 años, sin más vestido que unas enaguas° *petticoats* cortas y unos gorros hechos de pintadas y vistosas plumas°. Llevaban también plumas *feathers* en las muñecas y las gargantas de los pies°, y 130 *tops of* *the feet* un carcaj° lleno de flechas° sobre la espalda. *quiver/* *arrows* El resto de sus cuerpos desnudos estaba caprichosamente pintado de varios colores. Presidía a estos muchachos un anciano de más de setenta años, vestido como lo están 135 siempre aquellos infelices indios, es decir, sin camisa, con unos calzoncillos cortos de lienzo° *canvas* del país muy ordinario, y una ruanita° de lana *poncho* que les cubre un poco más abajo de la cintura. Este viejo estaba sin sombrero, y llevaba 140 colgado del cuello el tamboril, al cual daba golpes acompasados° con la mano izquierda, *regular;* *rhythmic*

exhibited Otros arcos ostentaban° los productos de la 90 caza: conejos, comadrejas, zorros, ulamáes, armadillos y otros animales silvestres. Más allá se veían pendientes, doradas roscas° de *ring-shaped* *biscuit or bread* pan de maíz°, sartas° de huevos de diversos *corn bread/* *strings* colores, cogidos por aquellos montes, y 95 muchos pajarillos vivos y muertos, cuya vistosa variedad atraía y encantaba la vista. Sería difícil decir detalladamente la multitud de objetos naturales que se habían reunido para *erected* adornar aquellos arcos de triunfo erigidos° 100 en obsequio del Santísimo Sacramento. Una inmensa profusión de animales, frutas y flores, formaba la ofrenda campestre que ofrecía *handful* aquel puñado° de cristianos sencillos al Dios *mercy* cuya misericordia° se celebra en esta solemne, 105 misteriosa y sagrada fiesta. ¡Cuánto más bellos y dignos del Criador son estos rústicos

mientras con la derecha sostenía y tocaba el pito. Con esta extraña música bailaban los jóvenes una danza graciosa, llena de figuras y variaciones, arrojando° y recogiendo° sus flechas con asombrosa agilidad. Yo los miré un rato con ternura° y complacencia, les di algunas monedas y me retiré.

throwing/ gathering up

tenderness

145

kneeled or bowed

peal

to burn

gunpowder

feigned

Salió bien pronto la procesión. El pueblo se prosternó° respetuosamente, y ya no se oía sino el canto sagrado, el alegre tañido° de las campanas y el tamboril y el pito de la danza que iba bailando delante del Santo Sacramento. Entonces empezó a arder° un castillo de pólvora°, preparado para la primera estación. Dos indios de la danza fingieron°

150

155

terror, estrecharon sus arcos° contra el pecho y se dejaron caer con los rostros° contra la tierra. Al cesar el ruido de la pólvora, volvieron a levantarse y continuaron ágiles y alegres su incansable danza. Pero cuantas veces se quemaron castillos o ruedas, ellos repitieron aquella expresiva pantomima. Confieso que no pude ya resistir la impresión que me causó aquella escena. Mis lágrimas corrieron al ver la inocente y cándida alegría con que los descendientes de los antiguos dueños del suelo americano renuevan en una pantomima tradicional la imagen de su destrucción, el recuerdo ominoso y amargo° del tiempo en que sus abuelos fueron casi exterminados y vilmente° esclavizados por aquellos hombres terribles que, en su concepto, manejaban el rayo°. En el trascurso de más de tres siglos estos hijos degenerados de una raza valiente y numerosa, ignorantes de su origen, de sus derechos y de su propia miseria, celebran una fiesta cristiana contrahaciendo° momentáneamente los usos de sus mayores, y se ríen representando el terror de sus padres en aquellos días aciagos° en que sus opresores los aniquilaban para formar colonias europeas sobre los despojos° de una grande y poderosa nación.

bows

faces

160

bitter

despicably

lightning

imitating

unfortunate; fateful

remains

165

170

175

180

185

II

Miguel Guzmán se llamaba el respetable indio que conducía la danza de Tibacuí el día de la fiesta del Sacramento, que acabo de pintar. Era este anciano de mediana estatura, y tenía el color y las facciones de un indio sin mezcla de sangre europea. Sus pequeños y negros ojos estaban siempre animados de

190

Vista panorámica de Tibacuy en el año 1998.

una expresión de benevolencia: su amable
sonrisa hacía un notable contraste con las
wrinkles/ 195 hondas y prolongadas arrugas° que surcaban°
creased
scant su frente y sus mejillas: sus cabellos y escasa°
barba eran blancos como la nieve; y la edad
había destruido la mayor parte de sus dientes,
a pesar de que casi todos los indios conservan
200 blanca y sana la dentadura, aunque vivan
un siglo.

Después del día de la fiesta, Guzmán y
Mariana su esposa venían frecuentemente
help; aid a mi casa. Yo les daba algunos socorros°,
205 les compraba sus chirimoyas, y con más
gift frecuencia admitía el obsequio° que de ellas
me hacían. Jamás tuve ocupación bastante
grave que me impidiese recibir a aquellos
honrados ancianos. Me contaban sus
210 miserias y sus prosperidades; me referían las
tradiciones de la aldea, los acontecimientos
seen notables que habían presenciado° en su larga
vida; solicitaban mi aprobación o mis consejos
sobre los pequeños negocios de sus parientes
215 y amigos, y jamás salían de casa sin haber
comido y sin llevar pan para dos nietos que
los acompañaban. Ya hacía más de catorce
meses que yo veía semanalmente aquella

virtuosa pareja, y jamás la oí quejarse de su
suerte, pedirme cosa alguna, ni murmurar de 220
su prójimo°.   *fellow man*

Una mañana vino Mariana a decirme que
Miguel estaba enfermo, y que ella pensaba
sería de debilidad, porque hacía muchos
días que no comía carne. Hice que le dieran 225
unas dos gallinas y algunos otros víveres°, y le   *supplies;*
encargué que si la enfermedad de su esposo   *provisions*
se prolongaba viniese a avisarme. El día 16 de
octubre de 37 llegó un indio llamado Chavista,
y me dijo: «Esta madrugada murió Miguel 230
Guzmán, y su viuda me encargó que viniera
a decírselo a su merced.» No pude rehusar°   *refuse*
algunas lágrimas a la memoria del anciano;
envié un socorro a la viuda, y le mandé a decir
que cuando pudiera viniese a verme.   235

A los cinco días estuvo en casa Mariana.
Esta mujer distaba mucho de° tener la   *was far from*
fisonomía° franca, risueña° y expresiva   *face/smiling*
de Guzmán. Su cara era larga, sus ojos
empañados° y hundidos, su tez° negra y 240   *cloudy/*
acartonada°. Era también muy vieja; pero su   *complexion*
                                                        wizened
cabello no estaba enteramente cano°. En fin,   *gray*
ella no inspiraba simpatías en su favor, a pesar
de sus modales bondadosos y del cariño que
su esposo la tenía. Yo la hice sentar y le dije: 245

—Ya supongo, Mariana, que usted habrá
estado muy triste.

—Sí, su merced, pero mi Dios lo ha
dispuesto así.

—Ésa es la vida, dije, debemos 250
conformarnos°.   *be content*

—Sí, yo estoy conforme y vengo a darle a
su merced las gracias por todo el bien que nos
ha hecho.

255 Al decir esto su voz era firme, su aspecto perfectamente impasible, y ninguna marca de dolor se pintaba en aquella cara negra y arrugada, que me recordaba la idea que en mi

witches infancia me daban de las brujas°. Sin embargo,
260 recordé que era la viuda de Guzmán, que tenía reputación de ser una buena mujer, y le dije:

—Mire usted, Mariana, aquí tengo un cuarto donde usted puede vivir: véngase a
265 casa y no tendrá que pensar más en el pan de cada día; si se enferma, aquí la cuidaremos, y

to bundle up si tiene frío yo le daré con qué abrigarse°.

Guardó ella un instante de silencio y después me dijo:
270 —¡No, su merced, jamás!

—¿Y por qué no?

Entonces exclamó:

—¡Qué! ¿Yo comería buenos alimentos
bite de que no podría guardarle a él un bocadito°?
275 ¿yo dormiría en cuarto y cama abrigados cuando él está debajo de la tierra? ¡Que Dios me libre de eso! Mire su merced, más de cuarenta y cinco años hemos vivido los dos en ese pobre rancho. Cuando él iba a la ciudad a

thread 280 vender el hilo° que yo hilaba y las chirimoyas,
stove yo lo esperaba junto al fogón° y ya tenía algo que darle. Llegaba, me abrazaba siempre, me entregaba el real o la sal que traía, y juntos nos tomábamos el *calentilto* (aguamiel), la
285 arepa o la yuca asada que le tenía. Si era yo la que iba a lavar al río, él me esperaba junto al fogón, y si no tenía qué darme, siquiera

poked/fire atizaba° la lumbre°, y me decía: esta noche
firewood no hay qué cenar, pero tengo bastante leña°
290 y nos calentaremos juntos. ¡No; jamás dejaré

ese ranchito! ¡Ya nadie se sienta en él junto al fogón! ¡Ya no estará allí ese ángel! Pero su alma no estará lejos, y se afligiría si yo abandonara nuestra casita.

Al decir esto, Mariana cruzó sus manos 295 sobre el pecho con un dolor convulsivo. Dos torrentes de lágrimas corrieron sobre sus acartonadas mejillas, y por más de media hora escuché su silencioso llanto° y sus sollozos weeping
ahogados°. ¡Cuán mal había yo juzgado a 300 muffled sobs Mariana por su fisonomía! ¡Ah! ¡Jamás había yo visto un dolor más elocuente y sublime; jamás había comprendido tanto amor en un discurso tan corto y sencillo! ¡Pobre anciana! Yo lloré con ella y no traté de consolarla. 305 Cuando su llanto se calmó le dije:

—Mariana, mi ofrecimiento subsiste, aunque conozco que usted tiene razón en no aceptarlo por ahora. Pero algún día, cuando usted pueda, recuerde que ésta es su casa y 310 venga aquí a vivir más tranquila.

—No, su merced, me dijo, eso no será jamás, porque yo sé que él no se amañará° sin will not
mí en el cielo. manage

Diciendo esto dio un profundo suspiro°, 315 sigh y al propio tiempo que sonrió con cierto aire de calma e indiferencia. Apenas le di un corto socorro, temiendo que uno más abundante la hiciese sentir con más amargura° su viudedad. bitterness Al despedirse besó dos veces mi mano e hizo 320 tiernas caricias a mi pequeña familia. La insté° I urged que volviese, y no me respondió.

Seis días después, Mariana descansaba en el cementerio de la aldea, al lado del venerable Miguel. ■ 325

Mis recuerdos de Tibacuí
Josefa Acevedo de Gómez

(1) Before completing the activity, call on volunteers to summarize the story in their own words.

1 Comprensión Ordena los acontecimientos del cuento.

5	a.	Miguel Guzmán y su esposa, Mariana, visitan a la narradora.
7	b.	Cambia la opinión de la narradora sobre la esposa de Miguel.
3	c.	Junto con los pobladores, la narradora arma los adornos de la fiesta.
1	d.	La narradora recibe una invitación a la fiesta de Corpus de Tibacuí.
2	e.	La narradora toma chocolate en casa del alcalde.
8	f.	Mariana muere seis días después.
4	g.	Comienza la procesión de Corpus.
6	h.	Miguel se enferma y muere días después.

(2) For expansion, ask students additional questions: ¿Te sorprendió que Mariana no fuera a vivir con la narradora? ¿Qué efecto tiene la comparación de Tibacuí con la gran ciudad donde vive la narradora?

2 Análisis Lee el relato nuevamente y responde las preguntas.

1. ¿Qué porcentaje del cuento es descripción? ¿Qué te dice esto sobre el estilo de la autora?
2. En la fiesta se destacan los elementos naturales de la zona de Tibacuí: animales, frutos, árboles, etc. ¿Por qué te parece que ocupan un lugar tan destacado?
3. ¿La narradora vive habitualmente en Tibacuí? ¿Cuál es el punto de vista que tiene al mirar y describir a las personas de la aldea?
4. Vuelve a leer las descripciones de Manuel y Mariana. ¿Qué elementos destaca la narradora: los rasgos exteriores (fisonomía, rasgos físicos) o los interiores (personalidad, actitud)? ¿Por qué sucede esto según tu opinión?

(3) Ask these additional interpretation questions. 5. La narradora cuenta que no simpatiza con Mariana. ¿Les parece que tiene motivos reales? ¿Conoce de verdad a la esposa de Guzmán? 6. La narradora señala que la civilización del siglo XIX no ha entrado en Tibacuí. ¿Piensan que eso es algo bueno o algo malo? ¿Por qué?

3 Interpretación En parejas, contesten las preguntas.

1. ¿Cómo es la narradora? ¿Qué piensa de las fiestas en general?
2. ¿Por qué crees que es tan importante la fiesta para la gente de Tibacuí?
3. ¿Cuál te parece que es la razón de las lágrimas de la narradora al ver la fiesta?
4. "Mezcléme con los hijos de Tibacuí", dice la narradora. ¿Te parece que llega realmente a mezclarse con los pobladores de Tibacuí?

4 Historias para la posteridad En grupos de tres, elijan un acontecimiento o un objeto contemporáneo y preparen una descripción que sea clara para alguien que escuche la historia dentro de cien años. Compartan sus historias con el resto de la clase.

> **MODELO**
>
> ¡Qué emoción el día que me regalaron mi primer iPod! Este artefacto, cuyo nombre se pronunciaba "ai pod", te permitía guardar miles de canciones que antes hubieran requerido muchísimos CD, que son unos disquitos que se usaban para grabar música e información.

(5) Preview the activity by asking which students are from large cities and which are from small towns.

5 Contrastes En el relato, la narradora, que viene de una ciudad grande, visita Tibacuí, una aldea pequeña. Imagina que vives en Tibacuí o en otro pueblo pequeño. Acabas de visitar una gran ciudad por primera vez. Escribe una carta a una persona de tu pueblo. Describe tu primera impresión de la gran ciudad y saca conclusiones: ¿Dónde se vive mejor? ¿Por qué? ¿Dónde preferirías vivir?

Antes de leer

INSTRUCTIONAL RESOURCES
Supersite

Vocabulario

aristocrático/a *aristocratic*	**el/la mestizo/a** *person of mixed*
el/la descendiente *descendent*	*ethnicity (part indigenous)*
el dominio *rule*	**el puente** *bridge*
erudito/a *learned*	**la traición** *betrayal*
heroico/a *heroic*	**el/la traidor(a)** *traitor*
la lealtad *loyalty*	

Naufragios Completa el párrafo con el vocabulario de la tabla.

El increíble viaje del conquistador Álvar Núñez Cabeza de Vaca al territorio que ahora forma parte de los Estados Unidos tuvo más momentos trágicos que (1) ___heroicos___. (2) ___Descendiente___ de una familia (3) ___aristocrática___ de la nobleza española, Cabeza de Vaca salió para Florida en 1527. Algunos de sus compañeros murieron muy pronto en huracanes, mientras otros cayeron como esclavos bajo el (4) ___dominio___ de un pueblo indígena. Durante ocho años Cabeza de Vaca vivió entre los indígenas de Florida y del territorio que es ahora Texas, sufriendo hambre, sed y más huracanes. La vida de los sobrevivientes mejoró cuando Cabeza de Vaca, el más (5) ___erudito___ del grupo porque tenía conocimientos médicos, se hizo curandero. Cabeza de Vaca, uno de los sólo cinco sobrevivientes de este viaje, mostró su (6) ___lealtad___ al rey regresando en 1537 a España, donde escribió el libro *Naufragios* sobre las poblaciones indígenas del continente americano.

Conexión personal ¿Cuáles son las mayores influencias en tu vida? ¿Tus padres, tus amigos/as, tu comunidad? ¿Un(a) político/a o alguien de la cultura popular? ¿De qué manera han afectado otras personas tus decisiones y tu estilo?

Contexto cultural

ATAHUALLPA. INCA XIIII.

En 1532, el conquistador español **Francisco Pizarro** llegó a Cajamarca en el norte de Perú con unos veinticinco caballos y menos de 200 soldados para reunirse con Atahualpa, el emperador inca. Hijo del anterior emperador Huayna Cápac, Atahualpa había tomado la soberanía de los incas de su hermano Huáscar en una guerra civil. Pizarro y los españoles trataron de convertir al cristianismo al inca pero cuando Atahualpa se negó, tirando una Biblia al suelo, Pizarro le declaró la guerra. Pizarro ejecutó al emperador inca a pesar de su consiguiente conversión al cristianismo y del legendario soborno (*bribe*) del cuarto de rescate (*ransom room*), donde Atahualpa quiso comprar su libertad llenando una habitación de oro y plata. A pesar de atreverse (*daring*) a una lucha tan desigual numéricamente, los engaños y traiciones de Pizarro frente a la valentía de Atahualpa le han traído al conquistador un nombre sombrío (*dark*) en la historia de la conquista.

Conexión personal
Encourage students to talk about which influences have changed throughout the years. Ask: **¿Quiénes fueron las personas que más influencia tuvieron en tu vida cuando eras niño/a? ¿Crees que tú has sido una gran influencia para alguien?**

Contexto cultural Call on volunteers to summarize the history of Pizarro. If time permits, have students work in pairs to research additional information about this historical figure.

Preview Ask bicultural students: **¿De qué manera el conocimiento de dos culturas afecta la percepción del mundo?**

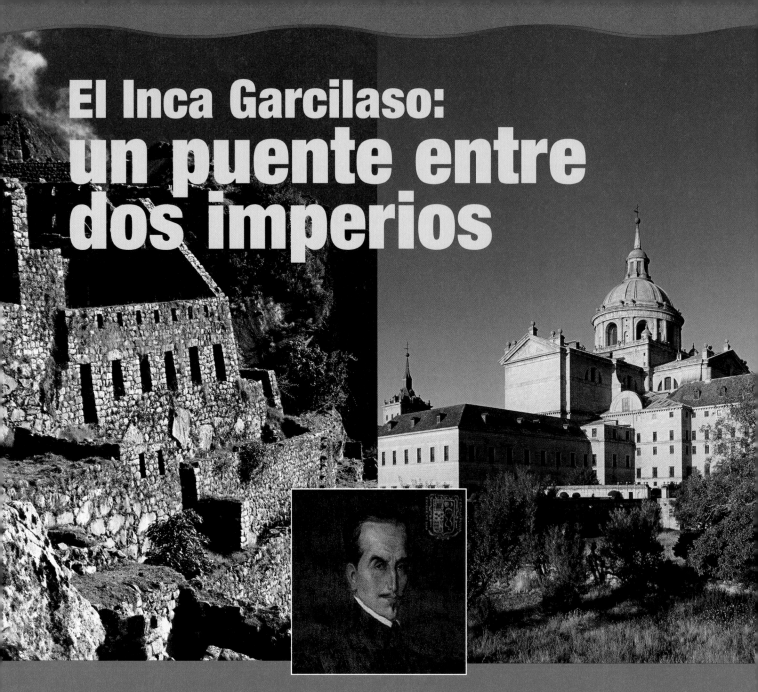

El Inca Garcilaso: un puente entre dos imperios

1 Durante esta época de conquista y choque de culturas, existía
una persona con un pie en cada mundo, un miembro de dos
familias aristocráticas pero muy distintas, una figura dividida.
Brillante escritor, el Inca Garcilaso de la Vega nació en 1539 con
5 el nombre de Gómez Suárez de Figueroa. Era hijo ilegítimo del
capitán Sebastián Garcilaso de la Vega, conquistador español de
sangre noble de la facción de Pizarro, y de la princesa inca Isabel
Chimpu Ocllo.

El Inca Garcilaso de la Vega, como quiso
llamarse más tarde, combinando en su nombre
sus dos vínculos°, fue miembro de la primera
generación de mestizos del Perú. Aprendió a
hablar primero en quechua
y después en español.
Sintió un gran amor por
la cultura y la herencia de
los incas, ya que se crió
entre descendientes de los
emperadores, escuchando
sus relatos y fábulas°. Su
madre era sobrina del
emperador Huayna Cápac.

Su libro más famoso,
los *Comentarios reales*, tiene
la intención de corregir a los historiadores
españoles en muchos puntos. Desde su posición
privilegiada, el Inca Garcilaso aprovechó° su
conocimiento íntimo para aclarar° cuestiones
sobre la lengua y cultura de los incas. El orgullo°

> **❝El Inca Garcilaso sirvió de puente entre las dos culturas, la materna y la paterna, y de modelo para gran parte de la generación que le siguió.❞**

Figura literaria

La obra del Inca es
diversa y enormemente
erudita. Consiste en
tres libros mayores:
una traducción de los
Diálogos de amor de
León Hebreo, que el
Inca tradujo del italiano al español (1590); *La Florida*
(1605), que relata las exploraciones españolas en
el sureste de América del Norte, principalmente la
expedición de Hernando de Soto; y los *Comentarios
reales*, una descripción minuciosa del imperio y de la
cultura de los incas, y también de la conquista española
del Perú (1609, 1617).

y la inteligencia del Inca, y su identificación
cultural, se revelan abiertamente en esta obra,
donde hace referencia a sí mismo diciendo
"como indio que soy".

No obstante, el Inca fue marcado° por no
una, sino dos familias. La cultura de su madre
forma sólo una parte, muy significativa por
cierto, de la identidad compleja del hombre,
que también sentía una enorme lealtad hacia
su padre. A pesar de describir y explicar
las creencias de los incas
cuidadosamente, el Inca
Garcilaso fue un ferviente
católico que llamaba "vana
religión" a aquellas creencias.
También consideraba a los
conquistadores españoles
valientes y heroicos. A los
veintiún años, salió para
España para continuar sus
estudios y se hizo° militar.
Participó en la guerra de
Granada contra los musulmanes y llegó a ser
capitán como su padre. En España escribió
obras literarias de gran mérito. También se
presentó en la Corte del rey para defender
el nombre y el honor de su padre ante las
acusaciones de que era un traidor.

Sus puntos de vista y acciones hacen del
Inca un sujeto contradictorio e inusual en su
época. Comprendía muy bien que los incas
habían perdido su dominio y que padecían°
profunda nostalgia. Cuenta que algunos de
sus parientes decían con lágrimas° en los
ojos: "trocósenos el reinar en vasallaje"°. Sin
embargo, el Inca Garcilaso también aceptaba
como suya la cultura española. La segunda
parte de los *Comentarios reales*, conocida
como *Historia general del Perú*, está dedicada
a la Virgen María.

No ha quedado evidencia de las
dificultades personales que su doble lealtad le
pudo costar o de una preferencia íntima por
una de ellas. El Inca Garcilaso sirvió de puente
entre las dos culturas, la materna y la paterna,
y de modelo para gran parte de la generación
que le siguió. Vivió, como él mismo declaró,
"obligado a ambas° naciones". ■

---

family ties — 10

tales and legends — 20

made the most of —

clarify —

pride —

marked —

he became — 50

suffered —

tears —

our dominance has turned into servitude — 65

both —

Después de leer

El Inca Garcilaso: un puente entre dos imperios

① For visual learners, draw two intersecting circles on the board. Write **Cultura inca** and **Cultura española** above each circle and have students write facts from the reading under each category or where the circles intersect.

① Comprensión Responde a las preguntas con oraciones completas.

1. ¿Quiénes eran los padres del Inca Garcilaso de la Vega?
   Su padre era un conquistador español de sangre noble y su madre era una princesa inca.
2. ¿Cómo aprendió tanto el Inca Garcilaso sobre la cultura de su madre?
   Se crió entre descendientes de los emperadores incas, escuchando sus relatos y fábulas.
3. ¿Qué opinaba el Inca sobre los conquistadores españoles?
   Consideraba a los conquistadores españoles valientes y heroicos.
4. ¿Cuál es la intención del libro *Comentarios reales*?
   La intención del libro es corregir a los historiadores españoles.
5. ¿Qué temas trata el libro *Comentarios reales*?
   El libro presenta una descripción del imperio y la cultura de los incas y de la conquista española del Perú.

② Interpretación En parejas, respondan a las preguntas. Luego compartan sus respuestas con la clase.

1. ¿Por qué tiene Pizarro un nombre sombrío en la historia de la conquista?
2. ¿Por qué prefirió Gómez Suárez de Figueroa llamarse el Inca Garcilaso de la Vega?
3. ¿Qué evidencia sugiere que el Inca se sentía miembro de dos culturas?
4. ¿Por qué es la obra literaria del Inca inusual y muy importante?
5. ¿Qué significa la frase "trocósenos el reinar en vasallaje"?

③ To help students get started, have them brainstorm a list of ten questions the mother or aunt might ask about the other culture. Then have them incorporate four of those questions into a dialogue.

③ Entre dos culturas En parejas, elijan una de las dos situaciones. Imaginen que uno/a de ustedes es el Inca Garcilaso cuando tenía veintiún años y partió rumbo a (*headed for*) España para estudiar y la otra persona es la madre o la tía paterna. Preparen la conversación entre los dos personajes y represéntenla delante de la clase.

- El Inca habla con su madre para explicarle su decisión de ir a España y su lealtad a la Corte, religión y cultura españolas. Al principio, la madre no está muy segura de la decisión de su hijo y le hace muchas preguntas.

- El Inca habla con una tía paterna en España y le explica su deseo de llamarse "Inca" y su orgullo hacia la cultura de su madre. La tía no sabe nada sobre los incas y tiene muchas preguntas.

④ Encourage heritage speakers and other bicultural students to give examples from their own lives.

④ Use the writing topic to review relevant readings and films from previous lessons. Ex: **Parejas sin fronteras (Lección 1);** *El rincón de Venezuela* **(Lección 11).**

④ Multiculturalismo El Inca Garcilaso de la Vega vivió inmerso en dos culturas. Hoy, más que nunca, ésa es la realidad de muchas personas.

A. Prepara un borrador escrito con tus opiniones sobre las ventajas y las desventajas del multiculturalismo.

B. En parejas, debatan sus opiniones. Después del debate, resuman los puntos que tienen en común y compártanlos con la clase.

> **MODELO**
>
> **ESTUDIANTE 1** El multiculturalismo es bueno pero también puede tener efectos negativos. Si se mezclan demasiado las culturas, terminan desapareciendo.
>
> **ESTUDIANTE 2** No estoy totalmente de acuerdo. Cuando las culturas se mezclan, la cultura en general se enriquece.

C. Utiliza las ideas surgidas en el debate para escribir un breve artículo para el periódico estudiantil describiendo tu experiencia personal con el multiculturalismo, ya sea que se trate de una experiencia que te afecta personalmente o una experiencia de la que eres testigo en tu comunidad.

Atando cabos

¡A conversar!

La escritura y la civilización

A. ¿Qué pasaría si no hubiera escritura, si sólo habláramos y nunca pusiéramos nada por escrito? En grupos de cuatro, intercambien opiniones sobre estas preguntas.

- Se dice que la escritura cambió nuestra forma de vida. ¿Están de acuerdo?

- ¿Qué cosas no podríamos hacer si no existiera la escritura?

B. Imaginen que la siguiente situación ocurre en la Edad Media. Coméntenla con sus compañeros/as y contesten las preguntas.

Un hombre tiene una vaca y un vecino se la pide por un mes. Cuando el primer hombre le pide que se la devuelva, el vecino no quiere, e insiste en que él se la había regalado.

- ¿Cómo solucionarían ustedes el problema?

- ¿Cómo habría sido la situación si el acuerdo (*agreement*) se hubiera hecho por escrito?

C. En grupos pequeños, imaginen otras dos situaciones concretas en las que no se puede solucionar un problema por la falta de escritura. Intercambien las nuevas situaciones con otros grupos y compartan las soluciones a los problemas planteados.

¡A escribir!

Testamento cultural Imagina que debes escribir un testamento (*will*) en el que dejas cinco elementos de tu cultura y de tu comunidad como legado (*legacy*) para las futuras generaciones. Usa las preguntas como guía:

- ¿Qué características de tu cultura y de tu comunidad vale la pena preservar?

- ¿Qué elementos prefieres no dejar como legado?

Para cada elemento, explica por qué has decidido dejarlo como legado.

> **MODELO**   Les dejo la tradición de mi barrio de hacer fiestas en la calle una vez por año.
> Esta tradición ayuda a que los vecinos se conozcan...

¡A conversar!

- Before assigning the activity, ask students to make a list of all of the things they write during the course of a day.

- For Part A, have students also consider how their lives would be different without e-mail and text messages. Ask: **¿Escribirías cartas a tus amigos? ¿Crees que sería difícil seguir en contacto con algunos amigos o familiares? Explica tus respuestas.**

- For Part B, have students work in pairs to draft a written agreement between the man and his neighbor.

¡A escribir!

- Before assigning the activity, ask students if they have ever participated in a time capsule project.

- To help students prepare the will, have them make two columns and list items they would and would not include.

- For each item in the will, have students write two sentences detailing what it represents for their culture or community.

- Encourage students to exchange their drafts with classmates to compare and contrast the elements they included.

La historia y la civilización

la civilización	civilization
la década	decade
la época	era; epoch; historical period
el/la habitante	inhabitant
la historia	history
el/la historiador(a)	historian
la humanidad	humankind
el imperio	empire
el reino	reign; kingdom
el siglo	century
establecer(se)	to establish (oneself)
habitar	to inhabit
integrarse (a)	to become part (of)
pertenecer (a)	to belong (to)
poblar (o:ue)	to settle; to populate
antiguo/a	ancient
(pre)histórico/a	(pre)historic

Los conceptos

el aprendizaje	learning
el conocimiento	knowledge
la enseñanza	teaching; lesson
la herencia (cultural)	(cultural) heritage
la (in)certidumbre	(un)certainty
la (in)estabilidad	(in)stability
la sabiduría	wisdom

Las características

adelantado/a	advanced
culto/a	cultured; educated; refined
derrotado/a	defeated
desarrollado/a	developed
forzado/a	forced
pacífico/a	peaceful
poderoso/a	powerful
victorioso/a	victorious

Los gobernantes

el/la cacique	tribal chief
el/la conquistador(a)	conquistador; conqueror
el/la dictador(a)	dictator
el emperador/ la emperatriz	emperor/empress
el/la gobernante	ruler
el/la monarca	monarch
el rey/la reina	king/queen
el/la soberano/a	sovereign; ruler

La conquista y la independencia

la batalla	battle
la colonia	colony
la conquista	conquest
el ejército	army
la esclavitud	slavery
el/la esclavo/a	slave
las fuerzas armadas	armed forces
el/la guerrero/a	warrior
la independencia	independence
la soberanía	sovereignty
el/la soldado	soldier
la tribu	tribe
colonizar	to colonize
conquistar	to conquer
derribar/derrocar	to overthrow
derrotar	to defeat
encabezar	to lead
explotar	to exploit
expulsar	to expel
invadir	to invade
liberar	to liberate
oprimir	to oppress
rendirse (e:i)	to surrender
suprimir	to abolish; to suppress

Más vocabulario

Expresiones útiles	Ver p. 443
Estructura	Ver pp. 450–451, 454–455 y 458–460

Cinemateca

el cura	priest
el rancho	ranch
el/la tatarabuelo/a	great-great-grandfather/mother
engañar	to betray
enterrar (e:ie)	to bury
jurar	to promise
reconocer	to recognize
sepultar	to bury

Literatura

la aldea	village
el cementerio	cemetery
la choza	hut
el/la mayor	elder
la parroquia	parish
la procesión	procession
la raza	race
esclavizar	to enslave

Cultura

el/la descendiente	descendent
el dominio	rule
la lealtad	loyalty
el/la mestizo/a	person of mixed ethnicity (part indigenous)
el puente	bridge
la traición	betrayal
el/la traidor(a)	traitor
aristocrático/a	aristocratic
erudito/a	learned
heroico/a	heroic

INSTRUCTIONAL RESOURCES
Supersite/IRCD: Testing program

Manual de gramática

Supplementary Grammar Coverage

The Manual de gramática is an invaluable tool for both students and instructors of Intermediate Spanish. For each lesson of **ENFOQUES**, the **Manual** provides additional practice of the three core grammar concepts, as well as supplementary grammar instruction and practice.

The **Más práctica** pages of the **Manual** contain additional practice activities for every grammar point in **Enfoques**. The **Más gramática** pages present supplementary grammar concepts and practice. Both sections of the **Manual** are correlated to the core grammar points in **Estructura** by means of **Taller de consulta** sidebars, which provide the exact page numbers for additional practice and supplementary coverage.

This special supplement allows for great flexibility in planning and tailoring courses to suit the needs of whole classes and/or individual students. It also serves as a useful and convenient reference tool for students who wish to review previously learned material.

Contenido

Más práctica

Más gramática

Más práctica

TALLER DE CONSULTA

MÁS PRÁCTICA
To see the explanation corresponding to this additional practice, see p. 14.

1.1 The present tense

(1) Mi nuevo compañero de cuarto Completa el párrafo con la forma apropiada de los verbos entre paréntesis.

¿Cómo es mi nuevo compañero de cuarto? (1) ___Es___ (Ser) muy simpático. Siempre que (2) ___sale___ (salir), me invita a salir con él. De esta forma, yo ya (3) ___conozco___ (conocer) a mucha gente en la universidad. Él siempre (4) ___parece___ (parecer) pasarlo bien, hasta cuando nosotros (5) ___estamos___ (estar) en la clase de matemáticas. Por la tarde, después de clase, él (6) ___propone___ (proponer) actividades —por ejemplo, a veces (7) ___vamos___ (ir) al parque a jugar al fútbol— así que nunca nos aburrimos. Ya (yo) (8) ___sé___ (saber) que nos vamos a llevar bien durante todo el año. (9) ___Pienso___ (Pensar) invitarlo a mi casa para las fiestas, así mis padres lo (10) ___pueden___ (poder) conocer también.

(2) Tus actividades Escribe cuatro actividades que realizas normalmente en cada uno de estos momentos del día: la mañana, la tarde y la noche.

Mañana:
Tarde:
Noche:

(3) Diez preguntas Trabaja con un(a) compañero/a a quien no conozcas muy bien. Primero, cada persona debe escribir diez preguntas para conocer a su compañero/a. Luego, háganse las preguntas. Por último, intercambien sus listas y háganse las preguntas de la otra persona. Compartan sus respuestas con la clase.

Más práctica

1.2 *Ser* and *estar*

TALLER DE CONSULTA

MÁS PRÁCTICA
To see the explanation corresponding to this additional practice, see p. 18.

1. **Correo** Completa el mensaje de correo electrónico con la forma adecuada de **ser** o **estar**.

¡Hola, Carlos!

Yo (1) __estoy__ muy preocupada porque tenemos un examen mañana en la clase de español y el profesor (2) __es__ muy exigente. Ahora mismo mi amiga Ana (3) __está__ estudiando en la biblioteca y voy a encontrarme con ella para que me ayude. Ella (4) __es__ una estudiante muy buena y sus notas siempre (5) __son__ excelentes.

Este fin de semana hay un concierto en la universidad. Mis amigos y yo (6) __estamos__ muy contentos porque el grupo que toca (7) __es__ muy famoso. Elena también quería ir al concierto, pero no puede porque (8) __está__ enferma y debe quedarse en cama.

Bueno, antes de ir a la biblioteca voy a almorzar en la cafetería porque (9) __estoy__ muerta de hambre.
¡Hasta pronto!

Susana

2. **En el parque** Mira la ilustración y contesta las preguntas usando **ser** y **estar**. Puedes inventar las respuestas para algunas de las preguntas.

1. ¿Quién es cada una de estas personas?
2. ¿Qué están haciendo?
3. ¿Cómo están?
4. ¿Cómo son?

3. **Una cita** Mañana vas a tener una cita con un(a) muchacho/a maravilloso/a. Quieres contárselo a tu mejor amigo/a y quieres pedirle consejos. Tu amigo/a es muy curioso/a y te va a hacer muchas preguntas. En parejas, representen la conversación. Éstos son algunos de los aspectos que pueden incluir.

Tu amigo/a quiere saber:
- cómo te sientes antes de la cita
- qué crees que va a pasar
- cómo es el lugar donde van a ir
- cómo es la persona con quien vas a tener la cita

Tú quieres consejos sobre:
- qué ropa ponerte
- los temas de los que hablar
- adónde ir
- quién debe pagar la cuenta

Más práctica

TALLER DE CONSULTA

MÁS PRÁCTICA
To see the explanation corresponding to this additional practice, see p. 22.

1.3 Progressive forms

1) **¿Qué están haciendo?** Las personas de la primera columna siempre están ocupadas. ¿Qué están haciendo en este momento? Escribe cinco oraciones usando elementos de las tres columnas.

MODELO David Ortiz está jugando al béisbol.

tú		divertirse
el presidente de los EE.UU.		viajar en avión
tus padres		comer en un restaurante
tu mejor amigo/a	(no) estar	asistir a un estreno (*premiere*)
Penélope Cruz		bailar en una discoteca
nosotros		hablar por teléfono

2) **Seguimos escribiendo** Vuelve a escribir las oraciones usando los verbos **andar, ir, llevar, seguir** o **venir**. La nueva oración debe expresar la misma idea. Answers may vary slightly.

1. José siempre dice que es tímido, pero no deja de coquetear con las chicas del trabajo.
   José siempre anda diciendo que es tímido, pero sigue coqueteando con las chicas del trabajo.

2. Mi esposa y yo llevamos diez años de casados, pero nuestro amor es tan intenso como siempre.
   Mi esposa y yo llevamos diez años de casados, pero nuestro amor sigue siendo tan intenso como siempre.

3. Hace cinco meses que Carlos se pelea con su novia todos los días y todavía habla de ella como si fuera la única mujer del planeta.
   Carlos lleva cinco meses peleándose con su novia todos los días y todavía anda hablando de ella como si fuera la única mujer del planeta.

4. Daniel siempre se queja de que los estudios lo agobian y hace meses que su mamá le dice que tiene que relajarse.
   Daniel anda quejándose de que los estudios lo agobian y su mamá lleva meses diciéndole que tiene que relajarse.

5. Mis padres repiten todos los días que pronto van a mudarse a una casa más pequeña.
   Mis padres vienen repitiendo que pronto se van a mudar a una casa más pequeña.

3) **Adivina qué estoy haciendo** En grupos de cuatro, jueguen a las adivinanzas con mímica (*charades*). Por turnos, cada persona debe hacer gestos para representar una acción sencilla. Las otras personas tienen que adivinar la acción, usando el presente progresivo. Sigan el modelo.

MODELO **ESTUDIANTE 1** *(Sin decir nada, hace gestos para mostrar que está manejando un carro.)*
   ESTUDIANTE 2 ¿Estás peleando con alguien?
   ESTUDIANTE 3 ¿Estás manejando un carro?
   ESTUDIANTE 1 ¡Sí! Estoy manejando un carro.

1.4 Nouns and articles

Nouns

- In Spanish, nouns (**sustantivos**) ending in **–o, –or, –l,** and **–s** are usually masculine, and nouns ending in **–a, –ora, –ión, –d,** and **–z** are usually feminine. Some nouns ending in **–ma** are masculine.

Masculine nouns	Feminine nouns
el amigo, el cuaderno	la amiga, la palabra
el escritor, el color	la escritora, la computadora
el control, el papel	la relación, la ilusión
el problema, el tema	la amistad, la fidelidad
el autobús, el paraguas	la luz, la paz

- Most nouns form the plural by adding **–s** to nouns ending in a vowel and **–es** to nouns ending in a consonant. Nouns that end in **–z** change to **–c** before adding **–es**.

  el hombre → los hombres
  la novia → las novias
  la mujer → las mujeres
  el lápiz → los lápices

- If a singular noun ends in a stressed vowel, the plural form ends in **–es**. If the last syllable of a singular noun ending in **–s** is unstressed, the plural form does not change.

  el tabú → los tabúes
  el israelí → los israelíes
  el lunes → los lunes
  la crisis → las crisis

Articles

- Spanish definite and indefinite articles (**artículos definidos e indefinidos**) agree in gender and number with the nouns they modify.

	Definite articles		Indefinite articles	
	singular	plural	singular	plural
MASCULINE	el compañero	los compañeros	un compañero	unos compañeros
FEMININE	la compañera	las compañeras	una compañera	unas compañeras

- In Spanish, a definite article is always used with an abstract noun.

  El amor es eterno.
  Love is eternal.

  La belleza es pasajera.
  Beauty is fleeting.

- An indefinite article is not used before nouns that indicate profession or place of origin, unless they are followed by an adjective.

  Juan Volpe es profesor.
  Ana María es neoyorquina.

  Juan Volpe es **un** profesor excelente.
  Ana María es **una** neoyorquina orgullosa.

MÁS GRAMÁTICA

This is an additional grammar point for **Lección 1 Estructura.** You may use it for review or as required by your instructor.

¡ATENCIÓN!

Some nouns may be either masculine or feminine, depending on whether they refer to a man or a woman.

el/la artista *artist*
el/la estudiante *student*

Occasionally, the masculine and feminine forms have different meanings.

el capital *capital (money)*
la capital *capital (city)*

¡ATENCIÓN!

Accent marks are sometimes dropped or added to maintain the stress in the singular and plural forms.

canción/canciones
autobús/autobuses

margen/márgenes
imagen/imágenes

¡ATENCIÓN!

The prepositions **de** and **a** contract with the article **el**.

de + el = del

a + el = al

¡ATENCIÓN!

Singular feminine nouns that begin with a stressed **a** take **el**.

el alma/las almas
el área/las áreas

Práctica

(1.4) Nouns and articles

TALLER DE CONSULTA

These activities correspond to the additional grammar point on the preceding page.

1 Cambiar Escribe en plural las palabras que están en singular y viceversa.

1. la compañera ___las compañeras___
2. unos amigos ___un amigo___
3. el novio ___los novios___
4. una crisis ___unas crisis___
5. unas parejas ___una pareja___
6. un corazón ___unos corazones___
7. las amistades ___la amistad___
8. el tabú ___los tabúes___

2 ¿Qué opinas? Completa los minidiálogos con los artículos apropiados.

1. —Para ti, ¿cuál es __la__ cualidad más importante en __las__ relaciones de pareja?
   —Para mí, es __la__ sinceridad; aunque también son importantes __el__ respeto y __la__ madurez.

2. —¿Quién es mejor como amigo: __una__ persona pesimista o __una__ optimista?
   —Pues, __la__ verdad es que todos mis amigos son pesimistas.

3. —¿Tus amigos tienen __los__ mismos sueños que tú?
   —Sí, todos soñamos con __un__ mundo mejor, con __un__ mundo donde __las__ personas puedan vivir en paz.

3 Un chiste Completa el chiste con los artículos apropiados. Recuerda que en algunos casos no debes poner ningún artículo.

(1) __Una__ pareja se va a casar. Él tiene 90 años. Ella tiene 85. Entran en (2) __una/la__ farmacia y (3) __el__ novio le pregunta al farmacéutico (*pharmacist*):
—¿Tiene (4) __x__ remedios para (5) __el__ corazón?
—Sí —contesta (6) __el__ farmacéutico.
—¿Tiene (7) __x__ remedios para (8) __la__ presión?
—Sí —contesta nuevamente (9) __el__ farmacéutico.
—¿Y (10) __x__ remedios para (11) __la__ artritis?
—Sí, también.
—¿Y (12) __x__ remedios para (13) __el__ reumatismo?
—También.
—¿Y (14) __x__ remedios para (15) __el__ colesterol?
—Sí. Ésta es (16) __una__ farmacia completa. Tenemos de todo.
Entonces (17) __el__ novio mira a (18) __la__ novia y le dice:
—Querida, ¿qué te parece si hacemos aquí (19) __la__ lista de regalos para (20) __la__ boda?

4 La cita Completa el párrafo con la forma correcta de los artículos definidos e indefinidos.

Ayer tuve (1) __una__ cita con Leonardo. Fuimos a (2) __un__ restaurante muy romántico que está junto a (3) __un__ bonito lago. Desde nuestra mesa, podíamos ver (4) __el__ lago y (5) __los/unos__ barcos que navegaban por allí. Comimos (6) __unos__ platos muy originales. (7) __El__ pescado que yo pedí estaba delicioso. Nos divertimos mucho, pero al salir tuvimos (8) __un__ problema. Una de (9) __las__ ruedas (*tires*) del carro estaba pinchada (*punctured*). ¿Puedes creer que tuve que cambiar (10) __la__ rueda yo porque Leonardo no sabía hacerlo?

MÁS
GRAMÁTICA

This is an additional
grammar point for
Lección 1 Estructura.
You may use it for
review or as required
by your instructor.

1.5 Adjectives

- Spanish adjectives (**adjetivos**) agree in gender and number with the nouns they modify. Most adjectives ending in **–e** or a consonant have the same masculine and feminine forms.

Adjectives						
	singular	plural	singular	plural	singular	plural
MASCULINE	rojo	rojos	inteligente	inteligentes	difícil	difíciles
FEMININE	roja	rojas	inteligente	inteligentes	difícil	difíciles

- Descriptive adjectives generally follow the noun they modify. If a single adjective modifies more than one noun, the plural form is used. If at least one of the nouns is masculine, then the adjective is masculine.

¡ATENCIÓN!

Adjectives ending in
–or, –ol, –án, –ón,
or **–s** vary in both
gender and number.

español → españoles
española → españolas

alemán → **aleman**es
alemana → **aleman**as

un libro **apasionante**
a great book

las parejas **contentas**
the happy couples

un carro y una casa **nuevos**
a new car and house

la literatura y la cultura **ecuatorianas**
Ecuadorean literature and culture

- A few adjectives have shortened forms when they precede a masculine singular noun.

bueno → buen   alguno → algún   primero → primer

malo → mal   ninguno → ningún   tercero → tercer

- Some adjectives change their meaning depending on their position. When the adjective follows the noun, the meaning is more literal. When it precedes the noun, the meaning is more figurative.

	after the noun	before the noun
antiguo/a	el edificio **antiguo** *the ancient building*	mi **antiguo** novio *my old/former boyfriend*
cierto/a	una respuesta **cierta** *a right answer*	una **cierta** actitud *a certain attitude*
grande	una ciudad **grande** *a big city*	un **gran** país *a great country*
mismo/a	el artículo **mismo** *the article itself*	el **mismo** problema *the same problem*
nuevo/a	un carro **nuevo** *a (brand) new car*	un **nuevo** profesor *a new/different professor*
pobre	los estudiantes **pobres** *the students who are poor*	los **pobres** estudiantes *the unfortunate students*
viejo/a	un libro **viejo** *an old book*	una **vieja** amiga *a long-time friend*

¡ATENCIÓN!

Before any singular noun
(masculine or feminine),
grande changes to **gran**.

un gran esfuerzo
a great effort

una gran autora
a great author

Práctica

TALLER DE CONSULTA

These activities correspond to the additional grammar point on the preceding page.

(1.5) Adjectives

1 **Descripciones** Completa cada oración con la forma correcta de los adjetivos.

1. Mi mejor amiga es ____guapa____ (guapo) y muy ____graciosa____ (gracioso).
2. Los novios de mis hermanas son ____altos____ (alto) y ____morenos____ (moreno).
3. Javier es ____buen____ (bueno) compañero pero es bastante ____antipático____ (antipático).
4. Mi prima Susana es ____sincera____ (sincero), pero mi primo Luis es ____falso____ (falso).
5. Sandra es una ____gran____ (grande) amiga, pero ayer tuvimos una pelea muy ____fuerte____ (fuerte).
6. No sé por qué Marcos y María son tan ____inseguros____ (inseguro) y ____tímidos____ (tímido).

2 **La vida de Marina** Completa cada oración con los cuatro adjetivos.

1. Marina busca una compañera de cuarto ____tranquila, ordenada, honesta y puntual____ (tranquilo, ordenado, honesto, puntual)
2. Se lleva bien con las personas ____sinceras, serias, alegres y trabajadoras____ (sincero, serio, alegre, trabajador)
3. Los padres de Marina son ____maduros, simpáticos, inteligentes y conservadores____ (maduro, simpático, inteligente, conservador)
4. Marina quiere ver programas de televisión más ____emocionantes, divertidos, dramáticos y didácticos____ (emocionante, divertido, dramático, didáctico)
5. Marina tiene un novio ____talentoso, simpático, creativo y sensible____ (talentoso, simpático, creativo, sensible)

Marina

3 **Correo sentimental** La revista *Ellas y ellos* tiene una sección de anuncios personales. Completa este anuncio con la forma corta o larga de los adjetivos de la lista. Puedes usar los adjetivos más de una vez.

buen	gran	mal	ningún	tercer
bueno/a	grande	malo/a	ninguno/a	tercero/a

Mi perrito y yo buscamos amor

Tengo 43 años y mi esposa murió hace tres años. Soy un (1) ____buen____ hombre: tranquilo y trabajador. Me gustan las plantas y no tengo (2) ____ningún____ problema con mis vecinos. Cocino y plancho. Me gusta ir al cine y no me gusta el fútbol. Tengo (3) ____buen____ humor por las mañanas y mejor humor por las noches. Vivo en un apartamento (4) ____grande____ en el (5) ____tercer____ piso de un edificio de Montevideo. Sólo tengo un pequeño problema: mi perro. Algunos dicen que tiene (6) ____mal____ carácter. Otros dicen que es un (7) ____buen____ animal. Yo creo que es (8) ____bueno____. Pero se siente solo, como su dueño, y nos hacemos compañía. Busco una señora viuda o soltera que también se sienta sola. ¡Si tiene un perrito, mejor!

Más práctica

2.1 Object pronouns

TALLER DE CONSULTA

MÁS PRÁCTICA
To see the explanation corresponding to this additional practice, see p. 54.

1 **La televisión** Completa la conversación con el pronombre adecuado.

JUANITO   Mamá, ¿puedo ver televisión?

MAMÁ   ¿Y la tarea? ¿Ya (1) __la__ hiciste?

JUANITO   Ya casi (2) __la__ termino. ¿Puedo ver el programa de dibujos animados (*cartoons*)?

MAMÁ   (3) __Lo__ puedes ver hasta las siete.

JUANITO   De acuerdo.

MAMÁ   Pero antes de que te pongas a ver televisión, tengo algunas preguntas. ¿(4) __Le__ vas a entregar mi carta a tu profesora?

JUANITO   Sí mamá, (5) __se__ (6) __la__ voy a entregar mañana.

MAMÁ   ¿Quién va a trabajar contigo en el proyecto de historia?

JUANITO   No sé; nadie (7) __lo__ quiere hacer conmigo.

MAMÁ   Bueno, y antes de ver la tele, ¿me puedes ayudar a poner la mesa?

JUANITO   ¡Cómo no, mamá! (8) __Te__ ayudo ahora mismo.

2 **Confundido** Tu compañero/a de cuarto va a dar una fiesta este fin de semana, pero no recuerda bien algunos detalles. Contesta sus preguntas con la información que está entre paréntesis. Utiliza pronombres en tus respuestas.

> **MODELO**   ¿Quién va a traer las sillas? (Carlos y Pedro)
>
> Carlos y Pedro las van a traer.

1. ¿Cuándo vamos a comprar la comida? (mañana)
   Mañana vamos a comprarla./ La vamos a comprar mañana. / Vamos a comprarla mañana.

2. ¿Quién nos prepara el pastel (*cake*)? (la pastelería de la Plaza Mayor)
   La pastelería de la Plaza Mayor nos lo prepara. / Nos lo prepara la pastelería de la Plaza Mayor.

3. ¿Ya enviamos todas las invitaciones? (sí)
   Sí, ya las enviamos.

4. ¿Quién trae los discos compactos de música latina? (Lourdes y Sara)
   Lourdes y Sara los traen. / Los traen Lourdes y Sara.

5. ¿Vamos a decorar el salón? (sí)
   Sí, lo vamos a decorar./ Sí, vamos a decorarlo.

3 **Tres deseos** En parejas, imaginen que encuentran a un genio (*genie*) en una botella. Él les va a hacer realidad tres deseos a cada uno. Primero, haz una lista de los deseos que le vas a pedir. Después, díselos a tu compañero/a. Háganse preguntas sobre por qué quieren cada uno de los deseos. Utilicen por lo menos seis pronombres de complemento directo e indirecto.

> **MODELO**   —Yo quiero un jeep cuatro por cuatro.
>
> —¿Para qué lo quieres?
>
> —Lo quiero para manejar en cualquier tipo de terreno.

Más práctica

TALLER DE CONSULTA

MÁS PRÁCTICA
To see the explanation corresponding to this additional practice, see p. 58.

2.2 *Gustar* and similar verbs

1 **En otras palabras** Vuelve a escribir las frases subrayadas usando los verbos de la lista.
Answers may vary slightly.

MODELO   <u>Mis padres adoran las novelas de García Márquez</u>, especialmente *Cien años de soledad.*

A mis padres les encantan las novelas de García Márquez, especialmente *Cien años de soledad.*

aburrir	(no) gustar
caer bien/mal	(no) interesar
(no) doler	molestar
encantar	quedar
faltar	

1. <u>Estoy muy interesado en el cine</u> y por eso veo el programa de espectáculos todas las noches. Me interesa el cine...

2. Necesito ir al médico porque <u>tengo un dolor de cabeza desde hace dos días.</u> ... me duele la cabeza desde...

3. <u>Pablo y Roberto son muy antipáticos.</u> No soporto hablar con ellos. Pablo y Roberto me caen mal.

4. <u>Nos aburrimos cuando vemos películas románticas.</u> Nos aburren las películas románticas.

5. <u>Detesto el boliche.</u> No me gusta el boliche.

6. Has gastado casi todo tu dinero. <u>Sólo tienes diez dólares.</u> Te quedan sólo diez dólares.

7. Carlos está a punto de completar su colección de monedas españolas anteriores al euro. <u>Necesita conseguir tres más.</u> Le faltan tres más.

8. <u>No soporto escuchar música cuando estudio.</u> No puedo concentrarme. Me molesta escuchar música...

2 **El fin de semana** Escribe ocho oraciones sobre qué te gusta y qué te molesta hacer el fin de semana. Utiliza **gustar** y otros verbos parecidos, como **interesar**, **importar** y **molestar**.

estar en casa	hacer ejercicio	ir al circo
festejar	hacer un picnic	jugar al billar
hacer cola	ir al cine	salir a comer

3 **Gustos** Utiliza la información y verbos parecidos a **gustar** para investigar los gustos de tus compañeros/as de clase. Toma nota de las respuestas de cada compañero/a que entrevistes y comparte la información con la clase.

MODELO   molestar / tener clase a las ocho de la mañana

—A Juan y a Marcela no les molesta tener clase a las ocho de la mañana. En cambio, a Carlos le molesta porque...

1. encantar / fiestas de cumpleaños

2. fascinar / el mundo de Hollywood

3. disgustar / leer las noticias

4. molestar / conocer a nuevas personas

5. interesar / saber lo que mis amigos piensan de mí

6. aburrir / escuchar música todo el día

Más práctica

2.3 Reflexive verbs

TALLER DE CONSULTA

MÁS PRÁCTICA
To see the explanation corresponding to this additional practice, see p. 62.

(1) **¿Qué hacen estas personas?** Escribe cinco oraciones combinando elementos de las tres columnas.

> **MODELO**   Yo me acuesto a las once de la noche.

mis padres	aburrirse	a las 6 de la mañana
yo	acostarse	a las 9 de la mañana
mis amigos y yo	afeitarse	a las 3 de la tarde
tú	divertirse	por la tarde
mi compañero/a de cuarto	dormirse	el viernes por la noche
ustedes	levantarse	a las once de la noche
mi hermano/a	maquillarse	todos los días

(2) **Reflexivos** Algunos verbos cambian de significado cuando se usan en forma reflexiva. Completa las oraciones con la forma adecuada del verbo indicado y el pronombre si es necesario.

1. Yo siempre ____duermo____ (dormir/dormirse) bien cuando estoy en mi casa de verano.
2. Carlos, ¿____te acuerdas____ (acordar/acordarse) de cuando fuimos de vacaciones a Cancún hace dos años?
3. Si estamos tan cansados de la ciudad, ¿por qué no ____nos mudamos____ (mudar/mudarse) a una casa junto al lago?
4. No me gusta esta fiesta. Quiero ____irme____ (ir/irse) cuanto antes.
5. Cristina y Miguel ____llevan____ (llevar/llevarse) a los niños a la feria.
6. Mi abuela va a ____poner____ (poner/ponerse) una foto de todos sus nietos en el salón.

(3) **Los sábados** Sigue los pasos para determinar si tú y tus compañeros/as participan en actividades parecidas (*similar*) los sábados. Comparte tus conclusiones con el resto de la clase.

- **Paso 1** Haz una lista detallada de las cosas que normalmente haces los sábados.

- **Paso 2** Entrevista a un(a) compañero/a para ver si comparten alguna actividad.

- **Paso 3** Compara la información con el resto de la clase. ¿Siguen los estudiantes la misma rutina durante los fines de semana?

MÁS GRAMÁTICA

This is an additional grammar point for **Lección 2 Estructura.** You may use it for review or as required by your instructor.

(2.4) Demonstrative adjectives and pronouns

- Demonstrative adjectives (**adjetivos demostrativos**) specify to which noun a speaker is referring. They precede the nouns they modify and agree in gender and number.

este torneo
this tournament

esa entrenadora
that coach

aquellos deportistas
those athletes (over there)

Demonstrative adjectives				
singular		plural		
masculine	feminine	masculine	feminine	
este	esta	estos	estas	*this; these*
ese	esa	esos	esas	*that; those*
aquel	aquella	aquellos	aquellas	*that; those (over there)*

- Spanish has three sets of demonstrative adjectives. Forms of **este** are used to point out nouns that are close to the speaker and the listener. Forms of **ese** modify nouns that are not close to the speaker, though they may be close to the listener. Forms of **aquel** refer to nouns that are far away from both the speaker and the listener.

No me gustan **estos** zapatos.　　Prefiero **esos** zapatos.　　**Aquel** carro es de Ana.

- Demonstrative pronouns (**pronombres demostrativos**) are identical to demonstrative adjectives, except that they traditionally carry an accent mark on the stressed vowel. They agree in gender and number with the nouns they replace.

¿Quieres comprar esta **radio**?
Do you want to buy this radio?

No, no quiero **ésta**. Quiero **ésa**.
No, I don't want this one. I want that one.

¿Leíste estos **libros**?
Did you read these books?

No leí **éstos**, pero sí leí **aquéllos**.
I didn't read these, but I did read those (over there).

- There are three neuter demonstrative pronouns: **esto, eso,** and **aquello**. These forms refer to unidentified or unspecified things, situations, or ideas. They do not vary in gender or number and they never carry an accent mark.

¿Qué es **esto**?
What is this?

Eso es interesante.
That's interesting.

Aquello es bonito.
That's pretty.

Práctica

(2.4) Demonstrative adjectives and pronouns

TALLER DE CONSULTA

These activities correspond to the additional grammar point on the preceding page.

1 **En el centro comercial** Completa las oraciones con la forma correcta de los adjetivos entre paréntesis.

1. Quiero comprar ____ese____ (*that*) videojuego.
2. Nosotros queremos comprar ____aquella____ (*that over there*) computadora.
3. ____Estos____ (*These*) pantalones y camisas están de rebaja.
4. Yo voy a escoger ____esta____ (*this*) falda que está a mitad de precio.
5. También quiero comprar alguna de ____esas____ (*those*) películas en DVD.
6. Antes de irnos, vamos a comer algo en ____aquel____ (*that over there*) restaurante.

2 **Pronombres** Completa las oraciones con la forma correcta de los pronombres demostrativos, de acuerdo con la traducción que aparece entre paréntesis.

1. Esta campeona es muy humilde, pero ____ésa____ (*that one*) es muy arrogante.
2. Este deportista juega bien, no como ____ésos____ (*those*) del otro equipo.
3. Esos dardos no tienen punta; usa ____aquéllos____ (*the ones over there*).
4. No conozco a esta entrenadora, pero sí conozco a ____aquélla____ (*that one over there*).
5. Aquellos asientos son muy buenos, pero de todas formas, yo prefiero sentarme en ____éste____ (*this one*).
6. Esta cancha de fútbol está muy mojada. ¿Podemos jugar en ____ésa____ (*that one*)?

3 **¿Adjetivos o pronombres?**

A. Elige los adjetivos o los pronombres apropiados.

   A mi hermano Esteban no le gustan las películas de acción y a mí sí. (1) ____Ése____ (Ese / Ése) es el problema que siempre tenemos cuando queremos ir al cine. (2) ____Este____ (Este / Éste) fin de semana, por ejemplo, estrenan la película *Persecución sin fin* en (3) ____ese____ (ese / ése) cine nuevo que abrió enfrente de (4) ____ese____ (ese / ése) restaurante que tanto me gusta. Cuando le mandé un mensaje por correo electrónico a mi hermano, enseguida respondió: "(5) ____Ésa____ (Esa / Ésa) no la veo ni loco. (6) ____Esas____ (Esas / Ésas) películas de acción son siempre iguales. El bueno y el malo pelean y el bueno siempre gana. Por (7) ____eso____ (ese / ése / eso), yo prefiero las películas históricas o los dramas. Por lo menos en (8) ____esas____ (esas / ésas) suele haber diálogo inteligente y no persecuciones tontas y peleas exageradas". ¡Cómo cambiaron los gustos de mi hermano desde (9) ____aquella____ (aquella / aquélla) época en la que íbamos a ver todas las películas de superhéroes!

B. En parejas, imaginen que los dos hermanos hablan por teléfono. El hermano de Esteban todavía tiene esperanzas de convencerlo para ir a ver *Persecución sin fin*. Improvisen la conversación entre los dos hermanos. Usen por lo menos cinco adjetivos o pronombres demostrativos.

MÁS GRAMÁTICA

This is an additional grammar point for **Lección 2 Estructura.** You may use it for review or as required by your instructor.

2.5 Possessive adjectives and pronouns

- Possessive adjectives (**adjetivos posesivos**) are used to express ownership or possession. Spanish has two types: the short, or unstressed, forms and the long, or stressed, forms. Both forms agree in gender and number with the object owned, and not with the owner.

Possessive adjectives			
short forms (unstressed)		long forms (stressed)	
mi(s)	my	**mío(s)/a(s)**	my; (of) mine
tu(s)	your	**tuyo(s)/a(s)**	your; (of) yours
su(s)	your; his; hers; its	**suyo(s)/a(s)**	your; (of) yours; his; (of) his; hers; (of) hers; its; (of) its
nuestro(s)/a(s)	our	**nuestro(s)/a(s)**	our; (of) ours
vuestro(s)/a(s)	your	**vuestro(s)/a(s)**	your; (of) yours
su(s)	your; their	**suyo(s)/a(s)**	your; (of) yours; their; (of) theirs

- Short possessive adjectives precede the nouns they modify.

    En **mi** opinión, esa película es pésima.
    In my opinion, that movie is awful.

    Nuestras revistas favoritas son *Vanidades* y *Latina*.
    Our favorite magazines are Vanidades *and* Latina.

¡ATENCIÓN!

After the verb **ser**, stressed possessives are used without articles.

¿Es tuya la calculadora?
Is the calculator yours?

No, no es mía.
No, it is not mine.

- Stressed possessive adjectives follow the nouns they modify. They are used for emphasis or to express the phrases *of mine, of yours*, etc. The nouns are usually preceded by a definite or indefinite article.

    mi amigo → **el** amigo **mío**
    my friend   friend of mine

    tus amigas → **las** amigas **tuyas**
    your friends   friends of yours

- Because **su(s)** and **suyo(s)/a(s)** have multiple meanings (*your, his, her, its, their*), the construction [*article*] + [*noun*] + **de** + [*subject pronoun*] is commonly used to clarify meaning.

su **casa**		la casa de él/ella	*his/her house*
la casa **suya**		la casa de usted/ustedes	*your house*
		la casa de ellos/ellas	*their house*

¡ATENCIÓN!

The neuter form **lo** + [*singular stressed possessive*] is used to refer to abstract ideas or concepts such as *what is mine* and *what belongs to you*.

Quiero lo mío.
I want what is mine.

- Possessive pronouns (**pronombres posesivos**) have the same forms as stressed possessive adjectives and are preceded by a definite article. Possessive pronouns agree in gender and number with the nouns they replace.

    No encuentro mi **libro**. ¿Me prestas **el tuyo**?
    I can't find my book. Can I borrow yours?

    Si la **fotógrafa** suya no llega, **la nuestra** está disponible.
    If your photographer doesn't arrive, ours is available.

Práctica

(2.5) Possessive adjectives and pronouns

TALLER DE CONSULTA

These activities correspond to the additional grammar point on the preceding page.

1 **¿De quién hablan?** En un programa de entrevistas, varias personas famosas hacen comentarios. Completa sus oraciones con los adjetivos posesivos que faltan.

1. La actriz Fernanda Lora habla sobre su esposo: "___Mi___ esposo siempre me acompaña a los estrenos, aunque ___su___ trabajo le exija estar en otro sitio".

2. Los integrantes del famoso dúo Maite y Antonio hablan sobre su hijo: "___Nuestro___ hijo empezó a cantar a los dos años".

3. El actor Saúl Mar habla de su ex esposa, la modelo Serafina: "___Mi___ ex ya no es tan guapa como antes, aunque ___sus___ *fans* piensen lo contrario".

2 **¿Es tuyo...?** Escribe preguntas con **ser** y contéstalas usando el pronombre posesivo que corresponde a la(s) persona(s) indicada(s). Sigue el modelo.

> **MODELO** tú / libro / yo
> —¿Es tuyo este libro?
> —Sí, es mío.

1. ustedes / cartas / nosotros
   ¿Son suyas estas cartas?
   Sí, son nuestras.

2. ella / bicicleta / ella
   ¿Es suya esta bicicleta?
   Sí, es suya.

3. yo / café / tú
   ¿Es mío este café?
   Sí, es tuyo.

4. nosotros / periódicos / yo
   ¿Son nuestros estos periódicos?
   No, son míos.

5. tú / disco compacto / ellos
   ¿Es tuyo este disco compacto?
   No, es suyo.

6. él / ideas / nosotros
   ¿Son suyas estas ideas?
   No, son nuestras.

3 **Durante el almuerzo** Durante la hora del almuerzo, tres compañeros de trabajo tratan de conocerse mejor. Completa la conversación con los posesivos adecuados. Cuando sea necesario, añade también el artículo definido correspondiente.

MANUEL (1) ___Mis___ películas favoritas son las de acción. ¿Y (2) ___las suyas/las tuyas___?

JUAN A mí no me gusta el cine.

AGUSTÍN A mí tampoco, pero a (3) ___mi___ esposa le gustan las películas antiguas. Lo mío es el deporte.

JUAN Yo detesto el deporte. (4) ___Mi___ pasatiempo favorito es la música.

MANUEL ¡Ahh! ¿Es (5) ___tuya___ la guitarra que vi en la oficina?

JUAN Sí, es (6) ___mía___. Después del trabajo, nos reunimos en la casa de un amigo (7) ___mío___ y tocamos un poco. A (8) ___mis___ amigos y a mí nos gusta el rock. (9) ___Nuestros___ músicos preferidos son...

AGUSTÍN ¡No te molestes en nombrarlos! No sé nada de música.

MANUEL Parece que (10) ___nuestros___ gustos son muy distintos.

Más práctica

TALLER DE CONSULTA

MÁS PRÁCTICA
To see the explanation corresponding to this additional practice, see p. 94.

3.1 The preterite

1 **Conversación telefónica** La mamá de Andrés lo llama para ver cómo ha sido su semana. Completa la conversación con el pretérito de los verbos de la lista. Algunos verbos se repiten.

andar	dar	ir	ser
barrer	hacer	quitar	tener

MAMÁ Hola, Andrés, ¿cómo te va?

ANDRÉS Bien, mamá. ¿Y a ti?

MAMÁ También estoy bien. ¿Qué tal las clases?

ANDRÉS En la clase de historia (1) ___tuve___ un examen el lunes. En la clase de química, el profesor nos (2) ___hizo___ una demostración en el laboratorio.

MAMÁ ¿Y el resto de las clases?

ANDRÉS (3) ___Fueron___ muy fáciles pero los profesores nos (4) ___dieron___ mucha tarea.

MAMÁ ¿Cómo está tu apartamento? ¿Está muy sucio (*dirty*)?

ANDRÉS ¡Está perfecto! Ayer (5) ___hice___ la limpieza: (6) ___barrí___ el piso y (7) ___quité___ el polvo de los muebles.

MAMÁ ¿Qué hiciste con tus amigos el sábado por la noche?

ANDRÉS Nosotros (8) ___anduvimos___ por el centro de la ciudad y (9) ___fuimos___ a un restaurante. (10) ___Fue/Tuvimos___ una noche muy divertida.

2 **Vienen los abuelitos** Tus abuelos vienen a tu casa para pasar el fin de semana. Tu mamá quiere saber si ya hiciste todo lo que te pidió, pero tú ya sabes lo que te va a preguntar. Completa sus preguntas y después contéstalas.

MODELO ¿Ya... (conseguir las entradas para el concierto)?

—¿Ya conseguiste las entradas para el concierto?
—Sí, mamá, ya conseguí las entradas para el concierto.

1. ¿Ya... (lavar los platos)? ¿Ya lavaste los platos? Sí, mamá, ya lavé los platos.

2. ¿Ya... (ir al supermercado)? ¿Ya fuiste al supermercado? Sí, mamá, ya fui al supermercado.

3. ¿Ya... (pasar la aspiradora)? ¿Ya pasaste la aspiradora? Sí, mamá, ya pasé la aspiradora.

4. ¿Ya... (quitar tus cosas de la mesa)? ¿Ya quitaste tus cosas de la mesa? Sí, mamá, ya quité mis cosas de la mesa.

5. ¿Ya... (hacer las reservaciones en el restaurante)? ¿Ya hiciste las reservaciones en el restaurante? Sí, mamá, ya hice las reservaciones.

6. ¿Ya... (limpiar el baño)? ¿Ya limpiaste el baño? Sí, mamá, ya limpié el baño.

3 **Un problema** Hace dos semanas compraste un par de zapatos que no te quedan bien. Quieres devolverlos y pedir un reembolso, pero la zapatería no acepta cambios después de una semana. En parejas, improvisen la conversación entre el/la cliente/a y el/la gerente (*manager*). El/La cliente debe tratar de convencer al/a la gerente de que le devuelva el dinero.

Más práctica

3.2 The imperfect

TALLER DE CONSULTA

MÁS PRÁCTICA
To see the explanation corresponding to this additional practice, see p. 98.

① **Oraciones incompletas** Termina las oraciones con el imperfecto.

1. Cuando yo era niño/a _____.
2. Todos los veranos mi familia y yo _____.
3. Durante las vacaciones, mis amigos siempre _____.
4. En la escuela primaria (*elementary school*), mis maestros nunca _____.
5. Mis hermanos y yo siempre _____.
6. Mi abuela siempre _____.

② **Un robo** El sábado por la tarde unos jóvenes le robaron la bolsa a una anciana en el parque. Ese día tú andabas por el mismo parque con tus amigos. Un policía quiere saber lo que hacías para averiguar si participaste en el robo. Contéstale usando el imperfecto.

1. ¿Dónde estabas alrededor de las dos de la tarde?
   _____

2. ¿Qué llevabas puesto (*were you wearing*)?
   _____

3. ¿Qué hacías en el parque?
   _____

4. ¿A qué jugabas?
   _____

5. ¿Quiénes estaban contigo?
   _____

6. ¿Adónde iban ese día?
   _____

7. ¿Qué otras personas había en el parque?
   _____

8. ¿Qué hacían esas personas?
   _____

③ **Las tareas del hogar** Cuando eras niño/a, ¿cuáles eran tus obligaciones en la casa? ¿Qué te mandaban hacer tus padres? En parejas, conversen sobre cuáles eran sus obligaciones. ¿Hacían ustedes tareas similares?

④ **¿Cómo ha cambiado tu vida?** Piensa en tu último año de la escuela secundaria y compáralo con tu vida en la universidad. En parejas, hablen de estos cambios. Escriban una lista de las responsabilidades que tienen ahora y las que tenían antes. Traten de incluir el mayor número posible de detalles.

MODELO Cuando estaba en la escuela secundaria no tenía mucha tarea, pero ahora tengo muchísima. Me paso el día entero en la biblioteca.

Más práctica

TALLER DE CONSULTA

MÁS PRÁCTICA
To see the explanation corresponding to this additional practice, see p. 102.

3.3 The preterite vs. the imperfect

1. **Distintos significados** Completa las oraciones con el pretérito o el imperfecto de los verbos entre paréntesis. Recuerda que cuando se usan estos verbos en el pretérito tienen un significado distinto al del imperfecto.

   1. Cuando yo era niño, nunca _____quería_____ (querer) limpiar mi habitación, pero mis padres me obligaban a hacerlo.
   2. Mi amigo ya _____podía_____ (poder) hablar chino y japonés cuando tenía siete años.
   3. Finalmente, después de preguntar por todos lados, Ana _____supo_____ (saber) dónde comprar las entradas para el concierto.
   4. Mis padres _____querían_____ (querer) mudarse a México. Estaban cansados de vivir en Europa.
   5. Se rompió el televisor. Por suerte, mi amigo Juan Carlos _____pudo_____ (poder) venir enseguida a arreglarlo.
   6. Mi hermano _____conoció_____ (conocer) a su novia en el centro comercial.
   7. Mi abuela _____sabía_____ (saber) cocinar muy bien.
   8. Miguel y Roberto completaron el formulario pero no _____quisieron_____ (querer) contestar la última pregunta.

2. **¿Pretérito o imperfecto?** Indica si normalmente debes usar el pretérito (P) o el imperfecto (I) con estas expresiones de tiempo. Después escribe cinco oraciones completas que contengan estas expresiones. Some answers may vary.

_P_ el año pasado	_I_ siempre	_P_ ayer por la noche	_I_ todas las tardes
_I_ todos los días	_I_ mientras	_P_ el domingo pasado	_P_ una vez

3. **Mi mejor año** ¿Cuál fue tu mejor año en la escuela? Escribe una historia breve sobre ese año especial. Recuerda que para narrar series de acciones completas debes usar el pretérito y para describir el contexto o acciones habituales en el pasado debes usar el imperfecto. Comparte tu historia con la clase.

   MODELO Creo que mi mejor año fue el segundo grado. Yo vivía con mi familia en Toronto, pero ese año nos mudamos a Vancouver.

4. **Lo que sentía** En parejas, conversen sobre tres situaciones o momentos de la niñez en los cuales sintieron algunas de estas emociones. Luego compartan con la clase lo que le pasó a la otra persona y lo que él/ella sintió. Utilicen el pretérito y el imperfecto.

   - agobiado/a
   - feliz
   - asombrado/a
   - hambriento/a
   - confundido/a
   - solo/a

(3.4) Telling time

- The verb **ser** is used to tell time in Spanish. The construction **es + la** is used with **una,** and **son + las** is used with all other hours.

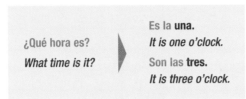

¿Qué hora es?

What time is it?

Es la **una.**

It is one o'clock.

Son las **tres.**

It is three o'clock.

- The phrase **y +** [*minutes*] is used to tell time from the hour to the half-hour. The phrase **menos +** [*minutes*] is used to tell time from the half-hour to the hour, and is expressed by subtracting minutes from the *next* hour.

Son las once **y veinte.**   Es la una **menos quince.**   Son las doce **menos diez.**

- To ask at what time an event takes place, the phrase **¿A qué hora (...)?** is used. To state at what time something takes place, use the construction **a la(s) +** [*time*].

¿A qué hora es la fiesta?

(At) what time is the party?

La fiesta es **a las ocho.**

The party is at eight.

- The following expressions are used frequently for telling time.

Son las siete **en punto.**

It's seven o'clock on the dot/sharp.

Son **las doce del mediodía./Es (el) mediodía.**

It's noon.

Son **las doce de la noche. /Es (la)
    medianoche.**

It's midnight.

Son las nueve **de la mañana.**

It's 9 a.m./in the morning.

Son las cuatro y cuarto **de la tarde.**

It's 4:15 p.m./in the afternoon.

Son las once y media **de la noche.**

It's 11:30 p.m./at night.

- The imperfect is generally used to tell time in the past. However, the preterite may be used to describe an action that occurred at a particular time.

¿Qué hora **era?**

What time was it?

¿A qué hora **fueron** al cine?

At what time did you go to the movies?

Eran las cuatro de la mañana.

It was four o'clock in the morning.

Fuimos a las nueve.

We went at nine o'clock.

MÁS GRAMÁTICA

This is an additional grammar point for **Lección 3 Estructura.** You may use it for review or as required by your instructor.

¡ATENCIÓN!

The phrases **y media** (*half past*) and **y/menos cuarto** (*quarter past/of*) are usually used instead of **treinta** and **quince.**

Son las doce y media.
It's 12:30/half past twelve.

Son las nueve menos cuarto.
It's 8:45/quarter of nine.

¡ATENCIÓN!

Note that **es** is used to state the time at which a single event takes place.

Son las dos.
It is two o'clock.

Mi clase es a las dos.
My class is at two o'clock.

Práctica

TALLER DE CONSULTA

These activities correspond to the additional grammar point on the preceding page.

(3.4) Telling time

1 **La hora** Escribe la hora que muestra cada reloj usando oraciones completas.

1. _Son las siete y cuarto/quince._

2. _Es la una y media/treinta._

3. _Son las doce del mediodía./ Es (el) mediodía._

4. _Son las dos menos cinco._

5. _Son las tres y veintidós._

6. _Son las cuatro y veinte._

2 **¿Qué hora es?** Da la hora usando oraciones completas.

1. 1:10 p.m. _Es la una y diez de la tarde._

2. 6:30 a.m. _Son las seis y media/treinta de la mañana._

3. 8:45 p.m. _Son las nueve menos cuarto/quince de la noche._

4. 11:00 a.m. _Son las once (en punto) de la mañana._

5. 2:55 p.m. _Son las tres menos cinco de la tarde._

6. 12:00 a.m. _Son las doce de la noche./Es (la) medianoche._

3 **Retraso** Hoy tienes un mal día y estás atrasado/a en todo. Usa la información para explicar a qué hora hiciste cada cosa y por qué te retrasaste. Sigue el modelo.

MODELO   ir al centro comercial – 9 a.m. (15 minutos)

Tenía que ir al centro comercial a las nueve de la mañana pero llegué a las nueve y cuarto porque el autobús se retrasó.

1. levantarme – 7 a.m. (30 minutos)

2. desayunar – 8 a.m. (2 horas y media)

3. reunirme con la profesora de química – 11 a.m. (1 hora)

4. escribir el ensayo para la clase de literatura – 3 p.m. (2 horas y cuarto)

5. llamar a mis padres – 5 p.m. (3 horas y media)

6. limpiar mi casa – 3 p.m. (¡Todavía no has empezado!)

Más práctica

4.1 The subjunctive in noun clauses

TALLER DE CONSULTA

MÁS PRÁCTICA
To see the explanation corresponding to this additional practice, see p. 134.

1. **El doctor** El doctor González escribe informes con el diagnóstico y las recomendaciones para cada paciente. Completa los informes con el indicativo o el subjuntivo de los verbos entre paréntesis.

Informe 1

Don José, creo que usted (1) __sufre__ (sufrir) de mucho estrés. Usted (2) __trabaja__ (trabajar) demasiado y no (3) __se cuida__ (cuidarse) lo suficiente. Es necesario que usted (4) __duerma__ (dormir) más horas. No creo que usted (5) __necesite__ (necesitar) tomar medicinas, pero es importante que (6) __controle__ (controlar) su alimentación y (7) __mantenga__ (mantener) una dieta más equilibrada.

Informe 2

Carlitos, no hay duda de que tú (8) __tienes__ (tener) varicela (*chicken pox*). Es una enfermedad muy contagiosa y por eso es necesario que (9) __te quedes__ (quedarse) en casa una semana. Como no podrás asistir a la escuela, te recomiendo que (10) __hables__ (hablar) con uno de tus compañeros y que (11) __hagas__ (hacer) la tarea regularmente. Quiero que (12) __te apliques__ (aplicarse) (*to apply*) esta crema si te pica (*itches*) mucho la piel.

Informe 3

Susana y Pedro, es obvio que ustedes (13) __tienen__ (tener) gripe. Para aliviar la tos, les recomiendo que (14) __tomen__ (tomar) este jarabe por la mañana y estas pastillas por la noche. No creo que (15) __necesiten__ (necesitar) quedarse en cama. Les recomiendo que (16) __beban__ (beber) mucho líquido y que (17) __coman__ (comer) muchas frutas y verduras. Estoy seguro de que en unos días (18) __van__ (ir) a sentirse mejor.

2. **¿Cómo terminan?** Escribe un final original para cada oración. Recuerda usar el subjuntivo cuando sea necesario.

1. Es imposible que hoy...
2. Dudo mucho que el profesor...
3. No es cierto que mis amigos y yo...
4. Es muy probable que yo...
5. Es evidente que en el hospital...
6. Los médicos recomiendan que...

3. **Reacciones** En grupos de cinco, digan cómo reaccionarían en estas situaciones. Deben usar el subjuntivo en sus respuestas para mostrar emoción, incredulidad, alegría, rechazo, insatisfacción, etc.

MODELO Acabas de ganar un millón de dólares.

¡Es imposible que sea verdad! No puedo creer que...

1. Un día vas al banco y te dicen que ya no te queda un centavo. No vas a poder comer esta semana.
2. Oyes que el agua que tomas del grifo (*tap*) está contaminada y que todos los habitantes de la ciudad se van a enfermar.
3. Llegas a la universidad el primer día y te dicen que no hay espacio para ti en la residencia estudiantil. Vas a tener que dormir en un hotel.
4. Tu novio/a te declara su amor e insiste en que se casen este mismo mes.
5. Tu nuevo/a compañero/a de cuarto te dice que tiene la gripe aviar (*bird flu*). Es muy contagiosa.
6. Acabas de ver a tu ex hablando mal de ti enfrente de millones de televidentes.

Más práctica

TALLER DE CONSULTA

MÁS PRÁCTICA
To see the explanation corresponding to this additional practice, see p. 140.

4.2 Commands

1 **Las indicaciones del médico** Lee los problemas de estos pacientes. Luego, completa las órdenes y recomendaciones que su médico les da.

Don Mariano y doña Teresa no duermen bien y sufren de mucha presión en el trabajo.	1. ___Tomen___ (tomar) té de manzanilla y _acuéstense_ (acostarse) siempre a la misma hora. 2. No _trabajen_ (trabajar) los domingos.
Juan come muchos dulces y tiene caries (*cavities*).	3. (Tú) _Cepíllate_ (cepillarse) los dientes dos veces por día. 4. No _comas_ (comer) más dulces.
La señora Ortenzo se lastimó jugando al tenis. Le duele el pie derecho.	5. (Usted) _Quédese_ (quedarse) en cama dos días. 6. No _mueva_ (mover) el pie y no _camine_ (caminar) sin muletas (*crutches*).
Carlos y Antonio trasnochan con frecuencia y no comen una dieta sana.	7. _Duerman_ (dormir) por lo menos ocho horas cada noche. 8. No _vayan_ (ir) a clase sin antes comer un desayuno saludable.

2 **Antes y ahora** ¿Te daban órdenes tus padres cuando eras niño/a? ¿Te siguen dando órdenes? Escribe cinco mandatos que te daban cuando eras niño/a y cinco que te dan ahora. Utiliza mandatos informales afirmativos y negativos.

Los mandatos de antes

_____

_____

_____

_____

Los mandatos de ahora

_____

_____

_____

_____

3 **El viernes por la noche** Tú y tus amigos están pensando en qué hacer este viernes. Tú sugieres actividades (usa mandatos con **nosotros/as**), pero tus compañeros/as rechazan (*reject*) tus ideas y sugieren otras. En grupos de tres, representen la conversación.

MODELO

ESTUDIANTE 1 Vayamos al cine esta noche.

ESTUDIANTE 2 No quiero porque no tengo dinero. Quedémonos en casa y veamos la tele.

ESTUDIANTE 3 Pues, alquilemos una película entonces...

Más práctica

TALLER DE CONSULTA

MÁS PRÁCTICA
To see the explanation corresponding to this additional practice, see p. 144.

4.3 *Por* and *para*

1 **El viaje de Carla** Carla está planeando pasar el verano en Bogotá para tomar cursos en la Universidad Nacional de Colombia. Une las frases para completar sus comentarios sobre el viaje.

_b/h_ 1. Este verano viajaré a Bogotá

_e/b_ 2. Es un programa de intercambio, organizado

_a_ 3. Estudiantes de varias universidades nos reuniremos en Miami y de allí saldremos

_f_ 4. Extrañaré a mi familia, pero prometen llamarme

_h_ 5. Quisiera pasar un año allá, pero sólo puedo ir

_g_ 6. Antes de volver a Nueva York, espero viajar

_d_ 7. Quiero perfeccionar el español

_c_ 8. En el futuro, espero trabajar

a. para Bogotá.

b. para estudiar español.

c. para la embajada (*embassy*).

d. para trabajar en Latinoamérica después de graduarme.

e. por mi universidad en Nueva York.

f. por teléfono una vez por semana.

g. por todo el país.

h. por tres meses.

2 **Instrucciones para cuidar al perro** Este fin de semana te toca cuidar al perro de tus vecinos y ellos están muy preocupados. Completa su lista de instrucciones con **por** o **para**.

1. Si el perro está muy deprimido, llama al veterinario ___por___ teléfono.

2. Si está un poco triste, haz todo lo que puedas ___para___ darle ánimo.

3. Últimamente tiene problemas de digestión y debe tomar una medicina ___para___ el estómago.

4. ___Para___ ver si el perro tiene fiebre, usa este termómetro.

5. No es ___para___ tanto si no te saluda cuando entras en la casa; cuando te conozca mejor y te tenga más confianza comenzará a saludarte.

6. Sácalo a pasear todos los días: el ejercicio es bueno ___para___ los perros.

7. Nuestra rutina es caminar media hora ___por___ el parque.

8. Dale su medicina tres veces ___por___ día.

3 **Un acontecimiento increíble** ¿Alguna vez te ha ocurrido algo inusual o difícil de creer? Cuéntale a tu compañero/a un acontecimiento increíble que te haya ocurrido, o inventa uno. Incluye al menos cuatro expresiones de la lista.

para colmo	no estar para bromas	por casualidad	por supuesto
para que sepas	no ser para tanto	por fin	por más/mucho que

MÁS GRAMÁTICA

This is an additional grammar point for **Lección 4 Estructura.** You may use it for review or as required by your instructor.

(4.4) The subjunctive with impersonal expressions

- The subjunctive is frequently used in subordinate clauses following impersonal expressions.

IMPERSONAL EXPRESSION	CONNECTOR	SUBORDINATE CLAUSE
Es urgente	**que**	**vayas** al hospital.

- Impersonal expressions that indicate will, desire, or emotion are usually followed by the subjunctive.

es bueno *it's good*	**es necesario** *it's necessary*
es extraño *it's strange*	**es ridículo** *it's ridiculous*
es importante *it's important*	**es terrible** *it's terrible*
es imposible *it's impossible*	**es una lástima** *it's a shame*
es malo *it's bad*	**es una pena** *it's a pity*
es mejor *it's better*	**es urgente** *it's urgent*

Es una lástima que **estés** con gripe.
It's a shame you have the flu.

Es mejor que te **acompañen**.
It's better that they go with you.

- Impersonal expressions that indicate certainty trigger the indicative in the subordinate clause. When they express doubt about the action or condition in the subordinate clause, the subjunctive is used.

indicative	subjunctive
es cierto *it's true*	**no es cierto** *it's untrue*
es obvio *it's obvious*	**no es obvio** *it's not obvious*
es seguro *it's certain*	**no es seguro** *it's not certain*
es verdad *it's true*	**no es verdad** *it's not true*

Es verdad que Juan está triste, pero **no es cierto** que **esté** deprimido.
It's true that Juan is sad, but it's not true that he is depressed.

Es obvio que usted tiene una infección, pero **es improbable** que **sea** contagiosa.
It's obvious that you have an infection, but it's unlikely that it's contagious.

- When an impersonal expression is used to make a general statement or suggestion, the infinitive is used in the subordinate clause. When a new subject is introduced, the subjunctive is used instead.

Es importante hacer ejercicio.
It's important to exercise.

Es importante que los niños **hagan** ejercicio.
It's important for children to exercise.

No es seguro caminar solo por la noche.
It's not safe to walk around alone at night.

No es seguro que **camines** solo por la noche.
It's not safe for you to walk around alone at night.

Práctica

TALLER DE CONSULTA

These activities correspond to the additional grammar point on the preceding page.

4.4 The subjunctive with impersonal expressions

1. **Pórtate bien** Los padres de Álvaro se van de viaje y le dejan una nota a su hijo con algunas cosas que tiene que hacer. Completa la nota con el presente del subjuntivo de los verbos entre paréntesis.

> ¡No te olvides!
>
> Sabemos que es imposible que (1) __te acuestes__ (acostarse) temprano pero es importante que (2) __te levantes__ (levantarse) antes de las 8:00 y que (3) __lleves__ (llevar) el carro al mecánico. El martes es necesario que (4) __vayas__ (ir) a casa de tu tía Julia y le (5) __lleves__ (llevar) nuestro regalo. Como la pastelería queda cerca del mecánico, es mejor que (6) __pases__ (pasar) a recoger el pastel de cumpleaños cuando vayas a recoger el carro el lunes por la tarde. Y bueno, hijo, es una lástima que no (7) __puedas__ (poder) venir con nosotros.
>
> ¡Cuídate mucho!
> Mamá y papá

2. **Obligaciones** Piensa en las obligaciones de los padres para con los hijos y viceversa. Completa el cuadro con frases impersonales que requieran el subjuntivo.

Las obligaciones de los padres y de los hijos

padres	hijos
Es importante que los padres escuchen a sus hijos.	

3. **Pareja ideal** En grupos de cuatro, piensen en su pareja ideal y comenten cómo debe ser. Cada uno/a de ustedes debe escribir por lo menos cinco oraciones con frases impersonales.

es bueno	es mejor
es importante	es necesario
es malo	

Más práctica

TALLER DE CONSULTA

MÁS PRÁCTICA
To see the explanation corresponding to this additional practice, see p. 176.

5.1 Comparatives and superlatives

(1) Los medios de transporte Escribe seis oraciones completas para comparar los medios de transporte de la lista. Utiliza por lo menos tres comparativos y tres superlativos. Debes hacer comparaciones con respecto a estos aspectos:

- la rapidez
- la comodidad
- la diversión
- el precio

> **medios de transporte**
>
> autobús, avión, bicicleta, carro, metro, taxi, tren

> **MODELO** Para viajar por la ciudad, el taxi es más caro que el autobús. /
> El avión es el medio más rápido de todos.

(2) El absoluto Utiliza el superlativo absoluto (**-ísimo/a**) para escribir oraciones completas. Sigue el modelo.

> **MODELO** elefantes / animales / grande
> Los elefantes son unos animales grandísimos.

1. diamantes / joyas / caro   Los diamantes son unas joyas carísimas.
2. avión / medio de transporte / rápido   El avión es un medio de transporte rapidísimo.
3. Bill Gates / persona / rico   Bill Gates es una persona riquísima.
4. el puente de Brooklyn / largo   El puente de Brooklyn es larguísimo.
5. la clase de inglés / fácil   La clase de inglés es facilísima.
6. Dakota Fanning / actriz / joven   Dakota Fanning una actriz jovencísima.
7. Boca Juniors / equipo de fútbol argentino / famoso   Boca Juniors es un equipo de fútbol argentino famosísimo.
8. el Río de la Plata / ancho   El Río de la Plata es anchísimo.

(3) Un pariente especial ¿Hay alguien en tu familia que consideras especial? ¿Te pareces a esa persona? ¿Es mayor o menor que tú? ¿Qué similitudes y diferencias tienen? Trabaja con un(a) compañero/a: dile quién es tu pariente favorito y cuéntale en qué se parecen y en qué se diferencian. Usa comparativos en tu descripción. Incluye algunos de estos aspectos:

> altura   gustos
> apariencia física   personalidad
> edad   vida académica

> **MODELO** Mi primo Juan es mi primo favorito. Es mayor que yo, pero yo soy
> mucho más alto que él...

Más práctica

5.2 The subjunctive in adjective clauses

TALLER DE CONSULTA

MÁS PRÁCTICA
To see the explanation corresponding to this additional practice, see p. 180.

1 **Unir los elementos** Escribe cinco oraciones lógicas combinando elementos de las tres columnas.

> **MODELO** Juan busca un libro que esté escrito en español.

Juan (estudiante de español)	buscar un tutor	pagar bien
Pedro (tiene un carro viejo)	buscar un libro	ser divertida
Ana (tiene muy poco dinero)	necesitar un carro	ayudarme
mis amigos (están aburridos)	tener que ir a una fiesta	ser nuevo y rápido
yo (tengo problemas con la clase de cálculo)	querer un trabajo	poder ayudarnos
nosotros (no sabemos qué clases tomar el próximo semestre)	necesitar hablar con un consejero	estar escrito en español

2 **En el aeropuerto** Mientras esperas en el aeropuerto, escuchas todo lo que dicen los empleados de la aerolínea y los agentes de seguridad. Usa el subjuntivo para terminar las oraciones de manera lógica.

1. Deben pasar por aquí las personas que _____.
2. ¿Tiene usted algo en su bolsa que _____?
3. Debe sacar del bolsillo todo lo que _____.
4. No diga chistes que _____.
5. Pueden pasar los viajeros que _____.
6. No se pueden llevar maletas que _____.

3 **Anuncios personales** En grupos de tres, escriban anuncios personales para una persona que busca novio/a. Los anuncios deben ser detallados y creativos, y deben usar el subjuntivo y el indicativo. Después, compartan el anuncio con la clase para ver si encuentran a alguien que se parezca a la persona de su anuncio.

Más práctica

TALLER DE CONSULTA

MÁS PRÁCTICA
To see the explanation
corresponding to this
additional practice,
see p. 184.

5.3 Negative and positive expressions

1 **De compras** Has desembarcado de un crucero en una isla remota. Quieres comprar algo típico para tus amigos, pero el empleado te hace mil preguntas sobre lo que quieres. Elige las opciones correctas para completar la conversación.

EMPLEADO ¡Hola! ¿Quieres (1) ____algo____ (algo / nada) extraordinario para tus amigos?

TÚ No, no quiero (2) ____nada____ (algo / nada) extraordinario, quiero (3) ____algo____ (algo / nada) típico de la isla.

EMPLEADO Tenemos unos recuerdos muy especiales por aquí. (4) ____Siempre____ (Siempre / Nunca) es mejor regalar (5) ____algo____ (algo / nada) que llegar con las manos vacías (*empty*)…

TÚ Sí. Pero (6) ____tampoco____ (también / tampoco) es bueno comprar cosas que no quepan en la maleta. Necesito un recuerdo que no sea muy grande pero (7) ____tampoco____ (también / tampoco) muy pequeño, por favor.

EMPLEADO Es que no tenemos (8) ____nada____ (algo / nada) así. Todo lo que tenemos (9) ____o____ (o / ni) es muy chiquito (10) ____o____ (o / ni) es muy grande. No tenemos (11) ____nada____ (algo / nada) de tamaño mediano.

TÚ Bueno, señor, el barco ya se va… Si usted no tiene (12) ____nada____ (algo / nada) que yo pueda comprar ahora mismo, me tendré que ir.

EMPLEADO Lo siento. (13) ____Nadie____ (Alguien / Nadie) compra recuerdos aquí (14) ____jamás____ (siempre / jamás). No entiendo por qué será.

2 **En el avión** Marcos, un viajero, es un poco caprichoso; nada le viene bien. Escribe **o… o**, **ni… ni**, o **ni siquiera** para completar sus quejas.

1. Le pedí una bebida al asistente de vuelo pero no me trajo ___ni___ café ___ni___ agua.

2. ¡Qué día fatal! No pude ___ni___ empacar la última maleta ___ni___ despedirme de mis amigos.

3. Por favor, ___o___ sean puntuales ___o___ avisen si van a llegar tarde.

4. Hoy me siento enfermo. No puedo ___ni___ dormir ___ni___ hablar. ___Ni siquiera___ puedo moverme.

5. Me duele la cabeza. No quiero escuchar ___ni___ música ___ni___ la radio.

3 **Opiniones** En grupos de cuatro, hablen sobre estas opiniones y digan si están de acuerdo o no. Por turnos, expliquen sus razones. Usen expresiones positivas y negativas.

1. Es más costoso viajar en primera clase, pero vale la pena.

2. Conocer otros países y culturas es más importante que aprender de un libro.

3. Hacer un intercambio te abre más a otras maneras de pensar.

4. Es mejor ir de vacaciones durante el verano que durante el invierno.

5. Ir de viaje es la mejor manera de gastar los ahorros.

6. Es más peligroso viajar hoy en día. Antes era muchísimo más seguro.

5.4 Pero and sino

MÁS GRAMÁTICA

This is an additional grammar point for **Lección 5 Estructura.** You may use it for review or as required by your instructor.

El viaje no es de excursión, sino de trabajo.

Sí, ¡pero en el Amazonas, Fabiola!

- In Spanish, both **pero** and **sino** are used to introduce contradictions or qualifications, but the two words are not interchangeable.

- **Pero** means *but* (in the sense of *however*). It may be used after either affirmative or negative clauses.

  > Iré contigo a ver las ruinas, **pero** mañana quiero pasar el día entero en la playa.
  > *I'll go with you to see the ruins, but tomorrow I want to spend the whole day on the beach.*

  > Nuestro guía no me cae muy bien, **pero** sí sabe todo sobre la historia precolombina.
  > *I'm not crazy about our tour guide, but he sure does know a lot about pre-Columbian history.*

- **Sino** also means *but* (in the sense of *but rather* or *on the contrary*). It is used only after negative clauses. **Sino** introduces a contradicting idea that clarifies or qualifies the previous information.

  > **No** me gustan estos zapatos, **sino** los de la otra tienda.
  > *I don't like these shoes, but rather the ones from the other store.*

  > La casa **no** está en el centro de la ciudad, **sino** en las afueras.
  > *The house is not in the center of the city, but rather in the outskirts.*

- When **sino** is used before a conjugated verb, the conjunction **que** is added.

  > No quiero que vayas a la fiesta, **sino que** hagas tu tarea.
  > *I want you to do your homework rather than go to the party.*

  > No iba a casa, **sino que** se quedaba en la capital.
  > *She was not going home, but instead staying in the capital.*

- *Not only… but also* is expressed with the phrase **no sólo… sino (que) también/además**.

  > Quiero **no sólo** el pastel, **sino también** el helado.
  > *I not only want the cake, but also the ice cream.*

- The phrase **pero tampoco** means *but neither* or *but not either*.

  > A Celia no le interesaba la excursión, **pero tampoco** quería quedarse en el crucero.
  > *Celia wasn't interested in the excursion, but she didn't want to stay on the cruise ship either.*

¡ATENCIÓN!

Pero también (*But also*) is used after affirmative clauses.

Pedro es inteligente, pero también es cabezón.
Pedro is smart, but he is also stubborn.

Práctica

5.4 *Pero* and *sino*

TALLER DE CONSULTA

These activities correspond to the additional grammar point on the preceding page.

1 Columnas Completa cada oración con la opción correcta.

1. Sofía no quiere viajar mañana y Marta ___e___.

2. Mi compañero de cuarto no es de Madrid ___c___ de Barcelona.

3. Mis padres quieren que yo trabaje este verano ___a___ yo prefiero irme de viaje a Europa.

4. No fui al partido de fútbol ___b___ fui al concierto de rock. Tuve que estudiar para un examen.

5. No queremos que usted nos cancele la reservación, ___d___ nos cambie la fecha de salida.

    a. pero

    b. pero tampoco

    c. sino

    d. sino que

    e. tampoco

2 Completar Completa cada oración con **no sólo, pero, sino (que)** o **tampoco**.

1. Las cartas no llegaron el miércoles ___sino___ el jueves.

2. Mis amigos no quieren alojarse en el albergue y yo ___tampoco___.

3. No me gusta manejar por la noche, ___pero___ iré a la fiesta si tú manejas.

4. Carlos no me llamaba por teléfono, ___sino que___ me enviaba mensajes de texto.

5. Yo ___no sólo___ esperaba aprobar el examen, ___sino___ también sacar una A.

6. Quiero aclarar que Juan no llegó temprano, ___sino___ muy tarde.

3 Oraciones incompletas Cuando tú y tu familia llegan al lugar donde pasarán sus vacaciones, se dan cuenta de que han dejado en casa a Juan José, tu hermano menor. Utiliza frases con **pero** y **sino** para completar las oraciones.

1. Yo no hablé con Juan José esta mañana _____.

2. No vamos a poder regresar para buscarlo _____.

3. No es aconsejable que regresemos, _____.

4. Me gusta la idea de llamar a un vecino _____.

5. Creo que no debemos _____.

6. Juan José no tiene cinco años _____.

7. Si tiene algún problema no va a poder avisarnos _____.

8. Está claro que Juan José _____.

4 Opiniones contrarias En parejas, imaginen que son dos personas totalmente diferentes. Nunca están de acuerdo en nada. Túrnense para hacer afirmaciones. Uno/a de ustedes debe usar **pero, sino, sino que** y **no sólo... sino** para contradecir lo que dice el/la otro/a. Sigan el modelo.

MODELO

— Creo que hoy hace un día estupendo.

— ¡Estás equivocado! No hace un día estupendo sino que hace mucho frío. Y no sólo hace frío, sino que también...

Más práctica

6.1 The future

TALLER DE CONSULTA

MÁS PRÁCTICA
To see the explanation corresponding to this additional practice, see p. 216.

1 **¿Qué pasará?** Usa el futuro para explicar qué puede estar ocurriendo en cada una de las situaciones. Puedes utilizar las ideas de la lista o inventar otras.

> **MODELO** **Hoy tu carro no arranca (*doesn't start*). Hay algo que no funciona.**
> El carro no tendrá gasolina. / La batería estará descargada.

> (su gato/su conejo) estar perdido   tener otros planes
> (él/ella/su perro) estar enfermo/a   no tener ganas
> haber un huracán

1. María siempre llega a la clase de español puntualmente, pero la clase ya empezó y ella no está.
2. Carlos es el presidente del club ecologista, pero hoy no vino a la reunión.
3. Sara y María son dos personas muy alegres y optimistas, pero hoy están tristes y no quieren hablar con nadie.
4. He invitado a Juan a ir al cine con nosotros, pero no quiere ir.
5. Mañana vas a viajar a una zona tropical. Te acaban de avisar que se canceló tu vuelo.

2 **Campaña informativa** En parejas, imaginen que trabajan para una organización que se dedica a proteger el medio ambiente. Les han pedido que preparen una campaña informativa para concientizar a la gente sobre (*make people aware of*) los problemas ecológicos. Contesten las preguntas y después compartan la información con la clase.

1. ¿Cómo se llamará la campaña?
2. ¿Qué problemas del medio ambiente tratará?
3. ¿Qué consejos darán?
4. ¿Qué harán para distribuir la información?
5. ¿Creen que su campaña tendrá éxito? ¿Por qué?

3 **Horóscopo** En parejas, escriban el horóscopo de su compañero/a para el mes que viene. Utilicen verbos en futuro y algunas frases de la lista. Luego compártanlo con sus compañeros/as.

> decir secretos   haber sorpresa   recibir una visita
> empezar una relación   hacer daño   tener suerte
> festejar   hacer un viaje   venir amigos
> ganar/perder dinero   poder solucionar problemas viajar al extranjero

Más práctica

TALLER DE CONSULTA

MÁS PRÁCTICA
To see the explanation corresponding to this additional practice, see p. 220.

6.2 The subjunctive in adverbial clauses

1 **En el parque** Javier quiere leer los carteles (*signs*) del parque nacional, pero Sol no cree que sean importantes. Completa la conversación con el subjuntivo del verbo indicado.

JAVIER Espera, Sol, quiero leer los carteles.

SOL Es que son muy obvios. No dicen nada que yo no (1) ____sepa____ (saber). "Tan pronto como usted (2) ____escuche____ (escuchar) un trueno, aléjese de las zonas altas." ¡Qué tontería! ¡Eso es obvio!

JAVIER Sí, pero son importantes para que los visitantes (3) ____sean____ (ser) conscientes de la seguridad.

SOL ¿Y qué tiene que ver este otro cartel con la seguridad? "Para que no (4) ____haya____ (haber) erosión, caminen sólo por el sendero."

JAVIER Bueno, es que algunos carteles son para que la gente (5) ____ayude____ (ayudar) a cuidar el parque. Por ejemplo, este otro...

SOL Basta, Javier, estoy harta de estos carteles tan obvios. Si realmente quieren cuidar el parque, ¿por qué no ponen cestos (*bins*) para la basura?

JAVIER Bueno, justamente el cartel dice: "No tenemos cestos para la basura para que los visitantes nos (6) ____ayuden____ (ayudar) llevándose su propia basura del parque."

SOL Bueno, yo no he dicho que todos los carteles (7) ____sean____ (ser) inútiles.

2 **En casa** Tu hermana insiste en que tu familia colabore para proteger el medio ambiente. Tiene una lista de órdenes que quiere que ustedes cumplan. Escribe cada orden de otra forma, usando el subjuntivo y las palabras que están entre paréntesis. Haz los cambios necesarios.

Suggested answers.

> **MODELO** Usen el aire acondicionado lo mínimo posible. (siempre que)
>
> Siempre que sea posible, no usen el aire acondicionado.

1. Cierren bien el grifo (*faucet*) y no dejen escapar ni una gota de agua. (para que)
   Para que no se escape ni una gota de agua, cierren bien el grifo.
2. Apaguen las luces al salir del cuarto. (tan pronto como)
   Tan pronto como salgan de un cuarto, apaguen las luces.
3. No boten las botellas. Hay que averiguar primero si se pueden reciclar. (antes de que)
   Antes de que boten las botellas, averigüen si se pueden reciclar.
4. Vayan a la escuela en bicicleta. Usen el carro sólo si hace mal tiempo. (a menos que)
   A menos que haga mal tiempo, vayan a la escuela en bicicleta.
5. En lugar de encender la calefacción (*heating*), pónganse otro suéter. (siempre que)
   Siempre que puedan, pónganse otro suéter en lugar de encender la calefacción.

3 **Conversaciones** En parejas, representen estas dos conversaciones. Usen conjunciones de la lista y recuerden que algunas de estas construcciones exigen un verbo en subjuntivo.

a menos que	aunque	cuando	hasta que	sin (que)
antes de (que)	con tal de (que)	en caso de (que)	para (que)	tan pronto como

1. Una pareja de recién casados está planeando su luna de miel (*honeymoon*): Ella quiere ir a una isla remota. Él quiere ir a París.

2. Una madre y su hijo: Él tiene su licencia de conducir y quiere una motocicleta.

Más práctica

6.3 Prepositions: *a, hacia,* and *con*

TALLER DE CONSULTA

MÁS PRÁCTICA
To see the explanation corresponding to this additional practice, see p. 224.

1 **Un día horrible** Completa el texto con las preposiciones **a, hacia** o **con.**

Hola, Miguel:

Ayer tuve un día horrible. Casi prefiero no acordarme. Puse el despertador para que sonara (1) ___a___ las seis de la mañana pero me dormí y me levanté (2) ___hacia / a___ las siete. Mi clase de ecología empezaba a las ocho así que iba a llegar tarde. El profesor es bastante estricto y siempre se enoja (3) ___con___ los estudiantes que no llegan a tiempo.

Mi día había comenzado mal e iba a seguir peor. Salí de casa y comencé (4) ___a___ correr (5) ___hacia___ la universidad. Cuando estaba (6) ___a___ la mitad del camino, algo terrible ocurrió. Una señora que estaba (7) ___a___ mi izquierda no vio la farola (*streetlight*) y chocó (8) ___con___ ella. Fue un golpe tremendo. Fui (9) ___a___ ayudarla, pues se había caído. Tuve que levantarla (10) ___con___ mucho cuidado porque estaba mareada. Cuando llegó la policía, yo comencé (11) ___a___ correr otra vez. Entré a clase muy tarde, (12) ___a / hacia___ las ocho y media. ¡Qué locura!

Un abrazo,
Lupe

2 **Carta** Imagina que estás de vacaciones en otro país y le escribes una carta a tu familia contándoles los detalles de tu viaje. Puedes incluir información sobre el horario de las actividades, los lugares que has visitado, las cosas que has hecho y los planes para el resto del viaje. Utiliza por lo menos seis expresiones de la lista.

MODELO Al llegar a San Juan, fui al hotel con Marta.

al llegar	estaba(n) conmigo	con un guía turístico
a veinte (millas)	con cuidado/anticipación	hacia/a las (nueve y media)
ayudar a	con mi cámara	hacia la playa/el bosque

3 **El guardaparques** Trabajen en grupos de cuatro. Una persona es el/la guardaparques (*park ranger*) y las otras tres son turistas. Algunos turistas no respetaron las reglas del parque y el/la guardaparques quiere saber quiénes fueron. Representen la situación usando la información de la lista y las preposiciones **a, hacia** y **con.**

estar / las dos de la tarde	hablar / otras personas
ir / tanta prisa	contaminar / combustible
dar de comer / los animales salvajes	ir / sacar plantas
envenenar / una sustancia tóxica	ir / otra gente
dirigir / la salida	ver / alguien sospechoso

MÁS GRAMÁTICA

This is an additional grammar point for **Lección 6 Estructura.** You may use it for review or as required by your instructor.

(6.4) Adverbs

- Adverbs (**adverbios**) describe *how, when,* and *where* actions take place. They usually follow the verbs they modify and precede adjectives or other adverbs.

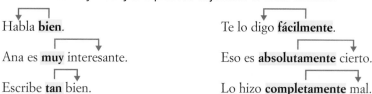

Habla **bien**.

Ana es **muy** interesante.

Escribe **tan** bien.

Te lo digo **fácilmente**.

Eso es **absolutamente** cierto.

Lo hizo **completamente** mal.

- Many Spanish adverbs are formed by adding the suffix **–mente** to the feminine singular form of an adjective. The **–mente** ending is equivalent to the English *-ly.*

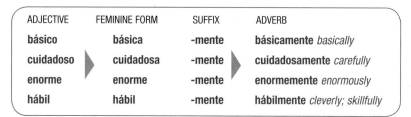

ADJECTIVE	FEMININE FORM	SUFFIX	ADVERB
básico	**básica**	-mente	**básicamente** *basically*
cuidadoso	**cuidadosa**	-mente	**cuidadosamente** *carefully*
enorme	**enorme**	-mente	**enormemente** *enormously*
hábil	**hábil**	-mente	**hábilmente** *cleverly; skillfully*

- If two or more adverbs modify the same verb, only the final adverb uses the suffix **–mente**.

Se marchó **lenta** y **silenciosamente**.
He left slowly and silently.

- The construction **con** + [*noun*] is often used instead of long adverbs that end in **–mente**.

cuidadosamente → **con cuidado**　　　frecuentemente → **con frecuencia**

- Here are some common adverbs and adverbial phrases:

a menudo *frequently; often*	**así** *like this; so*	**mañana** *tomorrow*
a tiempo *on time*	**ayer** *yesterday*	**más** *more*
a veces *sometimes*	**casi** *almost*	**menos** *less*
adentro *inside*	**de costumbre** *usually*	**muy** *very*
afuera *outside*	**de repente** *suddenly*	**por fin** *finally*
apenas *hardly; scarcely*	**de vez en cuando** *now and then*	**pronto** *soon*
aquí *here*		**tan** *so*

A veces salimos a tomar un café.
Sometimes we go out for coffee.

Casi terminé el libro.
I almost finished the book.

- The adverbs **poco** and **bien** frequently modify adjectives. In these cases, **poco** is often the equivalent of the English prefix *un-*, while **bien** means *well, very, rather,* or *quite.*

La situación está **poco** clara.
The situation is unclear.

La cena estuvo **bien** rica.
Dinner was very tasty.

Práctica

TALLER DE CONSULTA

These activities correspond to the additional grammar point on the preceding page.

(6.4) Adverbs

1 **Adverbios** Escribe el adverbio que deriva de cada adjetivo.

1. básico ___básicamente___
2. feliz ___felizmente___
3. fácil ___fácilmente___
4. inteligente ___inteligentemente___
5. alegre ___alegremente___

6. común ___comúnmente___
7. injusto ___injustamente___
8. asombroso ___asombrosamente___
9. insistente ___insistentemente___
10. silencioso ___silenciosamente___

2 **Instrucciones para ser feliz** Elige el adjetivo apropiado para cada ocasión y después completa la oración, convirtiendo ese adjetivo en el adverbio correspondiente. Hay tres adjetivos que no se usan. Answers may vary slightly.

claro	frecuente	malo	triste
cuidadoso	inmediato	tranquilo	último

1. Expresa tus opiniones ___claramente___.
2. Tienes que salir por la noche ___frecuentemente___.
3. Debes gastar el dinero ___cuidadosamente___.
4. Si eres injusto/a con alguien, debes pedir perdón ___inmediatamente___.
5. Después de almorzar, disfruta ___tranquilamente___ de la siesta.

3 **Recomendaciones** Los padres de Mario y Paola salieron de viaje por dos semanas. Completa las instrucciones que les dejaron pegadas en el refrigerador.

a menudo	adentro	así	mañana
a tiempo	afuera	de vez en cuando	tan

Lunes, 19 de octubre

1. Pasar la aspiradora ___a menudo___. ¡Todos los días!
2. Llegar a la escuela ___a tiempo___.
3. ___Mañana___, llevar a Botitas al veterinario para su cita.
4. Dejar que el gato juegue ___afuera___ todos los días si no llueve.
5. Sólo ir ___de vez en cuando___ al centro comercial.

Más práctica

TALLER DE CONSULTA

MÁS PRÁCTICA
To see the explanation corresponding to this additional practice, see p. 256.

7.1 The present perfect

1 **Oraciones** Cambia las oraciones del pretérito al pretérito perfecto.

1. Juan y yo vimos una estrella fugaz. Juan y yo hemos visto una estrella fugaz.
2. Yo hice la tarea en el laboratorio. Yo he hecho la tarea en el laboratorio.
3. La científica le dijo la verdad a su colega. La científica le ha dicho la verdad a su colega.
4. El astronauta volvió de su viaje. El astronauta ha vuelto de su viaje.
5. Ustedes encontraron la solución al problema. Ustedes han encontrado la solución al problema.
6. Nosotros clonamos unas células. Nosotros hemos clonado unas células.
7. Vendiste tu computadora portátil. Has vendido tu computadora portátil.
8. Comprobaron la teoría. Han comprobado la teoría.

2 **Primer día** Es el primer día de la clase de informática, y la profesora les dice las reglas del curso. Contéstale usando el pretérito perfecto.

> **MODELO** Abran el sitio web de la clase.
> Ya lo hemos abierto.

1. Apaguen los teléfonos celulares. Ya los hemos apagado.
2. Inventen una contraseña para su trabajo. Ya la hemos inventado.
3. Descarguen el programa de Internet que vamos a usar. Ya lo hemos descargado.
4. Guarden todo su trabajo en su archivo personal. Ya lo hemos guardado.
5. Añadan sus direcciones de correo electrónico a la lista de la clase. Ya las hemos añadido.
6. Antes de entregar su trabajo, revísenlo con el corrector ortográfico. Ya lo hemos revisado.

3 **Viaje** Imagina que eres astronauta y acabas de volver de tu primer viaje a otro planeta. Tu compañero/a es reportero/a y te hace preguntas sobre lo que has visto y lo que has hecho en el viaje. Utilicen el pretérito perfecto de los verbos del recuadro.

> **MODELO** **REPORTERO/A** ¿Que has aprendido de la cultura de los extraterrestres?
> **ASTRONAUTA** He aprendido que…

aprender	explorar
comer	hacer
descubrir	ver

4 **Extraterrestres** En grupos de tres, imaginen que son extraterrestres. Un grupo tiene que explicar cómo son los seres humanos a otro grupo que no los ha visto todavía. En su conversación, utilicen el pretérito perfecto.

> **MODELO** **GRUPO 1** ¿Han averiguado por qué los seres humanos se sientan enfrente de esas pantallas todo el día?
> **GRUPO 2** No lo hemos averiguado todavía, pero pensamos que es una forma de comunicarse con los espíritus de otro mundo…

Más práctica

7.2 The past perfect

TALLER DE CONSULTA

MÁS PRÁCTICA
To see the explanation corresponding to this additional practice, see p. 260.

(1) **Testigo del futuro** Un día escuchas a un hombre hablando en la cima de una montaña. Te acercas un poquito más y lo oyes decir que ha vuelto de un viaje al futuro. Termina su visión del futuro con el pluscuamperfecto.

Hola, queridos amigos... Soy Rubén, testigo del futuro. Les informo que antes del año 2050, los científicos ya (1) __habían clonado__ (clonar) al ser humano. Antes de 2060, los inventores ya (2) __habían fabricado__ (fabricar) un automóvil volador. Antes de 2070, los investigadores ya (3) __habían descubierto__ (descubrir) una cura para todo tipo de enfermedad. Antes de 2080, un biólogo extraordinario ya (4) __había inventado__ (inventar) una semilla (*seed*) resistente a todo tipo de insecto y que no necesita ni agua ni tierra para crecer. Antes de 2090, nuestro presidente ya (5) __había creado__ (crear) un sistema de gobierno justo que funciona para el bien de todos. Antes del año 3000, ya (nosotros) (6) __habíamos investigado__ (investigar) los orígenes del universo. Antes de 3005, ya (nosotros) (7) __habíamos terminado__ (terminar) con las guerras en la Tierra. Antes de 3010, ya (nosotros) (8) __habíamos comprobado__ (comprobar) que sí hay vida en otros planetas...

(2) **¿Qué hiciste ayer?** Seguro que tienes una vida muy ocupada. Escribe oraciones completas para contar lo que ya habías hecho ayer antes de las situaciones indicadas. Utiliza el pluscuamperfecto.

MODELO antes del desayuno
Antes del desayuno, ya me había afeitado.

1. antes del desayuno
2. antes de ir a clase
3. antes del almuerzo
4. antes de la cena
5. antes de acostarte

(3) **Tus logros** Piensa en cuatro cosas que ya habías logrado antes de ir a la universidad y cuéntaselas a tu compañero/a. También debes preguntarle por sus logros (*achievements*).

MODELO Antes de ir a la universidad, ya había conseguido mi licencia de conducir. ¿Y tú?

Más práctica

TALLER DE CONSULTA

MÁS PRÁCTICA
To see the explanation corresponding to this additional practice, see p. 262.

7.3 Diminutives and augmentatives

(1) **Diminutivos** Carlos siempre habla usando diminutivos. Completa sus descripciones con el diminutivo (**-ito/a**) de las palabras entre paréntesis.

Ayer fui al (1) ____mercadito____ (mercado) de antigüedades que está muy (2) ____cerquita____ (cerca) de mi (3) ____casita____ (casa) y compré algunas (4) ____cositas____ (cosas) muy valiosas. En el primer puesto, un (5) ____hombrecito____ (hombre) muy simpático me aconsejó comprar un (6) ____librito____ (libro) viejo y muy bonito. Cuando regresé a casa, tenía mucho frío y me tomé un (7) ____cafecito____ (café) para calentarme. Me senté en mi (8) ____sillita____ (silla) favorita y empecé a leer. Fue una mañana muy divertida.

(2) **Los cuentos infantiles**

A. El señor Ordóñez odia los diminutivos. Por eso ha cambiado todos los títulos en el libro de cuentos infantiles (*children's stories*) que le lee a su hijo. Lee el índice y escribe los títulos en su forma original. Usa el diminutivo (**-ito/a**).

> ⚬⚬⚬ Cuentos Infantiles ⚬⚬⚬
>
> 1. Blancanieves (*Snow White*) y los siete ~~enanos~~ (*dwarves*)........2
> 2. ~~Caperuza~~ (*Little hood*) Roja 8
> 3. La ~~gallina~~ (*little hen*) colorada 16
> 4. El ~~pato~~ (*duckling*) feo 22
> 5. La ~~sirena~~ (*little mermaid*) 26
> 6. Los tres ~~cerdos~~ (*little pigs*) 34
> 7. El ~~soldado~~ de plomo (*tin soldier*) 40
> 8. ~~Pulgar~~ (*thumb*) 46

1. ____enanitos____   3. ____gallinita____   5. ____sirenita____   7. ____soldadito____

2. ____Caperucita____   4. ____patito____   6. ____cerditos____   8. ____Pulgarcito____

B. Ahora, en parejas, escriban las primeras diez oraciones de un cuento infantil. Pueden contar alguno de los cuentos tradicionales o inventar uno. Incluyan el mayor número posible de aumentativos y diminutivos.

(3) **Opiniones** En parejas, imaginen que uno/a de ustedes cree en los ovnis. Discutan el tema. Usen aumentativos y diminutivos.

MODELO —Sé que los ovnis existen porque una noche vi unas lucecitas extrañas...
—Estás un poco loquito. Seguramente viste lucecitas en tu cabezota.

MÁS GRAMÁTICA

This is an additional grammar point for **Lección 7 Estructura**. You may use it for review or as required by your instructor.

(7.4) Expressions of time with *hacer*

- In Spanish, the verb **hacer** is used to describe how long something has been happening or how long ago an event occurred.

Time expressions with *hacer*	
present	**hace** + [*period of time*] + **que** + [*verb in present tense*]
	Hace tres semanas que busco otro apartamento.
	I've been looking for another apartment for three weeks.
preterite	**hace** + [*period of time*] + **que** + [*verb in the preterite*]
	Hace seis meses que fueron a Buenos Aires.
	They went to Buenos Aires six months ago.
imperfect	**hacía** + [*period of time*] + **que** + [*verb in the imperfect*]
	Hacía treinta años que trabajaba con nosotros cuando por fin se jubiló.
	He had been working with us for thirty years when he finally retired.

- To express the duration of an event that continues into the present, Spanish uses the construction **hace** + [*period of time*] + **que** + [*present tense verb*]. Note that **hace** does not change form.

  ¿Cuánto tiempo **hace que vives** en la República Dominicana?
  How long have you lived in the Dominican Republic?

  Hace siete años **que vivo** en la República Dominicana.
  I've lived in the Dominican Republic for seven years.

¡ATENCIÓN!

The construction [*present tense verb*] + **desde hace** + [*period of time*] may also be used. **Desde** can be omitted.

Estudia español desde hace un año.
He's been studying Spanish for a year.

No estudia español desde hace un año.
It's been a year since he studied Spanish.

- To make a sentence negative, add **no** before the conjugated verb. Negative time expressions with **hacer** often translate as *since* in English.

  ¿**Hace** mucho tiempo que **no** le dan un aumento de sueldo?
  Has it been a long time since they gave you a raise?

  ¡Uy, **hace** años que **no** me dan un aumento de sueldo!
  It's been years since they gave me a raise!/ They haven't given me a raise in years!

- To tell how long ago an event occurred, use **hace** + [*period of time*] + **que** + [*preterite tense verb*].

  ¿Cuánto tiempo **hace** que me **mandaste** el mensaje de texto?
  How long ago did you send me the text message?

  Hace cuatro días que te **mandé** el mensaje.
  I sent you the message four days ago.

¡ATENCIÓN!

Expressions of time with **hacer** can also be used without **que**.

¿Hace cuánto (tiempo) me llamó Carlos?

Te llamó hace dos horas.

- **Hacer** is occasionally used in the imperfect to describe how long an event had been happening before another event occurred. Note that both **hacer** and the conjugated verb in the **hacer** construction use the imperfect.

  Hacía dos años que no **estudiaba** español cuando decidió tomar otra clase.
  She hadn't studied Spanish for two years when she decided to take another class.

Práctica

TALLER DE CONSULTA

These activities correspond to the additional grammar point on the preceding page.

(7.4) Expressions of time with *hacer*

1 Oraciones Escribe oraciones utilizando expresiones de tiempo con **hace**. Usa el presente en las oraciones 1 a 3 y el pretérito en las oraciones 4 y 5.

> **MODELO** Ana / hablar por teléfono / veinte minutos
>
> Hace veinte minutos que Ana habla por teléfono. /
> Ana habla por teléfono (desde) hace veinte minutos.

1. Roberto y Miguel / estudiar / tres horas

   Hace tres horas que Roberto y Miguel estudian. / Roberto y Miguel estudian (desde) hace tres horas.

2. nosotros / estar enfermos / una semana

   Hace una semana que nosotros estamos enfermos. / Nosotros estamos enfermos (desde) hace una semana.

3. tú / trabajar en el centro / seis meses

   Hace seis meses que trabajas en el centro. / Trabajas en el centro (desde) hace seis meses.

4. Sergio / visitar a sus abuelos / un mes

   Hace un mes que Sergio visitó a sus abuelos. / Sergio visitó a sus abuelos hace un mes.

5. yo / ir a la Patagonia / un año

   Hace un año que fui a la Patagonia. / Fui a la Patagonia hace un año.

2 Conversaciones Completa las conversaciones con las palabras adecuadas. Answers may vary slightly.

1. **GRACIELA** ¿__Cuánto__ tiempo hace que vives en esta ciudad?

   SUSANA Mmm... __Hace__ dos años que __vivo__ aquí.

2. **GUSTAVO** Hacía veinte años que __trabajaba__ con nosotros cuando Miguel decidió jubilarse (*to retire*), ¿verdad?

   ARMANDO No, __hacía__ quince años que trabajaba con nosotros cuando se jubiló.

3. **MARÍA** __Fuiste__ a visitar a tu novia hace dos meses, ¿no?

   PEDRO Sí, __hace__ dos meses que fui a visitar a mi novia. ¡La extraño mucho!

4. **PACO** ¿Cuánto tiempo __hace__ que __estudias__ español?

   ANA Estudio español __desde__ hace tres años.

3 Preguntas Responde a las preguntas con oraciones completas. Utiliza las palabras en paréntesis.

1. ¿Cuánto tiempo hace que fuiste de vacaciones a la playa? (cinco años)
   Hace cinco años que fui de vacaciones a la playa./ Fui de vacaciones a la playa hace cinco años.
2. ¿Hace cuánto tiempo que estudias economía? (dos semanas)
   Hace dos semanas que estudio economía. / Estudio economía (desde) hace dos semanas.
3. ¿Cuánto tiempo hace que rompiste con Nicolás? (un mes)
   Hace un mes que rompí con Nicolás. / Rompí con Nicolás hace un mes.
4. ¿Cuánto tiempo hace que Irene y Natalia llegaron? (una hora)
   Hace una hora que llegaron. / Llegaron hace una hora.
5. ¿Hace cuánto tiempo que ustedes viven aquí? (cuatro días)
   Hace cuatro días que vivimos aquí. / Vivimos aquí (desde) hace cuatro días.

Más práctica

8.1 The conditional

TALLER DE CONSULTA

MÁS PRÁCTICA
To see the explanation corresponding to this additional practice, see p. 294.

1 **Oraciones incompletas** Completa las oraciones con el condicional del verbo entre paréntesis.

1. María _____saldría_____ (salir) con Juan porque le cae muy bien.
2. Si no llevara tantos libros, todo _____cabría_____ (caber) en una sola maleta.
3. La comida no tiene sabor. Nosotros le _____pondríamos_____ (poner) un poco más de sal.
4. No sé cuál _____sería_____ (ser) el mejor momento para llamar al gerente.
5. Le pregunté al médico cuánto _____valdrían_____ (valer) las medicinas que él me recetó.

2 **El futuro en el pasado** Usa el condicional para expresar el pasado de cada oración. Usa el pretérito o el imperfecto en las cláusulas principales. Sigue el modelo. Answers may vary slightly.

> **MODELO** Juan dice que llegará pronto.
> Juan dijo que llegaría pronto.

1. Los empleados creen que recibirán un aumento el mes que viene.
   Los empleados creían que recibirían un aumento…
2. El gerente afirma que la reunión será muy breve.
   El gerente afirmó que la reunión sería…
3. Carlos dice que nevará mañana y que suspenderán el viaje de negocios.
   Carlos dijo que nevaría mañana y que suspenderían…
4. María nos cuenta que ella se jubilará en cinco años.
   María nos contó que ella se jubilaría…
5. Muchas personas piensan que la globalización crecerá en el futuro próximo.
   Muchas personas pensaban que la globalización crecería…
6. Los vendedores están seguros de que venderán el doble este año.
   Los vendedores estaban seguros de que venderían…

3 **Bien educado** ¿Cómo pedirías algo de manera educada en estas situaciones? Escribe una pregunta apropiada para cada situación. Answers will vary.

1. Estás en un restaurante y te das cuenta de que no tienes servilleta.
   ¿Podría usted traerme una servilleta, por favor?
2. Eres un(a) turista en Caracas y no sabes cómo llegar a la Plaza Venezuela.
   ¿Me podría decir cómo llegar a la Plaza Venezuela, por favor?
3. Quieres que tu profesor(a) te diga cuál es tu nota en su clase.
   ¿Me diría usted mi nota en esta clase, por favor?
4. Tienes un billete de $5 y necesitas monedas para hacer una llamada telefónica.
   ¿Me cambiaría usted este billete por monedas, por favor?
5. Estás en la biblioteca y no puedes encontrar el libro que necesitas. Le pides ayuda al bibliotecario. ¿Me ayudaría usted a encontrar un libro, por favor?

4 **Profesiones misteriosas** Elige tres profesiones interesantes. Luego reúnete con tres compañeros/as y, sin mencionar cuáles son, diles lo que harías hoy si trabajaras en cada una de esas profesiones. Tus compañeros/as deben adivinar cuáles elegiste.

> **MODELO** **ESTUDIANTE 1** Hoy me levantaría temprano y después desayunaría con mi esposa. Por la mañana trabajaría en mi oficina y almorzaría con el presidente de Francia. Por la tarde asistiría a una sesión de la Cámara de Representantes... ¿Quién soy?
> **ESTUDIANTE 2** Eres el presidente de los Estados Unidos.

Más práctica

TALLER DE CONSULTA

MÁS PRÁCTICA
To see the explanation corresponding to this additional practice, see p. 298.

8.2 The past subjunctive

1 **Un robo** Tu amiga Francisca acaba de volver del banco y te cuenta lo que le pasó: ¡alguien intentó robar el banco! Completa su historia con el imperfecto del subjuntivo de los verbos entre paréntesis.

Un hombre que llevaba una máscara entró al banco y nos dijo a todos que (1) ___nos acostáramos___ (acostarse) boca abajo en el piso. Después les ordenó a todos los empleados que (2) ___sacaran___ (sacar) todo el dinero de la caja y que lo (3) ___pusieran___ (poner) en una mochila. El gerente vino en ese momento y le pidió al ladrón que (4) ___se fuera___ (irse) del banco sin hacerle daño a nadie. El hombre empezó a gritar e insistió en que todos nosotros le (5) ___prestáramos___ (prestar) atención. Nos prohibió que (6) ___habláramos___ (hablar) entre nosotros. Empezó a quitarnos los relojes y las joyas, y nos exigió que (7) ___nos quedáramos___ (quedarse) en el piso. De repente una mujer se paró y regañó (*scolded*) al ladrón como si él (8) ___fuera___ (ser) su propio hijo. El hombre dejó caer todo lo que tenía en la mochila y se fue para la salida. Nos sorprendió que esa mujer (9) ___tuviera___ (tener) tanto valor. ¡Ella dijo que dudaba que su hijo (10) ___volviera___ (volver) a robar de nuevo y que ella misma se encargaría de llevarlo ante un juez!

2 **Oraciones** Completa las oraciones de manera lógica. Puede ser necesario usar el imperfecto del subjuntivo.

1. Yo sabía que el gerente _____.

2. Era imposible que yo _____.

3. María y Penélope hicieron todo para que la reunión _____.

4. La empresa buscaba una persona que _____.

5. El vendedor estaba seguro de que el cliente _____.

6. En la conferencia, conociste a alguien que _____.

7. Sentí mucho que ustedes _____.

8. La empresa multinacional prohibió que sus empleados _____.

3 **La reunión** En parejas, imaginen que trabajan para la misma empresa. Uno/a de sus colegas no estuvo ayer y no asistió a una reunión muy importante. Túrnense para contarle lo que se dijo en la reunión. Utilicen los verbos de la lista y el imperfecto del subjuntivo.

aconsejar	pedir
estar seguro/a	proponer
exigir	recomendar
insistir en	sugerir

Más práctica

8.3 *Si* clauses with simple tenses

TALLER DE CONSULTA

MÁS PRÁCTICA
To see the explanation corresponding to this additional practice, see p. 302.

1. **Muy mandona** Tu jefa es muy mandona (*bossy*). Elige el tiempo verbal correcto para completar sus órdenes.

   1. Si usted no _____termina_____ (termina / terminaría) este reportaje antes de las dos, no va a cobrar su sueldo este mes.

   2. Si yo no tengo en mis manos el archivo hoy mismo, usted _____quedará_____ (quedará / quedaría) despedido/a.

   3. Si usted _____trabajara_____ (trabajara / trabajaría) un poco más y _____hablara_____ (hablara / hablaría) menos, terminaría su trabajo antes del Año Nuevo.

   4. Si no _____estuviera_____ (estaba / estuviera) tan atrasado/a, tendría más tiempo para salir a festejar su cumpleaños esta noche.

   5. Si usted no _____limpia_____ (limpia / limpiara) su oficina, va a trabajar en el pasillo.

   6. Si usted tiene algún problema con alguien en la oficina, no me _____diga_____ (dice / diga) nada, pues no tengo tiempo.

2. **Volver a vivir** Imagina que puedes volver a vivir un año de tu vida. Decide qué año quieres repetir y contesta las preguntas con oraciones completas.

   1. Si pudieras elegir un año para vivirlo de nuevo, ¿qué año elegirías?

   2. Si tuvieras que cambiar algo de ese año, ¿qué cambios harías?

   3. Si pudieras llevar a alguien contigo, ¿a quién llevarías?

   4. Si pudieras hacer algo que antes no pudiste hacer, ¿qué te gustaría hacer?

   5. Si pudieras decirle a alguien lo que pasaría en el futuro, ¿qué le dirías?

3. **Consejos** Trabajen en grupos de cuatro. Cada uno debe escoger una de estas situaciones difíciles y luego explicar su problema al grupo. Los demás deben darle al menos cinco consejos para solucionar el problema. Utilicen oraciones con **si**.

66No tengo trabajo pero sí tengo muchas deudas. Soy muy joven para tener tantos problemas. Estoy dispuesto/a a aceptar cualquier puesto. ¿Qué puedo hacer?99

66Estoy cansado/a de trabajar más horas que un reloj y cobrar el sueldo mínimo. Tengo tres hijos pequeños. Mi esposo/a es un(a) ejecutivo/a y gana mucho dinero, pero siempre está fuera de casa. ¡Estoy agotado/a!99

66Soy un(a) vendedor(a) exitoso/a, pero mi trabajo consiste en vender un producto defectuoso. Odio tener que mentir a los clientes. Quiero renunciar, pero temo no poder ganarme la vida en otro trabajo.99

66Ayer fui al cajero automático y me di cuenta de que todos mis ahorros habían desaparecido. Creo que alguien robó mi identidad. ¡Me iré a la bancarrota!99

MÁS GRAMÁTICA

This is an additional grammar point for **Lección 8 Estructura.** You may use it for review or as required by your instructor.

8.4 Transitional expressions

Antes de apagar las velas, quiero que cierren los ojos y luego pidan un deseo.

Hay tres compañías que andan detrás de mí. Por lo tanto, merezco otro aumento.

- Transitional words and phrases express the connections between ideas and details. Many transitional expressions function to narrate time and sequence.

al final *at the end; in the end*	**finalmente** *finally*
al mismo tiempo *at the same time*	**luego** *then; next*
al principio *in the beginning*	**mañana** *tomorrow*
anteayer *the day before yesterday*	**mientras** *while*
antes (de) *before*	**pasado mañana** *the day after tomorrow*
ayer *yesterday*	**por fin** *finally*
después (de) *after; afterward*	**primero** *first*
entonces *then; at that time*	**siempre** *always*

- Several other transitional expressions compare or contrast ideas and details.

además *furthermore*	**igualmente** *likewise*
al contrario *on the contrary*	**mientras que** *meanwhile; whereas*
al mismo tiempo *at the same time*	**por otra parte / otro lado** *on the other hand*
aunque *although*	**por un lado… por el otro…** *on one hand. . . on the other. . .*
con excepción de *with the exception of*	
de la misma manera *similarly*	**por una parte… por la otra…** *on one hand. . . on the other. . .*
del mismo modo *similarly*	**sin embargo** *however; yet*

- Transitional expressions are also used to express cause and effect relationships.

así que *so; therefore*	**por consiguiente** *therefore*
como *since*	**por eso** *therefore*
como resultado (de) *as a result (of)*	**por esta razón** *for this reason*
dado que *since*	**por lo tanto** *therefore*
debido a *due to*	**porque** *because*

Práctica

(8.4) Transitional expressions

TALLER DE CONSULTA

These activities correspond to the additional grammar point on the preceding page.

(1) Ordena los hechos Ordena cronológicamente estas seis acciones. Escribe el número correspondiente al lado de cada una. Ten en cuenta las expresiones de transición.

___1___ a. Primero envié mi currículum por correo.

___5___ b. Después de la entrevista, el gerente se despidió muy contento.

___3___ c. Antes de la entrevista, tuve que escribir una carta de presentación.

___4___ d. Durante la entrevista, él leyó la carta.

___6___ e. Mañana empiezo a trabajar.

___2___ f. Dos semanas después, me citaron para una entrevista con el gerente.

(2) Escoger Completa las oraciones con una de las opciones entre paréntesis.

1. Tenía una entrevista de trabajo hoy, pero no llegué a la hora indicada y ___por eso___ (sin embargo / por eso) no me escogieron.

2. Eres muy trabajador y, ___por esta razón___, (por esta razón / por otra parte) no te importa quedarte en la oficina hasta las once de la noche.

3. Yo prefiero poder jubilarme antes de los cincuenta años; ___mientras que___ (mientras que / por consiguiente) mi padre quiere seguir trabajando hasta los ochenta.

4. Me despidieron ___como resultado___ (como resultado / con excepción) de mi actitud.

5. Después de dos años, ___por fin___ (como / por fin) conseguí un buen puesto.

6. Nunca terminé mis estudios y, ___por consiguiente___, (mientras que / por consiguiente) sólo gano el sueldo mínimo.

7. No me gusta cómo trabaja. ___Además___, (Además / Tampoco) no me gusta su actitud.

(3) El viaje Marcos acaba de regresar de un viaje por Venezuela. Completa su relato con las expresiones de la lista. Puedes usar algunas expresiones más de una vez.

además	del mismo modo	por eso
al contrario	mientras que	por un lado
debido a eso	por el otro	sin embargo

Hoy estoy muy contento; (1) ___por eso/debido a eso___, ven en mi cara una sonrisa. ¡Hice un viaje maravilloso por Venezuela! (2) ___Además___, no fue estresante; (3) ___al contrario___, descansé mucho. Mi paseo fue muy variado; (4) ___por un lado___, pasé varios días en los Andes, y (5) ___por el otro___ recorrí la costa caribeña, donde hice muchos amigos. Caracas es una ciudad llena de historia, (6) ___mientras que___ su carácter contemporáneo la mantiene entre las capitales más activas de Suramérica. (7) ___Sin embargo___, todo lo que empieza tiene que acabar, y mi viaje terminó antes de lo que esperaba; (8) ___por eso/debido a eso___, pienso volver el próximo año.

Más práctica

TALLER DE CONSULTA

MÁS PRÁCTICA
To see the explanation corresponding to this additional practice, see p. 336.

9.1 The present perfect subjunctive

(1) La prensa sensacionalista Completa las oraciones con la forma adecuada del verbo entre paréntesis: el presente del subjuntivo o el pretérito perfecto del subjuntivo. Some answers may vary.

1. Dudo que los actores __se hayan casado__ (casarse) anoche como dice en las revistas.
2. No es posible que __sea__ (ser) un error; todo lo que se publica es verdad.
3. Estoy seguro de que muy pronto los actores negarán que __se hayan separado__ (separarse).
4. No puedo creer que ustedes __hayan comprado__ (comprar) esas revistas llenas de mentiras.
5. Es necesario que nosotros __nos mantengamos__ (mantenerse) al tanto de las noticias.
6. No pienso que las revistas __publiquen__ (publicar) información verdadera.
7. Es poco probable que lo que sale en las revistas __pase__ (pasar) en la vida real.
8. Es muy importante que todos __tengamos__ (tener) la oportunidad de saber cómo vive la gente famosa.
9. No me gusta que ya __hayan mostrado__ (mostrar) fotos de los bebés de los actores.
10. Todavía no puedo creer que Brad y Jennifer __se hayan divorciado__ (divorciarse).

(2) Deseos Escribe tres deseos para el presente o el futuro utilizando el presente del subjuntivo, y tres deseos de que algo ya haya ocurrido utilizando el pretérito perfecto del subjuntivo. Comienza tus oraciones con **Ojalá**.

> **MODELO**
> Ojalá mis padres disfruten de sus vacaciones el mes que viene.
> Ojalá mi cheque haya llegado ya, pues necesito el dinero cuanto antes.

(3) Noticias increíbles En parejas, inventen cuatro noticias increíbles. Luego léanselas a otra pareja y túrnense para expresar su sorpresa o incredulidad. Utilicen el pretérito perfecto del subjuntivo.

> **MODELO**
> **PAREJA 1** En California han conseguido que un mono lea revistas.
> **PAREJA 2** No creemos que hayan logrado eso. Es imposible que los monos lean.

(4) Un día fatal Piensa en el peor día que has tenido este mes. Luego, en grupos de tres, túrnense para compartir lo que les ha pasado. Deben responder a sus compañeros/as con el pretérito perfecto del subjuntivo. Utilicen frases de la lista.

Es una lástima que...	No puedo creer que...
Es una pena que...	Qué terrible que...
Espero que...	No me digas que...
Siento que...	No puede ser que...

> **MODELO**
> **ESTUDIANTE 1** Hace una semana fui al dentista y me dijo que tenía que sacarme tres dientes.
> **ESTUDIANTE 2** ¡Qué horrible que te haya pasado eso!
> **ESTUDIANTE 3** Espero que no te haya dolido mucho.

Más práctica

9.2 Relative pronouns

TALLER DE CONSULTA

MÁS PRÁCTICA
To see the explanation corresponding to this additional practice, see p. 338.

(1) **En la radio** Completa este informe con las palabras apropiadas.

¡Hola a todos mis radioyentes! Soy yo, Pancho, el hombre (1) __que__ (el que / que) siempre está listo para ayudarlos a festejar el fin de semana. A ver… (2) __Los que__ (El que / Los que) no conocen a este cantante (3) __que__ (cuyo / que) les voy a presentar ahora, escuchen bien. Se llama Matías y él apareció hace dos días en la revista *Moda*, en (4) __la cual__ (la cual / el cual) supimos que es soltero y que está buscando… Chicas, ¡apúrense que este soltero guapo no va a durar mucho así! Matías, (5) __cuyo__ (el cual / cuyo) nuevo álbum se titula *Rayas*, va a actuar en vivo en la plaza central el mes que viene. No se lo pierdan. (6) __Los que__ (Los que / Quien) no puedan ir, no se preocupen, porque sin duda este cantante volverá. Y ahora, vamos a escuchar la canción *Azul* de su nuevo álbum, (7) __del cual__ (quienes / del cual) ya se han vendido ¡un millón de copias!

(2) **Conexiones** Escribe cinco oraciones combinando elementos de las tres columnas y los pronombres relativos necesarios.

el periodista	que	hablar conmigo
el lector	en la que	es ciego
el público	el cual	no tiene mucha información
la sección deportiva	en el que	no sabe nada
la crítica de cine	la cual	me molesta

(3) **Adivinanzas** Piensa en una persona famosa y descríbela para que tu compañero/a adivine de quién se trata. Usa pronombres relativos en tu descripción.

> **MODELO**
> —Es una mujer que es muy popular en el mundo de los deportes. Su hermana, con quien ella practica un deporte, es también muy famosa. Ella es la mayor de las dos. Su padre, quien es su entrenador (*coach*), es un hombre bastante controvertido. Los torneos que ella ha ganado son muy importantes. ¿Quién es?
> —Es Venus Williams.

(4) **Encuesta** Entrevista a tus compañeros/as de clase y anota los nombres de los que respondan que sí a estas preguntas. Introduce cada pregunta con una oración que incluya pronombres relativos. Sigue el modelo. Al finalizar, presenta los resultados a la clase.

> **MODELO** ¿Tus padres son extranjeros?
> Estoy buscando a alguien cuyos padres sean extranjeros/que tenga padres extranjeros. ¿Tus padres son extranjeros?

- ¿Viajaste al extranjero recientemente?
- ¿Te gusta el cine en español?
- ¿Te gustan las películas de terror?

- ¿Te gustan los documentales?
- ¿Conoces a alguna persona famosa?
- ¿Tus hermanos/as escuchan ópera?

Más práctica

TALLER DE CONSULTA

MÁS PRÁCTICA
To see the explanation corresponding to this additional practice, see p. 342.

9.3 The neuter *lo*

1 Chisme Dos fanáticas de Fabio, un famoso actor de telenovelas, hablan de su nuevo corte de pelo. Completa la conversación usando expresiones con **lo**. Puedes usar las opciones más de una vez.

lo bonito	lo peor
lo difícil	lo que
lo feo	lo ridículo

INÉS ¿Has leído las noticias hoy? No vas a creer (1) ___lo que___ hizo Fabio.

ANGELINA Bueno, ¡cuéntame! (2) ___Lo peor/Lo difícil___ es ser la última en saber.

INÉS ¿Recuerdas (3) ___lo bonito___ que tenía el pelo? Ahora…

ANGELINA ¿Qué hizo? (4) ___Lo que___ no soporto es un hombre rapado (*shaved*)…

INÉS Sí, lo adivinaste. Y para colmo, ahora no sabes (5) ___lo difícil___ que es reconocerlo en las fotos.

ANGELINA Su pelo era (6) ___lo que___ más me gustaba.

INÉS (7) ___Lo que___ dicen en las noticias es que va a perder todos sus contratos por este corte de pelo. El pobre se va a quedar sin trabajo.

ANGELINA El mundo del espectáculo… Siempre me asombra (8) ___lo ridículo___ que es. ¿No saben acaso que el pelo crece enseguida?

INÉS Me pregunto si (9) ___lo que___ esto significa es que nosotras también somos unas ridículas por preocuparnos por estas cosas.

2 Positivo y negativo Escribe un aspecto positivo y otro negativo de cada una de las personas o cosas de la lista. Usa expresiones con **lo**.

la vida estudiantil	mi mejor amigo/a
el trabajo	la comida de la cafetería
mis padres	mis clases

MODELO Lo mejor de la vida estudiantil es que los estudiantes son muy simpáticos, pero lo peor es la tarea.

3 Comentarios En grupos de tres, preparen una lista de seis situaciones o acontecimientos que ustedes consideran extraordinarios o increíbles. Después, cada compañero/a debe reaccionar a esa situación o acontecimiento. Expresen sus opiniones usando **lo** + [*adjetivo*]. Sigan el modelo.

MODELO —El precio de la gasolina ha subido otra vez.
—Es increíble lo cara que está la gasolina. Voy a tener que dejar de usar el carro.

9.4 *Qué* vs. *cuál*

MÁS GRAMÁTICA

This is an additional grammar point for **Lección 9 Estructura**. You may use it for review or as required by your instructor.

- The interrogative words **¿qué?** and **¿cuál(es)?** can both mean *what/which*, but they are not interchangeable.

- **Qué** is used to ask for general information, explanations, or definitions.

  ¿Qué es la lluvia ácida?
  What is acid rain?

  ¿Qué dijo?
  What did she say?

- **Cuál(es)** is used to ask for specific information or to choose from a limited set of possibilities. When referring to more than one item, the plural form **cuáles** is used.

  ¿Cuál es el problema?
  What is the problem?

  ¿Cuáles son tus revistas favoritas?
  What are your favorite magazines?

  ¿Cuál de las dos prefieres, la radio o la televisión?
  Which of these (two) do you prefer, radio or television?

  ¿Cuáles escogieron, los rojos o los azules?
  Which ones did they choose, the red or the blue?

- Often, either **qué** or **cuál(es)** may be used in the same sentence, but the meaning is different.

  Es hora de cenar. **¿Qué** quieres comer?
  It's time to have dinner. What do you want to eat?

  Hay pizza y pasta. **¿Cuál** quieres comer?
  There's pizza and pasta. Which one do you want to eat?

- **Qué** may be used before any noun, regardless of the type of information requested.

  ¿Qué ideas tienen ustedes?
  What ideas do you have?

  ¿Peligro? ¿Qué peligro?
  Danger? What danger?

  ¿Qué regalo te gusta más?
  Which gift do you like better?

  ¿Qué revistas son tus favoritas?
  What are your favorite magazines?

- **Qué** and **cuál(es)** are sometimes used in declarative sentences that imply a question or unknown information.

¡No sabía qué decir!

No sé cuál de las dos escoger.

Elena se pregunta **qué** pasó esta mañana.
Elena wonders what happened this morning

Juan me preguntó **cuál** de las dos películas prefería.
Juan asked me which of the two movies I preferred.

- **Qué** is also used frequently in exclamations. In this case it means *What...!* or *How...!*

  ¡Qué niño más irresponsable!
  What an irresponsible child!

  ¡Qué triste te ves!
  How sad you look!

Práctica

TALLER DE CONSULTA

These activities correspond to the additional grammar point on the preceding page.

(9.4) *Qué* vs. *cuál*

1 **¿Qué o cuál?** Completa las preguntas con ¿qué? o ¿cuál(es)?, según el contexto.

1. ¿ _Cuál_ de las dos revistas es tu favorita?
2. ¿ _Qué_ piensas de la prensa sensacionalista?
3. ¿ _Cuáles_ son tus canales de televisión preferidos?
4. ¿ _Qué_ haces para estar a la moda?
5. ¿ _Qué_ sección del periódico es más importante para ti?
6. ¿ _Cuáles_ son tus pantalones, los negros o los azules?
7. ¿ _Cuál_ es tu opinión sobre la censura?
8. ¿ _Qué_ tiras cómicas lees?

2 **Completar** Completa estos anuncios de radio con **qué** o **cuál(es)**.

¿No sabe (1) _qué_ hacer este fin de semana? ¿Tiene que elegir entre una cena elegante y un concierto? ¿(2) _Cuál_ de los dos prefiere? La buena noticia es que no tiene que elegir. Lo invitamos a participar en una cena y un concierto inolvidables este viernes en la Sinfónica de San José.

Si tuviera que elegir entre el mar o la montaña, ¿con (3) _cuál_ se quedaría? Visite el nuevo complejo Costa Brava, que le ofrece playas tranquilas y verdes montañas. ¡(4) _Qué_ más se puede pedir para disfrutar de unas vacaciones inolvidables!

¿(5) _Cuáles_ son sus películas favoritas? ¿Las de acción? ¿Las de misterio? ¿Las románticas? ¡Hágase socio de *La casa de las pelis* y por sólo veinte pesos al mes podrá alquilar todas las películas que quiera! ¿Y (6) _qué_ le parece la idea de recibir las películas a domicilio? Sólo tiene que llamarnos. ¡Garantizamos la entrega en sólo treinta minutos!

3 **Preguntas** Usa ¿qué? o ¿cuál(es)? para escribir la pregunta correspondiente a cada respuesta.

1. ¿ _Cuál es el programa que más te gusta_ ?
   El programa que más me gusta es *American Idol*.
2. ¿ _Qué quieres hacer este fin de semana_ ?
   Este fin de semana quiero ir al cine.
3. ¿ _Cuáles son tus pasatiempos favoritos_ ?
   Mis pasatiempos favoritos son nadar, leer revistas y salir con amigos.
4. ¿ _Qué opinas de la prensa sensacionalista_ ?
   Opino que la prensa sensacionalista no informa a los lectores.
5. ¿ _Cuál es tu clase más difícil_ ?
   Mi clase de historia es la más difícil.

Más práctica

TALLER DE CONSULTA

MÁS PRÁCTICA
To see the explanation corresponding to this additional practice, see p. 374.

(10.1) The future perfect

(1) Oraciones Combina los elementos y haz los cambios necesarios para formar oraciones con el futuro perfecto. Sigue el modelo. Answers may vary slightly.

> **MODELO** 2030 / autora / publicar / novela
>
> Para el año 2030, la autora habrá publicado su novela.

1. el año que viene / los dramaturgos / despedir / actor principal
   Para el año que viene, los dramaturgos habrán despedido al actor principal.
2. el próximo semestre / yo / experimentar con / estilo realista
   Para el próximo semestre, yo habré experimentado con el estilo realista.
3. el año 2025 / el poeta y yo / terminar / estrofa final
   Para el año 2025, el poeta y yo habremos terminado la estrofa final.
4. dentro de cinco años / tú / pintar / autorretrato famoso
   Dentro de cinco años, tú habrás pintado un autorretrato famoso.
5. el fin del siglo / la escultora / esculpir / obra maestra
   Para el fin del siglo, la escultora habrá esculpido su obra maestra.

(2) Probabilidad Hoy han ocurrido una serie de cosas y tú no sabes muy bien por qué, pero imaginas lo que pudo haber pasado. Escribe oraciones para indicar lo que pudo haber pasado usando el futuro perfecto y la información indicada.

> **MODELO** Hoy cancelaron la obra de teatro. (actriz principal / sentirse enferma)
>
> La actriz principal se habrá sentido enferma.

1. El novelista no pudo llegar a la conferencia. (su avión / retrasarse) Su avión se habrá retrasado.

2. El escultor decidió no vender la escultura. (ellos / no ofrecerle suficiente dinero) Ellos no le habrán ofrecido suficiente dinero.

3. La pintora estaba muy contenta. (ella / vender un cuadro) Ella habrá vendido un cuadro.

4. Juan no quiso seguir leyendo la novela. (no interesarle el argumento) No le habrá interesado el argumento.

5. Ellas se marcharon antes de que terminara la obra de teatro. (tener un problema) Habrán tenido un problema.

6. La gente aplaudió cuando inauguraron la exposición. (gustarles la exposición) Les habrá gustado la exposición.

(3) ¿Qué habrás hecho? Imagina todo lo que harás entre este año y el año 2050. ¿Qué habrá sido de tu vida? ¿Qué habrás hecho? Escribe un párrafo describiendo lo que habrás hecho para entonces. Usa el futuro perfecto de seis verbos de la lista.

> **MODELO** Para el año 2050, habré vivido en el extranjero y habré aprendido cinco idiomas.

aprender	estar	publicar	trabajar
celebrar	ganar	ser	ver
conocer	poder	tener	vivir

(4) Predicciones En parejas, túrnense para hacer predicciones sobre lo que su compañero/a habrá logrado en cada década (*decade*) de su vida. Luego respondan a las predicciones.

> **MODELO** —Para cuando cumplas treinta años, habrás recibido un doctorado en español.
>
> —No creo. Habré recibido un doctorado, pero en bioquímica.

Más práctica

TALLER DE CONSULTA

MÁS PRÁCTICA
To see the explanation corresponding to this additional practice, see p. 376.

10.2 The conditional perfect

1. **Oraciones relacionadas** Escribe los verbos de la segunda columna en el condicional perfecto para completar cada oración. Luego empareja las oraciones de manera lógica.

___c___ 1. Carmen no logró vender ni un solo cuadro.

___e___ 2. Miguel ya se había ido cuando los críticos dijeron que él era el mejor músico del concierto.

___d___ 3. En la fiesta, Julia puso una música muy aburrida.

___b___ 4. El videojuego era muy violento.

___a___ 5. Por fin se estrenó la película.

a. El director se preguntaba si le _habría gustado_ (gustar) al público.

b. De saberlo, Bárbara no se lo _habría comprado_ (comprar) a su nieto.

c. Yo, en su lugar, no _habría pedido_ (pedir) tanto por los cuadros.

d. Yo _habría puesto_ (poner) música bailable.

e. ¡Miguel no lo _habría creído_ (creer)!

2. **Pues yo...** Tú eres una persona muy crítica y casi nunca te gustan las pinturas o esculturas que ves ni los libros que lees. Siempre dices por qué algo no te gusta y después explicas cómo lo habrías hecho tú. Escribe oraciones con el condicional perfecto siguiendo el modelo.

Sample answers.

> **MODELO** El final de la novela es demasiado cómico.
> Yo habría escrito un final trágico.

1. El pintor usó colores muy oscuros. Yo ... habría usado colores claros.
2. La escultura es demasiado grande. Yo... habría hecho una escultura más pequeña.
3. El cuadro no tiene mucha luz. Yo ... habría pintado/hecho algo con más luz.
4. El argumento de la novela es demasiado complicado. Yo... habría escrito un argumento más sencillo.
5. No entiendo por qué la artista pintó con acuarela. Yo ... habría pintado al óleo.
6. Estas esculturas son surrealistas. Yo... habría esculpido esculturas realistas.

3. **Cuidando a los niños** Tu vecina te pide que cuides a sus hijos este fin de semana, pero primero quiere hacerte unas preguntas. Ella quiere saber qué habrías hecho tú en cada una de las situaciones que tuvieron lugar con el/la niñero/a anterior. En parejas, túrnense para representar la conversación. Utilicen el condicional perfecto.

> **MODELO** dejar / los platos sucios
> — La chica que cuidó a los niños el domingo pasado dejó todos los platos sucios en la cocina.
> — Pues, yo los habría lavado antes de irme.

1. no darle de comer / el perro
2. perder / las llaves de la casa
3. mirar / la televisión toda la noche
4. escuchar / música muy fuerte
5. no leer / cuentos infantiles
6. no jugar / los niños
7. cobrar / demasiado
8. no acostar / los niños

Más práctica

TALLER DE CONSULTA

MÁS PRÁCTICA
To see the explanation corresponding to this additional practice, see p. 378.

10.3 The past perfect subjunctive

1 Completar Ignacio y Teresa acaban de volver del museo. Completa su conversación con el pluscuamperfecto del subjuntivo.

IGNACIO Nunca me habría imaginado que Picasso (1) __hubiera pintado__ (pintar) algo tan impresionista.

TERESA Esa obra no la hizo Picasso, Juan. Si (2) __te hubieras fijado__ (fijarse) con más cuidado, te habrías dado cuenta de que la pintó Monet.

IGNACIO Pues, también me sorprendió que Velázquez (3) __hubiera hecho__ (hacer) algo tan contemporáneo.

TERESA Te equivocas de nuevo, Juan. Si (4) __hubieras escuchado__ (escuchar) con atención al guía del museo, habrías aprendido un poco más sobre el arte.

IGNACIO Y si tú (5) __hubieras prestado__ (prestar) atención (*pay attention*) cuando ayer te dije que odio los museos, no estaríamos teniendo esta discusión.

TERESA ¡Si no te escuché, me lo (6) __hubieras dicho__ (decir) otra vez! Ya sabes que soy muy distraída.

2 Preocupados Termina las oraciones de forma lógica. Utiliza el pluscuamperfecto del subjuntivo.

1. El escultor tenía miedo de que sus esculturas _____.
2. A la novelista le molestó que los críticos _____.
3. El escritor no estaba seguro de que su obra _____.
4. El ensayista dudaba que el manuscrito _____.
5. La poeta temía que el público _____.

3 En otro ambiente ¿Qué habría pasado si en vez de asistir a esta universidad hubieras escogido otra? ¿Qué cosas habrían sido diferentes? En parejas, háganse preguntas sobre este tema. Después compartan sus ideas con la clase. Utilicen el pluscuamperfecto del subjuntivo y el condicional perfecto.

MODELO
—¿Qué habría sido distinto si no hubieras estudiado aquí?
—Si hubiera escogido otra universidad, no habría conocido a mi mejor amigo y no me habría divertido tanto...

537

MÁS GRAMÁTICA

This is an additional grammar point for **Lección 10 Estructura.** You may use it for review or as required by your instructor.

10.4 *Si* clauses with compound tenses

- **Si** clauses are used with compound tenses to describe what *would have happened* if another event or condition *had occurred*. In hypothetical statements about contrary-to-fact situations in the past, the **si** clause uses the past perfect subjunctive and the main clause uses the conditional perfect.

Si hubiera pensado que son primitivas o radicales, lo habría dicho.

Si le hubieras pedido al pintor que cambiara la obra, habría sido una falta de respeto.

Si Clause (Past Perfect Subjunctive)	Main Clause (Conditional Perfect)
Si ella no hubiera restaurado la pintura, *If she had not restored the painting,*	no la habríamos comprado. *we wouldn't have bought it.*
Si ellos hubieran conocido al autor, *If they had known the author,*	la historia les habría parecido más interesante. *they would have found the story more interesting.*

- The chart below is a summary of the **si** clauses you learned in **Lección 8** and in this grammar point.

Review of *si* clauses		
Condition	**Main clause**	*Si* **clause**
Possible or likely Ella compra el cuadro si no es caro.	Present	Si + present
Possible or likely Voy a comprar el cuadro si no es caro.	Near future (*ir + a*)	Si + present
Possible or likely Comprará el cuadro si no es caro.	Future	Si + present
Possible or likely Por favor, compra el cuadro si no es caro.	Command	Si + present
Habitual in the past Compraba cuadros si no eran caros.	Imperfect	Si + imperfect
Hypothetical Compraría el cuadro si no fuera caro.	Conditional	Si + past subjunctive
Hypothetical / Contrary-to-fact Habría comprado el cuadro si hubiera tenido dinero.	Conditional perfect	Si + past perfect subjunctive

Práctica

(10.4) *Si* clauses with compound tenses

TALLER DE CONSULTA

These activities correspond to the additional grammar point on the preceding page.

1 **La actriz** Dos amigas conversan sobre la vida de una actriz famosa. Completa la conversación con el pluscuamperfecto del subjuntivo o el condicional perfecto de los verbos entre paréntesis.

MATILDE Si Ana Colmenar no (1) __se hubiera casado__ (casarse) tan joven, (2) __habría comenzado__ (comenzar) a actuar mucho antes.

ANDREA Ella (3) __habría comenzado__ (comenzar) a actuar antes si sus padres (4) __hubieran descubierto__ (descubrir) su talento para el teatro.

MATILDE Si sus padres lo (5) __hubieran querido__ (querer), ella (6) __habría sido__ (ser) una estrella a los quince años.

ANDREA Ana nunca (7) __habría tenido__ (tener) éxito si le (8) __hubieran permitido__ (permitir) empezar tan joven. Actuar en el teatro requiere mucha experiencia y madurez.

MATILDE Si tú (9) __hubieras estado__ (estar) en su lugar, tú nunca (10) __habrías tenido__ (tener) tanto éxito.

2 **Si el poeta...** Unos amigos se reunieron en un café después de una recepción en honor de un poeta famoso. Utiliza el pluscuamperfecto del subjuntivo o el condicional perfecto para completar sus oraciones.

1. Si Juan Carlos hubiera sabido que iban a servir comida en la recepción,...

2. El poeta habría recitado más poemas si...

3. Si el poeta hubiera hablado más fuerte,...

4. Yo me habría ido de la recepión antes si...

5. Si esos dos señores no hubieran hablado tanto mientras el poeta recitaba el poema,...

6. Habría invitado a mi compañera de cuarto si...

3 **¿Qué habrías hecho tú?** En parejas, túrnense para hacerse preguntas sobre lo que habrían hecho si hubieran sido las personas en estos dibujos. Utilicen frases con **si**.

MODELO Si hubiera arruinado el cuadro del pintor, habría tenido que ahorrar durante muchos años para pagarle.

Más práctica

TALLER DE CONSULTA

MÁS PRÁCTICA
To see the explanation corresponding to this additional practice, see p. 408.

11.1 The passive voice

1 **La edición de mañana** Imagina que trabajas para un periódico. Uno de tus colegas tenía que escribir los titulares de la edición de mañana, pero no los terminó. Completa los titulares con la voz pasiva de cada verbo entre paréntesis.

El próximo presupuesto ___será anunciado___ (anunciar) mañana por el ministro de economía

Una nueva ley de inmigración ___será debatida___ (debatir) muy pronto

Un nuevo récord de los 800 metros ___fue establecido___ (establecer) el domingo pasado

La iglesia Santa María ___fue renovada___ (renovar) el año pasado y ahora se está derrumbando

Dos vacunas nuevas ___fueron descubiertas___ (descubrir) en el Japón ayer

2 **Ayer, hoy y mañana** Escribe nueve oraciones en voz pasiva. Debes añadir artículos y preposiciones en algunos casos. Debes usar distintos tiempos verbales para las oraciones en pasado, presente y futuro.

MODELO la nueva ley / aprobar / el senado
La nueva ley fue aprobada por el senado.

Ayer

1. el proyecto de ley / rechazar / senado   El proyecto de ley fue rechazada por el senado.

2. los informes / enviar / secretario   Los informes fueron enviados por el secretario.

3. el gobernador / elegir / ciudadanos   El gobernador fue elegido por los ciudadanos.

Hoy

4. los programas / presentar / candidatos   Los programas son presentados/están siendo presentados por los candidatos.

5. el asunto / debatir / parlamento   El asunto es debatido/está siendo debatido por el parlamento.

6. el acusado / interrogar / juez   El acusado es interrogado/está siendo interrogado por el juez.

Mañana

7. la nueva iglesia / inaugurar / cura   La nueva iglesia será inaugurada por el cura.

8. las fiestas religiosas / celebrar / creyentes   Las fiestas religiosas serán celebradas por los creyentes.

9. el discurso / pronunciar / candidato a senador   El discurso será pronunciado por el candidato a senador.

3 **Periodistas** En parejas, imaginen que trabajan para un periódico local y tienen que redactar los titulares para la edición de mañana. Utilicen la voz pasiva para escribir un titular para cada sección del periódico.

1. sección internacional
2. sección nacional
3. sección local
4. sección de espectáculos
5. sección deportiva
6. sección política

Más práctica

11.2 Uses of *se*

1 ***Se* pasivo y *se* impersonal** Elige la forma apropiada del verbo.

1. Se (estudia / **estudian**) varias propuestas para la reforma de la ley de empleo.
2. Se (**enviará** / enviarán) a un nuevo embajador a Guatemala.
3. Se (**cree** / creen) que la crisis económica se solucionará pronto.
4. Se (debatirá / **debatirán**) varias enmiendas (*amendments*) en el Senado.
5. Se (**estipuló** / estipularon) que no se podía fumar en edificios públicos.
6. Se (**eligió** / eligieron) al nuevo gobernador la semana pasada.
7. Se (**vive** / viven) bien en España.
8. Se (**vio** / vieron) que era necesario tomar medidas urgentes.

2 **Oraciones** Termina cada frase de la columna A con la frase más lógica de la columna B.

A	B
_b/d_ 1. Se me cayó	a. las llaves de la casa.
_c/a_ 2. Se me rompieron	b. el bolígrafo que tenía en la bolsa.
_a/c/e_ 3. A Juan se le perdieron	c. los anteojos.
_b/f_ 4. Se me dañó	d. el dinero para ir a cenar.
_e_ 5. Se te borraron	e. los archivos para tu reunión.
_d_ 6. Se te olvidó	f. el carro nuevo.

3 **Lo que me ocurrió** Primero, escribe seis oraciones —tres verdaderas y tres ficticias— sobre sucesos inesperados que te han ocurrido. Después, comparte tus oraciones con tres compañeros/as. El grupo debe adivinar cuáles son las oraciones verdaderas. Utiliza la palabra **se** y sigue el modelo.

> **MODELO** Ayer se me perdieron las llaves y tuve que romper una ventana para entrar en mi casa.

4 **Anuncios de trabajo** Estas personas e instituciones necesitan contratar personal (*personnel*). En parejas, escriban los anuncios de trabajo. Recuerden que en estos casos es muy frecuente usar tanto el **se** impersonal como el **se** pasivo.

> **MODELO** Se buscan ingenieros industriales. Se espera que los candidatos tengan experiencia previa. Se debe enviar currículum y solicitud a…

1. El partido político *Progreso ahora* busca empleados de relaciones públicas para trabajar con la campaña de su candidato a gobernador del estado.
2. La escuela *Cervantes* busca dos profesores de ciencias políticas.
3. La señora Solís busca una persona que pueda cuidar a sus hijos por las tardes.

TALLER DE CONSULTA

MÁS PRÁCTICA
To see the explanation corresponding to this additional practice, see p. 410.

Más práctica

TALLER DE CONSULTA

MÁS PRÁCTICA
To see the explanation corresponding to this additional practice, see p. 414.

11.3 Prepositions: *de, desde, en, entre, hasta, sin*

1 **La política** Termina cada frase de la columna A con la frase más lógica de la columna B.

A	B
_c_ 1. La guerra civil continuaba	a. de los obreros para protestar la reducción de los salarios.
_d_ 2. El terrorismo seguirá	
_b_ 3. Los ciudadanos hablaron	b. en voz alta durante la manifestación.
_a_ 4. Hubo una manifestación	c. sin parar entre el norte y el sur.
_e_ 5. El país ha tenido autonomía y libertad	d. hasta que todos los países decidan colaborar.
	e. desde que logró la independencia en 1955.

2 **Campaña** Eres un(a) estudiante nuevo/a pero quieres ser presidente/a de tu clase. Escribe ocho oraciones completas con tus ideas para la campaña. Usa las preposiciones **de, desde, en, entre, hasta y sin.**

1. Creo que es buena idea no empezar las clases _____.
2. Necesitamos más variedad en la comida _____.
3. Deben contratar a profesores _____.
4. No hay que tomar clases _____.
5. Los carros se deben estacionar _____.
6. Si llegas tarde, puedes entrar a clase _____.
7. Debe haber un recreo de media hora _____.
8. Se debe permitir comida _____.

3 **Adivinanzas** En grupos de tres, cada estudiante debe escribir una descripción de tres miembros de la clase sin mencionar sus nombres. Una vez que hayan terminado, compartan las descripciones y los demás deben intentar adivinar de quiénes se tratan. Usen las preposiciones **de, desde, en, entre, hasta y sin.**

> **MODELO** Esta persona siempre se sienta entre dos chicas. Le gusta sentarse cerca de la profesora y a veces hasta se sienta en primera fila. Entre los demás estudiantes tiene fama de ser una persona muy inteligente y simpática. ¿Quién es?

4 **Acontecimientos importantes** Conversa con un(a) compañero/a sobre algunos acontecimientos importantes de tu vida. Haz una lista de cinco acontecimientos que quieres compartir, y trata de usar por lo menos diez preposiciones en tu conversación.

> **MODELO** —El semestre pasado fui a Granada y me quedé en la residencia estudiantil.
> —¿Y hasta cuándo te quedaste ahí?
> —Me quedé desde enero hasta abril.

(11.4) Past participles used as adjectives

MÁS GRAMÁTICA

This is an additional grammar point for **Lección 11 Estructura**. You may use it for review or as required by your instructor.

- Past participles are used with **haber** to form compound tenses, such as the present perfect and the past perfect, and with **ser** to express the passive voice. They are also frequently used as adjectives.

aburrido/a	confundido/a	enojado/a	muerto/a
(des)cansado/a	enamorado/a	estresado/a	vivo/a

- When a past participle is used as an adjective, it agrees in number and gender with the noun it modifies.

un proceso **complicado**
a complicated process

una campaña bien **organizada**
a well-organized campaign

los políticos **destacados**
the prominent politicians

las reuniones **aburridas**
the boring meetings

- Past participles are often used with the verb **estar** to express a state or condition that results from the action of another verb. They frequently express physical or emotional states.

No puedo creer que se haya equivocado de nombre.

¿Felicia, **estás despierta**?
Felicia, are you awake?

No, **estoy dormida**.
No, I'm asleep.

Marco, **estoy enojado**. ¿Por qué no depositaste los cheques?
Marco, I'm furious. Why didn't you deposit the checks?

Perdón, don Humberto. Es que el banco ya **estaba cerrado**.
I'm sorry, Don Humberto. It's that the bank was already closed.

- Past participles may be used as adjectives with other verbs, as well.

Empezó a llover y **llegué empapada** a la reunión.
It started to rain and I arrived at the meeting soaking wet.

Ese libro **es** tan **aburrido**.
That book is so boring.

Después de las vacaciones, **nos sentimos descansados**.
After the vacation, we felt rested.

¿Los documentos? Ya los **tengo corregidos**.
The documents? I already have them corrected.

Práctica

TALLER DE CONSULTA

These activities correspond to the additional grammar point on the preceding page.

(11.4) Past participles used as adjectives

1 Entrevista de trabajo Julieta está preparando preguntas para los candidatos que va a entrevistar para un puesto en la empresa. Completa cada pregunta de Julieta con el participio pasado del verbo entre paréntesis.

1. ¿Por qué crees que estás ___preparado/a___ (preparar) para este puesto?
2. ¿Estás ___informado/a___ (informar) sobre nuestros productos?
3. ¿Estás ___sorprendido/a___ (sorprender) de todos los beneficios que ofrecemos?
4. ¿Por qué estás ___interesado/a___ (interesar) en este puesto en particular?
5. ¿Trajiste tu currículum ___escrito___ (escribir) en español e inglés?
6. ¿Cómo manejarás el estrés cuando ya estés ___contratado/a___ (contratar)?

2 ¿Cómo están ellos? Mira las imágenes y relaciónalas con los verbos de la lista. Después completa cada oración usando **estar** + [*participio pasado*].

cansar	enojar	sorprender
enamorar	esconder	

1. Ellos ___están enojados___ . 2. Juanito ___está escondido___ . 3. Eva ___está cansada___ .

4. Ellos ___están enamorados___ . 5. Marta ___está sorprendida___ .

3 De otra forma Transforma las oraciones usando **estar** y el participio pasado del verbo correspondiente. Sigue el modelo.

MODELO

Los estudiantes abrieron los libros.
Los libros están abiertos.

1. El paciente murió ayer. El paciente está muerto.
2. No abren la tienda los domingos. La tienda no está abierta los domingos.
3. Este pasaporte venció el mes pasado. Este pasaporte está vencido.
4. Los estudiantes escribieron las composiciones. Las composiciones están escritas.
5. Ya resolvieron los problemas. Los problemas están resueltos.
6. Hicieron los planes. Los planes están hechos.
7. Prepararon las ensaladas. Las ensaladas están preparadas.
8. El niño se curó de su enfermedad. El niño está curado.

Más práctica

12.1 Uses of the infinitive

TALLER DE CONSULTA

MÁS PRÁCTICA
To see the explanation corresponding to this additional practice, see p. 450.

1 La investigación Completa la conversación con el infinitivo o con el presente del indicativo de los verbos entre paréntesis.

ANTONIO ¿Cómo estás, Leopoldo? Tengo muchas ganas de (1) ___saber___ (saber) cómo va todo.

LEOPOLDO No muy bien. No sé si podremos terminar de (2) ___preparar___ (preparar) todo.

ANTONIO ¿No (3) ___hay___ (haber) suficiente tiempo para terminar la investigación?

LEOPOLDO El problema lo (4) ___tengo___ (tener) con Amelia.

ANTONIO Dicen que ella (5) ___es___ (ser) muy profesional y tiene buen conocimiento de las civilizaciones antiguas.

LEOPOLDO Es muy buena en su especialidad y creo que puede llegar a (6) ___ser___ (ser) muy importante para este proyecto. Pero no (7) ___tengo___ (tener) una buena comunicación con ella.

ANTONIO ¿Cómo puede (8) ___ser___ (ser)? ¿Le has ofrecido tu ayuda con el proyecto?

LEOPOLDO Sí, la (9) ___ayudo___ (ayudar) en todo. Le (10) ___doy___ (dar) consejos y trato de (11) ___tener___ (tener) una buena relación con ella, pero a ella le (12) ___molesta___ (molestar) todo lo que digo.

ANTONIO ¿Por qué no la invitas a (13) ___almorzar___ (almorzar)? Quizás hablando en un ambiente informal puedan (14) ___encontrar___ (encontrar) una solución.

LEOPOLDO Podría ser. Esta tarde la (15) ___llamo___ (llamar).

2 Tu opinión Completa las oraciones. Utiliza verbos en el infinitivo y añade tus propios detalles.

> **MODELO** Cuando tengo tiempo libre, prefiero...
>
> Cuando tengo tiempo libre, prefiero leer el periódico.

1. Mi hermano/a siempre tarda en...
2. Ahora mismo, quiero...
3. En mi opinión, nunca es bueno...
4. No sé...
5. Para mí es fácil...
6. No me gusta...

3 Historiadores En parejas, escriban oraciones sobre los acontecimientos del año pasado en su universidad. Usen el infinitivo. Sample answers.

> **MODELO** el club de ajedrez / querer
>
> El club de ajedrez quería participar en el torneo de Florida, pero no pudo reunir el dinero suficiente para viajar.

1. los profesores / mandar   El año pasado, los profesores nos mandaron hacer cinco horas de tarea cada noche.
2. los estudiantes / querer   Los estudiantes querían publicar una revista escolar.
3. el equipo de fútbol / lograr   El equipo de fútbol logró ganar su tercer campeonato.
4. el departamento de ciencia / pedir   El departamento de ciencia pidió investigar el robo de algunos aparatos.
5. las nuevas reglas / obligar   Las nuevas reglas del año pasado nos obligaron a usar uniformes horribles.

Más práctica

TALLER DE CONSULTA

MÁS PRÁCTICA
To see the explanation corresponding to this additional practice, see p. 454.

12.2 Summary of the indicative

1 **La narración histórica**

A. Para narrar acontecimientos históricos es frecuente emplear el presente de indicativo. Completa el párrafo usando el presente de indicativo de los verbos entre paréntesis.

Cuando los primeros conquistadores españoles (1) ____llegan____ (llegar) al Nuevo Mundo, (2) __se encuentran__ (encontrarse) con numerosos problemas. La realidad del Nuevo Mundo (3) ____es____ (ser) muy distinta a la realidad que ellos (4) ____conocen____ (conocer) y pronto (5) __descubren__ (descubrir) que no (6) ____tienen____ (tener) las palabras necesarias para designar (*to name*) esa nueva realidad. Para solucionar el problema, los españoles (7) ____deciden____ (decidir) tomar prestadas palabras que (8) __escuchan__ (escuchar) de las lenguas nativas. Es por eso que muchas de las palabras del español actual vienen del taíno, del náhuatl o del quechua.

B. Ahora vuelve a completar el párrafo de arriba, pero esta vez con el tiempo adecuado del pasado, ya sea el pretérito o el imperfecto. 1. llegaron 2. se encontraron 3. era 4. conocían 5. descubrieron 6. tenían 7. decidieron 8. escucharon/escuchaban

2 **Los verbos perfectos** Elige la forma apropiada (pretérito perfecto, pluscuamperfecto, futuro perfecto o condicional perfecto) para conjugar los verbos entre paréntesis.

1. Los conquistadores __habían aprendido__ (aprender) mucho de los nativos, pero todavía tenían problemas de comunicación.

2. El rey le __habría construido__ (construir) un palacio a la reina, pero ella no lo quiso.

3. Para el año 2050, la mayoría de los gobiernos de Asia y África __se habrán convertido__ (convertir) en gobiernos democráticos.

4. El pueblo __ha derrocado__ (derrocar) al emperador y ahora hay otro gobernante que tiene el apoyo de la gente.

5. El joven __habría sido__ (ser) un gran guerrero si no hubiera sido por su falta de disciplina.

6. Para el mes entrante, ya __habrán expulsado__ (expulsar) al soldado de las fuerzas armadas.

7. ¡__Han liberado__ (Liberar) al pueblo! ¡Salgamos a celebrar!

8. __Se habrían establecido__ (Establecerse) en la costa si no fuera porque odian el calor.

3 **Pasado, presente y futuro** Cuéntale a un(a) compañero/a cuáles han sido los tres acontecimientos que han marcado tu pasado, los tres que están marcando tu presente y los tres acontecimientos que tú crees serán más importantes en tu futuro.

> **MODELO** **(pasado)** Fui al Perú para las vacaciones de primavera hace dos años.
> **(presente)** Salgo con un chico de Salamanca, España.
> **(futuro)** Trabajaré en la Ciudad de México por un año para mejorar mi español.

4 **Las noticias más importantes** En grupos de cuatro, decidan cuáles han sido las tres noticias más importantes de los últimos 50 años. Piensen en otras tres noticias que creen que ocurrirán en los próximos 50 años. Escriban estas noticias en forma de titulares. Utilicen todos los tiempos verbales que sean apropiados.

Más práctica

TALLER DE CONSULTA

MÁS PRÁCTICA
To see the explanation corresponding to this additional practice, see p. 458.

12.3 Summary of the subjunctive

1 **La clase de historia** Escoge la forma adecuada del subjuntivo (presente, pretérito perfecto, imperfecto o pluscuamperfecto) o del infinitivo para completar las oraciones.

1. Los estudiantes querían que el profesor les ____a____ más sobre los incas.
   a. explicara   b. explique   c. hubiera explicado

2. A los chicos les gustaba ____b____ las historias de los conquistadores.
   a. escuchen   b. escuchar   c. hayan escuchado

3. Dudaba que los españoles ____c____ interesados únicamente en el oro de los aztecas.
   a. estén   b. estar   c. hubieran estado

4. A los españoles les sorprendió que los aztecas ____a____ ciudades tan sofisticadas.
   a. hubieran construido   b. construyan   c. construyen

5. A algunas personas les parece sorprendente que el ser humano ____c____ a la Luna.
   a. llegara   b. llegar   c. haya llegado

6. Algunas personas dudan que el ser humano ____b____ vivir en otros planetas.
   a. pudiera   b. pueda   c. haya podido

7. Era improbable que esas piedras ____b____ restos de una antigua civilización.
   a. sean   b. fueran   c. ser

8. En el futuro, será posible que algunos turistas ____c____ al espacio.
   a. hubieran viajado   b. viajaran   c. viajen

9. Carlos espera ____a____ a ser historiador algún día.
   a. llegar   b. llegue   c. llegara

10. Si el rey ____a____ eso, lo habría dicho.
    a. hubiera pensado   b. haya pensado   c. piense

2 **El mono en el espacio** Es el año 3000. Completa esta carta que un mono escribió durante su primer viaje por el espacio. Utiliza las formas apropiadas del subjuntivo.

No puedo creer que el espacio (1) ___tenga___ (tener) tantos planetas. Ahora voy a buscarme uno para establecer el planeta de los monos. Nadie pensaba que (2) ___fuera/hubiera sido___ (ser) posible, pero ahora, libres de los seres humanos, podemos desarrollar nuestra cultura. Antes, los seres humanos siempre exigían que (3) ___nos quedáramos___ (quedarse) en jaulas (*cages*). Si (4) ___hubieran sabido___ (saber) que somos criaturas pacíficas, no lo habrían hecho. Prefiero poblar un planeta nuevo con monos que ya (5) ___hayan sido___ (ser) vacunados porque no se sabe lo que vamos a encontrar, y quiero que nosotros (6) ___estemos___ (estar) listos para todo.

3 **Inventos y descubrimientos** Algunos inventos y descubrimientos han sido esenciales para el desarrollo de la humanidad. En parejas, hagan una lista de los cinco inventos y descubrimientos más importantes para la humanidad. Después, escriban oraciones para decir qué habría ocurrido si tales inventos no se hubieran producido.

MODELO Alexander Graham Bell inventó el teléfono.
Si no hubiera inventado el teléfono, las comunicaciones serían mucho más complicadas.

12.4 *Pedir/preguntar* and *conocer/saber*

- **Pedir** and **preguntar** both mean *to ask*, while **conocer** and **saber** mean *to know*. Since these verbs are frequently used in Spanish, it is important to know the circumstances in which to use them.

¿Tú sabes andar con eso?

Quería preguntarte si...

Pedir vs. *preguntar*

- **Pedir** means *to ask for/to request (something)* or *to ask (someone to do something)*.

El profesor **pidió** los resultados.
The professor asked for the results.

El director le **pide** que lo investigue.
The director asks him/her to investigate it.

- **Preguntar** means *to ask (a question)*.

Los estudiantes **preguntaron** acerca de la esclavitud.
The students asked about slavery.

Le **preguntaré** a Miguel si quiere venir.
I'll ask Miguel if he wants to come.

- **Preguntar por** means *to ask about (someone)* or *to inquire (about something)*.

¿**Preguntaste por** el historiador famoso?
Did you ask about the famous historian?

Pregunté por el anuncio.
I inquired about the ad.

Saber vs. *conocer*

- **Saber** means *to know (a fact or piece of information)*.

¿**Sabías** que el primer ministro fue derrocado ayer?
Did you know that the prime minister was overthrown yesterday?

No **sé** quién es el rey de España.
¿Lo **sabes** tú?
I don't know who the king of Spain is. Do you know?

- **Saber** + [*infinitive*] means *to know how (to do something)*.

Para el examen, lo importante es que **sepan analizar** las causas y efectos de la guerra.
For the exam, the important thing is that you know how to analyze the causes and effects of the war.

María Luisa sabe hacer investigaciones, pero aún no **sabe organizar** toda la información.
María Luisa knows how to do research, but she still doesn't know how to organize all the information.

- **Conocer** means *to know, to meet,* or *to be familiar/acquainted with (a person, place, or thing)*.

Conocen los riesgos.
They know the risks.

Conocí al científico famoso.
I met the famous scientist.

Práctica

(12.4) *Pedir/preguntar* and *conocer/saber*

TALLER DE CONSULTA

These activities correspond to the additional grammar point on the preceding page.

(1) Juan y la universidad Completa el párrafo con la forma adecuada de **saber** y **conocer**. Presta atención a los tiempos verbales.

Juan es un estudiante de primer año de la universidad y por eso todavía no (1) ___conoce___ muy bien el campus. Sólo (2) ___sabe___ dónde están su residencia y la cafetería. Ayer (3) ___conoció___ a su compañero de cuarto y le cayó bien, pero aún (*still*) no (4) ___sabe___ mucho de él. Como no lleva mucho tiempo en la universidad, aún no (5) ___conoce___ a mucha gente. Juan ya (6) ___sabe___ qué clases va a tomar este semestre, pero no (7) ___sabe___ si serán muy difíciles. Ayer (8) ___conoció___ al profesor de historia y piensa que no tendrá problemas con esa clase.

(2) Alejandra en su nuevo trabajo Completa el párrafo con la forma adecuada de **pedir**, **preguntar** y **preguntar por**. Presta atención a los tiempos verbales.

Alejandra es una licenciada en bioquímica y hoy fue su primer día de trabajo en un laboratorio farmacéutico. No conocía muy bien el camino al laboratorio, y por eso tuvo que parar para (1) ___pedir___ indicaciones sobre cómo llegar. Cuando finalmente llegó, (2) ___preguntó por___ el doctor Santos, el director. Alejandra le (3) ___preguntó___ muchísimas cosas sobre el laboratorio y él le respondió amablemente. Finalmente, el doctor Santos le (4) ___pidió___ que comenzara a trabajar en un experimento. Después de varias horas, ella (5) ___preguntó___ si podía tener un rato de descanso. Cuando salió del trabajo y su novio le (6) ___preguntó por___ su día, ella le respondió que le fue muy bien.

(3) Entrevista Lee la lista y escribe tres oraciones más utilizando los verbos **saber, conocer, pedir** y **preguntar**. Luego entrevista a tus compañeros/as de clase hasta que encuentres a ocho personas diferentes que respondan afirmativamente a tus preguntas. Comparte la información con la clase.

	Nombres
1. Sabe tocar el piano.	_____
2. Conoció a su novio/a recientemente.	_____
3. Nunca les pide dinero a sus padres.	_____
4. Le ha preguntado al/a la profesor(a) sobre el examen final.	_____
5. Sabe cocinar tacos.	_____
6. _____	_____
7. _____	_____
8. _____	_____

Glossary of Grammatical Terms

ADJECTIVE A word that modifies, or describes, a noun or pronoun.

muchos libros
many books

un hombre **rico**
a **rich** man

Demonstrative adjective An adjective that specifies which noun a speaker is referring to.

esta fiesta
this party

ese chico
that boy

aquellas flores
those flowers

Possessive adjective An adjective that indicates ownership or possession.

su mejor vestido
her best dress

Éste es **mi** hermano.
This is **my** brother.

Stressed possessive adjective A possessive adjective that emphasizes the owner or possessor.

un libro **mío**
a **book of mine**

una amiga **tuya**
a friend **of yours**

ADVERB A word that modifies, or describes, a verb, adjective, or other adverb.

Pancho escribe **rápidamente**.
Pancho writes **quickly**.

Este cuadro es **muy** bonito.
This picture is **very** pretty.

ANTECEDENT The noun to which a pronoun or dependent clause refers.

El **libro** que compré es interesante.
The book that I bought is interesting.

Le presté cinco dólares a **Diego**.
I loaned Diego five dollars.

ARTICLE A word that points out a noun in either a specific or a non-specific way.

Definite article An article that points out a noun in a specific way.

el libro
the book

la maleta
the suitcase

los diccionarios
the dictionaries

las palabras
the words

Indefinite article An article that points out a noun in a general, non-specific way.

un lápiz
a pencil

una computadora
a computer

unos pájaros
some birds

unas escuelas
some schools

CLAUSE A group of words that contains both a conjugated verb and a subject, either expressed or implied.

Main (or Independent) clause A clause that can stand alone as a complete sentence.

Pienso ir a cenar pronto.
I plan to go to dinner soon.

Subordinate (or Dependent) clause A clause that does not express a complete thought and therefore cannot stand alone as a sentence.

Trabajo en la cafetería **porque necesito dinero para la escuela.**
I work in the cafeteria **because I need money for school.**

Adjective clause A dependent clause that functions to modify or describe the noun or direct object in the main clause. When the antecedent is uncertain or indefinite, the verb in the adjective clause is in the subjunctive.

Queremos contratar al candidato **que mandó su currículum ayer.**
We want to hire the candidate **who sent his résumé yesterday.**

¿Conoce un buen restaurante **que esté cerca del teatro?**
Do you know of a good restaurant **that's near the theater?**

Adverbial clause A dependent clause that functions to modify or describe a verb, an adjective, or another adverb. When the adverbial clause describes an action that has not yet happened or is uncertain, the verb in the adverbial clause is usually in the subjunctive.

Llamé a mi mamá **cuando me dieron la noticia.**
I called my mom **when they gave me the news.**

El ejército está preparado **en caso de que haya un ataque.**
The army is prepared **in case there is an attack.**

Noun clause A dependent clause that functions as a noun, often as the object of the main clause. When the main clause expresses will, emotion, doubt, or uncertainty, the verb in the noun clause is in the subjunctive (unless there is no change of subject).

José sabe **que mañana habrá un examen.**
José knows **that tomorrow there will be an exam.**

Luisa dudaba **que la acompañáramos.**
Luisa doubted **that we would go with her.**

COMPARATIVE A grammatical construction used with nouns, adjectives, verbs, or adverbs to compare people, objects, actions, or characteristics.

Tus clases son **menos interesantes** que las mías.
*Your classes are **less interesting** than mine.*

Como **más frutas** que verduras.
*I eat **more fruits** than vegetables.*

CONJUGATION A set of the forms of a verb for a specific tense or mood or the process by which these verb forms are presented.

PRETERITE CONJUGATION OF CANTAR:
cant**é**	cant**amos**
cant**aste**	cant**asteis**
cant**ó**	cant**aron**

CONJUNCTION A word used to connect words, clauses, or phrases.

Susana es de Cuba **y** Pedro es de España.
*Susana is from Cuba **and** Pedro is from Spain.*

No quiero estudiar **pero** tengo que hacerlo.
*I don't want to study, **but** I have to.*

CONTRACTION The joining of two words into one. The only contractions in Spanish are **al** and **del**.

Mi hermano fue **al** concierto ayer.
*My brother went **to the** concert yesterday.*

Saqué dinero **del** banco.
*I took money **from the** bank.*

DIRECT OBJECT A noun or pronoun that directly receives the action of the verb.

Tomás lee **el libro**.   **La** pagó ayer.
*Tomás reads **the book**.   She paid **it** yesterday.*

GENDER The grammatical categorizing of certain kinds of words, such as nouns and pronouns, as masculine, feminine, or neuter.

MASCULINE
articles **el, un**
pronouns **él, lo, mío, éste, ése, aquél**
adjective **simpático**

FEMININE
articles **la, una**
pronouns **ella, la, mía, ésta, ésa, aquélla**
adjective **simpática**

IMPERSONAL EXPRESSION A third-person expression with no expressed or specific subject.

Es muy importante.   **Llueve** mucho.
*It's **very important**.   **It's raining** hard.*

Aquí **se habla** español.
*Spanish **is spoken** here.*

INDIRECT OBJECT A noun or pronoun that receives the action of the verb indirectly; the object, often a living being, to or for whom an action is performed.

Eduardo **le** dio un libro **a Linda**.
*Eduardo gave a book **to Linda**.*

La profesora **me** dio una C en el examen.
*The professor gave **me** a C on the test.*

INFINITIVE The basic form of a verb. Infinitives in Spanish end in **-ar**, **-er**, or **-ir**.

hablar	correr	abrir
to speak	*to run*	*to open*

INTERROGATIVE An adjective or pronoun used to ask a question.

¿Quién habla?   **¿Cuántos** compraste?
***Who** is speaking?   **How many** did you buy?*

¿Qué piensas hacer hoy?
***What** do you plan to do today?*

MOOD A grammatical distinction of verbs that indicates whether the verb is intended to make a statement or command or to express a doubt, emotion, or condition contrary to fact.

Imperative mood Verb forms used to make commands.

Di la verdad.   **Caminen** ustedes conmigo.
***Tell** the truth.   **Walk** with me.*

¡Comamos ahora!   **¡No lo hagas!**
***Let's eat** now!   **Don't do** it!*

Indicative mood Verb forms used to state facts, actions, and states considered to be real.

Sé que **tienes** el dinero.
***I know** that **you have** the money.*

Subjunctive mood Verb forms used principally in subordinate (dependent) clauses to express wishes, desires, emotions, doubts, and certain conditions, such as contrary-to-fact situations.

Prefieren que **hables** en español.
*They prefer that **you speak** in Spanish.*

NOUN A word that identifies people, animals, places, things, and ideas.

hombre	gato
man	*cat*
México	casa
Mexico	*house*
libertad	libro
freedom	*book*

NUMBER A grammatical term that refers to singular or plural. Nouns in Spanish and English have number. Other parts of a sentence, such as adjectives, articles, and verbs, can also have number.

SINGULAR	PLURAL
una cos**a**	**unas** cos**as**
a thing	*some things*
el profesor	**los** profesor**es**
the professor	*the professors*

PASSIVE VOICE A sentence construction in which the recipient of the action becomes the subject of the sentence. Passive statements emphasize the thing that was done or the person that was acted upon. They follow the pattern [*recipient*] + **ser** + [*past participle*] + **por** + [agent].

ACTIVE VOICE:
Juan **entregó** la tarea.
*Juan **turned in** the assignment.*

PASSIVE VOICE:
La tarea **fue entregada por** Juan.
*The assignment **was turned in by** Juan.*

PAST PARTICIPLE A past form of the verb used in compound tenses. The past participle may also be used as an adjective, but it must then agree in number and gender with the word it modifies.

Han **buscado** por todas partes.
*They have **searched** everywhere.*

Yo no había **estudiado** para el examen.
*I hadn't **studied** for the exam.*

Hay una ventana **abierta** en la sala.
*There is an **open** window in the living room.*

PERSON The form of the verb or pronoun that indicates the speaker, the one spoken to, or the one spoken about. In Spanish, as in English, there are three persons: first, second, and third.

PERSON	SINGULAR	PLURAL
1st	**yo** *I*	**nosotros/as** *we*
2nd	**tú, Ud.** *you*	**vosotros/as, Uds.** *you*
3rd	**él, ella** *he, she*	**ellos, ellas** *they*

PREPOSITION A word or words that describe(s) the relationship, most often in time or space, between two other words.

Anita es **de** California.
*Anita is **from** California.*

La chaqueta está **en** el carro.
*The jacket is **in** the car.*

PRESENT PARTICIPLE In English, a verb form that ends in *-ing*. In Spanish, the present participle ends in **-ndo**, and is often used with **estar** to form a progressive tense.

Está **hablando** por teléfono ahora mismo.
*He is **talking** on the phone right now.*

PRONOUN A word that takes the place of a noun or nouns.

Demonstrative pronoun A pronoun that takes the place of a specific noun.

Quiero **ésta**.
*I want **this one**.*

¿Vas a comprar **ése**?
*Are you going to buy **that one**?*

Juan prefirió **aquéllos**.
*Juan preferred **those** (over there).*

Object pronoun A pronoun that functions as a direct or indirect object of the verb.

Te digo la verdad.
*I'm telling **you** the truth.*

Me lo trajo Juan.
*Juan brought **it to me**.*

Possessive pronoun A pronoun that functions to show ownership or possession. Possessive pronouns are preceded by a definite article and agree in gender and number with the nouns they replace.

Perdí mi libro. ¿Me prestas el **tuyo**?
*I lost my book. Will you loan me **yours**?*

Las clases suyas son aburridas, pero **las nuestras** son buenísimas.
*Their classes are boring, but **ours** are great.*

Prepositional pronoun A pronoun that functions as the object of a preposition. Except for **mí, ti,** and **sí**, these pronouns are the same as subject pronouns. The adjective **mismo/a** may be added to express *myself, himself,* etc. After the preposition **con**, the forms **conmigo, contigo,** and **consigo** are used.

¿Es **para mí**?	Juan habló **de ella**.
*Is this **for me**?*	*Juan spoke **about her**.*
Iré **contigo**.	Se lo regaló **a sí mismo**.
*I will go **with you**.*	*He gave it **to himself**.*

Reflexive pronoun A pronoun that indicates that the action of a verb is performed by the subject on itself. These pronouns are often expressed in English with *-self: myself, yourself,* etc.

Yo **me bañé**.	Elena **se acostó**.
*I **took a bath**.*	*Elena **went to bed**.*

Relative pronoun A pronoun that connects a subordinate clause to a main clause.

El edificio **en el cual** vivimos es antiguo.
*The building **that** we live in is ancient.*

La mujer **de quien** te hablé acaba de renunciar.
*The woman **(whom)** I told you about just quit.*

Subject pronoun A pronoun that replaces the name or title of a person or thing, and acts as the subject of a verb.

Tú debes estudiar más.
***You** should study more.*

Él llegó primero.
***He** arrived first.*

SUBJECT A noun or pronoun that performs the action of a verb and is often implied by the verb.

María va al supermercado.
***María** goes to the supermarket.*

(Ellos) Trabajan mucho.
***They** work hard.*

Esos libros son muy caros.
***Those books** are very expensive.*

SUPERLATIVE A grammatical construction used to describe the most or the least of a quality when comparing a group of people, places, or objects.

Tina es **la menos simpática** de las chicas.
*Tina is **the least pleasant** of the girls.*

Tu coche es **el más rápido** de todos.
*Your car is **the fastest** one of all.*

Los restaurantes en Calle Ocho son **los mejores** de todo Miami.
*The restaurants on Calle Ocho are **the best** in all of Miami.*

Absolute superlatives Adjectives or adverbs combined with forms of the suffix **ísimo/a** in order to express the idea of extremely or very.

¡Lo hice **facilísimo**!
*I did it **so easily**!*

Ella es **jovencísima**.
*She is **very, very young**.*

TENSE A set of verb forms that indicates the time of an action or state: past, present, or future.

Compound tense A two-word tense made up of an auxiliary verb and a present or past participle. In Spanish, there are two auxiliary verbs: **estar** and **haber**.

En este momento, **estoy estudiando**.
*At this time, **I am studying**.*

El paquete no **ha llegado** todavía.
*The package **has** not **arrived** yet.*

Simple tense A tense expressed by a single verb form.

María **estaba** mal anoche.
*María **was** ill last night.*

Juana **hablará** con su mamá mañana.
*Juana **will speak** with her mom tomorrow.*

VERB A word that expresses actions or states-of-being.

Auxiliary verb A verb used with a present or past participle to form a compound tense. **Haber** is the most commonly used auxiliary verb in Spanish.

Los chicos **han** visto los elefantes.
*The children **have** seen the elephants.*

Espero que **hayas** comido.
*I hope you **have** eaten.*

Reflexive verb A verb that describes an action performed by the subject on itself and is always used with a reflexive pronoun.

Me compré un carro nuevo.
***I bought myself** a new car.*

Pedro y Adela **se levantan** muy temprano.
*Pedro and Adela **get (themselves) up** very early.*

Spelling-change verb A verb that undergoes a predictable change in spelling, in order to reflect its actual pronunciation in the various conjugations.

practicar	c→qu	practico	practiqué
dirigir	g→j	dirigí	dirijo
almorzar	z→c	almorzó	almorcé

Stem-changing verb A verb whose stem vowel undergoes one or more predictable changes in the various conjugations.

entender	(e:ie)	entiendo
pedir	(e:i)	piden
dormir	(o:ue, u)	duermo, durmieron

Verb conjugation tables

Guide to the Verb List and Tables

Below you will find the infinitive of the verbs introduced as active vocabulary in **ENFOQUES**. Each verb is followed by a model verb conjugated on the same pattern. The number in parentheses indicates where in the verb tables, pages 556–563, you can find the conjugated forms of the model verb.

abrazar (z:c) like cruzar (37)	**besar** like hablar (1)	**curarse** like hablar (1)	**doler** (o:ue) like volver (34)
aburrir(se) like vivir (3)	**borrar** like hablar (1)	**dar(se)** (7)	*except* past participle is regular
acabar(se) like hablar (1)	**botar** like hablar (1)	**deber** like comer (2)	**dormir(se)** (o:ue) (25)
acariciar like hablar (1)	**brindar** like hablar (1)	**decir** (e:i) (8)	**ducharse** like hablar (1)
acentuar (acentúo) **like** graduar (40)	**caber** (4)	**delatar** like hablar (1)	**echar** like hablar (1)
acercarse (c:qu) like tocar (43)	**caer** (y) (5)	**denunciar** like hablar (1)	**editar** like hablar (1)
aclarar like hablar (1)	**calentar** (e:ie) like pensar (30)	**depositar** like hablar (1)	**educar** (c:qu) like tocar (43)
acompañar like hablar (1)	**cancelar** like hablar (1)	**derretir(se)** (e:i) like pedir (29)	**elegir** (e:i) (g:j) like proteger (42) for endings only
aconsejar like hablar (1)	**cazar** (z:c) like cruzar (37)	**derribar** like hablar (1)	
acordar(se) (o:ue) like contar (24)	**celebrar** like hablar (1)	**derrocar** (c:qu) like tocar (43)	**embalar(se)** like hablar (1)
acostar(se) (o:ue) like contar (24)	**cepillar(se)** like hablar (1)	**derrotar** like hablar (1)	**emigrar** like hablar (1)
acostumbrar(se) like hablar (1)	**clonar** like hablar (1)	**desafiar** (desafío) like enviar (39)	**empatar** like hablar (1)
actualizar (z:c) like cruzar (37)	**cobrar** like hablar (1)	**desaparecer** (c:zc) like conocer (35)	**empeorar** like hablar (1)
adelgazar (z:c) like cruzar (37)	**cocinar** like hablar (1)	**desarrollar(se)** like hablar (1)	**empezar** (e:ie) (z:c) (26)
adjuntar like hablar (1)	**colocar** (c:qu) like tocar (43)	**descansar** like hablar (1)	**enamorarse** like hablar (1)
adorar like hablar (1)	**colonizar** (z:c) like cruzar (37)	**descargar** (g:gu) like llegar (41)	**encabezar** (z:c) like cruzar (37)
afeitar(se) like hablar (1)	**comer(se)** (2)	**descongelar(se)** like hablar (1)	**encantar** like hablar (1)
afligir(se) (g:j) like proteger (42) for endings only	**componer** like poner (15)	**descubrir** like vivir (3) *except* past participle is descubierto	**encargar(se)** (g:gu) like llegar (41)
	comprobar (o:ue) like contar (24)		
agotar like hablar (1)	**conducir** (c:zc) (6)	**descuidar(se)** like hablar (1)	**encender** (e:ie) like entender (27)
ahorrar like hablar (1)	**congelar(se)** like hablar (1)	**desear** like hablar (1)	**enfermarse** like hablar (1)
aislar (aíslo) like enviar (39)	**conocer** (c:zc) (35)	**deshacer** like hacer (11)	**enganchar** like hablar (1)
alojar(se) like hablar (1)	**conquistar** like hablar (1)	**despedir(se)** (e:i) like pedir (29)	**engañar** like hablar (1)
amar like hablar (1)	**conseguir** (e:i) like seguir (32)	**despertar(se)** (e:ie) like pensar (30)	**engordar** like hablar (1)
amenazar (z:c) like cruzar (37)	**conservar** like hablar (1)		**ensayar** like hablar (1)
anotar like hablar (1)	**contagiar(se)** like hablar (1)	**destruir** (y) (38)	**entender** (e:ie) (27)
apagar (g:gu) like llegar (41)	**contaminar** like hablar (1)	**devolver** (o:ue) like volver (34)	**enterarse** like hablar (1)
aparecer (c:zc) like conocer (35)	**contar** (o:ue) (24)	**dibujar** like hablar (1)	**enterrar** (e:ie) like pensar (30)
aplaudir like vivir (3)	**contentarse** like hablar (1)	**dirigir** (g:j) like proteger (42) for endings only	**entretener(se)** (e:ie) like tener (20)
apreciar like hablar (1)	**contraer** like traer (21)		
arreglar(se) like hablar (1)	**contratar** like hablar (1)	**disculpar(se)** like hablar (1)	**enviar** (envío) (39)
arrepentirse (e:ie) like sentir (33)	**contribuir** (y) like destruir (38)	**discutir** like vivir (3)	**esclavizar** (z:c) like cruzar (37)
ascender (e:ie) like entender (27)	**convertirse** (e:ie) like sentir (33)	**diseñar** like hablar (1)	**escoger** (g:j) like proteger (42)
atraer like traer (21)	**coquetear** like hablar (1)	**disfrutar** like hablar (1)	**esculpir** like vivir (3)
atrapar like hablar (1)	**crear** like hablar (1)	**disgustar** like hablar (1)	**establecer(se)** (c:zc) like conocer (35)
atreverse like comer (2)	**crecer** (c:zc) like conocer (35)	**disponer(se)** like poner (15)	
averiguar like hablar (1)	**creer** (y) (36)	**distinguir** (gu:g) like seguir (32) for endings only	**estar** (9)
bailar like hablar (1)	**criar(se)** (crío) like enviar (39)		**exigir** (g:j) like proteger (42) for endings only
bañar(se) like hablar (1)	**criticar** (c:qu) like tocar (43)	**distraer** like traer (21)	
barrer like comer (2)	**cruzar** (z:c) (37)	**divertirse** (e:ie) like sentir (33)	**explotar** like hablar (1)
beber like comer (2)	**cuidar** like hablar (1)		**exportar** like hablar (1)
bendecir (e:i) like decir (8)	**cumplir** like vivir (3)		**expulsar** like hablar (1)

extinguir(se) like destruir (38)
fabricar (c:qu) like tocar (43)
faltar like hablar (1)
fascinar like hablar (1)
festejar like hablar (1)
fijar(se) like hablar (1)
financiar like hablar (1)
florecer (c:zc) like conocer (35)
flotar like hablar (1)
formular like hablar (1)
freír (e:i) (frío) like reír (31)
funcionar like hablar (1)
gastar like hablar (1)
gobernar (e:ie) like pensar (30)
grabar like hablar (1)
graduar(se) (gradúo) (40)
guardar(se) like hablar (1)
gustar like hablar (1)
haber (10)
habitar like hablar (1)
hablar (1)
hacer(se) (11)
herir (e: ie) like sentir (33)
hervir (e:ie) like sentir (33)
hojear like hablar (1)
huir (y) like destruir (38)
humillar like hablar (1)
importar like hablar (1)
impresionar like hablar (1)
imprimir like vivir (3)
inscribirse like vivir (3)
insistir like vivir (3)
instalar like hablar (1)
integrar(se) like hablar (1)
interesar like hablar (1)
invadir like vivir (3)
inventar like hablar (1)
invertir (e:ie) like sentir (33)
investigar (g:gu) like llegar (41)
ir (12)
jubilarse like hablar (1)
jugar (u:ue) (g:gu) (28)
jurar like hablar (1)
lastimarse like hablar (1)
latir like vivir (3)
lavar(se) like hablar (1)
levantar(se) like hablar (1)
liberar like hablar (1)
lidiar like hablar (1)
limpiar like hablar (1)

llegar (g:gu) (41)
llevar(se) like hablar (1)
lograr like hablar (1)
luchar like hablar (1)
madrugar (g:gu) like llegar (41)
malgastar like hablar (1)
manipular like hablar (1)
maquillarse like hablar (1)
meditar like hablar (1)
mejorar like hablar (1)
merecer (c:zc) like conocer (35)
meter(se) like comer (2)
molestar like hablar (1)
morder (o:ue) like volver (34)
morirse (o:ue) like dormir (25)
  except past participle is muerto
mudar(se) like hablar (1)
narrar like hablar (1)
navegar (g:gu) like llegar (41)
necesitar like hablar (1)
obedecer (c:zc) like conocer (35)
ocultar(se) like hablar (1)
odiar like hablar (1)
oír (y) (13)
olvidar(se) like hablar (1)
opinar like hablar (1)
oponerse like poner (15)
oprimir like vivir (3)
oscurecer (c:zc) like conocer (35)
parar like hablar (1)
parecer(se) (c:zc) like conocer (35)
patear like hablar (1)
pedir (e:i) (29)
peinar(se) like hablar (1)
pensar (e:ie) (30)
permanecer (c:zc) like conocer (35)
pertenecer (c:zc) like conocer (35)
pillar like hablar (1)
pintar like hablar (1)
poblar (o:ue) like contar (24)
poder (o:ue) (14)
poner(se) (15)
preferir (e:ie) like sentir (33)
preocupar(se) like hablar (1)
prestar like hablar (1)
prevenir (e:ie) like venir (22)
prever like ver (23)

probar(se) (o:ue) like contar (24)
producir (c:sz) like conducir (6)
prohibir (prohíbo) like enviar (39)
  for endings only
proponer like poner (15)
proteger (g:j) (42)
protestar like hablar (1)
publicar (c:qu) like tocar (43)
quedar(se) like hablar (1)
quejarse like hablar (1)
querer (e:ie) (16)
quitar(se) like hablar (1)
recetar like hablar (1)
rechazar (z:c) like cruzar (37)
reciclar like hablar (1)
reclamar like hablar (1)
recomendar (e:ie) like pensar (30)
reconocer (c:zc) like conocer (35)
recorrer like comer (2)
recuperar(se) like hablar (1)
reducir (c:zc) like conducir (6)
reflejar like hablar (1)
regresar like hablar (1)
rehacer like hacer (11)
reír(se) (e:i) (31)
relajarse like hablar (1)
rendirse (e:i) like pedir (29)
renunciar like hablar (1)
reservar like hablar (1)
resolver (o:ue) like volver (34)
retratar like hablar (1)
reunir(se) like vivir (3)
rezar (z:c) like cruzar (37)
rociar like hablar (1)
rodar (o:ue) like contar (24)
rogar (o:ue) like contar (24) for
  stem changes; (g:gu) like llegar
  (41) for endings
romper like comer (2) except
  past participle is roto
saber (17)
sacrificar (c:qu) like tocar (43)
salir (18)
salvar like hablar (1)
sanar like hablar (1)
secar(se) (c:qu) like tocar (43)
seguir (e:i) (gu:g) (32)
seleccionar like hablar (1)
sentir(se) (e:ie) (33)

señalar like hablar (1)
sepultar like hablar (1)
ser (19)
soler (o:ue) like volver (34)
solicitar like hablar (1)
sonar (o:ue) like contar (24)
soñar (o:ue) like contar (24)
sorprender(se) like comer (2)
subsistir like vivir (3)
suceder like comer (2)
sufrir like vivir (3)
sugerir (e:ie) like sentir (33)
suponer like poner (15)
suprimir like vivir (3)
suscribirse like vivir (3)
tener (e:ie) (20)
tirar like hablar (1)
titularse like hablar (1)
tocar (c:qu) (43)
torear like hablar (1)
toser like comer (2)
traducir (c:zc) like conducir (6)
traer (21)
transcurrir like vivir (3)
transmitir like vivir (3)
trasnochar like hablar (1)
tratar(se) like hablar (1)
valer like salir (18) only for
  endings
vencer (c:z) (44)
venerar like hablar (1)
venir (e:ie) (22)
ver(se) (23)
vestir(se) (e:i) like pedir (29)
vivir (3)
volar (o:ue) like contar (24)
volver (o:ue) (34)
votar like hablar (1)

7 · dar
Participles: dando, dado

	INDICATIVE					SUBJUNCTIVE		IMPERATIVE
	Present	Imperfect	Preterite	Future	Conditional	Present	Past	
	doy	daba	di	daré	daría	dé	diera	
	das	dabas	diste	darás	darías	des	dieras	da tú (no des)
	da	daba	dio	dará	daría	dé	diera	dé Ud.
	damos	dábamos	dimos	daremos	daríamos	demos	diéramos	demos
	dais	dabais	disteis	daréis	daríais	deis	dierais	dad (no deis)
	dan	daban	dieron	darán	darían	den	dieran	den Uds.

8 · decir (e:i)
Participles: diciendo, dicho

	INDICATIVE					SUBJUNCTIVE		IMPERATIVE
	Present	Imperfect	Preterite	Future	Conditional	Present	Past	
	digo	decía	dije	diré	diría	diga	dijera	
	dices	decías	dijiste	dirás	dirías	digas	dijeras	di tú (no digas)
	dice	decía	dijo	dirá	diría	diga	dijera	diga Ud.
	decimos	decíamos	dijimos	diremos	diríamos	digamos	dijéramos	digamos
	decís	decíais	dijisteis	diréis	diríais	digáis	dijerais	decid (no digáis)
	dicen	decían	dijeron	dirán	dirían	digan	dijeran	digan Uds.

9 · estar
Participles: estando, estado

	INDICATIVE					SUBJUNCTIVE		IMPERATIVE
	Present	Imperfect	Preterite	Future	Conditional	Present	Past	
	estoy	estaba	estuve	estaré	estaría	esté	estuviera	
	estás	estabas	estuviste	estarás	estarías	estés	estuvieras	está tú (no estés)
	está	estaba	estuvo	estará	estaría	esté	estuviera	esté Ud.
	estamos	estábamos	estuvimos	estaremos	estaríamos	estemos	estuviéramos	estemos
	estáis	estabais	estuvisteis	estaréis	estaríais	estéis	estuvierais	estad (no estéis)
	están	estaban	estuvieron	estarán	estarían	estén	estuvieran	estén Uds.

10 · haber
Participles: habiendo, habido

	INDICATIVE					SUBJUNCTIVE		IMPERATIVE
	Present	Imperfect	Preterite	Future	Conditional	Present	Past	
	he	había	hube	habré	habría	haya	hubiera	
	has	habías	hubiste	habrás	habrías	hayas	hubieras	
	ha	había	hubo	habrá	habría	haya	hubiera	
	hemos	habíamos	hubimos	habremos	habríamos	hayamos	hubiéramos	
	habéis	habíais	hubisteis	habréis	habríais	hayáis	hubierais	
	han	habían	hubieron	habrán	habrían	hayan	hubieran	

11 · hacer
Participles: haciendo, hecho

	INDICATIVE					SUBJUNCTIVE		IMPERATIVE
	Present	Imperfect	Preterite	Future	Conditional	Present	Past	
	hago	hacía	hice	haré	haría	haga	hiciera	
	haces	hacías	hiciste	harás	harías	hagas	hicieras	haz tú (no hagas)
	hace	hacía	hizo	hará	haría	haga	hiciera	haga Ud.
	hacemos	hacíamos	hicimos	haremos	haríamos	hagamos	hiciéramos	hagamos
	hacéis	hacíais	hicisteis	haréis	haríais	hagáis	hicierais	haced (no hagáis)
	hacen	hacían	hicieron	harán	harían	hagan	hicieran	hagan Uds.

12 · ir
Participles: yendo, ido

	INDICATIVE					SUBJUNCTIVE		IMPERATIVE
	Present	Imperfect	Preterite	Future	Conditional	Present	Past	
	voy	iba	fui	iré	iría	vaya	fuera	
	vas	ibas	fuiste	irás	irías	vayas	fueras	ve tú (no vayas)
	va	iba	fue	irá	iría	vaya	fuera	vaya Ud.
	vamos	íbamos	fuimos	iremos	iríamos	vayamos	fuéramos	vamos (no vayamos)
	vais	ibais	fuisteis	iréis	iríais	vayáis	fuerais	id (no vayáis)
	van	iban	fueron	irán	irían	vayan	fueran	vayan Uds.

13 · oír (y)
Participles: oyendo, oído

	INDICATIVE					SUBJUNCTIVE		IMPERATIVE
	Present	Imperfect	Preterite	Future	Conditional	Present	Past	
	oigo	oía	oí	oiré	oiría	oiga	oyera	
	oyes	oías	oíste	oirás	oirías	oigas	oyeras	oye tú (no oigas)
	oye	oía	oyó	oirá	oiría	oiga	oyera	oiga Ud.
	oímos	oíamos	oímos	oiremos	oiríamos	oigamos	oyéramos	oigamos
	oís	oíais	oísteis	oiréis	oiríais	oigáis	oyerais	oíd (no oigáis)
	oyen	oían	oyeron	oirán	oirían	oigan	oyeran	oigan Uds.

		INDICATIVE					SUBJUNCTIVE		IMPERATIVE
Infinitive	Present	Imperfect	Preterite	Future	Conditional	Present	Past	
14 poder (o:ue) **Participles:** **pudiendo** podido	**puedo** **puedes** **puede** podemos podéis **pueden**	podía podías podía podíamos podíais podían	**pude** **pudiste** **pudo** **pudimos** **pudisteis** **pudieron**	**podré** **podrás** **podrá** **podremos** **podréis** **podrán**	**podría** **podrías** **podría** **podríamos** **podríais** **podrían**	**pueda** **puedas** **pueda** podamos podáis **puedan**	**pudiera** **pudieras** **pudiera** **pudiéramos** **pudierais** **pudieran**	 **puede** tú (no **puedas**) **pueda** Ud. podamos poded (no **podáis**) **puedan** Uds.
15 poner **Participles:** poniendo **puesto**	**pongo** pones pone ponemos ponéis ponen	ponía ponías ponía poníamos poníais ponían	**puse** **pusiste** **puso** **pusimos** **pusisteis** **pusieron**	**pondré** **pondrás** **pondrá** **pondremos** **pondréis** **pondrán**	**pondría** **pondrías** **pondría** **pondríamos** **pondríais** **pondrían**	**ponga** **pongas** **ponga** **pongamos** **pongáis** **pongan**	**pusiera** **pusieras** **pusiera** **pusiéramos** **pusierais** **pusieran**	 **pon** tú (no **pongas**) **ponga** Ud. **pongamos** poned (no **pongáis**) **pongan** Uds.
16 querer (e:ie) **Participles:** queriendo querido	**quiero** **quieres** **quiere** queremos queréis **quieren**	quería querías quería queríamos queríais querían	**quise** **quisiste** **quiso** **quisimos** **quisisteis** **quisieron**	**querré** **querrás** **querrá** **querremos** **querréis** **querrán**	**querría** **querrías** **querría** **querríamos** **querríais** **querrían**	**quiera** **quieras** **quiera** queramos queráis **quieran**	**quisiera** **quisieras** **quisiera** **quisiéramos** **quisierais** **quisieran**	 **quiere** tú (no **quieras**) **quiera** Ud. queramos quered (no **queráis**) **quieran** Uds.
17 saber **Participles:** sabiendo sabido	**sé** sabes sabe sabemos sabéis saben	sabía sabías sabía sabíamos sabíais sabían	**supe** **supiste** **supo** **supimos** **supisteis** **supieron**	**sabré** **sabrás** **sabrá** **sabremos** **sabréis** **sabrán**	**sabría** **sabrías** **sabría** **sabríamos** **sabríais** **sabrían**	**sepa** **sepas** **sepa** **sepamos** **sepáis** **sepan**	**supiera** **supieras** **supiera** **supiéramos** **supierais** **supieran**	 sabe tú (no **sepas**) **sepa** Ud. **sepamos** sabed (no **sepáis**) **sepan** Uds.
18 salir **Participles:** saliendo salido	**salgo** sales sale salimos salís salen	salía salías salía salíamos salíais salían	salí saliste salió salimos salisteis salieron	**saldré** **saldrás** **saldrá** **saldremos** **saldréis** **saldrán**	**saldría** **saldrías** **saldría** **saldríamos** **saldríais** **saldrían**	**salga** **salgas** **salga** **salgamos** **salgáis** **salgan**	saliera salieras saliera saliéramos salierais salieran	 **sal** tú (no **salgas**) **salga** Ud. **salgamos** salid (no **salgáis**) **salgan** Uds.
19 ser **Participles:** siendo sido	**soy** **eres** **es** **somos** **sois** **son**	**era** **eras** **era** **éramos** **erais** **eran**	**fui** **fuiste** **fue** **fuimos** **fuisteis** **fueron**	seré serás será seremos seréis serán	sería serías sería seríamos seríais serían	**sea** **seas** **sea** **seamos** **seáis** **sean**	**fuera** **fueras** **fuera** **fuéramos** **fuerais** **fueran**	 **sé** tú (no **seas**) **sea** Ud. **seamos** sed (no **seáis**) **sean** Uds.
20 tener (e:ie) **Participles:** teniendo tenido	**tengo** **tienes** **tiene** tenemos tenéis **tienen**	tenía tenías tenía teníamos teníais tenían	**tuve** **tuviste** **tuvo** **tuvimos** **tuvisteis** **tuvieron**	**tendré** **tendrás** **tendrá** **tendremos** **tendréis** **tendrán**	**tendría** **tendrías** **tendría** **tendríamos** **tendríais** **tendrían**	**tenga** **tengas** **tenga** **tengamos** **tengáis** **tengan**	**tuviera** **tuvieras** **tuviera** **tuviéramos** **tuvierais** **tuvieran**	 **ten** tú (no **tengas**) **tenga** Ud. **tengamos** tened (no **tengáis**) **tengan** Uds.

21. traer — Participles: **trayendo**, **traído**

	INDICATIVE					SUBJUNCTIVE		IMPERATIVE
	Present	Imperfect	Preterite	Future	Conditional	Present	Past	
	traigo	traía	**traje**	traeré	traería	**traiga**	**trajera**	
	traes	traías	**trajiste**	traerás	traerías	**traigas**	**trajeras**	trae tú (no **traigas**)
	trae	traía	**trajo**	traerá	traería	**traiga**	**trajera**	**traiga** Ud.
	traemos	traíamos	**trajimos**	traeremos	traeríamos	**traigamos**	**trajéramos**	**traigamos**
	traéis	traíais	**trajisteis**	traeréis	traeríais	**traigáis**	**trajerais**	traed (no **traigáis**)
	traen	traían	**trajeron**	traerán	traerían	**traigan**	**trajeran**	**traigan** Uds.

22. venir (e:ie) — Participles: **viniendo**, venido

	INDICATIVE					SUBJUNCTIVE		IMPERATIVE
	Present	Imperfect	Preterite	Future	Conditional	Present	Past	
	vengo	venía	**vine**	**vendré**	**vendría**	**venga**	**viniera**	
	vienes	venías	**viniste**	**vendrás**	**vendrías**	**vengas**	**vinieras**	**ven** tú (no **vengas**)
	viene	venía	**vino**	**vendrá**	**vendría**	**venga**	**viniera**	**venga** Ud.
	venimos	veníamos	**vinimos**	**vendremos**	**vendríamos**	**vengamos**	**viniéramos**	**vengamos**
	venís	veníais	**vinisteis**	**vendréis**	**vendríais**	**vengáis**	**vinierais**	venid (no **vengáis**)
	vienen	venían	**vinieron**	**vendrán**	**vendrían**	**vengan**	**vinieran**	**vengan** Uds.

23. ver — Participles: **viendo**, **visto**

	INDICATIVE					SUBJUNCTIVE		IMPERATIVE
	Present	Imperfect	Preterite	Future	Conditional	Present	Past	
	veo	**veía**	**vi**	veré	vería	**vea**	**viera**	
	ves	**veías**	viste	verás	verías	**veas**	**vieras**	ve tú (no **veas**)
	ve	**veía**	**vio**	verá	vería	**vea**	**viera**	**vea** Ud.
	vemos	**veíamos**	vimos	veremos	veríamos	**veamos**	**viéramos**	**veamos**
	veis	**veíais**	visteis	veréis	veríais	**veáis**	**vierais**	ved (no **veáis**)
	ven	**veían**	vieron	verán	verían	**vean**	**vieran**	**vean** Uds.

Stem-changing verbs

24. contar (o:ue) — Participles: contando, contado

	INDICATIVE					SUBJUNCTIVE		IMPERATIVE
	Present	Imperfect	Preterite	Future	Conditional	Present	Past	
	cuento	contaba	conté	contaré	contaría	**cuente**	contara	
	cuentas	contabas	contaste	contarás	contarías	**cuentes**	contaras	**cuenta** tú (no **cuentes**)
	cuenta	contaba	contó	contará	contaría	**cuente**	contara	**cuente** Ud.
	contamos	contábamos	contamos	contaremos	contaríamos	contemos	contáramos	contemos
	contáis	contabais	contasteis	contaréis	contaríais	contéis	contarais	contad (no contéis)
	cuentan	contaban	contaron	contarán	contarían	**cuenten**	contaran	**cuenten** Uds.

25. dormir (o:ue) — Participles: **durmiendo**, dormido

	INDICATIVE					SUBJUNCTIVE		IMPERATIVE
	Present	Imperfect	Preterite	Future	Conditional	Present	Past	
	duermo	dormía	dormí	dormiré	dormiría	**duerma**	**durmiera**	
	duermes	dormías	dormiste	dormirás	dormirías	**duermas**	**durmieras**	**duerme** tú (no **duermas**)
	duerme	dormía	**durmió**	dormirá	dormiría	**duerma**	**durmiera**	**duerma** Ud.
	dormimos	dormíamos	dormimos	dormiremos	dormiríamos	**durmamos**	**durmiéramos**	**durmamos**
	dormís	dormíais	dormisteis	dormiréis	dormiríais	**durmáis**	**durmierais**	dormid (no **durmáis**)
	duermen	dormían	**durmieron**	dormirán	dormirían	**duerman**	**durmieran**	**duerman** Uds.

26. empezar (e:ie) (z:c) — Participles: empezando, empezado

	INDICATIVE					SUBJUNCTIVE		IMPERATIVE
	Present	Imperfect	Preterite	Future	Conditional	Present	Past	
	empiezo	empezaba	**empecé**	empezaré	empezaría	**empiece**	empezara	
	empiezas	empezabas	empezaste	empezarás	empezarías	**empieces**	empezaras	**empieza** tú (no **empieces**)
	empieza	empezaba	empezó	empezará	empezaría	**empiece**	empezara	**empiece** Ud.
	empezamos	empezábamos	empezamos	empezaremos	empezaríamos	**empecemos**	empezáramos	**empecemos**
	empezáis	empezabais	empezasteis	empezaréis	empezaríais	**empecéis**	empezarais	empezad (no **empecéis**)
	empiezan	empezaban	empezaron	empezarán	empezarían	**empiecen**	empezaran	**empiecen** Uds.

	Infinitive	INDICATIVE					SUBJUNCTIVE		IMPERATIVE
		Present	Imperfect	Preterite	Future	Conditional	Present	Past	
27	entender (e:ie) **Participles:** entendiendo entendido	entiendo entiendes entiende entendemos entendéis entienden	entendía entendías entendía entendíamos entendíais entendían	entendí entendiste entendió entendimos entendisteis entendieron	entenderé entenderás entenderá entenderemos entenderéis entenderán	entendería entenderías entendería entenderíamos entenderíais entenderían	entienda entiendas entienda entendamos entendáis entiendan	entendiera entendieras entendiera entendiéramos entendierais entendieran	entiende tú (no entiendas) entienda Ud. entendamos entended (no entendáis) entiendan Uds.
28	jugar (u:ue) (g:gu) **Participles:** jugando jugado	juego juegas juega jugamos jugáis juegan	jugaba jugabas jugaba jugábamos jugabais jugaban	jugué jugaste jugó jugamos jugasteis jugaron	jugaré jugarás jugará jugaremos jugaréis jugarán	jugaría jugarías jugaría jugaríamos jugaríais jugarían	juegue juegues juegue juguemos juguéis jueguen	jugara jugaras jugara jugáramos jugarais jugaran	juega tú (no juegues) juegue Ud. juguemos jugad (no juguéis) jueguen Uds.
29	pedir (e:i) **Participles:** pidiendo pedido	pido pides pide pedimos pedís piden	pedía pedías pedía pedíamos pedíais pedían	pedí pediste pidió pedimos pedisteis pidieron	pediré pedirás pedirá pediremos pediréis pedirán	pediría pedirías pediría pediríamos pediríais pedirían	pida pidas pida pidamos pidáis pidan	pidiera pidieras pidiera pidiéramos pidierais pidieran	pide tú (no pidas) pida Ud. pidamos pedid (no pidáis) pidan Uds.
30	pensar (e:ie) **Participles:** pensando pensado	pienso piensas piensa pensamos pensáis piensan	pensaba pensabas pensaba pensábamos pensabais pensaban	pensé pensaste pensó pensamos pensasteis pensaron	pensaré pensarás pensará pensaremos pensaréis pensarán	pensaría pensarías pensaría pensaríamos pensaríais pensarían	piense pienses piense pensemos penséis piensen	pensara pensaras pensara pensáramos pensarais pensaran	piensa tú (no pienses) piense Ud. pensemos pensad (no penséis) piensen Uds.
31	reír(se) (e:i) **Participles:** riendo reído	río ríes ríe reímos reís ríen	reía reías reía reíamos reíais reían	reí reíste rió reímos reísteis rieron	reiré reirás reirá reiremos reiréis reirán	reiría reirías reiría reiríamos reiríais reirían	ría rías ría riamos riáis rían	riera rieras riera riéramos rierais rieran	ríe tú (no rías) ría Ud. riamos reíd (no riáis) rían Uds.
32	seguir (e:i) (gu:g) **Participles:** siguiendo seguido	sigo sigues sigue seguimos seguís siguen	seguía seguías seguía seguíamos seguíais seguían	seguí seguiste siguió seguimos seguisteis siguieron	seguiré seguirás seguirá seguiremos seguiréis seguirán	seguiría seguirías seguiría seguiríamos seguiríais seguirían	siga sigas siga sigamos sigáis sigan	siguiera siguieras siguiera siguiéramos siguierais siguieran	sigue tú (no sigas) siga Ud. sigamos seguid (no sigáis) sigan Uds.
33	sentir (e:ie) **Participles:** sintiendo sentido	siento sientes siente sentimos sentís sienten	sentía sentías sentía sentíamos sentíais sentían	sentí sentiste sintió sentimos sentisteis sintieron	sentiré sentirás sentirá sentiremos sentiréis sentirán	sentiría sentirías sentiría sentiríamos sentiríais sentirían	sienta sientas sienta sintamos sintáis sientan	sintiera sintieras sintiera sintiéramos sintierais sintieran	siente tú (no sientas) sienta Ud. sintamos sentid (no sintáis) sientan Uds.

34 volver (o:ue)
Participles: volviendo, **vuelto**

	INDICATIVE					SUBJUNCTIVE		IMPERATIVE
Infinitive	Present	Imperfect	Preterite	Future	Conditional	Present	Past	
volver (o:ue)	**vuelvo**	volvía	volví	volveré	volvería	**vuelva**	volviera	
	vuelves	volvías	volviste	volverás	volverías	**vuelvas**	volvieras	**vuelve** tú (no **vuelvas**)
Participles:	**vuelve**	volvía	volvió	volverá	volvería	**vuelva**	volviera	**vuelva** Ud.
volviendo	volvemos	volvíamos	volvimos	volveremos	volveríamos	volvamos	volviéramos	volvamos
vuelto	volvéis	volvíais	volvisteis	volveréis	volveríais	volváis	volvierais	volved (no volváis)
	vuelven	volvían	volvieron	volverán	volverían	**vuelvan**	volvieran	**vuelvan** Uds.

Verbs with spelling changes only

	INDICATIVE					SUBJUNCTIVE		IMPERATIVE
Infinitive	Present	Imperfect	Preterite	Future	Conditional	Present	Past	
35 conocer (c:zc)	**conozco**	conocía	conocí	conoceré	conocería	**conozca**	conociera	
	conoces	conocías	conociste	conocerás	conocerías	**conozcas**	conocieras	conoce tú (no **conozcas**)
	conoce	conocía	conoció	conocerá	conocería	**conozca**	conociera	**conozca** Ud.
Participles:	conocemos	conocíamos	conocimos	conoceremos	conoceríamos	**conozcamos**	conociéramos	**conozcamos**
conociendo	conocéis	conocíais	conocisteis	conoceréis	conoceríais	**conozcáis**	conocierais	conoced (no **conozcáis**)
conocido	conocen	conocían	conocieron	conocerán	conocerían	**conozcan**	conocieran	**conozcan** Uds.
36 creer (y)	creo	creía	creí	creeré	creería	crea	**creyera**	
	crees	creías	**creíste**	creerás	creerías	creas	**creyeras**	cree tú (no creas)
	cree	creía	**creyó**	creerá	creería	crea	**creyera**	crea Ud.
Participles:	creemos	creíamos	**creímos**	creeremos	creeríamos	creamos	**creyéramos**	creamos
creyendo	creéis	creíais	**creísteis**	creeréis	creeríais	creáis	**creyerais**	creed (no creáis)
creído	creen	creían	**creyeron**	creerán	creerían	crean	**creyeran**	crean Uds.
37 cruzar (z:c)	cruzo	cruzaba	**crucé**	cruzaré	cruzaría	**cruce**	cruzara	
	cruzas	cruzabas	cruzaste	cruzarás	cruzarías	**cruces**	cruzaras	cruza tú (no **cruces**)
	cruza	cruzaba	cruzó	cruzará	cruzaría	**cruce**	cruzara	**cruce** Ud.
Participles:	cruzamos	cruzábamos	cruzamos	cruzaremos	cruzaríamos	**crucemos**	cruzáramos	**crucemos**
cruzando	cruzáis	cruzabais	cruzasteis	cruzaréis	cruzaríais	**crucéis**	cruzarais	cruzad (no **crucéis**)
cruzado	cruzan	cruzaban	cruzaron	cruzarán	cruzarían	**crucen**	cruzaran	**crucen** Uds.
38 destruir (y)	**destruyo**	destruía	destruí	destruiré	destruiría	**destruya**	**destruyera**	
	destruyes	destruías	destruiste	destruirás	destruirías	**destruyas**	**destruyeras**	**destruye** tú (no **destruyas**)
	destruye	destruía	**destruyó**	destruirá	destruiría	**destruya**	**destruyera**	**destruya** Ud.
Participles:	destruimos	destruíamos	destruimos	destruiremos	destruiríamos	**destruyamos**	**destruyéramos**	**destruyamos**
destruyendo	destruís	destruíais	destruisteis	destruiréis	destruiríais	**destruyáis**	**destruyerais**	destruid (no **destruyáis**)
destruido	**destruyen**	destruían	**destruyeron**	destruirán	destruirían	**destruyan**	**destruyeran**	**destruyan** Uds.
39 enviar	**envío**	enviaba	envié	enviaré	enviaría	**envíe**	enviara	
	envías	enviabas	enviaste	enviarás	enviarías	**envíes**	enviaras	**envía** tú (no **envíes**)
	envía	enviaba	envió	enviará	enviaría	**envíe**	enviara	**envíe** Ud.
Participles:	enviamos	enviábamos	enviamos	enviaremos	enviaríamos	enviemos	enviáramos	enviemos
enviando	enviáis	enviabais	enviasteis	enviaréis	enviaríais	enviéis	enviarais	enviad (no enviéis)
enviado	**envían**	enviaban	enviaron	enviarán	enviarían	**envíen**	enviaran	**envíen** Uds.

40 graduar(se)
Participles: graduando, graduado

	INDICATIVE					SUBJUNCTIVE		IMPERATIVE
	Present	Imperfect	Preterite	Future	Conditional	Present	Past	
	gradúo	graduaba	gradué	graduaré	graduaría	gradúe	graduara	
	gradúas	graduabas	graduaste	graduarás	graduarías	gradúes	graduaras	gradúa tú (no gradúes)
	gradúa	graduaba	graduó	graduará	graduaría	gradúe	graduara	gradúe Ud.
	graduamos	graduábamos	graduamos	graduaremos	graduaríamos	graduemos	graduáramos	graduemos
	graduáis	graduabais	graduasteis	graduaréis	graduaríais	graduéis	graduarais	graduad (no graduéis)
	gradúan	graduaban	graduaron	graduarán	graduarían	gradúen	graduaran	gradúen Uds.

41 llegar (g:gu)
Participles: llegando, llegado

	INDICATIVE					SUBJUNCTIVE		IMPERATIVE
	Present	Imperfect	Preterite	Future	Conditional	Present	Past	
	llego	llegaba	llegué	llegaré	llegaría	llegue	llegara	
	llegas	llegabas	llegaste	llegarás	llegarías	llegues	llegaras	llega tú (no llegues)
	llega	llegaba	llegó	llegará	llegaría	llegue	llegara	llegue Ud.
	llegamos	llegábamos	llegamos	llegaremos	llegaríamos	lleguemos	llegáramos	lleguemos
	llegáis	llegabais	llegasteis	llegaréis	llegaríais	lleguéis	llegarais	llegad (no lleguéis)
	llegan	llegaban	llegaron	llegarán	llegarían	lleguen	llegaran	lleguen Uds.

42 proteger (g:j)
Participles: protegiendo, protegido

	INDICATIVE					SUBJUNCTIVE		IMPERATIVE
	Present	Imperfect	Preterite	Future	Conditional	Present	Past	
	protejo	protegía	protegí	protegeré	protegería	proteja	protegiera	
	proteges	protegías	protegiste	protegerás	protegerías	protejas	protegieras	protege tú (no protejas)
	protege	protegía	protegió	protegerá	protegería	proteja	protegiera	proteja Ud.
	protegemos	protegíamos	protegimos	protegeremos	protegeríamos	protejamos	protegiéramos	protejamos
	protegéis	protegíais	protegisteis	protegeréis	protegeríais	protejáis	protegierais	proteged (no protejáis)
	protegen	protegían	protegieron	protegerán	protegerían	protejan	protegieran	protejan Uds.

43 tocar (c:qu)
Participles: tocando, tocado

	INDICATIVE					SUBJUNCTIVE		IMPERATIVE
	Present	Imperfect	Preterite	Future	Conditional	Present	Past	
	toco	tocaba	toqué	tocaré	tocaría	toque	tocara	
	tocas	tocabas	tocaste	tocarás	tocarías	toques	tocaras	toca tú (no toques)
	toca	tocaba	tocó	tocarás	tocaría	toque	tocara	toque Ud.
	tocamos	tocábamos	tocamos	tocaremos	tocaríamos	toquemos	tocáramos	toquemos
	tocáis	tocabais	tocasteis	tocaréis	tocaríais	toquéis	tocarais	tocad (no toquéis)
	tocan	tocaban	tocaron	tocarán	tocarían	toquen	tocaran	toquen Uds.

44 vencer (c:z)
Participles: venciendo, vencido

	INDICATIVE					SUBJUNCTIVE		IMPERATIVE
	Present	Imperfect	Preterite	Future	Conditional	Present	Past	
	venzo	vencía	vencí	venceré	vencería	venza	venciera	
	vences	vencías	venciste	vencerás	vencerías	venzas	vencieras	vence tú (no venzas)
	vence	vencía	venció	vencerá	vencería	venza	venciera	venza Ud.
	vencemos	vencíamos	vencimos	venceremos	venceríamos	venzamos	venciéramos	venzamos
	vencéis	vencíais	vencisteis	venceréis	venceríais	venzáis	vencierais	venced (no venzáis)
	vencen	vencían	vencieron	vencerán	vencerían	venzan	vencieran	venzan Uds.

Guide to Vocabulary

Contents of the glossary

This glossary contains the words and expressions listed on the **Vocabulario** page found at the end of each lesson in **ENFOQUES** as well as other useful vocabulary. A numeral following an entry indicates the lesson where the word or expression was introduced. Check the **Estructura** sections of each lesson for words and expressions related to those grammar topics.

Abbreviations used in this glossary

adj.	adjective	*fam.*	familiar	*pl.*	plural	*pron.*	pronoun
adv.	adverb	*form.*	formal	*pl.*	plural	*sing.*	singular
conj.	conjunction	*interj.*	interjection	*p.p.*	past participle	*v.*	verb
f.	feminine	*m.*	masculine	*prep.*	preposition		

Note on alphabetization

In the Spanish alphabet **ñ** is a separate letter following **n.** Therefore in this glossary you will find that **añadir** follows **anuncio.**

Español–Inglés

A

abogado/a *m., f.* lawyer
abrazar *v.* to hug; to hold **1**
abrir(se) *v.* to open; **abrirse paso** to make one's way
abrocharse *v.* to fasten; **abrocharse el cinturón de seguridad** to fasten one's seatbelt
abstracto/a *adj.* abstract **10**
aburrir *v.* to bore **2**
aburrirse *v.* to get bored **2**
acabarse *v.* to run out; to come to an end **6**
acantilado *m.* cliff
acariciar *v.* to caress **10**
accidente *m.* accident; **accidente automovilístico** *m.* car accident **5**
acentuar *v.* to accentuate **10**
acercarse (a) *v.* to approach **2**
aclarar *v.* to clarify **9**
acoger *v.* to welcome; to take in; to receive
acogido/a *adj.* received; **bien acogido/a** well received **8**
acompañar *v.* to come with **10**
aconsejar *v.* to advise; to suggest **4**
acontecimiento *m.* event **9**
acordar (o:ue) *v.* to agree **2**
acordarse (o:ue) **(de)** *v.* to remember **2**
acostarse (o:ue) *v.* to go to bed **2**
acostumbrado/a *adj.* accustomed to; **estar acostumbrado/a a** *v.* to be used to
acostumbrarse (a) *v.* to get used to; to grow accustomed (to) **2**
activista *m., f.* activist **11**
acto: en el acto immediately; on the spot **3**
actor *m.* actor **9**
actriz *f.* actress **9**
actual *adj.* current **9**
actualidad *f.* current events **9**
actualizado/a *adj.* up-to-date **9**
actualizar *v.* to update **7**

actualmente *adv.* currently
acuarela *f.* watercolor **10**
adelantado/a *adj.* advanced **12**
adelanto *m.* improvement **4**
adelgazar *v.* to lose weight **4**
adinerado/a *adj.* wealthy **8**
adivinar *v.* to guess
adjuntar *v.* to attach **7**; **adjuntar un archivo** to attach a file **7**
administrar *v.* to manage; to run **8**
ADN (ácido desoxirribonucleico) *m.* DNA **7**
adorar *v.* to adore **1**
aduana *f.* customs; **agente de aduanas** customs agent **5**
advertencia *f.* warning **8**
afeitarse *v.* to shave **2**
aficionado/a (a) *adj.* fond of; a fan (of) **2**; **ser aficionado/a de** to be a fan of
afligir *v.* to afflict **4**
afligirse *v.* to get upset **3**
afortunado/a *adj.* lucky
agenda *f.* datebook **3**
agente *m., f.* agent; officer; **agente de aduanas** *m., f.* customs agent **5**
agnóstico/a *adj.* agnostic **11**
agobiado/a *adj.* overwhelmed **1**
agotado/a *adj.* exhausted **4**
agotar *v.* to use up **6**
agradecimiento *m.* gratitude
aguja *f.* needle **3**
agujero *m.* hole; **agujero en la capa de ozono** *m.* hole in the ozone layer; **agujero negro** *m.* black hole **7**; **agujerito** *m.* small hole **7**
ahogado/a *adj.* drowned **5**
ahogarse *v.* to smother; to drown
ahorrar *v.* to save **7**
ahorrarse *v.* to save oneself **7**
ahorro *m.* savings **8**
aislado/a *adj.* isolated **6**
aislar *v.* to isolate **9**
ajedrez *m.* chess **2**
ala *m.* wing
alba *f.* dawn; daybreak **11**
albergue *m.* hostel **5**

álbum *m.* album **2**
alcalde/alcaldesa *m., f.* mayor **11**
alcance *m.* reach **7**; **al alcance** within reach **10**; **al alcance de la mano** within reach **7**
alcanzar *v.* to reach; to achieve; to succeed in
aldea *f.* village **12**
alimentación *f.* diet (nutrition) **4**
allá *adv.* there
alma (el) *f.* soul **1**
alojamiento *m.* lodging **5**
alojarse *v.* to stay **5**
alquilar *v.* to rent; **alquilar una película** to rent a movie **2**
alta definición: de alta definición *adj.* high definition **7**
alterar *v.* to modify; to alter
altiplano *m.* high plateau **11**
altoparlante *m.* loudspeaker
alusión *f.* allusion **10**
amable *adj.* nice; kind
amado/a *m., f.* loved one; sweetheart **1**
amanecer *m.* sunrise; morning
amar *v.* to love **1**
ambiental *adj.* environmental **6**
ambos/as *pron., adj.* both
amenaza *f.* threat **8**
amenazar *v.* to threaten **3**
amor *m.* love; **amor (no) correspondido** (un)requited love
amueblado/a *adj.* furnished
anciano/a *adj.* elderly
anciano/a *m., f.* elderly gentleman/lady
andar *v.* to walk; **andar + pres. participle** to be (doing something)
anfitrión/anfitriona *m.* host(ess) **8**
anillo *m.* ring **5**
animado/a *adj.* lively **2**
animar *v.* to cheer up; to encourage; **¡Anímate!** Cheer up! *(sing.)* **2**; **¡Anímense!** Cheer up! *(pl.)* **2**
ánimo *m.* spirit **1**
anotar (un gol/un punto) *v.* to score (a goal/a point) **2**

ansia *f.* anxiety 1

ansioso/a *adj.* anxious 1

antemano: de antemano *beforehand*

antena *f.* antenna; **antena parabólica** satellite dish

anterior *adj.* previous 8

antes que nada first and foremost

antigüedad *f.* antiquity

antiguo/a *adj.* ancient 12

antipático/a *adj.* mean; unpleasant

anuncio *m.* advertisement; commercial 9

añadir *v.* to add

apagado/a *adj.* turned off 7

apagar *v.* to turn off 3; **apagar las velas** to blow out the candles 8

aparecer *v.* to appear 1

apenas *adv.* hardly; scarcely 3

aplaudir *v.* to applaud 2

apogeo *m.* height; highest level 5

aportación *f.* contribution 11

apostar (o:ue) *v.* to bet

apoyarse (en) *v.* to lean (on)

apreciado/a *adj.* appreciated

apreciar *v.* to appreciate 1

aprendizaje *m.* learning 12

aprobación *f.* approval 9

aprobar (o:ue) *v.* to approve; to pass (*a class*); **aprobar una ley** to pass a law 11

aprovechar *v.* to make good use of; to take advantage of

apuesta *f.* bet

apuro: tener apuro to be in a hurry; to be in a rush

araña *f.* spider 6

árbitro/a *m., f.* referee 2

árbol *m.* tree 6

archivo *m.* file; **bajar un archivo** to download a file

arepa *f.* cornmeal cake 11

argumento *m.* plot 10

árido/a *adj.* arid 11

aristocrático/a *adj.* aristocratic 12

arma *f.* weapon

armado/a *adj.* armed

arqueología *f.* archaeology

arqueólogo/a *m., f.* archaeologist

arrancar *v.* to start (*a car*)

arrastrar *v.* to drag

arrecife *m.* reef 6

arreglarse *v.* to get ready 3

arrepentirse (de) (e:ie) *v.* to repent 2

arriesgado/a *adj.* risky 5

arriesgar *v.* to risk

arriesgarse *v.* to risk; to take a risk

arroba *f.* @ symbol 7

arroyo *m.* stream 10

arruga *f.* wrinkle

artefacto *m.* artifact 5

artesano/a *m., f.* artisan 10

asaltar *v.* to rob 10

ascender (e:ie) *v.* to rise; to be promoted 8

asco *m.* revulsion; **dar asco** to be disgusting

asegurar *v.* to assure; to guarantee

asegurarse *v.* to make sure

aseo *m.* cleanliness; hygiene; **aseo personal** *m.* personal care

asesor(a) *m., f.* consultant; advisor 8

así *adv.* like this; so 3

asiento *m.* seat 2

asombrar *v.* to amaze

asombrarse *v.* to be astonished

asombro *m.* amazement; astonishment

asombroso/a *adj.* astonishing

aspecto *m.* appearance; look; **tener buen/mal aspecto** to look healthy/sick 4

aspirina *f.* aspirin 4

astronauta *m., f.* astronaut 7

astrónomo/a *m., f.* astronomer 7

asunto *m.* matter; topic

asustado/a *adj.* frightened; scared

atar *v.* to tie (up)

ataúd *m.* casket 2

ateísmo *m.* atheism

ateo/a *adj.* atheist 11

aterrizar *v.* to land (an airplane)

atletismo *m.* track-and-field events

atracción *f.* attraction

atraer *v.* to attract 1

atrapar *v.* to trap; to catch 6

atrasado/a *adj.* late 3

atrasar *v.* to delay

atreverse (a) *v.* to dare (to) 2

atropellar *v.* to run over

audiencia *f.* audience

aumento *m.* increase; raise; **aumento de sueldo** *m.* raise in salary 8

auricular *m.* telephone receiver 7

ausente *adj.* absent

auténtico/a *adj.* real; genuine 3

autobiografía *f.* autobiography 10

autoestima *f.* self-esteem 4

autoritario/a *adj.* strict; authoritarian 1

autorretrato *m.* self-portrait 10

auxiliar de vuelo *m., f.* flight attendant

auxilio *m.* help; aid; **primeros auxilios** *m. pl.* first aid 4

avance *m.* advance; breakthrough 7

avanzado/a *adj.* advanced 7

avaro/a *m., f.* miser

ave *f.* bird 6

aventura *f.* adventure 5

aventurero/a *m., f.* adventurer 5

avergonzado/a *adj.* ashamed; embarrassed,

averiguar *v.* to find out 1

avisar *v.* to inform; to warn

aviso *m.* notice; warning 5

azar *m.* chance 5

B

bahía *f.* bay 5

bailar *v.* to dance 1

bailarín/bailarina *m., f.* dancer

bajar *v.* to lower

balcón *m.* balcony 3

balón *m.* ball 2

bancario/a *adj.* banking

bancarrota *f.* bankruptcy 8

banda sonora *f.* soundtrack 9

bandera *f.* flag

bañarse *v.* to take a bath 2

barato/a *adj.* cheap; inexpensive 3

barbaridad *f.* outrageous thing 10

barrer *v.* to sweep 3

barrio *m.* neighborhood

bastante *adv.* quite; enough 3

batalla *f.* battle 12

bautismo *m.* baptism

beber *v.* to drink 1

bellas artes *f., pl* fine arts 10

bendecir (e:i) *v.* to bless 11

beneficios *m. pl.* benefits

besar *v.* to kiss 1

bien acogido/a *adj.* well-received 8

bienestar *m.* well-being 4

bienvenida *f.* welcome 5

bilingüe *adj.* bilingual 9

billar *m.* billiards 2

biografía *f.* biography 10

biólogo/a *m., f.* biologist 7

bioquímico/a *adj.* biochemical 7

bitácora *f.* travel log; weblog 7

blog *m.* blog 7

blogonovela *f.* blognovel 7

blogosfera *f.* blogosphere 7

bobo/a *m., f.* silly, stupid person 7

boleto *m.* ticket

boliche *m.* bowling 2

bolsa *f.* bag; sack; stock market; **bolsa de valores** *f.* stock market 8

bombardeo *m.* bombing 6

bondad *f.* goodness; **¿Tendría usted la bondad de** + *inf....* ? Could you please ...? (*form.*)

bordo: a bordo *adv.* on board 5

borrar *v.* to erase 7

bosque *m.* forest; **bosque lluvioso** *m.* rain forest 6

bostezar *v.* to yawn

botar *v.* to throw... out 5

botarse *v.* to outdo oneself (*P. Rico; Cuba*) 5

bote *m.* boat 5

brindar *v.* to make a toast 2

broma *f.* joke 1

bromear *v* to joke

brújula *f.* compass 5

buceo *m.* scuba diving 5

budista *adj.* Buddhist 11

bueno/a *adj.* good; **estar bueno/a** *v.* to (still) be good (i.e., *fresh*); **ser bueno/a** *v.* to be good (*by nature*); **¡Buen fin de semana!** Have a nice weekend!; **Buen provecho.** Enjoy your meal.

búfalo *m.* buffalo

burla *f.* mockery

burlarse (de) *v.* to make fun (of)

burocracia *f.* bureaucracy

buscador *m.* search engine 7

búsqueda *f.* search

buzón *m.* mailbox

C

caber *v.* to fit 1; **no caber duda** to be no doubt

cabo *m.* cape; end (*rope, string*); **al fin y al cabo** sooner or later, after all; **llevar a cabo** to carry out (*an activity*)

cabra *f.* goat

cacique *m.* tribal chief 12

cadena *f.* network 9; **cadena de televisión** *f.* television network

caducar *v.* to expire

caer(se) *v.* to fall **1**; **caer bien/mal** to get along well/badly with **2**

caja *f.* box; **caja de herramientas** toolbox

cajero/a *m., f.* cashier; **cajero automático** *m.* ATM

calentamiento global *m.* global warming **6**

calentar (e:ie) *v.* to warm up **3**

calidad *f.* quality

callado/a *adj.* quiet/silent

callarse *v.* to be quiet, silent

calmante *m.* painkiller; tranquilizer **4**

calmarse *v.* to calm down; to relax

calzoncillos *m. pl.* underwear (men's)

camarero/a *m., f.* waiter; waitress

cambiar *v* to change

cambio *m.* change; **a cambio de** in exchange for

camerino *m.* star's dressing room **9**

campamento *m.* campground **5**

campaña *f.* campaign **11**

campeón/campeona *m., f.* champion **2**

campeonato *m.* championship **2**

campo *m.* ball field **5**

campo *m.* countryside; field **6**

canal *m.* channel **9**; **canal de televisión** *m.* television channel

cancelar *v.* to cancel **5**

cáncer *m.* cancer

cancha *f.* field **2**

candidato/a *m., f.* candidate **11**

canon literario *m.* literary canon **10**

cansancio *m.* exhaustion **3**

cansarse *v.* to become tired

cantante *m., f.* singer **2**

capa *f.* layer; **capa de ozono** *f.* ozone layer **6**

capaz *adj.* competent; capable **8**

capilla *f.* chapel **11**

capitán *m.* captain

capítulo *m.* chapter

caracterización *f.* characterization **10**

cargo *m.* position; **estar a cargo de** to be in charge of **1**

cariño *m.* affection **1**

cariñoso/a *adj.* affectionate **1**

carne *f.* meat; flesh

caro/a *adj.* expensive **3**

cartas *f. pl.* (playing) cards **2**

casado/a *adj.* married **1**

cascada *f.* cascade; waterfall **5**

casi *adv.* almost **3**

   casi nunca *adv.* rarely **3**

castigo *m.* punishment

casualidad *f.* chance; coincidence **5**; **por casualidad** by chance **3**

catástrofe *f.* catastrophe; disaster; **catástrofe natural** *f.* natural disaster

categoría *f.* category **5**; **de buena categoría** *adj.* high quality **5**

católico/a *adj.* Catholic **11**

cazar *v.* to hunt **6**

ceder *v.* give up **11**

celda *f.* cell

celebrar *v.* to celebrate **2**

celebridad *f.* celebrity **9**

celos *m. pl.* jealousy; **tener celos de** to be jealous of **1**

célula *f.* cell **7**

cementerio *m.* cemetery **12**

censura *f.* censorship **9**

centavo *m.* cent

centro comercial *m.* mall **3**

cepillarse *v.* to brush **2**

cerdo *m.* pig **6**

cerro *m.* hill

certeza *f.* certainty

certidumbre *f.* certainty **12**

chisme *m.* gossip **9**

chiste *m.* joke **1**

choque *m.* crash **3**

choza *f.* hut **12**

cicatriz *f.* scar

ciencia ficción *f.* science fiction **10**

científico/a *adj.* scientific

científico/a *m., f.* scientist **7**

cierto/a *adj.* certain, sure; **¡Cierto! Sure!**; **No es cierto.** That's not so.

cine *m.* movie theater; cinema **2**

cinturón *m.* belt; **cinturón de seguridad** *m.* seatbelt **5**; **abrocharse el cinturón de seguridad** *v.* to fasten one's seatbelt; **ponerse (el cinturón)** *v.* to fasten (the seatbelt) **5**; **quitarse (el cinturón)** *v.* to unfasten (the seatbelt) **5**

circo *m.* circus **2**

cirugía *f.* surgery **4**

cirujano/a *m., f.* surgeon **4**

cisterna *f.* cistern; underground tank **6**

cita *f.* date; quotation; **cita a ciegas** *f.* blind date **1**

ciudadano/a *m., f.* citizen **11**

civilización *f.* civilization **12**

civilizado/a *adj.* civilized

claro *interj.* of course **3**

clásico/a *adj.* classic **10**

claustro *m.* cloister **11**

clima *m.* climate

clonar *v.* to clone **7**

club *m.* club; **club deportivo** *m.* sports club **2**

coartada *f.* alibi **10**

cobrador(a) *m., f.* debt collector **8**

cobrar *v.* to charge; to receive **8**

cochinillo *m.* suckling pig **10**

cocinar *v.* to cook **3**

cocinero/a *m., f.* chef; cook

codo *m.* elbow

cohete *m.* rocket **7**

cola *f.* line; tail; **hacer cola** to wait in line **2**

coleccionar *v.* to collect

coleccionista *m., f.* collector

colgar (o:ue) *v.* to hang (up)

colina *f.* hill

colmena *f.* beehive **8**

colocar *v.* to place (*an object*) **2**

colonia *f.* colony **12**

colonizar *v.* to colonize **12**

columnista *m., f.* columnist **9**

combatiente *m., f.* combatant

combustible *m.* fuel **6**

comediante *m., f.* comedian **1**

comensal *m., f.* dinner guest **10**

comer *v.* to eat **1, 2**

comerciante *m., f.* storekeeper; trader

comercio *m.* commerce; trade **8**

comerse *v.* to eat up **2**

comestible *adj.* edible; **planta comestible** *f.* edible plant

cometa *m.* comet **7**

comida *f.* food **6**; **comida enlatada** *f.* canned food **6**; **comida rápida** *f.* fast food **4**

cómo *adv.* how; **¡Cómo no!** Of course!; **¿Cómo que son...?** What do you mean they are...?

compañía *f.* company **8**

completo/a *adj.* complete; filled up; **El hotel está completo.** The hotel is filled.

componer *v.* to compose **1**

compositor(a) *m., f.* composer

comprobar (o:ue) *v.* to prove **7**

compromiso *m.* awkward situation **10**

compromiso *m.* commitment; responsibility **1**

computación *f.* computer science

computadora portátil *f.* laptop **7**

comunidad *f.* community **4**

conciencia *f.* conscience

concierto *m.* concert **2**

conducir *v.* to drive **1**

conductor(a) *m., f.* announcer

conejo *m.* rabbit **6**

conexión de satélite *f.* satellite connection **7**

conferencia *f.* conference **8**

confesar (e:ie) *v.* to confess

confianza *f.* trust; confidence **1**

confundido/a *adj.* confused

confundir (con) *v.* to confuse (with)

congelado/a *adj.* frozen

congelar(se) *v.* to freeze **7**

congeniar *v.* to get along

congestionado/a *adj.* congested

congestionamiento *m.* traffic jam **5**

conjunto *m.* collection; **conjunto (musical)** *m.* (musical) group, band

conmovedor(a) *adj.* moving

conocer *v.* to know **1**

conocimiento *m.* knowledge **12**

conquista *f.* conquest **12**

conquistador(a) *m., f.* conquistador; conqueror **12**

conquistar *v.* to conquer **12**

conseguir (e:i) **boletos/entradas** *v.* to get tickets **2**

conservador(a) *adj.* conservative **11**

conservador(a) *m., f.* curator

conservar *v.* to conserve; to preserve **6**

considerar *v.* to consider; **Considero que...** In my opinion, ...

consiguiente *adj.* resulting; consequent; **por consiguiente** consequently; as a result

consulado *m.* consulate **11**

consulta *f.* doctor's appointment **4**

consultorio *m.* doctor's office **4**

consumo *m.* consumption; **consumo de energía** *m.* energy consumption

contador(a) *m., f.* accountant **8**

contagiarse *v.* to become infected **4**

contaminación *f.* pollution; contamination **6**

contaminar *v.* to pollute; to contaminate **6**

contar (o:ue) *v.* to tell; to count **2**; **contar con** to count on

contemporáneo/a *adj.* contemporary **10**

contentarse con *v.* to be contented/satisfied with **1**

continuación *f.* sequel

contraer *v.* to contract **1**

contraseña *f.* password **7**

contratar *v.* to hire **8**

contrato *m.* contract **8**

contribuir (a) *v.* to contribute **6**

control remoto *m.* remote control; **control remoto universal** *m.* universal remote control **7**

controvertido/a *adj.* controversial **9**

contundente *adj.* filling; heavy **10**

convertirse (en) (e:ie) *v.* to become **2**

copa *f.* (drinking) glass; **Copa del mundo** World Cup

coquetear *v.* to flirt **1**

coraje *m.* courage

corazón *m.* heart **1**

cordillera *f.* mountain range **6**

cordura *f.* sanity **4**

coro *m.* choir; chorus

corrector ortográfico *m.* spell-checker **7**

corresponsal *m., f.* correspondent **9**

corrida *f.* bullfight **2**

corriente *f.* movement **10**

corrupción *f.* corruption

corte *m.* cut; **de corte ejecutivo** of an executive nature

corto *m.* short film **1**

cortometraje *m.* short film **1**

cosecha *f.* harvest

costa *f.* coast **6**

costoso/a *adj.* costly; expensive

costumbre *f.* custom; habit **3**

cotidiano/a *adj.* everyday **3**; **vida cotidiana** *f.* everyday life

crear *v.* to create **7**

creatividad *f.* creativity

crecer *v.* to grow **1**

crecimiento *m.* growth

creencia *f.* belief **11**

creer (en) *v.* to believe (in) **11**; **No creas.** Don't you believe it.

creyente *m., f.* believer **11**

criar *v.* to raise; **haber criado** to have raised **1**

criarse *v.* to grow up **1**

crisis *f.* crisis; **crisis económica** economic crisis **8**

cristiano/a *adj.* Christian **11**

criticar *v.* to critique **10**

crítico/a *m., f.* critic; *adj.* critical **crítico/a de cine** movie critic **9**

crucero *m.* cruise (ship) **5**

cruzar *v.* to cross

cuadro *m.* painting **3, 10**

cuarentón/cuarentona *adj.* forty-year-old; in her/his forties **11**

cubismo *m.* cubism **10**

cucaracha *f.* cockroach **6**

cuenta *f.* calculation, sum; bill; account; **al final de cuentas** after all; **cuenta corriente** *f.* checking account **8**; **cuenta de ahorros** *f.* savings account **8**; **tener en cuenta** to keep in mind

cuento *m.* short story

cuerpo *m.* body; **cuerpo y alma** heart and soul

cueva *f.* cave

cuidado *m.* care **1**; **bien cuidado/a** well-kept

cuidadoso/a *adj.* careful **1**

cuidar *v.* to take care of **1**

cuidarse *v.* to take care of oneself

culpa *f.* guilt

culpable *adj.* guilty **11**

cultivar *v.* to grow

culto *m.* worship

culto/a *adj.* cultured; educated; refined **12**

cultura *f.* culture; **cultura popular** *f.* pop culture

cumbre *f.* summit; peak

cumplir *v.* to carry out **8**

cura *m.* priest **12**

curarse *v.* to heal; to be cured **4**

curativo/a *adj.* healing **4**

currículum vitae *m.* résumé **8**

D

dañino/a *adj.* harmful **6**

dar *v.* to give; **dar a** to look out upon; **dar asco** to be disgusting; **dar de comer** to feed **6**; **dar el primer paso** to take the first step; **dar la gana** to feel like **9**; **dar la vuelta (al mundo)** to go around (the world); **dar paso a** to give way to; **dar un paseo** to take a stroll/walk **2**; **dar una vuelta** to take a walk/stroll; **darse cuenta** to realize **2, 9**; **darse por aludido/a** to realize/assume that one is being referred to **9**; **darse por vencido** to give up

dardos *m. pl.* darts **2**

dato *m.* piece of data

de repente *adv.* suddenly **3**

de terror *adj.* horror (*story/novel*) **10**

deber *m.* duty **8**

deber *v.* to owe **8**; **deber dinero** to owe money **2**

deber + inf. *v.* ought + *inf.*

década *f.* decade **12**

decir (e:i) *v.* to say **1**

dedicatoria *f.* dedication

deforestación *f.* deforestation **6**

dejar *v.* to leave; to allow; **dejar a alguien** to leave someone **1**; **dejar de fumar** quit smoking **4**; **dejar en paz** to leave alone **8**

delatar *v.* to denounce **3**

demás: los/las demás *pron.* others; other people

demasiado/a *adj., adv.* too; too much

democracia *f.* democracy **11**

demorar *v.* to delay

denunciar *v.* to denounce **9**

deportista *m., f.* athlete **2**

depositar *v.* to deposit **8**

depresión *f.* depression **4**

deprimido/a *adj.* depressed **1**

derecho *m.* law; right; **derechos civiles** *m.* civil rights **11**; **derechos humanos** *m.* human rights **11**

derramar *v.* to spill

derretir(se) (e:i) *v.* to melt **7**

derribar *v.* to bring down; to overthrow **12**

derrocar *v.* to overthrow **12**

derrota *f.* defeat

derrotado/a *adj.* defeated **12**

derrotar *v.* to defeat **12**

desafiante *adj.* challenging **4**

desafiar *v.* to challenge **2**

desafío *m.* challenge **7**

desanimado/a *adj.* discouraged

desanimarse *v.* to get discouraged

desánimo *m.* the state of being discouraged **1**

desaparecer *v.* to disappear **1, 6**

desarrollado/a *adj.* developed **12**

desarrollarse *v.* to take place **10**

desarrollo *m.* development **6**; **país en vías de desarrollo** *m.* developing country

desatar *v.* to untie

descansar *v.* to rest **4**

descanso *m.* rest **8**

descargar *v.* to download **7**

descendiente *m., f.* descendent **12**

descongelar(se) *v.* to defrost **7**

desconocido/a *m., f.* stranger; *adj.* unknown

descubridor(a) *m., f.* discoverer

descubrimiento *m.* discovery **7**

descubrir *v.* discover **4**

descuidar(se) *v.* to get distracted; to neglect **6**

desear *v.* to desire; to wish **4**

desechable *adj.* disposable **6**

desempleado/a *adj.* unemployed **8**

desempleo *m.* unemployment **8**

desenlace *m.* ending

deseo *m.* desire; wish; **pedir un deseo** to make a wish

deshacer *v.* to undo **1**

desierto *m.* desert **6**

desigual *adj.* unequal **11**

desilusión *f.* disappointment

desmayarse *v.* to faint **4**

desorden *m.* disorder; mess **7**

despacho *m.* office

despedida *f.* farewell **5**

despedido/a *adj.* fired

despedir (e:i) *v.* to fire **8**

despedirse (e:i) *v.* to say goodbye **3**

despertarse (e:ie) *v.* to wake up **2**

destacado/a *adj.* prominent **7**

destacar *v.* to emphasize; to point out

destino *m.* destination **5**

destrozar *v.* to destroy

destruir *v.* to destroy **6**

detestar *v.* to detest

deuda *f.* debt **8**

devolver (o:ue) *v.* to return (*items*) **3**

devoto/a *adj.* pious **11**

día *m.* day; **estar al día con las noticias** to keep up with the news

diamante *m.* diamond **5**

diario *m.* newspaper **9**

diario/a *adj.* daily 3
dibujar *v.* to draw 10
dictador(a) *m., f.* dictator 12
dictadura *f.* dictatorship
didáctico/a *adj.* educational 10
dieta *f.* diet; **estar a dieta** to be on a diet 4
digestión *f.* digestion
digital *adj.* digital 7
digno/a *adj.* worthy 6
diluvio *m.* heavy rain
dinero *m.* money; **dinero en efectivo** cash 3
Dios *m.* God 11
dios(a) *m., f.* god/goddess 5
diputado/a *m., f.* representative 11
dirección de correo electrónico *f.* e-mail address 7
directo/a *adj.* direct; **en directo** *adj.* live 9
director(a) *m., f.* director
dirigir *v.* to direct; to manage 1
discoteca *f.* discotheque; dance club 2
discriminación *f.* discrimination
discriminado/a *adj.* discriminated
disculpar *v.* to excuse
disculparse *v.* to apologize 6
discurso *m.* speech; **pronunciar un discurso** to give a speech 11
discutir *v.* to argue 1
diseñar *v.* to design 8, 10
disfraz *m.* costume
disfrazado/a *adj.* disguised; in costume
disfrutar (de) *v.* to enjoy 2
disgustado/a *adj.* upset 1
disgustar *v.* to upset 2
disminuir *v* to decrease
disponerse a *v.* to be about to 6
disponible *adj.* available
distinguido/a *adj.* honored
distinguir *v.* to distinguish 1
distraer *v.* to distract 1
distraído/a *adj.* distracted
disturbio *m.* riot 8
diversidad *f.* diversity 4
divertido/a *adj.* fun 2
divertirse (e:ie) *v.* to have fun 2
divorciado/a *adj.* divorced 1
divorcio *m.* divorce 1
doblado/a *adj.* dubbed 9
doblaje *m.* dubbing (film)
doblar *v.* to dub (film); to fold; to turn (a corner)
doble *m., f.* double (in movies) 9
documental *m.* documentary 9
dolencia *f.* illness; condition 4
doler (o:ue) *v.* to hurt; to ache 2
dominio *m.* rule 12
dominó *m.* dominoes
dondequiera *adv.* wherever 4
dormir (o:ue) *v.* to sleep 2
dormirse (o:ue) *v.* to go to sleep, to fall asleep 2
dramaturgo/a *m., f.* playwright 10
ducharse *v.* to take a shower 2
dueño/a *m., f.* owner 8
duro/a *adj.* hard; difficult 7

E

echar *v.* to throw away 5; **echar un vistazo** to take a look; **echar a correr** to take off running
ecosistema *m.* ecosystem 6
ecoturismo *m.* ecotourism 5
Edad Media *f.* Middle Ages
editar *v.* to publish 10
educar *v.* to raise; to bring up 1
efectivo *m.* cash
efectos especiales *m., pl.* special effects 9
eficiente *adj.* efficient
ejecutivo/a *m., f.* executive 8; **de corte ejecutivo** of an executive nature 8
ejército *m.* army 12
electoral *adj.* electoral
electrónico/a *adj.* electronic
elegido/a *adj.* chosen; elected
elegir (e:i) *v.* to elect; to choose 11
embajada *f.* embassy 11
embajador(a) *m., f.* ambassador 11
embalarse *v.* to go too fast 9
embarcar *v.* to board
emigrar *v.* to emigrate 11
emisión *f.* broadcast; **emisión en vivo/directo** *f.* live broadcast
emisora *f.* (radio) station
emocionado/a *adj.* excited 1
empatar *v.* to tie (games) 2
empate *m.* tie (game) 2
empeorar *v.* to deteriorate; to get worse 4
emperador *m* emperor 12
emperatriz *f.* empress 12
empezar (e:ie) *v.* to begin
empleado/a *adj.* employed 8
empleado/a *m., f.* employee 8
empleo *m.* employment; job 8
empresa *f.* company; **empresa multinacional** *f.* multinational company 8
empresario/a *m., f.* entrepreneur 8
empujar *v.* to push
en línea *adj.* online 7
enamorado/a (de) *adj.* in love (with) 1
enamorarse (de) *v.* to fall in love (with) 1
encabezar *v.* to lead 12
encantar *v.* to like very much 2
encargado/a *m., f.* person in charge; **estar encargado/a de** to be in charge of 1
encargarse de *v.* to be in charge of 1
encender (e:ie) *v.* to turn on 3
encogerse *v.* shrink; **encogerse de hombros** to shrug
energía *f.* energy; **energía eólica** *f.* wind energy; wind power; **energía nuclear** *f.* nuclear energy
enérgico/a *adj.* energetic 8
enfermarse *v.* to get sick 4
enfermedad *f.* disease; illness 4
enfermero/a *m., f.* nurse 4
enfrentar *v.* to confront
enganchar *v.* to get caught 5
engañar *v.* to betray 9, 12
engordar *v.* to gain weight 4
enlace *m.* link 7
enojo *m.* anger
enrojecer *v.* to turn red; to blush

ensayar *v.* to rehearse 9
ensayista *m., f.* essayist 10
ensayo *m.* essay; rehearsal
enseguida right away 3
enseñanza *f.* teaching; lesson 12
entender (e:ie) *v.* to understand
enterarse (de) *v.* to become informed (about) 9
enterrado/a *adj.* buried 2
enterrar (e:ie) *v.* to bury 12
entonces *adv.* then; **en aquel entonces** at that time 3
entrada *f.* admission ticket
entrega *f.* delivery
entrenador(a) *m., f.* coach; trainer 2
entretener(se) (e:ie) *v.* to entertain, to amuse (oneself) 2
entretenido/a *adj.* entertaining 2
entrevista *f.* interview; **entrevista de trabajo** *f.* job interview 8
envenenado/a *adj.* poisoned 6
enviar *v.* to send
eólico/a *adj.* related to the wind; **energía eólica** *f.* wind energy; wind power
epidemia *f.* epidemic 4
episodio *m.* episode 9; **episodio final** *m.* final episode 9
época *f.* era; epoch; historical period 12
equipaje *m.* luggage
equipo *m.* team 2
equivocarse *v.* to be mistaken; to make a mistake
erosión *f.* erosion 6
erudito/a *adj.* learned 12
esbozar *v.* to sketch
esbozo *m.* outline; sketch
escalada *f.* climb (mountain)
escalador(a) *m., f.* climber
escalera *f.* staircase 3
escena *f.* scene 1
escenario *m.* scenery; stage 2
esclavitud *f.* slavery 12
esclavizar *v.* enslave 12
esclavo/a *m., f.* slave 12
escoba *f.* broom
escoger *v.* to choose 1
esculpir *v.* to sculpt 10
escultor(a) *m., f.* sculptor 10
escultura *f.* sculpture 10
esfuerzo *m.* effort
espacial *adj.* related to space; **transbordador espacial** *m.* space shuttle 7
espacio *m.* space 7
espacioso/a *adj.* spacious
espalda *f.* back; **a mis espaldas** behind my back 9; **estar de espaldas a** to have one's back to
espantar *v.* to scare
especialista *m., f.* specialist
especializado/a *adj.* specialized 7
especie *f.* species 6; **especie en peligro de extinción** *f.* endangered species
espectáculo *m.* show 2
espectador(a) *m., f.* spectator 2
espejo retrovisor *m.* rearview mirror
espera *f.* wait
esperanza *f.* hope 6

espiritual *adj.* spiritual **11**
estabilidad *f.* stability **12**
establecer(se) *v.* to establish (oneself) **12**
estado de ánimo *m.* mood **4**
estar *v.* to be; **estar al día** to be up-to-date **9**; **estar bajo presión** to be under stress/pressure; **estar bueno/a** to be good (i.e., *fresh*); **estar a cargo de** to be in charge of; **estar harto/a (de)** to be fed up (with); to be sick (of) **1**; **estar lleno** to be full **5**; **estar al tanto** to be informed **9**; **estar a la venta** to be for sale **10**; **estar resfriado/a** to have a cold **4**
estatal *adj.* public; pertaining to the state
estereotipo *m.* stereotype **10**
estético/a *m./f.* aesthetic **10**
estilo *m.* style; **al estilo de...** in the style of ... **10**
estrecho/a *adj.* narrow
estrella *f.* star; **estrella fugaz** *f.* shooting star; **estrella** *f.* (movie) star [m/f]; **estrella pop** *f.* pop star [m/f] **9**
estreno *m.* premiere; debut **2**
estrofa *f.* stanza **10**
estudio *m.* studio; **estudio de grabación** *m.* recording studio
etapa *f.* stage; phase
eterno/a *adj.* eternal
ético/a *adj.* ethical **7**; **poco ético/a** unethical
etiqueta *f.* label; tag
excitante *adj.* exciting
excursión *f.* excursion; tour **5**
exigir *v.* to demand **1, 4, 8**
exilio político *m.* political exile **11**
éxito *m.* success
exitoso/a *adj.* successful **8**
exótico/a *adj.* exotic
experiencia *f.* experience **8**
experimentar *v.* to experience; to feel
experimento *m.* experiment **7**
exploración *f.* exploration
explorar *v.* to explore
explotación *f.* exploitation
explotar *v.* to exploit **12**
exportaciones *f., pl.* exports
exportar *v.* to export **8**
exposición *f.* exhibition
expresionismo *m.* expressionism **10**
expulsar *v.* to expel **12**
extinguir *v.* to extinguish
extinguirse *v.* to become extinct **6**
extrañar *v.* to miss; **extrañar a (alguien)** to miss (someone); **extrañarse de algo** to be surprised about something
extraterrestre *m., f.* alien **7**

F

fábrica *f.* factory
fabricar *v.* to manufacture; to make **7**
facciones *f.* facial features **3**
factor *m.* factor; **factores de riesgo** *m. pl.* risk factors
falda *f.* skirt
fallecer *v* to die
falso/a *adj.* insincere **1**
faltar *v.* to lack; to need **2**

fama *f.* fame **9**; **tener buena/mala fama** to have a good/bad reputation **9**
famoso/a *adj.* famous **9**; **hacerse famoso** *v.* to become famous **9**
farándula *f.* entertainment **1**
faro *m.* lighthouse; beacon **5**
fascinar *v.* to fascinate; to like very much **2**
fatiga *f.* fatigue; weariness **8**
fatigado/a *adj.* exhausted **3**
favor *m.* favor; **hacer el favor** to do someone the favor
favoritismo *m.* favoritism **11**
fe *f.* faith **11**
felicidad *f.* happiness; **¡Felicidades a todos!** Congratulations to all!
feria *f.* fair **2**
festejar *v.* to celebrate **2**
festival *m.* festival **2**
fiabilidad *f.* reliability
fiebre *f.* fever **4**
fijarse *v.* to notice **9**; **fijarse en** to take notice of **2**
fijo/a *adj.* permanent; fixed **8**
fin *m.* end; **al fin y al cabo** sooner or later; after all
final: al final de cuentas after all **7**
financiar *v.* to finance **8**
financiero/a *adj.* financial **8**
finanza(s) *f.* finance(s)
firma *f.* signature **11**
firmar *v.* to sign
físico/a *m., f.* physicist **7**
flexible *adj.* flexible
florecer *v.* to flower **6**
flotar *v.* to float **5**
fondo *m.* bottom; **a fondo** *adv.* thoroughly
forma *f.* form; shape; **mala forma física** *f.* bad physical shape; **de todas formas** in any case **12**; **ponerse en forma** *v.* to get in shape **4**
formular *v.* to formulate **7**
fortaleza *f.* strength
forzado/a *adj.* forced **12**
fraile *m.* friar **11**
frasco *m.* flask
freír (e:i) *v.* to fry **3**
frontera *f.* border **5**
fuente *f.* fountain; source; **fuente de energía** energy source **6**
fuerza *f.* force; power; **fuerza de voluntad** will power **4**; **fuerza laboral** labor force; **fuerzas armadas** *f., pl.* armed forces **12**
función *f.* performance (*theater/movie*) **2**
funcionar *v.* to work **7**
futurístico/a *adj.* futuristic

G

galería *f.* gallery **10**
gana *f.* desire; **sentir/tener ganas de** to want to; to feel like
ganar *v.* to win; **ganarse la vida** to earn a living **8**; **ganar bien/mal** to be well/poorly paid **8**; **ganar las elecciones** to win an election **11**; **ganar un partido** to win a game **2**
ganga *f.* bargain **3**
gastar *v.* to spend **8**

gen *m.* gene **7**
generar *v.* to produce; to generate
generoso/a *adj.* generous
genética *f.* genetics **4**
gerente *m, f.* manager **8**
gesto *m.* gesture
gimnasio *m.* gymnasium
globalización *f.* globalization **8**
gobernador(a) *m., f.* governor **11**
gobernante *m., f.* ruler **12**
gobernar (e:ie) *v.* to govern **11**
grabar *v.* to record **9**
gracioso/a *adj.* funny; pleasant **1**
graduarse *v.* to graduate
gravedad *f.* gravity **7**
gripe *f.* flu **4**
gritar *v.* to shout
grupo *m.* group; **grupo musical** *m.* musical group, band
guaraní *m.* Guarani **9**
guardar *v.* to save **7**
guardarse (algo) *v.* to keep (something) to yourself **1**
guerra *f.* war; **guerra civil** civil war **11**
guerrero/a *m., f.* warrior **12**
guía turístico/a *m.,f.* tour guide **5**
guión *m.* screenplay; script **9**
guita *f.* cash; dough (*Arg.*) **7**
gusano *m.* worm
gustar *v.* to like **2, 4**; **¡No me gusta nada...!** I don't like ... at all!
gusto *m.* taste **10** **con mucho gusto** gladly; **de buen/mal gusto** in good/bad taste **10**

H

habilidad *f.* skill
hábilmente *adv.* skillfully
habitación *f.* room **5**; **habitación individual/doble** *f.* single/double room **5**
habitante *m., f.* inhabitant **12**
habitar *v.* to inhabit **12**
hablante *m., f.* speaker **9**
hablar *v.* to speak **1**; **Hablando de esto,...** Speaking of that,...
hacer *v.* to do; to make **1, 4**; **hacer algo a propósito** to do something on purpose; **hacer clic** to click **7**; **hacer cola** to wait in line **2**; **hacerle caso a alguien** to pay attention to someone **1**; **hacerle daño a alguien** to hurt someone; **hacer el favor** do someone the favor; **hacerle gracia a alguien** to be funny to someone; **hacerse daño** to hurt oneself; **hacer las maletas** to pack **5**; **hacer mandados** to run errands **3**; **hacer un viaje** to take a trip **5**
hallazgo *m.* finding; discovery **4**
hambriento/a *adj.* hungry
haragán/haragana *adj.* lazy; idle **8**
harto/a *adj.* tired; fed up (with); **estar harto/a (de)** to be fed up (with); to be sick (of) **1**
hasta *adv.* until; **hasta la fecha** up until now
hecho *m.* fact **3**
helar (e:ie) *v.* to freeze
heredar *v.* to inherit

herencia *f.* heritage; **herencia cultural** cultural heritage **12**
herida *f.* injury **4**
herido/a *adj.* injured
herir (e:ie) *v.* to hurt **1**
heroico/a *adj.* heroic **12**
herradura *f.* horseshoe **12**
herramienta *f.* tool; **caja de herramientas** *f.* toolbox
hervir (e:ie) *v.* to boil **3**
hierba *f.* grass
higiénico/a *adj.* hygienic
hindú *adj.* Hindu **11**
historia *f.* history **12**
historiador(a) *m., f.* historian **12**
histórico/a *adj.* historic **12**
histórico/a *adj.* historical **10**
hogar *m.* home; fireplace **3**
hojear *v.* to skim **10**
hombre de negocios *m.* businessman **8**
hombro *m.* shoulder; **encogerse de hombros** to shrug
hondo/a *adj.* deep **2**
hora *f.* hour; **horas de visita** *f., pl.* visiting hours
horario *m.* schedule **3**
hormiga *f.* ant **6**
hospedarse *v.* to stay; to lodge
huelga *f.* strike (*labor*) **8**
huella *f.* trace; mark **8**
huerto *m.* orchard
huir *v.* to flee; to run away **3**
humanidad *f.* humankind **12**
húmedo/a *adj.* humid; damp **6**
humillar *v.* to humiliate **8**
humorístico/a *adj.* humorous **10**
hundir *v.* to sink
huracán *m.* hurricane **6**

I

ideología *f.* ideology **11**
idioma *m.* language **9**
iglesia *f.* church **11**
igual *adj.* equal **11**
igualdad *f.* equality
ilusión *f.* illusion; hope
imagen *f.* image; picture **2, 7**
imaginación *f.* imagination
imparcial *adj.* unbiased **9**
imperio *m.* empire **12**
importaciones *f., pl.* imports
importado/a *adj.* imported **8**
importante *adj.* important **4**
importar *v.* to be important (to); to matter **2, 4**; to import **8**
impresionar *v.* to impress **1**
impresionismo *m.* impressionism **10**
imprevisto/a *adj.* unexpected **3**
imprimir *v.* to print **9**
improviso: de improviso *adv.* unexpectedly
impuesto *m.* tax; **impuesto de ventas** *m.* sales tax **8**
inalámbrico/a *adj.* wireless **7**
incapaz *adj.* incompetent; incapable **8**
incendio *m.* fire **6**
incertidumbre *f.* uncertainty **12**

incluido/a *adj.* included **5**
independencia *f.* independence **12**
índice *m.* index; **índice de audiencia** *m.* ratings
indígena *adj.* indigenous **9**; *m., f.* indigenous person **4**
industria *f.* industry
inesperado/a *adj.* unexpected **3**
inestabilidad *f.* instability **12**
infancia *f.* childhood
inflamado/a *adv.* inflamed **4**
inflamarse *v.* to become inflamed
inflexible *adj.* inflexible
influyente *adj.* influential **9**
informarse *v.* to get information
informática *f.* computer science **7**
informativo *m.* news bulletin **9**
ingeniero/a *m., f.* engineer **7**
ingresar *v.* to enter; to enroll in; to become a member of; **ingresar datos** to enter data
injusto/a *adj.* unjust **11**
inmaduro/a *adj.* immature **1**
inmigración *f.* immigration **11**
inmoral *adj.* immoral **11**
innovador(a) *adj.* innovative **7**
inquietante *adj.* disturbing; unsettling **10**
inscribirse *v.* to register **11**
inseguro/a *adj.* insecure **1**
insensatez *f.* folly **4**
insistir en *v.* to insist on **4**
inspirado/a *adj.* inspired
instalar *v.* to install **7**
integrarse (a) *v.* to become part (of) **12**
inteligente *adj.* intelligent
interesar *v.* to be interesting to; to interest **2**
Internet *m., f.* Internet **7**
interrogante *m.* question; doubt **7**
intrigante *adj.* intriguing **10**
inundación *f.* flood **6**
inundar *v.* to flood
inútil *adj.* useless **2**
invadir *v.* to invade **12**
inventar *v.* to invent **7**
invento *m.* invention **7**
inversión *f.* investment; **inversión extranjera** *f.* foreign investment **8**
inversor(a) *m., f.* investor
invertir (e:ie) *v.* to invest **8**
investigador(a) *m., f.* researcher **4**
investigar *v.* to investigate; to research **7**
ir *v.* to go **1, 2**; **¡Qué va!** Of course not!; **ir de compras** to go shopping **3**; **irse (de)** to go away (from) **2**; **ir(se) de vacaciones** to take a vacation **5**
irresponsable *adj.* irresponsible
isla *f.* island **5**
itinerario *m.* itinerary **5**

J

jabalí *m.* wild boar **10**
jarabe *m.* syrup **4**
jaula *f.* cage
jornada *f.* (work) day
jubilación *f.* retirement
jubilarse *v.* to retire **8**
judío/a *adj.* Jewish **11**

juego *m.* game **2**; **juego de mesa** board game **2**; **juego de pelota** *m.* ball game **5**
juez(a) *m., f.* judge **11**
jugar (u:ue) *v.* to play
juicio *m.* trial; judgment
jurar *v.* to promise **12**
justicia *f.* justice **11**
justo/a *adj.* just **11**

L

laboratorio *m.* laboratory; **laboratorio espacial** *m.* space lab
ladrillo *m.* brick
ladrón/ladrona *m., f.* thief
lágrimas *f. pl.* tears
lanzar *v.* to throw; to launch
largo/a *adj.* long; **a lo largo de** along; beside; **a largo plazo** long-term
largometraje *m.* full length film
lastimar *v.* to injure
lastimarse *v.* to get hurt **4**
latir *v.* to beat **4**
lavar *v.* to wash **3**
lavarse *v.* to wash (oneself) **2**
lealtad *f.* loyalty **12**
lector(a) *m., f.* reader **9**
lejano/a *adj.* distant **5**
lengua *f.* language; tongue **9**
león *m.* lion **6**
lesión *f.* wound **4**
levantar *v.* to pick up
levantarse *v.* to get up **2**
ley *f.* law; **aprobar una ley** to approve a law; to pass a law; **cumplir la ley** to abide by the law **11**; **proyecto de ley** *m.* bill **11**
leyenda *f.* legend **5**
liberal *adj.* liberal **11**
liberar *v.* to liberate **12**
libertad *f.* freedom **11**; **libertad de prensa** freedom of the press **9**
libre *adj.* free; **al aire libre** outdoors **6**
líder *m., f.* leader **11**
liderazgo *m.* leadership **11**
lidiar *v.* to fight bulls **2**
límite *m.* border **11**
limpiar *v.* to clean **3**
limpieza *f.* cleaning **3**
literatura *f.* literature **10**; **literatura infantil/juvenil** *f.* children's literature **10**
llamativo/a *adj.* striking **10**
llegada *f.* arrival **5**
llegar *v.* to arrive
llevar *v.* to carry **2**; **llevar a cabo** to carry out (*an activity*); **llevar... años de (casados)** to be (married) for... years **1**; **llevarse** to carry away **2**; **llevarse bien/mal** to get along well/poorly **1**
loco/a: ¡Ni loco/a! *adj.* No way! **9**
locura *f.* madness; insanity
locutor(a) *m., f.* announcer
locutor(a) de radio *m., f.* radio announcer **9**
lograr *v.* to manage; to achieve **3**
loro *m.* parrot
lotería *f.* lottery
lucha *f.* struggle; fight

luchar *v.* to fight; to struggle **11; luchar por** to fight (for)
lugar *m.* place
lujo *m.* luxury **8; de lujo** luxurious
lujoso/a *adj.* luxurious **5**
luminoso/a *adj.* bright **10**
luna *f.* moon; **luna llena** *f.* full moon
luz *f.* power; electricity **7**

M

macho *m.* male
madera *f.* wood
madre soltera *f.* single mother
madriguera *f.* burrow; den **3**
madrugar *v.* to wake up early **4**
maduro/a *adj.* mature **1**
magia *f.* magic
maldición *f.* curse
malestar *m.* discomfort **4**
maleta *f.* suitcase **5; hacer las maletas** to pack **5**
maletero *m.* trunk **9**
malgastar *v.* to waste **6**
malhumorado/a *adj.* ill tempered; in a bad mood
manantial *m.* spring
mancha *f.* stain
manchar *v.* to stain
manejar *v.* to drive
manga *f.* sleeve **5**
manifestación *f.* protest; demonstration **11**
manifestante *m., f.* protester **6**
manipular *v.* to manipulate **9**
mano de obra *f.* labor
manta *f.* blanket
mantener *v.* to maintain; to keep; **mantenerse en contacto** *v.* to keep in touch **1; mantenerse en forma** to stay in shape **4**
manuscrito *m.* manuscript
maquillarse *v* to put on makeup **2**
mar *m.* sea **6**
maratón *m.* marathon
marca *f.* brand
marcar *v.* to mark; **marcar (un gol/punto)** to score (a goal/point) **2**
marcharse *v* to leave
marco *m.* frame
mareado/a *adj.* dizzy **4**
marido *m.* husband
marinero *m.* sailor
mariposa *f.* butterfly
marítimo/a *adj.* maritime **11**
más *adj., adv.* more; **más allá de** beyond; **más bien** rather
masticar *v.* to chew
matador/a *m., f.* bullfighter who kills the bull **2**
matemático/a *m., f.* mathematician **7**
matiz *m.* subtlety
matrimonio *m.* marriage
mayor *m.* elder **12**
mayor de edad *adj.* of age
mayoría *f.* majority **11**
mecánico/a *adj.* mechanical
mecanismo *m.* mechanism
medicina alternativa *f.* alternative medicine

medida *f.* means; measure; **medidas de seguridad** *f. pl.* security measures **5**
medio *m.* half; middle; means; **medio ambiente** *m.* environment **6; medios de comunicación** *m. pl.* media **9**
medir (e:i) *v.* to measure
meditar *v.* to meditate **11**
mejilla *f.* cheek **10**
mejorar *v.* to improve **4**
mendigo/a *m., f.* beggar
mensaje *m.* message; **mensaje de texto** *m.* text message **7**
mentira *f.* lie **1; de mentiras** pretend **5**
mentiroso/a *adj.* lying **1**
menudo: a menudo *adv.* frequently; often **3**
mercadeo *m.* marketing **1**
mercado *m.* market **8**
mercado al aire libre *m.* open-air market
mercancía *f.* merchandise
merecer *v.* to deserve **8**
mesero/a *m., f.* waiter; waitress
mestizo/a *m., f.* person of mixed ethnicity (part indigenous) **12**
meta *f.* finish line
meterse *v.* to break in (*to a conversation*) **1**
mezcla *f.* mixture
mezquita *f.* mosque **11**
miel *f.* honey **8**
milagro *m.* miracle **11**
militar *m., f.* military **11**
ministro/a *m., f.* minister; **ministro/a protestante** *m., f.* Protestant minister
minoría *f.* minority **11**
mirada *f.* gaze **1**
misa *f.* mass **2**
mismo/a *adj.* same; **Lo mismo digo yo.** The same here.; **él/ella mismo/a** himself; herself
mitad *f.* half
mito *m.* myth **5**
moda *f.* fashion; trend; **de moda** *adj.* popular; in fashion **9; moda pasajera** *f.* fad **9**
modelo *m., f.* model (*fashion*)
moderno/a *adj.* modern
modificar *v.* to modify; to reform
modo *m.* means; manner
mojar *v.* to moisten
mojarse *v.* to get wet
molestar *v.* to bother; to annoy **2**
momento *m.* moment; **de último momento** *adj.* up-to-the-minute **9; noticia de último momento** *f.* last-minute news
monarca *m., f.* monarch **12**
monja *f.* nun
mono *m.* monkey **6**
monolingüe *adj.* monolingual **9**
montaña *f.* mountain **6**
monte *m.* mountain **6**
moral *adj.* moral **11**
morder (o:ue) *v.* to bite **6**
morirse (o:ue) **de** *v.* to die of **2**
moroso/a *m., f.* debtor **8**
mosca *f.* fly **6**
motosierra *f.* power saw **7**
móvil *m.* cell phone **7**
movimiento *m.* movement **10**
mudar *v.* to change **2**

mudarse *v.* to move (*change residence*) **2**
mueble *m.* furniture **3**
muelle *m.* pier **5**
muerte *f.* death
muestra *f.* sample; example
mujer *f.* woman; wife; **mujer de negocios** *f.* businesswoman **8**
mujeriego *m.* womanizer **2**
multa *f.* fine
multinacional *f.* multinational company
multitud *f.* crowd
Mundial *m.* World Cup **2**
muralista *m., f.* muralist **10**
museo *m.* museum
músico/a *m., f.* musician **2**
musulmán/musulmana *adj.* Muslim **11**

N

naipes *m. pl.* playing cards **2**
narrador(a) *m., f.* narrator **10**
narrar *v.* to narrate **10**
narrativa *f.* narrative work **10**
nativo/a *adj.* native
naturaleza muerta *f.* still life **10**
nave espacial *f.* spaceship
navegante *m., f.* navigator **7**
navegar *v.* to sail **5; navegar en Internet** to surf the web; **navegar en la red** to surf the web **7**
necesario *adj.* necessary **4**
necesidad *f.* need **5; de primerísima necesidad** of utmost necessity **5**
necesitar *v.* to need **4**
necio/a *adj.* stupid
negocio *m.* business
nervioso/a *adj.* nervous
ni... ni... *conj.* neither... nor...
nido *m.* nest
niebla *f.* fog
nítido/a *adj.* sharp
nivel *m.* level; **nivel del mar** *m.* sea level
nombrar *v.* to name
nombre artístico *m.* stage name **1**
nominación *f.* nomination
nominado/a *m., f.* nominee
noticia *f.* news; **noticias locales/nacionales/internacionales** *f. pl.* local/domestic/international news **9**
novela rosa *f.* romance novel **10**
novelista *m., f.* novelist **7, 10**
nuca *f.* nape **9**
nutritivo/a *adj.* nutritious **4**

O

o... o... *conj.* either... or...
obedecer *v.* to obey **1**
obesidad *f.* obesity **4**
obra *f.* work; **obra de arte** *f.* work of art **10; obra de teatro** *f.* play (*theater*) **2; obra maestra** *f.* masterpiece **3**
obsequio *m.* gift **11**
ocio *m.* leisure
ocultarse *v.* to hide **3**
ocurrírsele a alguien *v.* to occur to someone
odiar *v.* to hate **1**
ofensa *f.* insult **10**

oferta *f.* offer; proposal 9
ofrecerse (a) *v.* to offer (to)
oír *v.* to hear 1
ola *f.* wave 5
óleo *m.* oil painting 10
Olimpiadas *f. pl.* Olympics
olvidarse (de) *v.* to forget (about) 2
olvido *m.* forgetfulness; oblivion 1
ombligo *m.* navel 4
onda *f.* wave
operación *f.* operation 4
operar *v.* to operate
opinar *v.* to think; to be of the opinion; **Opino que es fea/o.** In my opinion, it's ugly.
oponerse a *v.* to oppose 4
oprimir *v.* to oppress 12
organismo público *m.* government agency 9
orgulloso/a *adj.* proud 1; **estar orgulloso/a de** to be proud of
orilla *f.* shore; **a orillas de** on the shore of 6
ornamentado/a *adj.* ornate
oscurecer *v.* to darken 6
oso *m.* bear
oveja *f.* sheep 6
ovni *m.* UFO 7
oyente *m., f.* listener 9

P

pacífico/a *adj.* peaceful 12
padre soltero *m.* single father
página *f.* page; **página web** *f.* web page 7
país en vías de desarrollo *m.* developing country
paisaje *m.* landscape; scenery 6
pájaro *m.* bird 6
palmera *f.* palm tree
panfleto *m.* pamphlet 11
pantalla *f.* screen 2; **pantalla de computadora** *f.* computer screen; **pantalla de televisión** *f.* television screen 2; **pantalla líquida** *f.* LCD screen 7
papel *m.* role 9; **desempeñar un papel** to play a role (*in a play*); to carry out
para *prep.* for **Para mí,...** In my opinion, ...; **para nada** not at all
paradoja *f.* paradox
parar el carro *v.* to hold one's horses 9
parcial *adj.* biased 9
parcialidad *f.* bias 9
parecer *v.* to seem 2; **A mi parecer,...** In my opinion, ...; **Al parecer, no le gustó.** It looks like he/she didn't like it. 6; **Me parece hermosa/o.** I think it's pretty.; **Me pareció...** I thought.. 1; **¿Qué te pareció Mariela?** What did you think of Mariela? 1; **Parece que está triste/contento/a.** It looks like he/she is sad/happy. 6
parecerse *v.* to look like 2, 3
pared *f.* wall 5
pareja *f.* couple; partner 1
parque *m.* park; **parque de atracciones** *m.* amusement park 2
parroquia *f.* parish 12

parte *f.* part; **de parte de** on behalf of; **Por mi parte,...** As for me,...
particular *adj.* private; personal; particular
partido *m.* party (*politics*); game (*sports*); **partido político** *m.* political party 11; **ganar/perder un partido** to win/lose a game
pasado/a de moda *adj.* out-of-date; no longer popular 9
pasaje (de ida y vuelta) *m.* (round-trip) ticket 5
pasajero/a *adj.* fleeting; passing
pasaporte *m.* passport 5
pasar *v.* to pass; to make pass (*across, through, etc.*); **pasar la aspiradora** to vacuum 3; **pasarlo bien/mal** to have a good/bad/horrible time 1; **Son cosas que pasan.** These things happen. 11
pasarse *v.* to go too far
pasatiempo *m.* pastime 2
paseo *m.* stroll
paso *m.* passage; pass; step; **abrirse paso** to make one's way
pastilla *f.* pill 4
pasto *m.* grass
pata *f.* foot/leg of an animal
patada *f.* kick 3
patear *v.* to kick 2
patente *f.* patent 7
payaso/a *m., f.* clown 8
paz *f.* peace
pecado *m.* sin
pececillo de colores *m.* goldfish
pecho *m.* chest 10
pedir (e:i) *v* to ask 1, 4; **pedir prestado/a** to borrow 8; **pedir un deseo** to make a wish 8
pegar *v.* to stick
peinarse *v.* to comb (one's hair) 2
pelear *v.* to fight
película *f.* film
peligro *m.* danger; **en peligro de extinción** endangered 6
peligroso/a *adj.* dangerous 5
pena *f.* sorrow 4; **¡Qué pena!** What a pity!
pensar (e:ie) *v.* to think 1
pensión *f.* bed and breakfast inn
perder (e:ie) *v.* to miss; to lose; **perder un vuelo** to miss a flight 5; **perder las elecciones** to lose an election 11; **perder un partido** to lose a game 2
pérdida *f.* loss 11
perdonar *v.* to forgive; **Perdona.** (*fam.*)/ **Perdone.** (*form.*) Pardon me.; Excuse me.
perfeccionar *v.* to improve; to perfect
periódico *m.* newspaper 9
periodista *m., f.* journalist 9
permanecer *v.* to remain; to last 4
permisivo/a *adj.* permissive; easy-going 1
permiso. *m.* permission; **Con permiso** Pardon me.; Excuse me.
perseguir (e:i) *v.* to pursue; to persecute
personaje *m.* character 10; **personaje principal/secundario** *m.* main/secondary character
pertenecer (a) *v.* to belong (to) 12
pesadilla *f.* nightmare
pesca *f.* fishing 5
pesimista *m., f.* pessimist

peso *m.* weight
pez *m.* fish (*live*) 6
picadura *f.* insect bite
picar *v.* to sting, to peck
picnic *m.* picnic
pico *m.* peak, summit
piedad *f.* mercy 8
piedra *f.* stone 5
pieza *f.* piece (*art*) 10
pillar *v.* to get (*catch*) 9
piloto *m., f.* pilot
pincel *m.* paintbrush 10
pincelada *f.* brush stroke 10
pintar *v.* to paint 3
pintor(a) *m., f.* painter 3, 10
pintura *f.* paint; painting 10
pirámide *f.* pyramid 5
plancha *f.* iron
planear *v.* to plan
plata *f.* money (*L. Am.*) 7
plaza de toros *f.* bullfighting stadium 2
plazo: a corto/largo plazo short/long-term 8
población *f.* population 4
poblador(a) *m., f.* settler; inhabitant
poblar (o:ue) *v.* to settle; to populate 12
pobreza *f.* poverty 8
poder (o:ue) *v.* to be able to 1
poderoso/a *adj.* powerful 12
poesía *f.* poetry 10
poeta *m., f.* poet 10
polémica *f.* controversy 11
polen *m.* pollen 8
policíaco/a *adj.* detective (*story/novel*) 10
política *f.* politics
político/a *m., f.* politician 11
polvo *m.* dust 3; **quitar el polvo** to dust 3
poner *v.* to put; to place 1, 2; **poner a prueba** to test; to challenge; **poner cara (de hambriento/a)** to make a (hungry) face; **poner un disco compacto** to play a CD 2; **poner una inyección** to give a shot 4
ponerse *v.* to put on (*clothing*) 2; **ponerse a dieta** to go on a diet 4; **ponerse bien/mal** to get well/ill 4; **ponerse de pie** to stand up 12; **ponerse el cinturón** to fasten the seatbelt 5; **ponerse en forma** to get in shape 4; **ponerse pesado/a** to become annoying
popa *f.* stern 5
porquería *f.* garbage; poor quality 10
portada *f.* front page; cover 9
portarse bien *v.* to behave well
portátil *adj.* portable
posible *adj.* possible; **en todo lo posible** as much as possible
pozo *m.* well; **pozo petrolero** *m.* oil well
precolombino/a *adj.* pre-Columbian
preferir (e:ie) *v.* to prefer 4
preguntarse *v.* to wonder
prehistórico/a *adj.* prehistoric 12
premiar *v.* to give a prize
premio *m.* prize 12
prensa *f.* press 9; **prensa sensacionalista** *f.* tabloid(s) 9; **rueda de prensa** *f.* press conference 11
preocupado/a (por) *adj.* worried (about) 1
preocupar *v.* to worry 2

preocuparse (por) *v.* to worry (about) **2**
presentador(a) de noticias *m., f.* news reporter
presentir (e:ie) *v.* to foresee
presionar *v.* to pressure; to stress
prestar *v.* to lend **8**
presupuesto *m.* budget **8**
prevenido/a *adj.* cautious
prevenir *v.* to prevent **4**
prever *v.* to foresee **6**
previsto/a *adj., p.p.* planned **3**
primer(a) ministro/a *m., f.* prime minister **11**
primeros auxilios *m. pl.* first aid **4**
prisa *f.* hurry; rush **6**
privilegio *m.* privilege **8**
proa *f.* bow **5**
probador *m.* dressing room **3**
probar (o:ue) **(a)** *v.* to try **3**
probarse (o:ue) *v.* to try on **3**
procesión *f.* procession **12**
producir *v.* to produce **1**
productivo/a *adj.* productive **8**
profundo/a *adj.* deep
programa (de computación) *m.* software **7**
programador(a) *m., f.* programmer
prohibido/a *adj.* prohibited **5**
prohibir *v.* to prohibit **4**
prominente *adj.* prominent **11**
promover (o:ue) *v.* to promote
pronunciar *v.* to pronounce; **pronunciar un discurso** to give a speech **11**
propaganda *f.* advertisement **9**
propensión *f.* tendency
propietario/a *m., f.* (property) owner
proponer *v.* to propose **1, 4**; **proponer matrimonio** to propose (marriage) **1**
proporcionar *v.* to provide; to supply
propósito: a propósito *adv.* on purpose **3**
prosa *f.* prose **10**
protagonista *m., f.* protagonist; main character **1, 10**
proteger *v.* to protect **1, 6**
protegido/a *adj.* protected **5**
protestar *v.* to protest **11**
provecho *m.* benefit; **Buen provecho.** Enjoy your meal. **6**
proveniente (de) *adj.* originating (in); coming from
provenir (de) *v.* to come from; to originate from
proyecto *m.* project; **proyecto de ley** *m.* bill **11**
prueba *f.* proof **2**
publicar *v.* to publish **9**
publicidad *f.* advertising **9**
público *m.* public; audience **9**
pueblo *m.* people **4**
puente *m.* bridge **12**
puerta de embarque *f.* (airline) gate **5**
puerto *m.* port **5**
puesto *m.* position; job **8**
punto *m.* period **2**
punto de vista *m.* point of view **10**
pureza *f.* purity **6**
puro/a *adj.* pure; clean

Q

quedar *v.* to be left over; to fit (clothing) **2**
quedarse *v.* to stay **5**; **quedarse callado/a** to remain silent **1**; **quedarse sin** to run out of **6**; **quedarse sordo/a** to go deaf **4**; **quedarse viudo/a** to become widowed
quehacer *m.* chore **3**
queja *f.* complaint
quejarse (de) *v.* to complain (about) **2**
querer (e:ie) *v.* to love; to want **1, 4**
químico/a *adj.* chemical **7**
químico/a *m., f.* chemist **7**
quirúrgico/a *adj.* surgical
quitar *v.* to take away; to remove **2**; **quitar el polvo** to dust **3**
quitarse *v.* to take off (*clothing*) **2**; **quitarse (el cinturón)** to unfasten (the seatbelt) **5**

R

rabino/a *m., f.* rabbi
radiación *f.* radiation
radio *f.* radio
radioemisora *f.* radio station **9**
raíz *f.* root
rana *f.* frog **6**
rancho *m.* ranch **12**
rasgo *m.* trait; characteristic
rata *f.* rat
ratos libres *m. pl.* free time **2**
raya *f.* war paint; stripe **5**
rayo *m.* ray; lightning; **¿Qué rayos...?** What on earth...? **5**
raza *f.* race **12**
reactor *m.* reactor
realismo *m.* realism **10**
realista *adj.* realistic; realist **10**
rebeldía *f.* rebelliousness
rebuscado/a *adj.* complicated
recepción *f.* front desk **5**
receta *f.* prescription **4**
recetar *v.* prescribe **4**
rechazar *v.* to reject **11**
rechazo *m.* refusal; rejection
reciclable *adj.* recyclable
reciclar *v.* to recycle **6**
recital *m.* recital
reclamar *v.* to claim; to demand **11**
recomendable *adj.* recommendable; advisable **5**; **poco recomendable** not advisable; inadvisable
recomendar (e:ie) *v.* to recommend **4**
reconocer *v.* to recognize **1, 12**
reconocimiento *m.* recognition
recordar (o:ue) *v.* to remember
recorrer *v.* to visit; to go around **5**
recuerdo *m.* memory
recuperarse *v.* to recover **4**
recurso natural *m.* natural resource **6**
redactor(a) *m., f.* editor **9**; **redactor(a) jefe** *m., f.* editor-in-chief
redondo/a *adj.* round **2**
reducir (la velocidad) *v.* to reduce (speed) **5**
reembolso *m.* refund **3**
reflejar *v.* to reflect; to depict **10**

reforma *f.* reform; **reforma económica** *f.* economic reform
refugiarse *v.* to take refuge
refugio *m.* refuge **6**
regla *f.* rule
regocijo *m.* joy **4**
regresar *v.* to return **5**
regreso *m.* return (trip)
rehacer *v.* to re-make; to re-do **1**
reina *f.* queen
reino *m.* reign; kingdom **12**
reírse (e:i) *v.* to laugh
relacionado/a *adj.* related; **estar relacionado/a** to have good connections
relajarse *v.* to relax **4**
relámpago *m.* lightning **6**
relato *m.* story; account **10**
religión *f.* religion
religioso/a *adj.* religious **11**
remitente *m.* sender
remo *m.* oar **5**
remordimiento *m.* remorse **11**
rendimiento *m.* performance
rendirse (e:i) *v.* to surrender **12**
renovable *adj.* renewable **6**
renunciar *v.* to quit **8**; **renunciar a un cargo** to resign a post
repaso *m.* revision; review **10**
repentino/a *adj.* sudden **3**
repertorio *m.* repertoire
reportaje *m.* news report **9**
reportero/a *m., f.* reporter **9**
reposo *m.* rest; **estar en reposo** to be at rest
repostería *f.* pastry
represa *f.* dam
reproducirse *v.* to reproduce
reproductor de CD/DVD/MP3 *m.* CD/DVD/MP3 player **7**
resbaladizo/a *adj.* slippery **11**
resbalar *v.* to slip
rescatar *v.* to rescue
resentido/a *adj.* resentful **6**
reservación *f.* reservation
reservar *v.* to reserve **5**
resfriado *m.* cold **4**
residir *v.* to reside
resolver (o:ue) *v.* to solve **6**
respeto *m.* respect
respiración *f.* breathing **4**
responsable *adj.* responsible
retrasado/a *adj.* delayed **5**
retrasar *v.* to delay
retraso *m.* delay
retratar *v.* to portray **3**
retrato *m.* portrait **3**
reunión *f.* meeting **8**
reunirse (con) *v.* to get together (with) **2**
revista *f.* magazine **9**; **revista electrónica** *f.* online magazine **9**
revolucionario/a *adj.* revolutionary **7**
revolver (o:ue) *v.* to stir; to mix up
rey *m.* king **12**
rezar *v.* to pray **11**
riesgo *m.* risk
rima *f.* rhyme **10**
rincón *m.* corner; nook **11**

río *m.* river
riqueza *f.* wealth 8
rociar *v.* to spray 6
rodar (o:ue) *v.* to film 9
rodeado/a *adj.* surrounded 7
rodear *v.* to surround
rogar (o:ue) *v.* to beg; to plead 4
romanticismo *m.* romanticism 10
romper (con) *v.* to break up (with) 1
rozar *v.* to brush against; to touch lightly
ruedo *m.* bull ring 2
ruido *m.* noise
ruina *f.* ruin 5
ruta maya *f.* Mayan Trail 5
rutina *f.* routine 3

S

saber *v.* to know; to taste like/of 1; ¿Cómo sabe? How does it taste? 4; ¿Y sabe bien? And does it taste good? 4; Sabe a ajo/menta/limón. It tastes like garlic/mint/lemon. 4
sabiduría *f.* wisdom 12
sabio/a *adj.* wise
sabor *m.* taste; flavor; ¿Qué sabor tiene? ¿Chocolate? What flavor is it? Chocolate? 4; Tiene un sabor dulce/agrio/amargo/agradable. It has a sweet/sour/bitter/pleasant taste. 4
sacerdote *m.* priest
saciar *v.* to satisfy; to quench
sacrificar *v.* to sacrifice 6
sacrificio *m.* sacrifice
sacristán *m.* sexton 11
sagrado/a *adj.* sacred; holy 11
sala *f.* room; hall; sala de conciertos *f.* concert hall; sala de emergencias *f.* emergency room 4
salida *f.* exit 6
salir *v.* to leave; to go out 1; salir (a comer) to go out (to eat) 2; salir con to go out with 1
salto *m.* jump
salud *f.* health 4; ¡A tu salud! To your health!; ¡Salud! Cheers! 8
saludable *adj.* healthy; nutritious 4
salvaje *adj.* wild 6
salvar *v.* to save 6
sanar *v.* to heal 4
sano/a *adj.* healthy 4
satélite *m.* satellite
sátira *f.* satire
satírico/a *adj.* satirical 10; tono satírico/a *m.* satirical tone
secarse *v.* to dry off 2
sección *f.* section 9; sección de sociedad *f.* lifestyle section 9; sección deportiva *f.* sports page/section 9
seco/a *adj.* dry 6
secuestro *m.* kidnapping 11
seguir (i:e) *v.* to follow
seguridad *f.* safety; security 5; cinturón de seguridad *m.* seatbelt 5; medidas de seguridad *f. pl.* security measures 5

seguro *m.* insurance 5
seguro/a *adj.* sure; confident 1
seleccionar *v.* to select; to pick out 3
sello *m.* seal; stamp
selva *f.* jungle 5
semana *f.* week
semanal *adj.* weekly
semilla *f.* seed
senador(a) *m., f.* senator 11
sensato/a *adj.* sensible 1
sensible *adj.* sensitive 1
sentido *m.* sense; en sentido figurado figuratively; sentido común *m.* common sense
sentimiento *m.* feeling; emotion 1
sentirse (e:ie) *v.* to feel 1
señal *f.* sign 2
señalar *v.* to point to; to signal 2
separado/a *adj.* separated 1
sepultar *v.* to bury 12
sequía *f.* drought 6
ser *v.* to be 1
serpiente *f.* snake 6
servicio de habitación *m.* room service 5
servicios *m., pl* facilities
servidumbre *f.* servants; servitude 3
sesión *f.* showing
siglo *m.* century 12
silbar *v.* to whistle
sillón *m.* armchair
simpático/a *adj.* nice
sin *prep.* without; sin ti without you (*fam.*)
sinagoga *f.* synagogue 11
sincero/a *adj.* sincere
sindicato *m.* labor union 8
síntoma *m.* symptom
sintonía *f.* tuning; synchronization 9
sintonizar *v.* to tune into (radio or television)
siquiera *conj.* even; ni siquiera *conj.* not even
sitio web *m.* website 7
situado/a *adj.* situated; located; estar situado/a en to be set in
soberanía *f.* sovereignty 12
soberano/a *m., f.* sovereign; ruler 12
sobre *m.* envelope
sobre todo above all 6
sobredosis *f.* overdose
sobrevivencia *f.* survival
sobrevivir *v.* to survive
sociable *adj.* sociable
sociedad *f.* society
socio/a *m., f.* partner; member 8
solar *adj.* solar
soldado *m.* soldier 12
soledad *f.* solitude; loneliness 3
soler (o:ue) *v.* to be in the habit of; to be used to 3
solicitar *v.* to apply for 8
solo/a *adj.* alone; lonely 1
soltero/a *adj.* single 1; madre soltera *f.* single mother; padre soltero *m.* single father
sonar (o:ue) *v.* to ring 7
soñar (o:ue) (con) *v.* to dream (about) 1
soplar *v.* to blow

soportar *v.* to support; soportar a alguien to put up with someone 1
sordo/a *adj.* deaf; quedarse sordo/a to go deaf *v.* 4
sorprender *v.* to surprise 2
sorprenderse (de) *v.* to be surprised (about) 2
sortija *f.* ring 5
sospecha *f.* suspicion
sospechar *v.* to suspect
sótano *m.* basement 3
suavidad *f.* smoothness
subasta *f.* auction 10
subdesarrollo *m.* underdevelopment
subida *f.* ascent
subsistir *v.* to survive 11
subtítulos *m., pl.* subtitles 9
suburbio *m.* suburb
suceder *v.* to happen 1
sucursal *f.* branch
sueldo *m.* salary; aumento de sueldo raise in salary *m.* 8; sueldo fijo *m.* base salary 8; sueldo mínimo *m.* minimum wage 8
suelo *m.* floor
suelto/a *adj.* loose
sufrimiento *m.* pain; suffering
sufrir (de) *v.* to suffer (from) 4
sugerir (e:ie) *v.* to suggest 4
superar *v.* to overcome
superficie *f.* surface
supermercado *m.* supermarket 3
supervivencia *f.* survival
suponer *v.* to suppose 1
suprimir *v.* to abolish; to suppress 12
supuesto/a *adj.* false; so-called; supposed; Por supuesto. Of course.
surrealismo *m.* surrealism 10
suscribirse (a) *v.* to subscribe (to) 9

T

tacaño/a *adj.* cheap; stingy 1
tacón *m.* heel 12; tacón alto high heel
tal como *conj.* just as
talento *m.* talent 1
talentoso/a *adj.* talented 1
taller *m.* workshop
tanque *m.* tank 6
tapa *f.* lid, cover
tapón *m.* traffic jam 5
taquilla *f.* box office 2
tarjeta *f.* card; tarjeta de crédito/débito *f.* credit/debit card 3
tatarabuelo/a *m., f.* great-great-grandfather/mother 12
teatro *m.* theater
teclado *m.* keyboard
tela *f.* canvas 10
teléfono celular *m.* cell phone 7
telenovela *f.* soap opera 9
telescopio *m.* telescope 7
televidente *m., f.* television viewer 9
televisión *f.* television 2
televisor *m.* television set 2
templo *m.* temple 11
temporada *f.* season; period; temporada alta/baja *f.* high/low season 5

tendencia *f.* trend 9; **tendencia izquierdista/derechista** *f.* left-wing/right-wing bias

tener (e:ie) *v.* to have 1; **tener buen/mal aspecto** to look healthy/sick 4; **tener buena/mala fama** to have a good/bad reputation 9; **tener celos (de)** to be jealous (of) 1; **tener fiebre** to have a fever 4; **tener vergüenza (de)** to be ashamed (of) 1

tensión (alta/baja) *f.* (high/low) blood pressure 4

teoría *f.* theory 7

terapia intensiva *f.* intensive care 4

térmico/a *adj.* thermal

terremoto *m.* earthquake 6

terreno *m.* land 6

territorio *m.* territory 11

terrorismo *m.* terrorism 11

testigo *m., f.* witness 10

tiburón *m.* shark 5

tiempo *m.* time; **a tiempo** on time 3; **tiempo libre** *m.* free time 2

tierra *f.* land; earth 6

tigre *m.* tiger 6

timbre *m.* doorbell; tone; tone of voice 3; **tocar el timbre** to ring the doorbell 3

timidez *f.* shyness

tímido/a *adj.* shy 1

típico/a *adj.* typical; traditional

tipo *m.* guy 2

tira cómica *f.* comic strip 9

tirar *v.* to throw 5

titular *m.* headline 9

titularse *v.* to graduate 3

tocar + me/te/le, etc. *v.* to be my/your/his turn; **¿A quién le toca pagar la cuenta?** Whose turn is it to pay the tab? 2; **¿Todavía no me toca?** Is it my turn yet? 2; **A Johnny le toca hacer el café.** It's Johnny's turn to make coffee. 2; **Siempre te toca lavar los platos.** It's always your turn to wash the dishes. 2; **tocar el timbre** to ring the doorbell 3

tomar *v.* to take; **tomar en serio** to take seriously 8

torear *v.* to fight bulls in the bullring 2

toreo *m.* bullfighting 2

torero/a *m., f.* bullfighter 2

tormenta *f.* storm; **tormenta tropical** *f.* tropical storm 6

torneo *m.* tournament 2

tos *f.* cough 4

toser *v.* to cough 4

tóxico/a *adj.* toxic 6

tozudo/a *adj.* stubborn 8

trabajador(a) *adj.* industrious; hard-working 8

trabajar duro to work hard 8

tradicional *adj.* traditional 1

traducir *v.* to translate 1

traer *v.* to bring 1

tragar *v.* to swallow

trágico/a *adj.* tragic 10

traición *f.* betrayal 12

traidor(a) *m., f.* traitor 12

traje de luces *m.* bullfighter's outfit (*lit.* costume of lights) 2

trama *f.* plot 10

tranquilo/a *adj.* calm 1; **Tranquilo/a.** Be calm.; Relax.

transbordador espacial *m.* space shuttle 7

transcurrir *v.* to take place 10

tránsito *m.* traffic

transmisión *f.* transmission

transmitir *v.* to broadcast 9

transplantar *v.* to transplant

transporte público *m.* public transportation

trasnochar *v.* to stay up all night 4

trastorno *m.* disorder

tratado *m.* treaty

tratamiento *m.* treatment 4

tratar *v.* to treat 4; **tratar (sobre/acerca de)** to be about; to deal with 4

tratarse de *v.* to be about; to deal with 10

trayectoria *f.* path; history 1

trazar *v.* to trace

tribu *f.* tribe 12

tribunal *m.* court

tropical *adj.* tropical; **tormenta tropical** *f.* tropical storm 6

truco *m.* trick 2

trueno *m.* thunder 6

trueque *m.* barter; exchange

tubería *f.* piping; plumbing 6

turismo *m.* tourism 5

turista *m., f.* tourist 5

turístico/a *adj.* tourist 5

U

ubicar *v.* to put in a place; to locate

ubicarse *v* to be located

único/a *adj.* unique

uña *f.* fingernail

urbano/a *adj.* urban

urgente *adj.* urgent 4

usuario/a *m., f.* user 7

útil *adj.* useful 11

V

vaca *f.* cow 6

vacuna *f.* vaccine 4

vago/a *m., f.* slacker 7

vagón *m.* carriage; coach 7

valer *v.* to be worth 1

valiente brave 5

valioso/a *adj.* valuable 6

valor *m.* bravery; value

vándalo/a *m., f.* vandal 6

vanguardia *f.* vanguard; **a la vanguardia** at the forefront 7

vedado/a *adj.* forbidden 3

vela *f.* candle

venado *m.* deer

vencer *v.* to conquer; to defeat 2, 9

vencido/a *adj.* expired 5

venda *f.* bandage 4

vendedor(a) *m., f.* salesperson 8

veneno *m.* poison 6

venenoso/a *adj.* poisonous 6

venerar *v.* to worship 11

venir (e:ie) *v.* to come 1

venta *f.* sale; **estar a la venta** to be for sale

ventaja *f.* advantage

ver *v.* to see 1; **Yo lo/la veo muy triste.** He/She looks very sad to me. 6

vergüenza *f.* shame; embarrassment; **tener vergüenza (de)** to be ashamed (of) 1

verse *v.* to look; to appear; **Se ve tan feliz.** He/She looks so happy. 6; **¡Qué guapo/a te ves!** How attractive you look! (*fam.*) 6; **¡Qué elegante se ve usted!** How elegant you look! (*form.*) 6

verso *m.* line (*of poetry*) 10

vestidor *m.* fitting room

vestirse (e:i) *v.* to get dressed 2

vez *f.* time; **a veces** *adv.* sometimes 3; **de vez en cuando** now and then; once in a while 3; **por primera/última vez** for the first/last time 2; **érase una vez** once upon a time

viaje *m.* trip 5; **hacer un viaje** to take a trip 5

viajero/a *m., f.* traveler 5

victoria *f.* victory

victorioso/a *adj.* victorious 12

vida *f.* life; **vida cotidiana** *f.* everyday life

video musical *m.* music video 9

videojuego *m.* video game 2

vigente *adj.* valid 5

vigilar *v.* to watch

virus *m.* virus 4

vistazo *m.* glance; **echar un vistazo** to take a look

viudo/a *adj.* widowed 1

viudo/a *m., f.* widower/widow

vivir *v.* to live 1

vivo: en vivo *adj.* live 9

volar (o:ue) *v.* to fly 8

volver (o:ue) *v.* to come back

votar *v.* to vote 11

vuelo *m.* flight

vuelta *f.* return (trip)

W

web *f.* (the) web 7

Y

yeso *m.* cast 4

Z

zaguán *m.* entrance hall; vestibule 3

zoológico *m.* zoo 2

English–Spanish

A

@ symbol arroba *f.* 7
abolish suprimir *v.* 12
above all sobre todo 6
absent ausente *adj.*
abstract abstracto/a *adj.* 10
accentuate acentuar *v.* 10
accident accidente *m.;* **car accident** accidente automovilístico *m.* 5
account cuenta *f.;* **(story)** relato *m.* 10; **checking account** cuenta corriente *f.* 8; **savings account** cuenta de ahorros *f.*
accountant contador(a) *m., f.* 8
accustomed to acostumbrado/a *adj.;* **to grow accustomed (to)** acostumbrarse (a) 3
ache doler (o:ue) *v.* 2
achieve lograr *v.* 3; alcanzar *v.*
activist activista *m., f.* 11
actor actor *m.* 9
actress actriz *f.* 9
add añadir *v.*
admission ticket entrada *f.*
adore adorar *v.* 1
advance avance *m.* 7
advanced adelantado/a; avanzado/a *adj.* 7, 12
advantage ventaja *f.;* **to take advantage of** aprovechar *v*
adventure aventura *f.* 5
adventurer aventurero/a *m., f.* 5
advertising publicidad *f.* 9
advertisement anuncio *m.,* propaganda *f.* 9
advisable recomendable *adj.* 5; **not advisable, inadvisable** poco recomendable *adj.*
advise aconsejar *v.* 4
advisor asesor(a) *m., f.* 8
aesthetic estético/a *m., f.* 10
affection cariño *m.* 1
affectionate cariñoso/a *adj.* 1
afflict afligir *v.* 4
after all al final de cuentas 7; al fin y al cabo
age: of age mayor de edad
agent agente *m., f.;* **customs agent** agente de aduanas *m., f.* 5
agnostic agnóstico/a *adj.* 11
agree acordar (o:ue) *v.* 2
aid auxilio *m.;* **first aid** primeros auxilios *m. pl.* 4
album álbum *m.* 2
alibi coartada *f.* 10
alien extraterrestre *m., f.* 7
allusion alusión *f.* 10
almost casi *adv.* 3
alone solo/a *adj.* 1
alternative medicine medicina alternativa *f.*
amaze asombrar *v.*
amazement asombro *m.*
ambassador embajador(a) *m., f.* 11

amuse (oneself) entretener(se) (e:ie) *v.* 2
ancient antiguo/a *adj.* 12
anger enojo *m.*
announcer conductor(a) *m., f.;* locutor(a) *m., f.*
annoy molestar *v.* 2
ant hormiga *f.* 6
antenna antena *f.*
antiquity antigüedad *f.*
anxiety ansia *f.* 1
anxious ansioso/a *adj.* 1
apologize disculparse *v.* 6
appear aparecer *v.* 1
appearance aspecto *m.*
applaud aplaudir *v.* 2
apply for solicitar *v.* 8
appreciate apreciar *v.* 1
appreciated apreciado/a *adj.*
approach acercarse (a) *v.* 2
approval aprobación *f.* 9
approve aprobar (o:ue) *v.*
archaeologist arqueólogo/a *m., f.*
archaeology arqueología *f.*
argue discutir *v.* 1
arid árido/a *adj.* 11
aristocratic aristocrático/a *adj.* 12
armchair sillón *m.*
armed armado/a *adj.*
army ejército *m.* 12
arrival llegada *f.* 5
arrive llegar *v.*
artifact artefacto *m.* 5
artisan artesano/a *m., f.* 10
ascent subida *f.*
ashamed avergonzado/a *adj.;* **to be ashamed (of)** tener vergüenza (de) *v.* 1
ask pedir (e:i) *v* 1, 4
aspirin aspirina *f.* 4
assure asegurar *v.*
astonished: be astonished asombrarse *v.*
astonishing asombroso/a *adj.*
astonishment asombro *m.*
astronaut astronauta *m., f.* 7
astronomer astrónomo/a *m., f.* 7
atheism ateísmo *m.*
atheist ateo/a *adj.* 11
athlete deportista *m., f.* 2
ATM cajero automático *m.*
attach adjuntar *v.* 7; **to attach a file** adjuntar un archivo *v.* 7
attract atraer *v.* 1
attraction atracción *f.*
auction subasta *f.* 10
audience audiencia *f.*
audience público *m.* 9
authoritarian autoritario/a *adj.* 1
autobiography autobiografía *f.* 10
available disponible *adj.*
awkward situation compromiso *m.* 10

B

back espalda *f.;* **behind my back** a mis espaldas 9; **to have one's back to** estar de espaldas a
bag bolsa *f.*

balcony balcón *m.* 3
ball balón *m.* 2
ball field campo *m.* 5
ball game juego de pelota *m.* 5
band conjunto (musical) *m.*
bandage venda *f.* 4
banking bancario/a *adj.*
bankruptcy bancarrota *f.* 8
baptism bautismo *m.*
bargain ganga *f.* 3
barter trueque *m.*
basement sótano *m.* 3
battle batalla *f.* 12
bay bahía *f.* 5
be able to poder (o:ue) *v.* 1
be about (deal with) tratarse de *v.* 10 tratar (sobre/acerca de) *v.* 4
be about to disponerse a *v.* 6
be promoted ascender (e:ie) *v.* 8
bear oso *m.*
beat latir *v.* 4
become convertirse (en) (e:ie) *v.* 2; **to become annoying** ponerse pesado/a *v.;* **to become extinct** extinguirse *v.* 6; **to become infected** contagiarse *v.* 4; **to become inflamed** inflamarse *v.;* **to become informed (about)** enterarse (de) *v.* 9; **to become part (of)** integrarse (a) *v.* 12; **to become tired** cansarse *v.*
bed and breakfast inn pensión *f.*
beehive colmena *f.* 8
beforehand de antemano
beg rogar *v.* 4
beggar mendigo/a *m., f.*
begin empezar (e:ie) *v.*
behalf: on behalf of de parte de
behave well portarse bien *v.*
belief creencia *f.* 11
believe (in) creer (en) *v.* 11; **Don't you believe it.** No creas.
believer creyente *m., f.* 11
belong (to) pertenecer (a) *v.* 12
belt cinturón *m.;* **seatbelt** cinturón de seguridad *m.* 5
benefits beneficios *m. pl.*
bet apuesta *f.*
bet apostar (o:ue) *v.*
betray engañar *v.* 9, 12
betrayal traición *f.* 12
beyond más allá de
bias parcialidad *f.* 9; **left-wing/right-wing bias** tendencia izquierdista/derechista *f.*
biased parcial *adj.* 9
bilingual bilingüe *adj.* 9
bill cuenta *f.;* proyecto de ley *m.* 11
billiards billar *m.* 2
biochemical bioquímico/a *adj.* 7
biography biografía *f.* 10
biologist biólogo/a *m., f.* 7
bird ave *f.* 6; pájaro *m.* 6
bite morder (o:ue) *v.* 6
blanket manta *f.*
bless bendecir *v.* 11
blog blog *m.* 7
blognovel blogonovela *f.* 7
blogosphere blogosfera *f.* 7
blood sangre *f.* 4; **(high/low) blood pressure** tensión (alta/baja) *f.* 4

blow soplar *v.;* **to blow out the candles** apagar las velas *v.* 8
blush enrojecer *v.*
board embarcar *v.;* **on board** a bordo *adj.* 5
board game juego de mesa *m.* 2
boat bote *m.* 5
body cuerpo *m.*
boil hervir (e:ie) *v.* 3
bombing bombardeo *m.* 6
border frontera *f.* 5
border límite *m.* 11
bore aburrir *v.* 2
borrow pedir prestado/a *v.* 8
both ambos/as *pron., adj.*
bother molestar *v.* 2
bottom fondo *m.*
bow proa *f.* 5
bowling boliche *m.* 2
box caja *f.;* **toolbox** caja de herramientas *f.*
box office taquilla *f.* 2
branch sucursal *f.*
brand marca *f.*
brave valiente 5
bravery valor *m.*
break in (to a conversation) meterse *v.* 1
break up (with) romper (con) *v.* 1
breakthrough avance *m.* 7
breathing respiración *f.* 4
brick ladrillo *m.*
bridge puente *m.* 12
bright luminoso/a *adj.* 10
bring traer *v.* 1; **to bring down** derribar *v.;* **to bring up (raise)** educar *v.* 1
broadcast emisión *f.;* **live broadcast** emisión en vivo/directo *f.*
broadcast transmitir *v.* 9
broom escoba *f.*
brush cepillarse *v.* 2; **to brush against** rozar *v.*
brush stroke pincelada *f.* 10
Buddhist budista *adj.* 11
budget presupuesto *m.* 8
buffalo búfalo *m.*
bull ring ruedo *m.* 2
bullfight corrida *f.* 2
bullfighter torero/a *m., f.* 2; **bullfighter who kills the bull** matador/a *m., f.* 2; **bullfighter's outfit** traje de luces *m.* 2
bullfighting toreo *m.* 2; **bullfighting stadium** plaza de toros *f.* 2
bureaucracy burocracia *f.*
buried enterrado/a *adj.* 2
burrow madriguera *f.* 3
bury enterrar (e:ie), sepultar *v.* 12
business negocio *m.*
businessman hombre de negocios *m.* 8
businesswoman mujer de negocios *f.* 8
butterfly mariposa *f.*

C

cage jaula *f.*
calculation, sum cuenta *f.*
calm tranquilo/a *adj.* 1
calm down calmarse *v.;* **Calm down.** Tranquilo/a.

campaign campaña *f.* 11
campground campamento *m.* 5
cancel cancelar *v.* 5
cancer cáncer *m.*
candidate candidato/a *m., f.* 11
candle vela *f.*
canon canon *m.* 10
canvas tela *f.* 10
capable capaz *adj.* 8
cape cabo *m.*
captain capitán *m.*
card tarjeta *f.;* **credit/debit card** tarjeta de crédito/débito *f.* 3; **(playing) cards** cartas, *f. pl.* 2, naipes *m. pl.* 2
care cuidado *m.* 1; **personal care** aseo personal *m.*
careful cuidadoso/a *adj.* 1
caress acariciar *v.* 10
carriage vagón *m.* 7
carry llevar *v.* 2; **to carry away** llevarse *v.* 2; **to carry out** cumplir *v.* 8; **to carry out (an activity)** llevar a cabo *v.*
cascade cascada *f.* 5
case: in any case de todas formas 12
cash dinero en efectivo *m.;* (*Arg.*) guita *f.*
cashier cajero/a *m., f.*
casket ataúd *m.* 2
cast yeso *m.* 4
catastrophe catástrofe *f.*
catch atrapar *v.* 6
catch pillar *v.* 9
category categoría *f.* 5
Catholic católico/a *adj.* 11
cautious prevenido/a *adj.*
cave cueva *f.*
celebrate celebrar, festejar *v.* 2
celebrity celebridad *f.* 9
cell célula *f.* 7; celda *f.*
cell phone móvil *m.* 7, *teléfono celular* **m.** 7
cemetery cementerio *m.* 12
censorship censura *f.* 9
cent centavo *m.*
century siglo *m.* 12
certain cierto/a *adj.*
certainty certeza *f.* certidumbre *f.* 12
challenge desafío *m.* 7; desafiar *v.* 2; poner a prueba *v.*
challenging desafiante *adj.* 4
champion campeón/campeona *m., f.* 2
championship campeonato *m.* 2
chance azar, *m.* 5 casualidad *f.* 5; **by chance** por casualidad 3
change cambio *m.;* cambiar; mudar *v.* 2
channel canal *m.* 9; **television channel** canal de televisión *m.*
chapel capilla *f.* 11
chapter capítulo *m.*
character personaje *m.* 10; **main/ secondary character** personaje principal/secundario *m.*
characteristic (trait) rasgo *m.*
characterization caracterización *f.* 10
charge cobrar *v.* 8
charge: be in charge of encargarse de *v.* 1; estar a cargo de; estar encargado/a de; **person in charge** encargado/a *m., f.*

cheap (stingy) tacaño/a *adj.* 1; **(inexpensive)** barato/a *adj.* 3
cheek mejilla *f.* 10
cheer up animar *v.;* **Cheer up!** ¡Anímate!(*sing.*); ¡Anímense! (*pl.*) 2
Cheers! ¡Salud! 8
chef cocinero/a *m., f.*
chemical químico/a *adj.* 7
chemist químico/a *m., f.* 7
chess ajedrez *m.* 2
chest pecho *m.* 10
chew masticar *v.*
childhood infancia *f.*
choir coro *m.*
choose elegir (e:i) *v.;* escoger *v.* 1
chore quehacer *m.* 3
chorus coro *m.*
chosen elegido/a *adj.*
Christian cristiano/a *adj.* 11
church iglesia *f.* 11
cinema cine *m.* 2
circus circo *m.* 2
cistern cisterna *f.* 6
citizen ciudadano/a *m., f.* 11
civilization civilización *f.* 12
civilized civilizado/a *adj.*
claim reclamar *v.* 11
clarify aclarar *v.* 9
classic clásico/a *adj.* 10
clean limpiar *v.* 3
clean (pure) puro/a *adj.*
cleanliness aseo *m.*
clearing limpieza *f.* 3
click hacer clic 7
cliff acantilado *m.*
climate clima *m.*
climb (mountain) escalada *f.*
climber escalador(a) *m., f.*
cloister claustro *m.* 11
clone clonar *v.* 7
clown payaso/a *m., f.* 8
club club *m.;* **sports club** club deportivo *m.* 2
coach (train) vagón *m.* 7; **coach (trainer)** entrenador(a) *m., f.* 2
coast costa *f.* 6
cockroach cucaracha *f.* 6
coincidence casualidad *f.* 5
cold resfriado *m.* 4; **to have a cold** estar resfriado/a *v.* 4
collect coleccionar *v.*
colonize colonizar *v.* 12
colony colonia *f.* 12
columnist columnista *m., f.* 9
comb one's hair peinarse *v.* 2
combatant combatiente *m., f.*
come venir *v.* 1; **to come back** volver (o:ue) *v.;* **to come from** provenir (de) *v.;* **to come to an end** acabarse *v.* 6; **to come with** acompañar *v.* 10
comedian comediante *m., f.* 1
comet cometa *m.* 7
comic strip tira cómica *f.* 9
commerce comercio *m.* 8
commercial anuncio *m.* 9
commitment compromiso *m.* 1
community comunidad *f.* 4

company compañía *f.*, empresa *f.* **8;**
   multinational company empresa
   multinacional *f.*, multinacional *f.* **8**
compass brújula *f.* **5**
competent capaz *adj.* **8**
complain (about) quejarse (de) *v.* **2**
complaint queja *f.*
complicated rebuscado/a *adj.*
compose componer *v.* **1**
composer compositor(a) *m., f.*
computer science informática *f.* **7;**
   computación *f.*
concert concierto *m.* **2**
condition (illness) dolencia *f.* **4**
conference conferencia *f.* **8**
confess confesar (e:ie) *v.*
confidence confianza *f.* **1**
confident seguro/a *adj.* **1**
confront enfrentar *v.*
confuse (with) confundir (con) *v.*
confused confundido/a *adj.*
congested congestionado/a *adj.*
Congratulations! ¡Felicidades!;
   Congratulations to all! ¡Felicidades
   a todos!
connection conexión *f.;* **to have good**
   connections estar relacionado *v.*
conquer conquistar, *v.* vencer *v.* **2, 9, 12**
conqueror conquistador(a) *m., f.* **12**
conquest conquista *f.* **12**
conscience conciencia *f.*
consequently por consiguiente *adj.*
conservative conservador(a) *adj.* **11**
conserve conservar *v.* **6**
consider considerar *v.*
consulate consulado *m.* **11**
consultant asesor(a) *m., f.* **8**
consumption consumo *m.;* **energy**
   consumption consumo de energía *m.*
contaminate contaminar *v.* **6**
contamination contaminación *f.* **6**
contemporary contemporáneo/a *adj.* **10**
contented: be contented with
   contentarse con *v.* **1**
contract contrato *m.* **8;** contraer *v.* **1**
contribute contribuir (a) *v.* **6**
contribution aportación *f.* **11**
controversial controvertido/a *adj.* **9**
controversy polémica *f.* **11**
cook cocinero/a *m., f.*
cook cocinar *v.* **3**
corner rincón *m.* **11**
cornmeal cake arepa *f.* **11**
correspondent corresponsal *m., f.* **9**
corruption corrupción *f.*
costly costoso/a *adj.*
costume disfraz *m.;* **in costume**
   disfrazado/a *adj.*
cough tos *f.* **4**
cough toser *v.* **4**
count contar (o:ue) *v.* **2; to count on**
   contar con *v.*
countryside campo *m.* **6**
couple pareja *f.* **1**
courage coraje *m.*
course: of course claro *interj.* **3;** por
   supuesto; ¡cómo no!
court tribunal *m.*

cover portada *f.* **9** tapa *f.*
cow vaca *f.* **6**
crash choque *m.* **3**
create crear *v.* **7**
creativity creatividad *f.*
crisis crisis *f.;* **economic crisis** crisis
   económica *f.* **8**
critic crítico/a *m., f.;* **movie critic**
   crítico/a de cine *m., f.* **9**
critical crítico/a *adj.*
critique criticar *v.* **10**
cross cruzar *v.*
crowd multitud *f.*
cruise (ship) crucero *m.* **5**
cubism cubismo *m.* **10**
culture cultura *f.;* **pop culture** cultura
   popular *f.*
cultured culto/a *adj.* **12**
currently actualmente *adv.*
curse maldición *f.*
custom costumbre *f.* **3**
customs aduana *f.;* **customs agent** agente
   de aduanas *m., f.* **5**
cut corte *m.*

D

daily diario/a *adj.* **3**
dam represa *f.*
damp húmedo/a *adj.* **6**
dance bailar *v.* **1**
dance club discoteca *f.* **2**
dancer bailarín/bailarina *m., f.*
danger peligro *m.*
dangerous peligroso/a *adj.* **5**
dare (to) atreverse (a) *v.* **2**
darken oscurecer *v.* **6**
darts dardos *m. pl.* **2**
data datos *m.;* **piece of data** dato *m.*
date cita *f.;* **blind date** cita a ciegas *f.* **1**
datebook agenda *f.* **3**
dawn alba *f.* **11**
day día *m.*
daybreak alba *f.* **11**
deaf sordo/a *adj.;* **to go deaf** quedarse
   sordo/a *v.* **4**
deal with (be about) tratarse de *v.* **10**
death muerte *f.*
debt deuda *f.* **8**
debt collector cobrador(a) *m., f.* **8**
debtor moroso/a *m., f.* **8**
debut (premiere) estreno *m.* **2**
decade década *f.* **12**
decrease disminuir *v.*
dedication dedicatoria *f.* **11**
deep hondo/a *adj.* **2;** profundo/a *adj.*
deer venado *m.*
defeat vencer *v.* **2, 9**
defeat derrota *f.;* derrotar *v.* **12**
defeated derrotado/a *adj.* **12**
deforestation deforestación *f.* **6**
defrost descongelar(se) *v.* **7**
delay retraso *m.;* atrasar *v.;* demorar *v.;*
   retrasar *v.*
delayed retrasado/a *adj.* **5**
delivery entrega *f.*
demand reclamar *v.* **11;** exigir *v.* **1, 4, 8**
democracy democracia *f.* **11**

demonstration manifestación *f.* **11**
den madriguera *f.* **3**
denounce delatar *v.* **3;** denunciar *v.* **9**
depict reflejar *v.* **10**
deposit depositar *v.* **8**
depressed deprimido/a *adj.* **1**
depression depresión *f.* **4**
descendent descendiente *m., f.* **12**
desert desierto *m.* **6**
deserve merecer *v.* **8**
design diseñar *v.* **8, 10**
desire deseo *m.;* gana *f.*
desire desear *v.* **4**
destination destino *m.* **5**
destroy destruir *v.* **6**
detective (story/novel) policíaco/a *adj.* **10**
deteriorate empeorar *v.* **4**
detest detestar *v.*
developed desarrollado/a *adj.* **12**
developing en vías de desarrollo *adj.;*
   developing country país en vías de
   desarrollo *m.*
development desarrollo *m.* **6**
diamond diamante *m.* **5**
dictator dictador(a) *m., f.* **12**
dictatorship dictadura *f.*
die fallecer *v.;* **to die of** morirse (o:ue)
   de *v.* **2**
diet (nutrition) alimentación *f.* **4;** dieta *f.;*
   to be on a diet estar a dieta *v.* **4; to go on**
   a diet ponerse a dieta *v.* **4**
difficult duro/a *adj.* **7**
digestion digestión *f.*
digital digital *adj.* **7**
dinner guest comensal *m., f.* **10**
direct dirigir *v.* **1**
director director(a) *m., f.*
disappear desaparecer *v.* **1, 6**
disappointment desilusión *f.*
disaster catástrofe *f.;* **natural disaster**
   catástrofe natural *f.*
discomfort malestar *m.* **4**
discotheque discoteca *f.* **2**
discouraged desanimado/a *adj.* **to get**
   discouraged desanimarse *v.;* **the state of**
   being discouraged desánimo *m.* **1**
discover descubrir *v.* **4**
discoverer descubridor(a) *m., f.*
discovery descubrimiento *m.* **7;**
   hallazgo *m.* **4**
discriminated discriminado/a *adj.*
discrimination discriminación *f.*
disease enfermedad *f.* **4**
disguised disfrazado/a *adj.*
disgusting: to be disgusting dar asco *v.*
disorder desorden *m.* **7; (condition)**
   trastorno *m.*
disposable desechable *adj.* **6**
distant lejano/a *adj.* **5**
distinguish distinguir *v.* **1**
distract distraer *v.* **1**
distracted distraído/a *adj.;* **to get**
   distracted descuidar(se) *v.* **6**
disturbing inquietante *adj.* **10**
diversity diversidad *f.* **4**
divorce divorcio *m.* **1**
divorced divorciado/a *adj.* **1**
dizzy mareado/a *adj.* **4**

DNA ADN (ácido desoxirribonucleico) *m.* 7

do hacer *v.* 1, 4; **to be (doing something)** andar + *pres. participle v.;* **to do someone the favor** hacer el favor *v.;* **to do something on purpose** hacer algo a propósito *v.*

doctor's appointment consulta *f.* 4

doctor's office consultorio *m.* 4

documentary documental *m.* 9

dominoes dominó *m.*

doorbell timbre *m.;* **to ring the doorbell** tocar el timbre *v.*

double (*in movies***)** doble *m., f.* 9

doubt interrogante *m.* 7; **to be no doubt** no caber duda *v.*

download descargar *v.* 7

drag arrastrar *v.*

draw dibujar *v.* 10

dream (about) soñar (o:ue) (con) *v.* 1

dressing room probador *m.* 3; **(***star's***)** camerino *m.* 9

drink beber *v.* 1

drinking glass copa *f.*

drive conducir *v.* 1; manejar *v.*

drought sequía *f.* 6

drown ahogarse *v.*

drowned ahogado/a *adj.* 5

dry seco/a *adj.* 6; secar *v.;* **to dry off** secarse *v.* 2

dub (*film***)** doblar *v.*

dubbed doblado/a *adj.* 9

dubbing doblaje *m.*

dust polvo *m.* 3; **to dust** quitar el polvo *v.* 3

duty deber *m.* 8

E

earn ganar *m.;* **to earn a living** ganarse la vida *v.* 8

earth tierra *f.* 6; **What on earth...?** ¿Qué rayos...? 5

earthquake terremoto *m.* 6

easy-going (*permissive***)** permisivo/a *adj.* 1

eat comer *v.* 1, 2; **to eat up** comerse *v.* 2

ecosystem ecosistema *m.* 6

ecotourism ecoturismo *m.* 5

edible comestible *adj.;* **edible plant** planta comestible *f.*

editor redactor(a) *m., f.* 9

editor-in-chief redactor(a) jefe *m., f.*

educate educar *v.*

educated (*cultured***)** culto/a *adj.* 12

educational didáctico/a *adj.* 10

efficient eficiente *adj.*

effort esfuerzo *m.*

either... or... o... o... *conj.*

elbow codo *m.*

elder mayor *m.* 12

elderly anciano/a *adj.;* **elderly gentleman/lady** anciano/a *m., f.*

elect elegir (e:i) *v.* 11

elected elegido/a *adj.*

electoral electoral *adj.*

electricity luz *f.* 7

electronic electrónico/a *adj.*

e-mail address dirección de correo electrónico *f.* 7

embarrassed avergonzado/a *adj.*

embarrassment vergüenza *f.*

embassy embajada *f.* 11

emigrate emigrar *v.* 11

emotion sentimiento *m.* 1

emperor emperador *m* 12

emphasize destacar *v.*

empire imperio *m.* 12

employed empleado/a *adj.* 8

employee empleado/a *m., f.* 8

employment empleo *m.* 8

empress emperatriz *f.* 12

encourage animar *v.*

end fin *m.;* **(***rope, string***)** cabo *m.*

endangered en peligro de extinción *adj.;* **endangered species** especie en peligro de extinción *f.*

ending desenlace *m.*

energetic enérgico/a *adj.* 8

energy energía *f.;* **nuclear energy** energía nuclear *f.;* **wind energy** energía eólica *f.*

engineer ingeniero/a *m., f.* 7

enjoy disfrutar (de) *v.* 2; **Enjoy your meal.** Buen provecho.

enough bastante *adv.* 3

enslave esclavizar *v.* 12

enter ingresar *v.;* **to enter data** ingresar datos *v.*

entertain (oneself) entretener(se) (e:ie) *v.* 2

entertaining entretenido/a *adj.* 2

entertainment farándula *f.* 1

entrance hall zaguán *m.* 3

entrepreneur empresario/a *m., f.* 8

envelope sobre *m.*

environment medio ambiente *m.* 6

environmental ambiental *adj.* 6

epidemic epidemia *f.* 4

episode episodio *m.* 9; **final episode** episodio final *m.* 9

equal igual *adj.* 11

equality igualdad *f.*

era época *f.* 12

erase borrar *v.* 7

erosion erosión *f.* 6

errands mandados *m. pl.* 3; **to run errands** hacer mandados *v.* 3

essay ensayo *m.*

essayist ensayista *m., f.* 10

establish (oneself) establecer(se) *v.* 12

eternal eterno/a *adj.*

ethical ético/a *adj.* 7; **unethical** poco ético/a *m., f.*

even siquiera *conj.;* **not even** ni siquiera *conj.*

event acontecimiento *m.* 9

everyday cotidiano/a *adj.* 3; **everyday life** vida cotidiana *f.*

example (*sample***)** muestra *f.*

exchange: in exchange for a cambio de

excited emocionado/a *adj.* 1

exciting excitante *adj.*

excursion excursión *f.* 5

excuse disculpar *v.;* **Excuse me; Pardon me** Perdona (*fam.*)/Perdone (*form.*); Con permiso.

executive ejecutivo/a *m., f.* 8; **of an executive nature** de corte ejecutivo 8

exhausted agotado/a *adj.* 4; fatigado/a *adj.* 4

exhaustion cansancio *m.* 3

exhibition exposición *f.*

exile exilio *m.;* **political exile** exilio político *m.* 11

exit salida *f.* 6

exotic exótico/a *adj.*

expel expulsar *v.* 12

expensive caro/a *adj.* 3; costoso/a *adj.*

experience experiencia *f.* 8; experimentar *v.*

experiment experimento *m.* 7

expire caducar *v.*

expired vencido/a *adj.* 5

exploit explotar *v.* 12

exploitation explotación *f.*

exploration exploración *f.*

explore explorar *v.*

export exportar *v.* 8

exports exportaciones *f., pl.*

expressionism expresionismo *m.* 10

extinct: become extinct extinguirse *v.* 6

extinguish extinguir *v.*

F

facial features facciones *f., pl.* 3

facilities servicios *m., pl*

fact hecho *m.* 3

factor factor *m.;* **risk factors** factores de riesgo *m. pl.*

factory fábrica *f.*

fad moda pasajera *f.* 9

faint desmayarse *v.* 4

fair feria *f.* 2

faith fe *f.* 11

fall caer *v.* 1; **to fall in love (with)** enamorarse (de) *v.* 1

fame fama *f.* 9

famous famoso/a *adj.* 9; **to become famous** hacerse famoso *v.* 9

fan (of) aficionado/a (a) *adj.* 2; **to be a fan of** ser aficionado/a de *v.*

farewell despedida *f.* 5

fascinate fascinar *v.* 2

fashion moda *f.;* **in fashion, popular** de moda *adj.* 9

fasten abrocharse *v.;* **to fasten one's seatbelt** abrocharse el cinturón de seguridad *v.;* **to fasten (the seatbelt)** ponerse (el cinturón de seguridad) *v.* 5

fatigue fatiga *f.* 8

favor favor *m.;* **to do someone the favor** hacer el favor *v.*

favoritism favoritismo *m.* 11

fed up (with) harto/a *adj.;* **to be fed up (with); to be sick (of)** estar harto/a (de) *v.* 1

feed dar de comer *v.* 6

feel sentirse (e:ie) *v.* 1; **(experience)** experimentar *v.;* **to feel like** dar la gana *v.* 9; sentir/tener ganas de *v.*

feeling sentimiento *m.* 1

festival festival *m.* 2

fever fiebre *f.* 4; **to have a fever** tener fiebre *v.* 4

field campo *m.* 6; cancha *f.* 2

fight lucha *f.;* pelear *v.;* **to fight (for)** luchar por *v.;* **to fight bulls** lidiar *v.* 2; **to fight bulls in the bullring** torear *v.* 2

figuratively en sentido figurado *m.*

file archivo *m.;* **to download a file** bajar un archivo *v.*

filled up completo/a *adj.;* **The hotel is filled.** El hotel está completo.

filling contundente *adj.* **10**

film película *f.;* rodar (o:ue) *v.* **9**

finance(s) finanzas *f. pl.;* financiar *v.* **8**

financial financiero/a *adj.* **8**

find out averiguar *v.* **1**

finding hallazgo *m.* **4**

fine multa *f.*

fine arts bellas artes *f., pl.* **10**

fingernail uña *f.*

finish line meta *f.*

fire incendio *m.* **6**; despedir (e:i) *v.* **8**

fired despedido/a *adj.*

fireplace hogar *m.* **3**

first aid primeros auxilios *m., pl.* **4**

first and foremost antes que nada

fish pez *m.* **6**

fishing pesca *f.* **5**

fit caber *v.* **1**; **(clothing)** quedar *v.* **2**

fitting room vestidor *m.*

flag bandera *f.*

flask frasco *m.*

flavor sabor *m.;* **What flavor is it? Chocolate?** ¿Qué sabor tiene? ¿Chocolate? **4**

flee huir *v.* **3**

fleeting pasajero/a *adj.*

flexible flexible *adj.*

flight vuelo *m.*

flight attendant auxiliar de vuelo *m., f.*

flirt coquetear *v.* **1**

float flotar *v.* **5**

flood inundación *f.* **6**; inundar *v.*

floor suelo *m.*

flower florecer *v.* **6**

flu gripe *f.* **4**

fly mosca *f.* **6**; volar (o:ue) *v.* **8**

fog niebla *f.*

fold doblar *v.*

follow seguir (e:i) *v.*

folly insensatez *f.* **4**

fond of aficionado/a (a) *adj.* **2**

food comida *f.* **6**; alimento *m.* **canned food** comida enlatada *f.* **6**; **fast food** comida rápida *f.* **4**

foot (of an animal) pata *f.*

forbidden vedado/a *adj.* **3**

force fuerza *f.;* **armed forces** fuerzas armadas *f., pl.* **12**; **labor force** fuerza laboral *f.*

forced forzado/a *adj.* **12**

forefront: at the forefront a la vanguardia

foresee presentir (e:ie); prever *v.*

forest bosque *m.*

forget (about) olvidarse (de) *v.* **2**

forgetfulness; olvido *m.* **1**

forgive perdonar *v.*

form forma *f.*

formulate formular *v.* **7**

forty-year-old; in her/his forties cuarentón/cuarentona *adj.* **11**

fountain fuente *f.*

frame marco *m.*

free time tiempo libre *m.* **2**; ratos libres *m. pl.* **2**

freedom libertad *f.* **11**; **freedom of the press** libertad de prensa *f.* **9**

freeze congelar(se) *v.* **7**

freeze helar (e:ie) *v.*

frequently a menudo *adv.* **3**

friar fraile *m.* **11**

frightened asustado/a *adj.*

frog rana *f.* **6**

front desk recepción *f.* **5**

front page portada *f.* **9**

frozen congelado/a *adj.*

fry freír (e:i) *v.* **3**

fuel combustible *m.* **6**

full lleno/a *adj.;* **full-length film** largometraje *m.*

fun divertido/a *adj.* **2**

funny gracioso/a *adj.* **1**; **to be funny (to someone)** hacerle gracia (a alguien)

furnished amueblado/a *adj.*

furniture mueble *m.* **3**

futuristic futurístico/a *adj.*

G

gain weight engordar *v.* **4**

gallery galería *f.* **10**

game juego *m.* **2**; **ball game** juego de pelota *m.* **5**; **board game** juego de mesa *m.* **2**; **(sports)** partido; *m.;* **to win/lose a game** ganar/perder un partido *v.* **2**

garbage (poor quality) porquería *f.* **10**

gate: airline gate puerta de embarque *f.* **5**

gaze mirada *f.* **1**

gene gen *m.* **7**

generate generar *v.*

generous generoso/a *adj.*

genetics genética *f.* **4**

genuine auténtico/a *adj.* **3**

gesture gesto *m.*

get obtener *v.;* **to get along** congeniar *v.;* **to get along well/poorly** llevarse bien/mal *v.* **1**; **to get bored** aburrirse *v.* **2**; **to get caught** enganchar *v.* **5**; **to get discouraged** desanimarse *v.;* **to get distracted; neglect** descuidar(se) *v.* **6**; **to get dressed** vestirse (e:i) *v.* **2**; **to get hurt** lastimarse *v.* **4**; **to get in shape** ponerse en forma *v.* **4**; **to get information** informarse *v.;* **to get ready** arreglarse *v.* **3**; **to get sick** enfermarse *v.* **4**; **to get tickets** conseguir (e:i) boletos/entradas *v.* **2**; **to get together (with)** reunirse (con) *v.* **2**; **to get up** levantarse *v.* **2**; **to get upset** afligirse *v.* **3**; **to get used to** acostumbrarse (a) *v.* **3**; **to get well/ill** *v.* ponerse bien/mal **4**; **to get wet** mojarse *v.;* **to get worse** empeorar *v.* **4**

gift obsequio *m.* **11**

give dar *v.;* **to give a prize** premiar *v.;* **to give a shot** poner una inyección *v.* **4**; **to give up** darse por vencido *v.* **6**; ceder **11**; **to give way to** dar paso a *v.*

gladly con mucho gusto **10**

glance vistazo *m.*

global warming calentamiento global *m.* **6**

globalization globalización *f.* **8**

go ir *v.* **1**, **2**; **to go across** recorrer *v.* **5**; **to go around (the world)** dar la vuelta (al mundo) *v.;* **to go away (from)** irse (de) *v.* **2**; **to go out** salir *v.* **1**; **to go out (to eat)** salir (a comer) *v.* **2**; **to go out with** salir con *v.* **1**; **to go shopping** ir de compras *v.* **3**; **go to bed** acostarse (o:ue) *v.* **2**; **go to sleep** dormirse (o:ue) *v.* **2**; **go too far** pasarse *v.;* **go too fast** embalarse *v.* **9**

goat cabra *f.*

God Dios *m.* **11**

god/goddess dios(a) *m., f.* **5**

goldfish pececillo de colores *m.*

good bueno/a *adj.* **to be good (i.e. fresh)** estar bueno *v.;* **to be good (by nature)** ser bueno *v.*

goodness bondad *f.*

gossip chisme *m.* **9**

govern gobernar (e:ie) *v.* **11**

government gobierno *m.;* **government agency** organismo público *m.* **9**;

governor gobernador(a) *m., f.* **11**

graduate titularse *v.* **3**

grass hierba *f.;* **pasto** *m.*

gratitude agradecimiento *m.*

gravity gravedad *f.* **7**

great-great-grandfather/mother tatarabuelo/a *m., f.* **12**

group grupo *m.;* **musical group** grupo musical *m.*

grow crecer *v.* **1**; cultivar *v.* **to grow accustomed to;** acostumbrarse (a) *v.* **3**; **grow up** criarse v. **1**

growth crecimiento *m.*

Guarani guaraní *m.* **9**

guarantee asegurar *v.*

guess adivinar *v.*

guilt culpa *f.*

guilty culpable *adj.* **11**

guy tipo *m.* **2**

gymnasium gimnasio *m.*

H

habit costumbre *f.* **3**

habit: be in the habit of soler (o:ue) *v.* **3**

half mitad *f.*

hall sala *f.* **concert hall** sala de conciertos *f.*

hang (up) colgar (o:ue) *v.*

happen suceder *v.* **1**; **These things happen.** Son cosas que pasan. **11**

happiness felicidad *f.*

hard duro/a *adj.* **7**

hardly apenas *adv.* **3**

hard-working trabajador(a) *adj.* **8**

harmful dañino/a *adj.* **6**

harvest cosecha *f.*

hate odiar *v.* **1**

have tener *v.* **1**; **to have fun** divertirse (e:ie) *v.* **2**

headline titular *m.* **9**

heal curarse; sanar *v.* **4**

healing curativo/a *adj.* **4**

health salud *f.* **4**; **To your health!** ¡A tu salud!

healthy saludable, sano/a *adj.* **4**

hear oír *v.* 1

heart corazón *m.* 1; **heart and soul** cuerpo y alma

heavy (*filling*) contundente *adj.* 10; **heavy rain** diluvio *m.*

heel tacón *m.* 12; **high heel** tacón alto *m.*

height (*highest level*) apogeo *m.* 5

help (*aid*) auxilio *m.*

heritage herencia *f.;* **cultural heritage** herencia cultural *f.* 12

heroic heroico/a *adj.* 12

hide ocultarse *v.* 3

high definition de alta definición *adj.* 7

highest level apogeo *m.* 5

hill cerro *m.;* colina *f.*

Hindu hindú *adj.* 11

hire contratar *v.* 8

historian historiador(a) *m., f.* 12

historic histórico/a *adj.* 12

historical histórico/a *adj.* 10; **historical period** era *f.* 12

history historia *f.* 12

hold (*hug*) abrazar *v.* 1; **hold your horses** parar el carro *v.* 9

hole agujero *m.;* **black hole** agujero negro *m.* 7; **hole in the ozone layer** agujero en la capa de ozono *m.;* **small hole** agujerito *m.* 7

holy sagrado/a *adj.* 11

home hogar *m.* 3

honey miel *f.* 8

honored distinguido/a *adj.*

hope esperanza *f.* 6; ilusión *f.*

horror (*story/novel*) de terror *adj.* 10

horseshoe herradura *f.* 12

host(ess) anfitrión/anfitriona *m., f.* 8

hostel albergue *m.* 5

hour hora *f.*

hug abrazar *v.* 1

humankind humanidad *f.* 12

humid húmedo/a *adj.* 6

humiliate humillar *v.* 8

humorous humorístico/a *adj.* 10

hungry hambriento/a *adj.*

hunt cazar *v.* 6

hurricane huracán *m.* 6

hurry prisa *f.* 6; **to be in a hurry** tener apuro *v.*

hurt herir (e: ie) *v.* 1; doler (o:ue) *v.* 2; **to get hurt** lastimarse *v.* 4; **to hurt oneself** hacerse daño; **to hurt someone** hacerle daño a alguien

husband marido *m.*

hut choza *f.* 12

hygiene aseo *m.*

hygienic higiénico/a *adj.*

I

ideology ideología *f.* 11

illness dolencia *f.* 4; enfermedad *f.*

ill-tempered malhumorado/a *adj.*

illusion ilusión *f.*

image imagen *f.* 2, 7

imagination imaginación *f.*

immature inmaduro/a *adj.* 1

immediately en el acto 3

immigration inmigración *f.* 11

immoral inmoral *adj.* 11

import importar *v.* 8

important importante *adj.* 4; **be important (to); to matter** importar *v.* 2, 4

imported importado/a 8

imports importaciones *f., pl.*

impress impresionar *v.* 1

impressionism impresionismo *m.* 10

improve mejorar *v.* 4; perfeccionar *v.*

improvement adelanto *m.* 4

in love (with) enamorado/a (de) *adj.* 1

inadvisable poco recomendable *adj.* 5

incapable incapaz *adj.* 8

included incluido/a *adj.* 5

incompetent incapaz *adj.* 8

increase aumento *m.*

independence independencia *f.* 12

index índice *m.*

indigenous indígena *adj.* 9

indigenous person indígena *m., f.* 4

industrious trabajador(a) *adj.* 8

industry industria *f.*

inexpensive barato/a *adj.* 3

infected: become infected contagiarse *v.* 4

inflamed inflamado/a *adv.* 4; **become inflamed** inflamarse *v.*

inflexible inflexible *adj.*

influential influyente *adj.* 9

inform avisar *v.;* **to be informed** estar al tanto *v.* 9; **to become informed (about)** enterarse (de) *v.* 9

inhabit habitar *v.* 12

inhabitant habitante *m., f.* 12; poblador(a) *m., f.*

inherit heredar *v.*

injure lastimar *v.*

injured herido/a *adj.*

injury herida *f.* 4

innovative innovador(a) *adj.* 7

insanity locura *f.*

insect bite picadura *f.*

insecure inseguro/a *adj.* 1

insincere falso/a *adj.* 1

insist on insistir en *v.* 4

inspired inspirado/a *adj.*

instability inestabilidad *f.* 12

install instalar *v.* 7

insult ofensa *f.* 10

insurance seguro *m.* 5

intelligent inteligente *adj.*

intensive care terapia intensiva *f.* 4

interest interesar *v.* 2

interesting interesante *adj.;* **to be interesting** interesar *v.* 2

Internet Internet *m., f.* 7

interview entrevista *f.;* entrevistar *v.;* **job interview** entrevista de trabajo *f.* 8

intriguing intrigante *adj.* 10

invade invadir *v.* 12

invent inventar *v.* 7

invention invento *m.* 7

invest invertir (e:ie) *v.* 8

investigate investigar *v.* 7

investment inversión *f.;* **foreign investment** inversión extranjera *f.* 8

investor inversor(a) *m., f.*

iron plancha *f.*

irresponsible irresponsable *adj.*

island isla *f.* 5

isolate aislar *v.* 9

isolated aislado/a *adj.* 6

itinerary itinerario *m.* 5

J

jealous celoso/a *adj.;* **to be jealous of** tener celos de *v.* 1

jealousy celos *m. pl.*

Jewish judío/a *adj.* 11

job empleo *m.* 8; (*position*) puesto *m.* 8; **job interview** entrevista de trabajo *f.* 8

joke broma *f.* 1; chiste *m.* 1

joke bromear *v*

journalist periodista *m., f.* 9

joy regocijo *m.* 4

judge juez(a) *m., f.* 11

judgment juicio *m.*

jump salto *m.*

jungle selva *f.* 5

just justo/a *adj.* 11

just as tal como *conj.*

justice justicia *f.* 11

K

keep mantener *v.;* guardar *v.;* **to keep in mind** tener en cuenta *v.;* **to keep in touch** mantenerse en contacto *v.* 1; **to keep (something) to yourself** guardarse (algo) *v.* 1; **to keep up with the news** estar al día con las noticias *v.*

keyboard teclado *m.*

kick patada *f.* 3; patear *v.* 2

kidnapping secuestro *m.* 11

kind amable *adj.*

king rey *m.* 12

kingdom reino *m.* 12

kiss besar *v.* 1

know conocer *v.;* saber *v.* 1

knowledge conocimiento *m.* 12

L

label etiqueta *f.*

labor mano de obra *f.*

labor union sindicato *m.* 8

laboratory laboratorio *m.;* **space lab** laboratorio espacial *m.*

lack faltar *v.* 2

land tierra *f.* 6; terreno *m.* 6

land (*an airplane*) aterrizar *v.*

landscape paisaje *m.* 6

language idioma *m.* 9; lengua *f.* 9

laptop computadora portátil *f.* 7

late atrasado/a *adj.* 3

laugh reír(se) (e:i) *v.*

launch lanzar *v.*

law derecho *m.;* ley *f.;* **to abide by the law** cumplir la ley *v.* 11 ; **to approve a law; to pass a law** aprobar (o:ue) una ley *v.*

lawyer abogado/a *m., f.*

layer capa *f.;* **ozone layer** capa de ozono *f.* 6

lazy haragán/haragana 8

lead encabezar *v.* 12
leader líder *m., f.* 11
leadership liderazgo *m.* 11
lean (on) apoyarse (en) *v.*
learned erudito/a *adj.* 12
learning aprendizaje *m.* 12
leave marcharse *v. ;* dejar *v.*; **to leave alone** dejar en paz *v.* 8; **to leave someone** dejar a alguien *v.*
left over: to be left over quedar *v.* 2
leg (*of an animal*) pata *f.*
legend leyenda *f.* 5
leisure ocio *m.*
lend prestar *v.* 8
lesson (*teaching*) enseñanza *f.* 12
level nivel *m.;* **sea level** nivel del mar *m.*
liberal liberal *adj.* 11
liberate liberar *v.* 12
lid tapa *f.*
lie mentira *f.* 1
life vida *f.;* **everyday life** vida cotidiana *f.*
lighthouse faro *m.* 5
lightning relámpago *m.* 6
lightning rayo *m.*
like gustar *v.* 2, 4; **I don't like ...at all!** ¡No me gusta nada… !; **to like very much** encantar, fascinar *v.* 2
like this; so así *adv.* 3
line cola *f.;* **to wait in line** hacer cola *v.* 2
line (*of poetry*) verso *m.* 10
link enlace *m.* 7
lion león *m.* 6
listener oyente *m., f.* 9
literature literatura *f.* 10; **children's literature** literatura infantil/juvenil *f.* 10
live en vivo, en directo *adj.* 9; **live broadcast** emisión en vivo/directo *f.*
live vivir *v.* 1
lively animado/a *adj.* 2
locate ubicar *v.*
located situado/a *adj.;* **to be located** ubicarse *v.*
lodge hospedarse *v.*
lodging alojamiento *m.* 5
loneliness soledad *f.* 3
lonely solo/a *adj.* 1
long largo/a *adj.;* **long-term** a largo plazo
look aspecto *m.;* **to take a look** echar un vistazo *v.*
look verse *v.;* **to look healthy/sick** tener buen/mal aspecto *v.* 4; **to look like** parecerse *v.* 2, 3; **to look out upon** dar a *v.;* **He/She looks so happy.** Se ve tan feliz. 6; **How attractive you look!** (*fam.*) ¡Qué guapo/a te ves! 6; **How elegant you look!** (*form.*) ¡Qué elegante se ve usted! 6; **It looks like he/she didn't like it.** Al parecer, no le gustó. 6; **It looks like he/she is sad/happy.** Parece que está triste/contento/a. 6; **He/She looks very sad to me.** Yo lo/la veo muy triste. 6
loose suelto/a *adj.*
lose perder (e:ie) *v.;* **to lose an election** perder las elecciones *v.* 11; **to lose a game** perder un partido *v.* 2; **to lose weight** adelgazar *v.* 4
loss pérdida *f.* 11
lottery lotería *f.*
loudspeaker altoparlante *m.*

love amor *m.;* amar; querer (e:ie) *v.* 1; **(un)requited love** amor (no) correspondido *m.*
lower bajar *v.*
loyalty lealtad *f.* 12
lucky afortunado/a *adj.*
luggage equipaje *m.*
luxurious lujoso/a 5; de lujo
luxury lujo *m.* 8
lying mentiroso/a *adj.* 1

M

madness locura *f.*
magazine revista *f.* 9; **online magazine** revista electrónica *f.* 9
magic magia *f.*
mailbox buzón *m.*
majority mayoría *f.* 11
make hacer *v.* 1, 4; **to make a (hungry) face** poner cara (de hambriento/a) *v.;* **to make a toast** brindar *v.* 2; **to make a wish** pedir un deseo *v.;* **to make fun of** burlarse (de) *v.;* **to make good use of** aprovechar *v.;* **to make one's way** abrirse paso *v.;* **to make sure** asegurarse *v.*
male macho *m.*
mall centro comercial *m.* 3
manage administrar *v.* 8; dirigir *v.* 1; lograr; *v.* 3
manager gerente *m, f.* 8
manipulate manipular *v.* 9
manufacture fabricar *v.* 7
manuscript manuscrito *m.*
marathon maratón *m.*
maritime marítimo/a *adj.* 11
market mercado *m.* 8
marketing mercadeo *m.* 1
marriage matrimonio *m.*
married casado/a *adj.* 1
mass misa *f.* 2
masterpiece obra maestra *f.* 3
mathematician matemático/a *m., f.* 7
matter asunto *m.;* importar *v.* 2, 4
mature maduro/a *adj.* 1
Mayan Trail ruta maya *f.* 5
mayor alcalde/alcaldesa *m., f.* 11
mean antipático/a *adj.*
means medio *m.;* **media** medios de comunicación *m. pl.* 9
measure medida *f.;* medir (e:i) *v.;* **security measures** medidas de seguridad *f. pl.* 5
mechanical mecánico/a *adj.*
mechanism mecanismo *m.*
meditate meditar *v.* 11
meeting reunión *f.* 8
melt derretir(se) (e:i) *v.* 7
member socio/a *m., f.* 8
memory recuerdo *m.*
merchandise mercancía *f.*
mercy piedad *f.* 8
mess desorden *m.* 7
message mensaje *m.;* **text message** mensaje de texto *m.* 7
middle medio *m.*
Middle Ages Edad Media *f.*
military militar *m., f.* 11
minister ministro/a *m., f.;* **Protestant minister** ministro/a protestante *m., f.*

minority minoría *f.* 11
minute minuto *m.;* **last-minute news** noticia de último momento *f.;* **up-to-the-minute** de último momento *adj.* 9
miracle milagro *m.* 11
miser avaro/a *m., f.*
miss extrañar *v.;* perder (e:ie) *v.;* **to miss (someone)** extrañar a (alguien) *v.;* **to miss a flight** perder un vuelo *v.* 5
mistake: to be mistaken; to make a mistake equivocarse *v.*
mixed: person of mixed ethnicity (*part indigenous*) mestizo/a *m., f.* 12
mixture mezcla *f.*
mockery burla *f.*
model (*fashion*) modelo *m., f.*
modern moderno/a *adj.*
modify modificar, alterar *v.*
moisten mojar *v.*
moment momento *m.*
monarch monarca *m., f.* 12
money dinero *m.;* (*L. Am.*) plata *f.* 7; **cash** dinero en efectivo *m.* 3
monkey mono *m.* 6
monolingual monolingüe *adj.* 9
mood estado de ánimo *m.* 4; **in a bad mood** malhumorado/a *adj.*
moon luna *f.;* **full moon** luna llena *f.*
moral moral *adj.* 11
mosque mezquita *f.* 11
mountain montaña *f.* 6; monte *m.;* **mountain range** cordillera *f.* 6
move (*change residence*) mudarse *v.* 2
movement corriente *f.;* movimiento *m.* 10
movie theater cine *m.* 2
moving conmovedor(a) *adj.*
muralist muralista *m., f.* 10
museum museo *m.*
music video video musical *m.* 9
musician músico/a *m., f.* 2
Muslim musulmán/musulmana *adj.* 11
myth mito *m.* 5

N

name nombrar *v.*
nape nuca *f.* 9
narrate narrar *v.* 10
narrative work narrativa *f.* 10
narrator narrador(a) *m., f.* 10
narrow estrecho/a *adj.*
native nativo/a *adj.*
natural resource recurso natural *m.* 6
navel ombligo *m.* 4
navigator navegante *m., f.* 7
necessary necesario *adj.* 4
necessity necesidad *f.* 5; **of utmost necessity** de primerísima necesidad 5
need necesidad *f.* 5; necesitar *v.* 4
needle aguja *f.* 4
neglect descuidar *v.* 6
neighborhood barrio *m.*
neither... nor... ni… ni… *conj.*
nervous nervioso/a *adj.*
nest nido *m.*
network cadena *f.* 9; **cadena de televisión** television network *f.*

news noticia *f.;* **local/domestic/ international news** noticias locales/ nacionales/internacionales *f. pl.* **9; news bulletin** informativo *m.* **9; news report** reportaje *m.* **9; news reporter** presentador(a) de noticias *m., f.*

newspaper periódico *m.;* **diario** m. 9

nice simpático/a, amable *adj.*

nightmare pesadilla *f.*

No way! ¡Ni loco/a! **9**

noise ruido *m.*

nomination nominación *f.*

nominee nominado/a *m., f.*

nook rincón *m.* **11**

notice aviso *m.* **5;** fijarse *v.* **9 to take notice of** fijarse en *v.* **2**

novelist novelista *m., f.* **7, 10**

now and then de vez en cuando **3**

nun monja *f.*

nurse enfermero/a *m., f.* **4**

nutritious nutritivo/a *adj.* **4;** (*healthy*) saludable *adj.* **4**

O

oar remo *m.* **5**

obesity obesidad *f.* **4**

obey obedecer *v.* **1**

oblivion olvido *m.* **1**

occur (to someone) ocurrírsele (a alguien) *v.*

offer oferta *f.* **9;** ofrecerse (a) *v.*

office despacho *m.*

officer agente *m., f.*

often a menudo *adv.* **3**

oil painting óleo *m.* **10**

Olympics Olimpiadas *f. pl.*

on purpose a propósito *adv.* **3**

once in a while de vez en cuando **3**

online en línea *adj.* **7**

open abrir(se) *v.*

open-air market mercado al aire libre *m.*

operate operar *v.*

operation operación *f.* **4**

opinion opinión *f.;* **In my opinion, ...** A mi parecer,...; Considero que..., Opino que...; **to be of the opinion** opinar *v.*

oppose oponerse a *v.* **4**

oppress oprimir *v.* **12**

orchard huerto *m.*

originating (in) proveniente (de) *adj.*

ornate ornamentado/a *adj.*

others; other people los/las demás *pron.*

ought to deber + *inf. v.*

outline esbozo *m.*

out-of-date pasado/a de moda *adj.* **9**

outrageous thing barbaridad *f.* **10**

overcome superar *v.*

overdose sobredosis *f.*

overthrow derribar *v.;* **derrocar** *v.* **12**

overwhelmed agobiado/a *adj.* **1**

owe deber *v.* **8; to owe money** deber dinero *v.* **2**

owner dueño/a *m., f.* **8;** propietario/a *m., f.*

outdo oneself (*P. Rico; Cuba*) botarse *v.* **5**

P

pack hacer las maletas *v.* **5**

page página *f.;* **web page** página web **7**

pain (*suffering*) sufrimiento *m.*

painkiller calmante *m.* **4**

paint pintura *f.* **10;** pintar *v.* **3**

paintbrush pincel *m.* **10**

painter pintor(a) *m., f.* **3, 10**

painting cuadro *m.* **3, 10;** pintura *f.* **10**

palm tree palmera *f.*

pamphlet panfleto *m.* **11**

paradox paradoja *f.*

parish parroquia *f.* **12**

park parque *m.;* estacionar *v.;* **amusement park** parque de atracciones *m.* **2**

parrot loro *m.*

part parte *f.;* **to become part (of)** integrarse (a) *v.* **12**

partner (*couple*) pareja *f.* **1;** (*member*) socio/a *m., f.* **8**

party (*politics*) partido *m.;* **political party** partido político *m.* **11**

pass (*a class, a law*) aprobar (o:ue) *v.;* **to pass a law** aprobar una ley *v.* **11**

passing pasajero/a *adj.*

passport pasaporte *m.* **5**

password contraseña *f.* **7**

pastime pasatiempo *m.* **2**

pastry repostería *f.*

patent patente *f.* **7**

path (*history*) trayectoria *f.* **1;** prestarle atención a alguien *v.*

pay pagar *v.;* **to be well/poorly paid** ganar bien/mal *v.* **8; to pay attention to someone** hacerle caso a alguien *v.* **1;** prestarle atención a alguien *v.*

peace paz *f.*

peaceful pacífico/a *adj.* **12**

peak cumbre *f.;* **pico** *m.*

peck picar *v.*

people pueblo *m.* **4**

performance rendimiento *m.;* (*theater; movie*) función *f.* **2**

period punto *m.* **2**

permanent fijo/a *adj.* **8**

permission permiso *m.*

permissive permisivo/a *adj.* **1**

persecute perseguir (e:i) *v.*

personal (*private*) particular *adj.*

pessimist pesimista *m., f.*

phase etapa *f.*

physicist físico/a *m., f.* **7**

pick out seleccionar *v.* **3**

pick up levantar *v.*

picnic picnic *m.*

picture imagen *f.* **2, 7**

piece (*art*) pieza *f.* **10**

pier muelle *m.* **5**

pig cerdo *m.* **6**

pill pastilla *f.* **4**

pilot piloto *m., f.*

pious devoto/a *adj.* **11**

piping tubería *f.* **6**

pity pena *f.;* **What a pity!** ¡Qué pena!

place lugar *m.*

place poner *v.* **1, 2**

place (*an object*) colocar *v.* **2**

plan planear *v.*

planned previsto/a *adj., p.p.* **3**

plateau: high plateau altiplano *m.* **11**

play jugar *v.;* (*theater*) obra de teatro *f.* **10; to play a CD** poner un disco compacto *v.* **2**

player (*CD/DVD/MP3*) reproductor (de CD/ DVD/MP3) *m.* **7**

playing cards cartas *f. pl.* **2;** naipes *m. pl.* **2**

playwright dramaturgo/a *m., f.* **10**

plead rogar *v.* **4**

pleasant (*funny*) gracioso/a *adj.* **1**

please: Could you please...? ¿Tendría usted la bondad de + *inf....* ? (*form.*)

plot trama *f.* **10;** argumento *m.* **10**

plumbing (*piping*) tubería *f.* **6**

poet poeta *m., f.* **10**

poetry poesía *f.* **10**

point (to) señalar *v.* **2; to point out** destacar *v.*

point of view punto de vista *m.* **10**

poison veneno *m.*

poisoned envenenado/a *adj.* **6**

poisonous venenoso/a *adj.* **6**

politician político/a *m., f.* **11**

politics política *f.*

pollen polen *m.* **8**

pollute contaminar *v.* **6**

pollution contaminación *f.* **6**

poor quality (*garbage*) porquería *f.* **10**

populate poblar *v.* **12**

population población *f.* **4**

port puerto *m.* **5**

portable portátil *adj.*

portrait retrato *m.* **3**

portray retratar *v.* **3**

position puesto *m.* **8;** cargo *m.*

possible posible *adj.;* **as much as possible** en todo lo posible

poverty pobreza *f.* **8**

power fuerza *f.;* **will power** fuerza de voluntad **4**

power (*electricity*) luz *f.* **7**

power saw motosierra *f.* **7**

powerful poderoso/a *adj.* **12**

pray rezar *v.* **11**

pre-Columbian precolombino/a *adj.*

prefer preferir *v.* **4**

prehistoric prehistórico/a *adj.* **12**

premiere estreno *m.* **2**

prescribe recetar *v.* **4**

prescription receta *f.* **4**

preserve conservar *v.* **6**

press prensa *f.* **9; press conference** rueda de prensa **11**

pressure (*stress*) presión *f.;* presionar *v.;* **to be under stress/pressure** estar bajo presión

prevent prevenir *v.* **4**

previous anterior *adj.* **8**

priest cura *m.* **12;** sacerdote

prime minister primer(a) ministro/a *m., f.* **11**

print imprimir *v.* **9**

private particular *adj.*

privilege privilegio *m.* **8**

prize premio *m.* **12; to give a prize** premiar *v.*

procession procesión *f.* **12**
produce producir *v.* **1**; (*generate*) generar *v.*
productive productivo/a *adj.* **8**
programmer programador(a) *m., f.*
prohibit prohibir *v.* **4**
prohibited prohibido/a *adj.* **5**
prominent destacado/a *adj.* **9**; prominente *adj.* **11**
promise jurar *v.* **12**
promote promover (o:ue) *v.*
pronounce pronunciar *v.*
proof prueba *f.* **2**
proposal oferta *f.* **9**
propose proponer *v.* **1, 4**; **to propose marriage** proponer matrimonio *v.* **1**
prose prosa *f.* **10**
protagonist protagonista *m., f.* **1, 10**
protect proteger *v.* **1, 6**
protected protegido/a *adj.* **5**
protest manifestación *f.* **11**; protestar *v.* **11**
protester manifestante *m., f.* **6**
proud orgulloso/a *adj.* **1**; **to be proud of** estar orgulloso/a de
prove comprobar (o:ue) *v.* **7**
provide proporcionar *v.*
public público *m.* **9**; (**pertaining to the state**) estatal *adj.*
public transportation transporte público *m.*
publish editar *v.* **10**; publicar *v.* **9**
punishment castigo *m.*
pure puro/a *adj.*
purity pureza *f.* **6**
pursue perseguir (e:i) *v.*
push empujar *v.*
put poner *v.* **1, 2**; **to put in a place** ubicar *v.*; **to put on** (*clothing*) ponerse *v.*; **to put on makeup** maquillarse *v.* **2**
pyramid pirámide *f.* **5**

Q

quality calidad *f.*; **high quality** de buena categoría *adj.* **5**
queen reina *f.*
quench saciar *v.*
question interrogante *m.* **7**
quiet callado/a *adj.*; **be quiet** callarse *v.*
quit renunciar *v.* **8**; **quit smoking** dejar de fumar *v.* **4**
quite bastante *adv.* **3**
quotation cita *f.*

R

rabbi rabino/a *m., f.*
rabbit conejo *m.* **6**
race raza *f.* **12**
radiation radiación *f.*
radio radio *f.*
radio announcer locutor(a) de radio *m., f.* **9**
radio station (radio)emisora *f.* **9**
raise aumento *m.*; **raise in salary** aumento de sueldo *m.* **8**; criar *v.*; educar *v.* **1**; **to have raised** haber criado **1**
ranch rancho *m.* **12**

rarely casi nunca *adv.* **3**
rat rata *f.*
rather bastante *adv.*; más bien *adv.*
ratings índice de audiencia *m.*
ray rayo *m.*
reach alcance *m.* **7**; **within reach** al alcance **10**; al alcance de la mano; alcanzar *v.*
reactor reactor *m.*
reader lector(a) *m., f.* **9**
real auténtico/a *adj.* **3**
realism realismo *m.* **10**
realist realista *adj.* **10**
realistic realista *adj.* **10**
realize darse cuenta *v.* **2, 9**; **to realize/ assume that one is being referred to** darse por aludido/a *v.* **9**
rearview mirror espejo retrovisor *m.*
rebelliousness rebeldía *f.*
received acogido/a *adj.*; **well received** bien acogido/a *adj.* **8**
recital recital *m.*
recognition reconocimiento *m.*
recognize reconocer *v.* **1, 12**
recommend recomendar *v.* **4**
recommendable recomendable *adj.* **5**
record grabar *v.* **9**
recover recuperarse *v.* **4**
recyclable reciclable *adj.*
recycle reciclar *v.* **6**
redo rehacer *v.* **1**
reduce (speed) reducir (velocidad) *v.* **5**
reef arrecife *m.* **6**
referee árbitro/a *m., f.* **2**
refined (*cultured*) culto/a *adj.* **12**
reflect reflejar *v.* **10**
reform reforma *f.*; **economic reform** reforma económica *f.*
refuge refugio *m.* **6**
refund reembolso *m.* **3**
refusal rechazo *m.*
register inscribirse *v.* **11**
rehearsal ensayo *m.*
rehearse ensayar *v.* **9**
reign reino *m.* **12**
reject rechazar *v.* **11**
rejection rechazo *m.*
relax relajarse *v.* **4**; **Relax.** Tranquilo/a.
reliability fiabilidad *f.*
religion religión *f.*
religious religioso/a *adj.* **11**
remain permanecer *v.* **4**
remake rehacer *v.* **1**
remember recordar (o:ue); acordarse (o:ue) (de) *v.* **2**
remorse remordimiento *m.* **11**
remote control control remoto *m.*; **universal remote control** control remoto universal *m.* **7**
renewable renovable *adj.* **6**
rent alquilar *v.*; **to rent a movie** alquilar una película *v.* **2**
repent arrepentirse (de) (e:ie) *v.* **2**
repertoire repertorio *m.*
reporter reportero/a *m., f.* **9**
representative diputado/a *m., f.* **11**
reproduce reproducirse *v.*

reputation reputación *f.*; **to have a good/bad reputation** tener buena/mala fama *v.* **9**
rescue rescatar *v.*
research investigar *v.* **7**
researcher investigador(a) *m., f.* **4**
resentful resentido/a *adj.* **6**
reservation reservación *f.*
reserve reservar *v.* **5**
reside residir *v.*
respect respeto *m.*
responsible responsable *adj.*
rest descanso *m.* **8**; reposo *m.*; **to be at rest** estar en reposo *v.*
rest descansar *v.* **4**
resulting consiguiente *adj.*
résumé currículum vitae *m.* **8**
retire jubilarse *v.* **8**
retirement jubilación *f.*
return regresar *v.* **5**; **to return (items)** devolver (o:ue) *v.* **3**; **return (trip)** vuelta *f.*; regreso *m.*
review (revision) repaso *m.* **10**
revision (review) repaso *m.* **10**
revolutionary revolucionario/a *adj.* **7**
revulsion asco *m.*
rhyme rima *f.* **10**
right derecho *m.*; **civil rights** derechos civiles *m. pl.* **11**; **human rights** derechos humanos *m. pl.* **11**
right away enseguida **3**
ring anillo *m.*; sortija *f.* **5**; sonar (o:ue) *v.* **7**; **to ring the doorbell** tocar el timbre *v.* **3**
riot disturbio *m.* **8**
rise ascender (e:ie) *v.* **8**
risk riesgo *m.*; arriesgar *v.*; arriesgarse; **to take a risk** arriesgarse *v.*
risky arriesgado/a *adj.* **5**
river río *m.*
rocket cohete *m.* **7**
rob asaltar *v.* **10**
role papel *m.* **9**; **to play a role** (*in a play*) desempeñar un papel *v.*
romance novel novela rosa *f.* **10**
romanticism romanticismo *m.* **10**
room habitación *f.* **5**; **emergency room** sala de emergencias *f.* **4**; **single/ double room** habitación individual/ doble *f.* **5**; **room service** servicio de habitación *m.* **5**
root raíz *f.*
round redondo/a *adj.* **2**
round-trip ticket pasaje de ida y vuelta *m.* **5**
routine rutina *f.* **3**
ruin ruina *f.* **5**
rule regla *f.*; dominio *m.* **12**
ruler gobernante *m., f.* **12**; (*sovereign*) soberano/a *m., f.* **12**
run correr *v.*; **to run away** huir *v.* **3**; **to run out** acabarse *v.* **6**; **to run out of** quedarse sin *v.* **6**; **to run over** atropellar *v.*
rush prisa *f.* **6**; **to be in a rush** tener apuro

S

sacred sagrado/a *adj.* **11**
sacrifice sacrificio *m.*; sacrificar *v.* **6**
safety seguridad *f.* **5**
sail navegar *v.* **5**

sailor marinero *m.*

salary sueldo *m.;* **raise in salary** aumento de sueldo *m.* 8; **base salary** sueldo fijo *m.* 8; **minimum wage** sueldo mínimo *m.* 8

sale venta *f.;* **to be for sale** estar a la venta *v.* 10

salesperson vendedor(a) *m., f.* 8

same mismo/a *adj.;* **The same here.** Lo mismo digo yo.

sample muestra *f.*

sanity cordura *f.* 4

satellite satélite *m.;* **satellite connection** conexión de satélite *f.* 7; **satellite dish** antena parabólica *f.*

satire sátira *f.*

satirical satírico/a *adj.* 10; **satirical tone** tono satírico/a *m.*

satisfied: be satisfied with contentarse con *v.* 1

satisfy (*quench*) saciar *v.*

save ahorrar *v.* 8; guardar *v.* 7; salvar *v.* 6; **save oneself** ahorrarse *v.* 7

savings ahorros *m.* 8

say decir *v.* 1; **say goodbye** despedirse (e:i) *v.* 3

scar cicatriz *f.*

scarcely apenas *adv.* 3

scare espantar *v.*

scared asustado/a *adj.*

scene escena *f.* 1

scenery paisaje *m.* 6; escenario *m.* 2

schedule horario *m.* 3

science fiction ciencia ficción *f.* 10

scientific científico/a *adj.*

scientist científico/a *m., f.* 7

score (a goal/a point) anotar (un gol/un punto) *v.* 2; marcar (un gol/punto) *v.*

screen pantalla *f.* 2; **computer screen** pantalla de computadora *f.;* **LCD screen** pantalla líquida *f.* 7; **television screen** pantalla de televisión *f.* 2

screenplay guión *m.* 9

script guión *m.* 9

scuba diving buceo *m.* 5

sculpt esculpir *v.* 10

sculptor escultor(a) *m., f.* 10

sculpture escultura *f.* 10

sea mar *m.* 6

seal sello *m.*

search búsqueda *f.;* **search engine** buscador *m.* 7

season (*period*) temporada *f.;* **high/low season** temporada alta/baja *f.* 5

seat asiento *m.* 2

seatbelt cinturón de seguridad *m.* 5; **to fasten (the seatbelt)** abrocharse/ ponerse (el cinturón de seguridad) *v.* 5; **to unfasten (the seatbelt)** quitarse (el cinturón de seguridad) *v.* 5

section sección *f.* 9; **lifestyle section** sección de sociedad *f.* 9; **sports page/ section** sección deportiva *f.* 9

security seguridad *f.* 5; **security measures** medidas de seguridad *f. pl.* 5

see ver *v.* 1

seed semilla *f.*

seem parecer *v.* 2

select seleccionar *v.* 3

self-esteem autoestima *f.* 4

self-portrait autorretrato *m.* 10

senator senador(a) *m., f.* 11

send enviar *v.;* mandar *v.*

sender remitente *m.*

sense sentido *m.;* **common sense** sentido común *m.*

sensible sensato/a *adj.* 1

sensitive sensible *adj.* 1

separated separado/a *adj.* 1

sequel continuación *f.*

servants servidumbre *f.* 3

servitude servidumbre *f.* 3

settle poblar *v.* 12

settler poblador(a) *m., f.*

sexton sacristán *m.* 11

shame vergüenza *f.*

shape forma *f.;* **bad physical shape** mala forma física *f.;* **to get in shape** *v.* ponerse en forma 4; **to stay in shape** mantenerse en forma *v.* 4

shark tiburón *m.* 5

sharp nítido/a *adj.*

shave afeitarse *v.* 2

sheep oveja *f.* 6

shore orilla *f.;* **on the shore of** a orillas de 6

short film corto, cortometraje *m.* 1

short story cuento *m.*

short/long-term a corto/largo plazo 8

shot (injection) inyección *f.;* **to give a shot** poner una inyección *v.* 4

shoulder hombro *m.*

shout gritar *v.*

show espectáculo *m.* 2

showing sesión *f.*

shrink encogerse *v.*

shrug encogerse de hombros *v.*

shy tímido/a *adj.* 1

shyness timidez *f.*

sick enfermo *adj.;* **to be sick (of); to be fed up (with)** estar harto/a (de) 1; **to get sick** enfermarse *v.* 4

sign señal *f.* 2; firmar *v.*

signal señalar *v.* 2

signature firma *f.* 11

silent callado/a *adj.* 7; **to be silent** callarse *v.;* **to remain silent** quedarse callado 1

silly person bobo/a *m., f.* 7

sin pecado *m.*

sincere sincero/a *adj.*

singer cantante *m., f.* 2

single soltero/a *adj.* 1; **single mother** madre soltera *f.;* **single father** padre soltero *m.*

sink hundir *v.*

situated situado/a *adj.*

sketch esbozo *m.;* esbozar *v*

skill habilidad *f.*

skillfully hábilmente *adv.*

skim hojear *v.* 10

skirt falda *f.*

slacker vago/a *m., f.* 7

slave esclavo/a *m., f.* 12

slavery esclavitud *f.* 12

sleep dormir *v.* 2

sleeve manga *f.* 5

slip resbalar *v.*

slippery resbaladizo/a *adj.* 11

smoothness suavidad *f.*

snake serpiente *f.* 6; culebra *f.*

soap opera telenovela *f.* 9

sociable sociable *adj.*

society sociedad *f.*

software programa (de computación) *m.* 7

solar solar *adj.*

soldier soldado *m.* 12

solitude soledad *f.* 3

solve resolver (o:ue) *v.* 6

sometimes a veces *adv.* 3

sorrow pena *f.* 4

soul alma *f.* 1

soundtrack banda sonora *f.* 9

source fuente *f.;* **energy source** fuente de energía *f.* 6

sovereign soberano/a *m., f.* 12

sovereignty soberanía *f.* 12

space espacial *adj.;* **space shuttle** transbordador espacial *m.* 7

space espacio *m.* 7

spaceship nave espacial *f.*

spacious espacioso/a *adj.*

speak hablar *v.* 1; **Speaking of that,...** Hablando de eso,...

speaker hablante *m., f.* 9

special effects efectos especiales *m., pl.* 9

specialist especialista *m., f.*

specialized especializado/a *adj.* 7

species especie *f.* 6; **endangered species** especie en peligro de extinción *f.*

spectator espectador(a) *m., f.* 2

speech discurso *m.;* **to give a speech** pronunciar un discurso *v.* 11

spell-checker corrector ortográfico *m.* 7

spend gastar *v.* 8

spider araña *f.* 6

spill derramar *v.*

spirit ánimo *m.* 1

spiritual espiritual *adj.* 11

spot: on the spot en el acto 3

spray rociar *v.* 6

spring manatial *m.*

stability estabilidad *f.* 12

stage (*theater*) escenario *m.* 2; (*phase*) etapa *f.;* **stage name** nombre artístico *m.*

stain mancha *f.;* manchar *v.*

staircase escalera *f.* 3

stamp sello *m.*

stand up ponerse de pie *v.* 12

stanza estrofa *f.* 10

star estrella *f.;* **shooting star** estrella fugaz *f.;* **(movie) star** [m/f] estrella *f;* **pop star** [m/f] estrella pop *f.* 9

start (*a car*) arrancar *v.*

stay alojarse *v.* 5; hospedarse; quedarse *v.* 5; **stay up all night** trasnochar *v.* 4

step paso *m.;* **to take the first step** dar el primer paso *v.*

stereotype estereotipo *m.* 10

stern popa *f.* 5

stick pegar *v.*

still life naturaleza muerta *f.* 10

sting picar *v.*

stingy tacaño/a *adj.* 1

stir revolver (o:ue) *v.*

stock market bolsa de valores *f.* 8

stone piedra *f.* **5**

storekeeper comerciante *m., f.*

storm tormenta *f.;* **tropical storm** tormenta tropical *f.* **6**

story (account) relato *m.* **10**

stranger desconocido/a *adj.*

stream arroyo *m.* **10**

strength fortaleza *f.*

strict autoritario/a *adj.* **1**

strike (*labor*) huelga *f.* **8**

Striking llamativo/a *adj.* **10**

stripe raya *f.* **5**

stroll paseo *m.*

struggle lucha *f.;* luchar *v.* **11**

stubborn tozudo/a *adj.* **8**

studio estudio *m.;* **recording studio** estudio de grabación *f.*

stupid necio/a *adj.*

stupid person bobo/a *m., f.* **7**

style estilo *m.;* **in the style of ...** al estilo de… **10**

subscribe (to) suscribirse (a) *v.* **9**

subtitles subtítulos *m., pl.* **9**

subtlety matiz *m.*

suburb suburbio *m.*

succeed in (*reach*) alcanzar *v.*

success éxito *m.*

successful exitoso/a *adj.* **8**

suckling pig cochinillo *m.* **10**

sudden repentino/a *adj.* **3**

suddenly de repente *adv.* **3**

suffer (from) sufrir (de) *v.* **4**

suffering sufrimiento *m.*

suggest aconsejar; sugerir (e:ie) *v.* **4**

suitcase maleta *f.* **5**

summit cumbre *f.*

sunrise amanecer *m.*

supermarket supermercado *m.* **3**

supply proporcionar *v.*

support soportar *v.;* **to put up with someone** soportar a alguien *v.* **1**

suppose suponer *v.* **1**

suppress suprimir *v.* **12**

sure (*confident*) seguro/a *adj.* **1;** (*certain*) cierto/a *adj.;* **Sure!** ¡Cierto!

surf the web navegar en la red *v.* **7;** navegar en Internet

surface superficie *f.*

surgeon cirujano/a *m., f.* **4**

surgery cirugía *f.* **4**

surgical quirúrgico/a *adj.*

surprise sorprender *v.* **2**

surprised sorprendido *adj.* **2; be surprised (about)** sorprenderse (de) *v.* **2**

surrealism surrealismo *m.* **10**

surrender rendirse (e:i) *v.* **12**

surround rodear *v.*

surrounded rodeado/a *adj.* **7**

survival supervivencia *f.;* sobrevivencia *f.*

survive subsistir *v.* **11;** sobrevivir *v.*

suspect sospechar *v.*

suspicion sospecha *f.*

swallow tragar *v.*

sweep barrer *v.* **3**

sweetheart amado/a *m., f.* **1**

symptom síntoma *m.*

synagogue sinagoga *f.* **11**

syrup jarabe *m.* **4**

T

tabloid(s) prensa sensacionalista *f.* **9**

tag etiqueta *f.*

take tomar *v.;* **to take a bath** bañarse *v.* **2; to take a look** echar un vistazo *v.;* **to take a trip** hacer un viaje *v.* **5; to take a vacation** ir(se) de vacaciones *v.* **5; to take away (remove)** quitar *v.* **2; to take care of** cuidar *v.* **1; to take care of oneself** cuidarse *v.;* **to take off (clothing)** quitarse *v.* **2; to take off running** echar a correr *v.;* **to take place** desarrollarse, transcurrir *v.* **10; to take refuge** refugiarse *v.;* **to take seriously** tomar en serio *v.* **8**

talent talento *m.* **1**

talented talentoso/a *adj.* **1**

tank tanque *m.* **6**

taste gusto *m.* **10; in good/bad taste** de buen/mal gusto **10;** sabor *m.;* **It has a sweet/sour/bitter/pleasant taste.** Tiene un sabor dulce/agrio/amargo/agradable. **4**

taste like/of saber *v.* **1; How does it taste?** ¿Cómo sabe? **4; And does it taste good?** ¿Y sabe bien? **4; It tastes like garlic/mint/lemon.** Sabe a ajo/menta/limón. **4**

tax impuesto *m.;* **sales tax** impuesto de ventas *m.* **8**

teaching enseñanza *f.* **12**

team equipo *m.* **2**

tears lágrimas *f. pl.*

telephone receiver auricular *m.* **7**

telescope telescopio *m.* **7**

television televisión *f.* **2; television set** televisor *m.* **2; television viewer** televidente *m., f.* **2**

tell contar (o:ue) *v.* **2**

temple templo *m.* **11**

tendency propensión *f.*

territory territorio *m.* **11**

terrorism terrorismo *m.* **11**

test (*challenge*) poner a prueba *v.*

theater teatro *m.*

then entonces *adv.* **3**

theory teoría *f.* **7**

there allá *adv.*

thermal térmico/a *adj.*

thief ladrón/ladrona *m., f.*

think pensar (e:ie) *v.* **1;** (*to be of the opinion*) opinar; *v.* **I think it's pretty.** Me parece hermosa/o.; **I thought...** Me pareció... **1; What did you think of Mariela?** ¿Qué te pareció Mariela? **1**

thoroughly a fondo *adv.*

threat amenaza *f.* **8**

threaten amenazar *v.* **3**

throw tirar *v.* **5; throw away** echar *v.* **5; throw out** botar *v.* **5**

thunder trueno *m.* **6**

ticket boleto *m.*

tie (game) empate *m.* **2; tie (up)** atar *v.;* (*games*) empatar *v.* **2**

tiger tigre *m.* **6**

time tiempo *m.;* vez *f.;* **at that time** en aquel entonces; **for the first/last time** por primera/última vez **2; on time** a tiempo **3; once upon a time** érase una vez; **to have a good/bad/horrible time** pasarlo bien/mal **1**

tired cansado/a *adj.;* **to become tired** cansarse *v.*

tone of voice timbre *m.* **3**

tongue lengua *f.* **9**

too; too much demasiado/a *adj., adv.*

tool herramienta *f.;* **toolbox** caja de herramientas *f.* **2**

toolbox caja de herramientas *f.* **2**

topic asunto *m.*

tour excursión *f.* **5; tour guide** guía turístico/a *m., f.* **5**

tourism turismo *m.* **5**

tourist turista *m., f.* **5;** turístico/a *adj.* **5**

tournament torneo *m.* **2**

toxic tóxico/a *adj.* **6**

trace huella *f.* **8;** trazar *v.*

track-and-field events atletismo *m.*

trade comercio *m.* **8**

trader comerciante *m., f.*

traditional tradicional *adj.* **1;** (*typical*) típico/a *adj.*

traffic tránsito *m.;* **traffic jam** congestionamiento, tapón *m.* **5**

tragic trágico/a *adj.* **10**

trainer entrenador(a) *m., f.* **2**

trait rasgo *m.*

traitor traidor(a) *m., f.* **12**

tranquilizer calmante *m.* **4**

translate traducir *v.* **1**

transmission transmisión *f.*

transplant transplantar *v.*

trap atrapar *v.* **6**

travel log bitácora *f.* **7**

traveler viajero/a *m., f.* **5**

treat tratar *v.* **4**

treatment tratamiento *m.* **4**

treaty tratado *m.*

tree árbol *m.* **6**

trend moda *f.;* tendencia *f.* **9**

trial juicio *m.*

tribal chief cacique *m.* **12**

tribe tribu *f.* **12**

trick truco *m.* **2**

trip viaje *v.* **5; to take a trip** hacer un viaje *v.* **5**

tropical tropical *adj.;* **tropical storm** tormenta tropical *f.* **6**

trunk maletero *m.* **9**

trust confianza *f.* **1**

try probar (o:ue) (a) *v.* **3; try on** probarse (o:ue) *v.* **3**

tune into (*radio or television*) sintonizar *v.*

tuning sintonía *f.* **9**

turn: to be my/your/his turn *me/te/le, etc.* + *tocar v.;* **Whose turn is it to pay the tab?** ¿A quién le toca pagar la cuenta? **2; Is it my turn yet?** ¿Todavía no me toca? **2; It's Johnny's turn to make coffee.** A Johnny le toca hacer el café. **2; It's always your turn to wash the dishes.** Siempre te toca lavar los platos. **2**

turn (*a corner*) doblar *v.;* **to turn off** apagar *v.* **3; to turn on** encender (e:ie) *v.* **3; to turn red** enrojecer *v.*

turned off apagado/a *adj.* **7**

U

UFO ovni *m.* 7
unbiased imparcial *adj.* 9
uncertainty incertidumbre *f.* 12
underdevelopment subdesarrollo *m.*
underground tank cisterna *f.* 6
understand entender (e:ie) *v.*
underwear (*men's*) calzoncillos *m. pl.*
undo deshacer *v.* 1
unemployed desempleado/a *adj.* 8
unemployment desempleo *m.* 8
unequal desigual *adj.* 11
unexpected imprevisto/a *adj.;* inesperado/a *adj.* 3
unexpectedly de improviso *adv.*
unique único/a *adj.*
unjust injusto/a *adj.* 11
unpleasant antipático/a *adj.*
unsettling inquietante *adj.* 10
untie desatar *v.*
until hasta *adv.;* **up until now** hasta la fecha
update actualizar *v.* 7
upset disgustado/a *adj.* 1; disgustar *v.* 2; **to get upset** afligirse *v.* 3
up-to-date actualizado/a *adj.* 9; **to be up-to-date** estar al día *v.* 9
urban urbano/a *adj.*
urgent urgente *adj.* 4
use up agotar *v.* 6
used: to be used to estar acostumbrado/a a; **I used to... (*was in the habit of*)** solía; **to get used to** acostumbrarse (a) *v.* 3
useful útil *adj.* 11
useless inútil *adj.* 2
user usuario/a *m., f.* 7

V

vacation vacaciones *f. pl.;* **to take a vacation** ir(se) de vacaciones *v.* 5
vaccine vacuna *f.* 4
vacuum pasar la aspiradora *v.* 3
valid vigente *adj.* 5
valuable valioso/a *adj.* 6
value valor *m.*
vandal vándalo/a *m., f.* 6
vestibule zaguán *m.* 3
victorious victorioso/a *adj.* 12
victory victoria *f.*
video game videojuego *m.* 2
village aldea *f.* 12
virus virus *m.* 4
visit recorrer *v.* 5
visiting hours horas de visita *f., pl.*
vote votar *v.* 11

W

wage: minimum wage sueldo mínimo *m.* 8
wait espera *f.;* esperar *v.* **to wait in line** hacer cola *v.* 2
waiter/waitress camarero/a *m., f.;* mesero/a *m., f.*
wake up despertarse (e:ie) *v.* 2; **wake up early** madrugar *v.* 4

walk andar *v.;* **to take a stroll/walk** dar un paseo *v.* 2; **to take a stroll/walk** *v.* dar una vuelta
wall pared *f.* 5
want querer (e:ie) *v.* 1, 4
war guerra *f.;* **civil war** guerra civil *f.* 11
warm up calentar (e:ie) *v.* 3
warn avisar *v.*
warning advertencia *f.* 8; aviso *m.* 5
warrior guerrero/a *m., f.* 12
wash lavar *v.* 3; **wash oneself** lavarse *v.* 2
waste malgastar *v.* 6
watch vigilar *v.*
watercolor acuarela *f.* 10
waterfall cascada *f.* 5
wave ola *f.* 5; onda *f.*
wealth riqueza *f.* 8
wealthy adinerado/a *adj.* 8
weapon arma *m.*
weariness fatiga *f.* 8
web (the) web *f.* 7; red *f.*
weblog bitácora *f.* 7
website sitio web *m.* 7
week semana *f.*
weekend fin de semana; **Have a nice weekend!** ¡Buen fin de semana!
weekly semanal *adj.*
weight peso *m.*
welcome bienvenida *f.* 5
welcome (*take in; receive*) acoger *v.*
well pozo *m.;* **oil well** pozo petrolero *m.*
well-being bienestar *m.* 4
well-received bien acogido/a *adj.* 8
wherever dondequiera *adv.* 4
whistle silbar *v.*
widowed viudo/a *adj.* 1; **to become widowed** quedarse viudo/a *v.*
widower/widow viudo/a *m., f.*
wild salvaje *adj.* 6; silvestre *adj.*
wild boar jabalí *m.* 10
win ganar *v.;* **to win an election** ganar las elecciones *v.* 11; **to win a game** ganar un partido *v.* 2
wind power energía eólica *f.*
wine vino *m.*
wing ala *m.*
wireless inalámbrico/a *adj.* 7
wisdom sabiduría *f.* 12
wise sabio/a *adj.*
wish deseo *m.;* desear *v.* 4; **to make a wish** pedir un deseo *v.* 8
without sin *prep.;* **without you** sin ti (*fam.*)
witness testigo *m., f.* 10
woman mujer *f.;* **businesswoman** mujer de negocios *f.* 8
womanizer mujeriego *m.* 2
wonder preguntarse *v.*
wood madera *f.*
work obra *f.;* **work of art** obra de arte *f.* 10; funcionar *v.* 7; trabajar; **to work hard** trabajar duro *v.* 8
work day jornada *f.*
workshop taller *m.*
World Cup Copa del Mundo *f.,* Mundial *m.* 2
worm gusano *m.*
worried (about) preocupado/a (por) *adj.* 1

worry preocupar *v.* 2; **to worry (about)** preocuparse (por) *v.* 2
worship culto *m.; venerar v.* 11
worth: be worth valer *v.* 1
worthy digno/a *adj.* 6
wound lesión *f.* 4
wrinkle arruga *f.*

Y

yawn bostezar *v.*

Z

zoo zoológico *m.* 2

Index

Text Credits

32–33 Pablo Neruda, *Poema 20*, from *Veinte poemas de amor y una canción desesperada*, 1924. Esta autorización se concede por cortesía de: Fundación Pablo Neruda.

72–73 Mario Benedetti, *Idilio*. © Mario Benedetti, c/o Guillermo Schavelzon, Agente Literario, info@schavelzon.com.

112–113 Jorge Luis Borges, *Pedro Salvadores*. Permission requested. Best efforts made.

154–155 Ángeles Mastretta, Último cuento (sin título) from *Mujeres de ojos grandes*, © Ángeles Mastretta, 1991.

194–195 Gabriel García Márquez, *La luz es como el agua*, from *Doce cuentos peregrinos*. Permission requested. Best efforts made.

234–235 Augusto Monterroso, *El Eclipse*, from *Obras Completas y Otros Cuentos*, 1959, © Herederos de Augusto Monterroso.

272–273 © Arturo Pérez–Reverte, "Ese bobo del móvil", El Semanal, Madrid, 5 de marzo de 2000.

318–319 Isabel Piquer, "Carolina Herrera, una señora en su punto," Madrid, *El País*, 2001, reprinted by permission of *El País*.

350–353 © Edmundo Paz Soldán, *Sueños digitales*, fragmento, 2000. Santillana Bolivia.

386–387 Julio Cortázar, *Continuidad de los parques*. Esta autorización se concede por cortesía de: Herederos de Julio Cortázar.

Fine Art Credits

30 Pablo Picasso. Los Enamorados. 1923. © Sucesión Picasso/Artists Rights Society (ARS) New York. **70** Aldo Severi. Calesita en la Plaza. 1999 © Aldo Severi. Courtesy of Giuliana F. Severi. **75** Achille Beltrame. Juanita Cruz. 1934 © The Art Archive/Domenica del Corriere/Dagli Orti (A) **110** Antonio Berni. La siesta. 1943. Óleo sobre tela 155 x 220 cm. Colección Privada. **112** Carlos Morel. Rio de la Plata Calgary, Argentina. 1845 © The Art Archive / Nacional Library Buenos Aires / Dagli Orti **113** Pierre Raymond Jacques Monvoisin. Juan Manuel de Rosas. 1842 © The Art Archive/Museo Nacional de Bellas Artes Buenos Aires/Dagli Orti **115** (b) Bartolome Esteban Murillo. Children eating grapes and melon. 17th century © Scala / Art Resource, NY **116** Diego Rodríguez Velázquez. Old Woman Cooking Eggs. 1618 © Scala / Art Resource, NY (t) Diego Velázquez. Los Borracios. Before 1629. © The Art Archive/Museo del Prado, Madrid/Degli Orti (b) Diego Velásquez. Las Meninas, the Family of Philip IV. 1656 © The Art Archive/Museo del Prado Madrid **119** Diego Rivera. Emiliano Zapata. 1928 © Banco de Mexico Trust, Schalkwijk / Art Resource, NY **152** Hector Giuffré. Vegetal Life. 1984 © Hector Giuffré **156** Lino Eneas Spilimbergo. La Planchadora. 1936. Permission requested. Best efforts made. **193** Graciela Rodo Boulanger. Altamar. 2000. © Courtesy Edmund Newman Inc. **232** Frida Kahlo. Autorretrato con mono. 1938. Oil on masonite, overall 16 x 12" (40.64 x 30.48 cms). Albright-Knox Art Gallery, Buffalo, New York. Bequest of A. Conger Goodyear, 1966. **252** (t) Quirino Cristiani. Frame from animated film "El Apostol". 1917. Courtesy Giannalberto Vendáis, Milano, Italia **270** Joaquín Torres Garcia. Composición Constructiva. 1938 © Art Museum of the Ameritas **276, 277** (t) selections from "Weblog de una Mujer Gorda". © Bernardo Erlich **310** Diego Rivera. Mercado de flores. 1949. Óleo/tela 180 X 150 cms. Colección Museo Español de Arte Contemporáneo. Madrid, España. Foto © Fondo Documental Diego Rivera. CENIDIAP.INBA. Conaculta, México. **312, 315** Alfredo Bedoya Selections from "La Abeja Haragana" © 2002 Alfredo Bedoya. Courtesy of the Artist **318** Andy Warhol (1928-1987). Carolina Herrera. 1979. 40" x 40". Synthetic polymer paint and silkscreen ink on canvas. © The Andy Warhol Foundation, Inc./ Art Resource NY. **348** Salvador Dalí. Automovil vestido. 1941. ©2002 Salvador Dalí, Gala-Salvador Dalí Foundation. Artists Rights Society (ARS), New York. **365** (ml) Salvador Dalí. Sofá Watch. © Salvador Dali, Gala-Salvador Dali Foundation/Artists Rights Society (ARS), New York. Image © Christie's Images/Corbis (mr) Pablo Picasso. The Red Armchair. ca. 1930-1940 © Sucesión Picasso. Image © Archivo Iconografico, S.A./Corbis (r) Claude Monet. The Haystacks, End of Summer. Giverny, 1891 © Erich Lessing/Art Resource, NY (l) Andy Warhol. Marilyn, 1967. Silkscreen on paper, 91x91 cm.© the AndyWarhol Foundation for the Visual Arts/ARS, NY. Photo © Tate Gallery, London/ Art Resource, NY **369** (m) Gonzalo Cienfuegos. El Trofeo. 2005. Courtesy of the artist. **371** (t) Guillermo Núñez. Excerpt from "Todo en ti fue naufragio". Permission requested. Best efforts made. **384** Armando Barrios. Cantata. 1985. Óleo sobre tela. 150 x 150 cms. N° catálogo general: 868. Fundación Armando Barrios. Caracas, Venezuela **422** José Antonio Velásquez. San Antonio de Oriente. 1957. Colección: Art Museum of the Americas, Organization of American States. Washington D.C. **439** (t) Santiago Hernandez. Lithograph print from El Libro Rojo, Publisher by Francisco Dias de Leon y White. 1870 © Instituto Nacional de Antropología y Historia (INAH), Mexico. Permission requested. Best efforts made e **39** (m) Diego Duran. Montezuma, 1466-1520 last king of the Aztecs, leaving for a retretat upon being told of the Spanish disembarking. From folio 192R of the Historia de los Indios. 1579 © The Art Archive/Biblioteca Nacional Madrid/ Dagli Orti **468** José Sabogal. EL alcade de Chinceros; Varayoc. 1925. Óleo sobre lienzo. Municipalidad Metropolitana de Lima. Pinacoteca "Ignacio Merino." Lima, Perú. **470** William Penhallow Henderson. Ca. 1921© Smithsonian American Art Museum, Washington, DC/Art Resource, NY **477** Anonymous. 16th Century. Portrait of Atahualpa, 13th and last King of the Incas © Bildarchiv Preussischer Kulturbesitz/Art Resource, NY. Photo by Dietrich Graf. **481** Still Life with Setter to Mr. Lask by William Michael Harnett.

Illustration Credits

Debra Dixon: 3, 42, 82, 129, 164, 165, 172, 212, 254, 282, 325, 362, 363, 396, 438, 439

Sophie Casson: 84, 122, 179, 223, 244, 297, 341, 397

Pere Virgili: 4, 17, 24, 25, 44, 57, 61, 64, 79, 101, 105, 138, 142, 143, 166, 187, 201, 241, 245, 247, 265, 283, 301, 305, 377, 379, 399, 453

Hermann Mejia: 130, 311, 417

Franklin Hammond: 183, 261, 464

Photography Credits

Corbis Images: 2 (br) Corbis 10 LWA-Dann Tardif 11 (b) Rick Gomez 12 Steve Prezant 13 (t) Marc Serota/Reuters 21 (tr) Reuters (br) Toru Hanai/Reuters 32 Josh Westrich/Zefa 34 Bettmann 42 (r) Jim Cummings 50 (l) Robert Galbraith/Reuters 51 (ml) Reuters 59 Corbis 60 (t) Lester Lefkowitz, (mr) Stephen Welstead,, (bm) 71 Eduardo Longoni 72 Jason Horowitz/zefa 76 Mark L Stephenson 79 (l) Abilio Lope, (m) Torleif Svensson, (r) Lawrence Manning. 80 Reuters NewMedia Inc. Peter Morgan. 82 (l) Mitchell Gerber, (ml) Reuters NewMedia Inc. Fred Prouser-Files, (mr) Manuel Zambrana, (mr) Ariel Ramerez. 90 (b) Reuters (t) Reuters (m) Pool 91 (mr) TVE (ml) Hubert Stadler 108 Arthur W.V. Mace. 111 Bettmann 112 (background) Corbis 126 (r) Steve Raymer. 131 (t) Jeremy Horner (m) Janet Jarman 133 (b) Reuters 143 (tl) Nik Wheeler. 157 Jeremy Horner 167 Dave G. Houser/Post-Houserstock 172 Atlantide Phototravel 173 (t) Dave G. Houser/Post-Houserstock (m) Richard Cummins 174 Juan Carlos Ulate/Reuters 179 (b2) photocuisine 194 H. Takano/zefa 195 Tony Frank. 197 Macduff Everton 199 (b) Richard A. Cooke 200 (l) Kevin Fleming (m) Philip James Corwin 204 (ml) Martin Harvey 205 (m) Firefly Production 211 (b) Michael & Patricia Fogden 213 (t) Stephen Frink 237 MAPS.com 233 Tony Albir/epa 244 (tl) Ruediger Knobloch/A.B./zefa 253 (br) Jim Craigmyle 272 (1) Patrik Giardino (2) Mark Garten (3) Pinto/zefa 284 Francoise de Mulder. 289 (m) Claudio Edinger 290 Steve Starr 291 (mr) Reuters 292 Sergio Dorantes 324 (bm) Fabio Cardoso/zefa 325 (m) Douglas Kirkland 328 <TK Isabel Allende> 331 (t) Tonatiuh Figueroa/epa (r) Roger Ressmeyer 332 (t) Dave G. Houser/Post-Houserstock 333 (t) Andres Stapff/Reuters (b) Lindsay Hebberd 339 Danny Lehman. 340 Emilio Guzman. 369 (t) Bettman 370 (tl) Macduff Everton 372 Marcus Moellenberg/zefa 379 Manuel Zambrana. 380 Eric Robert. 386 Images.com 390 (f) Fridmar Damm/zefa (b) Frans Lanting 414 Bettmann. 428 James Leynse. 438 (mr) Reuters 441 Paul A. Souders 442 Toni Albir 447 (m) Philippe Eranian 448 Mark A Jonson 472 Jeremy Horner 478 (l) James Sparshatt 486 Isabel Steva Hernandez. 495 Pablo Corral Vega. 497 Bettmann.

Getty: 9 (t) Janie Airey 21 (bl) Ezra Shaw 35 Frank Micelotta 49 (b) AFP/AFP 50 (r) Carlos Alvarez 53 Lipnitzki/Roger Viollet 83 (b) Michelangelo Gratton 92 Alberto Bocos Gil/AFP 100 David C. Tomlinson 115 (t) Dominique Faget/AFP 119 (1) Roger Viollet Collection 129 (m) Stu Forster/Allsport 175 (t) Juan Barreto/AFP XXX (1) Derke/O'Hara 193 Piero Pomponi/Liaison 206 Georgette Douwma 211 (m) Joel Sartore 212 Jeff Hunter 215 Dominique Faget/AFP 231 Susana Gonzalez 234 Derke/O'Hara 238 (2) Georgette Douwma 251 (t) Wesley Bocxe/Newsmakers 253 (bl) NASA/Liaison 271 Pierre-Philippe Marcou/AFP 282 (tl) Chabruken 317 Robyn Beck/AFP 319 Carlos Alvarez 331 (m) Getty Images 371 (l) Jose Jordan/AFP 385 -/AFP 389 Piero Pomponi 445 (m) Luis Acosta (t) Alfredo Estrella/AFP

Alamy: 9 (b) Robert Fried (m) Jack Hobhouse 10 EuroStyle Graphics 21 (tl) Allstar Picture Library 27 Stock Connection Distribution 31 Mary Evans Picture Library 39 Nicolas Osorio/eStock Photo 82 (t) James Quine 92 Mark Shenley 131 (b) bildagentur-online.com/th-foto 158 archivberlin Fotoagentur GmbH 165 (b) Mark Lewis 171 (b) AM Corporation 179 (bl) Hemis (b4) Mecky Fogeling 204 (tr) Bruce Coleman (tl) Peter Adams Photography (r2) Florida Images 211 (t) Hemis 213 (bl) David Tipling 214 Stephen Frink Collection 221 (l) mediacolor's 245 (b) Stock Connection Distribution 295 Chad Ehlers 356 (1) Terry Whittaker 370 (br) Craig Novell - All Rights Reserved 438 (r) David Myers Photography 446 ImageBroker 478 (r) Robert Harding Picture Library Ltd.

WireImage: 36 Michael Schwartz 37 (l, m, r) Michael Schwartz 51 (t) Gram. Jepson 200 (r) Barry King

Masterfile: 2 (rm) Matthew Wiley 3 (m) T. Ozonas 10 (ml) Darrell Lacorre 165 (t) Hill Brooks 179 (b3) Gloria H. Cómica 205 (br) Rick Fischer 275 Carl Vailquet

Danita Delimont: 89 (b) David R. Frazier 173 (b) Cindy Millar Hopkins

Lonely Planet Images: 20 Richard Cummings 89 (m) Oliver Strewe 213 (br) Steve Simonsen 238 Steve Simonsen 251 (b) Holger Leue 334 Krzysztof Dydynski 447 (t) Mark Daffey

AP Wide World Photos: 53 (1) AP Photo/Jaime Puebla 91 (b) AP Photo/EFE, Cherna Moya (t) AP Photo/Tim Gram. Picture Library 129 (b) AP Photo/Esteban Felix 153 AP Photo/Jose Caruci 160 Oronoz 215 AP Photo/Ariel Leon 282 (br) AP Photo/Ana Maria Otero 291 (t) AP Photo/Esteban Felix (b) AP Photo/Jorge Saenz

Misc: 11 (t) Caterina Bernardi (ml) Diseño de cubierto por Matteo Bologna por Mucca Design. Foto por Thurston Hopkins/Getty Images 13 (b) Dorothy Shi Photo, courtesy Mario German, Puntographics.com 49 (2) Rachel Weill/foodpix/Júpiter Images 51 (mr) Film Tour/South Fork/Senador Film/The Kobal Collection (b) Arau/Cinevista/Aviacsa/The Kobal Collection /The Picture-desk 129 (t) StockFood.com 130 Martin Bernetti 132 (t) Marta Gomez 198 (t) Warren Marr/Panoramic Images/NGSImages.com 199 (t) Robert Frerck and Odyssey Productions, Inc. 239 2000 Doug Myerscough 255 (t) Photo courtesy of Universal Music Argentina 273 Desorden Publico. Courtesy Jeremy Patton, Megalith Records and the band. 277 (b) Courtesy of Hernán Casciari 279 Messe Bremen/www.robocup2006.org 289 Caretas Magazine. Permission requested. Best efforts made 311 public domain 333 (m) Rachel Distler. 2006 335 www.nataliaoreiro.com 349 2006 Dave Feiling 350 Lomo/Júpiter Images 352 Gram. Monro/Júpiter Images 356 Editorial Servilibro, Paraguay 369 (b) Museo de Arte, Latinoamericano de Buenos Aires/Colección Costantini 370 (tr , mr) 2005 Fundación Pablo Neruda. Fernando Márquez de la Plata 0192, Santiago de Chile 371 (b) Roser Bru, from EBEN Interiors at www.eben.lesrevistes.com. Permission requested. Best efforts made. (mr) 2006 Universidad de Concepción, Concepción, Chile 373 www.viletaparra.scd.cl. Permission requested. Best efforts made. 391 Harper Collins 445 (b) 2005 National Public Radio, Jay Paul 449 (t) Peru Negro private collection (b) Filmar Lopez 469 Image is in the Public Domain 474 Diego Vizcaino, www.geocities.com/tibacuy.geo/ee.html 478 (m) This image is in the Public Domain. Taken from www.wikipedia.com 479 Biblioteca Virtual Miguel de Cervantes, www.cervantesvirtual.com

About the authors

José A. Blanco founded Vista Higher Learning in 1998. A native of Barranquilla, Colombia, Mr. Blanco holds degrees in Literature and Hispanic Studies from Brown University and the University of California, Santa Cruz. He has worked as a writer, editor, and translator for Houghton Mifflin and D.C. Heath and Company and has taught Spanish at the secondary and university levels. Mr. Blanco is also co-author of several other Vista Higher Learning programs: **VISTAS, VIVA, AVENTURAS,** and **PANORAMA** at the introductory level, **VENTANAS, FACETAS, IMAGINA,** and **SUEÑA** at the intermediate level, and **REVISTA** at the advanced conversation level.

María Colbert received her PhD in Hispanic Literature from Harvard University in 2005. A native of both Spain and the U.S., Dr. Colbert has taught language, film, and literature courses at both the high school and college levels. Her interests include: Basque culture, Spain's regional identities, and Spanish literature and film. Dr. Colbert's numerous publications range from travel guides to literary criticism. She is currently an Assistant Professor of Spanish at Colby College in Maine.